시스템으로 풀어보는
게임 디자인

시스템으로 풀어보는
게임 디자인

마이클 셀러스 지음 진석준 옮김

i!i
에이콘

에이콘출판의 기틀을 마련하신 故 정완재 선생님 (1935-2004)

게임을 만드는 모든 게임 디자이너와

다음 세대의 게임 디자이너들에게

지은이 소개

마이클 셀러스^{Michael Sellers}

인디아나 블루밍턴에 위치한 인디아나 대학교에서 게임 디자인 과정을 가르치고 있다. 1994년부터 소셜 게임과 모바일 게임, MMO 장르의 게임 디자이너로 일했다. 성공적인 게임을 출시한 스튜디오를 창립하고 경영한 경험이 있으며, 3DO, EA, 카밤, 럼블 엔터테인먼트 등의 유명한 게임 개발사에서 리드 디자이너와 책임 프로듀서, 제너럴 매니저와 크리에이티브 디렉터로 일한 경험이 있다.

작업한 첫 번째 게임은 1996년에 출시된 최초의 3D MMO 중 하나인 <메리디안 59^{Meridian 59}>였다. 또한 <심즈 2>, <울티마 온라인>, <홀리데이 빌리지>, <블래스트론>, <렐름 오브 더 매드 갓> 등의 게임 제작에도 참여했다.

게임 개발 외에도 AI 연구와 저작 활동을 진행하고 있다. 미국 방위고등연구계획국 ^{DARPA}의 지원 아래 '소셜 인공지능'에 초점을 맞춰 다양한 사회적 상황에서 적절한 행동을 취하는 에이전트 개발을 목표로 하고 있다. 이런 노력의 일환으로 사회적 관계를 배우고 형성하며, 심리적 구조에 기반을 두고 감정을 표현하는 AI 에이전트에 대한 놀랄 만한 연구를 계속 발표해왔다.

인지 과학 학사 학위를 갖고 있다. 게임과 AI 관련된 작업뿐만 아니라 소프트웨어 엔지니어, 사용자 인터페이스 디자이너, RPG 미니어처 조각가로도 일하고 있으며, 짧은 기간이지만 서커스에도 출연하고 영화 단역으로 일한 경험도 있다.

베이컨 넘버 2를 갖고 있으며 언젠가는 에르되시 넘버를 갖길 원하고 있다.[1]

---

1. '베이컨 넘버(Bacon number)'는 몇 단계를 거치면 영화배우 케빈 베이컨(Kevin Bacon)과 관계가 닿게 된다는 '케빈 베이컨'의 법칙에서 유래한 것이다. 에르되시 넘버 역시 몇 단계를 거쳐 수학자 폴 에르되시(Paul Erdös)를 알게 된다는 데에서 유래한 숫자다. — 옮긴이

감사의 글

책은 글쓰기를 통한 하나의 여행이다. 게임 디자인에 대한 생각을 몇 넌에 걸쳐 가다듬도록 도와주고, 이 여정을 마무리할 수 있도록 때로는 부드럽게, 때로는 강하게 등을 밀어준 내 가족과 친구들, 동료들에게 감사를 드린다. 특히 오랜 시간 함께 하며 지원을 아끼지 않은 테드 카스트로노바^{Ted Castronova}와 제레미 깁슨 본드^{Jeremy Gibson Bond}에게 감사를 표한다. 아울러 함께 이 책의 플레이테스팅을 진행해준 인디아나 대학의 게임 디자인 프로그램을 수강하는 학생들에게도 감사하다. 그리고 누구보다 내 아내 조 안나^{Jo Anna}에게 감사한다. 그녀의 변함없는 사랑과 지지, 오랜 기간 모험을 같이 하며 건네준 영감에 진심 어린 감사를 표한다.

인디아나 대학의 졸업생이면서 이 책의 일러스트레이터와 초기 독자의 역할을 수행해준 키스 라위언데이크^{Kees Luyendijk}에게도 감사를 표한다. 이 책의 출간을 위해 지원과 가이드를 아끼지 않은 피어슨에듀케이션의 로라 르윈^{Laura Lewin}, 크리스 잔^{Chris Zahn}, 편집 팀의 모든 팀원, 또한 예리한 테크니컬 리뷰를 진행해준 대니얼 쿡^{Daniel Cook}과 엘런 구온 비만^{Ellen Guon Beeman}에게 고맙다는 말을 전하고 싶다. 이들의 헌신적인 노력이 없었다면 이 책은 빛을 보지 못했을 것이다.

옮긴이 소개

진석준(bbjoony@gmail.com)

데브시스터즈에 재직 중인 게임 QA로, 게임, 소프트웨어 테스팅과 관련된 다양한 서적을 번역해왔다. 끊임없이 변화하는 IT 트렌드에 맞춰 소프트웨어 테스팅과 게임 QA가 어떻게 진화해야 하는지 늘 고민하고 있다. 번역서로 『게임 테스팅 3/e』(에이콘, 2019), 『봇을 이용한 게임 해킹』(에이콘, 2018), 『언리얼 엔진 4로 나만의 게임 만들기』(에이콘, 2016), 『게임 물리 엔진 개발』(지앤선, 2016) 등이 있다.

옮긴이의 말

어린 시절부터 게임과 뗄 수 없는 삶을 살아왔다고 자부하지만 정작 게임이라는 대상 자체를 깊이 고민해 본 적은 없었던 것 같습니다. 그저 막연하게 '게임이 현실을 대변하고 있다'는 정도로만 인지하고 있었고, 게임 디자인은 디자이너가 할 일이지 제가 관심을 가질 만한 분야가 아니라고 생각했습니다. 심지어 게임 QA로 게임업계에 입문한 다음에도 정작 QA의 대상이 되는 게임 자체를 이해하는 것보다 어떻게 QA를 잘 수행해야 할지만 고민했습니다. 늘 가까이 존재하는 것이었지만 굳이 게임이라는 대상에 대해 깊이 있게 고민해본 적이 없었던 것이죠. 책에도 나오지만, 대부분의 사람이 우리가 사고하는 방식을 생각해본 적이 없었던 것처럼 제게는 게임이 늘 당연하게 존재하는 사물 중의 하나였던 것입니다.

이 책은 우리가 살아가는 세계를 하나의 시스템으로 해석하고 이 '시스템'이 과연 무엇인지, 이 세계가 어떻게 시스템으로 구성돼 있는지 살펴봅니다. 이를 통해 늘 당연하게 여겼던 평범한 현실 혹은 진실을 다시 짚어보게 해줄 것입니다. 세상을 하나의 시스템으로 바라보는 시각은 게임을 디자인하고 제작하는 과정에서도 동일하게 적용될 수 있습니다. 이런 시각과 해석을 통해 저 역시 지금까지 단순히 업무의 대상으로, 혹은 즐거움의 대상으로만 바라보던 게임을 좀 더 깊이 있게 이해할 수 있었습니다. 독자 여러분도 늘 당연하게 바라보던 세상과 게임의 실체를 시스템이라는 관점을 통해 더 정확하게 이해할 수 있기를 바랍니다.

그 어떤 관점에서 바라봐도 가장 소중한 나의 가족, 아내와 아들 하율이에게 진심어린 감사를 보냅니다. 늘 손이 느린 역자를 배려해주시는 에이콘 출판사의 조유나 님, 황영주 부사장님, 권성준 대표님에게도 감사의 말씀을 빠뜨릴 수 없습니다.

마지막으로 이 책을 읽어주시는 모든 독자께 감사의 말씀을 드립니다. 이 책이 여러분만의 시스템을 만드는 데 하나의 부분이 될 수 있기를 간절히 기원합니다.

한국어판 추천의 글

게임이란 무엇일까? 게임 회사에 입사하려면 무엇을 알아야 하고, 어떻게 해야 할까?
<쿠키런>과 <쿠키런: 킹덤>을 만드는 게임 회사에는 어떤 사람들이 다니고 있을까?
게임 안에서 갑자기 고양이들이 죽어가고 있다는 것을 깨달았다면 무엇 때문일까?

간단하게 답변하자면 총 세 가지 요소가 필요합니다. 첫 번째는 버그 없는 코딩이며,
두 번째는 금손 아티스트, 마지막으로 철학과 심리학, 문학을 이해하는 게임 디자이
너입니다.

게임 디자이너에게 도움이 될 책인 『시스템으로 풀어 보는 게임 디자인』을 소개합
니다. 이 책은 하나의 시스템으로 세상을 이해하고, 이런 시각을 기반으로 게임 디자
인을 분석합니다. 이 책을 통해 메타인지와 철학을 이해하는 과정이 재미있는 게임
을 만드는 과정과 비슷하다는 것을 알게 될 것입니다.

역자가 이 책을 번역하는 동안 아무도 없는 사무실에서 둘이서 많은 시간 동안 이
책과 관련한 주제로 토론을 나눴습니다. 이 책을 통해 저희와 함께 토론의 장을 열어
가면 좋겠습니다.

데브시스터즈 공동대표 **김종흔**

차례

들어가며

훌륭한 게임을 만드는 것은 결코 쉽지 않은 일이다.

심지어 사람들이 그 가치를 잘 이해하지도 못한다.

이 일은 본능과 관련된 가치를 다루지 않고서는 달성할 수 없다.

– 칼 융(Van Der Post 1977)

게임 디자인에 대한 복합적인 접근 방식

이 책은 게임 디자인에 대한 색다른 가이드를 제공한다. 이 책에서 깊이 있는 이론과 더불어 게임 디자인 원칙에 기반을 둔 실무와 검증된 사례들을 알아본다. 이 모든 것은 시스템적 사고방식을 이해하고 적용함으로써 실현할 수 있다. 앞으로도 살펴 보겠지만 게임 디자인과 시스템적 사고방식은 놀랍고도 유용한 방식으로 상호보완 작용을 수행한다. 이들의 결합을 통해 더욱 훌륭한 게임 디자이너로 발전할 뿐만 아 니라 세상을 바라보는 새로운 방법을 배울 수 있을 것이다.

이 책을 집필하게 된 이유

1994년, 나는 형과 함께 아키타입 인터랙티브Archetype Interactive를 설립하고 게임 디자 이너로서 경험을 쌓기 시작했다. 1972년, 아시리아의 전차가 등장하는 <헥사 카운 터 워> 게임을 시작으로 오랫동안 취미 삼아 게임을 만들어왔다. 게임 업계에 몸담 는 동안 초기의 3D MMO 게임인 <메리디안 59Meridian 59>, <심즈 2>, 군사 훈련과 게임에 활용된 인공지능 패키지인 다인모션^{Dynemotion} 등의 획기적인 프로젝트에 참여할 수 있었다. 그 밖에도 크고 작은 여러 개의 게임 프로젝트를 경험했다.

학교를 다니고 소프트웨어 엔지니어와 사용자 인터페이스 디자이너, 게임 디자이너로 일하는 동안 선형적이고 중앙 제어적인 구형 모델을 뛰어넘는 시스템적 사고방식이라는 아이디어에 매료됐다. 게임은 시스템을 만들어 시스템과 상호작용할 수 있게 해준다. 또한 그 시스템이 어떤 것인지 또 어떻게 동작하는지 알게 해준다는 면에서 게임만이 갖는 독특한 가치가 있다. 현실 세계에 마법이 실제로 존재한다면 시스템이 동작하는 방법 자체가 바로 그 마법일 것이다. 원소가 구성되는 방법, 반딧불이 반짝이는 방법, 시장 경제에서 상품의 가격이 정해지는 것이 모두 시스템이 동작해서 이뤄지는 것이다.

게임 디자인에 시스템적인 방식으로 접근하는 것은 쉬운 일이 아니다. 이를 이해하고 표현하는 것도 어려운 일이며 특정한 디자인 방식으로 정리하는 것도 마찬가지다. 하지만 하나의 시스템인 살아 있는 게임 세계를 만들고 플레이어들이 스스로 이 세계에 몰입하게 만드는 데 이보다 더 탁월한 방식도 없다. 게임 디자이너의 경험을 되돌아보면 각 단계를 거쳐 실질적인 산출물이 만들어지는 과정을 순수한 마음으로 경외와 놀라움을 느끼면서 지켜보는 것만큼 중요한 것이 없었다. 게임을 하나의 시스템으로 본다면 전체와 부분을 동시에 볼 수 있을 것이다. 이런 경이로움과 실용성을 바탕으로 게임 디자인과 현실 세계를 표현하는 방법을 배우는 것은 이 책의 핵심이라고 할 수 있다.

이 책에서 다루는 내용과 다루지 않는 내용

이 책을 쓴 목적은 진일보한 게임 디자인을 배우고 논의하는 것이다. 대학 강의 교재로 활용해도 손색이 없으며 특별한 목적 없이 편하게 읽기에도 부담이 없을 것이다. 이 책은 '시스템적인 사고방식'이라는 언어를 사용해 게임 디자인의 세계를 광범위하고 철저하게 분석하고 있다. 이제 막 게임 디자인에 입문한 사람이 본다면 힘든 여정이 될 수도 있다. 하지만 시스템적인 게임 디자인 이론을 기반으로 현업에서 검증된 디자인 사례를 배우고 싶다면 바로 이 책이 적격이다.

이 책은 단지 레벨이나 퍼즐 디자인이나 실제로 나와 있는 게임을 수정해보는 작업에 집중하지 않는다. 또한 애니메이션 스프라이트를 새로 만들거나 다이얼로그 트리를 가다듬는 것과 같은 협소한 주제에 국한된 책도 아니다. 대신 일반적으로 시스템이라 부르는 것들, 즉 전투 시스템, 퀘스트 시스템, 길드 시스템, 무역 시스템, 채팅 시스템, 마법 시스템과 같은 것들을 만드는 방법에 초점을 맞춘다. 이런 시스템들이 실제로 어떻게 동작하는지, 시스템적인 게임을 설계란 과연 무엇인지를 살펴보고 이런 시스템을 만드는 방법을 배워볼 것이다.

게임 디자인에 대한 이해를 돕고자 천문학, 입자 물리학, 화학, 심리학, 사회학, 역사와 경제 같은 다양한 영역을 참고할 것이다. 이런 영역은 시스템과 게임 디자인을 배우는 것과 관련이 없어 보이고 심지어는 방해가 되는 것처럼 보일 때도 있을 것이다. 하지만 다양한 분야에서 다양한 원리를 차용하는 것이야말로 성공적인 게임 디자이너가 되기 위한 지름길이다. 게임 디자이너는 유연하고 강건한 사고방식을 기반으로 다양한 지식과 원리를 찾아 배우려고 노력해야 한다. 이를 통해 자신의 게임 디자인을 더 나은 방향으로 개선할 수 있기 때문이다.

게임 디자인 업무에 종사하는 사람들도 이 책을 통해 게임 디자인의 원리와 방법론을 다시 살펴보고 이를 어떻게 실제 업무에 반영할 수 있는지 알 수 있는 좋은 기회가 될 것이다. 효과적으로 일하고 창조적인 분위기인 팀의 구성원이 되는 방법, 게임 디자인 프로세스와 성공적인 게임을 개발하는 방법도 배울 수 있을 것이다.

이 책의 목적

이 책에서 배운 원칙을 적용한다면 시스템과 게임이 상호작용하는 방법을 잘 알 수 있을 것이다. 이 책의 궁극적인 목적은 더 나은 게임과 게임 시스템을 디자인하는 것이다. 실용적이고 상업적으로 더 나은 게임을 디자인하는 것보다 더 높은 차원에서 개선할 수 있기를 바란다.

게임과 시스템은 서로가 서로를 비춰주는 빛이며 서로의 모습을 집중해서 볼 수 있게 만들어주는 렌즈이기도 하다. 게임과 시스템은 전체 시스템을 구성하는 2개의 큰 축이라고 할 수 있다(그림 I.1 참고). 그림에서도 볼 수 있듯이 게임과 시스템은 밀접하게 연관되어 있다. 시스템적인 사고방식이라는 측면에서 이들은 구조적으로 짝을 이루고 있으며 더 큰 시스템을 구축하는 2개의 기둥이라고 할 수 있다. 게임과 플레이어, 혹은 말과 기수의 관계라고 볼 수 있는 것이다. '게임+플레이어' 시스템은 이 책에서 가장 흔하게 찾아볼 수 있는 구조다.

그림 I.1 게임과 시스템은 서로 영향을 미치며 함께 하나의 더 큰 시스템을 만든다.

이 책의 목적은 독자가 이론과 원리라는 측면에서 시스템을 더 잘 이해하고, 시스템적으로 사고한다는 것이 무엇인지 알 수 있도록 도와주는 것이다. 여러 가지 정황을 고려해 사고하고 서로 이질적인 요소들이 상호작용을 수행해 완전히 새롭고 놀라운 존재를 만들어내는 방법을 이해하는 것도 포함된다. 시스템적인 사고방식 자체는 매우 광범위한 주제다. 게임 디자인을 통해 이 광범위한 주제를 이해할 수 있고, 반대도 마찬가지다.

좀 더 실용적인 측면에서 이 책의 첫 번째 목적은 현존하는 게임 디자인을 대상으로 시스템적으로 사고하고, 인지하고, 분류할 수 있는 프레임워크를 적용해 겉으로 아주 평범해보이는 시스템을 분석할 수 있도록 도와주는 것이다. 또한 게임 안에서 상호작용하는 시스템에 대해 배우고, 이들이 효과적으로 동작하고 있는지 판단한다.

즉, 디자이너들이 의도한 경험을 얻을 수 있도록 프레임워크가 설계됐는지 질문을 던지고 답을 확인할 수 있게 되는 것이다. 이 질문에 답하려면 게임의 각기 다른 레벨 구조를 이해해야 한다. 게임 디자이너로서 당신은 게임의 전체를 바라보고, 또 이를 구성하는 시스템과 하부의 개별적인 부분들, 이들의 관계를 파악하는 방법을 배워야 한다. 그림 I.2는 이 구조를 다이어그램 형태로 보여준다. 시스템적인 측면과 각각의 게임이라는 측면에서 좀 더 자세한 내용은 이 책을 통해 배울 수 있을 것이다.

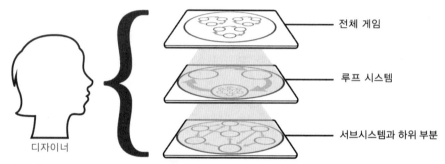

그림 I.2 게임 디자이너는 전체 게임과 루프, 그 하위 부분에 대해 때론 집중하고 때론 자유롭게 시각을 바꿀 수 있어야 한다. 이런 방식으로 게임과 게임 디자인을 바라보는 방법을 배우는 것이 이 책의 가장 중요한 목적이다.

하나의 시스템으로 게임을 이해하는 것을 바탕으로 한 다음 목적은 게임의 구조와 프로세스에 기반을 두고 디자이너가 의도한 경험을 명쾌하게 전달할 수 있는 게임을 디자인하는 것이다. 훌륭한 게임 디자이너가 되려면 머릿속의 아이디어를 게임에 반영하고 다른 사람들이 이를 경험할 수 있도록 현실성을 더해야 한다. 이런 과정은 한 번도 제대로 드러나지 않았던 어두운 그림자의 영역에서 모든 것을 완벽하게 정리하고 테스트할 수 있는 밝은 영역으로 게임 아이디어를 이끌어내는 것과 같다. 이는 결코 쉬운 과정이 아니며 한 번에 해결할 수도 없다. 게임 디자이너는 게임과 플레이어, 게임과 플레이어가 결합한 시스템과 끊임없이 상호작용해 그들이 전하고자 하는 게임 경험에 생명을 불어넣는다. 그림 1.3이 이 과정을 도식화해서 보여준다. 4장에서 이 다이어그램을 다시 한 번 다룰 것이며 이 책의 전반에 걸쳐 비슷한 시스템 루핑 다이어그램을 찾을 수 있다. 앞선 2개의 그림과 그림 1.3은 이 책의 기본적인 개념을 잘 보여준다.

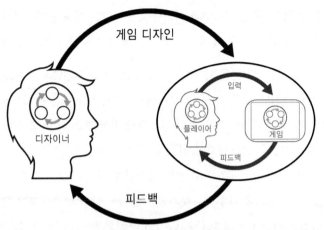

그림 I.3 디자이너의 루프. 디자이너가 하나의 서브시스템으로서의 플레이어와 게임을 대상으로 상호작용하는 시스템을 보여준다. 4장과 7장에서 좀 더 자세한 내용을 살펴볼 수 있다.

게임을 디자인하고 구현하는 팀에서 한 사람의 일원으로 어떻게 일을 할지도 상당히 중요하다. 다음 목표는 게임 개발의 한 부분인 게임 디자이너의 역할과 게임 디자인 프로세스를 이해하는 것이다. 여기에서 전달하고자 하는 지식은 단순한 이론이 아니라 실제로 수십 년 동안 게임을 만드는 팀에서 수행한 실무에 기반을 두고 있다. 성공하는 게임과 개발 팀은 과연 어떤 것이 다른지 데이터 기반의 통찰력을 제공할 것이다.

첫 번째 목표를 다시 상기해보자. 내가 이 책을 쓰는 가장 큰 목적은 독자들이 단순히 시스템적인 게임 디자인을 할 수 있도록 만드는 것뿐만 아니라, 이런 시스템과 관련된 지식을 일상에도 반영하게 만드는 것이다. 시스템은 우리 주변 어디에나 있다. 따라서 이들을 이해하는 것의 중요함은 아무리 강조해도 지나치지 않다.

이 책의 핵심 개념을 3가지로 정리하면 다음과 같다.

- **게임 디자인은 시스템 디자인이다.** 게임과 게임 디자인은 시스템적 사고에 대한 독특한 시각을 제공해준다. 게임 시스템을 탐험하고 매력적인 게임을 디자인하면서 시스템적인 사고를 효과적으로 내재화할 수 있을 것이다. 시스템을 이해함으로써 더 나은 게임을 만들고, 더 나은 게임을 만듦으로써 시스템에 대한 사고가

깊어질 수 있다. 게임 디자인과 시스템적인 사고는 서로를 바라보는 렌즈다. 서로가 서로에게 집중할 수 있게 해주고 상대방의 가치를 높여주기 때문이다.

- **시스템적인 게임 디자인을 자세하게 이해하려면 시스템 안에서 사고하는 방식이 필요하다.** 시스템적인 게임 디자인은 시스템 안에서 사고하는 방식에도 영향을 미친다. 오늘날 게임 디자인은 단순한 이론에서 벗어나 좀 더 탐색적이며 즉흥적으로 수행된다. 게임을 시스템으로 인지해 이를 설계하고 만드는 지식을 쌓는다면 게임을 넘어 확장해서 적용할 수 있는 디자인 원리를 깨달을 수 있을 것이다. 이런 원리를 통해 더 나은 게임, 더 재미있는 게임을 만들 수 있으며 이런 과정을 통해 시스템적인 사고방식에 대한 전반적인 이해를 높일 수 있다. 각각의 과정에 숙련된다면 양쪽 모두 탁월해질 수 있다.

- **20세기에 읽고 쓰는 능력이 중요했던 것처럼 21세기에는 시스템적인 사고방식이 중요하다.** 20세기 초반에는 대부분 읽고 쓰는 방법을 몰라도 살아갈 수 있었다. 하지만 시간이 지남에 따라 글을 읽고 쓸 줄 모른다면 일상적인 생활조차 영위하기 힘들어졌다. 이와 마찬가지로 시스템을 인지하고 분석하며, 시스템을 만드는 방법을 이해하는 것이 21세기의 핵심적인 능력이 됐다. 많은 사람이 이런 능력 없이도 일상생활을 영위하고 있다. 하지만 시간이 흐르면서 시스템적인 사고방식은 읽고 쓰는 것과 동일한 위상과 가치를 가진 능력이 되어가고 있다. 시스템적인 사고방식은 세상을 다루는 자연스러운 사고방식으로 자리 잡고 있다. 이는 더 이상 의심할 여지조차 없다. 제한적이고 선형적이며 과거 회귀적인 사고를 지속하는 사람들은 어느 때보다 빠른 변화가 밀접하게 일어나는 현재의 세계를 감당하지 못하고 뒤쳐질 수밖에 없다. 세상을 시스템으로 파악할 수 있어야 하며 이런 사고방식을 활용해 게임을 디자인해야 한다. 이런 사고방식을 게임 디자인에 반영한다면 우리 세계가 점점 더 복잡해지면서 상호작용을 거듭할수록 당신에게 도움이 될 것이다.

이 책을 활용하는 방법

다양한 방법으로 이 책을 읽고 활용할 수 있을 것이다. 우선 이 책을 순서대로 읽는다면 가장 먼저 기본적인 이론을, 그런 다음 게임 디자인 원리를, 마지막으로 실용적인 항목들에 집중할 수 있다. 이 방법은 가장 시간이 많이 필요하지만 그만큼 실용적인 측면에서 게임 디자인의 맥락을 파악하는 데 효과적인 방법이다. 이 책의 이론적인 부분을 읽는 것은 고층 빌딩을 짓고자 지반을 다지는 것과 같다. 높은 건물을 짓는 데 아래로 내려가는 것이 잘못된 방향처럼 보일 수도 있다. 하지만 이 과정을 통해 이후에 건물이 무너지지 않도록 할 수 있다. 이와 마찬가지로 게임에 적용하기 전에 시스템 자체를 더 잘 이해하는 것이 추후에 성공적인 게임을 만드는 데 도움을 줄 수 있다(그런 다음 이 책에서 다루는 시스템 부분으로 다시 돌아와 배운 것들을 렌즈 삼아 시스템을 살펴본다면 더 잘 이해할 수 있을 것이다).

게임 디자인을 다루는 부분을 보기 전에 이론과 관련된 모든 이론을 살펴보지 않아도 상관없다. 이 책에서 다루는 이론과 원리, 실용 부분을 필요한 대로 살펴보면 그만이다. 시스템이 동작하는 방법을 일부라도 먼저 습득하는 것을 권장하지만 게임 디자인에 어떻게 적용될 수 있는지 미리 살펴봐도 상관없다. 중요한 것을 놓치지 않고 실용적인 면을 살펴볼 수 있을 정도로 충분한 이론적인 배경만 있으면 된다. 시스템적인 사고는 실제 디자인 업무를 개선하는 데 도움을 줄 수 있다. 그리고 이 책에서 다루는 실용적인 측면들을 통해 더 완성도 높은 도움을 받을 수 있을 것이다.

빠르게 둘러보기

이 책은 1부: 기초, 2부: 원리, 3부: 실습의 3개 부로 구성돼 있다. 앞서 살펴본 바와 같이 각각의 부분은 앞서 살펴본 내용에 기초하고 있다. 1부는 가장 이론적인 부분으로 시스템과 게임, 그리고 이들의 상호작용을 조사해본다. 2부에서는 하나의 시스템으로 게임을 디자인하고, 게임 안에 구현돼 있는 시스템을 디자인하는 데 필요한 기본적인 요소들을 만들고 적용해본다. 마지막으로 3부에서는 실제로 게임을 디자인하고, 만들고 테스트하는 것을 알아본다.

이 3가지 부분은 서로 순환하는 구조로 이뤄져있다. 1부의 이론적인 부분을 이해하려면 3부 실습의 내용을 알고 있어야 한다. 이 책 역시 그림 I.4에서 보여주는 것처럼 하나의 시스템을 구성하고 있다. 각각의 부는 서로에게 영향을 미치는 순환 구조를 형성하고 있으며 이런 구조가 이 책의 핵심적인 부분이다. 책을 읽어 나가면 이런 구조에 좀 더 쉽게 적용할 수 있을 것이다.

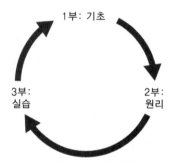

그림 I.4 이 책은 기초, 원리, 실습으로 구성되며 게임 디자인이라는 더 큰 시스템을 구성한다.

각 장별 개요

1장, 시스템의 기초에서 1부가 시작된다. 1장에서는 세상을 바라보는 다양한 방법을 알아본다. 여기서 지난 몇 세기 동안 시스템적 사고방식이 어떻게 진화해왔는지 간략히 알아본다. 또한 시스템적 사고방식이 중요한 이유도 알아본다. 테세우스의 배를 원자 단위까지 살펴보고 이를 통해 가시적이지는 않더라도 현실에 얼마나 많은 시스템이 존재하고 있는지 알아본다. 아주 추상적인 내용처럼 보이지만 시스템과 게임 디자인을 더 깊게 이해하고 플레이어들이 왜 기대하지 않은 방식으로 게임을 경험하는지 알 수 있게 해줄 것이다.

2장, 시스템 정의에서는 시스템 자체를 좀 더 깊고 자세히 연구한다. 이 책에서 다양하게 언급되는 구조와 기능을 정의하게 될 것이다. 시스템에서 일반적으로 발견되는 부분과 순환에 대한 계층구조를 처음으로 접할 수 있을 것이며 시스템적인 게임을 디자인할 수 있게 될 것이다. 그리고 코브라 예제, 스노우볼과 평형 상태, 사물들 사이에 경계가 만들어지는 방법, 분명하게 정의하기 힘든 창발의 속성 등을 알아본다. 이를 통해 게임 안의 세계가 갖는 의미와 이를 어떻게 만들어야 할지에 대한 아이디어를 얻을 수 있다. 이 시점에서 모든 곳에 시스템이 존재한다는 것을 알 수 있다. 이 관점으로 게임을 바라볼 준비가 된 것이다.

3장, 게임과 게임 디자인의 기초에서는 "게임이란 무엇인가?"와 같이 가장 기본적이고 중요한 질문의 답을 찾아본다. 이런 질문의 답이 항상 명쾌하지는 않을 것이다. 또한 현재의 게임 디자인 이론들이 갖고 있는 한계도 알게 된다. 아울러 게임 디자인이 과거에 어떻게 수행됐고 지금까지 어떤 과정을 거쳐 현재의 명확한 시스템적 디자인 방법론으로 거듭나게 됐는지 살펴본다.

4장, 상호작용과 재미에서는 게임 디자인의 이론과 실제에서 큰 도움이 되는 중요하지만 제대로 파악하기 힘든 상호작용 개념을 알아본다. 다양한 상호작용뿐만 아니라 플레이어가 어떻게 게임 멘탈 모델을 만드는지, 디자이너로서 당신이 어떻게 플레이어와 게임을 대상으로 상호작용을 수행해야 하는지도 알아본다. 또한 역시 골치 아픈 문제 중의 하나인 재미를 정의해본다. 디자이너로서 당신은 게임을 디자인하는 이유를 고민해보는 것과 동시에 이 관점에서 재미가 의미하는 바를 함께 찾아봐야 할 것이다.

5장, 시스템적인 게임 디자이너로 작업하기로 2부가 시작된다. 1부에서 이론으로 가득 찬 우주를 항해했다면 2부에서는 다시 지상으로 내려온다. 1부를 통해 배웠던 모든 내용이 게임 디자인에 반영되고, 일반적인 시스템에서 발견되는 동일한 구조가 게임에도 반영되는 것을 살펴본다. 5장에서는 디자이너로서 당신이 갖는 장점을 알게될 뿐만 아니라 어떤 부분에서 다른 사람들의 도움이 필요한지도 알게 된다.

6장, 전체적 경험 디자인에서는 시스템 디자인과 게임 컨셉을 가장 고차원 수준에서 살펴본다. 또한 블루 스카이 디자인 기법과 한 문장으로 당신의 아이디어를 표현하는 방법을 배운다.

7장, 게임 루프 작성에서는 다시 시스템 루프의 이론을 살펴보고 게임 디자인에 적용해본다. 게임 내부에 존재하는 루프, 플레이어의 멘탈 루프, 이들 사이에 존재하는 상호작용 루프와 디자이너가 이런 게임+플레이어 시스템을 외부에서 바라보면서 만들게 되는 루프 등의 다양한 루프를 살펴본다. 게임 시스템에서 일반적으로 찾아볼 수 있는 루프를 자세히 알아보고, 루프를 디자인하고 문서화하는 툴과 방법도 알아본다.

8장, 게임 부분 정의에서는 게임 시스템을 만들 때 필요한 가장 기본적인 요소들을 살펴본다. 게임 시스템에 내재돼 있는 부분을 명확하고 자세히 이해할 필요가 있다. 또한 각 부분의 속성과 행위를 정의할 수 있어야 한다. 이를 통해 게임 루프를 어떻게 구성하는지는 7장에서 다룬다.

9장, 게임 밸런스 설정에서 3부가 시작된다. 이 마지막 부에서는 실질적으로 게임을 디자인하고 만드는 과정에 초점을 맞춘다. 3부에서 앞 2개의 장은 게임 밸런스에 초점을 맞춘다. 8장에서는 게임의 루프와 부분의 밸런스를 잡는 데 사용되는 디자이너 기반, 플레이어 기반, 분석적, 수학적 모델링 기법을 알아본다. 또한 전이와 비전이 시스템도 알아보고 이들을 대상으로 효과적으로 밸런스를 잡는 방법도 살펴본다.

10장, 게임 밸런스 실습에서는 게임 밸런스의 나머지 부분을 알아본다. 9장에서 배웠던 기법을 활용해 효과적인 성장과 균형 잡힌 경제를 위한 밸런스 시스템을 만드는 방법, 실제 플레이어의 행동에 기반을 두고 밸런스를 잡는 방법을 알아본다.

11장, 팀으로 작업하기에서는 게임 디자인에서 한 발 벗어나 성공적인 개발 팀의 일원이 되는 과정을 알아본다. 정량적인 방법과 앞선 경험을 통해 베스트 프랙티스를 만드는 방법을 알아본다. 이 과정 역시 당신이 훌륭한 게임 디자이너가 되는 데 큰 도움을 줄 것이다. 11장에서는 게임 개발에 필요한 다른 역할도 간단히 살펴본다. 게임 개발에 어떤 사람들이 필요한지 이해할 수 있는 기회가 될 것이다.

12장, 게임 제작 실습에서는 앞서 살펴본 모든 기초와 원리, 현실적인 기법 등에 기반을 두고 실제 게임을 만드는 과정의 중요한 측면들을 짚어가면서 살펴본다. 게임을 개발하려면 아이디어를 효과적으로 커뮤니케이션할 수 있어야 한다. 당신이 플레이어에게 전달하고자 하는 게임의 경험과 최대한 가까운 것을 만들어내려면 빠르게 프로토타입을 만들고 이를 효과적으로 플레이테스트할 수 있어야 한다. 게임 개발의 전반적인 내용들을 이해함으로써 게임 디자인뿐만 아니라 개발과 관련된 다른 부분들, 플레이하는 사람들에 대해서도 좀 더 깊게 이해할 수 있을 것이다. 이 또한 게임 디자이너들의 궁극적인 목표가 될 수 있다.

요약

이 책은 기본적인 이론과 시스템적인 원리, 실용적인 과정을 통해 게임 디자인이라는 분야에 접근하고 있다. 시스템이 어떻게 동작하는지 이해하고 시스템적 사고방식과 원리를 실제로 적용해봄으로써 좀 더 나은 게임을 만들 수 있을 것이다. 또한 게임 월드 안에 존재하는 시스템을 살펴보고 이를 통해 디자인하려는 시스템을 더욱 효과적으로 만들어낼 수 있을 것이다. 그 결과 원칙과 업계에서 검증된 방법을 활용해 시스템에 기반을 둔 창조적이며 몰입할 수 있는 게임을 만드는 능력을 향상시킬 수 있게 될 것이다.

문의

한국어판의 정오표는 에이콘출판사의 도서정보 페이지 http://www.acornpub.co.kr/book/advanced-game에서 확인할 수 있다. 한국어판에 관해 질문이 있다면 에이콘출판사 편집 팀(editor@acornpub.co.kr)이나 옮긴이의 이메일로 연락주길 바란다.

기초

시스템의 기초

시스템에 기반을 둔 게임을 만들려면 가장 먼저 시스템이 어떤 것인지 명확하게 정의해야 한다. 1장에서는 세상을 바라보고 인지하는 방식을 깊이 있게 살펴볼 것이다. 그중에서도 시스템에 기반을 둔 사고방식과 이런 사고방식이 어떻게 발전해왔는지에 대해 더 초점을 둘 것이다. 이런 과정을 거쳐 시스템에 기반을 두고 사고하고 이를 게임 디자인에 반영하는 것이 얼마나 중요한지 이해하는 것이 1장의 목표라고 할 수 있다.

1장의 마지막에는 '배'에서 출발해 '바다'에 이르는 이상한 여행을 떠나볼 것이다. 이 여행을 통해 시스템과 사물, 게임을 더 명확하게 인지할 수 있을 것이다. 그럼 이제 출발해보자.

관찰하고 사고하는 방법

우리가 생각하는 방법을 궁금해 하고 이에 대해 의문을 가져본 사람은 거의 없을 것이다. 자신의 인지 활동에 대한 인지를 메타인지^{metacognition}라고 부른다. 게임 디자이너는 스스로 어떻게 사고하는지 뿐만 아니라 플레이어들이 어떻게 생각하는지도 잘 알아야 한다. 게임 디자이너들은 사람들이 세상을 어떻게 바라보고 이해하는지, 사고방식에는 어떤 특징과 한계가 있는지 알아야 한다. 이 책이 인지 심리학과 직접 관련된 것은 아니지만 그중 일부를 다룰 수밖에 없는 이유다.

세상에는 다양한 사고방식이 존재한다. 미국인 리처드 니스벳$^{Richard\ Nisbett}$과 일본인 타카히코 마스다$^{Takahiko\ Masuda}$가 수행한 '미시간 물고기 테스트' 연구를 한번 살펴보자.

그림 1.1을 빠르게 살펴보자. 5초면 충분하다. 그런 다음 눈을 감고 무엇을 봤는지 설명해보자.

그런 다음 다시 그림을 보고 설명한 내용과 비교해보자. 달팽이나 개구리도 설명에 포함됐는지, 3마리의 큰 물고기만 봤다고 설명하지는 않았는지, 5마리의 물고기와 수초, 바위도 설명했는지 확인해보자.

그림 1.1 니스벳의 미시간 물고기 테스트(사용 승인을 받음)

니스벳과 마스다는 학생들에게 그림을 5초 동안 보여주고 그들이 본 것을 설명하는 실험을 수행했다. 대부분의 미국인 학생은 큰 물고기 3마리만 언급했고 일본인 학생들은 그보다 더 자세한 내용을 설명했다. 이 실험은 하나의 그림을 다양하게 해석할 수 있음을 보여준다. 미국인 학생들은 3마리의 큰 물고기를 가장 빠르게 인지했지만 수초와 개구리, 달팽이나 더 작은 물고기는 거의 인지하지 못했다. 일본인 학생들은 화면 전체를 더 민감하게 인지하고 설명했다. 일본인 학생이 큰 물고기 3마리만 언급한 경우는 드물었다. 서로 다른 문화권에 속하는 학생들은 문자 그대로 같은 그림을 다르게 바라본 것이다.

이 연구를 통해 니스벳은 미국인(일반적으로 서구 문명에 속한 사람)들은 전체보다 부분에 좀 더 집중하는 경향이 있다는 결론을 내렸다. 미국인들은 하나의 장면을 개별적인 부분으로 나눠서 인지하지만 각 부분과 부분 사이의 관계는 잘 인지하지 못했다. 이와 반대로 동아시아인들은 좀 더 종합적으로 이미지를 인지하며 반대로 개별 부분에 대한 인지가 상대적으로 부족했다.

미시간 물고기 테스트는 다양한 사람이 다양하게 사고한다는 것을 보여준다. 사람들은 "다른 사람들 역시 나와 똑같이 사고할 것이다."라고 생각한다. 하지만 이는 사실이 아니다. 시스템에 기반을 둔 사고를 효과적으로 수행하고 이를 게임 디자인에 반영하려면 우선 사람들이 생각하는 방식부터 이해해야 한다.

현상학적 사고

서구 문화에는 기원 이후 전통적으로 이어져 내려오는 사고 이론이 존재한다. 우리가 경험한 그대로가 세상의 전부이며, 신비주의 철학이나 아리스토텔레스의 논리, 혹은 관찰을 통해 설명이 가능한 예측 불가능한 현상도 이런 세상의 범주에 포함된다는 것이다.[1] 서로 다른 현상이 한꺼번에 관찰되지만 이들이 일관적인 관

---

1. 여기서 사용된 '현상학적 사고'라는 단어는 후대 철학자인 칸트, 헤겔, 후설 등이 세계를 이해하고 인지하고자 사용한 '현상학적 사고'라는 단어의 의미와 다르다.

계나 원리에 의해 발생한 것이 아니라 각자가 그 자체로 존재하는 것이라고 설명한다.

이 논리의 가장 유명한 예는 천동설이다. 지구가 모든 것의 중심에 있고 별과 행성, 달, 태양이 지구 주위를 바퀴처럼 돌고 있다는 것이 천동설의 핵심이다. 천동설은 고대 바빌로니아에서 시작해 오랫동안 다양한 현상과 철학이 혼합된 하나의 진리로 여겨졌다. 밤과 낮이 뒤바뀌는 것은 물론 인류야 말로 존재하는 모든 것의 중심이라는 생각이 천동설로 설명이 가능했다. 시간이 지나면서 천문학자들은 좀 더 정교하게 천체를 관찰하게 됐고 때로는 이 불변의 진리에 반하는 것처럼 보이는 현상들도 관찰했다. 행성이 일반적인 궤도의 반대 방향으로 움직이는 역행^{retrograde} ^{motion} 현상이 좋은 예라고 할 수 있다. 오늘날에는 상대적으로 느리게 움직이는 외행성보다 지구가 더 빠르게 움직여 이런 역행 현상이 발생한다는 것을 알고 있다. 하지만 모든 천체가 지구를 중심으로 움직인다고 전제하면 이런 현상을 설명하기 쉽지 않다.

천동설로 설명하기 힘든 현상들이 점점 늘어나면서 결국 좀 더 명확하고 이론적이며 시스템에 기반을 둔 사고방식이 등장한다. 시스템에 기반을 둔 사고방식은 이후에 좀 더 자세히 살펴볼 것이다. 현상학적 사고방식은 수천 년 동안 이어져왔고 오늘날에도 여전히 많은 사람이 간단한 현상과 원인에 기반을 둔 현상학적 방법론을 통해 세계를 인지한다. 여전히 해는 매일 다시 떠오르고 지구 주위를 도는 것처럼 보인다. 이는 오늘 눈이 내리니까 날이 더 따뜻해지지 않을 거라고 생각하는 것과 같다. 혹은 작년에 회사가 돈을 벌었으니 올해도 작년과 동일한 전략을 수행하면 똑같이 돈을 벌 수 있을 것이라는 생각하는 것과 같다. 이해의 폭이 제한돼 있는 사람들은 이런 방식으로 세상을 바라본다. 이들은 살아 움직이는 시스템의 영향을 극단적으로 받아들인다.

파도가 해변에서 빠져나가면서 뻘이 드러나는 걸 보고 조개를 잡을 절호의 기회라고 생각하는 사람과 이 증상이 쓰나미의 전조일지 모른다고 생각하는 사람을 비교해보자. 또한 손쉽게 대출을 통해 큰돈을 마련할 수 있으니 대출을 통해 큰 집을 사려는 사람과 신용 대출로 인해 발생할 수 있는 신용 불량과 재정 붕괴를 염려하는 사람을 비교해보자. 세상을 눈에 보이는 하나의 현상으로만 이해하고 그 이면에 숨겨진 관계와 시스템을 이해하지 못하는 현상학적 사고방식은 오늘날 적합하지 않다. 다행히 우리는 더 나은 방법이 있다는 것을 알고 있다.

환원주의적 사고와 뉴턴의 유산

아이작 뉴턴 Isaac Newton 은 시스템에 기반을 둔 사고방식이 자리 잡는 데 막대한 기여를 했다. 제한된 관찰에 기반을 둔 현상학적 사고방식을 과학적인 모델에 기반을 둔 사고방식으로 전환하는 데 그가 기여한 바는 굳이 강조하지 않아도 이미 충분히 알고 있을 것이다. 환원주의적 사고에서 탈피하는 데도 뉴턴이 미친 영향은 지대하다.

프랑스의 철학자인 데카르트 René Descartes 는 1637년 출간한 그의 대표작인 『방법서설 Discourse on Method』에서 환원주의적인 시각을 보여준다. 그는 우주와 만물은 더 작은 것으로 분리가 가능한 하나의 거대한 기계와 같으며 이 부분들이 동작하는 방법을 알면 전체가 움직이는 방법도 알 수 있다고 주장했다. 이런 관점에서 본다면 아무리 복잡한 현상도 부분의 합일 뿐이고 각각의 부분이 동작해 전체가 움직이게 되는 것이다. 데카르트는 "시계는 단지 톱니바퀴와 추로 구성되지만 사람보다 더 자세히 시간을 측정할 수 있다."고 말했다.

뉴턴이 데카르트와 다른 환원주의 철학자들이 주장한 우주의 개념을 공유한 것도 사실이며, 데카르트가 주장한 세상 만물이 시계처럼 움직인다는 아이디어를 철학의 영역에서 수학과 과학의 영역으로 가져온 것도 사실이다. 이 내용들을 좀 더 자세히 살펴보자.

과학적 방법론

일반적으로 과학적 방법론은 크게 2가지 부분으로 구성된다.

- 첫째, 무언가를 관찰한 다음 추측을 통해 특정한 조건(관찰한 것들의 하위에 어떤 것이 있는지에 기반해)에서 어떤 일이 일어날지 가설을 세운다. 그런 다음 검증을 통해 가설이 옳은지 확인한다.

- 둘째, 이 과정을 반복해 관찰과 가설의 다양함을 검증한다.

관찰을 통해 가설을 세울 때는 각각의 조건이 결과에 어떤 영향을 미치는지 알고자 변경되는 하나의 조건을 제외한 모든 조건이 이전과 동일해야 한다. 분석의 기초는 관찰 대상을 더 작은 것으로 나누고 각각의 부분 혹은 조건을 순서대로 관찰하는 것이다. 이런 방법을 사용해 우주의 원리를 발견하고 이해할 수 있다는 것이 데카르트 철학의 핵심 교리다. 이전의 현상학적 세계관과 구분되는 과학적인 사고방식이 갖는 가장 큰 특징이라고 할 수 있다.

과학적 방법론의 두 번째 부분은 관찰된 사실과 검증된 가설에 기반을 두고 우주(혹은 그보다 작은 부분)를 설명할 수 있는 모델을 만드는 과정이다. 이 모델이 잘 만들어 졌다면 답변이 필요한 새로운 질문을 던질 수 있을 것이며, 새로운 관찰을 통해서 더 많은 가설이 검증될 수 있을 것이다. 이런 과정을 거쳐 만들어진 모델이 변하지 않는다면 신뢰를 얻을 수 있다. 그렇지 못한다면 이 모델은 주류에서 밀려날 수밖에 없다.[2]

'가설에 기반을 둔 분석'이라는 방법론은 본질적으로 환원주의에 가까우며, 오늘날 사고방식의 대부분을 차지하는 환원주의와 결정주의에 광범위하게 적용될 수 있다. 환원주의적 관점에서 본다면 겉으로는 복잡해 보이는 문제를 좀 더 단순한 문제로 해체해서 명확한 답변을 찾을 수 있다. 환원주의적 사고방식으로 본다면 세계는

---

2. 여기서 설명하는 방식은 과학이 동작하는 이상적인 방식이라고 할 수 있다. 과학자들은 자신이 선호하는 이론을 고집하고 그렇지 않은 이론은 쉽게 팽개치려는 경향이 있다. "과학에서 가장 큰 진보는 장례식장에서 이뤄졌다."라는 말이 오랫동안 구전돼 온 이유이기도 하다. 때로 오래된 이론의 수문장 역할을 하던 과학자들이 은퇴하거나 사망한 다음에야 새로운 아이디어들이 부각될 수 있었기 때문이다. 1962년 토마스 쿤(Thomas Kuhn)이 주장해 주목받은 '패러다임의 전환'은 과학이 동작하는 방식을 설명하는 개념이다. 이 개념은 과학 철학뿐만 아니라 사고방식의 변화를 이해하는 데도 도움이 된다.

마치 기계처럼 결정론적으로 동작하고 있으므로 한 번 일어난 일이 얼마든지 다시 일어날 수 있다. 또한 모든 일이 절대 무작위로 발생하는 것이 아니며 조건과 상황을 완벽하게 파악할 수 있다면 미래를 예언할 수 있다고 생각한다. 알버트 아인슈타인 이 동료 학자인 막스 보른$^{Max\ Born}$과 양자역학에 대해 논의하며 주고받은 편지에서도 이런 시각이 보인다. 이 편지에서 아인슈타인은 "자네는 주사위를 던지는 신을 믿지만 나는 확실히 존재하는 세상의 완벽한 규칙과 질서를 믿네."라고 말했다(Einstein, Born, and Born 1971).

이런 세계관에서는 우주처럼 광범위한 문제를 예측할 수 있는 더 작은 문제로 치환하는 것이 가능하다. 따라서 이런 시각에 기반을 둔 분석 기법을 사용하면 문제를 일으키는 근본적인 원인을 찾아 수정할 수 있다. 이런 사고방식은 여러 가지 이점을 제공해준다. 지난 수세기 동안 이 방법으로 다양한 측면의 과학적 진보를 이룰 수 있었다. 식량과 주거지 같이 인류의 생존에 필수적인 요소뿐만 아니라 커뮤니케이션과 무역 같은 분야도 이 방법을 통해 발전할 수 있었다.

공학 분야에서도 탁월한 성과를 일궈왔다. 컴퓨터 과학 수업에서는 학생들에게 복잡한 문제를 이해하고 구현할 수 있는 수준까지 나누는 방법을 가르친다. 건축 분야에서도 유한 요소 해석$^{Finite\ element\ analysis}$ 기법을 사용한다. 이 기법은 대상의 각 부분(예를 들어 철제 구조에 사용되는 강철 빔)을 개별적인 부분^{elements}으로 나누고 이 부분에 속성을 할당한다. 그런 다음 각 부분의 강도와 응력 등 할당된 속성을 분석한다. 각 부분이 합쳐진 전체 역시 동일한 방식으로 분석한다. 이런 분석 기법은 각 속성이 근사치에 가까울 수밖에 없다는 한계가 있지만 오늘날 비행기에서 우주선에 이르기까지 다양한 구조물을 만들 때 유용하게 사용된다.

사회적인 관점에서는 이런 논리적이고 분석적이며 결정론적인 사고방식이 과하게 적용되는 것처럼 보일 때도 있다.[3] 우리는 상황을 아주 간단하게 요약해 결정적인

---

3. 미국은 문화적으로 이런 현상이 더욱 도드라져 보인다. 노르웨이의 한 저널리스트는 내게 미국인들이 다른 사람들과 다른 이유를 '모든 문제에 해답이 있다고 믿는 것'이라고 설명했다. 그 이야기를 들을 당시 나는 그의 이야기에 동의했다. "그럼 그 반대로 모든 문제에 답이 없나?"라고 생각했기 때문이다(Sellers, 2012).

요소들만 남기는 방법을 공격적으로 추구한다. 때론 이런 방법이 복잡한 상호작용을 깡그리 무시하고 단 하나의 해결책만 제시하고 결국은 이로 인해 오류가 발생하게 만드는 것처럼 보인다. 사람들은 동시에 2개의 일이 발생할 때 그 상관관계correlation와 인과관계causation를 헷갈려 한다. 아이스크림 소비가 늘어날 때 익사 사고도 늘어나므로 아이스크림이 익사를 유발한다고 말하는 것이 그 단적인 예라고 할 수 있다. 이 말은 잠재돼 있는 사실을 깡그리 무시한 것이다. 여름에 날이 더워지면 사람들이 더 자주 수영을 하고 더 자주 아이스크림을 먹는다. 아이스크림과 수영은 상관관계가 있을 뿐 하나가 다른 하나를 유발하는 인과관계는 아니다.

상관관계와 인과관계를 혼동하는 예는 아주 많다. 해적이 줄어들수록 지구의 기온이 상승했으므로 해적을 몰아낸 것이 지구 온난화의 원인이라고 말하는 것도 그 예라고 할 수 있다. 저명한 자연과학 연구 저널인 <네이처>는 2세 미만의 아이들이 조명을 켜놓고 자면 나중에 성장해서 근시가 될 가능성이 높다는 내용의 논문을 게재한 적이 있다(Quinn et al. 1999). 하지만 동일한 증상을 연구한 다른 논문은 부모가 근시라면 아이들 역시 근시일 가능성이 높다는 사실을 밝혀냈다(Gwiazda et al. 2000). 근시는 유전적 현상이며 근시를 가진 부모들이 아이들을 위해 밤에 조명을 더 많이 켰던 것이다. 전문적인 교육을 받은 과학자임에도 불구하고 앞서의 논문을 게재했던 퀸과 동료들은 밤에 불을 켜고 자는 아이들과 근시가 인과관계에 있다는 착각에 빠졌던 것이다.

경제 분야에서도 유사한 예를 찾아볼 수 있다. GDP의 90% 이상에 달하는 과도한 국가의 부채가 경제 성장을 저하시키며, 이로 인해 국민의 삶이 어려워진다는 논쟁이 바로 그것이다(Reinhart and Rogoff 2010). 하지만 그 이후 다른 경제학자들이 밝혀낸 바에 따르면 이는 인과관계가 거꾸로 된 것이었다. 성장이 둔화되면서 국가 부채가 늘어나기 시작하는 것이 이런 증상의 직접적인 원인이었다(Krugman 2013). 증상과 원인이 명백하지 않은 경제 분야에서 구체적이고 직접적인 원인을 찾는 것은 쉽지 않은 일이다. 경제학자들은 앞으로도 이에 관한 논쟁을 이어갈 것이다.

간단하고 논리적인 방법으로 해결할 수 있는 상황은 극히 드물다. 분석을 통해 복잡한 영역을 더 간단한 요소들로 분해하는 것은 때로 불완전하고 오해의 소지가 있는 결과를 도출해낼 뿐이다. 대니엘 데닛$^{Daniel\ Dennett}$은 1995년 '맹목적 환원주의$^{greedy\ reductionism}$'를 주장하며 사람의 신체는 산소, 탄소, 수소로 구성된 화학물질의 집합체에 지나지 않는다고 말했다. 또 다른 연구에서는 인간의 신체는 그 가치가 160달러에 달할 뿐이라고 말했다(Berry 2011). 이런 주장들은 무언가를 놓치고 있는 것 같다. 원자들이 서로 결합하고 영향을 미치면 다른 차원의 효과가 발생하지 않을까?

또 다른 선형적이고 환원적인 사고방식의 유명한 예로 '코브라 효과'를 들 수 있다. 2001년 독일의 경제학자인 호스트 지벨트$^{Horst\ Siebert}$는 동일한 이름의 책에서 이 내용을 다뤘다. 영국이 인도를 통치할 무렵 독이 있는 코브라가 인도 전역에서 심각한 문제로 대두되고 있었다. 이에 인도 정부는 코브라를 잡아 머리를 가져오면 보상하기로 결정했다. 이런 조치로 인해 코브라 사냥이 유행처럼 번졌고 사람들을 괴롭히던 코브라의 개체수는 급격하게 줄어들었다. 이것이야말로 당국이 원하던 결과였다. 적절한 조치와 그로 인해 발생한 선형적인 결과처럼 보였다. 사람들이 가져온 코브라의 머리에 보상금을 지급하면 사람들이 코브라를 사냥하고, 이를 통해 인도 전역에서 위험한 코브라가 사라지는 것이다. 하지만 정부는 곧 코브라 거래가 활발하게 이뤄지고 있다는 것을 알게 된다.

정부는 분명 무언가 의심스러운 일이 진행되고 있다고 판단하고 더 이상 코브라의 머리에 대해 보상하지 않겠다고 공표했다. 지금 생각해보면 충분히 예측할 수 있는 일이 벌어지고 있었다. 사람들은 코브라를 길러서 이를 죽인 후 머리를 갖고 가서 보상금을 받았던 것이다. 정부가 보상금 지급을 중단하자 더 이상 코브라를 기를 이유가 없었다. 코브라를 기르고 있던 사람들은 코브라는 야생 환경에 풀어놓아 버렸다.

이렇게 원하던 결과도 아니고, 의도하지도 않았지만 기대했던 것보다 더 나쁜 결과를 얻게 되는 수많은 예가 있다. 기대하지 않았던 결과가 긍정적인 경우도 있다. 나중에 우리가 살펴볼 1990년대 미국의 자연에 소수의 늑대를 풀어놓았던 경우가 여기에 속한다.

진자의 예(그림 1.2 참고)를 통해 선형적이고 환원적이며 결정론적인 사고방식에 대한 논의를 마무리하자. 기다란 막대 끝에 무게 추를 달고 다른 한 쪽을 고정하면 정확하게 예측 가능한 진폭을 얻을 수 있다. 진자의 움직임은 거의 동일하기 때문에 1851년 프랑스의 물리학자 레옹 푸코Léon Foucault는 이를 활용해 지구의 자전을 과학적으로 증명했다. 이는 데카르트와 뉴턴 같은 저명한 환원주의 학자들이 주장한 '시계처럼 움직이는 세계'를 증명한 좋은 예라고 할 수 있다.

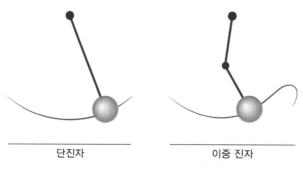

단진자   이중 진자

그림 1.2 단진자(왼쪽)와 이중 진자(오른쪽)

하지만 진자에 아주 작은 변화라도 발생하면 움직임 전체가 바뀐다. 막대 중간에 관절을 추가하고 이 관절이 자유롭게 움직인다면 충분히 예측할 수 있었던 추의 움직임은 완전히 예측 불가능한 것으로 바뀐다. 두 개의 진자를 갖는 이중 진자의 움직임은 무작위보다는 혼돈에 가깝다. 이중 진자는 동작하기 전의 조건에 매우 민감하게 반응한다. 진자가 움직이는 범위는 예측할 수 있지만 범위 안에서 어떻게 움직일 지는 예측할 수 없다. 이중 진자는 조금만 건드려도 전혀 예측할 수 없을 정도의 막대한 경로 변화를 만들어낸다. 그림 1.3은 이중 진자의 다양한 움직임을 보여준다 (Ioannidis 2008). 동일한 지점에서 이중 진자를 두 번 떨어뜨린다고 해도 이중 진자는 두 번 모두 완전히 다른 움직임을 보여줄 것이다. 시작 조건의 사소한 차이가 사소한 경로 차이를 만들어내는 것이 아니라, 매번 이전과 완전히 다른 결과를 보여주는 것이다.

그림 1.3 혼란스럽고 유일하며 예측 불가능한 경로를 그리는 이중 진자(Ioannidis 2008)

이런 종류의 움직임은 극히 일부만 파악이 가능하므로 전체를 완전히 이해하기 힘든 경우가 많다. 하나의 진자가 어떻게 움직이는지는 어느 정도 파악할 수 있다. 부분적인 움직임이 선형적인 효과를 일으키기 때문이다. 여기에 관절과 하나 더 추가하는 것과 같은 가변성이 더해지면 결과를 예측할 수 없게 된다. 언제 어떤 일이 발생할지 가늠조차 하기 힘들다.

이런 현상은 앞서 살펴본 '미시간 물고기 테스트'와도 관련이 있다. 대부분의 사람은 하나의 장면으로 물고기를 인지한다. 물고기를 둘러싸고 있는 주변에는 크게 신경을 쓰지 못하는데, 이는 관찰하는 대상을 하나의 독립적이고 정적인 부분으로 보기 때문이다. 이중 진자를 관찰할 때 역시 우리는 2개의 막대와 관절을 정적인 부분으로만 파악하고 둘이 함께 움직이면 어떻게 될지 고려하지 못한다. 2개의 관절이 어떻게 움직이는지만 관찰한 후 이를 논리적이고 환원적인 사고방식을 적용해 해석한다면 그림 1.3과 같은 복잡하고 비선형적인 움직임을 전혀 이해할 수 없게 된다. 이 모든 것을 통합된 하나의 그림으로 본다면 모든 것을 좀 더 쉽게 이해할 수 있지 않을까? 이런 아이디어가 다음에 살펴볼 사고방식인 전체론holism의 핵심이라고 할 수 있다.

전체론적 사고

전체론적 사고는 환원주의적 사고와 상반되는 사고방식이다. 환원주의가 분석에 관한 것이라면 전체론은 서로 달라 보이는 것들을 한 번에 모아 통합하고 일치하는 지점을 찾는 것이다. 좀 더 철학적인 면에서 전체론을 설명하자면 세상의 만물이 모두 연결돼 있어 결국 만물은 하나라는 것이 핵심이다. 모든 것이 연결돼 있다는 아이디어는 사실 매일의 일상에 적용하기는 쉽지 않지만 미학적이거나 철학적인 관점에서는 상당히 매력적이다.

환원주의적 사고와 전체론적인 사고를 함께 해보는 것도 추천한다. 전체론적인 관점에서 사고함으로써 세부사항을 놓치지 않으면서 경제나 생태학과 같은 상위 레벨의 구조와 운영에 영향을 미치는 효과나 트렌드를 파악할 수 있다. 전체론적인 사고를 통해 데닛의 '맹목적 환원주의'와 같은 함정을 피할 수 있다. 사람을 단순히 화학물질의 집합체가 아닌 그 이상의 무언가로 파악할 수 있게 된다.

하지만 맹목적으로 통합과 전체론적 사고에 의존하게 되면 맹목적으로 환원주의와 분석에 의존하는 것과 유사한 오류에 빠질 가능성이 커진다. 모든 것이 연결돼 있다면 특정한 증상의 원인과 결과 관계를 찾는 것이 쉽지 않을 것이다. 전체론적인 관점에서는 연관된 것처럼 보이지만 실제로는 완전히 분리돼 있는 2개의 증상을 긍정 오류false positive로 판단하는 경우도 종종 발생한다. 잘못된 결론을 내리는 예로 앞서 아이스크림이 익사를 유발한다는 이야기를 살펴봤다. 이와 함께 타일러 비겐Tyler Vigen이 2015년에 소개한 '가짜 상관관계spurious correlations'에 대해서도 알아보자. 그림 1.4는 지난 20년 동안 미스 아메리카에 당선된 사람들의 나이와 증기나 뜨거운 물체로 인해 사망한 사람들의 숫자를 보여준다. 두 그래프가 매우 비슷해보인다.

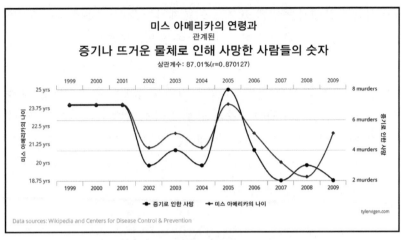

그림 1.4 가짜 상관관계의 예(Vigen 2015)

전체론적 관점에서 본다면 이 두 가지 증상이 원인 결과 관계는 아니더라도 어느 정도 관련이 있는 것처럼 보일 수 있지만 이는 명백한 오류다. 눈에 보이지 않는 숨어 있는 사실과 관계들이 있을 수 있지만 이 경우에는 존재하지 않는다. 이는 단순한 우연의 일치일 뿐 실제로 이 둘은 전혀 상관이 없는 현상이다. 전체론적 사고와 통합이라는 관점은 때론 이렇게 잘못 적용될 가능성도 있다.

전체론적 사고는 다양한 관점에서 다양한 방식으로 문제를 분석하고 접근하라는 교훈을 준다. 이는 창발emergence, 즉 '부분의 합보다 더 나은 무언가'라는 개념을 불러일으킨다. 창발과 유사한 개념은 아리스토텔레스부터 찾아볼 수 있다. 그는 "다양한 부분을 가진 모든 것은 단순한 부분들의 합이 아니며, 부분의 합 그 이상의 무엇이 존재한다."고 말했다(Aristotle 350 BCE). 초기 게슈탈트[4] 심리학자인 쿠르트 코프카 Kurt Koffka는 "전체는 단순한 부분의 합 이상이다(Heider 1977)."라는 유명한 말을 남기기도 했다. 코프카의 관점에서 전체(그림 1.5에서 보이는 실제로 존재하지 않는 흰색 삼각형)는 부분보다 상위의 존재는 아니다. 하지만 아리스토텔레스가 말했듯이 전체는

---

4. 게슈탈트(Gestalt)는 독일어로 모양이나 형태를 뜻하는 말이다. 게슈탈트 심리학은 어떤 양상에 대한 전체론적인 측면을 연구한다. 형태의 일부분만 시각적으로 보인다고 하더라도 우리의 마음속에서는 전체의 모양을 조직화해 완성하고 이를 지각할 수 있다.

이를 구성하는 부분에서 독립돼 그 자체로 존재하는 것이다(Wertheimer 1923). 이런 사상을 이어받아 더욱 진화시킨 얀 크리스티안 스뮈츠^{Jan Christian Smuts}는 1927년 "전체는 단순한 사고의 구성체가 아니다. 이는 실제로 존재하는 무언가를 가리키는 것이다. 우리가 인지하고 있는 식물이나 동물이 이런 전체에 속한다고 할 수 있다. 부분의 합은 전체와 가깝지만 전체는 부분의 합보다 더 큰 무엇이다."라고 말했다. 꾸준하게 이어온 전체라는 개념은 '실제로 존재하는 무언가'이며, 이는 이들을 구성하는 독립적이며 환원적이고 분석이 가능한 부분에서 창발하는 것이다. 이 부분은 앞으로도 우리가 살펴볼 중요한 개념이다.

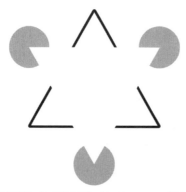

그림 1.5 게슈탈트 심리학에서 이야기하는 주관적 윤곽(subjective contour)이라는 개념을 보여주는 그림. 주변을 감싸고 있는 부분으로 인해 실제로 존재하지 않는 모양을 유추할 수 있다.

시스템적 사고

환원주의적 사고와 전체론적 사고의 중간 지점에 시스템적 사고가 존재한다. 이 방식은 여러 면에서 '골디락스'의 사고방식과 비슷하다. 너무 낮은 단계의 환원주의적 사고방식과 너무 어려운 전체론적 사고방식의 중간쯤에 위치한다고 보면 된다. 즉, 시스템적인 사고방식은 이 두 가지 사고방식의 방법론을 모두 사용하는 것이다. 시스템적 사고는 하나의 프로세스나 이벤트를 분해할 수 있는 요소들로 구성된 하나의 마신으로만 보는 것이 아니라 이들이 가진 구조적이고 기능적인 맥락을 함께 고려한다. 앞으로도 살펴보겠지만 시스템적으로 사고한다는 것은 게임 디자이너에게 꼭 필요한 스킬이다.

시스템적 사고의 핵심은 분석을 통해 시스템을 구성하는 부분을 찾아내고 이를 정의하는 것이다. 또한 각 부분과 전체가 어떻게 각각 존재할 수 있고 어떻게 한꺼번에 동작할 수 있는지도 이해해야 한다. 부분이 시스템에 어떤 영향을 미치는지 그리고 동시에 시스템은 각 부분에 어떤 영향을 미치는지 알 수 있어야 한다. 이런 상호작용이 반복되면서 상호 간의 영향이 늘어나기도 하고 줄어들기도 한다. 이 루프에 대해서는 추후 더 자세히 알아볼 것이다. 지금은 우선 'B에 영향을 미치는 A, C에 영향을 미치는 B, 다시 A에 영향을 미치는 C'라는 개념을 시스템적인 루프라고 정의하자. 이 개념은 시스템적인 사고와 시스템적 게임 디자인에서 공통적으로 찾아볼 수 있는 개념이다.

언어는 본질적으로 선형적이므로 루프와 시스템이 어떻게 동시에 동작할 수 있는지 말로 설명하는 것은 결코 쉬운 일이 아니다. 우선 누군가 한 줄의 문장을 완성한 다음 다른 누군가(혹은 문장을 쓴 사람이) 문장을 읽어야 한다. 루프 시스템에 대한 설명 또한 내용 자체만으로는 처음에 완벽하게 이해하기 힘들다. 시스템은 루프로 구성되지만, 우리의 언어는 본질적으로 루프를 제대로 설명하기 힘든 구조를 갖고 있다.

오븐을 예열할 때 발생하는 루프에 대한 간단한 예를 들어보자. 원하는 오븐의 온도를 우선 설정한다. 원하는 온도와 현재 온도 간의 차이만큼 오븐에 가해져야 하는 열량도 늘어날 것이다. 점점 더 많은 열이 가해질수록 오븐 안의 온도가 상승하며 기대하는 온도와 실제 온도 사이의 차이는 줄어든다. 결국 원하는 온도에 도달하게 되면 더 이상 열이 가해지지 않는다(그림 1.6 참고). 여기서 오븐은 아주 간단한 형태의 피드백 루프를 만들어낸다. 처음에 설정한 온도와 현재 온도의 차이가 가해지는 열량에 영향을 미치며 가해지는 열량은 점점 줄어든다.

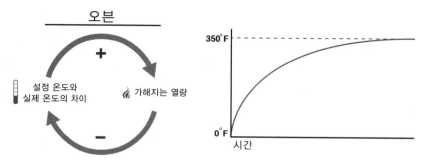

그림 1.6 오븐을 가열할 때의 피드백 루프. 시간이 지날수록 열이 가해지고 온도 변화가 나타난다.

그림 1.7은 좀 더 복잡한 고전적인 물리학 순환 구조를 보여준다(마찬가지로 이 역시 선형적으로 설명하기는 힘들다). 엔진과 관련된 지식이 없다면 그림만 얼핏 보고 무엇을 설명하는지 알기 힘들 것이다. 그림을 살펴보면 왼쪽에 2개의 무게 추(A)는 막대(C, D, E)와 연결돼 있고, 이는 오른쪽의 밸브(F)와 연결돼 있다.

이 부분들은 상호작용을 통해 다음과 같은 루프를 만들어낸다(각각의 부분이 다른 역할을 수행하면서 각기 동작한다). 오른쪽의 밸브(F)가 열리면 공기가 들어가고 이를 통해 엔진이 더 빠르게 동작한다(엔진 부분은 그림에서 보이지 않는다). 엔진의 동작이 빨라지면서 왼쪽의 스핀들(B)이 더 빠르게 회전한다. 이로 인해 무게 추(A)와 무게 추가 매달려 있는 막대는 질량과 원심력으로 인해 더 넓게 회전하게 된다. 스핀들에 가속도가 붙을수록 무게 추는 더 넓게 회전한다. 그 결과 무게 추가 연결돼 있는 막대(C)를 아래로 잡아당기고, 이어서 이와 연결돼 있는 막대(D)의 오른쪽 부분이 올라가게 된다. 레버(D)의 무게 중심이 가운데에 고정돼 있으므로 왼쪽이 내려가면 오른쪽이 올라가는 것이다. 결국 이를 통해 막대(E)를 위로 잡아당기게 되고 쓰로틀 밸브(F)를 잠그게 된다.

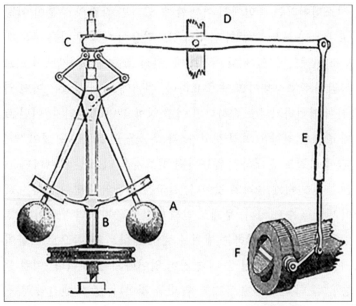

그림 1.7 원심 조속기의 동작 원리(Routledge 1881). 이 구조물의 동작과 맥락을 제대로 이해하려면 시스템적인 사고방식이 필요하다. 이 구조물은 하나의 시스템을 구성하며, 이 시스템은 더 큰 시스템의 일부가 된다.

밸브가 열리면 엔진에 더 많은 공기가 공급되고 더 빠르게 회전하게 된다. 이는 무게 추가 더 큰 반경으로 회전하는 원인이 되며, 이어서 수평 레버가 기울고 밸브가 닫힌다. 엔진은 이로 인해 다시 느려진다. 엔진 회전이 느려지면 무게 추가 다시 내려오고 수평 레버의 왼쪽이 올라감과 동시에 오른쪽이 내려가면서 밸브가 뒤쪽으로 열리고 엔진은 다시 빨라진다.

원심 조속기Centrifugal governor는 이 루프를 통해 효과적으로 동작한다. 특별한 조작 없이도 엔진이 너무 빨라지거나 너무 느려지지 않는 안정된 상태를 유지할 수 있는 것이다. 원심 조속기의 동작 전체를 이해하려면 각각의 부분이 어떻게 동작하며 순차적으로 어떤 행동이 이어서 발생하는지, 그리고 엔진 전체에 어떤 시스템적인 효과가 발생하는지 이해할 수 있어야 한다.

이런 방식으로 메커니즘을 분석하고 이해할 수 있다면 시스템에 대한 멘탈 모델을 만들고 이를 마음 속 혹은 현실에 존재하는 대상에 적용할 수 있게 된다. 어떤 대상을 운영과 시스템이라는 측면에서 이해할 수 있다면 각각의 부분이 어떻게 동작하는지, 그리고 부분과 부분, 부분과 전체의 상호작용이 어떻게 다른 부분에 영향을 미치는지 비로소 이해할 수 있게 되는 것이다. 원심 조속기의 예제에서도 보이듯이 부분적인 움직임과 상호작용이 모두 중요하다. 여기에 더해 마찰은 어떤 역할을 수행하는가? 관절이 뻑뻑하거나 느슨하다면 어떤 영향을 미칠 것인가? 이런 요소들이 엔진의 동작에 중요한 영향을 미칠 것인가? 각 부품을 연결하는 관절이 느슨해지지도 않고 부품 간에 마찰도 존재하지 않는다면 밸브가 열리고 닫힐 때마다 원심 조속기의 부품들은 늘 동일하게 움직일 것이다. 결국은 부품의 수명이 짧아지고 예상치 못했던 동작이 발생할 수도 있다. 무게로 인해 마찰이 증가하면 부품이 더 천천히 움직일 것이다. 수평 막대가 동작하는 범위를 넓히면 바로 한 쪽으로 기울어지지 않게 되고 무게 추와 밸브의 반응이 좀 더 천천히 일어나게 될 것이다. 이런 동작을 통해 엔진의 성능을 좀 더 균일하게 유지할 수 있을 것이다. 증기 엔진의 부품 혹은 판타지 게임의 마법 시스템이나 경제 시스템과 같은 곳에서 원하는 루프와 효과를 만들려면 우선 만들고자 하는 시스템을 운영의 관점에서 이해하고 모델링할 수 있어야한다. 각각의 부분과 이들이 서로에게 미치는 효과를 정확하게 파악할 수 있어야 하는 것이다.

시스템적인 사고는 시스템을 구조화된 대상으로 보고 이를 전체적으로 조망하면서도, 동시에 각각의 부분에 대해 분석을 수행하고 환원주의적 관점에서 이들이 어떻게 동작하는지 살펴보는 것이다. 시스템적인 사고는 '양쪽 모두both-and'를 의미하는 것이지 '둘 중의 하나either-or'를 의미하는 것이 아니다. 전체론과 환원주의 사고방식의 장점을 취하면서도 둘 중 하나의 시각으로만 세계를 바라보는 함정에 빠지지 않는 것이다. '양쪽 모두'가 주는 장점, 즉 시스템을 분석적이고 종합적으로 충분히 이해한다는 것은 사실 쉬운 일이 아니다. 하지만 끊임없이 연습하고 시스템을 좀 더 명쾌하게 이해할 수 있다면 좀 더 쉽게 이런 사고방식을 단련할 수 있다.

늑대와 토끼 시스템

사소한 변화가 전체 시스템에 영향을 미치는 예제를 두 가지 더 살펴보자. 얼핏 보기에 이 예제들은 게임 디자인과 큰 상관이 없어 보인다. 하지만 이 예제들을 하나의 시스템으로 인식하고 그 안에서 벌어지는 상호작용을 이해한다면 복잡한 게임을 만들 때도 유용하게 활용할 수 있을 것이다.

첫 번째 예는 19세기 중엽 영국에서 호주로 이민한 토마스 오스틴[Thomas Austin]이 호주 남동부에 위치한 목장에 24마리의 토끼를 풀어놓은 이후에 생긴 일이다. 그는 "토끼 몇 마리가 먹어봐야 얼마나 먹겠나. 고향의 정취도 느끼면서 토끼를 사냥하는 재미가 더 클 것이다."라고 말했다고 한다. 토끼를 야생에 풀어놓은 이후 몇 년 동안은 토끼의 개체수가 다른 동물의 개체수에 비해 상대적으로 적고 안정적으로 유지됐다. 하지만 채 10년이 지나기 전에 토끼의 개체수가 기하급수적으로 늘어났다. 상대적으로 포식자의 수가 적었고 호주의 자연 환경은 굴을 파고 생활하는 토끼에게 매우 적합했으며, 연중 내내 번식이 가능했으니 이는 자연스러운 결과였을지도 모른다. 더구나 서로 다른 종의 토끼가 함께 야생에 나오면서 혼종이 생겨났고, 이로 인해 토끼의 생존력은 더욱 강력해졌다(Animal Control Technologies n.d.).

이 신종 동물의 침공으로 호주의 토착 동식물은 재앙에 가까운 환경적 피해를 입었다(Cooke 1988). 기하급수적으로 늘어난 토끼는 초목 지대가 줄어드는 원인이 됐다. 토끼들은 땅에 가까운 부분의 나무껍질을 씹어 작은 수목을 죽여 버렸고, 이로 인해 침식되는 지형이 점점 더 늘어났다. 다른 동물의 생존에 필수적인 요소들이 점점 줄어들고 있었던 것이다.

토끼 개체의 증가로 발생한 복합적인 영향은 1800년대 후반부터 시작해 오늘날까지 이어지고 있다. 토끼가 입히는 피해를 막고자 사냥과 함정, 독약, 훈증과 2,000마일에 이르는 울타리 등 온갖 다양한 방법이 동원됐지만 지금까지 어느 것도 성공적으로 토끼의 폭발적인 번식을 막아내지 못했다. 토마스 오스틴이 사냥의 재미와 고향의 정취를 만끽하고자 수입한 토끼들이 처음의 의도와는 전혀 다르게 호주의 자연 환경과 생태계를 재앙에 가까운 수준으로 파괴한 것이다.

의도하지 않았던 결말로 마무리되는 이야기들이 많지만 그렇다고 이들이 모두 부정적인 것은 아니다. 두 번째로 살펴볼 예는 미국의 옐로스톤 국립공원에 풀어놓은 늑대의 이야기다. 1800년대만 해도 공원 안에서 무리 지어 다니는 늑대를 쉽게 찾아볼 수 있었다. 하지만 1920년대에는 대부분의 늑대가 사냥 당해 찾아보기 쉽지 않은 상태였다. 10년 만에 옐로스톤 국립공원 내의 사슴과 엘크의 개체수가 극적으로 늘어났고 이들의 먹이가 되는 초목들이 빠르게 줄어들었다. 1960년대가 되자 생물학자들은 급증한 엘크의 개체수로 인해 공원 내 생태계에 심각한 불균형이 발생했다는 것을 알게 됐다. 그 결과 생물학자들은 다시 늑대를 공원으로 데려오려는 논의를 시작했다. 하지만 늑대는 생태계의 정점에 위치하는 포식자이므로 이 지역의 자연 생태계뿐만 아니라, 소나 양을 기르는 목장에게도 새로운 위협이 될 수 있었다. 농장주를 비롯한 다양한 계층의 사람들이 이러한 이유로 늑대를 다시 데려온다는 아이디어에 반대했다.

10년 가까운 공론화와 법적 논쟁을 거쳐 1995년 1월, 마침내 14마리의 회색 늑대가 옐로스톤 국립공원으로 이주했다. 그다음 해에는 52마리의 늑대가 추가로 자연으로 방사됐다. 그 결과는 많은 사람이 생각했던 것 이상으로 광범위했다. 옐로스톤 국립공원의 늑대 이주는 이제 영양 종속trophic cascade을 보여주는 전형적인 사례가 됐다. 즉, 생태계의 정점에 위치하는 포식자의 수가 늘어난 만큼 생태계 피라미드가 확장될 수 있고, 이에 따라 광범위하고 예측 불가능한 효과들이 발생할 수 있다는 것을 보여주고 있는 것이다.

이 경우 처음에는 예상했던 대로 늑대들이 엘크의 수를 상당히 줄여줬다. 하지만 엘크의 수는 너무 많은 데 비해 늑대의 수는 적었으므로 포식자인 늑대가 엘크의 개체수를 직접 제한하기는 어려웠다. 실제로 늑대가 사냥한 엘크의 수는 많지 않았지만 계곡 안에서 편하게 지내던 엘크의 삶은 늑대들로 인해 위협받기 시작했다. 엘크들은 몸을 숨기기에 용이하지만 먹이를 구하기는 힘든 고지대로 이동할 수밖에 없었다. 이는 엘크의 습성도 바꿔놓았다. 엘크들은 손쉽게 먹이와 물을 구할 수 있는 강둑 아래로 더 이상 내려오지 않았다. 이전처럼 풍부하게 먹이를 섭취할 수 없게 되자 엘크들은 무리를 유지 가능한 수준으로 줄였다. 늑대들 역시 여전히 그들에게 필요한 정도의 엘크를 사냥할 수 있었다.

엘크가 줄어들면서 낮은 계곡에서는 풀과 초목들이 다시 자라기 시작했다. 더 이상 방대한 동물 무리로 인해 초목이 다 자라기도 전에 짓밟히는 일은 사라졌다. 2013년, 조지 몬비오George Monbiot는 계곡에서 자라고 있는 수많은 나무가 이전에 비해 5배 이상 커졌다고 보고했다. 많은 산딸기가 자라기 시작하면서 이를 먹이로 삼는 곰들의 개체수도 늘어났다. 풀과 나무들이 풍성하게 자라면서 새들도 늘어났다. 나무의 수분受粉을 도와주는 새들이 늘어나자 나무들이 더 많이 자라나게 됐다.

수목이 안정적으로 성장하면서 생태학자들이 경고했던 지표의 침식도 줄어들었다. 나무가 자라면서 강둑이 무너지는 일이 줄어들었다. 그로 인해 강이 더 깨끗해지고 결과적으로 더 많은 물고기가 강에서 자랄 수 있게 됐다. 강둑에 더 많은 나무들이 자라면서 비버의 개체수도 늘어났고, 이들이 더 많은 댐을 만들면서 다양한 동식물들이 자랄 수 있는 양질의 환경을 제공하게 됐다.[5]

지표의 침식이 줄어들면서 옐로스톤 국립공원 안의 강이 흐르는 방향이 바뀌고 경로가 안정화됐다. 몬비오의 연구에서도 보이듯이 늑대를 방사한 것은 그 지역의 엘크 수를 줄인 것을 넘어서서 강의 방향까지 바꿨다. 생태계에서 광범위하게 발생한 영양 종속 효과가 공원의 지형까지 바꿔버린 것이다.

믿기 어려울 수도 있지만 이 이야기는 생태계의 선순환을 증명함과 동시에 자연 환경에서 발생하는 상호작용과 루프를 보여주는 좋은 예라고 할 수 있다. 또한 자연 환경 전체를 하나의 시스템이라는 시각으로 봐야만 긍정적인 결과를 확인할 수 있는 일화이기도 하다. 그림 1.8은 앞서 살펴본 옐로스톤 국립공원에 늑대가 가져온 효과를 시각적으로 나타낸 것이다. '-'가 붙어있는 화살표는 대상의 숫자를 줄였음을 나타낸다. 예를 들어 늑대는 사슴과 엘크의 개체수를 줄였으므로 '-'가 붙은 화살

---

5. 비버가 댐을 만들면 강의 유속이 완화돼 가뭄과 홍수가 예방되고 자연적으로 습지가 형성돼 다양한 동식물이 자랄 수 있는 양질의 환경을 구축해 준다. – 옮긴이

표로 표시된다. 반면 '+'는 대상을 증가시켰음을 의미한다. 이들은 서로 역이행성 inverse transitive effect을 갖는다. 예를 들어 사슴과 엘크는 나무와 풀의 양을 줄이는데, 늑대가 엘크를 사냥해 숫자를 줄임으로써 엘크가 나무와 풀에 미치는 영향이 줄어들고, 그 결과 풀과 나무의 개체수가 원래대로 돌아올 수 있게 된다. 다이어그램을 자세히 살펴보면 옐로스톤 국립공원에 늑대가 다시 돌아와서 발생한 루프 시스템의 효과와 그 결과 생태계 전반에 걸쳐 발생한 드라마틱한 결과를 이해할 수 있을 것이다.

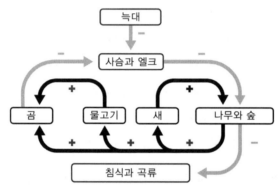

그림 1.8 옐로스톤 국립공원에 늑대가 돌아와 발생한 효과를 보여주는 시스템 다이어그램

시스템적 사고의 간략한 역사

이제 시스템적 사고방식을 통해 세상을 바라보는 방법이 어떻게 다른 것인지 알 수 있을 것이다. 이 절에서는 지금까지 어떻게 시스템을 이해해왔고 이를 통해 세상이 어떻게 발전해왔는지 간략한 역사를 살펴본다.

목성에서 갈릴레오에게: 부분으로 구성된 전체

영어에서 'System'이라는 단어는 고대 그리스어인 'systema'를 어원으로 하고 있다. 단어의 외형은 어원에서부터 큰 변화를 겪지 않았다. 그리스어인 systema는 "함께 서있다."는 의미로 해석되며, '다양한 부분이 연결된 전체'라는 뜻도 갖고 있다. 오늘날 사용하는 '시스템'의 의미와도 큰 차이가 없어 보인다. 유클리드가 살아있을 무렵의 그리스에서 이미 이 단어는 다양한 의미를 갖고 있었다. 여러 가지 음으로 구성된 하나의 코드, 동물의 집단 군락이나 떼, 혹은 조직화된 정부라는 의미도 갖고 있었다 (Armson 2011, Liddel and Scott 1940). 이런 다양한 의미는 모두 오늘날 우리가 생각하는 시스템의 단면을 보여준다. 즉, 각 부분들이 상호작용을 통해 더 큰 하나의 전체를 구성한다는 개념을 보여주는 것이다.

하지만 그리스인들과 그 철학을 이어받은 후대는 '시스테마'라는 단어가 가진 의미를 시스템에 기반을 두고 해석하지 않았다. 세계를 하나의 시스템으로 보는 개념이 자리 잡기까지 수백 년의 세월이 필요했다. 오늘날에도 어떤 면에서는 이런 개념이 완벽하게 자리 잡지 못했다고 할 수 있다. 고대에는 제한적일 수밖에 없었던 관찰의 결과와 시대의 주류를 이루는 철학이 세계를 바라보는 현상학적 관념과 결합했다. 이런 관념과 철학이 결합하면서 사람들은 지구를 중심으로 우주를 이해하기 시작했다. 이 당시 우주를 관찰하는 사람들에게는 태양과 달, 별이 지구를 중심으로 도는 것처럼 보였기 때문이다. 이런 사고방식은 고대 이집트에서도 발견된다. 시간이 흐르면서 새로운 관찰 결과가 추가되면서 지구가 중심이 되는 태양계와 우주라는 모델이 점점 더 정교해졌다. 하지만 모든 관찰 결과와 논리를 하나로 통합할 수 있는 원리는 끝내 발견되지 않았다. 심지어 모든 세계에 적용될 수 있는 하나의 통합된 시스템이 존재한다는 철학적인 개념을 갖고 있던 사람들도 계절이 반복되고, 별과 행성이 뜨고 지는 것에서 찾을 수 있는 일관성을 심각하게 받아들이지 않았다. 고대에 사물이 어떤 상태에 머문다는 것은 관찰이 아닌 철학의 문제였던 것이다.

우주가 지구를 중심으로 움직인다는 시각은 영원히 이어질 것 같았다. 하지만 1588년, 덴마크의 천문학자인 티코 브라헤Tycho Brahe가 제시한 모델로 인해 이런 시각에 변화가 발생했다. 그는 태양과 달이 지구 주변을 돌고 있으며, 나머지 행성들은 태양 주변을 돌고 있다고 주장했다. 이 모델을 통해 브라헤는 지금까지 의심 없이 이어져 내려온 천동설의 철학적인 순수함을 유지하면서 관측을 통해 발견된 다양한 현상도 설명할 수 있었다. 1610년, 갈릴레오가 직접 제작한 망원경을 통해 금성이 달처럼 상이 변한다는 것을 관측한 것도 이 모델로 설명할 수 있었다(Thoren 1989). 브라헤가 주장한 수정 천동설^{geo-heliocentric}과 이를 따르는 유사한 모델들은 우주를 철학적이고 현상학적으로 해석한 마지막 유물이 됐다.

브라헤의 모델은 발표된 이후 한 세기 동안 우주를 설명하는 가장 주된 모델이었다. 하지만 그 동안에도 세계를 바라보는 시각을 완전히 바꿔줄 만한 사건이 다양하게 일어나고 있었다. 이 무렵 데카르트는 상식과 양식이 일반적으로 존재하며, 수학을 통해 관찰한 것을 검증하고 그 의미를 확대할 수 있다는 철학적 기반을 닦았다. 코페르니쿠스의 이론을 이어받은 갈릴레오는 1632년 저명한 『천문대화』를 출간해 세상의 중심이 지구가 아닌 태양이라는 지동설을 주장했다(갈릴레오가 의도한 것은 아니었지만 그는 이 책으로 인해 이단으로 의심받게 된다). 이 책이 브라헤의 수정 천동설을 직접 언급하지는 않지만, 갈릴레오가 주장한 지동설은 브라헤가 그랬던 것처럼 또 다른 세계관이 발전할 수 있는 토대를 마련해줬다.

뉴턴의 유산: 세계라는 시스템

1600년대 후반, 데카르트와 갈릴레오의 영향을 받은 아이작 뉴턴^{Isaac Newton}은 에드먼드 헬리^{Edmund Halley}(그의 이름을 딴 혜성이 유명하다)와 함께 목성의 달과 혜성의 궤도를 연구했다. 헬리는 자신이 제작한 망원경을 사용해 정밀한 관측 작업을 수행했고, 뉴턴은 헬리의 관측 노트를 참고해 수학적 모델을 만들었다. 이들의 공동 연구와 헬리의 정밀한 관측 데이터를 기반으로 뉴턴은 코페르니쿠스가 주장한 태양 중심의 태양계 이론을 완성할 수 있었다. 이는 천동설과 브라헤의 수정 천동설에서 벗어나 지동설이 세상을 이해하는 주요한 이론으로 자리 잡는 계기가 됐다(Newton c. 1687/1974).

1687년, 뉴턴은 그 동안의 연구 결과를 집대성해 『프린키피아: 자연 철학의 수학적 원리』를 발표했다(Newton 1687/c. 1846). 뉴턴은 『프린키피아』의 3번째 권을 '우주의 체계De Mundi Systemate,' 혹은 '세계의 체계'라고 이름 짓고 우주와 세계를 이해하는 데 가장 중요하고 핵심적인 내용을 담았다. 이 책에서 뉴턴은 목성과 그 위성을 꼼꼼하게 관찰한 헬리의 관측 자료를 토대로 유명한 중력 방정식을 밝히고 있다. 여기서 뉴턴이 지구와 모든 천체에 동일하게 중력이 적용되는 것을 증명한 것은 기념비적인 사실이다. 뉴턴 이전에는 지구와 목성에 동일하게 적용되는 물리적인 메커니즘이 존재한다는 가정이나 방정식 자체가 존재하지 않았다. 물리적인 메커니즘이 늘 동일한 방식으로 동작한다는 개념 자체가 낯설었던 것이다. 뉴턴의 방정식은 다양한 방식으로 동작하는 시스템이 존재하는 것이 아니라 하나의 중력, 하나의 원리, 하나의 시스템이 존재한다는 것, 즉 세계를 하나의 시스템으로 파악했다는 것에서 큰 의미가 있다.

뉴턴의 『프린키피아』는 세상이 어떻게 움직이는지에 대한 사람들의 사고방식을 바꿔놓았다는 면에서 누구도 의심할 수 없는 성과를 남겼다. 지구에서 공중으로 던져 올린 공이 어떤 경로를 따라 움직이는지 설명하는 것과, 목성의 주변을 돌고 있는 위성에서 희미하게 보이는 불꽃이 움직이는 경로를 설명하는 것이 동일한 원리에서 가능하다는 것은 당시에는 혁신적인 생각이었다. 뉴턴의 연구로 인해 세상을 바라보는 새롭고 통일된 시스템적인 시각이 나타날 수 있었던 것이다. 태양과 행성은 모두 거대한 메커니즘의 일부분이며, 거대한 자명종 시계와 동일한 수학적 원리로 그 움직임을 충분히 설명할 수 있는 것이다.

뉴턴의 연구는 과학 혁명의 도화선이 됐다. 세상에 대한 지식의 폭을 넓혀줬을 뿐만 아니라 겉보기엔 변덕스러워 보이는 우주가 사실은 일관적으로 정의할 수 있는 원리를 기반으로 움직인다는 것을 밝혀준 것이다. 세상은 더 이상 변덕스러운 현상이나 철학적인 사색의 대상이 아니라 엄격하게 결정론적인 이론과 맞물리는 것이 된 것이다.

20세기의 뉴턴

우주의 원리가 자명종 시계의 동작 원리와 동일하다는 뉴턴의 사상은 수학에서 시작해 물리학, 화학, 생물학, 경제학 심지어는 철학에까지 영향을 미쳤다. 하지만 모든 것은 흥할 때가 있으면 기울 때가 있는 법이다. 뉴턴의 사상 역시 점차 그 영향력이 떨어지기 시작했다. 블레이크와 괴테 같은 낭만적인 철학자들(이들은 이성적인 논리와 계몽주의의 합리적인 사상보다 개인주의와 상상력, 감정을 더 중요하게 생각했다)은 뉴턴과 데카르트의 사상을 비판했다. 괴테는 생물학적인 관점에서 '형태학morphology'이라는 개념을 주장했다. 이는 구조화된 전체 안에서 관계의 패턴을 발견하려는 시도였으며, 좀 더 고대 그리스 철학에 가까운 것이었다(White 2008). 오늘날의 시스템적 사고와도 어느 정도 일치하는 개념이라고 할 수 있다. 하지만 형태학은 크게 유행하지 못했다. 낭만주의 철학자들의 노력에도 불구하고 20세기에는 세상을 하나의 메커니즘으로 바라보는 시각이 유행했다. 뉴턴은 모든 것이 원칙적으로 수학을 사용해 설명될 수 있다는 것을 보여줬다. 그 결과 만물의 원리를 수학(혹은 물리학이나 화학)으로 설명하려는 시도들이 활발하게 수행됐다.

시스템적 사고의 부흥

20세기에는 생물학, 심리학, 컴퓨터 과학, 심지어는 건축과 사업에 이르기까지 다양한 방면에서 시스템적 사고의 변형이 적용됐다. 수많은 사람이 시스템적인 사고의 부흥에 기여했고 이를 시스템 엔지니어링, 복잡도 이론 등의 여러 방면에 적용했다. 시스템적 사고방식을 좀 더 쉽게 이해할 수 있도록 몇 가지 예를 간단하게 살펴보자.

심리학자인 쿠르트 코프카Kurt Koffka, 막스 베르트하이머Max Wertheimer와 볼프강 쾰러Wolfgang Kohler는 게슈탈트 학파를 만들었다(Wertheimer 1923). 이들은 부분이 모여 새로운 전체를 이루게 되면 완전히 새로운 효과가 발생한다고 주장했다. 얀 스뮈츠Jan Smuts는 "전체는 단순히 사고의 인위적인 총합이 아니다. 이는 실제로 우주에 존재하는 어떤 것을 가리키는 것이다… 식물이나 동물을 이런 전체의 일종으로 인지해야 한다… 각 부분의 통합은 전체와 가깝고 전체는 부분의 합 그 이상의 어떤 것이다."
라고 말하며 괴테와 유사한 사상을 설파했다. 이런 사상들은 시스템적 사고의 초기
모델이라고 할 수 있다. 그렇지만 여전히 개인주의자들과 낭만주의 철학자들은 때
로는 전혀 과학과 멀어 보이는 사상을 주장하기도 했다. 뉴턴 이전의 현상학적 시점
으로는 시스템을 분리한다는 것이 일반적으로 적용될 수 있는 이야기가 아니고 또
한 구조적인 우주를 직관적으로 보여주는 것처럼 보이지도 않는다. 20세기 후반까
지는 광범위하게 시스템을 적용하는 것이 쉽지 않았다. 심지어 오늘날에도 변화의
문턱을 넘어가고 있는 중이다.

스뮈츠의 바통을 이어받은 오스트리아의 생물학자인 루드비히 폰 버틀란피[Ludwig von Bertalanffy]는 사물에 시스템적인 시각을 반영하는 데 큰 기여를 했다. 1949년, 버틀란피
는 일반적인 접근 방법으로서의 시스템적 사고에 관한 첫 번째 논문을 발표했다.

> …일반화된 시스템이나 그 하위 클래스에 적용되는 모델, 원리와 법칙은 시스템의 종류, 시스템을
> 구성하는 요소들이 갖는 특성, 요소들의 관계나 그들 사이의 '힘'에 상관없이 적용된다
> (Bertalanffy 1949).

1968년, 버틀란피는 '일반 체계 이론[General Systems Theory]'을 통해 이런 사상을 좀 더 폭넓
게 적용한다.

> 일반 체계 이론은 지금까지 실체가 불분명하고 모호할 뿐만 아니라 형이상학에 가까웠던 '전체
> (Wholeness)'라는 개념을 일반적인 과학의 방법으로 설명하려는 것이다. 이론적이며 수학적인
> 원리에 가깝고 스스로가 극도로 정형화된 형태를 띠고 있지만 동시에 다양한 경험주의적 과학에
> 적용할 수 있다. 열역학, 생물학, 임상시험, 유전학, 심지어는 생명보험 통계학에도 적용할 수 있다
> (Bertalanffy 1968).

버틀란피가 실제로 시스템적 사고방식이 대중화되는 것을 보지는 못했지만 그의 연
구 성과로 인해 오늘날 시스템적 사고방식이 다양한 분야에 적용될 수 있었다.

20세기 중반에는 시스템적 사고방식이 광범위하게 적용될 수 있도록 수많은 사람이
기여했다. 특히 노버트 위너[Norbert Wiener]는 1948년 『사이버네틱스[Cybernatics]』라는 저서

를 발간해 눈에 띄는 기여를 했다. 이 책은 수학적인 방법으로 컴퓨터 과학, 인공지능, 시스템적 사고방식에 접근해 이 분야의 큰 진전을 이뤘다. 책의 제목임과 동시에 이 책에서 다뤘던 주제인 '사이버네틱스'라는 개념은 이후 시스템에 대한 생각이 진일보 하는 데 지대한 공헌을 했다. 사이버네틱스는 '관리' 혹은 '키를 잡은 사람'을 뜻하는 그리스어에 어원을 두고 있다.[6] 위너는 이 책에서 사이버네틱스를 '커뮤니케이션과 제어'의 과학(p.39)이라고 정의하고 센서와 이펙터(입력과 출력)를 통해 내부의 '중앙 제어 시스템'과 '외부 세계가 자동적이며 효과적으로 상호작용하는 것'(p.42)이라고 설명한다. 중앙 제어라는 개념은 20세기 전반에 걸쳐 큰 인기를 끌었다. 앞으로도 살펴보겠지만 시스템적 사고와 시스템적 디자인은 중앙 제어의 한계를 뛰어넘어 시스템 자체에서 구조화된 기능을 수행할 수 있게 한다.

위너의 책이 출간된 이후 존 포레스터[John Forrester]는 시스템적 사고에서 뻗어 나온 시스템 다이내믹스에 대한 연구를 시작했다. 1970년, 도시 성장에 관한 소위원회에서 포레스터는 "사회 시스템은 다중 루프 비선형 피드백 시스템이라고 부르는 클래스에 속한다."고 말했다(Forrester 1971, p.3). 포레스터에 의하면 사회적 시스템은 '시스템 다이내믹스의 전문 영역'이며 시스템 다이내믹스를 통해 사회적 시스템이 동작하는 방법을 이전보다 좀 더 충실하게 이해할 수 있게 됐다. 시스템 다이내믹스는 최근 비즈니스와 엔지니어링 영역에서도 폭넓게 활용하고 있다. 간단한 인과관계 모델을 통해 실제 세계에서 벌어지는 거대하고 복잡한 상황들을 좀 더 쉽게 구분하고 이해할 수 있다. 이런 개념이 발전해 시스템적 사고방식을 다양한 비즈니스 커뮤니티에 소개한 『제 5 경영[Fifth Discipline]』(Senge, 1990)과 같은 책이 출간될 수 있었다.

사이버네틱스라는 개념은 중앙 제어라는 사고방식을 세상에 알림과 동시에 일반적이고 작은 요소들의 상태와 그 상호작용으로 인해 발생하는 복잡한 행위들에 대해 연구하는 복잡성 과학[complexity science]과 복잡 적응계[CAS, Complex Adaptive Systems]의 연구가 성행하게 만들었다. 진화와 인공 생명뿐만 아니라 유기체, 생태계와 사회적인 진보에

---

6. 위너가 만든 신조어인 사이버네틱스라는 단어는 20세기 후반 IT 분야에서 첨단 기술을 표현하는 '사이버'라는 접두어(일부는 잘못 사용되기는 했지만)가 유행하는 시초가 됐다.

관한 연구와 이해에도 돌파구가 마련된 것이었다. 존 홀랜드^{John Holland}는 그의 저서인 『숨겨진 질서^{Hidden Order}』(1995)와 『이머전스^{Emergence}』(1998)를 통해 세상이 변하는 과정을 하나의 시스템으로 이해하게 만들었다.

크리스토퍼 알렉산더^{Christopher Alexander}는 자신의 전문 분야인 건축에서 시스템적 사고방식과 유사한 방식을 개발하고 제안했다. 이 장의 후반부에서도 살펴보겠지만 알렉산더는 저서 『패턴 랭귀지^{A Pattern Language}』(1977)와 『영원의 건축^{The Timeless Way of Building}』(1979)을 통해 건축에서 시작해 소프트웨어 엔지니어링 분야에 이르는 다양한 분야에서 사용되는 패턴과 시스템의 중요성을 부각시켰다.

오늘날의 시스템적 사고

시스템적 사고에 대한 연구는 20세기에 이어 오늘날까지 이어지고 있다. 도넬라 메도우스^{Donella Meadows}, 프리초프 카프라^{Fritjof Capra}, 움베르토 마투라나^{Humberto Maturana}, 프란시스코 바렐라^{Francisco Varela}, 니클라스 루만^{Niklas Luhmann} 등의 전문가들이 이 영역에서 활발한 활동을 이어가고 있다.

메도우스는 20세기 후반의 환경 과학자로, 그녀를 통해 많은 사람이 환경 문제의 심각성과 함께 시스템적 사고에 익숙해질 수 있었다. 저서인 『시스템 사고^{Thinking in Systems}』(2008)는 많은 사람이 시스템적 사고에 입문하는 계기가 됐다.

카프라는 인기 있는 저서들을 통해 자신의 사고방식이 시스템적이고 통합적으로 변해 가는 것을 보여줬다. 그의 연구는 『현대 물리학과 동양 사상^{Tao of Physics}』(1975)을 통해 집대성된다. 이 책에서는 과학과 신화를 하나로 통합해 보여준다. 최근에 출간한 『삶에 대한 시스템적 시각^{The Systems View of Life}』(2014)에서는 특히 시스템적 사고를 생물학에 접목시키고 있다. 이 두 책과 다른 그의 저작물(1990년에 시나리오를 공동으로 편집한 영화 <마인드워크^{Mindwalk}>를 포함해)에서 카프라는 과학과 삶, 우주를 데카르트와 뉴턴의 관점에서 바라보다가 좀 더 상호관계에 집중하는 시스템적인 관점으로 변해 가는 과정을 보여줬다.

마투라나와 바렐라는 생물학을 통해 시스템적 사고방식의 세계에 입문한 사람들이다. 이들은 '오토포이에시스autopoiesis' 사상을 주장했다. 오토포이에시스는 살아있는 생명체들은 지속적으로 스스로를 만들어 나간다는 것을 의미한다. 마투라나와 바렐라는 저서를 통해 다음과 같이 주장한다.

> 자기 생성 머신이란 컴포넌트의 생산 과정(변환과 해체)의 네트워크를 통해 구성된 머신을 의미한다. (i) 그들 스스로를 만들어내는 프로세스의 네트워크를 실현하고 지속적으로 재현하는 상호작용과 변화를 통해, (ii) 특정 공간에서 하나의 통합된 실체로서 머신을 구성하는 컴포넌트는 네트워크와 같이 이들 스스로를 실체화한 위상적 영역을 통해 명시되고 존재를 드러낸다.

이 설명들이 어렵게 다가올 수 있지만 아주 중요한 시스템의 개념을 보여준다. 하나의 통합된 실체로서의 전체와 그에 내재돼 있는 전체를 유지해주는 프로세스의 네트워크라는 개념, 물리적인 공간에서 이 머신(세포 혹은 생명체)은 지속적으로 스스로를 만들어 나간다는 것이 핵심이다. 중앙 제어가 존재하지 않으면서 함께 동작하는 프로세스의 네트워크라는 개념을 통해 좀 더 구조화된 전체를 만들어낸 것이다. 이 부분은 앞으로도 여러 번 다시 다룰 주제다.

마지막으로 살펴볼 루만은 20세기 후반을 대표하는 독일의 사회학자다. 루만은 사회의 시스템 모델 연구에 주력하면서 마투라나와 바렐라의 아이디어를 차용하고 이를 확대 적용했다. 특히 루만은 사회의 시스템이 각 개인 간의 의사 전달과 상호작용의 결과로 형성되는 것이며, 스스로 생성되는 것이라고 설명했다(Luhmann 2002, 2013). 루만의 관점에서 커뮤니케이션은 고립된 하나의 객체로 존재하는 것이 아니다. 사람들 사이, 즉 두 사람 혹은 그 이상의 사람들 사이의 커뮤니케이션에서 발생하는 중요한 시스템적인 효과 안에서만 존재하는 것이다. 그리고 각 개인은 결과로 생성되는 시스템 안에서만 각 부분과 상호작용할 수 있다. 루만은 시스템 이론을 다양한 분야에 적용해 이를 부흥시켰다. 이는 아직도 진행형이다. 어떤 면에서 이는 버틀란피가 주장한 '일반 시스템 이론'의 재림이며, 시스템적 사고를 게임 디자인에 적용하고 게임 디자인을 통해 시스템 이해를 돕는 것에도 동일하게 적용된다.

시스템적 사고방식의 역사는 아직도 진행 중이다. 어쩌면 이제 시작일지도 모른다. 시스템적 사고방식은 오랜 시간 동안 다양한 모습으로 발전해왔지만 아직 시스템 다이내믹스, 복잡 적응계와 같이 한정된 분야에 국한돼 있고 이 분야를 잘 알지 못하는 사람들에게는 여전히 미지의 영역으로 남아 있다. 카프라가 쓴 대학 수준의 저서 『삶에 대한 시스템적 시각』이나 어린 학생들을 가르치는 교사들을 대상으로 출간된 『게이밍 더 시스템』(Teknibas et al, 2014)은 이런 시스템적 사고방식에 대한 기초를 제공해 주는 교과서라고 할 수 있다. 시스템적 사고방식으로 비즈니스를 해석한 책과 웹 사이트도 있다. 그럼에도 여전히 많은 사람은 (심지어는 시스템적 사고방식이 중요하게 작용하는 분야에서 일하는 사람들조차도) 여전히 시스템이 무엇인지, 왜 시스템을 이해해야 하는지와 같은 질문에 명확한 답을 알지 못한다.

세상을 움직이는 방식으로서의 시스템

시스템적인 사고방식은 21세기에 살아남기 위한 필수적인 스킬이다. 앞서 언급했듯이 시스템이라는 관점에서 사고할 수 있다는 것은 글을 읽고 쓰는 능력만큼이나 중요한 스킬이다. 우리의 관점을 변화시키고 세상을 움직이는 방식으로 시스템을 인식할 수 있어 토끼 몇 마리가 일으킨 생태계의 파괴나 늑대 몇 마리가 유발한 긍정적인 영양 종속 상태를 충분히 이해하고 예측할 수 있을 것이다.

인간 세계 역시 시스템적인 시각으로 바라보고 변화시킬 필요가 있다. 1980년대가 되면서 우리가 사는 세계는 이전에 비해 더욱 복잡하게 연결되고 상호작용하기 시작했다. 잠재적인 문제와 기회가 동시에 발생하기 시작한 것이다. 2008년의 전 세계적인 금융 위기에서도 보이듯이 세계 무역량이 폭발적으로 늘어나면서 전 세계적으로 상호의존성이 높아지고 있다.

환원주의적 사고방식으로는 현재 벌어지고 있는 사건들의 이면에서 어떤 일들이 벌어지고 있는지, 미래에 우리가 어떤 것에 직면하게 될지 예측하는 것이 쉽지 않아졌다. 우리가 사는 세상은 더 이상 자잘한 조각으로 나눌 수 있는 것이 아니었고 그렇다고 우리 주변에서 벌어지는 모든 일을 선형적으로 분석할 수 있는 것도 아니었다.

서로 연결된 세계

1980년대 이후의 기술 변화를 살펴본다면 지난 시간 동안 우리가 사는 세계가 얼마나 변해왔는지 잘 알 수 있다. 또한 그 동안 세계가 어떻게 서로 연결돼왔는지, 얼마나 더 많은 진보를 이뤄낼 수 있는지도 명확하게 파악할 수 있을 것이다.

시스코 시스템즈는 전 세계에서 가장 큰 컴퓨터 네트워크 장비 제조업체다. 2014년, 회사의 CEO인 존 체임버스John Chambers는 1984년 회사가 설립된 이래로 세계가 어떻게 변화해왔는지(시스코가 이룬 작은 부분뿐만 아니라)에 대해 설명했다. 그는 회사 설립 당시 인터넷을 통해 연결된 컴퓨터가 전 세계에 겨우 1,000 대 정도에 지나지 않았으며, 대부분의 장비들이 대학과 IT 기업에 배치돼 있었다고 말했다.[7] 채 10년이 지나기도 전인 1992년에는 이미 100만을 넘어섰다. 2008년에는 전 세계 인구보다 많은 100억 대가 넘는 디바이스가 인터넷에 연결돼 있었다. 체임버스는 서로 연결된 디바이스의 숫자가 2020년경에는 500억 대에 이를 것이라고 전망했다. 하지만 실제로는 인터넷에 연결될 수 있는 장비의 1% 정도만 실제로 연결돼 있다. 우리가 아직 상호 연결되는 세계의 초입에 있다는 것을 의미하는 것이다.

2017년 초반, 칩 생산업체인 퀄컴의 CEO인 스티븐 몰렌코프Stephen Mollenkopf는 디바이스를 연결하는 5세대 네트워킹 기술5G의 발전을 언급했다. 그는 새로운 세대의 칩셋에 기반을 둔 이 기술을 통해 '전기가 도입된 이래 한 번도 본 적이 없는 새로운 방법

---

7. 1984년 무렵의 인터넷은 현재 우리가 알고 있는 인터넷보다 훨씬 작은 규모였다. 나(저자)는 그 당시 대학에서 프로그래밍을 전공하는 학생이었다. 당시에는 월드와이드웹(WWW; 10년 이후에나 등장한다)이라는 개념조차 존재하지 않았다. 이메일, 유즈넷(레딧의 원조격) 같은 서비스는 존재했다. 게임 디자이너들이 여러 가지 전자기적인 방법, 즉 지니(Genie)나 컴퓨서브(CompuServe)와 같은 채널을 통해 교류하기 시작한 것도 이 무렵부터다. 이 당시에는 온라인을 통해 무언가를 표현하는 것이 색다르고 놀라운 것이었고 지난 수십 년을 걸치면서 이렇게 성장할지는 아무도 몰랐을 것이다.

으로 사회를 연결하게 될 것'이며 '가정에서부터 가로등에 이르기까지 사회의 모든 것이 상호 대화할 수 있는 연결된 도시'의 시대가 열리게 될 것이라고 주장했다(Reilly 2017). 마케팅 측면에서의 과장이 없지는 않겠지만 몰렌코프가 말했듯이 '전례 없는 규모와 속도, 그리고 복잡함을 가진 다양한 디바이스들이 상호 연결되는 것'은 현재도 진행 중이다. 즉, 상호 간의 접속과 이로 인해 발생하는 관계는 유래를 찾아볼 수 없을 정도로 빠르게 증가하고 있는 것이다.

하드웨어뿐만 아니라 소프트웨어를 통한 상호작용과 정보 생산 역시 폭발적으로 증가하고 있다. 체임버스에 의하면 페이스북과 아마존이 하루에 만들어내는 정보의 양이 20페타바이트(20,000테라바이트)에 달한다. 인류가 피라미드를 만든 이후 인터넷의 초창기에 이르기까지 기록된 모든 정보의 양보다 더 많은 정보가 하루 만에 생산되고, 온라인에서 이 모든 것이 연결된다.

이런 상호 간의 연결 덕분에 물리적인 지역의 경계를 넘어선 피드백을 받을 수 있다. 차나 집을 사려고 할 때 전 세계의 금융 투자자와 은행가들의 경제 전망을 참고해 대출을 받을 수 있다. 전 세계적으로 경제와 시장이 얼마나 끈끈하게 연결돼 있는지 보여주는 사례도 흔하게 찾아볼 수 있다. 1993년, 에폭시 레진을 생산하는 일본 니하마의 스미토모 화학 공장이 화재로 전소된 적이 있다. 이 화재로 인해 컴퓨터 메모리 칩 가격이 몇 주 만에 메가바이트당 33달러에서 95달러(1993년 US 달러 기준)로 급등했다. 스미토모의 공장이 칩을 만드는 데 사용되는 수지의 60%를 생산하고 있었기 때문이다(Mintz 1993). 한 공장에서 발생한 화재가 전 세계의 컴퓨터 메모리 칩의 가격에 2년 넘게 엄청난 영향을 미친 것이다.

금융과 경제, 사람과 생태계, 국가가 연결돼 있는 이 세계에서 이렇게 각각의 요소가 만들어내는 시스템과 영향에 대해 알지 못하거나, 이런 복잡한 세계를 간단하고 선형적인 해결책에만 의지해 해석하려고 한다면 스스로 낭떠러지에 떨어지는 것과 마찬가지다. 시스템을 이해하고 능동적으로 대처하는 것만이 유일한 해결책이다.

1991년 미국의 교육부와 노동부는 사회 전반에 걸쳐 시스템적 사고방식의 개선이 필요하다는 데 인식을 같이 했다. 이들은 시스템적 사고방식을 '21세기 가장 핵심적인 스킬'로 명명하고 이를 직무 현장에 필요한 '5개 항목'의 하나로 정의했다.

노동자들은 자신들을 둘러싸고 있는 환경과 맥락이라는 관점에서 자신들이 수행하는 일을 이해해야 한다. 부분과 시스템이 어떻게 연결돼 있는지, 연결의 결과는 또 어떠한지, 이들이 어떻게 동작하는지 모니터링하고 개선할 수 있어야 한다. 또한 시스템 성능의 추세와 이상을 감지할 수 있어야 한다. 아울러 데이터의 다양한 단면을 통합하고 실제 현상(기계의 성능)과 그 상징(컴퓨터 스크린의 디스플레이)을 연결할 수 있어야 한다.

작업이 더 복잡해질수록 모든 노동자는 자신의 작업을 다른 사람의 작업과 관련해 이해해야 한다. 일관적인 전체를 구성하는 부분으로서 자신의 일을 생각할 수 있어야 한다(미국 교육부와 노동부, 1991).

이와 유사하게 소프트웨어 엔지니어인 에드먼드 라우^{Edmond Lau}는 시스템적 사고방식을 프로그래머가 개발해야 할 다섯 가지 스킬 중의 하나로 꼽았다(Lau 2016).

코드를 작성하고 배포할 때 가장 중요한 것은 작성한 코드 이상의 것, 즉 전체 시스템 수준까지 생각하는 것이다.

- 당신이 작성한 코드가 기반이 되는 코드의 다른 부분, 다른 사람이 만든 기능과 잘 연동될 것인가?
- 당신이 작성한 코드의 테스트는 충분한가? QA 팀이 당신이 만든 기능을 수행할 수 있는가?
- 당신의 코드가 배포되기 위해 프러덕션 환경이 변경돼야 하는가?
- 새로 작성된 코드가 기존 시스템의 기능이나 성능에 영향을 미치는가? 당신의 코드를 사용할 고객과 사용자들은 예측한 대로 행동할 것인가?
- 당신의 코드로 인해 만족스러운 사업적인 효과를 얻을 수 있는가?

이 모두가 쉽지 않은 질문들이다. 또한 이 질문들에 제대로 답을 하는 것조차 정말 많은 노력이 필요한 일이다. 시간과 에너지를 적절하게 분배해 최고의 효과를 얻으려면 당신이 작성한 코드가 어떻게 더 큰 범위 안에 존재하는 것들과 어울릴 수 있는지에 대한 명확한 멘탈 모델을 갖고 있어야 한다.

시스템적 사고방식을 통해 세상을 현실적인 시스템으로 인지하고 분석함으로써 얻는 장점들이 명백하지만, 지금까지는 학문적인 연구나 사업적인 관점에서만 아주 협소하게 활용해왔다. 환원주의자의 입장에서 세상이 시계추가 움직이는 것과 동일한 원리로 움직인다는 것을 이해하는 것만으로 충분하다고 생각해왔던 것이다. 네스빗의 테스트에서처럼 우리는 아직도 큰 물고기만 바라보고 있는지도 모른다. 대상과 주변의 환경을 더 잘 인지할 수 있음에도 불구하고 이들을 무시하고 있는지도 모른다.

시스템 경험

여전히 큰 물고기만 인지할 수밖에 없는 이유는 시스템을 외부에서 바라보는 시각으로만 설명하기가 어렵기 때문이다. 시스템은 정적인 것이 아니다. 환원주의적인 관점, 분석적인 관점, 정적인 관점에서만 이해하려면 실패할 수밖에 없다.

크레이그 레이놀즈Craig Reynolds의 실험을 한번 살펴보자. 그는 단 3가지 규칙을 사용해 새들이 이루는 군집을 하나의 시스템으로 분석했다.

1. 모든 새는 이웃한 새에 부딪히려 하지 않는다.

2. 모든 새는 이웃한 새와 한 방향으로 움직이며 이웃한 새와 동일한 속도로 움직이려 한다.

3. 모든 새는 자신이 볼 수 있는 범위 안에서 무리의 중심으로 이동하려고 한다.

이 규칙을 따르는 작은 인공 새 혹은 소프트웨어로 만들어진 인공 개체들은 실제 새의 군집과 거의 유사한 움직임을 보여줬다(그림 1.9 참조). 하지만 3가지 규칙만으로는 새들의 군집에서 발생하는 피드백 루프를 완전하게 이해할 수 있는 멘탈 모델을 만들어내기는 힘들다. 이들을 단지 정적인 규칙으로만 인지한다면 서로 연결되고 상호작용하는 시스템을 만들기에 충분하지 않은 것이다.

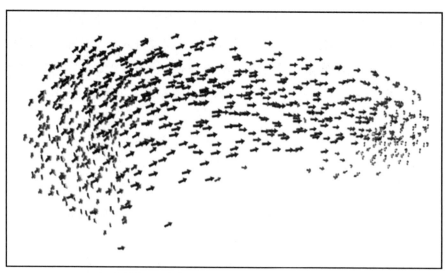

그림 1.9 화살표 모양의 새로 구성된 인위적인 '군집'(Scheytt 2012)

시스템을 효과적으로 분석하고 이해하려면 다음과 같은 시각이 필요하다. 시스템은 반드시 해당 시스템이 운영되는 환경과 맥락에서 이해돼야 한다. 즉, 시스템을 완벽하게 이해할 수 있는 환경에서 시스템을 제대로 경험해야 하는 것이다. 시스템을 만들고 수정한다는 측면에서 본다면 시스템을 제대로 이해할 수 있는 유일한 방법은 경험해보는 것이다. 세상을 시스템으로 이해하는 능력을 키우기 위해서도 반드시 시스템을 경험해봐야 한다.

게임 디자인과 시스템 경험

이 책의 목적은 시스템을 경험하는 가장 좋은 방법을 제공하는 것이다. 게임을 디자인하고 제작하면서 시스템을 인지하고, 분석하고, 수정하고, 만드는 방법을 배울 것이다. 3장에서도 살펴보겠지만 게임이야말로 시스템을 학습하고 만들어보는 가장 적합한 기회를 제공해준다. 게임 디자이너의 의도대로 제작된 게임은 게임을 즐기는 사람들에게 이런 기회를 제공해줄 수 있다. 이런 과정으로 게임 디자이너의 사고방식(앞서 설명한 메타인지)과 멘탈 모델이 게임과 플레이어에게 반영될 수 있다. 이 과정을 거쳐 사람들은 보이지 않았던 게임의 시스템을 인지하게 되고, 자신의 삶 속에서도 유사하게 운영되고 있는 시스템이 있다는 것을 알아차리게 된다.

가족이 살던 집을 부동산에 매물로 내놓고 어느 정도의 가격을 받으면 좋을지 아내와 논의한 적이 있다. 저녁 식사 자리에서 아이들은 집값이 어떻게 결정되는지, 가격의 한계를 정했는지, 너무 높거나 낮은 가격을 제시하면 어떻게 되는지 등의 질문을 던졌다.

아이들은 질문에서 아주 중요한 연결고리를 찾아냈다. "이거 마치 월드 오브 워크래프트의 경매장 같아!" 다른 온라인 게임처럼 '월드 오브 워크래프트'에는 플레이어들이 게임에서 획득한 아이템을 판매할 수 있는 경매장이 존재한다. 효과적으로 물건을 판매하려면 비슷한 아이템의 가격을 살펴보고, 가격을 너무 높게 부르거나 낮게 잡아서는 안 된다. 비슷한 물품이 많지 않다면 경매장에 등록된 물건은 쉽게 팔릴 것이다. 이 과정에서 수행되는 플레이어의 행동은 블리자드가 만든 경제 시스템에서 비롯된 것이며 경매장의 뼈대를 만드는 행동이다. 우리가 매물로 내놓은 집의 가격을 논할 때 우리 가족은 현실 생활에서 발생한 시스템을 경험할 수 있었다. 게임 안에서 레어 아이템을 파는 것과 마찬가지로 현실에서의 레어 아이템(우리의 집)을 판다는 측면에서 게임 안에 존재하는 것과 동일한 시스템을 경험했던 것이다.

세계라는 시스템 이해

시스템을 인지하고 분석하는 것을 통해 새로운 시스템을 만들어낼 수 있다. 가장 먼저 해야 할 일은 시스템 자체가 어떤 것인지, 어떻게 동작하는지 이해하는 것이다. 이를 위해 '사물 세계the world of things'라는 익숙하지 않지만 충분히 인지할 수 있는 단어부터 살펴봐야 한다. 사물 세계란 우리가 늘 사용해서 익숙하지만 잘 생각해보지 않은 세상을 의미한다. 이 세계를 살펴본다면 우선 사물things과 시스템을 좀 더 깊이 이해할 수 있을 것이다. 사물 세계를 여행하고 난 다음, 게임과 시스템이 어떻게 동작하는지 살펴본다.

이상한 시스템 여행

우리에게 시스템이란 물고기에게 물의 존재와 같다. 항상 우리 주변에 존재하고, 우리가 사는 세상을 만들어주고, 우리의 생존에 필수적이지만 존재 자체를 제대로 인지하기 쉽지 않기 때문이다. 매일 우리가 살아가는 삶 속에서도 시스템이 존재하지만 그것을 인지하기는 힘들다. 마치 물속의 물고기처럼 항상 시스템 안에서 살아가기 때문이다.[8]

테세우스의 배

그리스 로마 신화 중에서 패러독스를 이야기할 때 흔히 인용되는 '테세우스의 배' 이야기로 시작해보자. 테세우스는 배를 만들 수 있는 유능한 항해사다. 그는 배를 정기적으로 수리하면서 낡은 부분을 새로운 부분으로 교체했다. 세월이 흐르면서 원래 배에 있던 부분이 하나도 남지 않을 만큼 배의 모든 부분을 새로운 부분으로 교체했다. 여기서 이런 질문을 던질 수 있다. 지금 이 배는 테세우스가 원래 소유했던 배인가? 배의 모든 부분이 새로운 부분으로 교체됐다면 이전과 같은 배인가? 아니면 완전히 새로운 배인가? 사물의 정체성인 '배'는 어디에 존재하는 것인가?

1655년, 철학자 토마스 홉스Thomas Hobbes가 제안했던 개념을 한번 살펴보자. 해변에 테세우스와 헬레네가 있다. 테세우스는 배를 자주 수리한다. 테세우스가 배를 수리하고 부품을 떼어낼 때마다 헬레네가 부품을 줍는다. 테세우스가 버리는 부품도 여전히 쓸모가 있어 보인다. 이 과정을 반복해 마침내 어느 날 테세우스가 마지막 부품을 갈아 끼워 새 배를 완성했다. 그와 동시에 헬레네 역시 한 척의 배를 건조했다(그림 1.10 참고). 완전히 새롭게 건조된 배에 감탄하면서 배 전체를 둘러보고자 뒷걸음치면서 테세우스가 헬레네와 부딪혔다. 헬레네 역시 그녀의 배를 완성하고 마찬가지로 배 전체를 둘러보고자 뒷걸음질 치던 중이었다.

---

8. 데이빗 포스터 월래스(David Foster Wallace)의 연설인 'This is Water'에서 영감을 받았다.

그림 1.10 테세우스와 헬레네, 그들이 만든 배들

자, 여기서 질문을 던져보자. 어떤 것이 테세우스의 배인가? 그가 두 척의 배를 가진 것인가? 아니면 한 척도 존재하지 않는 것인가? 혹은 한 척은 테세우스의 것이며 나머지 한 척은 헬레네의 것인가? 무엇이 배를 만들었다고 정의할 수 있는 핵심적인 항목인가? 배가 갖는 정체성은 무엇이며, 그것은 진실되고 온전한 것인가?

철학자들은 오랜 시간 동안 이런 역설적인 질문에 답을 찾아왔다. 누구나 한 번쯤 이런 질문의 답을 잠깐이라도 고민해 봤을 것이다. 이 책에서는 좀 더 새로운 접근법으로 '테세우스의 배'라는 화두를 살펴볼 것이다. 그 전에 사물 세계에 대한 이 이상한 여행을 좀 더 진행해보자.

이제 사물과 그 실체를 새로운 시각으로 살펴볼 것이다. 실존하는 사물의 아주 작은 레벨까지 내려갔다가 그 사물로 구성된 우리 세계로 다시 돌아오는 색다른 여행이 될 것이다. 우리가 알고 있는 가장 작은 구조물, 즉 원자와 원자보다 훨씬 더 작은 입자 단위까지 살펴볼 것이다. 이 과정을 거쳐 다시 우리에게 익숙한 현실 세계로 돌아올 것이다. 이 여정이 끝나면 세상을 바라보는 시각이 바뀌어 있을 것이다.

시스템(혹은 게임)에 대한 이야기를 시작하면서 사물의 본성을 먼저 언급하는 것이 어쩌면 에둘러 먼 길을 떠나는 것처럼 보일 수도 있다. 하지만 사물의 실체를 우선 이해하는 것, 즉 은유적인 존재가 아닌 문자 그대로 사물의 존재를 인식하는 것은 너무나 중요하다. 당신이 과학적인 사람이 아니더라도 걱정할 필요 없다. 너무 기술적인 이야기는 아닐 테니까 말이다.

사물과 정체성

무엇인 사물을 만드는가? 물질이란 과연 무엇인가? 겉으로만 본다면 이 질문들은 아주 간단해보인다. 이 문제의 답은 명확하다. 사물은 당신이 볼 수 있거나 만질 수 있는 것들이다. 형체와 무게가 있고 그것을 구성하는 물질이 있을 것이다. 예를 들어 펜은 들어 올릴 수 있고, 책상은 손가락으로 두드릴 수 있고, 한 잔의 물을 마실 수 있다. 마찬가지로 현미경을 통해서만 존재를 파악할 수 있는 사물들도 역시 사물로써의 역할을 수행한다. 그런 작은 크기의 존재들은 또 어떻게 구성돼 있을까? 무엇이 사물의 안에 존재하는 사물을 만드는 것일까? 현미경으로 볼 수 있는 세계로 내려가 본다면 분자와 원자 단위의 세계를 이해할 수 있을 것이다. 이제 본격적인 여행을 떠나보자.

우선 물부터 살펴보자. 물은 세상을 구성하는 가장 기본적인 물질이다. 그림 1.11처럼 두 개의 수소 원자와 하나의 산소 원자로 구성된다. 자, 여기서 일단 생각을 멈춰 보자. 이 3개의 원자는 당신이 생각하는 물의 모습과 완전히 다른 모습일 것이다. 수소 원자와 산소 원자의 어떤 부분이 물의 속성을 갖게 만드는 것일까? 액체 상태의 물이 찰랑거리고, 영하의 온도에서는 얼음이 되고, 하늘에서 구름을 만드는 그런 속성을 과연 어떻게 갖게 되는 것일까?

시스템적인 측면에서 이 질문을 풀어본다면 답을 얻을 수 있다. 앞서 언급했던 크기의 문제로 다시 돌아가 보자. 이제는 현미경보다 더 작은 규모의 세계로 들어가 볼 것이다. 물을 구성하는 수소 원자를 한번 들여다보자.

수소는 원자 중에서도 상대적으로 크기가 작은 편이다. 수소 원자는 하나의 양성자와 이를 둘러싼 하나의 전자로 구성된다. 하지만 양성자와 전자는 크기가 너무 작아서 수소 원자의 내부는 거의 비어있는 거나 마찬가지다. "거의 전부가 비어있다."는 것을 좀 더 정확하게 표현하자면 원자의 99.9999999999996%가 비어 있다는 것을 의미한다. 이 숫자는 가정이 아니라 화학자와 물리학자들의 피나는 연구 끝에 계산해서 나온 정확한 수치다.

그림 1.11 일반적으로 묘사되는 물 분자의 구조. 2개의 수소와 이보다 큰 1개의 산소로 구성된다.

수소 원자의 대부분이 비어 있기 때문에 사실 원자 안에 거의 아무것도 없는 것과 마찬가지다. 이 빈 공간은 공기로 채워져 있는 것이 아니라 그냥 비어있는 것이다. 이렇게 빈 공간이 많다 보니 원자가 어떤 일을 하는지 알기 쉽지 않다. 크기를 조금 키워보자. 2mm 지름을 가진 겨자씨나 BB탄 모양의 물체가 축구 경기장의 한 가운데에 있다고 상상해보는 것이다. 이 겨자씨가 수소 원자의 양성자와 같은 크기라고 가정한다면 경기장 전체가 수소 원자의 크기와 같다. 겨자씨에 비해 대략 60,000배 정도 크다고 할 수 있다. 이 작은 겨자씨를 둘러싼 경기장의 모든 부분이 어떤 물질로도 채워지지 않은 채 완벽하게 비어있는 것이다. 이 모든 것이 수소 원자 하나를 구성하는 것이다. 수소는 우주에서 가장 흔하게 찾아볼 수 있는 물질로, 우주의 74% 가량을 구성하고 있으며 사람 몸무게의 10% 정도를 차지한다.

여기서 또 다른 의문이 발생한다. 어떤 물질이 완벽하게 텅 비어 있을 수 있는가? 그럼에도 어떻게 이 물질이 무게를 갖고 다른 물체를 구성할 수 있는가? 수소 원자에 포함돼 있는 전자는 그야말로 아주 작은 크기와 무게를 차지한다. 따라서 질량의 99% 이상은 양성자의 무게라고 할 수 있다.

여기서부터 이야기가 조금 이상해진다. 그림 1.11에서 보이듯이 대부분의 원자는 작은 구 형태로 표시된다. 원자핵을 구성하는 양성자와 중성자는 구보다 훨씬 작고 원자의 중심에 작은 덩어리 형태로 존재한다. 하지만 이런 구성은 원자와 분자의 구조를 이해하기 쉽게 도식화해 보여주는 것뿐이며, 실제로 존재하는 사물과 시스템이 동작하는 방식을 정확하게 보여주는 것은 아니다.

일단 원자는 작은 공의 형태를 띠지 않는다. 전자 역시 위성처럼 명확한 경로를 따라 양성자 주변을 도는 것이 아니다. 또한 원자를 둘러싸고 있는 구 형태의 껍질도 존재하지 않는다. 수소 원자 안에 존재하는 전자의 속성은 여기서 우리가 살펴보기에는 너무 복잡할 수도 있다. 전자가 발견되는 곳의 영역이 불분명하고 모호하다고 생각하는 것이 더 정확하다. 경계를 갖지 않으면서 존재하는 경우는 거의 찾아보기 힘들다.

수소 원자의 중심에는 양성자가 있다. 이것 역시 종종 아주 작은 구의 형태로 표시된다. 수소 원자 질량의 99.95%를 차지하지만 원자 자체가 그러하듯 사실상 일정한 형태를 띠고 있다고 보기 힘들다. 실체가 무엇인지 알려면 원자의 심장에 위치하는 양성자를 더 깊이 파고 들어갈 필요가 있어 보인다.

원자의 핵을 구성하는 2개의 주요한 요소 중 하나는 양성자며, 다른 하나는 중성자다. 이 2개의 무게를 합하면 원소 무게의 대부분을 차지한다. 이 둘이 합쳐 우리가 알고 있는 원소의 질량과 견고함을 갖게 된다. 우리가 알고 있는 부피와 질량을 가진 대부분의 물질이 물질로서 존재하려면 이 2가지가 핵심적이다. 양성자와 중성자가 핵심 요소이기는 하지만 그렇다고 기본적인 단위는 아니다. 중성자와 양성자는 이들보다 더 작은 쿼크quark라고 부르는 입자로 구성된다고 밝혀졌다. 지금까지 연구 결과에 따르면 쿼크야 말로 내부 구조가 존재하지 않는 가장 작은 단위의 입자며, 이름만큼이나 우리가 명확하게 알고 있는 바가 거의 없다.

일반적으로 양성자는 3개의 쿼크로 이뤄진다고 알려져 있다.[9] 이 쿼크들은 양성자의 내부에 존재하는 것이 아니다. 이들 자체가 양성자다. 양성자가 내부에 쿼크를 숨겨둘 수 있는 외피나 구형의 모양을 갖고 있지 않다는 것을 다시 한 번 상기하자. 양성자를 좀 더 자세히 들여다본다면 쿼크를 확인할 수 있다. 이 내용이야말로 조금 있다가 다시 살펴볼 아주 중요한 개념이다.

양성자 혹은 중성자를 구성하는 쿼크는 아주 작은 질량을 갖고 있으며, 이 3개의 질량을 합하면 양성자 전체 질량의 1% 가량을 차지한다. 그러면 앞서 쿼크가 바로 양성자라고 언급했는데, 이것이 가능한 일일까? 그럼 나머지 질량을 차지하는 것은 대체 무엇일까?

이 문제를 해결하려면 앞서 살펴본 원자 혹은 양성자가 작은 공의 형태라는 선입견에서 빨리 벗어나야 한다. 원자는 형태가 불분명하며 안의 대부분이 비어있다. 양성자는 크기와 모양을 갖고 있지만 역시 경계가 불분명하다. 전자의 크기를 통해 원자의 모양과 크기를 가늠할 수 있다. 마찬가지로 양성자의 모양과 크기도 쿼크를 통해 가늠할 수 있을 것이다.

양성자를 구성하는 3개의 쿼크는 서로 밀접하게 연결돼 있다. 이들은 아주 작은 공간(0.85×10^{-15}미터, 혹은 10억분의 1미터를 다시 백만분의 1로 나눈 것보다 더 작은 크기)에 모여 있으며 서로 멀어지지 않는다. 이 작은 공간에는 우리가 알고 있는 물리 법칙이 다르게 적용되며 심지어 물질과 에너지의 차이조차 본질적으로는 사라진다. 다행히 아인슈타인의 간단한 방정식인 $E = mc^2$만을 적용할 수 있다. 원자보다 작은 세계에서는 에너지와 물질의 교차가 너무 손쉽게 일어난다. 3개의 쿼크가 갖고 있는 에너지의 크기와 같은 범위 안에서 수없이 많은 쿼크와 안티쿼크의 조합이 끊임없이 발생하고 사라지기를 반복한다. 너무 짧은 순간에 나타났다가 사라지고 아무것도

---

9. 양성자를 구성하는 쿼크 중 2개는 'up'이라고 부르며 다른 1개는 'down'이라고 부른다. 중성자 역시 3개의 쿼크로 구성돼 있지만 중성자는 2개의 'down' 쿼크와 1개의 'up' 쿼크로 구성된다. 명칭에 위아래를 뜻하는 단어들이 사용됐지만 실제 방향을 가리키는 것은 아니다. 물리학자들은 때때로 자신의 특이한 취향을 반영해 자신이 발견한 것에 이름을 부여한다. '쿼크'라는 단어는 이를 발견한 머리 겔만(Murray Gell-Mann)이 입자의 특성을 설명하고자 제임스 조이스의 소설 『피네건의 경야(Finnegan's Wake)』의 구절에서 차용한 것이다.

없는 공간에서 나타났다가 아무것도 없는 공간으로 사라지므로 결국 양성자가 가진 전체 에너지에는 변화가 없다. 이 작은 에너지의 분출과 사라짐으로 인해 끊임없는 변화가 발생하지만 결과적으로 안정적인 상태를 유지할 수 있는 것이다.

글루온 장$^{gluon\ field}$이라고 알려진 쿼크의 운동 에너지와 상호관계의 조합, 이 영역에서 순간적이지만 끊임없이 발생하는 가상의 쿼크 조합이야말로 통합된 전체에서 측정되는 질량의 99%를 형성하는 것이다. 안정적이면서도 끊임없이 변화하는 이 입자들이야말로 양성자와 중성자라고 부르는 것이다. 어색하게 들릴지 모르지만 이것이 모든 사물의 근원이다. 당신 주변의 모든 것, 당신이 볼 수 있고 만질 수 있는 모든 것이 이렇게 이뤄진다. 우리가 알고 있는 '안정'이나 '견고함'이라는 단어의 의미와는 다르지만 매일 모든 사물은 심러^{Simler}가 비유한 것처럼 '테이블만큼 작게, 토네이도만큼 크게' 변화하고 있는 것이다. 이런 방식으로 사물을 이해하는 것은 시스템을 명확하게 이해하는 데도 큰 도움을 줄 것이다.

쿼크와 양성자를 살펴보면서 사물(그것이 원자가 됐든 배가 됐든)은 우리가 전형적으로 그럴 것이라고 생각하는 것과 같지 않다는 것을 깨달았을 것이다. 보기 좋게 모양이 가다듬어진 것도 아니고, 물체가 차지하는 적절한 공간에 적당하게 배치돼 있지도 않으며, 다른 모든 것과 명백하게 구분되지도 않는다. 실존하는 가장 작은 것들을 살펴보면서 이들이 단순히 가장 작은 덩어리가 아니라는 것을 알게 됐다. 이들은 에너지이기도 하고 힘이기도 하면서 동시에 관계이기도 하다. 당장은 이해하기 힘들겠지만 양성자와 모든 사물을 존재하게 만드는 관계의 네트워크는 게임 디자인에서 핵심 요소들과 같은 종류의 것이다.

다시 양성자와 중성자로 돌아가 보자. 이들은 쿼크 사이에서 발생하는 안정적이지만 늘 변화하는 관계로 인해 존재할 수 있다. 쿼크 자체도 안정적이지만 늘 변화하는 상태를 유지한다(시공간의 다중 측면에서 발생하는 파장으로 설명될 수 있는데, 이는 여기서 다룰 주제는 아닌 듯하다). 마찬가지로 3개의 쿼크와 수많은 '가상'(실재하지만 아주 짧은 기간 동안만 존재하는) 쿼크의 조합은 시간과 공간 안에서 서로 영향을 미치는 관계를 갖고 있으며, 이를 통해 양성자와 중성자의 안정적이지만 늘 변화하는 상태를 만들어내는 것이다. 이는 원자(양성자와 중성자로 구성된)와 전자의 경우에도 마찬가지다. 원자가 늘 변화하면서도 안정적일 수 있는 것은 이런 이유 때문이다.

메타안정성과 시너지

'안정적이지만 늘 변화하는 것'을 '메타안정성'이라고 부른다. 메타안정 상태인 물질은 대부분 안정적인 형태로 존재하지만 그 구조의 좀 더 낮은 레벨에서는 끊임없는 변화가 발생한다.[10] 양성자는 안정적인 형태를 유지하는 것으로 보이지만 사실 바로 그 아래 단계의 구조에서는 더 작은 입자들이 끊임없이 움직이고 있는 것이다. 마찬가지로 원자 역시 자체는 안정적인 것으로 보이지만 그 내부의 원자핵과 전자는 끊임없이 변하고 있는 것이다. 양성자와 원자 외에도 메타안정적인 구조를 가진 예는 다양하다. 날아가는 새떼와 허리케인, 혹은 흐르는 물의 흐름도 여기에 해당한다.

원자보다 더 작은 세계로의 탐험을 다시 이어가자. 원자 자체가 메타안정적인 구조를 갖고 있으므로 분자도 동일한 구조를 지니고 있다. 앞서 살펴본 바와 같이 가장 간단한 구조인 물 분자 역시 양성자와 원자가 모여 만들어진 사물의 일종이다. 물 분자 안의 원자들 역시 끊임없이 변화하고, 서로 전자를 교환하고, 서로가 위치를 계속해서 바꾸는 메타안정적인 특성을 보여준다.[11]

수소 원자가 양성자와 전자로 이뤄졌듯이 물 분자 역시 2개의 수소 원자와 1개의 산소 원자로 구성된다. 물 분자가 이 원자들을 포함하는 것이 아니고 단순히 이들 자체

---

10. 다양한 과학 분야에서 사물을 메타안정적인 구조를 가진 그룹으로 분류하는 것을 '통합 수준(Integrative levels)'이라고 부른다(Novikoff 1945). 원자와 원자보다 작은 영역에서 물리학자들은 구조상 바로 아래의 낮은 레벨에서의 변화 정도가 현재 레벨의 메타안정 상태에 수렴한다고 가정하는 '유효 필드 이론(effective field theories)'이라고 부르는 것을 만들어냈다.

11. 물 분자는 메타안정적임과 동시에 일반적으로 규정할 수 없는 특이한 방식으로도 동작한다. 수소 원자는 OH^- 이온에서 떨어져 나와 아주 잠깐 동안 새로운 H_3O^+ 분자를 생성한 다음 다시 원래의 자리로 돌아가거나 다른 H^+ 이온이 자리를 대신한다. 부피를 가진 물질이라는 점에서 물은 자체가 메타안정적이기도 하지만 분자 단위에서 수소 이온을 교환하는 것과 같은 예측하지 못한 행동들이 발생한다.

인 것이다. 또한 표면이나 단단한 껍질 같은 것이 존재하지 않는다. 물 분자들이 상호작용하는 방식을 고려한다면 원자들의 구조에서 한 단계 올라간 형태로 보는 것이 적합하다.

분자를 구성하는 원자 간의 상호관계에 기반을 두고 물 분자가 존재할 수 있다. 수소원자가 이를 구성하는 양성자와 전자의 시너지를 통해 존재하고 양성자가 이를 구성하는 쿼크의 시너지를 통해 존재하는 것과 동일한 방식이다. 시너지^{synergy}라는 말은 '함께 동작하는 것'을 의미한다. 시너지라는 단어는 최근 비즈니스 분야를 비롯해 다양한 분야에서 활용되고 있다. 원래 '시너지'라는 단어는 버크민스터 풀러 Buckminster Fuller가 '전체를 구성하는 부분의 행위로 인해 전체 시스템의 행동을 예측할 수 없게 될 때'를 지칭해 사용했다(Fuller 1975). 이는 구조상 낮은 레벨에 위치한 부분의 조합에 의해 새로운 사물 혹은 현상이 발생하고, 기존 부분의 속성으로 보기 힘든 것들이 발생하게 된다는 메타안정성의 특성을 잘 설명해준다. 양성자, 원자, 분자와 같은 구조는 일정 수준의 안정성과 통합성을 가진다. 이들은 자신이 갖고 있는 핵심적인 속성을 변경시키지 않는 이상 더 작은 것으로 나눠질 수 없다.

시스템이 자체의 고유한 속성을 가진 메타안정적인 사물이며 더 낮은 레벨의 메타안정적인 사물들로 구성된다는 개념은 시스템적 사고방식과 게임 디자인을 이해하는 데 있어 핵심적인 요소다. 이 부분은 이후 창발을 다룰 때도 다시 한 번 살펴볼 것이다.

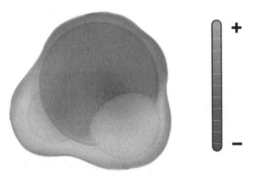

그림 1.12 혹 덩어리 모양 물 분자의 전하

스스로 정체성을 갖는 사물로서의 물 분자는 그림 1.12에서 보이듯이 여러 개의 구가 뭉친 혹 덩어리처럼 생각할 수 있다. 그 모습은 오렌지보다는 감자에 더 가깝다. 이 혹 덩어리 모양은 구성하고 있는 산소와 수소 원자 간의 관계로 인해 형성된 것이다.

분자 안에 존재하는 원자의 관계가 분자의 메타안정성을 결정한다. 또한 분자가 갖는 전기적인 속성도 동일하게 원자의 관계로 인해 결정된다. 중성자와 양성자 안에 존재하는 쿼크가 각각의 전하를 결정하며,[12] 수소와 산소 원자 안의 양성자와 전자가 물 분자 전체의 전하량을 결정한다. 산소 원자는 수소 원자에서 전자를 떼어온다. 이 과정은 얇은 수소 원자의 껍데기에 붙어있던 전자를 떼어오는 것과 비슷하다. 이 과정을 거치면 수소 원자의 핵 부분이 그대로 드러나 양성자만 남게 되므로 부분적으로 양의 전하를 띠게 된다. 분자의 다른 쪽, 즉 수소 원자와는 멀고 산소와 가까운 부분에서는 산소가 뺏어온 수소의 전자로 인해 10배 가까운 음의 전하가 모이게 된다.

그 결과로 물 분자는 전기적인 양극성을 동시에 가질 수 있게 된다. 분자의 일부는 양의 전하를, 또 일부는 음의 전하를 갖게 되는 것이다. 사물의 구조상 하부에 존재하는 구성 요소들의 관계로 사물이 구성된다는 것을 이해한다면 어떻게 물 분자가 우리가 알고 있는 물이 될 수 있는지에 대한 답을 얻을 수 있게 되는 것이다. D. H. 로렌스(1972, p.515)는 자신의 시 '세 번째의 것'에서 이렇게 말했다.

> 물은 H_2O, 수소가 2개, 산소가 하나, 하지만 그 외에도 세 번째 것이 있는데, 이것이 바로 물을 만드는 것이며 아무도 그것이 무엇인지 모른다.

바로 이 '세 번째 것'이 논란의 중심이다. 이 '세 번째 것'이야말로 2,000년 전부터 이

---

12. 양성자와 중성자는 안에 존재하는 쿼크로 인해 전하(electrical charge)를 갖게 된다. 쿼크가 갖는 전하의 합이 양성자가 갖는 전하의 양이 된다. 중성자가 전기적으로 중성을 갖게 되는 것도 동일한 원리다. 쿼크라는 개념을 알기 전부터 이미 양성자가 a + 1 전하를 가진다는 사실은 알려져 있었다. 쿼크는 극성(분자 내 전하 간의 무게중심 불일치)을 가질 수밖에 없다. 2개의 'up' 쿼크는 a + 2/3 전하를 가지며 'down' 쿼크는 a − 1/3 전하를 가진다. 따라서 2/3 + 2/3 − 1/3 = 1이라는 공식이 성립되며 양성자는 +1 전하를 갖게 되는 것이다. 중성자의 경우는 2개의 'down' 쿼크와 하나의 'up' 쿼크를 가지므로 공식은 2/3 − 1/3 − 1/3 = 0이 되므로 전기적으로 중성을 띠게 된다.

어온 아리스토텔레스적 세계관의 '독립적인 존재'며, 20세기 초반 스뮈츠와 코프카가 그들의 연구 영역에서 보강했던 개념이다. 이 '세 번째의 것'은 독립된 요소나 물체는 아니면서도 가장 중요한 부분이다. 낮은 레벨에 있는 사물 간의 관계에서 발생하며, 더 높은 레벨에 존재하는 새롭고 독립적인 사물을 만들어내는 것이다. 로렌스가 1915년 발표한 소설 『무지개』에 등장하는 문구를 다시 인용해보자.

> 두 사람 사이에 사랑은 중요한 것이다. 하지만 그것은 그녀 혹은 그에게 속한 것이 아니다. 당신이 만들어야 하는 세 번째의 것이다.

'세 번째의 것'은 원소, 물, 사랑, 상호작용, 게임과 인생뿐만 아니라 말 그대로 가능한 모든 것을 만들어낸다. H_2O 분자로 구성되는 물도 메타안정적인 클러스터를 구성하고 이 클러스터들이 서로 빠르게 미끄러지면서 위치를 바꾼다. 이 과정에서 수많은 물 분자와 클러스터가 우리가 알고 있는 액체로서의 물이 갖고 있는 속성을 만드는 것이다. 이 속성은 분자나 원자 단위에서는 찾아볼 수 없으며 이들 간의 관계를 통해 완전히 새롭게 형성된다.

분자 단위의 세계에서 메타안정적인 구조물이 우리를 둘러싸고 있는 일상의 세계로 다시 올라와보자. 그리고 이 관점에서 다시 물을 살펴보자. 우리 세계에 존재하는 물방울이나 증기, 혹은 파도는 모두 형태가 달라도 여전히 메타안정적인 구조를 갖고 있으며, 단지 그 조직과 레벨이 더 커진 것뿐이다. 물 분자가 얼마나 작은지 다시 상기해보자. 분자는 우리가 앞서 살펴봤던 양성자에 비하면 수천 배의 크기를 갖고 있지만 여전히 크기는 상상하지 못할 정도로 작다.[13] 속눈썹에 달릴 수 있는 물 한

---

13. 물 한 방울에 얼마나 많은 물 분자가 포함돼 있는지 알아보자. 현재 지구에는 70억 명이 조금 넘는 사람들이 살고 있다. 상상하기는 힘들겠지만 이들 70억 명 각자가 10개의 복사된 지구를 갖고 있다고 가정해보자. 물론 지구에는 여전히 70억 명의 사람이 살고 있다. 지구에 사는 모든 사람이 눈앞에 10개의 지구를 갖고 있으며, 눈앞의 지구에도 똑같이 70억 명의 사람들이 살고 있는 것이다. 이런 상황에서 지구에 살고 있는 모든 사람을 합한 숫자가 단 한 개의 물방울에 포함돼 있는 물 분자의 숫자와 같다. 지구상에는 현재 7.2×10^9명의 사람이 살고 있다. 이 사람들이 7.2×10^9이 살고 있는 단 한 개의 지구를 갖고 있다고 가정하고 이를 계산하면 5×10^{19}이 된다. 각자가 1개가 아닌 10개의 지구를 갖고 있으므로 지름이 3mm, 무게가 0.015그램에 불과한 물 한 방울에 살고 있는 인구(분자)의 수는 5×10^{20}이 되는 것이다.

방울에서부터 거대한 허리케인에 이르기까지 수많은 메타안정적인 사물이 이런 물방울로 구성된다는 것은 경이로운 일이다.

다시 처음으로 돌아가기

사물로 인지할 수 있고 이름을 가진 모든 것은 안에 포함돼 있는 더 작은 구성 요소들의 관계로 만들어진다. 각각의 구성 요소는 그 하부 구조가 만들어내는 메타안정적인 레벨이다. 우주에서 가장 기본적인 것들을 구성하는 것들, 즉 쿼크/안티쿼크 조합이 끊임없이 만들어졌다가 사라지면서 양성자와 중성자를 계속 만들어내는 과정도 동일하다.

자, 다시 처음 여행을 시작했던 곳으로 돌아가 보자. 이제는 테세우스와 헬레네의 배를 완전히 다른 시각으로 바라볼 수 있을 것이다. 양성자와 원자, 분자들이 모두 메타안정적인 구조를 갖고 있는 것과 마찬가지로 배도 메타안정적이다. 배는 단순한 널빤지의 집합체가 아니다. 배는 나무 널빤지 부품들 사이에서 시너지가 발생하는 관계임과 동시에 각각의 특수한 메타안정적인 관계 안에서 배가 존재하는 것이다. 테세우스가 나무 널빤지를 모두 제거하고 새로운 것으로 교체했다면 물리적인 구성 요소만 교체한 것에 지나지 않는다. 여기서 더 중요한 것은 물리적으로 배를 구성하고 있는 구성 요소들 간의 관계다. 테세우스는 배라고 부르는 시스템에서 나무 널빤지를 제거했지만 배는 역할을 수행할 수 있는 메타안정적인 구조를 유지할 수 있는 수준의 구성 요소들을 보유한 채로 남아있다. 헬레네의 경우는 새로운 메타안정적인 구조물로서의 배를 만든 것이다. 즉, 오래된 부품으로 구성된 새로운 관계를 조금씩 만들어낸 것이다. 앞서 살펴봤듯이 물 분자의 내부에 2개의 수소와 1개의 산소가 존재하는 것이 아니라는 것을 상기하자. 널빤지 역시 배의 내부에 존재하는 것이 아니다. 이들은 각각의 관계 속에서 존재하며 이들 스스로가 배를 만들어내는 사물인 것이다.

지금까지 살펴본 것들을 게임 디자인의 세계에 접목해보자. 사물이 어떻게 발생하고 존재하는지 이해하는 것, 특히 새롭고 높은 레벨의 시스템을 만들어내는 과정에서 발생하는 상호작용과 관계의 중요성을 이해하는 것은 시스템적인 게임을 디자인하는 데 도움을 주며, 이를 통해 좀 더 재미있는 게임을 만들 수 있을 것이다.

벽돌과 집, 패턴과 품질

철학자이자 과학자인 앙리 푸엥카레$^{Henri Poincaré}$는 "과학은 사실이라는 벽돌로 지어진 집과 같다. 하지만 단순히 사실이 쌓인다고 해서 과학일 수는 없다. 벽돌만 쌓아놓는다고 집이 아닌 것과 마찬가지다."라고 말했다. "다양한 부분을 가진 모든 것은 단순히 그 자체로 부분의 합이 아니며, 그 이상의 무엇이 있다. 여기에는 '원인'이 존재한다."라는 아리스토텔레스의 금언도 다시 떠올려보자. 그가 이야기한 '원인'이라는 것은 사물의 구조적이고 기능적인 관계를 의미하는 것이다. 푸엥카레의 말에 등장하는 집도 벽돌과 그 관계를 의미하며, 이 경우에는 벽돌 각자의 물리적인 위치와 벽돌 간의 상호관계로 해석할 수 있다. 이런 상호관계는 '단순한 부분의 합'과는 다른 것이며 이를 통해 우리가 집이라고 부르는 구조적인 시스템이 만들어진다. 과학이 단순한 사실의 합이 아니라 사실과 사실 사이의 구조적이고 기능적인 관계임과 동시에 이 관계가 만들어낸 조직화된 이론과 모델이 과학을 구성하는 것과 같은 이치다. 구성 요소들이 스스로를 초월하는 상호작용을 수행하지 않는다면 집도 과학도 존재하지 않을 것이다.

건축가인 크리스토퍼 알렉산더가 언급한 2가지 예를 더 알아보자. 첫 번째 예는 그의 저서인 『패턴 랭귀지』에 언급된다. 이 책은 마을과 주택, 정원, 휴식 공간 등의 물리적인 건축에 대해 다루고 있다. 하지만 이 책은 소프트웨어 엔지니어와 게임 디자이너에게도 많은 영향을 미쳤다. 누군가 디자인 패턴에 대해 이야기하고 있다면 화자의 의도와 상관없이 이 책에 언급된 내용을 말하고 있을 가능성이 크다. 알렉산더의 접근법은 전적으로 시스템에 기반을 두고 있다. 앞서 살펴본 물 분자, 쿼크, 배에 대한 내용을 상기하면서 다음 내용을 살펴보자.

어떠한 패턴도 고립돼 있는 독립체가 아니다. 모든 패턴은 다른 패턴의 도움을 받아야만 존재할 수 있다. 이 패턴이 구현된 더 큰 크기의 패턴이 존재하며, 그와 동일한 크기의 패턴들이 이를 둘러싸고 있다. 그 하위에 존재하는 패턴들이 그 안에 연결돼 존재한다.

이러한 관계는 하나의 세계관과 같다. 즉, 무언가를 만들 때 그것을 따로 고립된 존재로 만들 수 없으며, 이를 둘러싸고 있는 세계의 일부도 수정해야 한다는 것을 의미한다. 이를 통해 하나의 세계가 좀 더 일관적인 전체로서 존재하고 기능을 수행한다. 자연이라는 거미줄 안에 그 무엇이 자리를 잡게 되는 것이다(Alexander et al. 1977, p. xiii)

알렉산더가 '패턴'이라고 정의한 부분이 바로 우리가 '시스템'이라고 이야기하는 것이다. '패턴에 의한 패턴'이라는 핵심 개념은 쿼크에서부터 허리케인에 이르기까지 존재하는 모든 시스템 구조에 적용할 수 있다. 더 상위로는 우리가 상상조차 할 수 없이 거대한 우주의 구조에도 적용할 수 있을 것이다. 집이나 부엌을 만들고 도시를 건설하는 것도 동일하다. 게임 디자인도 예외일 수 없다.

알렉산더가 쓴 『영원의 건축Timeless Way of Building』에서 두 번째 예를 찾아볼 수 있다. 이 책의 내용은 『패턴 랭귀지』보다 좀 더 철학적이다. 알렉산더는 이 책에서 '이름 없는 특성'이라고 부르는 개념을 소개하고 있다. 이는 모든 건축물에 스며들어 있는 것이며, 또한 설계된 모든 것에 내재돼 있는 것이다. 이 '특성'이라는 개념에는 일체성 oneness, 동적인 조화, 힘 사이의 균형, 상호 포함되는 구조의 패턴에서 비롯된 통합성 등이 포함된다. 알렉산더는 이런 것들이 동시에 일어남으로써 다양한 하위 패턴을 포함하는 통합적인 패턴이 발생하며 이를 특정 하는 이름을 붙일 수 없다고 주장했다.

시스템은 그 자체로 존재할 때 이런 특성들을 갖게 된다. 시스템이 분리되면 이 특성이 존재할 수 없다. 이 일체성 혹은 일체성의 결여는 모든 사물에 존재하는 기본적인 특성이다. 시나 인간, 사람으로 가득 찬 빌딩, 숲이나 도시, 모든 것이 이런 특성을 갖고 있다. 이것이 모든 사물을 구성하고 존재하는 하나의 형태로 만들어주는 것이다. 이 특성은 아직 이름이 붙여지지 않았다(Alexander 1979, p.28).

알렉산더가 언급한 '이름 없는 특성'은 아리스토텔레스가 구조화된 시스템을 말하면서 언급했던 익명의 '원인', 로렌스가 말한 물이 젖게 만드는 '세 번째 것'과 동일한 것이다. 이것이 무엇이든 간에 지금까지 정확한 이름을 부여하지 못했다. 이것에 이름이 붙었다면 우리의 생각 자체가 복잡하고 동적인 패턴에서 안정적이고 비활성화된 환원주의적인 시각으로 바뀌었을 가능성이 크다. 지금까지 특성과 시스템이 무엇인지 좀 더 깊게 살펴봤다. 2장에서 이 부분을 좀 더 명확하게 살펴본다.

시스템으로 향하는 길

명백하게 아무 것도 일어나지 않는 것처럼 보이는 테이블이 그 안에서 어떤 소용돌이가 치고 있는지 아는 것이 중요하다. 또한 우리가 수행하는 디자인에 내재돼 있는 동적인 프로세스도 알 수 있어야 한다. 게임 디자인이라는 측면에서 당신은 모든 플레이어가 각자의 독특한 경험에 기반을 두고 움직인다는 것을 알고 있으며, 이들 경험이 어떻게 하나로 통일되는지, 어떻게 게임이 플레이되는지 배우게 될 것이다. 아울러 게임의 상태에 따라 주어진 하나의 경로로만 게임이 진행되지 않게 하면서도 게임의 다양한 부분을 자세히 '파고들어'갈 수 있는 능력도 갖춰야 한다.

두루뭉술한 전체주의적 사고나 선형적인 환원주의적 사고에 빠지지 않도록 주의해야 한다. 대신 모든 세계를 시스템에 기반을 두고 바라볼 수 있어야 한다. 그래야 아직 이름 붙여지지 않고 편향되지 않은, 그러면서 시스템에 기반을 두고 시너지를 낼 수 있고 메타안정적이며 자연스럽게 발원하는 '특성'을 이해하고 인지할 수 있을 것이다. 이것이 가능해야 창조적인 게임 디자인에 동일한 원리를 반영할 수 있을 것이다.

이제 시스템이 무엇인지, 왜 이에 대해 생각하고 인지하는 것이 중요한지, 또한 게임 디자인에 이런 시스템을 활용하는 것이 중요한 이유를 충분히 이해했을 것이다.

요약

1장에서는 세상을 바라보는 다양한 시각과 더불어 세상을 하나의 시스템으로 바라보는 것이 얼마나 중요한지 알아봤다. 시스템이란 메타안정적인 전체를 구성하는 내부 요소들의 네트워크로 구성된다는 것을 알 수 있었을 것이다.

이런 시스템적인 시각은 세상이 어떻게 움직이는지 파악하는 데 필수적이다. 무미건조한 사물들이 사실은 아주 동적인 시스템이라는 것을 파악하는 것은 재미있는 게임을 디자인하는 데도 중요하다. 결과적으로 게임 디자인에 시스템을 반영하고자 시스템이라는 단어를 이해하고 이와 관련된 것들을 살펴본 것이다. 이제 시스템이 어떻게 세상을 만들고 있는지에 대한 이해를 기반으로 좀 더 자세히 시스템을 살펴보고 정의해볼 것이다.

시스템 정의

시스템적 사고방식의 기초를 다졌으니 이제 시스템이 무엇인지에 대해 좀 더 자세하고 구체적인 정의를 내려볼 것이다. 2장에서는 시스템이 어떻게 구성되고, 서로 이질적인 부분에서 어떻게 새로운 사물과 경험이 발생할 수 있는지 살펴본다.

이 과정을 통해 시스템적인 게임을 분석하고 설계하는 데 필요한 기초적인 개념과 용어에 익숙해 질 수 있을 것이다.

시스템의 의미

앞서도 살펴봤지만 시스템이라는 단어는 익숙한 듯하면서도 여전히 두루뭉술하게 다가온다. 실제로 존재하는 사물을 세심하게 관찰해 이 애매모호한 개념을 좀 더 명확하게 파악할 수 있었다. 1장에서도 확인했듯이 시스템은 사물이며, 이 사물역시 시스템이다. 시스템은 문자 그대로 우리 주변 어디에나 존재한다. 시스템은 우리가 살고 있는 물리적인 세계를 구성하고 또한 우리가 살고 있는 사회도 만들어낸다.

시스템과 사물은 정적인 것이 아니라 동적인 존재다. 어느 한 곳에 머물러 있는 것으로 파악하려 해서는 안 되며, 시스템을 제대로 이해하고자 시스템이 제대로 운영되는 환경에서 이를 경험해봐야 한다. 시스템은 알렉산더가 말했던 '이름 없는 특성 (Alexander 1979, p.28)'으로 구체화될 수 있다. 이 특성은 단 하나의 문장으로 정의하기 어렵다.[1]

시스템은 이를 구성하는 부분이라는 관점에서 이해할 필요가 있다. 또한 동시에 이 부분들을 능동적으로 결합해 더 큰 무언가를 만들어낸다는 사실도 잊지 말아야 한다. 이런 시스템의 특성은 쉽게 이해하기 힘들지만 동시에 마법처럼 매력적인 부분이기도 하다. 시스템은 정적인 사진이 아니므로 이 시스템이 동작하는 정황과 맥락이라는 관점에서 이해해야 한다.

즉, 시스템에 대한 모든 정의가 그 자체로 시스템적이어야 하는 것이다.

---

1. 지금까지 본 문장 중에서 시스템을 가장 잘 정의한 문장은 "이 문장은 시스템이다."였다. 이 간단한 문장 안에서 글자와 단어의 상호작용이 새롭고 구조화된 의미를 만들어내고 있는 것이다. 간단하게 시스템을 정의해준 마이클 차빈 (Michael Chabin)에게 감사를 전한다.

간단한 정의

시스템을 너무 장황하게 설명하지 않으면서도 간략하게 정의한다면 다음과 같을 것이다.

> 시스템이란 여러 부분이 끊임 없는 상호작용을 통해 지속되는 '전체'를 만들어내는 것이다. 이렇게 만들어진 '전체'에는 고유한 속성과 행위가 수반된다. 이 속성과 행위는 어느 한 부분에 종속되는 것이 아니라 '전체'에 종속되는 것이다.

이 문장도 짧고 명확한 정의라고 보기 힘들 수 있다. 시스템을 좀 더 구체적으로 정의하고 설명하고자 이 문장을 분해하고 다시 합쳐 의미를 종합해볼 것이다. 앞서도 언급했지만 언어의 선형성이 문제가 될 수 있다. 아직 설명되지 않은 것들이 언급될 수도 있고, 시스템이 무엇인지에 대한 멘탈 모델을 만들고자 한 문장을 한 번 이상(혹은 하나의 루프 이상) 읽게 될 수도 있다는 것을 감안하자.

위의 문장에 좀 더 살을 붙여가면서 시스템에 대한 정의를 내려보자. 다음 정의들에 대해서는 2장 전체를 통해 좀 더 자세히 알아볼 것이다.

- 시스템은 부분으로 구성된다. 부분은 내적인 상태^{state}와 외적인 경계^{boundary}를 가진다. 이들은 행위^{behavior}를 통해 다른 부분과 상호작용한다. 행위를 통해 정보와 리소스를 다른 부분으로 보내고(리소스를 보내는 경우가 더 많다) 다른 부분의 내적 상태에 영향을 미친다.

- 부분은 행위를 통해 다른 부분과 상호작용을 수행하며 이 과정을 통해 루프를 만들어낸다. 행위는 지엽적인 상호작용(A에서 B)을 만들어내며 루프는 연결돼 순환되는 상호작용(A에서 B, B에서 C, C에서 A)을 만들어낸다.

- 시스템은 각각의 루프 구조를 갖는 계층적이며 통합적인 레벨로 이뤄진다. 각 레벨에 존재하는 시스템은 그 다음 상위 단계에서 보이는 시스템과 유사한 상태와 행위를 가진다.

- 각 레벨에서 시스템은 지속성^{persistence}과 순응성^{adaptability}을 가진다. 이런 특성들

은 빠르게 사라지지 않으며 일정 기간 동안 스스로를 강화시킨다. 이를 통해 경계 바깥에 존재하는 다른 조건을 견디거나 수용할 수 있게 된다.

- 시스템은 조직화되고 분산돼 있지만 협력적인 행위를 보여준다. 시스템은 통합된 전체로서의 모습, 그리고 더 큰 시스템의 일부로서의 모습을 보여준다.

이제 시스템이 갖고 있는 단면들을 하나하나 좀 더 자세히 살펴보자.

부분 정의

모든 시스템은 부분으로 만들어지고 또 부분으로 나눠질 수 있다. 분자의 경우라면 이 '부분'이 이를 구성하는 원자가 된다. 새떼를 구성하는 한 마리의 새가 될 수도 있고 군대라면 소대나 분대도 하나의 부분이라고 볼 수 있다. 각각의 부분은 독립적인 정체성을 갖고 독립된 행동을 수행하며 다른 부분과 구별된다. 각각의 부분은 상태와 경계를 가지며 독립적인 행위를 수행한다(8장에서도 동일한 내용을 살펴볼 수 있을 것이다).

상태

부분에는 내적 상태가 존재한다. 상태는 특정한 시점에 특정한 값으로 표시할 수 있는 속성의 조합으로 만들어진다. 새떼를 구성하는 새는 각자의 속도와 방향, 무게, 체력 등의 수치로 표현할 수 있다. 새의 속도와 무게는 하나의 속성이며, 적합한 값(이 경우는 숫자)이 부여된다. 이 값은 속성의 현재 상태를 나타낸다. 부분의 상태는 현재 속성을 나타내는 값의 집합이라고 할 수 있다. 정적인 지표처럼 보이지만 하나의 부분이 늘 다른 부분의 영향을 받는 만큼 이 값과 상태 역시 항상 변한다.

현실에서 사물의 상태를 숫자로 표현할 수 있는 속성만으로 정의하기는 쉽지 않다. 격투 게임에서 캐릭터의 체력을 표시하는 노란색 막대로 실제 사람을 표시할 수 없는 것과 같다. 조직적인 측면에서 본다면 상태는 한 단계 아래 레벨에 위치한 서브시스템들의 상태를 종합해서 표현하는 것이다. 뒤에서 살펴볼 '조직의 계층과 레벨' 부분에서 더 자세히 살펴볼 것이다. 서브시스템 역시 부분으로 구성되며 이들의 부분 역시 상호작용을 수행한다. 앞서 살펴본 것처럼 현실 세계에서 가장 작은 부분을 구성하는 서브시스템을 알아보려면 쿼크 수준까지 내려가야 한다.

게임도 마찬가지로 각 부분의 상태는 해당 부분 안에 존재하는 하위 부분의 상태에 따라 결정된다. 숲은 자체적으로 '체력'이라는 속성을 갖지 못하지만 안에 포함돼 있는 모든 나무의 상태를 종합해 숲의 상태를 결정할 수 있다. 값의 범위를 정하고 자체는 전혀 시스템적이지 않은 유형의 값, 즉 정수나 문자로 구성되는 속성과 값을 조합해 간단하게 부분의 상태를 설정할 수 있다. 예를 들어 체스에서는 폰, 루크와 같이 여러 유형의 말이 존재하며, 그들의 상태에 따라 위치가 정해진다. 컴퓨터 게임에서 어떤 몬스터는 10개의 히트 포인트와 스티브^{Steve}라는 이름을 가질 수 있다.

이 정도 수준의 정보만 있어도 실제로 게임 디자인을 할 수 있다. 게임에 등장하는 부분들은 기본값이나 시작 상태를 나타내는 값들이 스프레드시트에 기록된다. 따라서 이 정도 수준으로 각 부분을 정의하는 것을 '스프레드시트 수준$^{spreadsheet specific}$' 이라고 칭한다. 이는 게임 디자인이 갖는 중요한 특성이다. 게임에 등장하는 모든 부분을 최소한 스프레드시트 수준으로 명세하지 않는다면 실제 게임을 만들 수 없다. 이 책의 나머지 부분에서도 계속 이 부분을 짚어 나갈 것이며, 특히 8장과 10장에서는 더욱 상세히 이 과정을 다룰 것이다.

스프레드시트 수준의 정의가 시스템적인 게임 디자인의 한계를 보여주는 것은 아니다. 부분을 포함하는 서브시스템 구조를 만들 수 있다면 비용이 많이 드는 정량적인 콘텐츠 생산에 의존하지 않고도 매력적이며 동적인 '이원적 디자인$^{second-order design}$(3장 참고)'이 가능해진다. 좀 더 큰 규모의 시스템에 기반을 둔 전체를 만들려면 우선 가장 간단한 부분들을 묶어 그룹을 만들 필요가 있다.

경계

부분의 경계는 이웃에 위치하며 상호작용을 수행하는 다른 부분에 의해 정의된다 (그림 2.1 참고). 부분은 네트워크를 통해 서로 밀접하게 연결된다. 연관돼 있는 두 부분이 상호작용을 주고받으며 다른 부분과도 상호작용을 수행한다. 이런 상호작용의 하나로 루프를 수행하기도 하고 더 나아가 상위 레벨 시스템의 한 부분을 형성하는 지엽적인 서브시스템을 만들어내기도 한다.

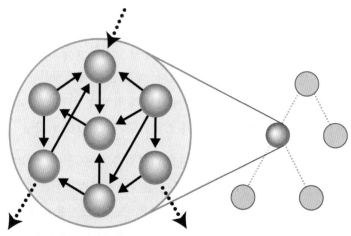

그림 2.1 경계를 가진 부분들이 서로 연관돼 전체 시스템의 일부를 구성한다. 여기서 보이는 경계는 각 부분 간의 상호연관성에 의해 시각화된 것이며, 실제로 부분을 나누는 것이 아니다.

부분 간의 경계가 항상 완벽하고 절대적으로 형성되지는 않는다. 어떤 부분은 다른 부분의 경계 '외부'하고만 상호작용을 수행한다. 원자와 양성자에 대한 논의에서도 살펴봤듯이 이들 입자를 둘러싸고 있는 표피나 껍데기가 존재하지 않는다는 것을 늘 염두에 둬야 한다.[2] 이런 경우는 그 안의 부분들이 뭉친 덩어리가 경계를 만든다. 상위 레벨의 관점에서 본다면 이 경계가 명백히 구분될지도 모른다. 하지만 좀 더 가까운 거리에서 살펴보면 명확하게 경계를 구분하는 것이 쉽지 않은 경우가 많다.

---

2. 세포막의 경우처럼 내부와 외부를 나누는 경계가 존재하기도 한다. 이 경우는 부분의 내부에서 이 경계를 통해 외부의 어떤 사물을 가져오거나 내부의 물질을 내보내기 위한 특수한 채널이 존재한다.

어떤 부분의 '내부'와 '외부'를 구분할 수 있는 가장 중요한 차이는 상위 레벨에 존재하는 시스템의 행위를 변경할 수 있는지 여부다. 이것이 가능하다면 그 영역은 경계의 안쪽에 속하는 것이며 시스템의 일부가 된다. 하지만 어떤 것이 시스템 내부의 부분과 커뮤니케이션하지만 자체의 행위로 상위 시스템의 행위를 바꿀 수 없다면 부분이나 시스템의 경계 바깥쪽에 위치하는 것이라고 판단할 수 있다.

경계와 조직이 형성되면 자연스럽게 모듈 형태가 나타난다. 이는 소프트웨어에서도 마찬가지다. 모듈 형태는 부분이나 시스템을 만들 때 자연스럽게 발생하지만 때로는 인위적으로 형성된다. 경계라는 개념을 활용하면 시스템에 속하는 부분을 좀 더 쉽게 이해할 수 있고 재사용할 수도 있다. 이는 와인버거^{Weinberger}가 중앙 제어를 벗어난 월드와이드웹의 개념을 설명하고자 활용한 '느슨하게 결합된 작은 조각들'과 동일한 개념으로, 이 개념을 활용하면 집중 제어^{centralized control}라는 개념에서 벗어날 수 있다. 하나의 웹 페이지는 전체 시스템의 일부를 이룬다. 각각의 페이지가 전체를 제어하는 것은 불가능하며 하나 혹은 그 이상의 기능이나 제어가 사라지더라도 나머지는 여전히 기능을 수행하는 것이다.

행위

부분은 행위를 통해 서로에게 영향을 미친다. 각각의 부분들은 어떤 일, 즉 시스템 안에서 어떤 것을 새롭게 만들거나 변경하고 없애버리는 등의 행위를 수행한다. 다른 부분을 변경할 수 있는 리소스와 값을 주고받으면서 다른 부분에도 영향을 미친다. 이런 행위는 간단할 수도 있고 복잡할 수도 있다. 또한 스스로 수행하는 행위에 의해 스스로가 영향을 받을 수도 있다. 게임 안에서 몬스터가 스스로를 치유하거나 은행에서 복리 계산을 통해 잔고가 늘어나는 것이 이 범주에 속한다.

하나의 부분은 행위를 통해 다른 부분에 영향을 미친다. 동시에 각각의 부분은 스스로 내적인 상태를 어떻게 변경할지, 행위에 대해 어떻게 반응할지를 결정한다. 객체 지향 프로그래밍의 개념을 빌려 설명하자면 각각의 부분은 스스로의 상태를 캡슐화해서 내포한다. 다른 부분에서는 여기에 닿을 수도 없고 이를 변경할 수도 없다. 또한 각각의 부분들은 어떤 행위의 메시지에 주의를 기울이고 영향을 받을지 스스로 결정한다. 하나의 부분이 다른 부분에 메시지를 보낼 수 있지만 이를 받을지 여부는 메시지를 받는 부분에서 결정하는 것이다. 메시지를 무시할 수도 있고 내부 규칙에 따라 이 메시지를 사용해 내부 상태를 변경할 수도 있다.

소스, 스톡, 싱크

시스템에 기반을 둔 사고방식으로 부분을 살펴보면 소스[source], 스톡[stock], 싱크[sink]와 같은 개념을 접할 수 있다. 상호작용을 수행하는 행위는 주로 커넥터[connector]라고 표현되며, 2개의 부분 사이에서 가장 일반적으로 보이는 유형은 플로우[flow]다. 부분 간에 수행되는 플로우는 메시지의 형태일 수도 있고 다른 형태의 정보일 수도 있다. 또는 한 부분 혹은 다른 부분의 리소스[resource]일 수도 있다.[3]

소스는 다른 부분의 상태를 증가시키는 부분을 의미한다. 간단한 예로 수도꼭지에서 나오는 물로 욕조를 채운다고 가정해보자(그림 2.2 참고). 실제로 물은 수도꼭지가 아닌 다른 장소에서 공급된다. 게임 안에서는(그리고 일반적인 시스템적 사고방식에서는) 소스를 물과 같은 리소스를 끊임없이 공급해주는 어떤 것이라고 가정한다.

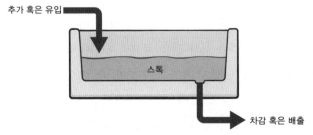

추가 혹은 유입

스톡

차감 혹은 배출

그림 2.2 소스, 스톡, 싱크는 리소스의 유입, 저장, 배출에 대응한다.

---

3. 여기서 사용되는 이름과 상징들은 시스템적 사고방식과 과학, 엔지니어링 등의 다양한 분야에서 광범위하게 사용돼 왔으며, 오늘날에도 일상적으로 사용되는 것들이다. 이 책에서도 일반적이고 현실적인 의미로 이런 이름과 상징을 사용할 것이다.

계속해서 욕조를 살펴보자. 일정량의 물(리소스)이 소스에서 흘러나와 스톡으로 향한다. 소스를 표현하는 상태는 리소스를 사용해 유닛을 만드는 비율로 표시된다. 욕조의 경우 소스의 내부 변수에 2라는 값이 할당됐다면 유닛 타임 기준(예를 들어 초당) 2개 유닛 분량의 물을 만들어낸다는 것을 의미한다. 소스의 행위는 물처럼 흐르는 것이다. 이 행위를 플로우라고 부른다. 소스 자체는 물을 보유하지 못한다. 소스는 일정한 용량을 발생시키고 이를 흐르게 만들 뿐이다.

리소스는 하나의 부분에서 다른 부분으로 흘러가는 어떤 것(이 예에서는 물)의 산술적인 총량을 의미한다. 리소스는 일반적으로 셀 수 있으며 저장할 수 있다. 또한 변경할 수 있는 양을 가진다. 물리적인 성격의 것이 아니어도 상관없다. 롤플레잉 게임에서 체력을 표시하는 히트 포인트도 리소스가 될 수 있고 지도에 표시되는 제국의 영지들도 리소스가 될 수 있다. 7장과 8장에서 리소스에 대해 더 자세히 알아볼 것이다.

스톡은 소스에서 생성된 리소스가 저장되는 곳이다. 예제에서는 욕조가 여기에 해당된다. 스톡은 상점에 팔 물건이 있을 때 '재고 있음in stock'이라는 표현을 쓸 때와 동일한 의미로 사용된다. 스톡은 사물을 축적할 수 있다. 예를 들어 욕조는 물을, 은행은 돈을 축적할 수 있다. 모든 스톡은 그 상태를 특정 시간의 리소스 총량으로 표시할 수 있다. 욕조는 10 유닛의 물을 저장할 수 있으며, 은행 계좌에는 100달러를 입금할 수 있다. 이 총량은 수시로 변경되지만 특정 시점을 기준으로 스톡의 상태를 확인할 수 있고, 이를 통해 얼마나 많은 리소스가 스톡 안에 남아있는지 확인할 수 있다. 또한 스톡은 리소스를 더 이상 받아들일 수 없는 한계치를 가질 수 있다. 은행 계좌의 경우 입금할 수 있는 금액의 상한선이 정해져 있지 않지만 욕조의 경우는 더 이상 물을 채울 수 없는 경우가 발생한다.

싱크는 물이 빠져나가는 것을 말한다. 즉, 스톡에서 배출되는 것을 의미하는 것이다. 스톡의 상태는 '얼마나 많은' 리소스를 포함하고 있느냐로 표시한다. 스톡의 행위는 유닛 타임당 일정량의 리소스를 내보내는 것이다. 이는 소스의 상태나 행위와 상당히 유사하다. 핵심적인 차이는 스톡은 비어 버리면 더 이상 아무것도 흘려보내지 못하지만 소스는 항상 리소스를 생산할 수 있다는 것이다.

시스템에서 '수도꼭지'와 '배수구'라는 표현을 사용하는 것이 어색할 수도 있다. 하지만 이들은 시스템의 핵심적인 개념이며 게임에서는 더욱 활용도가 높다. 디자인한 영역에 경계를 표시하고 주변에 외부와 관련돼 고려해볼 사항을 배치해본다면 이 개념을 잘 활용할 수 있다. 예를 들어 공장을 만들기 위한 시스템 모델을 고안한다고 가정해보자. 물과 전기는 각각 배수 설비와 발전소에서 공급될 것이다. 이런 경우는 경계가 없는 외부에서 공급된다고 간단하게 생각해도 무방하다. 특히 게임에서 등장하는 모든 부분을 스프레드시트 수준으로 설정하려면 너무 많은 소스와 싱크, 수도꼭지와 배수구를 만들어야 하고 서로 어떤 영향을 미치는지 세세히 고려해야 한다.

초기 MMO 게임의 경제 시스템을 '수도꼭지/배수구'의 개념을 빌려 표현해보자. 그림 2.3은 <울티마 온라인>의 경제를 다이어그램 형식으로 보여준다. 이를 통해 소스, 스톡, 플로우, 리소스와 배출의 개념을 배울 수 있다.

이 시스템 모델에서 수도꼭지(실제로는 하나 이상 존재한다)는 좌측 상단에 위치하며 다양하고 무한한 '가상 자원'을 공급한다. 여기에는 게임 안에 위치한 몬스터와 NPC에서 얻을 수 있는 아이템과 NPC가 플레이어에게 주는 골드도 포함된다. 복잡한 플로우와 다양한 스톡을 거쳐 리소스가 흐르고, 대부분 배수구를 통해 사라진다. 플로우는 결과적으로 우측 하단을 향해 흐르는 것처럼 보인다.

이 다이어그램에서 리소스는 다양한 스톡(회색의 그릇 모양 박스)에 저장된다. 실제로는 이렇게 명확한 형태를 갖지는 않는다. 다이어그램이라는 형식에 맞게 좀 더 구체적인 모습으로 표현했다고 보면 된다. 플레이어도 아이템을 제작하고 이를 인벤토리(6번 박스)에 넣을 수 있다. 이 인벤토리는 다른 플레이어의 인벤토리와 구별되는 해당 플레이어만 사용할 수 있는 인벤토리다. 일반적으로 초기 MMO 게임에 등장하는 이런 유형의 스톡은 저장의 상한선이 정해져 있지 않았고 배수구를 통해 리소스가 배출되는 것도 보장되지 않았다. 심슨의 연구에는 게임 안에 10,000개의 셔츠를 제작해 집에 보관해뒀던 플레이어의 이야기가 나온다. 각각의 오브젝트(이 경우에는 셔츠)가 모두 추적할 수 있고 전체 양이 제어될 필요가 있었다. 당연히 10,000개의 셔

츠는 게임 안에서 문제를 일으켰다.[4]

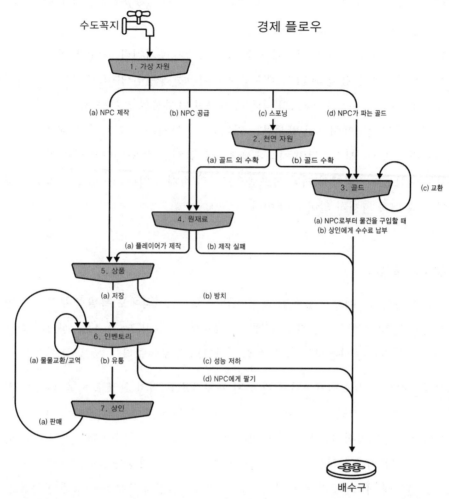

수도꼭지　　　　　　　　　경제 플로우

그림 2.3 〈울티마 온라인〉에 적용된 수도꼭지/배수구 경제 모형. 각각의 회색 박스는 스톡을 의미하며 플로우를 통해 연결돼 있다. 플로우는 수도꼭지에서 시작돼 배수구로 끝난다.

---

4. 재크 심슨(Zach Simpson)의 연구 「The In-game Economics of Ultima Online」의 Over-Production 장에서 이 문제를 다루고 있으며, 과다한 아이템의 생산과 저장으로 인해 서버 장애가 발생하고 데이터베이스가 너무 커져 느려지는 문제가 있었다고 언급하고 있다. - 옮긴이

이런 종류의 경제 시스템에서 쉽게 발견되는 리스크는 걷잡을 수 없는 인플레이션의 발생이다. '골드'(가장 주된 자원이면서 게임 안에서 주요한 통화)는 경계 밖에 위치하는 무한대의 수도꼭지에서 생성된다. 플레이어가 몬스터를 죽이거나 NPC 상인에게 아이템을 팔 때 새로운 골드가 생성돼 게임 안의 경제에 추가된다. 이렇게 생산된 골드는 아이템의 제작 등을 통해 다시 회수되지만 여전히 상당한 양이 게임 안의 경제에 남아있다. 사용할 수 있는 골드의 양이 증가하면 아이템의 가치는 떨어진다. 말 그대로 경제적인 인플레이션이 발생하는 것이다. 이 문제는 아주 복잡한 과정을 거쳐야 해결될 수 있다. 시스템적인 시각에서 경제를 분석할 수 없다면 이런 문제를 인지하기조차 힘들다. 7장에서 게임 시스템으로서의 경제와 인플레이션을 포함한 문제들에 대해 더욱 자세히 알아볼 것이다.

변환자와 결정자

시스템을 다이어그램으로 표현할 때 소스와 스톡, 싱크 외에도 특별한 부분들을 만나게 된다. 변환자^{converter}와 결정자^{decider}가 그것이다. 그림 2.4는 소스, 싱크와 함께 변환자와 결정자를 사용하는 시스템 다이어그램을 보여준다.

그림에서 보이는 시스템에는 소스가 변환 프로세스를 거쳐 싱크로 도달한다. 이 자체는 특별할 게 없지만(그리고 심지어 이 자체는 시스템이라고 볼 수 없다) 여기서 보이는 다이어그램의 핵심적인 개념이라고 할 수 있다. 프로세스가 너무 빠르거나 혹은 너무 느리지 않은지 측정하는 것 역시 중요한 과정이다. 이 과정을 통해 플로우가 다시 소스로 연결돼 시스템을 시스템답게 만들 수 있다. 결정자 부분을 측정해 변환 프로세스가 원하는 범위 안에서 수행되고 있는지 확인할 수 있다.

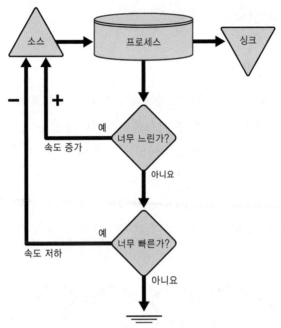

그림 2.4 소스와 싱크, 변환자와 2개의 결정자가 포함돼 있는 추상적인 시스템 다이어그램

센스 있는 독자라면 이 다이어그램이 그림 1.7에서 살펴봤던 원심 조속기와 본질적으로 동일한 내용이라는 것을 눈치 챘을 것이다. 엔진이 소스에 해당하며, 소스를 통해 프로세스에 파워를 공급하고(열을 회전하는 움직임으로 바꿔주고) 싱크는 배기관에 해당한다. 엔진이 빨라지느냐 느려지느냐에 따라 원심력을 갖고 움직이는 무게 추를 위아래로 조정한다. 여기서 무게 추는 기계적인 결정자에 해당하며, 이를 통해 엔진은 허용된 범위 안에서 동작한다.

혼잡함과 복잡함

시스템에서 연결돼 있는 부분들은 다양한 방법으로 루프를 수행한다. 이 장에서도 살펴보겠지만 본질적으로 루프 시스템은 '복잡complex'하다. 루프가 존재하지 않는 시스템도 '혼잡complicated'한 프로세스를 만들 수는 있지만 이들이 궁극적으로 복잡한 시스템을 구성하지는 않는다. 이는 시스템적 디자인만이 갖는 중요한 특징이다. 게임 디자인에서 이런 특성을 잘 활용할 수 있다.

단순한 컬렉션과 혼잡한 프로세스

서로 연관 없는 부분들은 각 부분의 상태에 영향을 미치지 못한다. 이들은 단순히 하나의 컬렉션, 즉 집합을 형성할 뿐 시스템을 형성하지 않는다. 푸앵카레가 언급했던 쌓아놓은 벽돌이나 바구니에 담긴 과일은 컬렉션이라고 할 수 있다.[5] 컬렉션에 포함된 아이템들 사이에는 의미 있는 연결도 존재하지 않고 그들끼리 상호작용도 수행하지 않는다. 따라서 이들은 독립된 개체로 남게 된다. 반면 부분은 그들의 행위를 통해 시스템을 형성하고 서로 간의 상태를 변경시키는 의미 있는 관계를 갖고 있다.

그림 2.5 선형적으로 연결된 부분들이 만들어내는 혼잡한 프로세스

혼잡한 프로세스는 여러 개의 부분과 여러 개의 상호작용으로 이뤄진다. 하지만 이런 부분들은 단순히 연속적으로 연결돼 있을 뿐이며, 하나가 다른 하나에게 선형적으로 영향을 미칠 뿐이다(그림 2.5 참고). 이런 프로세스는 반복적이며 예측할 수 있다. 따라서 지금은 발생하지 않은 그다음 단계에도 어떤 일이 벌어질지 충분히 예측할 수 있다. 이 프로세스는 피드백을 주는 루프를 형성하지 않으므로 프로세스 자체가 시스템을 형성하는 것은 아니다.

앞서 살펴본 단진자는 이런 혼잡한 프로세스의 대표적인 예라고 할 수 있다(그림 1.2 참고). 무게 추의 무게, 막대기의 길이를 고려하면 경로를 충분히 예측할 수 있다. 하지만 이런 진자의 움직임에는 정교한 시스템을 만드는 데 필요한 어떠한 피드백도 존재하지 않는다.

---

5. 바구니에 과일이 익거나 썩을 때까지 함께 둔다면 상호작용을 수행할 수도 있다. 하지만 대부분의 경우 각각의 과일은 서로 상호작용을 수행하지 않는다.

공장의 조립 라인도 이와 유사하다. 라인을 지나가면서 수많은 부품이 조립되면서 한 대의 차가 만들어진다. 차의 종류가 다르다고 해서 이 방식이 바뀌는 것은 아니다. 로켓을 달로 보내는 과정은 더 혼잡하다. 수천 개의 과정을 거쳐야 하며 이 하나하나의 과정이 결코 단순하다고 말할 수 없다. 하지만 이 단계들은 서로 영향을 미치지 않는다. 로켓을 점화하고 발사하는 과정이 이후에 발생하는 달 궤도 진입과 같은 단계에 예측 불가능한 영향을 미치지 않는 것이다. 달에 착륙하는 과정이 초기의 발사 과정에 영향을 미치지 않는다는 것이 더욱 중요하다. 로켓 발사의 모든 과정은 선형적으로 발생하며 달에 로켓을 보내는 과정을 두세 번 반복한다고 해도 과정 자체가 달라질 것은 거의 없다. 부분들이 상호작용을 수행하는 데 뭔가 잘못된 방향으로 가고 있다면 프로세스가 복잡함의 영역으로 넘어가는 시점으로 봐야 할 것이다.

게임 디자인의 관점에서도 캐릭터의 레벨이 순서대로 올라가는 게임은 복잡하다기보다는 혼잡하다고 말할 수 있다. 레벨 10에서 발생하는 일들이 레벨 2의 게임 플레이나 상태에 영향을 미치지 않기 때문이다. 일반적인 플레이어들은 한 번 지나온 레벨을 다시 플레이하지 않는다. 이것이 가능하다고 해도 해당 레벨을 다시 플레이하는 동안 이전에 비해 아무것도 바뀐 것이 없을 것이다. 시스템적인 게임 디자인이 아닌 이런 선형적인 게임 디자인은 플레이어가 게임의 여러 부분을 거치면서 레벨을 올릴수록 이후 높은 레벨에 도달한 플레이어가 즐길 콘텐츠가 확연히 줄어들기 때문에 점점 더 많은 콘텐츠를 만들어내야 한다.

혼잡한 프로세스는 각 부분들이 상호작용을 수행하지만 본질적으로 선형적이거나 무작위로 발생하는 것이다. 이 프로세스에서는 피드백 루프가 존재하지 않는다. 이런 혼잡한 과정에서 뭔가 예측할 수 없는 일이 발생한다면 이는 전적으로 무작위적인 원인에 의해 발생한 가능성이 크다. 하지만 대부분의 경우 추적할 수 있는 하나의 원인으로 인해 문제가 발생하며, 문제가 발생한 부분을 다른 특정한 부분으로 대체하는 것도 가능하다. 이런 종류의 프로세스는 근본 원인을 찾고자 한 단계 한 단계를 되짚어나가는 선형적이고 환원주의적인 사고방식에 적합하다고 할 수 있다.

복잡계

각 부분들이 연결돼 루프를 형성한다면 좀 더 흥미로운 일들이 발생한다. 각각의 부분은 여전히 상호작용을 수행하지만 액션이 순환되면서 수행되고 이 과정을 반복한다. 각 부분이 수행하는 행위는 자연스럽게 스스로의 상태와 행위에 영향을 미치게 된다(그림 2.6 참고). 이러한 루프를 통해 복잡계^{complex system}가 형성된다.

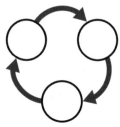

그림 2.6 단순하게 도식화된 정교한 피드백 루프. 시스템의 각 부분은 직접 혹은 간접적으로 서로에게 영향을 미친다.

단진자를 혼잡한 프로세스의 예로 든 것처럼 복잡계의 예로 이중 진자를 들 수 있다. 이중 진자의 부분들, 즉 무게 추와 연결 관절, 무게 추와 관절이 움직이면서 변경되는 위치, 이들이 연결되는 중심과 같은 것들이 서로 상호작용하고 피드백을 제공한다. 이중 진자가 움직이기 전에 어떤 조건을 갖고 있었느냐에 따라 경로가 민감하게 바뀌는 이유가 바로 이것 때문이다. 이중 진자가 움직이기 시작하면서 각 부분을 변하게 만드는 위치와 힘이 적용되고 각 부분은 다른 부분(그리고 스스로에게도)에 피드백을 전달한다. 비슷한 시작 지점을 갖고 있더라도 경로가 아주 다르게 나타나는 이유다.

현실에서도 복잡계는 아주 다양한 형태로 나타난다. 사람의 신체와 경제, 흰개미 집과 허리케인도 하나의 복잡계로 볼 수 있다. 물론 게임도 복잡계의 한 예로 볼 수 있다. 이 책의 가장 앞부분에 등장하는 그림 I.1도 복잡계를 단순 명료하게 보여주는 것이다.

이들 각각의 시스템은 다양하고 독립적인 여러 부분으로 구성되며 각 부분은 내적인 상태를 갖고 있고 피드백 루프 형태로 행위를 수행하고 이를 통해 서로에게 영향을 미친다. 또한 부분들은 외부에서 발생한 반복적인 변경 사항을 받아들이면서도 스스로의 강건성을 유지하고 구조적인 행위를 수행하면서 이를 통해 새로운 속성을 만들어낸다.

부분이 루프를 형성한다는 것은 각 부분들이 그들 스스로의 상태와 행위에 영향을 미친다는 것을 의미한다. 부분 A가 부분 B에 영향을 미치고, 부분 B는 부분 C에 영향을 미친다. 부분 C는 다시 부분 A에 영향을 미친다. 이렇게 여러 번의 행위를 거쳐 효과가 발생하기 때문에 어느 정도의 시간이 필요하다. 따라서 한 사이클의 루프를 거쳐 부분 C의 영향을 받은 '미래의 A'는 '현재의 A'와는 다른 상태를 갖게 된다. 이런 순환 연결은 극적인 결과를 가져온다. 데카르트와 뉴턴으로 대표되는 환원주의적 세계관에서 본다면 복잡계를 단순한 혼잡계로 나눌 수 있는 것처럼 보이지만 이는 불가능하다. '루프 펼치기^{unwinding the loop}'와 같은 기법은 마지막 연결을 끊어 버림으로써 루프의 근본적인 속성을 바꿔버린다(예를 들어 C가 다시 A를 바꿈).

비선형성이라는 개념과 '부분의 합보다 더 크고 다른 성질의 전체'를 다루면서 이 주제를 다시 살펴볼 것이다. 아리스토텔레스에서 코프카와 스머츠에 이르기까지 여러 학자가 이런 주제를 논의했고, 로렌스가 물을 소재로 한 시에서 '세 번째 것'이라고 언급했던, 그리고 알렉산더가 '이름 없는 특성'이라고 불렀던 것과 관련된 것이다. 혼잡함과 복잡함을 구별하고 부분이 모여 어떻게 완전히 새로운 전체를 만들어내는지 관계를 제대로 파악할 수 있어야 시스템을 완벽하게 이해하고 생성할 수 있다.

루프

복잡계는 행위를 수행하는 부분으로 구성되고 각 부분들은 루프 형태로 연결된다. 시스템과 게임에서 루프는 가장 중요하고 기본적인 구조다. 루프를 제대로 인식하고 효과적으로 만드는 것이야 말로 시스템을 제대로 동작하게 만드는 핵심이다.

기본적으로 루프 자체는 건설적일 수도 있고 파괴적일 수도 있다. 시스템적 사고에서는 이를 강화 루프^{reinforcing loop}와 균형 루프^{balancing loop}라고 부른다(긍정 피드백 혹은 부정 피드백이라고 부르기도 한다). 강화 루프는 루프를 통해 각 부분의 행위에서 발생하는 효과가 증폭된다. 반면 균형 루프는 이 효과를 감소시킨다. 2개의 루프가 모두 중요하다. 대부분의 경우 루프에서 발생한 효과는 점차 줄어들다가 사라진다. 루프가 진행되는 동안 부분의 행위가 소멸되면 기능 역시 중단되고 다른 부분과의 관계 역시 사라지게 된다(하나의 벽을 양쪽 지지대로 받치고 있는 것처럼 각각의 부분이 다른 부분에 의해 영향을 받지 않는 안정적인 루프의 경우는 예외로 볼 수 있다. 한 쪽 지지대만 제거해도 벽이 넘어질 수 있다).

루프는 부분 간의 상호작용을 통해 존재한다. 부분은 다른 부분에 영향을 미치는 행위를 수행하며, 그림 2.7에서 보이는 것처럼 루프 안에서 화살표로 표시된다. 예제에서 텍스트로 보이는 부분(예를 들어 '은행 계좌'와 '자체 속성')은 스톡이라고 할 수 있으며, 일정량의 가치를 저장한다. 화살표는 스톡의 일정량에 미치는 영향을 표시하며 부분의 행위에 의해 촉발된다. 화살표의 옆에 (+)가 표시돼 있는 경우 첫 번째 스톡의 양이 많으면 많을수록 두 번째 스톡에 더 많은 양이 증가된다. (−)가 표시돼 있으면 첫 번째 스톡에서 늘어난 양만큼 두 번째 스톡이 감소한다.

강화 루프와 균형 루프

강화 루프에는 2개 혹은 더 많은 부분이 포함되며 각각의 부분이 리소스의 양을 늘려주거나 기능을 강화한다. 결과적으로 부분의 행위를 통해 나오는 산출물의 양도 증가한다. 강화 루프는 현실과 게임의 다양한 상황에서 존재한다. 그림 2.7에서 가장 일반적인 예를 살펴볼 수 있다. 은행 계좌의 경우 계좌의 잔액이 이자를 통해 증가한다. 이자를 통해 계좌의 잔액 역시 증가한다. 즉, 스톡(은행 계좌)에 돈이라는 리소스가 많으면 많을수록 그 양에 걸맞게 더 많은 이자가 쌓이게 된다. 유명한 보드 게임인 <모노폴리>를 한번 살펴보자. 플레이어가 더 많은 캐시를 보유하고 있을수록 더 많은 부동산을 살 수 있다. 부동산 역시 리소스의 일종이며 부동산을 많이 보유하고 있을수록 더 많은 캐시 리소스를 얻을 수 있다.

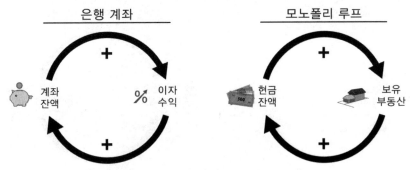

그림 2.7 은행 계좌와 모노폴리에 적용된 강화 루프

일반적으로 강화 루프는 부분의 가치를 상승시키고 행위를 강화한다. 게임에서는 승리 보상을 통해 초반부터 다른 유저들보다 앞서 나가는 플레이어를 흔히 발견할 수 있다. 이로 인해 시간이 지나면서 점점 더 불균형적인 게임 플레이가 발생하기도 한다. 어떤 플레이어가 게임의 강화 루프를 다른 사람들보다 더 잘 활용한다면 다른 플레이어와의 격차를 말도 안 되게 벌릴 수 있다. 이런 속성으로 인해 강화 루프를 '눈덩이' 루프나 '부익부' 루프라고 부르기도 한다. 7장에서 게임 안의 강화 루프가 어떻게 의도와 다르게 동작할 수 있는지 더 자세히 살펴볼 것이다.

균형 루프는 강화 루프와 반대되는 개념이다. 각 부분의 가치가 떨어지며, 따라서 루프의 다음 부분에서 수행되는 행위 역시 약화된다. 그림 2.8에서 2개의 균형 루프 예제를 볼 수 있다. 첫 번째 예는 오븐의 자동 온도 조절 장치를 보여준다. 처음 오븐에서 설정한 온도와 현재의 온도 간에는 차이가 존재한다. 그 차이가 클수록 더 많은 열이 가해진다. 스톡의 리소스(온도 차이)는 점점 줄어들 것이다. 더 많은 열이 가해질수록 차이는 줄어들 것이며 가해져야 하는 열 자체도 줄어든다.

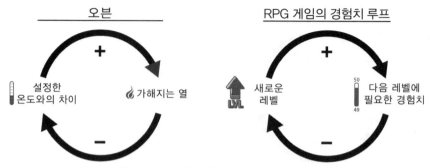

그림 2.8 오븐과 롤플레잉 게임에 적용된 균형 루프

그림 2.8의 오른쪽 다이어그램은 일반적인 RPG에서 경험치를 설정하는 전형적인 스키마를 보여준다. 새로운 레벨을 얻을 때마다 그다음 레벨에 도달하기 위한 경험치가 드라마틱하게 늘어난다. 이는 곧 플레이어가 그다음 레벨까지 도달하게 되는 속도가 점점 느려진다는 것을 의미한다.

루프 안의 부분들이 평형하고 동등한 상태를 유지하거나 반복해서 이런 상태로 돌아가야 하는 경우에 균형 루프를 사용한다. 균형 루프는 게임에서 순위가 낮은 플레이어에게 유리하게 동작할 수 있다. 균형 루프를 통해 플레이어들의 성과와 순위를 고르게 유지하고 초기에 순위를 올린 유저들이 영원히 앞서가는 것을 방지할 수 있다. <마리오 카트>에 등장하는 '파란 등껍질(공식 이름은 '가시돌이 등껍질')'은 이런 균형 루프를 게임에 구현한 고전적인 예라고 할 수 있다. 이 아이템은 게임 안에서 1등을 제외한 모든 플레이어에게 무작위로 발생한다. 아이템을 발사하면 앞으로 날아가 현재 선두에 있는 플레이어의 머리 위로 떨어진다. 파란 등껍질에 맞으면 플레이어의 카트가 뒤집어지며 천천히 땅으로 내려온다. 이런 방식으로 게임의 밸런스를 맞추고 뒤쳐진 플레이어들에게 1등을 따라잡을 수 있는 기회를 부여하는 것이다.

조합, 선형, 비선형 효과

모든 시스템은 강화 루프와 균형 루프의 성격을 띤다. 다시 원심 조속기를 살펴보면 (그림 1.7과 2.4 참고) 여기에도 2가지 종류의 루프가 함께 사용되고 있다는 것을 알 수 있다. 엔진이 너무 느려지면 회전이 줄고 무게 추를 아래로 당겨 밸브가 열리며, 엔진의 속도가 다시 빨라진다(강화 루프). 엔진이 너무 빨라지면 무게 추가 올라가고 밸브는 닫히게 되며 엔진의 동작이 느려진다(균형 루프).

원심 조속기는 무게 추가 올라가고 내려가는 것에 따라 엔진의 속도가 달라지기 때문에 결과가 확실하게 선형적으로 나타난다. 이런 선형적인 관계는 이해하기도 쉽다. 하지만 대부분의 시스템에서 결과는 비선형적으로 나타난다. 입력값과 드러나지 않은 변화들, 그리고 이들이 동시에 만들어내는 행위들이 더욱 복잡하고 흥미로운 결과를 만들어낸다.

포식자인 스라소니와 피식자인 토끼의 2개 집단이 있다고 가정해보자. 두 집단 모두 번식을 통해 개체수를 늘려 나간다. 스라소니는 토끼를 사냥해 먹이로 삼는다.

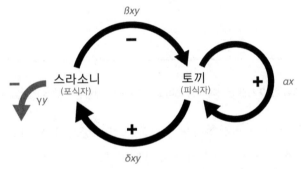

그림 2.9 스라소니와 토끼의 전형적인 포식자 – 피식자 관계

그림 2.9에서 보이듯이 스라소니와 토끼는 균형 루프를 형성한다. 일단 그림에 포함된 그리스 문자는 무시하고 루프에만 집중해보자. 그림의 오른쪽 작은 루프는 토끼가 번식해서 개체수를 늘리는 것(강화)을 보여준다. 스라소니는 토끼를 사냥해 개체수를 줄인다(균형). 그 결과 토끼의 개체수가 줄어들면 스라소니는 먹을 것이 줄어들어 생존이 힘들어진다. 이런 간단한 관계만으로 선형적인 균형이 잡히는 것이 아니다. 오히려 그림 2.10에서 보이는 것처럼 이 두 집단의 개체수는 비선형적인 파동 그래프를 그린다. 이 그래프에서 시간은 오른쪽으로 흐르며 그 동안 포식자와 피식자의 수는 번갈아 등락을 반복한다. 이 곡선은 상호작용과 다양한 관계의 결과로 포식

자와 피식자(스라소니와 토끼)의 개체수가 어떻게 변하는지 잘 보여준다. 포식자는 절대 피식자의 수만큼 많아지지 않으며 피식자의 수와 맞물려 변경된다. 토끼의 수가 줄어들기 시작하면 스라소니 역시 번식하기(혹은 생존하기) 더 어려운 시기를 맞게 되고, 따라서 그들의 개체수도 덩달아 줄어든다. 그 결과 다시 토끼는 번식과 생존에 유리한 시기를 맞이해 개체수가 늘어난다. 이는 곧 스라소니가 생존하고 번식하기 좋은 시기가 도래했다는 것을 의미한다. 이런 사이클이 계속 반복된다.

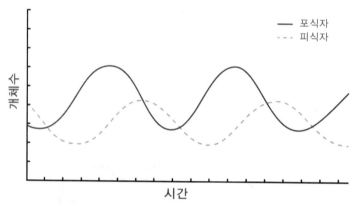

그림 2.10 시간 경과에 따른 스라소니와 토끼의 개체수 모델(Iberg 2015)

이 시스템에서 발생하는 비선형성을 이해하는 것이 중요하다. 사람들은 가끔씩 어떤 지표가 반등하면 영원히 상승세를 유지할 수 있는 것처럼 생각한다. 오늘 모든 일이 잘 풀렸으니 내일도 그럴 것이라 생각하는 것과 마찬가지다. 이는 일반적인 수학 모델이나 시스템 모델이 그러하듯 모든 비선형적인 영향을 무시해 버리는 것이다. 시스템을 형성하는 부분 간의 관계를 좀 더 깊게 고려한다면 이 비선형적인 파동 곡선을 좀 더 명확하게 이해할 수 있을 것이다. 포식자가 그들의 먹이가 되는 동물을 죽일 때마다 죽은 피식자 동물뿐만 아니라 자손의 숫자까지도 줄이는 효과가 발생한다. 이 효과는 시간이 지날수록 점점 더 넓은 범위에 영향을 미친다. 따라서 포식자와 피식자 관계인 동물들은 더하기 관계가 아니라 곱하기 관계가 된다. 이 부분을 좀 더 자세히 살펴보자.

- 스라소니가 토끼 한 마리를 죽이면 토끼 개체수에서 1이 감소한다.

- 이는 미래의 토끼 개체수에서 죽은 토끼가 가졌을 새끼만큼의 수를 줄인다.

- 그다음 세대의 토끼 수는 단지 하나가 줄어든 것이 아니라 죽은 토끼의 새끼가 가졌을 새끼의 수만큼 더 줄어든 것이다.

- 그다음 세대 역시 계속해 새끼의 수를 곱한 것만큼 개체수가 줄어들 것이다. 이 과정이 반복된다.

- 한 마리의 토끼를 죽인 결과가 계속 곱해지고 그 결과만큼 미래의 토끼 개체수가 줄어든다.

- 스라소니가 살아가려면 토끼가 필요하다. 하지만 토끼의 개체수가 줄게 되므로 스라소니 역시 힘겨운 시기를 보낼 수밖에 없다. 이 결과도 역시 토끼에게 영향을 미친다.

이처럼 스라소니와 토끼가 만들어내는 시스템을 좀 더 깊게 살펴보면 이들의 관계가 단순히 선형적이거나 가산적이지 않다는 것을 알 수 있다. 각각의 합보다 더 많은 무언가가 존재하고 있는 것이다. 스머츠는 이런 현상을 시스템적인 수준에서 정의하고, 개별 수준에서 발생하는 상호작용의 결과로 비선형적인 전체가 만들어진다고 주장했다. 스머츠는 이를 '부분의 합보다 큰 무엇'이라고 표현했다.

시스템에서 관찰되는 비선형적인 결과가 토끼와 스라소니 개체수처럼 정기적인 파동의 형태를 띠는 것은 아니다. 비선형적인 결과는 다양한 형태로 나타난다. 앞서 이중 진자의 예를 통해 이런 예측 불가능한 결과가 나오는 경우를 살펴봤다(그림 1.3 참고). 안정적인 부분(무게 추와 이를 이어주는 관절, 그리고 2개의 막대)들이 최종적으로 수행하는 행위가 결과적으로는 완벽하게 비선형적이고 예측이 불가능했다.

비선형적 효과에 대한 수학 모델링

포식자와 피식자가 곱으로 증가하는 법칙을 좀 더 자세히 알아보자. 그림 2.11은 포식자-피식자 방정식 혹은 로트카-볼테라 방정식으로 알려진 수식을 보여준다(Lotka 1910, Volterra 1926). 얼핏 보기에도 이 방정식은 무척 난해해 보인다. 이 방정식을 게임에서 그대로 사용할 수 있는 것은 아니다. 하물며 이 방정식으로 포식자와 피식자 사이의 시스템적 관계를 바로 설명할 수 있는 것도 아니다. 하지만 이 방정식을 이해할 수 있다면 유사한 문제들을 시스템적인 관점에서 풀어가는 해법을 알 수 있게 될 것이다.

$$\frac{dx}{dt} = \alpha x - \beta xy$$

$$\frac{dy}{dt} = \delta xy - \gamma y$$

x = 피식자의 수
y = 포식자의 수
$\alpha, \beta, \gamma, \delta$ = 매개변수
t = 시간

그림 2.11 로트카-볼테라 방정식 혹은 포식자-피식자 방정식

그림 2.11에서 보이는 2개의 방정식과 그림 2.9의 루프 다이어그램에서 피식자는 αx 비율로 증가한다. 여기서 피식자의 수는 x, 그리고 이들이 얼마나 빠르게 번식하느냐가 α(알파, 여기서는 변수로 사용된다)로 결정된다. 즉, 살아있는 모든 피식 동물 x마리가 α마리의 새끼를 가진다고 해석할 수 있다. 피식 동물은 βxy의 비율만큼 사냥 당한다. 여기서 y는 포식자의 수, β(베타)는 x와 y, 즉 피식자와 포식자가 얼마나 자주 만나는지 나타내는 매개변수다. 결과적으로 피식 동물은 포식 동물에 의해 사냥을 당하고 죽음을 맞이한다. 이는 첫 번째 방정식의 왼쪽과 동일한데, 피식 동물의 개체수를 나타내는 값 x의 '시간에 따른 변화'를 표현하고 있다. 미적분에서 사용되는 dx/dt는 '아주 짧은 시간 동안 발생한 아주 작은 변화'를 의미한다. d는 변화된 양 혹은 시간의 양을 의미하며 거의 0에 가깝다. t는 시간을 나타낸다.

다시 첫 번째 방정식을 살펴보자. 일정 기간 안에 발생하는 토끼 개체수의 변화는 토끼의 개체수에 출생률을 곱해서 구할 수 있으며, 스라소니에 의해 잡아먹히는 수만큼 줄어든다. 이 수는 스라소니의 수와 토끼의 수, 스라소니가 토끼를 사냥하는 비율에 따라 달라진다.

포식자에 대한 방정식도 이와 유사하다. 하지만 여기서는 죽음이라는 요소를 추가로 고려해야 한다. 일정 기간 동안 스라소니의 개체수(포식자 y)는 그들이 얼마나 많은 먹을거리를 갖고 있느냐와 그들의 출생률(δ xy), 그들의 사망률(γ y)에 기반을 둔다. 여기서 δ(델타)는 스라소니가 새끼에게 얼마나 효율적으로 먹이를 공급할 수 있는지 나타내는 매개변수이고 γ(감마)는 한 개체가 얼마나 빨리 죽는지 나타내는 매개변수다.

이런 종류의 비선형적인 모델은 현실 세계에 그대로 반영된다. 그림 2.12는 19세기 말에서 20세기 초에 이르는 기간 동안 실제 스라소니와 토끼의 개체수 변화를 보여준다(MacLulich 1937). 이 데이터가 앞서 살펴본 모델에 비해 매끄러워 보이지 않는 것은 사실이다. 우리가 살펴본 시스템 모델에는 피식자들의 먹이 상태, 포식자와 피식자를 먹이로 삼는 다른 동물들, 기후 변화와 같은 다양한 요소와 이들 간의 관계가 고려되지 않았기 때문이다. 그럼에도 개체수를 나타내는 비선형적인 파동은 분명하게 확인할 수 있을 것이다.

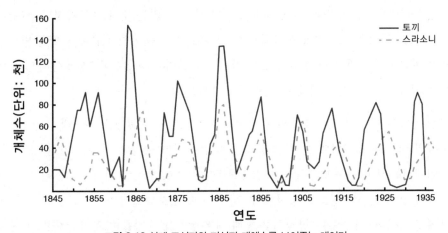

그림 2.12 실제 포식자와 피식자 개체수를 보여주는 데이터

수학적 모델링과 시스템적 모델링

앞서 살펴본 로트카-볼테라 방정식은 시스템적 효과를 설정할 때 필요한 정교한 수학 모델을 제공해준다. 이 방정식은 포식자-피식자 관계에서 나타나는 비선형성을 간결하고 아름답게 보여준다. 하지만 방정식과 같은 수학적 서사만으로는 시스템의 내부에서 어떤 일이 일어나고 있는지 충분히 표현하기 어렵다. 이런 수학적인 서사는 토끼와 스라소니를 특정한 행위를 통해 상호작용하는 독립체가 아닌 단순한 수학 기호로 다루고 있다.

여기서 잠깐 '모델'이 의미하는 바가 무엇인지 생각해볼 필요가 있다. 시스템적, 그리고 수학적이라는 말은 현실 세계에서 일이 진행되는 방식을 대략적으로 가늠하는 것을 의미한다. 그림 2.12에서도 보이듯이 실제 스라소니와 토끼의 관계는 시스템 다이어그램과 그래프, 혹은 수학 방정식으로 표현된 것보다 훨씬 복잡하다. 게임도 마찬가지다. 사람들이 만들어내는 대부분의 다른 시스템과 동일하게 게임도 세계의 일부를 하나의 모델로 만든다. 하지만 어떤 모델도 실제 세계와 완벽하게 들어맞지 않는다. 이는 모형 배가 실제 크기의 배와 같을 수 없는 것과 마찬가지다. 그럼에도 더 크고 복잡한 프로세스를 이해할 수 있게 도와줄 수 있기 때문에 모델을 만드는 것은 여전히 유용하다. 게임을 만드는 경우도 마찬가지다. 3장과 7장에서 게임의 내부 모델을 만드는 것에 대해 더 알아볼 것이다.

그림 2.11의 방정식으로 표현된 수학적 모델에서는 $\alpha, \delta, \beta, \gamma$를 사용해 출생, 포식, 죽음의 비율을 표시하며 이 값들을 조정해 전체적인 행위에 변화를 가할 수 있다. 게임에서는 이런 매개변수를 흔히 노브[knob]라고 부르며 게임 디자이너들이 이 노브 값을 조절해 반응의 정도를 조정할 수 있다. 수학적 모델에서 노브는 블랙박스의 외부에 존재한다. 이 값들은 방정식을 통해 내부 동작에 영향을 미치지만 박스의 내부, 즉 방정식이 어떤 영향을 미쳐 내부의 어떤 동작이 변경되는지는 외부에서 명확하게 파악되지 않는다.

시스템적 디자인에서 매개변수는 단순히 노브를 조절하는 것으로 구현되는 것이 아니라 실제 포식자와 피식자가 상호작용하는 수준에서 구현된다. 시스템적 모델에서 스라소니와 토끼의 출생률(앞의 방정식에서 α 와 δ)은 그들 내부의 상태와 행위에 의해 결정된다. 또한 스라소니의 공격 강도와 토끼의 방어 강도를 함께 고려해야 방정식의 포식 매개변수(β)를 결정할 수 있다. 게임 디자이너들 역시 시스템적인 해석을 통해 좀 더 쉽게 맥락을 이해할 수 있는 모델을 만들 수 있다. 고차원 수준에서 비선형적인 결과를 도출하는 시스템을 만들 때도 이런 시스템적 해석은 중요하게 작용한다. 게임 디자이너는 시스템의 가장 낮은 레벨의 디테일에도 신경을 써야 하며, 이런 시스템적 해석을 기반으로 낮은 레벨에 영향을 미치는 매개변수(임의의 값을 포함해)를 적절하게 조절할 수 있어야 한다.

혼돈과 무작위

루프 시스템이라는 맥락 안에서 수학적 모델과 시스템적 모델을 논할 때 반드시 혼돈chaos과 무작위성randomness을 구별해야 한다. 9장에서는 개연성probability과 무작위성을 더 자세히 알아볼 것이다.

무작위 효과

무작위 시스템은 결과를 예측할 수 없지만 범위는 예측할 수 있는 시스템을 의미한다. 1부터 10까지 범위를 갖는 무작위 시스템은 범위 안에서 어떤 값이라도 취할 수 있다. 즉, 어떤 값을 할당해야 할 때 단순히 하나의 값을 할당하는 것이 아니라 해당 범위 안에 있는 값을 임의로 결정해야 한다. 범위가 1부터 10까지 한정된다면 이 범위 안의 모든 숫자는 1/10 혹은 10%의 동일한 확률을 가진다. 값의 상태가 무작위이기 때문에 현재의 값에 기반을 두고 다음에 어떤 값이 선택될지 예측하는 것은 불가능하다.

게임에서는 아주 낮은 레벨의 시스템, 즉 시스템의 결괏값이 동일하지 않고 규정된 범위 안에서 무작위로 선정되는 시스템을 시뮬레이션할 때 이 방법을 유용하게 사용할 수 있다. 이런 낮은 레벨의 시스템이 구성하는 높은 레벨의 시스템도 마찬가지로 가변성을 갖게 되고 예측 불가능하고 일관적이지 못한 결과가 도출된다. 게임에서 이 방법을 활용하는 가장 대표적인 경우는 공격을 통해 가해지는 대미지를 계산할 때다. 정확한 대미지 계산을 위해서는 다양한 요소(사용된 무기, 유저의 스킬, 공격의 유형, 방어구, ...)가 함께 고려돼야 한다. 하지만 특정 범위 안에서 임의의 값을 선택해 이를 대미지의 총량으로 치환한다면 수백 수천 개의 다양한 조합으로 인해 복잡해지고 시간이 많이 걸리는 시뮬레이션을 효율적으로 대체할 수 있을 것이다.

혼돈 효과

현실 세계에서는 무작위 시스템보다 오히려 혼돈 시스템을 더 자주 접할 수 있다. 앞서 살펴봤던 이중 진자는 결정론적인 시스템이다. 즉, 특정 순간에 시스템의 상태를 완벽히 파악할 수 있다면 원칙적으로 향후의 움직임을 예측할 수 있다. 그와 동시에 아주 사소한 변경에도 민감하게 반응하는 시스템이기도 하다. 이중 진자나 다른 혼돈 시스템은 시작 조건이 아주 조금만 달라도 경로가 아주 판이하게 다르게 나타난다.

언제나 그렇듯이 이런 문제가 간단하게 풀리지는 않는다. 환원주의자들의 '시계추' 분석만으로는 혼돈스럽지만 결정적이며 동시에 임의적이지 않은 시스템을 이해하기 힘들다. 시스템에 기반을 둠과 동시에 비선형적 시스템이 존재한다면 일부분만 떼어내 분석하는 것은 불가능할 수밖에 없다. 이런 시스템은 시스템 전체를 하나로 보고 분석해야 한다. 즉, 각각의 부분과 그들의 관계, 상호작용을 통해 발생하는 효과를 모두 보여주는 하나의 시스템으로 봐야 하는 것이다. 혹은 앞서 살펴봤던 로트카-볼테라 방정식 같은 수학적 모델링으로 분석할 수도 있다.

혼돈 시스템이 전혀 혼돈스러워 보이지 않는 행위를 수행하기도 한다. 혼돈 시스템이 스스로 비선형적인 행위를 수행할 때 이를 공명 현상^{resonance event}이라고 한다. 공명 현상은 수많은 소규모 혼돈 현상이 루프와 결합해 강화되면서 시스템 자체에 영향을 미치는 비선형적인 결과를 만들어낼 때 발생한다. 바람이 불거나 사람들이 다리를 지나갈 때 다리가 흔들리는 경우가 여기에 해당한다.

무너진 다리

1940년, 워싱턴 주의 타코마 다리가 바람에 무너져 내렸다. 사실 바람만으로 다리가 무너진 것은 아니었다. 바람이 다리에 부딪히면서 다리를 좌우로 흔들기 시작했다. 처음에는 흔들림이 심하지 않았다. 시간이 지나면서 기둥과 기둥 사이의 거리로 인해 특정한 진폭으로 다리가 흔들리기 시작했다. 바람이 세질수록 좌우로 흔들리는 폭이 커지고 움직임도 격렬해졌다. 다리와 바람이 파괴적인 루프를 강화하는 혼돈 시스템이 돼버린 것이다. 결국은 다리는 무너져 내렸다(Elbridge 1940). 그림 2.13을 참고하자.

1874년에 개통된 런던의 앨버트 다리도 이와 유사한 경우다. 영국 정부는 이 다리에 "군대가 이 다리를 지나갈 때 부대 지휘관은 발을 맞춰 걷지 않게 해야 한다."라는 팻말을 붙여놨다. 비슷한 방식으로 건조된 다리가 여러 사람의 발소리에 공명을 일으켜 무너진 경우가 있었기 때문이다. 한 사람의 발소리가 다리에 미치는 영향은 미미하지만 이 소리가 모여 루프를 강화한다면 군화 발소리만으로도 비선형적인 공명 효과를 일으킬 수 있다(Cookson 2006).

그림 2.13 타코마 다리의 붕괴를 유발한 강화된 루프 다이어그램. 루프에서 발생한 다리의 움직임은 점점 격렬해졌고 마침내 다리가 무너져 내렸다.

반딧불이

비선형적인 공명이 발생했지만 파국을 초래하지 않은 경우도 있다. 반딧불이는 전 세계에서 발견되며 밤이 되면 아름다운 빛을 내뿜는다. 이들은 무리를 모으고자 빛을 발산하는 것으로 알려져 있다. 동남아시아와 미국 남부의 스모키 마운틴에 서식하는 반딧불이는 무리 전체가 동시에 빛을 발한다(NPS.gov 2017).

반딧불이 무리에 지휘자가 있어 그들이 반짝여야 할 때를 알려주는 것이 아니라 간단한 메커니즘으로 이런 행동을 스스로 하는 것이다. 옆에 있는 반딧불이가 반짝이는 것을 인지한 반딧불이는 다른 반딧불이보다 좀 더 빨리 깜박이는 행동을 수행하려고 한다. 이런 간단한 메커니즘을 통해 혼돈에서 시작된 시스템이 공명으로 변환된다.

각각의 반딧불이는 시스템을 구성하는 하나의 부분이다. 이들은 각자가 배에서 불빛을 깜빡이는 행위를 수행한다. 다른 반딧불이(시스템을 구성하는 또 다른 부분)가 이 행위를 인지하게 되면 스스로 내부 상태를 변경해 평소보다 좀 더 빠르게 빛을 깜박인다. 다른 반딧불이가 이를 보게 되면 똑같은 상태 변화가 일어난다. 그 결과 짧은 시간 안에 많은 반딧불이가 동시에 불을 깜빡이게 된다. 시작 조건에 매우 민감하다는 점과 반딧불이가 불을 밝히는 시점을 정확하게 예측할 수 없다는 점에서 이 시스템은 혼돈에 가깝다. 하지만 지엽적인 하나의 상호작용만 존재하므로 모든 반딧불이가 바로 공명할 수 있게 된다. 처음에는 아주 작은 움직임이 수행되고, 이어서 큰 파장이 발생하면 모든 반딧불이가 그들이 인지한 것을 기반으로 빛을 깜박이는 시간을 미묘하게 조정하는 것이다.

포유류의 심장과 두뇌에 존재하는 신경 세포를 비롯해 자연의 다양한 부분에서 이와 비슷한 공명 효과를 관측할 수 있다. 공명을 통해 시스템 안에 존재하는 부분들이 순서대로 행동하고, 그 결과 비선형적인 효과가 발생하는 것을 여러 곳에서 찾아볼수 있다.

루프 구조의 예

시스템의 루프 구조가 다양한 효과(거의 대부분이 비선형적인)를 보여주는 예를 살펴보자.

앞서 간단하게 살펴본 '코브라 효과'와 '처방의 부작용fixes that fail'이 아주 좋은 예라고
할 수 있다. 그림 2.14에서 보이듯이 코브라 효과에서 문제는 '코브라가 너무 많아!'
였고 해결책은 '코브라에 대한 보상'이었다. 이 흐름은 멋진 균형 루프를 형성한다.
코브라의 머리를 가져온 사람들은 보상을 받고 자연스럽게 코브라의 숫자는 줄어든
다(일부는 다음 세대로 번식한다). 따라서 문제의 심각성은 줄어든다.

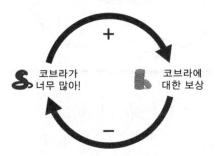

그림 2.14 '너무 많은 코브라'에 대한 균형 루프

하지만 실제로는 그림 2.15에서 보여주는 것과 같이 외부 루프가 하나 더 존재한다.
이를 '의도하지 않은 결과unintended consequences' 루프라고 부른다. 이 루프는 처음에는
존재하지 않다가 일정한 시간이 경과한 후에 나타나며 원래의 문제점(혹은 연관된 다
른 조건)으로 돌아가는 강화 루프를 형성한다. 이 루프를 표시하는 화살표에 추가된
해시 마크(\\)는 시간 지연이 존재한다는 것을 표현한 것이다. 즉, 안쪽 루프에 비해
바깥쪽의 루프는 더 천천히 발생한다. 결과적으로 최초 루프의 시작이었던 근본적
인 문제는 처음보다 더 안 좋아진다. 허울뿐인 '해결책'에 더 많은 시간과 에너지를
쏟기 때문이다.

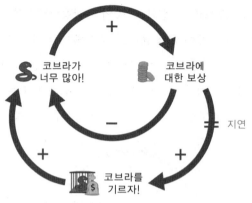

그림 2.15 처방의 부작용을 보여주는 외부 루프

현실 세계에서도 이런 구조를 흔하게 찾아볼 수 있다. 돈을 모으고자 차량 유지비를 줄인다고 가정해보자. 이런 방식이 잠시 동안은 의도한 대로 동작하는 것처럼 보일 수 있다. 하지만 일정한 시간이 지나면서 외부 루프가 발생한다. 즉, 적은 금액으로 충분했던 차량의 수리에 더 많은 비용이 들기 시작하는 것이다. 또 다른 예로 회사의 한 부서에 문제가 생겼다고 가정해보자. 해당 부서의 관리자는 근본적인 대책은 수립하지 않고 눈에 보이는 문제들만 빠르게 수정해 나갔다. 매출이 다시 올라가고 모든 게 잘 돌아가는 것처럼 보이며 난관에서 회사를 구한 관리자는 승진까지 한다. 하지만 곧 의도치 않은 결과('길러진 코브라'로 비유되는)들이 나타나기 시작한다. 승진한 관리자를 대신해 그 자리에 배치된 사람은 서서히 수렁에 빠지게 될 것이다. 상황은 이전보다 더 나빠져 있다. 결국 그 부서는 빈약한 성과뿐만 아니라, 이전 관리자(이제는 그들의 상관이 돼 있을)가 저질러놓은 엉망진창인 상황들로 인해 엄청난 혼돈에 빠지게 되는 것이다. 근시안적인 관점으로는 발견하기 힘든 내재된 원인과 그 효과들이 처방의 부작용을 만들어내는 주요한 원인이 된다.[6]

이런 관점에서 게임을 한 번 살펴보자. 전략 게임을 수행할 때 단시간에 부대의 규모를 늘리는 데만 집중한 플레이어는 언젠가는 리소스를 연구에 투자해 고급 유닛을 보유한 플레이어보다 불리해진다는 사실을 알게 될 것이다. 플레이어는 빠르게 성장하

---

6. 소프트웨어 업계에서 이런 일을 비일비재하게 겪었다. 그저 안쓰러울 뿐이다.

는 것처럼 보이는 경로를 선택했지만 장기적인 관점을 고려하지 않아 쌓이는 빚을 무시한 것이다. 연구하고 제작하는 데 기본 유닛보다 더 많은 시간이 걸리지만 추후에 훨씬 효과적으로 활용할 수 있는 고급 유닛의 가치를 고려하지 않았기 때문에 결과적으로 실패한 것이다. 고급 유닛을 보유한 플레이어는 신속한 처방(대규모 병력을 갖는 것) 대신 장기적인 관점에서 리소스를 연구에 투자했다. '바로 빠르게 만드는 것'과 '미래를 위해 투자하는 것' 중에서 하나를 선택하는 것은 이후 7장에서 다룰 '엔진'이라고 부르는 루프 구조와 관련이 있다. 7장에서 이 부분을 좀 더 자세히 살펴볼 것이다.

성장의 한계와 이어지는 추락

루프 구조와 그로 인해 발생하는 비선형적인 결과를 보여주는 또 다른 예로 '성장의 한계'를 들 수 있다(그림 2.16). 이 이름은 동명의 책에서 유래한 것으로, 이 책은 세계라는 시스템을 전망하고 성장이 21세기에도 이어질 것인지에 대해 논의하고 있다(작가는 그리 낙관적이지는 않았다). 이 책에서 사용된 패턴은 충분히 조사하고 이해할만한 가치가 있다.

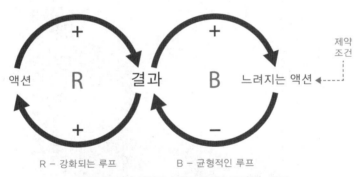

그림 2.16 서로 맞물려 성장의 한계를 보여주는 루프

하나의 원인이 하나의 결과를 만들어낸다고 가정해보자. 이 원인과 똑같은 원인이 여러 개 존재한다면 선형적으로 똑같은 결과도 여러 개 발생할 것이라고 생각하기 쉽다. 우리는 쉽게 '현재 이 비율로 성장을 지속하면…'이라거나 '인구가 지금 비율대로 증가한다면…'처럼 과거에 일어난 일들이 미래에도 지속해서 일어날 것이라

고 가정한다. 하지만 실제로 이런 경우는 거의 발생하지 않는다. 강화 루프를 통해 가속되는 모든 조건(판매량이나 곡물 수확량, 혹은 게임에 등장하는 유닛의 수)은 스스로 성장의 한계가 있는 균형 루프를 갖고 있기 때문이다. 이 균형 루프에 영향을 미치는 조건들은 성장에 필수적인 리소스임과 동시에 성장으로 인해 감소하는 리소스이기도 하다. 시장의 성장에 필요한 새 고객, 토양을 비옥하게 만들지만 다시 채워지지 않는 무기질, 유닛을 만들 때 필요한 자원 등이 여기에 속한다.

비선형적인 결과는 처음에는 천천히 발생하지만 점차 진행이 빨라지며 마지막 단계에서는 느려진다. 그 전형적인 예가 그림 2.17에서 보여주는 1990년대 후반 밀 생산량의 안정이다. 지형적 원인, 경제적 원인, 정치적인 원인 중 하나가 생산량의 성장을 둔화시키는 원인이었을 수 있다. 그중 어떤 것이 더 직접적인 원인이었다고 하더라도 결과는 동일했을 것이다. 누군가가 1970년 혹은 1980년 대의 데이터를 기반으로 밝은 미래를 추정했다면 10년 후의 결과에 몹시 실망했을 것이다.

그림 2.17 밀 수확량의 성장 한계를 보여주는 그래프. 성장 속도가 급격하게 가속되다가 천천히 내려가면서 전형적인 S자 곡선을 그린다.

영원히 이어질 것처럼 보이는 강화 루프에도 성장의 한계는 존재한다. 처방의 부작용이 의도치 않게 갑자기 나타나는 것처럼 강화 루프의 성장 한계도 예상치 못한 시점에 나타난다. 성장의 한계를 보여주는 전형적인 사례로 1929년의 주식 대폭락을 들 수 있다. 주식 폭락이 발생하기 전 몇 년 동안 경제는 지속적으로 성장하고 있었고 주가는 상승세를 유지하고 있었다. 오늘 주식을 사서 내일 팔면 이익을 얻을 수 있었으니 이보다 더 쉬운 베팅이 없었다. 실제로 많은 투자자가 빚을 내어 주식을 사기 시작했다. 신용 거래 비용이 주식을 팔아 얻는 이득보다 적다는 전제하에서는 이보다 더 쉽게 돈을 벌 수 있는 방법이 없었다. 투자자들은 손쉽게 '신용 매입'을 통해 주식을 거래할 수 있었다. 이 방법을 활용하면 주식을 살 때 실제 구매가의 10 ~ 20% 가량의 현금만 마련하면 됐는데, 이 비용은 다른 주식을 팔아 충당할 수 있었다. 주식 중개인의 계좌에 100달러 정도만 입금하면 1,000달러의 주식을 살 수 있었다. 주가는 계속 상승세를 그리고 있었기 때문에 주식을 사고팔기만 하면 이익을 얻을 수 있다는 믿음은 굳건했다. 이 방법을 통해 수많은 사람이 부를 축적했고 점점 더 많은 사람이 주식 시장에 유입됐다.

당연히 이 시장에도 성장의 한계는 존재했다. 1929년 3월, 일부 회사가 실망스러운 실적을 공시하면서 문제가 생기고 있다는 첫 번째 징조가 드러나기 시작했다. 이 실적 공시로 인해 주가가 약간 떨어지고 투자자들도 잠시 공격적인 투자를 멈췄다. 하지만 여름에 접어들면서 주식 시장은 다시 복구됐고 이로 인해 주식의 가치는 여전히 성장할 수 있으리라는 막연한 기대가 더 커지는 아이러니한 상황이 연출됐다. 같은 해 10월, 주가는 믿을 수 없을 정도로 높은 상태였음에도 불구하고 수많은 회사가 형편없는 실적을 공시했다. 이때부터 일부 투자자는 아직 상황을 낙관할 수 있지만 주식 일부를 현금화해서 주식 시장을 떠날 때가 됐다고 생각했다. 이미 많은 사람이 신용 매입으로 주식에 투자를 한 상황이라 최초 투자 금액을 회수하기 위해서라도 더 많은 주식을 팔아야만 했다. 10월 말부터 주가가 떨어지기 시작했다. 투자자들은 투자 금액을 회수하고자 점점 더 많은 주식을 팔기 시작했다. 그 결과 눈덩이처럼 불어나는 새로운 강화 루프가 생겨났다(그림 2.18 참고). 앞선 투자자들이 보여줬던 '비이성적 과열irrational exuberance'[7]이 패닉 상황을 만들기 시작한 것이다. 이제 투자자

7. 1996년, 연방준비제도이사회의 의장이었던 앨런 그린스펀이 당시 주식 시장을 설명하면서 사용했던 단어다.

들은 가능한 한 빠르게 팔 수 있는 모든 주식을 팔아 손실을 최소화하려고 했다. 모든 사람이 주식을 매도하려 하고 매입하려는 사람은 없으니 주가는 당연히 더 크게 떨어질 수밖에 없었다. 가격 폭락을 부추기는 강화 루프가 형성되고 점점 더 빠르게 가속되기 시작한 것이다. 그 해가 끝날 무렵, 주식을 통해 형성된 부의 90%가 사라졌다. 말 그대로 주식이 휴지조각이 돼 버린 것이다. 이는 세계 대공황을 알리는 서막이 됐다.

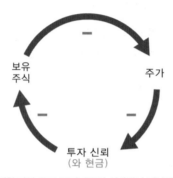

그림 2.18 1929년 주식 폭락을 초래한 강화 루프. 투자자들이 시장에서 자본과 신뢰를 잃으면서 그들이 보유한 주식을 판매하기 시작한다. 이로 인해 주가가 떨어지기 시작하고 이는 다시 시장에 대한 신뢰를 약화시켰다. 균형 루프가 아닌 강화 루프임에도 불구하고 발생하는 모든 효과가 부정적인 것에 주의해야 한다. 이런 경우를 '악순환(vicious cycle)'이라고도 부른다.

2017년 발생한 금융 위기도 이와 비슷한 사례라고 할 수 있다. 터너 보고서에 의하면 2008년에 발생한 서브프라임 모기지론 사태와 유사하게 대출이 증가하고 있었다. 하지만 이번에는 신용카드를 사용한 대출이 주를 이뤘고 부동산 담보 대출보다는 오히려 자동차를 담보로 잡는 대출이 많았다. '서브프라임'이라는 단어는 이 대출 상품이 고위험 군에 속한다는 것을 의미한다. 이는 대출을 받은 사람이 갚을 돈이 없다면 대출금은 상환 받을 수 없다는 것을 의미했다. 이런 리스크를 완화하고자 대출을 받은 사람은 더 많은 이자를 갚아야만 했다. 더 위험한 상품들이 시장에 나오면서 디폴트, 즉 채무자가 대출이나 융자의 원리금 상환 만기일에 지불 채무를 이행할 수 없다고 선언하는 사람들도 많아지기 시작했다(그림 2.19 참고). 이런 현상은 지난 수십 년 동안(2008년의 서브프라임 모기지론 사태에도 불구하고) 미국을 비롯한 전 세계의 일부 부유한 사람들에게 부가 집중되는 현상이 가속화되고 있던 상황에서 발생했다. 극소수의 사람들만 현재 보유하고 있는 부를 기반으로 더 많은 이득을 얻을 수 있었고, 높은 이자에도 불구하고 돈을 빌리는 사람들이 점점 더 늘어나고 있었다. UBS 은행이 발표한 경제 지표를 분석해 터너는 이 상황을 다음과 같이 설명했다.

부가 한 곳에 집중될수록 부를 소유하고 이를 다시 투자해 추가적인 이득을 얻을 수 있는 사람들과 부를 소유하지 못해 대출을 받아야 하는 사람들 사이의 격차는 점점 더 커진다. 결과적으로 평균적인 신용 대출자의 신용도는 점점 더 하락한다. 금리가 낮아 투자자들이 수익을 얻을 만한 곳을 찾아야 한다면 여기부터 문제가 발생하기 시작한다(Turner 2016).

그림 2.19 수익을 바라는 투자자들은 투자 디폴트로 인해 손실이 발생한다. 여기서 성장의 한계란 어떤 것일까?

부가 집중될수록 투자를 통해 부를 증가시키는 것이 점점 더 힘들어진다. 대다수의 사람이 투자가 가능한 사람들에 비해 부유하지 못하며 이로 인해 투자에 따르는 위험성은 점점 더 높아진다. 이런 요소들로 인해 투자자들은 수익을 올릴 수 있는 방법을 더 적극적으로 찾게 되고, 결국은 더 위험한 상품에 투자를 하게 된다. 이런 고위험 투자로 인해 투자 디폴트 비율이 증가하고 투자자들이 수익을 얻어야 할 필요성은 더 높아지며, 점점 더 위험한 영역으로 발을 들일 수밖에 없게 된다(그림 2.19 참고). 상황을 더 악화시키는 것은 그림 2.20에서도 보여주듯이 다른 측면에서 동일한 루프가 존재하고 있다는 것이다. 돈을 빌리는 사람들도 최소한의 생활을 위해 음식을 구매하고 임차료를 내야 한다. 이를 위해 더 많은 돈을 빌리게 되고 부채는 점점 더 커져간다. 더 높은 이자를 요구하는 대출을 통해서라도 이미 그들이 갖고 있는 다른 부채를 갚으려고 한다. 하지만 결국은 더 많은 빚을 만들 뿐이다. 점점 늘어나는 이자와 수수료, 갚지 못하는 부채 등으로 인해 루프는 점점 강화된다. 그 와중에도 사람들은 최소한의 생존을 위해 점점 더 많은 빚을 지게 된다.

이 강화 루프 중 어느 것도 지속 가능하지 않다. 부채는 늘어나고 이를 갚을 능력은 줄어들기 때문에 둘 다 강력한 한계를 가진다. 앞서 살펴봤던 1929년의 경우와는 달리 이 재정 위기가 어떻게 마무리될지는 아무도 모른다. 단지 우리가 이런 시스템적 효과를 인지하고 분석한다면 최악의 파국을 방지할 수 있으리라는 믿음만 남아있을 뿐이다.

성장의 한계가 가진 어두운 측면을 보여준 이번 사례와 달리 7장에서는 게임 디자인에서 루프를 활용해 불공평한 경쟁이라는 요소를 어떻게 다룰 수 있는지 살펴볼 것이다.

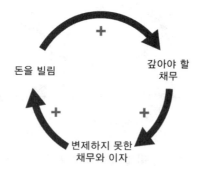

그림 2.20 채무자는 부채를 갚으려 노력한다. 여기서 성장의 한계는 무엇인가?

공유지의 비극

시스템의 관점에서 문제를 해석할 수 있는 가장 유명한 사례는 '공유지의 비극'으로 알려져 있다. 이 유명한 문제는 1833년 발간된 로이드 보고서에서 처음 언급됐으며 오늘날까지도 다양한 형태로 나타나고 있다. 이 보고서는 개인이 소유한 재화와 부의 범위 안에서 행동하지만 의도와 달리 공유 자원을 소모하게 되고 이로 인해 미래에 얻게 될 개인의 이득도 감소한다는 것을 보여주고 있다. 그림 2.21에서 보여주듯이 각각의 인자는 자신만의 강화 루프를 갖고 있다. 이들은 특정한 액션을 통해 긍정적인 결과를 얻기도 한다. '공유지'라고 부르는 목초지에서는 모두의 동물이 풀을 뜯을 수 있다. 공유지에서 소와 양들이 풀을 뜯게 되면서 소와 양의 가치가 올라간다. 공유지는 모두가 사용할 수 있기 때문에 더 많은 양떼를 가진 농부일수록 더 많은 혜택을 얻을 수 있다. 하지만 이 양떼들이 먹는 풀은 공유된 자원이다. 따라서 너무 많은 사람이 너무 많은 양떼를 공유지에 풀어놓으면 곧 공유지의 풀이 고갈되고 아무도 사용하지 못하게 되는 지경에 이른다.

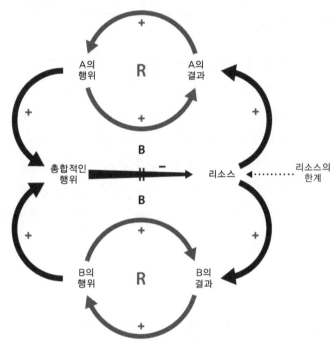

그림 2.21 공유지의 비극. 개인은 최단 기간 안에 최대 이익을 얻고자 행동하지만 이로 인해 공유 자원은 빠르게 고갈되고 장기적인 관점에서의 이득도 감소된다.

공유 자원의 사용 역시 '처방의 부작용'과 비슷한 외부 균형 루프를 만들어낸다. 이 예제에서 그 누구도 다른 사람들의 공유 자원 사용을 막지 않았으며 또한 그들이 공유 자원을 많이 사용했다고 죄책감을 느끼지도 않았다. 또 다른 예를 살펴보자. 길거리에 쓰레기를 버리는 것이 환경을 크게 오염시키는 것처럼 보이지는 않는다. 담배 연기도 마찬가지다. 담배 연기를 뿜어낸다고 공기 오염이 크게 증가하는 것은 아니다. 하지만 이런 것들이 다른 사람들의 행동과 연계된다면 환경과 공기의 질을 심각하게 저하시킬 수 있다. 하지만 이런 가능성에도 불구하고 이런 행위를 하는 누구도 죄책감을 느끼지는 않을 것이다. 이런 현상들은 환원주의적인 관점에서 해석하면 잘못된 결과를 얻게 된다. 양들이 너무 많은 풀을 먹었거나 혹은 길에 너무 많은 쓰레기가 방치되고 공기가 오염됐다고 해서 한 사람이 모든 책임을 져야 하는 것은 아니다. 시스템적인 관점에서 보자면 책임은 분산되고 집중되지 않는다. 각 개인의 행동이 의도하지 않은 결과를 만들어낼 수 있다는 사실을 인지하는 것이 시스템적인 사고에서는 중요하다.

여러 명이 제한된 자원을 최대한 활용해야 하는 게임이라면 이런 공유지의 비극과 동일한 문제가 발생할 수 있다. 게임 안의 금광이나 동물을 자원으로 간주할 수 있다. 대부분 활용할 수 있는 양이 제한돼 있고 시간이 지날수록 사용 가치가 감소하는 자원들이다. 게임 안에서 플레이어가 식량으로 사용하고자 토끼 몇 마리를 사냥했다고 가정해보자. 토끼의 개체수가 줄어들어 앞선 예제처럼 공유지의 비극을 초래할 수 있다(스라소니는 토끼 외에도 다른 유해 조수들을 먹이로 삼는다. 토끼의 개체 감소로 인해 스라소니 역시 개체가 감소한다면 플레이어가 의도하지 않았던 결과가 초래될 수도 있다).

영양 종속

앞서 살펴본 옐로스톤 국립공원에 늑대를 데려와 발생한 영양 종속^{trophic cascades}은 좀 더 긍정적인 효과를 보여준다(그림 2.22 참고). 영양 종속은 강화 루프와 균형 루프의 복잡한 연쇄 효과를 통해 나온 결과다. 늑대가 엘크와 사슴의 개체수를 줄이고(균형), 엘크와 사슴의 줄어든 개체수만큼 초목이 과하게 성장하지 않도록 균형을 잡아주던(초목을 먹어 그 양을 줄이던) 효과도 줄어든다. 그 결과 늑대는 초목에 대한 관계를 강화하고(초목의 양을 늘림) 곰과 물고기, 새와 같은 다른 동물에게도 그들이 원하지 않았던 영향을 미치게 된다.

이후에는 이보다 더 복잡한 시스템 루프를 살펴보고 만들어볼 것이다. 스톡과 리소스(늑대의 수, 엘크의 수)를 기억하고 이들 사이의 행위로 인해 발생하는 관계(루프를 형성하는 화살표)를 이해한다면 훨씬 복잡한 시스템도 충분히 이해할 수 있을 것이다.

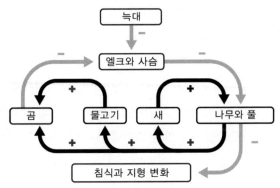

그림 2.22 옐로스톤 국립공원에 늑대를 데려와 발생한 영양 종속을 강화와 균형 루프를 활용해 도식화한 시스템 다이어그램

창발

복잡계 안에서 강화 루프와 균형 루프가 존재할 때 이들은 스스로 균형을 맞춰 메타안정적인 상태를 유지하며 또 다른 시스템적인 행위를 만들어낸다. 시스템 안의 모든 부분이 끊임없이 변경되고 서로 영향을 주고받는 행위를 수행한다. 이런 상황에서도 전체 시스템은 안정적인 상태를 유지한다(최소한 일정 기간 동안은). 이런 메타안정성을 통해 하나의 부분에서는 발견되지 않는 구조화된 행위들이 만들어진다. 메타안정 상태를 유지하면서 떼지어나는 새들, 원자들이 모여서 만드는 메타안정 상태의 분자들이 이런 범주에 속한다. 반딧불이의 경우 모든 반딧불이가 동시에 깜박일 때 창발 효과^{emergent effect}를 만들어낸다. 그 효과는 메타안정적이며 일정시간 동안 유지된다. 한 마리의 반딧불이에서는 찾아볼 수 없는 놀랍고 멋진 시각적 효과를 연출해주는 것이다.

이런 메타안정성은 수많은 부분의 행위에서 비롯된 창발 효과다. 창발 효과를 통해 각 부분이 갖고 있는 속성과 질적으로 다른 새로운 속성을 만들어낼 수 있다. 이는 각 부분이 갖고 있는 값의 단순한 합과는 다르다. 시스템에 포함돼 있는 다양한 부분의 다양한 행위에서 다양한 창발 효과가 발생할 수 있다.

또 다른 예로 물고기 떼를 한 번 살펴보자. 각 부분(물고기)은 질량, 속도, 방향과 같은 내적 상태를 갖고 있다. 떼를 이루는 물고기 무게의 총합은 창발 효과로 발생하는 속성이 아니다. 이는 단순한 무게의 합에 지나지 않는다. 하지만 포식자들의 사냥을 피하고자 물고기들이 밀집해서 베이트볼^{baitball}이라고 부르는 덩어리 모양을 형성하는 것은 창발적인 것으로 볼 수 있다(그림 2.23 참고)(Waters 2010). 각각의 물고기가 모양을 갖고 있지만 이들이 이 군집의 모양을 결정하는 것이 아니다. 대신 각자의 위치와 속도, 방향(이것만으로 결정되는 것은 아니지만)이 모여 군집의 모양을 결정한다.

그림 2.23 물고기들이 포식자를 피하고자 밀집한 형태의 베이트볼을 형성한다. 자연스러운 창발 효과의 예라고 할 수 있다(스티브 던리비 사진).

군집과 동일한 모양을 가진 물고기는 존재하지 않으며 한 마리의 물고기가 군집의 모양을 결정하는 것도 아니다. 군악대처럼 주변의 물고기에게 어떤 모양을 만들라고 지시하는 물고기도 없다. '책임지는 물고기'도 없으며 '중앙 제어 시스템'(워너가 1948년 그의 저서 『사이버네틱스』에서 언급했던)도 존재하지 않는다. 얼핏 보기에 이런 생물들로 구성되는 군집은 중앙 제어의 긍정적인 효과인 것처럼 보였지만 과학자들도 실체를 정확하게 밝히기까지 오랜 시간이 걸렸다. 윌렌스키^{Wilensky}와 레스닉^{Resnick}의 연구에 따르면 1980년대 후반까지도 대부분의 과학자들은 스스로 증식하는 일부 곰팡이 안에 '파운더'나 '페이스메이커' 같은 세포가 있어서 이 세포들이 자가 증식 프로세스를 시작하고 가이드한다고 믿었다고 지적한다. 곰팡이들은 단일 세포 생물에서 시작해 구조적으로 완전히 다른 구조의 큰 그룹을 형성한다. 이런 현상이 중앙 제어 없이도 가능할까? 한동안 과학자들에게 이 질문은 정답이 정해져 있는 물어보나 마나한 질문이었다. 하지만 곧 이들은 분산 시스템과 중앙 제어 시스템 없이도 구조적 행위들이 발생한다는 사실을 알게 됐다.

부분 간의 다양한 상호작용의 결과로 메타안정적인 구조가 발생하며, 이 과정에서 보이는 특징은 다음과 같다.

- 구조 안에 포함된 특정한 부분에 의해 좌우되지 않으며

- 각 부분이 갖고 있는 속성의 합에 기반을 두지 않고

- 각 부분과 그 관계(각 물고기의 위치, 속도, 방향 같은 지루한 숫자 계산)보다 집합(구형의 물고기 떼) 자체로 좀 더 쉽게 설명할 수 있다.

이 시점에서 독자적인 속성을 가진 새로운 것이 창발하게 된다. 1장에서도 살펴봤듯이 물 분자에서 전기적 극성을 관찰할 수 있다. 분자를 구성하는 원자 단위의 구조와 관계를 통해 이 속성을 설명하는 것보다 통합된 메타안정적 구조인, 즉 독자적인 하나의 사물로서의 '울퉁불퉁한 구체'로 분자의 전기적 극성을 설명하는 것이 더 쉽다. 각 원자들이 갖고 있는 전기적 특성을 그보다 더 낮은 레벨인 중성자와 전자를 통해서 혹은 원자핵 내부의 미시적인 전하와 쿼크 단위까지 내려가 설명하는 것보다 그 자체가 가진 특성으로 설명하는 것이 더 쉬운 것과 마찬가지다.

창발이 어떤 경계를 기준으로 발생하는지는 명확하지 않다. 양성자 혹은 원자를 둘러싼 외피가 없는 것과 비슷하다. 단일 구조를 통해 새로운 전체를 구성하는 부분들이 존재하고, 그들의 관계를 통해 새로 만들어진 전체의 속성이 부여된다면 자체로 독립적이고 무결한 창발과 시스템이 존재할 수 있다.

상향식 인과 관계와 하향식 인과 관계

창발적 속성을 갖는 시스템은 시스템에 포함된 각 부분의 상호작용을 통해 창발이 발생한다. 이를 상향식 인과 관계$^{upward\ causality}$라고 한다. 더 낮은 레벨에서 수행되는 행위가 원인이 돼 새로운 행위나 속성이 만들어지는 것이다. 주식 시장에서도 이와 유사한 예를 찾아볼 수 있다. 주식을 사고파는 개인의 행동이 모여 새로운 효과를 만들어내는 것이다. 많은 사람이 주식을 구매하려 한다면 전체 시장이 상승세를 탈 수 있다(활동 계수$^{index\ of\ activity}$나 거래량 등을 통해 측정할 수 있다). 결과적으로는 이로 인해 시장의 성격과 행위가 달라질 수 있다. 포식자를 피하고자 떼를 이룬 물고기들이 군집의 모양을 바꾸는 것과 유사하다.

사물로서의 주식 시장이나 물고기 군집은 하나의 집합체로서 그에 포함된 부분들과 하향식 인과 관계$^{downward\ causality}$도 가진다. 개인 투자자들이 보유한 주식을 내다팔기 시작하면 주식 시장은 곧 하향세를 타다가 종국에는 붕괴하고 말 것이다. 이는 개인 투자자들에게도 다시 영향을 미쳐 더욱 빠르게 주식을 처분하게 만든다. 이런 악순환은 자연스럽게 하향식 나선구조를 만들게 된다. 주식 시장에서 발생하는 버블과 붕괴 현상이 대부분 극단적이고 비이성적인 형태를 띨 수밖에 없는 이유이기도 하다. 시장에 속해 있는 각 개인이 시장의 행위를 유발하고(상향), 시장은 다시 개인의 행위를 유발한다(하향). 투자자들이 주식을 사들이기 시작하면 버블이 형성되고 '비이성적 과열'의 결과로 일부가 주식을 팔기 시작한다. 이것이 촉발이 돼 다른 사람들도 주식을 팔도록 영향을 미치는 강화 루프를 형성한다. 결과적으로 시장은 빠르게 붕괴되기 시작한다.

하향식 인과 관계는 시스템이 동작하고 그 결과 발생하는 황당한 현상들을 설명하는 데 도움을 준다. 아울러 환원주의적 사고방식만으로 복잡한 시스템이 동작하는 방식을 설명하는 것이 불충분하다는 것도 알 수 있다. 겉으로 보기에 아주 복잡해 보이는 시스템을 분석해보면 부분이 모여 전체를 형성하는 상향식 인과 관계를 쉽게 찾아낼 수 있을 것이다. 하지만 환원주의적 접근 방식으로는 전체 시스템이 동작하면서 그 결과로 더 낮은 레벨의 부분에 영향을 미치는 하향식 인과 관계에 대한 충분한 근거를 제공하지 못한다.

구조의 계층과 레벨

지금까지 여러 번 '구조의 레벨'이라는 용어가 별다른 정의를 내리지 않고 사용됐다. 지금까지 이런 '레벨'이나 상향식 인과 관계 혹은 하향식 인과 관계와 같은 말들이 실제로 의미하는 바를 면밀히 살펴보지 못했다. 창발이라는 개념에 대해 논의할 때도 사용했던 '구조의 레벨'이라는 컨셉이 어떤 것인지 예측할 수는 있지만 확실하게 어떤 의미인지는 설명하기 어려웠다.

기본적인 개념을 다시 한 번 살펴보자. 메타안정적인 시스템이 기능해 새로운 사물을 만들어낸다. 이 새로운 사물의 속성(상태와 경계, 행위)은 그 안에 포함된 부분들이 상호작용을 수행하면서 만들어내는 루프에서 발생한다. 새로운 사물이 내부에 포함된 부분의 복합적인 작용에 의해 생성되면 이를 구조적인 측면에서 '높은 레벨'에 속하는 것이라고 말한다. 쿼크에서 시작해 양성자로, 원자로, 분자로, 그보다 더 높은 레벨로 지구와 태양계, 은하계가 있을 수 있다. 각 단계는 메타안정적이며 새로운 인지 단계임과 동시에 끊임없이 새로운 것을 창발해낸다. 우리가 살고 있는 현실 세계에서 분자, 원자, 양성자, 쿼크의 단계로 다시 내려갈 수도 있다. 이를 더 '낮은 레벨'의 시스템으로 인지할 수 있다. 각 레벨은 그 안에 포함돼 있는 시스템에서 창발된 것이며, 또한 한 단계 높은 레벨의 시스템을 만들어낸다.

알렉산더는 "패턴(혹은 시스템)은 다른 패턴에 의해서만 존재할 수 있다. 큰 패턴이 구현돼 있다면 동일한 크기의 패턴이 이를 둘러싸고 그 안에 더 작은 패턴들이 구현돼 있을 것이다."고 말했다(1977). 모든 시스템은 그보다 한 단계 높은 레벨에 존재하는 시스템의 일부며, 주변에 있는 동일한 레벨의 시스템과 상호작용을 수행하고 그보다 더 낮은 레벨의 시스템을 포함한다(그림 2.24에서 요약해 보여준다). 현실에서 가장 작은 레벨은 쿼크까지 내려갈 수 있다. 하지만 최상위 레벨은 무엇인지 알 수 없다. 다행히 게임은 구조와 추상화 레벨을 우리가 정할 수 있다. 게임에서 이런 구조와 추상화의 레벨을 깊게 만드는 것이 쉽지는 않지만 적절한 수준으로 구현된다면 충분한 보상을 제공해줄 것이다.

레벨에는 외부를 명확하게 식별할 수 있는 경계가 존재하지 않는다. 다만 상태와 행위, 부분을 구성하는 루프들이 함께 작용해 식별할 수 있는 새로운 속성, 즉 창발된 속성을 만들어낼 뿐이다. 이런 방식으로 한 레벨의 시스템이 더 높은 레벨의 시스템을 구성하는 부분이 된다.

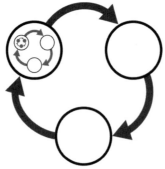

그림 2.24 복잡한 계층적 피드백 루프를 도식화한 그림. 루프 안의 부분들은 그보다 더 낮은 레벨의 부분들이 수행하는 상호작용을 통해 만들어진 서브시스템이다.

각 레벨의 시스템은 지속성^{persistence}과 적응성^{adaptability}을 보여준다. 지속성은 시간의 경과에 따른 경계라고 해석할 수 있다. 즉, 시간이 경과하는 동안 시스템이 스스로의 경계 안에서 자신을 강화해간다는 것을 의미한다. 지속성의 핵심은 시스템이 상황에 맞게 스스로를 어느 정도 변경한다는 것이다. 즉, 변화하는 환경에 맞춰 새롭게 발생하는 외부 신호나 입력값에 시스템이 적응할 수 있다는 것을 의미한다. 생물체 시스템의 경우 이런 지속성과 적응성을 함께 일컬어 항상성[homeostasis]이라고 부른다. 외부에서 발생한 변화에도 불구하고 조직의 경계 안에서 내부 조건을 유지할 수 있는 능력을 말한다.

구조적 연계

하나의 부분 아래 또 다른 부분을 포함하는 계층적 구조는 구조화된 시스템의 전형적인 특징이라고 할 수 있다. 마투라나는 이를 기반으로 '구조적 연계[structural coupling]'라는 개념을 만들었다(1975). 이는 '반복되는 상호작용을 통해 2개 혹은 그 이상의 시스템 사이에서 구조적인 일관성이 발견되는 것'을 의미한다(Maturana and Varela 1987). 이 시스템들은 밀접하게 상호작용을 수행하는 더 높은 레벨에 위치한 시스템의 부분이기도 하다. 각 부분들은 다양한 방식으로 스스로 혹은 다른 부분을 형성하며 이를 통해 이익을 얻는다. 서로를 변형시켜 새롭고 더 밀접하게 연관된 한 단계 높은 레벨의 시스템을 만드는 것이다. 말과 기수, 자동차와 드라이버, 벌과 꽃의 관계처럼 서로가 서로에게 영향을 미치는 관계를 예로 들 수 있다.

게임과 플레이어 역시 구조적으로 연계돼 있다. 시스템적으로 디자인된 게임이라면 3장에서 다룰 이원적 디자인의 결과로 그 안에 광범위하고 충분한 상태를 가질 수 있는 공간이 마련돼 있을 것이다. 이 공간이 플레이어를 수용하고 플레이어 역시이 공간을 수용할 수 있다. 4장에서 이런 구조적 연계가 게임 안의 규칙과 재미를 만드는 데 얼마나 중요한 역할을 수행하는지 살펴볼 것이다. 게임과 플레이어는 밀접한 상호작용을 통해 서로 연결되는 루프를 형성하며, 이는 쉽게 손상되지 않는다.

시스템적 깊이와 창발

지금까지 창발과 계층 구조, 레벨에 대해 알아봤다. 이제 좀 더 정의하고 설명하기어려운 부분을 살펴볼 때다. 시스템과 게임에서 '깊이'와 '우아함'에 관한 문제는 매우 독특한 주제라고 할 수 있다.

시스템이 다양한 레벨의 구조로 형성돼 있을 때 그 시스템에 깊이가 있다고 말한다. 이들은 상호작용하는 더 낮은 레벨의 부분으로 구성된 서브시스템일 수도 있다. 이런 시스템에서라면 각 레벨을 하나로 통합된 것으로 간주하고, 쿼크에서부터 크게는 물방울에 이르기까지 길었던 우리의 여행처럼 자유롭게 관점을 이동시킬 수 있다. 레벨을 오가면서 관점을 변경하는 것이 때론 어렵고 어지러울 수도 있지만 이런 경험을 통해 보편적이고 강력한 무언가를 얻을 수 있다. 우리가 이런 과정을 조화롭고 아름답다고 평가하는 이유가 바로 그것이다. 각각의 부분들은 전체와 닮아 보이고 때로는 전체의 축소판인 것처럼 보이는 프렉탈의 자기 유사성$^{self-similarity}$이 나타나는 이유이기도 하다(그림 2.25 참고). 이 매력적인 현상은 시스템의 깊이를 단적으로 보여준다.

그림 2.25 자연에서 프렉탈의 자기 유사성과 시스템 깊이를 찾아볼 수 있는 예 중의 하나인 로마네스코 브로콜리

현실 세계와 게임 안에서 '시스템을 포함하는 시스템'이라는 멘탈 모델을 만드는 것은 쉬운 일이 아니다. 동일한 레벨에 위치한 시스템을 병렬로 만들 수 있다면 다른 레벨에서 다른 관점으로 시스템을 이해하고 구조 계층의 위아래를 살펴보는 것도 좀 더 쉬워질 것이다. 예술과 문학에도 동일한 원리가 적용될 수 있다. "다양한 레벨에 적용될 수 있다."라는 말이 사려 깊은 칭찬인 이유이기도 하다. 서로 다른 관점에서 시스템을 바라보는 것이 매력적인 만큼 하나의 모델을 만들어가는 과정을 이해하고 이를 다른 곳에 반영할 수 있다는 것도 충분히 매력적이다.

게임의 깊이

게임 안에서 플레이어가 탐험할 수 있는 독립된 공간을 가진 서브시스템을 디자인할 수 있다면 다양한 장점을 누릴 수 있다. 플레이어가 다양한 레벨로 구성된 시스템에 대한 멘탈 모델을 가질 수 있다는 것 자체로도 충분히 매력적이다. 플레이어는 새로운 서브시스템을 접할 때마다 이를 학습하고 보상을 얻는다. 마치 다른 선물을 얻고자 계속 선물을 열어보는 것과 같다. 깊이 있는 시스템을 가진 게임은 플레이어에게 커다란 가변성을 제공해준다. 시스템적 디자인을 활용해 일부만 변경할 수 있는 좁은 경로가 아닌 다양한 가변성을 지닌 광활한 공간을 만들어낼 수 있다.

깊이 있는 게임에는 규칙이 존재한다. 시스템적 디자인은 플레이어가 좀 더 신속하게 게임의 구조를 다양한 레벨의 관점에서 파악해 빠르게 규칙을 인지할 수 있게 해준다. 이 과정은 대부분의 사람에게 정신적인 피로감을 수반할 수밖에 없다.

오랜 옛날부터 전해오는 게임인 바둑에서 게임의 깊이에 대한 좋은 예를 찾아 볼 수 있다(그림 2.26 참고). 바둑은 수천 년 동안 본질적으로 간단하지만 깊이 있는 절묘한 재미를 제공해왔다. 바둑판은 19 × 19 크기의 격자로 구성된다. 2명의 플레이어가 검은색과 흰색의 바둑알로 게임을 진행한다. 플레이어는 번갈아 그들이 선택한 색깔의 돌을 바둑판의 비어있는 곳에 놓는다. 한 플레이어가 다른 플레이어의 돌을 둘러싸면 상대방의 돌을 획득할 수 있다. 게임은 바둑판이 꽉 차거나 양쪽 플레이어가 계속 다음 사람에게 턴을 넘길 때 끝난다. 바둑판에서 더 많은 영역을 차지한 플레이어가 승리를 차지한다. 아주 간단한 설명으로 정리되지만 이 안에 다양한 시스템의 상태, 경계, 행위가 녹아있다. 이런 간단한 규칙 몇 가지만으로도 어떻게 게임을 플레이할 수 있고, 얼마나 다양한 레벨의 창발이 발생하는지 인지할 수 있을 것이다. 바둑의 기술을 다루는 다양한 책들이 발간됐고 바둑에 인생을 건 사람들도 있다. 바둑은 어떤 의미에서는 단순한 게임 이상의 것이다. 깊이 있고 창발적인 게임이라면 아마 바둑과 유사한 일들이 일어날 것이다.

바둑과 같은 종류의 게임을 "배+우기는 쉽고 마스터하기는 어렵다."라고 말한다(아타리의 창립자인 놀란 부쉬넬의 이름을 따 '부쉬넬의 법칙'으로 알려져 있다[Bogost 2009]). 이렇게 정의할 수 있는 게임들은 플레이어가 가질 수 있는 상태와 따라야 할 규칙의 수가 많지 않다. 플레이어는 게임을 진행하면서 규칙을 학습하며, 계층적으로 구성된 서브시스템을 통해 좀 더 깊은 게임의 내면으로 들어갈 수 있다. 내부 시스템이 갖고 있는 깊이와 다양한 관점을 제대로 이해하려면 다양한 스킬이 필요하다.

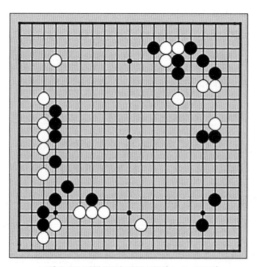

그림 2.26 진행 중인 바둑 게임(Noda 2008)

마지막으로 '우아함'은 게임의 다양한 특성과 게임 플레이 경험이 한데 어우러져 나타나는 게임의 성질이다.

- 직관적이고 감정적인 만족감을 주는 시스템은 정적이고 일관된 상태를 유지하는 것이 아니라 대체로 메타안정적인 구조를 갖고 있다. 게임은 플레이할 때마다 무언가가 바뀌지만 친숙한 경험은 유지된다. 플레이어는 게임의 테마나 전체적인 경험이 바뀌었다는 느낌을 받지 않으면서도 일관된 게임 안의 시공간을 지속적으로 탐험하면서 만족감을 찾을 수 있다.

- 높은 수준의 시스템은 간단하게 정의될 수 있지만 반면 정교한 계층적 깊이를 가진다. 플레이어는 점진적으로 이 깊이를 깨달아가며 게임에 대한 멘탈 모델을 수립한다. 다양한 레벨로 잘 구성된 게임은 복잡한 행위와 게임 플레이를 유발한다. 이를 통해 플레이어는 게임의 시스템과 테마를 더 많이 알 수 있고 진정한 가치를 깨닫게 된다.

- 깊이 있는 시스템은 일정 수준의 균형과 자기 유사성을 보여준다. 더 낮은 레벨의 시스템은 그들이 구성하는 더 높은 레벨의 전체 시스템 구조를 반영한다(그림 2.24의 루프와 그림 2.25 브로콜리에서 보이는 반복 무늬 참고). 서브시스템은 상위 레벨의 시스템과 구조가 유사하지만 반드시 상위 시스템과 같을 필요는 없다. 플레이어는 이런 구조를 통해 손쉽게 게임에 대한 멘탈 모델을 만들고 게임에 대한 이해를 높일 수 있다. 너무 번거롭지 않게 맥락을 파악할 수 있게 해주는 것이다. 플레이어가 게임을 더 깊게 탐험할수록 그들이 처음 보는 것일지라도 그 정체가 무엇인지 이미 알고 있을 가능성이 크다. 이런 과정을 통해 게임에 대해서도 긍정적인 감정을 가질 수 있게 된다.

- 물론 '끝나지 않은 결말'과 같이 예외적이고 특수한 규칙도 존재한다. 이런 예외는 자기 유사성을 보이는 계층적 구조의 특징인 균형 잡힌 멘탈 모델을 무너뜨리고 플레이어의 멘탈 모델에 부담을 더할 수 있다. 즉, 게임을 즐기는 것이 아니라 게임의 규칙을 기억하고 게임을 '어떻게' 진행하는지에 집중하게 만든다.

- 플레이어가 게임의 계층적 시스템을 완벽히 학습하게 되면 메타인지의 하나로 그들 스스로를 게임 안에 반영할 수 있을 것이다. 게임의 동적인 구조에 스며들어 있는 특성과 균형에 대해서도 인지하고 진가를 알아볼 수 있게 된다. 이렇게

되면 플레이어들이 게임을 플레이할 때뿐만 아니라 게임의 규칙과 시스템을 음미할 때도 게임을 즐기고 이에 만족할 수 있게 된다.

게임에서 이 정도 수준의 우아함을 얻는 것은 결코 쉬운 일이 아니다. 게임 디자이너가 게임 시스템을 완벽하게 이해해야 하고 동시에 플레이어의 경험이라는 관점에서 이들을 선형적으로 구현할 수 있어야 한다.

이 책을 통해 시스템적 디자인이라는 측면에서 창발과 깊이, 우아함을 살펴본다면 좀 더 높은 수준의 게임 디자인을 수행할 수 있을 것이다.

전체

시스템은 상호작용을 수행해 이를 구성하는 부분보다 더 큰 전체를 만들어낸다. 전체는 스스로 더 높은 레벨에 존재하는 어떤 시스템의 부분을 형성한다.

마지막에 완성된 게임 디자인이 게임 자체를 의미하는 것이 아니다. 게임과 플레이어가 하나의 시스템을 구성하는 것이 가장 마지막 단계다. 게임+플레이어 시스템이야말로 게임 디자이너가 추구하는 진정한 목표가 돼야 한다. 게임 자체는 목표를 달성할 때 필요한 수단이다. 플레이어가 경험하는 게임, 게임 안에서 이를 즐기는 플레이어가 합쳐져 온전한 하나의 시스템을 만들어내는 것이다. 3장에서는 게임 디자인의 측면에서 시스템 아키텍처를 논의할 것이며 6장에서도 다시 살펴볼 것이다. 이 과정을 통해 플레이어가 진정성 있는 경험을 하고자 부분의 상호작용과 시스템의 깊이, 시스템적인 우아함이 얼마나 중요한지 알게 될 것이다.

요약

시스템의 계층적인 속성과 이를 구성하는 부분, 시스템 안에서 이뤄지는 상호작용 등을 염두에 두고 2장을 시작할 때 언급했던 부분을 다시 살펴보자.

시스템은 독립적으로 상호작용하는 부분에서 발생한 통합된 전체를 의미한다. 각 부분들은 독립적인 상태와 경계를 갖고 있으며 서로에게 영향을 미치는 행위를 수행한다. 전체는 지속되며 외부의 조건에 따라 변형되고 부분 간의 상호작용을 통해 창발된 행위를 수행한다. 시스템은 더 낮은 레벨의 시스템을 포함하고 스스로 더 높은 레벨의 시스템을 구성하는 부분이 된다.

2장의 도입부에서 살펴본 시스템의 정의가 부분에서 시작해 시스템으로 올라가는 상향식에 가까웠다면 앞선 정의는 시스템에서 시작하는 하향식 정의에 가깝다. 이두 가지 방식 모두 동일한 내용을 다루고 있다. 이 두 가지 방식을 필요할 때마다 번갈아 적용하는 것이 중요하다. 이 두 가지 방식은 모두 '시스템적인 사고방식'이며 게임 디자인 프로세스에서도 핵심이라고 할 수 있다. 시스템적 사고방식을 활용하면 어떤 대상이라도 충분히 이해할 수 있을 것이다. 게임 디자이너 역시 필요한 때마다 상향식 혹은 하향식으로 관점을 바꿔가면서 게임을 바라봐야 한다. 이는 게임을 하나의 시스템으로, 그리고 게임 디자인을 시스템 디자인으로 이해하는 최고의 방법이기도 하다.

추신: 사물에 대해 생각해보기

사물과 정체성, '객관적인 실재성^{thingness}'에 대한 철학적인 논의로 다시 돌아와 보자. 이제는 앞서 논의한 시스템의 정의가 좀 더 확대된 의미로 다가올 것이다. 이제 당신은 원자와 분자를 내부 구조를 가진 하나의 시스템이자 하나의 통합된 사물로 인식할 수 있을 것이다. 이제 사물을 눈에 보이는 그대로가 아니라 하나의 시스템으로 인식할 수 있게 됐다는 것을 의미한다.

우리의 뇌도 하나의 시스템이라고 볼 수 있다. 우리의 마음속에 뇌의 기능을 통해 하나의 통합된 사물로 창발돼 나타난다. 관계를 통해 새로운 사물이 발생한다는 것은 <금강경>의 한 구절인 "마음은 어디에서 비롯되는가?"라는 선문답의 답이 될 수도 있다. D.H 로렌스가 물을 소재로 한 시에서도 언급했던 '세 번째 무엇'이 없다면 물에 젖게 만드는 원인도, 마음이 생기는 장소도 존재하지 않는 것이다. 그렇다고 이런 특성이 '아무 곳도 아닌 곳에서' 발생하는 것도 아니다. 새떼와 식물의 프렉탈 패턴, 허리케인, 흰 개미집, 심지어는 마음과 같은 복잡한 시스템들은 하부에 셀 수 없이 복잡한 관계를 통해 부분과 완전히 다른 그 무엇인가를 형성하는 것이다.

단체와 문화도 이와 유사하다. 지금 대학을 다니는 그 누구도 100년 전의 그 학교를 다니지 않았다. 100년이 지난 미래의 학교를 다닐 수도 없다. 하지만 대학은 스스로 하나의 사물로 계속 존재해왔고 변화해왔다. 과거에도 존재했고 앞으로도 대학생 개인의 존재를 넘어선 독립적인 사물로 존재할 것이다. 즉, 대학은 하나의 객관적인 정체성을 가진 메타안정적인 시스템으로 존재하는 것이다. 가족이나 경제, 심지어는 다른 사람과 나누는 대화에도 동일한 개념이 적용될 수 있다. 어떤 사물은 다른 사물보다 더 오랫동안 존재할 수 있다. 이 모든 것이 결국 창발의 결과이며 더 낮은 레벨에서 끊임없이 발생하는 상호작용과 관계, 이를 통해 생성된 완전히 새로운 속성을 가진다는 점은 공통적이다.

이를 통해 우리가 이미 살펴본 결론에 도달할 수 있다. 처음에는 은유적이었던 표현들이 이제는 시스템에 대한 인식을 통해 다르게 보일 것이다. 원자, 배, 문화, 대학, 심지어는 결혼과 우정, 대화, 마음, 토네이도에 이르기까지 이들 모두는 하나의 시스템이면서 동시에 온전한 사물이기도 하다. 나와 배우자와의 관계, 수천 명의 대학생들이 갖는 관계에서 창발된 메타안정적인 구조가 존재한다. 이들은 모두 독립적이고 지속성을 갖고 있으며, 통합된 객관적 실재성을 가진다. 쿼크가 구성하는 중성자, 중성자와 전자가 구성하는 원자, 산소와 수소가 구성하는 물에서도 동일한 특징을 관찰할 수 있다. 사실 우리가 명확한 사물로 인식하고 있는 것들도 본질은 찾기 힘든 것들이 많다. 결혼은 부피나 모양을 갖고 있지 않지만 그럼에도 불구하고 실존하는 것이다. 책상, 컴퓨터, 혹은 한 방울의 물과 같은 성질의 사물인 것이다.

흥미로운 점은 우리 스스로도 하나의 부분을 구성하고 이를 통해 계층적 구조의 시스템에 속해 있으면서 우리가 그 일부를 구성하는 시스템에서 창발해 나타나는 새로운 속성을 인지하기 힘들다는 것이다. 우리의 문화, 경제, 회사, 가족은 우리가 알고 있는 생태계나 상상조차 할 수 없는 거대한 전 우주적 구조에 비해 훨씬 적은 규모인데도 불구하고 여기서 창발된 속성을 잘 알지 못한다. 우리에게 시스템적인 효과가 마치 물고기에 대한 물과 같은 관계였음에도 불구하고 여태 그 사실을 잘 인지하고 못하고 있었던 것이다. 하지만 한계란 존재하지 않고 배우지 못할 것은 없다. 게임과 게임 디자인을 시스템적 관점에서 바라보는 것은 좀 더 몰입할 수 있고 효과적인 게임을 만드는 데 도움을 줄 것이다. 이를 통해 우리를 둘러싸고 있는 현실이라는 시스템도 더 깊고 넓게 이해할 수 있을 것이다.

게임과 게임 디자인의 기초

3장에서는 게임을 철학과 디자인의 관점에서 정의해볼 것이다. 게임의 구조적인 요소와 기능적인 요소를 분석해보고 게임의 아키텍처와 테마도 알아본다. 시스템적인 관점에서 수행한 이런 분석의 결과는 이후에 다루는 게임 디자인의 기초로 활용될 것이다.

이렇게 게임의 기초를 살펴본 다음 취미로 즐기는 수준의 게임 디자인에서부터 현재의 이론적인 게임 디자인 접근법에 이르기까지 게임 디자인의 역사도 간단하게 살펴볼 것이다.

게임이란 무엇인가?

게임이 무엇인지 설명하는 것은 마치 웃긴 이야기를 설명하는 것과 같다. 설명은 가능하지만 이를 설명한다는 것 자체가 핵심적인 가치에서 벗어나는 것이기 때문이다. 웃기는 이야기를 설명해야 왜 웃긴지 이해가 된다면 과연 웃기는 이야기라고 할수 있을까? 하지만 이 책에서 다루는 주제가 게임 디자인인 만큼 게임이라는 단어자체가 의미하는 바는 반드시 짚고 넘어가야 할 것이다. 다행히 지난 수십 년 동안수많은 사람이 폭넓게 게임을 정의해왔다. 향후 전개될 논의에 대한 기초를 마련하기 위해서라도 여기서는 게임의 정의를 간략하게 살펴본다.

호이징가의 정의

네덜란드의 역사학자인 요한 호이징가^{Johan Huizinga}는 학문의 영역에서 게임을 다룬첫 번째 사상가라고 할 수 있다. 그는 1938년 출간한 저서 『호모 루덴스』(1955년에야영어로 번역됐으며 호모 사피엔스를 '영리한 인간'이라고 부르므로 호모 루덴스를 '놀이하는 인간'으로 부르기도 함)(Huizinga 1955)에서 한 문화의 핵심 구성 요소인 놀이의 역할에 대해설명하고 있다. 그의 관점에서 놀이와 게임은 '몰입하게 만드는 것'임과 동시에 '심각하지 않은 것'이며 '일상적인 삶의 바깥에 존재하는 것'이다(p.13). 또한 놀이에는"얻을 수 있는 실질적인 재화나 보상이 존재하지 않는다."(p.13)고 설명했으며, 마지막으로 놀이는 "변하지 않는 규칙과 일정한 방법을 통해 적절한 시간과 공간 범위안에서 수행된다."고 정의했다(p.13).

호이징가는 놀이가 '경기장과 카드 테이블, 매직 서클^{magic circle}, 사원, 무대, 화면'(p.10)과 같은 독립된 공간에서 수행된다는 사실을 잘 알고 있었다. '매직 서클'이라는 단어는 게임에서 마법과 같은 일이 일어나든 그렇지 않든 간에 특별한 법칙이 적용되는 독립된 시간과 공간이 의미를 함축적으로 보여주고 있다. 보드 게임인 <황혼의투쟁: 냉전 시대^{Twilight Struggle: Cold War}>를 함께 즐기는 플레이어들이 모여 있는 테이블이나 <FTL>에서 도망치는 반란군 우주선이 가로지르는 가상의 우주 공간과 같은 것들이 모두 이 시공간에 속한다. 일상과 분리된 공간에서 발생하며 몰입할 수 있는 그리 중요하지 않은 일들이 자체적인 규칙을 갖고 수행된다면 이를 게임이라고 볼 수 있으며, 이를 즐기는 행위를 놀이라고 정의했던 것이다. 4장에서 상호작용과 게임의 재미를 살펴볼 것이다. 이 과정에서 지금은 중요해 보이지 않는 게임의 속성들이 역설적으로 중요한 존재임을 깨닫게 될 것이다.

카이와의 정의

프랑스의 철학자이자 저술가인 로제 카이와^{Roger Caillois}는 『놀이와 인간^{Man, Play, and Games}』 (Caillois and Barash, 1961)에서 호이징가의 게임 정의에 동의했다.

- 일반적인 현실과 분리돼 있으며 어느 정도 가상의 현실을 포함한다.

- 현실적인 이득이나 의무가 따르지 않기 때문에 어느 누구도 의무적으로 게임을 플레이하지 않는다.

- 게임 안에서 통용되는 규칙이 지배한다.

- 불확실성에 영향을 받고 플레이어의 결정이 게임의 진행을 결정한다.

카이와는 오늘날 '게임 디자인 서클'이라고 알려진 게임의 4가지 요소를 정의한다.

- **아곤^{Agon}:** 경쟁을 통해 오직 한 사람의 승자만 남는 것을 의미한다. 영어로 경기의 상대방을 의미하는 'antagonist'의 어원이며 고대 그리스어로 '경쟁'을 의미했다.

- **알레아^{Alea}:** 게임을 진행할 때 플레이어의 전략이나 선택에만 의존하는 것이 아니라 주사위와 같은 임의의 요소에 의존하는 것을 말한다. 라틴어로 '위험' 혹은 '불확실성'을 의미하는 단어다. 뼈로 만든 주사위를 의미하는 단어에 어원을 두고 있다.

- **미미크리^{Mimicry}:** '해적이나 네로, 혹은 햄릿'(Caillois and Barash 1961, 130)과 같은

'다른 사람'의 역할을 수행하는 것을 의미한다. 즉, 플레이어가 본인과 다른 역할을 수행하는 롤플레잉을 의미한다.

- **일링크스**[ilinx]: 코끼리 코로 여러 바퀴를 돌면 물리적인 방향 개념이 바뀌는 것을 느낄 수 있다. 일링크스는 그리스 어로 '소용돌이'를 의미한다. 소용돌이에 빠져 현기증을 일으키는 것처럼 플레이를 통해 얻는 감정을 의미한다.

또한 카이와는 게임에는 구조화된 규칙인 루두스[ludus](훈련과 규칙을 포함하는 스포츠 경기를 의미하는 라틴어. 학교라는 의미로도 사용됐다)와 구조화되지는 않지만 자발적인 플레이를 의미하는 파이디아[paidia]('아이들의 놀이' 혹은 '흥미꺼리'를 의미하는 그리스어)라는 개념도 포함된다고 설명했다. 이 항목들로 설명할 수 있는 게임과 놀이는 모두 이 루두스-파이디아의 범주에 속한다고 할 수 있다.

게임 디자이너들은 이런 깊이 있는 성찰을 통해 게임의 본질에 대한 논의를 이어왔다. 현대의 게임 디자이너들이 내린 게임에 대한 다양한 정의 역시 이후 시스템으로서의 게임을 살펴볼 때 참고할 가치가 있을 것이다.

크로포드, 마이어, 코스티키안, 다른 사람들

크리스 크로포드[Chris Crawford]는 저명한 게임 디자이너로, 게임 디자인을 예술의 한 부분으로 설명했다. 크로포드는 게임이 갖고 있는 기본적인 요소를 표상[representation]과 상호작용[interaction], 갈등[conflict], 안전함[safety]의 4가지로 정의했다. 그는 호이징가와 카이와의 주장을 받아들여 "게임은 현실을 주관적으로 표현한 정규화된 시스템에 가까우며, 하나의 부분이 다른 부분과 복잡한 방법으로 상호작용할 때 적용되는 명쾌한 규칙이 존재한다."고 설명했다. 이는 이 책에서 다루는 주제이기도 하다. 게임에는 플레이어의 선택을 통해 그들만의 이야기를 만들어가는 상호작용이 있으며 플레이어에게 목표와 함께 극복해야 할 장애물도 제공해 손쉽게 목표를 달성할 수 없도록 만든다. 마지막으로 크로포드는 게임에는 물리적인 현실에서 벗어나 갈등과 위험이라는 심리적인 경험을 제공하는 기교가 있어야 한다고 주장했다. 호이징가가 말하는 '매직 서클'(즉, 게임을 플레이한다는 목적을 가진 특별한 공간에서 자기만의 법칙이 적용되고 또한 그 결과에 종속되지 않는 공간)에서 게임이 실행되는 것이다. 이런 논리에 따라 미국의 교육학자인 존 듀이[John Dewey]는 모든 놀이가 필연성에 의해 강제된 종속 관계와 목적에서 벗어난 자유로움을 유지해야 한다고 주장했다(Dewey 1934, p.279). 게임에 필연성만 존재한다면 굳이 플레이하고 싶어 하는 사람이 없을 것이다.

저명한 게임 디자이너인 시드 마이어[Sid Meier]는 "게임은 흥미로운 선택의 연속이다."(Rollings and Morris 2000, p.38)라는 유명한 말을 했다. 게임을 아주 간결하고 정확하게 정의한 말임과 동시에 수많은 생각할 거리를 던져주는 문장이기도 하다. 실제 우리의 삶에서도 '흥미로운 선택의 연속'으로 수행되는 일들이 존재한다. 교육이나 다른 사람들과의 관계도 여기에 포함될 수 있다. 하지만 보통 이런 분야를 게임으로 분류하지는 않는다(이들이 가진 결과론적인 성격으로 인해 그럴 수 있다). 시드 마이어는 플레이어의 선택에 무게를 두어 게임을 정의했고, 이것이 다른 미디어와 게임을 구별하는 핵심이라는 점에서 여전히 유용한 정의라고 볼 수 있다(Alexander 2012).

다양한 작품에서 통찰력 있는 게임 디자이너로 활동한 그렉 코스티키안[Greg Costikyan]은 다음과 같이 게임을 정의했다. "게임은 예술의 일종이다. 플레이어라고 부르는 참가자가 목적을 달성하고자 게임 내 리소스를 관리하며, 목적을 달성하기 위한 결정을 이어나가는 것이다." 코스티키안은 "게임은 어떤 것이 아니다."라는 방식으로 게임을 정의했다. 코스티키안은 게임은 퍼즐이 아니라고 정의했다. 퍼즐은 정적이지만 게임은 상호작용을 수행하기 때문이다. 또한 게임은 장난감이 아니라고 정의했다. 장난감과 이를 갖고 노는 사람은 상호작용을 수행하지만 직접적인 목적이 없기 때문이다. 게임은 상호작용을 수행함과 동시에 분명한 목적을 갖고 있다. 또한 게임은 이야기가 아니다. 이야기는 선형적으로 구성되지만 게임은 본질적으로 비선형적이다. 게임은 다른 여러 예술과도 다르다. 예술은 수동적인 관중을 대상으로 수행되는 반면 게임에는 능동적인 참가자가 필요하기 때문이다.

최근에는 저명한 작가이자 게임 디자이너인 제인 맥고니걸[Jane McGonigal]이 게임을 다시 한 번 정의했다. "모든 게임은 4가지 특징을 갖고 있다. 목표, 규칙, 피드백 시스템, 자발적 참여가 바로 그것이다(McGonigal 2011, p.21)". 맥고니걸은 앞서 다른 게임의 정의들이 상호작용을 포함시킨 것과 달리 이를 '피드백 시스템'으로 대체하고 이것이야 말로 게임의 핵심이라고 지적했다(4장에서 피드백과 상호작용에 대해 더 자세히 알아본다). 케이티 셀런^{Katie Salen}과 에릭 짐머만^{Eric Zimmerman}은 게임을 다음과 같이 정의하고 있다. "게임은 플레이어가 인위적인 갈등에 몰입하게 만드는 시스템이다. 규칙으로 이를 정의하며 그 결과 정량화할 수 없는 산출물을 만들어낸다(Salen and Zimmerman 2003, p.80)".

게임 프레임워크

최근 몇 년 동안에는 게임의 정의에 더해 게임과 게임 디자인을 더 잘 이해할 수 있도록 '프레임워크'라는 개념이 등장했다. 잘 알려진 몇 가지 프레임워크를 살펴보자.

MDA 프레임워크

가장 처음 등장했고 지금까지 가장 잘 알려진 프레임워크는 게임 메카닉스–다이내믹스–에스테틱으로 구성된 MDA^{Mechanics-Dynamics-Aesthetics} 프레임워크다(Hunicke et al. 2004). 각각의 용어들은 이 프레임워크 안에서 고유한 의미를 갖고 있으며 최초로 정의된 내용은 다음과 같다.

- '메카닉스'는 게임을 구성하는 특정 컴포넌트를 지칭하며 데이터와 알고리듬으로 구성된다.

- '다이내믹스'는 반복되는 플레이어의 입력과 다른 사람들의 출력에 기반을 두고 구동되는 메카닉스의 실시간 행위를 의미한다.

- '에스테틱'은 플레이어가 게임 시스템과 상호작용을 수행할 때 발생하는 감정적 반응을 의미한다.

프레임워크의 핵심은 플레이어가 게임의 에스테틱을 가장 먼저 경험하고, 그다음 다이내믹스, 마지막으로 메카닉스를 경험하게 된다는 것이다. MDA 프레임워크에서는 플레이어의 반대편에 게임 디자이너가 위치하며 이들은 순서대로 메카닉스, 다이내믹스, 마지막으로 에스테틱을 만들어낸다. 게임 디자이너가 이 모델을 통해 메카닉스가 아닌 에스테틱을 먼저 생각해보는 것이 핵심이다. 하지만 실제로는 게임 디자이너의 작업 스타일이나 여러 가지 현실적인 제약 사항으로 인해 3가지 단계 중 한 곳에서 시작되는 경우가 많다.

MDA 프레임워크에서 또 하나의 핵심은 게임 디자이너가 직접 제어할 수 있는 부분은 메카닉스 뿐이라는 것이다. 디자이너는 메카닉스를 통해 다이내믹스 층위를 설정할 수 있지만 직접 다이내믹스를 만들어낼 수는 없다. 부분이 루프를 형성하고 이를 통해 전체를 만들어낸다는 시스템에 대한 설명과도 일맥상통한다(이에 대해서는 이 장의 후반에 더 자세히 알아본다).

플레이어와 디자이너가 어떻게 이런 선형적인 방식으로 게임에 접근할 수 있는지는 별도로 생각하더라도 앞서 살펴본 다양한 게임 디자인 이론의 관점에서 보아도 메카닉스, 다이내믹스, 에스테틱이라는 용어에는 어느 정도 문제가 있어 보인다. '메카닉스'라는 단어는 주로 게임 디자이너들 사이에서 플레이가 수행되는 묵직한 테이블 혹은 장소를 칭할 때 주로 사용한다(Lantz 2015). 폴란스키가 '익살맞은 장치'라고 부른 카드 덱, 플레이 순서, 점프와 더블 점프 같은 장치나 규칙들도 여기에 포함될 수 있다. 단어의 정의 자체가 너무 모호해 어떤 디자이너들은 특정한 액션(예를 들어 카드를 플레이하거나 마우스의 레프트 클릭으로 점프를 하는 것)을 메카닉스라고 칭하기도 하고 또 어떤 디자이너들은 <마리오 카트>에 등장하는 파란 등껍질 같은 균형 루프 효과를 메카닉스라 칭하기도 한다(Totilo 2011). 메카닉스라는 단어가 아주 광범위하게 사용되고 있는 것이다. MDA 프레임워크에 메카닉스가 포함되지만 자체가 프레임워크를 의미하는 것은 아니다. 또한 메카닉스에 게임의 일부와 규칙이 포함돼 있지만 이들이 결합된 그 무엇은 메카닉스에 포함되지 않는다. 이는 의미 있는 구별법이지만 메카닉스라는 단어를 다른 의미로 사용할 때 충돌이 발생할 수 있다.

'에스테틱'이라는 단어 역시 플레이어의 온전한 게임 경험을 고려한 예술이라는 측면에서 사용되는 단어지만 원래는 시각적이고 심미적인 의미로 많이 사용되는 단어다. 두 가지 의미를 혼돈하기 쉽고 게임 개발자들이 플레이어에게 온전한 경험을 전달하는 것에 집중하는 것이 아니라 게임의 룩앤필에 더 집중하게 만들 수도 있다.

단어와 개념이 명확하지 않음에도 불구하고 MDA 프레임워크는 게임 디자인 이론을 유의미하게 발전시킨 것으로 평가받고 있다. 게임과 게임 디자인을 좀 더 시스템적으로 이해할 수 있는 기반을 닦아줬기 때문이다.

FBS와 SBF 프레임워크

FBS^{Function-Behavior-Structure}는 MDA 프레임워크와 유사하지만 그보다 앞서 발표된 초기 이론 중의 하나다(Gero 1990). FBS는 게임 디자이너들이 자주 사용하는 기법은 아니므로 여기서는 개요만 간략하게 살펴볼 것이다. FBS는 "MDA의 3개 층위 구조를 통해 게임 디자인을 좀 더 시스템적으로 이해할 수 있다."는 의견과 '게임의 영역 밖에 존재하는 일상적인 행위로서의 디자인'이라는 개념을 이어주는 가교 역할을 하고 있다.

이 프레임워크도 MDA와 유사한 3개 층위를 갖고 있으나 가장 높은 층위 혹은 유저가 가장 자주 접하는 부분이 첫 번째로 언급되고 있으며 가장 기술적인 것이 마지막에 언급된다.

- **기능**^{Function}: 사물의 목적, 즉 왜 이 물건이 만들어지고 디자인됐는지를 의미한다. 기능은 의도된 디자인의 결과로 볼 수 있다.

- **행위**^{Behavior}: 사물의 속성과 특정한 행위는 그 구조에서 발현되는 것이며, 이는 기능으로 귀결된다. 행위는 사물에 의도된 기능을 충족하고자 변경될 수 있다.

- **구조**^{Structure}: 사물의 물질성, 즉 물리적인 부분과 이를 구성하는 관계를 의미한다. 구조는 변경되지 않으며 단지 사물의 행위만 바뀌게 할 뿐이다. 위상 기하학

과 3D, 머티리얼로 표현할 수 있는 모든 것이 여기에 포함된다.

FBS는 인공지능 분야의 설계와 디자인 프로세스에서 처음 등장한 단어다. 기술적인 측면에서 본다면 물리 오브젝트 디자인에 반영되는 아주 중요한 영역이지만 게임 디자인에서는 충분한 가치를 인정받지 못하고 있다. 게임 외의 다양한 분야에서 디자인과 디자인 리서치 부분에 폭넓게 사용되는 기법이다(Dinar et al. 2012). FBS는 MDA와 마찬가지로 자체가 완전히 시스템적이지는 않지만 게임 디자인(과 일반적인 의미의 디자인)을 시스템적으로 이해할 수 있게 도와주는 역할을 수행한다.

이후 등장한 디자인 모델링 언어는 FBS를 SBF[Structure-Behavior-Function]로 바꾸고 디자인/프로그래밍 언어와 시스템 컴포넌트를 추가했다(Goel et al. 2009). FBS가 하향식 구조인 반면 SBF는 상향식 구조에 가깝다. SBF는 모델링 언어를 통해 오브젝트 설계와 디자인 프로세스를 계층적으로 설명하고 있다. 각 컴포넌트와 액션(여기서 '액션'은 자체가 시스템의 일부이며 행위다)에서 시작해 행위에 기반을 둔 상태와 전이를 유발하며, 행위라는 관점에서 기능적인 스키마를 정의한다. SBF에 등장하는 각 레벨은 구조적인 측면, 행위적인 측면, 기능적인 측면에서의 컴포넌트를 표현한다. 가장 기본적인 레벨은 숫자로 표시될 수도 있다.

FBS와 SBF는 자체가 게임 디자인이나 게임을 설명하는 프레임워크는 아니다. 또한 게임 디자인에 쉽게 적용할 수 있는 것도 아니다. 게임과 게임 디자인을 좀 더 시스템적으로 인식할 수 있도록 도와주는 유용한 다리로 활용할 수 있다.

기타 프레임워크

지금까지 수많은 게임 디자이너가 자신의 작업에 활용할 수 있는 다양한 프레임워크를 만들고 활용해왔다. 즉흥적이고 시스템적이라고 보기에는 힘들지만 유용한 프레임워크도 있다. 이런 프레임워크들은 이론보다는 실제 경험에 기반을 두고 만들어졌을 것이다. 단순히 어디를 가라고 보여주는 지도에 가까운 개념이 아니라 그보다 훨씬 더 실용적인 툴에 가깝다고 볼 수 있다. 프레임워크나 툴을 사용해 더 나은 게임을 만들 수 있다면 이 질문 외에도 다양한 질문들을 던질 수 있을 것이다. 시스템적인 접근법도 이런 관점에서 바라봐야 한다. 다른 방식이나 프레임워크가 유용하지 않다는 것을 의미하는 것은 아니다.

게임 정의 정리

지금까지 살펴봤던 게임에 대한 정의와 프레임워크에서 공통적으로 찾아볼 수 있는 내용을 정리하면 다음과 같다.

- 게임은 현실의 삶과 구별되는 장소(매직 서클)에서 얻을 수 있는 경험이다.

- 게임은 자체적인 규칙을 가진다(루두스와 같이 정형화됐거나 파이디아와 같이 암묵적이며 동적일 수 있다).

- 게임은 자발적이며 의무적이지 않은 상호작용과 참여(단순한 관찰이 아닌)를 요구한다.

- 게임은 플레이어에게 흥미와 의미 있는 목표, 선택 그리고 갈등을 제공한다.

- 게임은 인지 가능한 결과의 형태로 맺음한다. 쥴Juul은 이 부분을 '결과의 안정화 valorization of the outcome'라고 설명했는데, 일부의 결과는 다른 결과보다 나으며 전형적으로 게임의 정규화된 규칙에 따라 정해진다는 것을 의미한다.

- 게임은 기술을 통해 만들어진 각각의 부분이 디자인 프로세스를 거쳐 완성되는 제품이다. 루프는 부분들의 행위적 상호작용에 의해 형성된다. 이런 상호작용에 플레이어가 포함되면 게임 전체가 주는 드라마틱하고 동적인 경험이 생성된다.

물론 이런 정의에도 예외는 존재하고 각각의 항목 자체도 여전히 논란꺼리가 많다. 돈을 걸고 친구와 포커를 친다면 호이징가와 카이와가 정의한 게임이 갖는 특정한 맥락에 모두 부합된다고 볼 수 있을까? 매직 서클은 현실 세계와 이어지는 지점이 있는가? 모든 게임이 갈등 요소를 포함하는가? 모든 게임에 끝이 존재해야 하는가? 대부분의 MMO 게임은 큰 이야기와 맥락을 갖고 있어서 한 사람의 플레이어가 플레이를 그만둔다고 해도 게임 월드는 여전히 지속될 수 있다. 이런 특성들이 일반적으로 관찰되지만 그렇다고 필수적인 것은 아니다.

철학자 루드비히 비트겐슈타인이 정의한 특성이 모든 게임에 가장 광범위하게 적용될 수 있을 것이다. 그의 논지는 결국 모든 게임에 적용될 수 있는 단 하나의 특성을 찾으려 하면 안 된다는 것이다. 비트겐슈타인의 주장을 따른다면 "분명히 뭔가 공통된 부분이 있을 거야. 그런 부분이 없다면 '게임'이라고 부를 수 없지"와 같은 논리가 성립되지 않는다. 그는 대신 "모든 것에 공통으로 나타나는 부분을 찾을 수 없다. 다만 각 부분 간의 유사성과 관계, 그리고 이들의 연속성을 찾을 수는 있다... 이러한 관찰을 통해 알 수 있는 것은 중복과 상호교배를 통해 나타나는 복잡한 유사성의 네트워크다."라고 주장했다(Segment 66).

비트겐슈타인이 설명한 '유사성의 네트워크'라는 개념은 아리스토텔레스의 '원인'이라는 개념을 상기시킨다. 이는 사물을 '단순한 덩어리'에서 벗어나 정리된 특성을 갖게 해주는 것이다. 1장에서 살펴봤던 물이 사물을 젖게 만드는 D. H. 로렌스의 '세 번째 것', 알렉산더의 '이름 없는 특성', 2장에서 살펴봤던 '시스템의 기초' 역시 이와 관련된 내용들이다. 특성이 어떤 것인지 더 깊이 연구하거나 프레임워크를 만들어 보는 것보다 '유사성의 네트워크'라고 명명된 이 광범위한 관계의 특성을 염두에 두는 것이 게임과 세상을 시스템적으로 이해하는 데 더 큰 도움이 될 것이다.

게임의 시스템적 모델

앞서 살펴본 게임의 정의와 시스템에 대한 이해를 동시에 고려한다면 게임을 하나의 시스템으로 이해하는 새롭고 유용한 모델을 만들 수 있다. 여기서 살펴볼 모델은 시각적이기보다는 서술적인 모델에 가깝다. 이런 모델은 비트겐슈타인이 말한 '유사성의 복잡한 네트워크' 개념에 더 가깝다고 볼 수 있다. 이 프레임워크는 시스템적인 구조를 통해 기존에 출시된 게임이나 새롭게 제작하려는 게임의 멘탈 모델을 만드는 데 도움을 줄 수 있다. 게임 디자인을 좀 더 명확하고 현실적으로 이해할 수 있게 되는 것이다.

디자이너들은 어디서부터 디자인을 시작해야 할지 고민한다. 자욱한 안개 속에 숨어있는 아이디어를 어떻게 찾아내야 할지 고민하는 것이다. 우리가 살펴볼 이 시스템 모델은 구조적이고 조직화된 가이드를 제공해 디자이너가 만들려는 게임에 집중할 수 있게 도와준다. 게임 제작을 구속하는 틀이 아닌 게임 제작에 도움을 주는 뼈대로 프레임워크를 인식해주길 바란다.

게임의 시스템적 구조

우리가 플레이하는 게임은 크게 2개의 서브시스템으로 구성된 하나의 시스템이다. 그림 3.1에서 보는 것과 같이 게임 자체와 플레이어(혹은 멀티플레이어)가 바로 그것이다(앞서 살펴봤던 그림들과 닮은 것이 이젠 전혀 이상하지 않을 것이다).

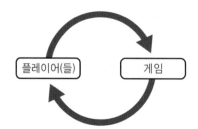

그림 3.1 플레이어와 게임은 게임+플레이어, 혹은 플레이되는 게임이라는 하나의 시스템을 구성하는 서브시스템이다.

3장에서는 게임 서브시스템 안에 포함되는 3가지 레벨의 컴포넌트를 자세히 살펴보고 이들을 통해 어떻게 게임을 하나의 시스템으로 관찰할 수 있게 되는지 알아본다.

- **부분:** 가장 기본적이고 구조적인 컴포넌트

- **루프:** 부분에 의해 만들어지고 구조에 의해 활성화되는 기능적 요소

- **전체:** 기능적 요소와 루프에서 발현되는 아키텍처와 테마 속성

이 장에서는 서브시스템으로서의 플레이어는 간단하게 살펴보고 4장에서 더 자세히 살펴볼 것이다.

일반적인 게임의 구조적 컴포넌트는 게임 시스템에 속해있는 각 부분들이라고 볼수 있으며, 이들은 2장에서 살펴본 대로 각각의 내부 상태와 행위를 가진다. 게임의 기능적 요소는 부분의 행위에서 발현되는 상호작용에 의해 만들어지며 이들이 모여서 게임 루프를 형성한다. 게임 아키텍처와 테마는 각 부분의 상호작용 루프를 통해 발현된 전체의 또 다른 측면이라고 볼 수 있다.

게임의 목적은 플레이되는 것이다. 게임 플레이는 플레이어와 게임의 구조적, 기능적 요소와 아키텍처, 테마 요소들 사이에서 발생하는 창발적인 커뮤니케이션이다. 이런 커뮤니케이션의 형태는 4장에서 더욱 자세히 다룬다.

상위 시스템을 구성하는 플레이어

플레이어와 게임은 떼어 생각할 수 없는 존재다. 플레이어 없는 게임은 존재할 수 없다. 게임을 플레이하고 경험을 얻는 것은 게임과 플레이어가 함께 해야만 가능하다(그래서 '게임+플레이어'라는 단어를 사용한다).

게임은 한 사람의 플레이어, 혹은 두 명 이상의 소규모 그룹의 플레이어, 심지어는 수천 명의 플레이어가 동시에 즐길 수 있다. 전통적으로 여러 명이 동시에 즐긴다는 전제하에 게임을 디자인해왔다. 1대의 컴퓨터를 한 사람이 다루는 것이 일반화되면서 '싱글 플레이어 게임'(한 사람이 디지털 게임과 상호작용함)이라는 단어가 폭넓게 사용되기 시작했다.

플레이어는 게임 안에서 대표성과 정체성을 가진다. 게임 아바타는 게임 안에 존재하는 물리적이고 기능적인 속성을 가지며, 게임 안에서 플레이어를 대신하는 페르소나라고 할 수 있다. 사람이 아닌 하나의 집합체 형태의 아바타도 존재할 수 있다.

플레이어가 조종할 수 있는 해적선은 선장과 선원, 무기인 대포를 포함하는 하나의 집합체 형태라고 할 수 있다. 작은 마을이나 거대한 제국을 움직이는 '보이지 않는 손'과 같이 전혀 보이지 않는 존재가 될 수도 있다.

게임+플레이어 시스템의 서브시스템으로서의 플레이어라는 개념은 4장에서 좀 더 자세히 살펴볼 것이다. 여기서는 우선 다음과 같은 핵심 사항을 짚고 넘어가자.

- 플레이어와 게임은 모두 더 큰 시스템의 일부를 이룬다.

- 플레이어가 존재하지 않는다면 게임 역시 가치가 없으며 목적도 의미도 없을 것이다. 플레이 경험이라는 개념에서 벗어난 게임은 존재하지 않는다.

- 플레이어는 게임 안에서 하나의 모델로 표현되며, 플레이를 통해 게임의 멘탈 모델을 만든다(앞서 2장에서 논의한 대로 모델이라는 단어가 '실제로 존재하는 것'보다 더 추상적인 개념이라는 것을 상기하자. 서로가 서로를 모델링하는 플레이어와 게임 모두에게 적용될 수 있다). 게임과 플레이어는 서로가 서로를 상징하고 대체하는 상호 관계를 형성하고 이를 통해 즐거운 경험을 얻게 되는 것이다.

게임의 구조적인 부분

다른 시스템과 마찬가지로 게임 역시 게임만의 특별한 부분이 있다. 게임 안에서 동작하는 토큰과 규칙이 바로 그것이다. 앞으로 게임만이 갖고 있는 특별한 요소인 토큰과 규칙이 게임 안에서 어떻게 동작하는지 확인해볼 것이다. 토큰과 규칙은 모든 게임에서 공통적으로 존재하는 구조, 즉 게임을 구성하는 하나의 시스템이며 다양한 게임에서 다양한 형태로 나타난다.

토큰

모든 게임에는 게임의 상태를 상징적으로 보여주는 오브젝트가 존재한다. 이 오브젝트를 '토큰'이라고 부르며 비유적이고 표상적인 존재다. 일반적으로 토큰 자체에 특정한 의미가 부여되지는 않는다. 게임의 부분이지만 게임 안의 세계에 포함되는 기능적인 부분은 아니다.

토큰은 게임의 맥락 안에서 의미를 전달하고 플레이어에게 수용되는 과정을 통해 게임의 현재 상태나 변경되는 내용을 플레이어에게 전달한다. 마찬가지로 반대의 경우도 수행한다. 토큰은 다음과 같이 정리될 수 있다.

- 바둑에서 흰 돌과 검은 돌처럼 고도로 개념적인 것을 상징한다.

- 체스의 말은 중세의 귀족 계급을 형상화한 것처럼 표상적이다.

- 롤플레잉 게임에 등장하는 무기와 갑옷처럼 현실 세계의 사물에 대응할 수 있다.

토큰은 표현하려는 것을 비유하고 상징한다. 어떤 게임도 현실 세계를 완벽하게 모사할 수 없기 때문에 토큰을 사용하는 것이다. 현실에 정확하게 대응하는 스케일로 완벽하게 구현된 맵이 있다고 하더라도 이를 활용할 수 있는 게임은 없을 것이다. 현실과 구별할 수 없는 게임은 이미 매직 서클을 벗어난 것이며, 이를 더 이상 게임이라고 부를 수는 없을 것이다.

게임 토큰은 게임 안에 등장하는 '명사'라고 볼 수 있다. 조정이 가능한 모든 오브젝트가 여기에 포함될 수 있으며 다음과 같은 것들을 포함한다.

- 플레이어를 상징하는 것

- 스스로 행동하는 독립적인 유닛(워 게임이나 바둑, 체스의 말)이나 플레이어가 게임 플레이에 활용할 수 있는 오브젝트들

- 독립된 상태를 가진 영역을 포함하는 게임이 진행되고 있는 세계. 체스판의 검고 하얀 사각형에서부터 온라인 전략 게임의 복잡한 지형들이 여기에 포함된다.

- 게임에 사용되는 자원. <모노폴리>의 가상 화폐나 <카탄의 개척자>에서 사용되는 밀, 양, 목재 등이 여기에 해당된다.

- 게임에 사용되는 물질이 아닌 오브젝트들. 플레이어의 턴(플레이어가 게임에서 어

떤 행동을 취해야 하는 순서와 빈도), 카드 게임의 핸드, 플레이어가 가질 수 있는 아이템들, 플레이어가 굴릴 수 있는 주사위 횟수 등이 여기에 포함된다.

요약하자면 게임 안에서 상태를 갖고 어떤 행동을 할 수 있는 모든 것이 토큰이 될 수 있다. 이들은 반드시 하나의 토큰 혹은 다른 토큰의 집합체로 표현할 수 있다.

게임 토큰은 필연적으로 상징적일 수밖에 없지만 정밀한 상태와 행위를 가질 수 있다. 체스의 말들은 항상 정해진 위치, 즉 한 번 이동할 때마다 말판의 한 칸 안에 위치해야 하며 각각의 말들은 고유한 이동과 공격 방법을 갖고 있다. 규칙과 마찬가지로 게임 토큰 역시 자세히 설명할 수 있다. 이들은 게임이 수행되는 거의 모든 기간 동안 확실한 상태와 행위를 갖고 있다. 게임 안의 다른 오브젝트들이 플레이어와 현실 세계를 상징하는 것처럼 게임 토큰 역시 이들을 상징한다. 플레이어가 게임 안에서 날아다닐 수 있는가? 한 걸음에 산을 넘어갈 수 있는가? 게임 안에 산맥이 존재하는가? 이렇게 디자이너들이 게임에 포함되길 원하는 개념들은 가장 먼저 게임 토큰과 규칙으로 자세히 기술돼야 한다. 이 과정은 이후 8장에서 더 자세히 살펴본다.

규칙

토큰이 게임 안에 존재하는 상징이라면 규칙은 게임이 진행되는 과정을 설명해주는 것이다. 플레이어들은 이런 규칙을 직관적으로 이해할 수 있어야 한다. 컴퓨터 게임에서 규칙은 코드로 표현된다. 규칙은 토큰의 행위를 설명함으로써 게임이 어떻게 진행될 수 있는지 결정한다.

수용할 수 있는 게임 내 행위 설명

규칙을 통해 각각의 플레이어가 서로 다른 행위를 수행하면서도 충분히 플레이를 즐길 수 있는 공간이 창출된다. 거짓말을 하고, 물건을 훔치고, 혹은 사람을 죽이는 행위가 현실 사회에서는 받아들여질 수 없다. 하지만 게임 안에서는 그런 행위들이 충분히 수용되고 심지어 어떤 경우에는 반드시 수행돼야 한다. 인기 있는 보드게임인 <레지스탕스^{The Resistance}>에서 플레이어는 자신이 스파이라는 것과 배신한 이유를 밝히지 않으면서 상대방을 속여야만 한다. <이브 온라인>과 같은 게임에서는 다른 플레이어의 자원을 훔치는 것이 반드시 필요하지는 않지만 상대방 진영과 플레이어에게 피해를 입힐 수 있으므로 이런 행위가 허용된다.

거짓말을 하고 상대방을 속이는 것처럼 '일반적이지 않게 행동하는 방식'의 한 부분으로 효율적이지 않은 방식의 움직임도 있다. 체스의 경우 하나의 말이 끝까지 이동해 상대편 왕을 잡고 승리할 수 있는 것이 아니다. 효율로만 따진다면 이것이 승리를 위한 가장 간단한 방법일 것이다. 하지만 이는 '규칙에 위배되는 것'이다. 카드 게임에서도 플레이어가 원하는 카드를 찾고자 덱을 뒤져볼 수는 없지만, 사실 이 방법이야말로 어떤 카드를 받게 될지 모르는 카드 게임에서 승리를 거둘 수 있는 가장 효율적인 방법일 것이다. 수용할 수 없는 행동들이 가능해지고 또 한편으로는 가능한 행동이 모두 허용되지는 않는 독립적인 공간에 자발적으로 참여함으로써 플레이어는 게임 플레이 경험을 얻게 되는 것이다.

게임 세계가 어떻게 동작하는지 설명

'게임의 규칙'을 가장 간단하게 설명한다면 '게임이 어떻게 플레이 될 수 있는가'에 대한 설명이라고 할 수 있다. 즉, 게임이라는 하나의 세계가 어떻게 동작하는지 설명하는 것이다. 플레이어와 토큰이 게임의 '명사'라고 한다면 규칙은 '동사'라고 할 수 있다. 플레이어와 게임을 구성하는 부분들이 행동하고 서로에게 영향을 미쳐 게임 플레이를 만들어낸다. 토큰과 규칙의 관계, 즉 명사와 동사의 관계는 게임이라는 시스템이 어떻게 구성되는지 이해할 수 있는 가장 기본적인 관계라고 할 수 있다.

규칙은 게임 안에서 상태가 어떻게 변경되는지, 플레이어가 어떻게 게임을 진행할 수 있는지 정의한다. 또한 규칙은 게임 안의 부분들이 어떻게 연관돼 있고 영향을 미치는지 규정한다. 게임 안에서 플레이어들이 극복해야 하는 장애물을 자세히 설명하고, 어떻게 갈등을 풀어갈 수 있으며, 플레이어들이 어떻게 게임의 엔딩에 다다를 수 있을지 암묵적으로 설명해준다(게임의 엔딩은 '승리' 혹은 '패배'로 정의되기도 한다).

게임 세계의 물리적인 측면도 규칙에 의해 설명할 수 있다. 플레이어가 게임 안의 세계를 어떻게 이동할 수 있는지, 게임 안의 세계는 왜 그런 모양을 갖고 있어야 하는지도 규칙을 통해 알 수 있다. 게임 세계는 체스판과 같이 사각형일 수도 있고 지구처럼 둥그런 구일 수도 있다. 규칙을 통해 현실에서는 불가능하지만 게임 세계에서는 가능한 온갖 법칙을 설명할 수 있다. <모뉴먼트 벨리^{Monument Valley}>나 <안티챔버^{Antichamber}>와 같은 게임에 등장하는 환상적이고 비현실적인 세계를 충분히 설명할 수 있는 것이다.

규칙은 게임 안의 물리적인 세계뿐만 아니라 게임을 구성하는 각 부분의 구조와 행위도 설명할 수 있다. 카드 게임에서 한 사람이 핸드에 몇 장의 카드를 가질 수 있는지, 게임을 시작할 때 몇 명의 일꾼을 보유할 수 있는지 등이 규칙에 의해 결정된다. 또한 "플레이어는 무한대의 높이에서 떨어질 수 있으며 착지할 때 어떤 피해도 입지 않는다."와 같이 규칙을 통해 게임 안에 적용되는 보편적인 환경도 설명할 수 있다. "30초마다 중력이 적용되는 방향이 바뀐다."와 같이 현실에 적용될 수 없는 환경도 규칙을 통해 만들 수 있다.

플레이어 에이전시 유지

또한 규칙은 플레이어가 서로 다른 경로(서로 다른 목표, 전략, 플레이 스타일)로 게임을 즐길 수 있게 해준다. 규칙은 플레이어가 게임 진행 방향을 결정하는 능력, 즉 플레이어 에이전시^{player agency}라고 부르는 것을 과하게 규제해서는 안 된다. 플레이어의 행동을 너무 과하게 제약하면 게임에서 플레이어가 결정을 해야 하는 순간이 줄게 되고 심할 경우 오직 하나의 경로만 게임을 진행할 수 있게 된다. 이렇게 되면 플레이어는 참가자가 아닌 관찰자로 입장이 바뀌고, 게임을 게임답게 만드는 핵심적인 속성이 사라지게 된다.

게임 디자이너들은 가능한 최소한의 규칙만으로 잘 다듬어진 게임 세계를 만들어내야 한다. 동시에 게임 월드의 모든 부분을 최소한의 게임 규칙으로 설명할 수 있어야 한다. 게임 규칙이 잘 만들어지지 않았다면 게임에 애매모호한 부분이 많아지고 플레이어 역시 게임에 대한 멘탈 모델을 만들고 이를 통해 게임을 탐험하는 것이 쉽지 않아질 것이다. 반대로 규칙이 너무 많아 플레이어 에이전시가 과하게 제약을 받는다면 게임을 하고자 하는 열망도 쉽게 식어버릴 것이다.

규칙의 예외 피하기

규칙이 임의로 생성되거나 예외를 계속 만들어낸다면 플레이어는 게임에 대한 정교한 모델을 만들기 힘들어진다. 즉, 게임을 학습하고 즐기지 못하게 되는 것이다. 이는 2장에서 다뤘던 게임의 '우아함'이라는 개념과도 상반된다.

많은 보드 게임에서 1에서 6까지의 값을 얻을 수 있는 정육면체 주사위를 사용한다. 주사위를 굴려 6이 나온다면 대부분 '좋은 결과'를 얻었다고 말할 수 있지만 경우에 따라 이 값이 최악의 결과를 의미할 수도 있다. 이는 토큰과 규칙의 조합(주사위와 이를 굴려서 얻을 수 있는 값)이 다양하게 정의될 수 있다는 것을 보여준다. 임의로 선택되는 값이 여러 가지로 정의될 수 있다면 플레이어들이 게임에 집중할 만한 동기도 사라질 것이다. 결국 의미있는 행동은 할 수 없는데, 학습해야 할 내용만 많아지는 결과를 초래하는 것이다. 디지털 게임에서 컨트롤러나 키 조합에 임의의 값을 할당한다면 이와 동일한 결과를 가져올 것이다. 이는 마치 마우스를 한 번 클릭하면 점프를 수행하는 게임에 마우스를 두 번 클릭하면 갖고 있는 모든 아이템을 떨어뜨리는 동작을 수행하게 만든 것과 같다. 일반적으로 두 개의 버튼을 갖고 있는 마우스를 사용하는 게임이라면 대부분 물리적으로 유사한 행동을 수행하도록 키 값을 설정한다. 게임에서 임의의 규칙 혹은 다양한 예외를 가진 규칙을 사용한다면 플레이어가 게임을 학습하는 것도 어렵고 플레이어가 게임에 참여하는 것도 쉽지 않게 된다(4장에서 플레이어의 참여와 정신적 부담에 대해 더 깊게 살펴볼 것이다).

구조적 요소와 게임 메카닉스

'게임 메카닉스game mechanics'라는 단어는 다양한 게임 디자이너들이 디자인 프레임워크와 관련해 다양한 의미로 사용해왔다(Sicart 2008). 시스템적인 디자인이라는 측면에서 본다면 게임 메카닉스는 실행 가능하며 특별한 의미를 갖는 토큰과 규칙의 조합이라고 말할 수 있다. 이는 명사와 동사가 조합돼 의미 있는 문구나 짧은 문장을 구성하는 것과 같다. 예를 들어 메카닉스는 "바둑을 이기면 200달러를 얻는다."와 같이 간단하게 작성될 수도 있다. 좀 더 복잡한 메카닉스들은 이런 간단한 메카닉스들이 조합을 이룬 것이다. 복잡한 문장을 분석해보면 결국 간단한 문구들이 조합된 것과 같은 이치다.

게임 메카닉스의 정확한 정의를 살펴보려는 것이 아니다. 시스템적인 관점에서 게임 메카닉스가 어떤 것이며, 또 어떻게 이를 활용할 수 있는지 살펴보려는 것이다. 토큰과 규칙은 여러 가지 방법으로 조합할 수 있다. 따라서 메카닉스도 다양한 형태를 띨 수 있다.

게임과 메타게임

매직 서클이라는 분리된 공간은 게임의 구조적인 요소, 즉 토큰과 규칙으로 정의될 수 있다. 아무 의미 없는 토큰이 존재할 수 있으며 게임 플레이의 외부에는 규칙이 적용되지 못한다. 모노폴리 게임 한 판에서 보유한 부동산의 양은 다음 판에는 아무런 영향을 미치지 않는다. 지난 게임에 내가 처음이었으니까 이번에는 상대방이 처음으로 하는 것과 같이 플레이어들이 상호 동의하는 경우라면 각각의 게임 사이에 규칙이 교차해서 적용될 수는 있다. 보드 게임에서도 이런 예외를 찾아볼 수 있다. 보드 게임에서 이전 플레이의 액션이나 이벤트가 다음 플레이의 조건이나 규칙에 영향을 미치는 것을 '레거시legacy'라고 부른다. 게임을 구성하는 부분이 얼마나 중요한지, 이들이 얼마나 창조적으로 새롭고 더 즐거운 플레이 경험을 만들어낼 수 있는지 이런 부분을 통해 알 수 있다.

게임과 현실에 토큰과 규칙을 적용하는 것을 '메타게이밍'이라고 한다. 게임의 규칙을 초월할 때 플레이어는 매직 서클의 경계를 벗어나서 게임 안의 세계를 현실로 가져오거나 그 반대의 경우를 수행할 수 있다. 일부 메타게이밍의 규칙을 '하우스 룰 house rule'이라고 부르는데, 모노폴리의 무료 주차장에 도착하면 상금을 가져가는 식의 현실에서는 일반적이지 않은 규칙을 의미한다. 또 다른 메타게이밍 규칙 중에는 게임에 미숙한 사람에게 상대적인 이득을 주는 것도 있다. 메타게이밍은 게임 자체보다는 플레이어의 액션과 더 깊은 연관이 있다. 게임 외의 상황에서 '눈에는 눈 이에는 이'와 같은 식으로("마지막 게임에서 네가 나를 도와주지 않았으니 나도 이제 널 도와주지 않을 꺼야") 메타게이밍 반응을 하는 플레이어가 있다면 그 누구도 함께 게임을 즐기고 싶지 않을 것이다.

'눈에는 눈, 이에는 이'라는 메타게이밍은 게임 이론 중 '반복 게임'에서도 찾아볼 수 있다(아이러니하게도 '게임 이론'은 이름에 게임이라는 단어가 사용되지만 사실 게임 디자인에 큰 영향을 미치지는 않는다. 게임 이론은 경제 분야에 더 잘 적용될 수 있으며, 게임에도 일정 부분이 적용 될 수 있다). 반복해서 수행되는 게임에서 메타게이밍은 게임의 중요한 부분을 차지한다. 예를 들어 가위 바위 보를 여러 번 수행한다고 가정해보자. 여러 번의 플레이를 통해 쌓인 경험을 활용하는 플레이어의 행위는 단순하게 임의로 선택한 것이 아닌 것처럼 보일 것이다. 어떻게 여러 번 게임을 수행할지 결정하는 예측 가능한 수학적 모델은 경제적인 배당 모델, 즉 특정한 전략을 따를 경우 이길 확률이 얼마나 되는지를 보는 것이다. 이런 경우 메타게임은 자연스럽게 게임의 일부가 되며 매직 서클 내부에 존재하는 형태의 게임이 반복되는 것으로 형태를 유지할 수 있게 되는 것이다.

게임의 기능적인 측면

게임에 공통적으로 보이는 구조적인 요소들에 더해 이런 부분들이 어떻게 게임의 기능적 구조를 만들어내는지 이해하는 것도 중요하다. 토큰과 규칙은 게임 시스템에 포함되는 부분과 행위(명사와 동사)이며, 게임의 기능적인 요소는 이 부분들의 루프 조합을 통해 발생하는 그 이상의 무엇이라고 할 수 있다. 하나의 문구가 명사와 동사로 구성되는 것처럼 게임의 기능적인 요소들도 이를 구성하는 부분의 합 이상의 중요한 의미를 가진다. 게임이 생명을 갖고 플레이어와 상호작용할 수 있는 시스템이 될 수 있는 것도 이런 이유 때문이다.

게임의 기능적 측면에는 플레이어가 목표를 수립하거나 멘탈 모델을 만드는 것도 포함된다. 경제는 규칙을 통해 상호작용하는 게임 내 리소스의 흐름에서 발생한다. 이런 동적인 개념을 만들어내는 것도 게임의 기능적인 측면이라고 할 수 있는 것이다. MMORPG 게임에서 한 명의 영웅 캐릭터를 만들거나 전략 게임에서 하나의 제국을 만들 때 플레이어는 수많은 게임의 기능을 접하게 된다. 게임에서 만날 수 있는 모든 기능을 나열하는 것은 불가능하다. 하지만 "이 게임에서 플레이어는... 역할을 수행한다."라고 설명할 수 있거나, 이런 역할을 수행하는 것이 플레이어의 목표를 달성하는 데 필연적인 요소라면 최소한 한 가지 이상의 명백한 기능적인 측면을 갖고 있다고 할 수 있다.

게임의 기능은 게임 디자이너가 많은 시간을 할애해 고민해야 하는 부분이다. 게임 안에 등장하는 토큰과 규칙은 가급적 그 수가 적어야 한다. 그러면서도 처음 게임을 접하는 플레이어들이 게임을 통해 이를 구성하는 기능적이고 운영적인 서브시스템을 인지하고 원하는 경험을 얻을 수 있도록 고민해야 한다.

열려있는 플레이 만들기

게임 안에 등장하는 캐릭터와 경제, 제국과 같은 기능적 구조물들은 정적인 존재가 아니다. 이들은 플레이를 통해 끊임없이 변화한다. 이들이 수행하는 기능이 직접 코드를 통해 제어되지는 않지만 코드를 기반으로 이런 기능이 수행될 수 있는 가능성을 만들 수 있다. 게임 안에 등장하는 캐릭터와 경제, 제국 같은 기능적인 구조물들은 토큰과 규칙을 통해 특정한 조건에 따라 동작할 수 있게 된다.

게임은 기능적인 구조물들이 창발할 수 있는 공간을 제공해야 한다. 우선 게임의 구조에 기반을 둔 게임 월드를 정의해야 하며, 정의된 게임 월드 안에서 기능적인 구조물들은 플레이를 통해 성장하고 변화한다. 4장에서도 살펴보겠지만 이 모델은 플레이어가 멘탈 모델을 통해 이해하고 있는 게임 월드와 부합해야 한다. 이 모델은 플레이어에게 게임 플레이의 일환으로 대립과 결정, 목표를 제공해준다. 이런 과정을 가능하게 만들고 그 결과로 플레이어가 효과적인 멘탈 모델을 만들어내는 것이야말로 게임을 통해 흥미롭고 즐거운 경험을 만드는 데 중요한 역할을 수행한다.

머신으로서의 기능적 요소

앞서 살펴봤듯이 게임의 기능적 구조물은 게임 시스템의 한 부분을 구성한다. 사람들은 종종 복잡한 루프의 조합을 게임 시스템의 일부라고 생각한다. 정적으로 보이는 구조물도 루핑 상호작용이 갖고 있는 특성으로 인해 동적인 것처럼 보일 수 있다. MDA 프레임워크와 같은 좀 더 큰 스케일의 모델에서도 이런 현상을 관찰할 수 있다. 게임 디자이너인 제프 엘레노어 Geoff Ellenor는 게임의 부분이라는 개념을 '어떤 것을 수행하는 머신'이라는 말로 대체했다(Ellenor 2014). 예를 들어 "게임에서 날씨를 만드는 머신을 만들고 싶어"라거나 "미션이 완료되면 언제라도 미션을 준 머신으로부터 완료 메일을 받게 만들고 싶어"라고 말할 수 있는 것이다. 엘레노어는 이 머신이 단일 구조가 아닌 중복된 구조, 즉 하나의 머신 안에 더 복잡한 머신이 포함된 구조라고 설명한다. 즉, 게임의 기능적인 측면과 구조를 정확하게 설명하고 있는 것이다. 하나의 작은 머신에서부터 시작해 계층적으로 복잡해지고 커진 머신을 구성하게 되는 과정을 토큰과 규칙으로 설명할 수 있는 것이다.

엘레노어가 '머신'이라는 단어로 표현한 게임의 기능적이며 동적인 부분은 게임 안에서 플레이어가 활동하는 공간을 만들어낸다. 이 '공간'을 통해 플레이어는 의미 있는 결정을 내리고 이 결정들을 기록하면서 플레이의 경로를 만들어나간다. 이것이 플레이어의 목표와 게임에 대한 멘탈 모델이 만들어지는 과정이다. 앞으로 살펴볼 이원적 디자인과 게임이 표방하는 불확실성이 모두 이 개념을 근간에 두고 있다.

게임 모델의 현실성

모든 게임은 현실적인 게임 내부 모델을 가진다. 게임의 내부 모델은 게임 디자이너가 만들어내는 토큰과 규칙의 상호작용에 의해 발생하며, 게임 플레이어들은 이를 탐험하고 경험한다. 라프 코스터는 게임을 "매력적이며 상징적인 것이며 거대한 현실의 세세한 부분들은 제외돼야 한다."고 이야기했다(2004). 즉, 게임이 현실과 완전히 동일해야 하는 것은 아니지만 게임 스스로가 좀 더 복잡한 어떤 것을 모델링해야 한다고 정의하는 것이다.

모든 게임은 자신만의 법칙이 적용된 주머니 속의 세계를 갖고 있다. 이 작은 우주는 체스나 바둑처럼 토큰과 규칙에 의해 정의된 추상적인 세계일 수도 있고, 실제 세계를 거의 흡사하게 묘사한 롤플레잉 게임이나 전략 게임일 수도 있다. 어떤 게임이든 게임의 구조적이고 기능적인 요소들은 코스티키안이 게임의 '내적 의미endogenous meaning'라고 정의한 것을 만들어낸다. 이는 플레이어가 게임에 존재하는 토큰과 규칙에 연결돼 있다는 것을 의미한다. 토큰과 규칙은 자체가 게임에서 어느 정도의 기능을 수행하므로 충분히 의미 있는 존재라고 할 수 있다. 코스티키안은 <모노폴리>에 사용되는 가상의 화폐를 예로 들었다. 게임에서 사용되는 화폐 1,000달러는 게임 밖에서는 아무 의미가 없지만 게임 안에서는 충분한 가치를 가진다. 때론 게임의 승부를 가를 정도의 가치를 가질 수도 있다.

아무리 게임 모델이 현실적이더라도 실제 현실처럼 복잡하고 난해하지 않을 것이다. 현실에 준하는 디테일과 복잡함을 가진 게임이 존재할 수는 있지만 이미 즐거운 가상의 경험을 제공한다는 게임의 속성에 어울리지 않는다. 플레이어가 게임을 즐긴다는 것은 게임이 상징하는 현실 세계를 단순화해 효과적으로 멘탈 모델을 만든다는 것을 의미한다. 게임 모델이 너무 복잡하고 변수가 많거나 예측이 불가능하다면 효과적으로 멘탈 모델을 만들 수 없다. 이런 경우 게임이 흥미로운 시뮬레이션은 될 수 있을지라도 그 자체가 재미있기는 어렵다. 디자이너들은 때론 흥미로운 게임을 만든다고 하면서 초현실적이거나 엄청 복잡한 시스템을 만드는 실수를 저지르기도 한다. 게임을 무조건 현실적으로 만든다거나 복잡하게 만든다고 해서 더 나은 게임을 만들 수 있는 것은 아니다.

플레이 공간으로서의 게임 월드 만들기

게임이 내부 모델을 통해 어느 정도의 현실성을 띠는 것에 대해 살렌^{Salen}과 짐머만 ^{Zimmerman}은 이러한 게임 디자인을 '이원적 디자인$^{second-order\ design}$'이라는 단어로 설명했다. '이원적 디자인'이라는 단어는 서로 다르면서도 서로 연관된 여러 의미를 갖고 있다. 게임 디자인은 토큰과 규칙을 통해 단 하나의 경로가 아닌 다양한 상태 공간 $^{state-space}$을 만들어낸다. 즉, 디자이너가 의도한 하나의 경로를 따라 게임에 구현된 현실을 탐험하는 것이 아니라 다양한 경로를 통해 게임 안의 현실을 탐험하고 즐긴다는 말이다. 게임 안에서 단 하나의 경로만 허용한다면 게임은 책이나 영화와 같이 한 방향으로만 소통하는 장르가 돼버릴 것이다. 이렇게 되면 플레이어는 어떤 결정이나 의미 있는 상호작용도 할 수 없는 수동적인 존재가 돼버린다. 이런 경우 게임 플레이로 얻게 되는 능동적인 경험도 사라진다(4장에서 상호작용에 대해 더 자세히 알아볼 것이다. 여기에서는 일반적으로 통용되는 의미의 상호작용을 생각하는 것만으로도 충분하다). 토큰과 규칙을 활용해 플레이어가 다양한 경로로 게임을 즐긴다면 플레이어들은 다른 플레이어의 경험과 차별되는 자신만의 게임 경험을 가질 수 있다. 플레이어는 하나의 경로를 따라 게임을 진행하면서도 다른 경로를 선택해 또 다른 경험을 할 수 있다는 사실을 잘 알고 있을 것이다.

영화의 관객이나 책을 읽는 독자들이 이미 정해진 경로를 따라가는 것과는 다르다. 영화를 보거나 책을 읽는다면 스토리의 어떤 부분에도 영향을 미칠 수 없다. 당신은 참가자가 아닌 관객에 불과하며 이야기를 풀어나가는 데 필요한 어떤 선택도 하지 못한다. 이 부분이야말로 우리가 잘 알고 있는 전통적인 이야기와 게임 사이의 관계를 잘 보여주고 있다. 일반적으로 책이나 영화의 스토리는 누구를 만나더라도 변하지 않는 하나의 서술된 경로를 따라가는 반면[1] 게임은 다양한 경험을 할 수 있는 다양한 경로가 존재하는 공간을 제공한다. 게임 디자이너가 하는 일은 단일한

---

1. 스스로 모험을 선택할 수 있는 책은 예외라고 주장할 수도 있다. 하지만 결국은 한정된 범위 안에서만 선택을 통해 이야기를 풀어갈 수 있다. 이런 장르의 서적들은 1970년대 후반에 등장한 책으로 즐기는 RPG에서 기원하며 서사를 중심으로 하는 다양한 하이브리드 게임 장르를 대표한다고 할 수 있다.

경로, 즉 모든 사람에게 동일한 경험을 제공하는 일원적 디자인^{first-order design}을 수행하는 것이 아니다. 이런 경험은 어딘가에 직접 참가해 얻을 수 있는 경험에 비해 훨씬 더 빨리 지루해진다. 대신 게임 디자이너는 게임의 토큰과 규칙을 사용해 다차원의 공간을 만들고 이 안에서 플레이어들이 스스로 독특한 경험을 즐길 수 있게 해줘야 한다.

이원적 디자인이라는 단어가 가진 두 번째 의미는 토큰과 규칙을 사용해 동적 시스템(과 경험을 제공하는 공간)을 만들어내고 이를 통해 창발을 만들어내는 것이 게임만이 가진 고유한 방식이라는 것이다. 앞서 MDA 프레임워크를 논할 때도 언급됐지만 게임 메카닉스(토큰과 규칙)는 가장 먼저 디자인된다. 이들이 갖는 동적인 특성(기능적인 특성)은 게임을 플레이하면서 발생하는 것이다. 게임 시스템은 미리 정의돼 있는 하나의 경로를 제공하는 것이 아니라 앞서 언급한 대로 탐험이 가능한 플레이 공간을 생성한다.

플레이어의 경험은 이런 방식으로 디자인된 공간에서 상호작용을 통해 만들어진다. 하나의 부분 혹은 여러 부분의 합에 매칭되는 것이 아니다. 플레이어의 경험은 종종 디자이너가 예상하지 않았던 방향으로 전개된다. 게임이 제공하는 공간이 충분히 광활하고 플레이어에게 충분한 자유가 주어진다면 이들은 아주 색다르고 창발적인 경험을 얻을 수 있을 것이다(8장을 비롯한 이 책의 여러 곳에서 이원적 디자인과 창발에 대해 더 자세히 다룰 것이다).

드워프 포트리스에서 발생한 고양이 떼죽음

창발적인 게임 플레이는 시스템적인 게임을 만드는 핵심이다. 아주 특별하고 극단적으로 시스템적인 상호작용을 수행해 창발적인 상황을 만들어낸 게임을 한 번 살펴보자. <드워프 포트리스^{Dwarf Fortress}>는 지금까지 출시된 게임 중에서도 가장 시스템적인 게임 중 하나로 꼽을 수 있다. 이 게임은 플레이어가 드워프 부족과 지하 제국을 이끌어 성장시키는 게임이다. <드워프 포트리스>는 거의 완벽하게 절차적인 게임이라고 볼 수 있다. 이는 곧 이 게임이 이원적 디자인으로 설계됐으며 특정한 장소에서 발생하는 일련의 이벤트에 의존해서 진행되는 게임이 아니라는 것을 의미한다(게임은 대부분 ASCII 그래픽으로 구성돼 있고 가장 배우기 어려운 게임 중 하나로 손꼽힌다. 이는 게임이 얼마나 시스템적인가와는 별개의 문제다. 배우기 어렵지만 시스템적인 속성이 게임을 훨씬 매력적인 것으로 만들고 이로 인해 플레이어들은 결코 쉽지 않은 게임임에도 불구하고 꾸준하게 게임을 학습하려고 노력한다).

2015년 후반, 한 플레이어가 게임 안에서 갑자기 고양이들이 죽어나가고 있다는 것을 깨달았다(Master 2015). 고양이들이 이 게임의 중요한 요소는 아니었지만 분명히 게임 월드를 구성하는 한 부분은 확실했다. 고양이들의 떼죽음은 전투나 이와 유사한 살상 행위와는 전혀 관계가 없어 보였다. 조사를 해보니 고양이들은 죽기 전에 '어지러운' 상태(게임에 등장하는 크리처들이 가질 수 있는 상태 중의 하나)를 보였다. 이로 인해 "고양이들이 죽은 곳에는 토사물이 남아있다."라는 아주 혼란스러운 시스템적 효과를 가져 오게 됐다. 이 증상을 발견한 플레이어는 처음에는 버그라고 생각했다. 여관에 나타난 고양이들(주로 이런 고양이들이 많이 죽기도 했다)에게 여관 주인이 술을 먹이로 주면 나타나는 일종의 버그로 생각했던 것이다. 실제로 밝혀진 원인은 더 기이한 것이었다. 실제로 여관에서는 쥐를 잡고자 고양이를 길렀다. 쥐를 잡는 것은 고양이에게 의도적으로 프로그래밍된 행위였으며 이런 디자인이 게임에 심각한 영향을 미칠 것처럼 보이지는 않았다. 드워프들이 여관에서 술을 마시다 보면 바닥에 술을 흘리기 마련이었다. 고양이는 '스스로 깨끗하게 유지하기'와 같은 행동을 수행할 수 있었고 몸에 묻은 술을 핥아 먹으면서 결국 술에 취했던 것이다. 술을 마신 고양이는 어지러움을 느끼고, 살이 빠졌으며, 결국은 죽음에까지 이르게 된 것이다.

이 모든 상황은 다중으로 상호작용하는 시스템이 낳은 결과다. 어떤 디자이너도 "고양이는 바닥에 흘린 술을 마셔야 하고 술의 독성으로 인해 죽어야 한다."고 게임을 디자인하지 않았다. 술을 마시는 것(이 게임의 드워프에게는 중요한 행위다), 물건 위에 술을 흘리는 것(심지어 게임 로그에는 "드워프가 고양이의 왼쪽 뒷다리에 와인을 4번 흘렸다."라는 내용까지 남는다), 술을 마시는 개체의 크기에 따라 적용되는 알콜의 효과, 동물이 스스로를 깨끗하게 유지하는 능력(실제 이 게임에는 고양이와 레드 판다만 이 능력을 갖고 있다), 몸에 묻은 것을 핥아 먹는 행위와 같이 수많은 시스템에서 유래한 행위가 한데 모여 만들어낸 결과였다.

커다란 플레이 공간을 만들어내는 높은 수준의 시스템에 속한 기능적인 부분들이 상호작용을 수행해 불쌍한 고양이들이 알콜의 독성으로 인해 죽어가는 효과를 만들어낸 것이다. 사전에 계획됐던 것이 아니라 플레이어들이 게임을 즐기는 도중에 창발된 효과 중의 하나였던 것이다. 아주 극단적인 경우지만 시스템적 게임 플레이와 게임 월드의 이원적 디자인에서 발생한 창발의 좋은 예라고 할 수 있다.

게임 월드의 불확실성과 임의성

게임 월드가 갖고 있는 또 하나의 공통적인 특징으로 '불확실성' 혹은 '임의성'을 들 수 있다. 간단하게는 주사위를 굴리고 덱에서 카드를 뽑는 것부터 시작해 디지털 게임에서 정교한 난수 발생기를 사용하는 것까지 형태는 아주 다양하다(9장에서 이에 대해 더 자세히 알아볼 것이다). 모든 게임에서 임의성을 찾아볼 수 있는 것은 아니지만 모든 플레이어 혹은 일부 플레이어는 어느 정도의 불확실성을 갖고 게임을 플레이할 수밖에 없다. 체스나 바둑 같은 전통적인 게임에서는 임의성을 찾아보기 힘들다. 이들 게임의 불확실성은 한 플레이어가 상대방이 어떤 수를 취할지 미리 알 수 없는 것에서 유래한다. 오늘날 대부분의 게임들은 규칙의 한 부분으로 임의성을 포함하고 있다. 게임 월드를 탐험하면서 성장시킬 수 있는 플레이어의 스킬 요소들을 조정하는 것도 이런 불확실성의 하나로 볼 수 있다.

결정적인 구조의 게임이라면 플레이어가 사전에 알고 있어야 하는 것들이 많아진다. 더 많은 것을 알수록 게임 월드는 하나의 경로로 좁아질 수밖에 없고, 이로 인해 플레이어가 어떤 것을 결정할 수 있는 기회 역시 줄어들 수밖에 없다. 체스 플레이어들이 기억하고 활용하는 게임의 수, 즉 정교하지만 전적으로 결정론적인 숙련된 플레이가 이런 경우에 잘 부합된다. 플레이어들이 게임의 기능적인 정보를 활용할 수 있다면(체스의 경우 판과 말의 조합 – 실제로는 말과 말의 위치에 따른 상호관계에 적용되는 서브시스템이 존재한다) 게임은 더욱 새로운 방법으로 흥미로워질 수 있다. 이 장의 뒷부분에서도 살펴보겠지만 플레이어가 의미 있는 결정을 내릴 수 있게 하는 것은 매력적인 게임을 만드는 데 있어 핵심적인 항목이기도 하다.

플레이어의 멘탈 모델

게임에서는 플레이어가 탐험할 수 있는 플레이 공간을 정의할 수 있다. 플레이어는 이 공간에서 플레이를 이어가면서 게임 월드에 대한 자신만의 멘탈 모델을 만든다. 플레이어의 멘탈 모델 자체가 게임의 일부는 아니지만 게임의 기능적인 측면에서 본다면 게임은 반드시 플레이어가 멘탈 모델을 만들 수 있게 도와줘야 한다. 4장에서도 살펴보겠지만 멘탈 모델을 형성하는 것은 플레이어가 게임을 흥미롭게 생각하고 궁극적으로 이를 통해 재미를 느끼는 데 있어 핵심적인 역할을 수행한다. 지금까지 플레이어가 게임의 토큰이나 규칙과 상호작용을 수행하고 그 결과로 게임 월드에 대한 멘탈 모델을 만들어내며, 이를 통해 게임의 기능적인 요소들이 발생한다는 것은 충분히 알아봤다.

플레이어가 멘탈 모델을 쉽게 만들수록 게임 디자이너가 정의한 게임 월드를 더 정확하게 이해하게 되고, 이를 통해 게임을 더욱 흥미롭게 여기고 더욱 집중하게 된다. 플레이어가 게임에 내재된 규칙을 이해하기 힘들거나, 이런 규칙들이 완벽하지 않거나 혹은 플레이어가 생각하고 있는 것과 일치하지 않는 모습으로 드러난다면 게임에 흥미를 잃고 집중하기도 힘들어질 것이다. 이런 경우는 플레이어가 게임을 학습하고자 더 많은 시간과 노력을 들여야 한다(이렇게 되면 스스로의 시간과 노력을 들여 게임을 배우고자 하는 플레이어들만 남게 된다).

플레이어가 멘탈 모델을 쉽게 만들 수 있어야 한다는 것이 곧 게임이나 멘탈 모델 자체가 간단해야 한다는 것을 의미하는 것은 아니다. <틱택토^{Tic-Tac-Toe}>와 같은 게임에 필요한 멘탈 모델은 아주 간단하다. 게임 자체가 극소수의 토큰과 규칙으로 구성되기 때문이다. 하지만 이런 경우 게임의 결과가 너무 빨리 나오기 때문에 플레이어가 쉽게 싫증을 낼 수 있다. 이처럼 간단한 게임에서는 임의성이나 시스템적인 깊이,

플레이어가 상대방에게 기대할 수 있는 불확실성을 만들어내기 쉽지 않다. 바둑처럼 복잡한 게임이나 <스텔라리스^{Stellaris}>와 같은 전략 게임의 경우에는 멘탈 모델을 수립하고자 많은 시간과 노력이 필요하다. 멘탈 모델을 수립해 가는 과정에서는 불일치하거나 모순되는 부분이 없어야 한다. 플레이어는 멘탈 모델을 점점 더 성장시키면서 보상을 받고 이 보상을 통해 멘탈 모델을 더 확장시킨다. 아주 효과적인 강화 루프가 발생하게 되는 것이다.

의미 있는 결정

플레이어가 토큰과 규칙을 통해 자신이 학습한 것을 기반으로 게임에 대한 멘탈 모델을 만들어가면서 다양한 액션을 통해 이들과 상호작용하고 자신이 이해한 바를 실천에 옮긴다. 이런 과정을 거치려면 반드시 '의미 있는 결정'을 내려야 한다. 앞서도 살펴본 것처럼 의미 있는 결정을 내리려고 한다면 플레이어가 갖고 있는 멘탈 모델과 함께 게임 월드의 모델 자체도 불확실성을 갖고 있어야 한다. 이런 불확실성이 존재하지 않는다면 플레이를 만들어가는 어떤 결정도 의미가 없기 때문이다. 게임 안의 요소가 아닌 오직 플레이어의 불확실성에만 의존해 진행되는 게임도 존재한다. 하지만 대부분의 게임들은 플레이어가 결정을 내리는 순간까지는 알 수 없는 숨겨진 정보를 갖고 있다. 이런 정보는 임의로 결정돼서 미리 정보를 알아내는 것이 불가능한 경우도 있다.[2]

존재하지 않는 선택, 의미 없는 선택, 변화를 초래하는 선택

플레이어가 게임 안에서 어떤 선택도 하지 않는다면 플레이어는 상호작용을 수행하는 역할이 아닌 수동적인 역할에만 머물게 된다. 게임을 탐험하는 것이 아니라 정해진 단일 경로만 따라가야 하니 게임에서 얻게 되는 경험 역시 좋을 리 없다. 영화나

---

2. 무작위 결정에는 다음 2가지 경우가 포함된다. 첫 번째는 결과가 완전히 임의적인 경우다. 예를 들어 1부터 100까지의 값을 선택하는 경우라면 모든 값이 동일한 확률을 가질 것이다. 두 번째는 편향된 결과를 따르는 경우다. 이 경우는 어떤 값들이 다른 값들보다 더 선택될 가능성이 높다. 통계학적인 분포나 벨 커브 분포(정규분포)를 따르는 경우가 이에 해당한다.

책은 이런 상태에서도 충분히 즐길 수 있다. 이런 미디어의 경우에는 모든 선택이 이미 결정된 상태로, 플레이를 통해 얻을 수 있는 경험이 있을 수 없다. 게임에서도 의미 없는 선택을 제공할 수 있다. 동일한 장소로 들어가는 2개의 문은 플레이어나 게임 월드에 아무런 영향도 미치지 못한다. 결과적으로 이런 선택을 제공하는 것은 선택을 하지 않는 것이나 다름없다. 하나의 옵션 혹은 다른 옵션을 선택해도 효과가 동일하므로 어떤 것을 선택해도 결과는 같으며, 애초에 선택이 존재하지 않았던 것과 마찬가지다.

게임은 플레이어가 의미 있는 결정을 내릴 수 있는 기회를 제공해야 한다. 플레이어의 상태 혹은 게임 월드의 상태를 인지해 결정을 바꿀 수 있어야 하며, 이런 결정을 통해 다음 결정을 만들거나 바꿀 수 있어야 한다.

의미 있는 결정은 모든 플레이어에게 다른 의미로 다가간다. 플레이어가 내린 결정에 따라 플레이어는 원하는 목적지에 가까워질 수도 있고 오히려 더 멀어질 수도 있다. 이 두 경우 모두 플레이어는 의미 있는 결정을 내린 것이다. 게임이라는 맥락에서 '의미'의 개념은 다소 피상적일 수밖에 없다. 플레이어의 목표와 테마를 논할 때, 4장에서 상호작용의 다양한 형태를 논하면서 이 부분을 좀 더 깊게 살펴볼 것이다.

대립과 갈등

게임에는 대립이 필요하다. 그리고 대부분의 게임에는 어떤 형태로든 갈등이 내재돼 있다. 게임에 대립 구조가 없다면 플레이어들은 별 노력을 들이지 않고도 원하는 바를 이룰 수 있을 것이다. 체스를 시작한 다음 단 한 번 말을 움직여서 상대편의 왕을 잡거나 전략 게임에서 모든 재화와 힘을 한 번에 얻을 수 있다면 게임의 매력이나 재미가 현저하게 떨어질 것이다. 플레이어가 게임에서 멘탈 모델을 강화해 불확실성을 극복하고 원하는 목표를 달성하고자 의미 있는 결정을 내리게 하려면 게임 진행을 막을 수 있는 무언가를 강제해야 한다.

게임에서 찾아볼 수 있는 대립의 형태는 다음과 같이 정리할 수 있다.

- **규칙:** 게임에서 플레이어가 마주할 수 있는 대립의 상당 부분은 규칙에서 비롯된다. 예를 들어 체스에서는 말의 움직임을 무시하고 단순히 상대편의 왕을 붙잡거나 쳐내는 것이 허용되지 않는다. 거의 모든 게임이 규칙과 토큰을 사용해 플레이어의 행동을 제약한다. 움직이는 횟수와 범위의 제한, 리소스를 획득할 수 있는 횟수와 양, 혹은 게임 월드 안에 존재하는 요소들(예를 들어 플레이어가 지나갈 수 없는 지형)이 여기에 해당한다. 이런 규칙들은 플레이를 수행하는 동안 제약을 만들고자 일부러 만들어졌다는 느낌보다는 게임 월드의 자연스러운 한 부분으로 받아들여진다. 플레이어가 게임의 규칙이 억지라고 느낀다면 게임을 플레이하고 즐기는 것보다 어떻게 해야 게임을 진행할 수 있을지 신경 쓰게 되고 이로 인해 자연스럽게 게임에서 느끼는 재미는 감소하게 된다.

- **동적인 상대방:** 게임 월드와 규칙을 통해 대립 구도를 제공하는 것에 더해 많은 게임이 능동적으로 플레이어의 행동을 방해하는 행위자를 제공한다. 우리는 이들을 보통 '몬스터'(플레이어와 대립하며 레벨에 따라 행동 수준이 구분되는)라고 부른다. 여기에는 단순히 플레이어의 이동 경로를 막고자 설계된 이름 없는 고블린과 게임에서 플레이어를 철저하게 좌절시키고자 정교하게 다듬어진 보스도 포함된다.

- **다른 플레이어:** 서로가 경쟁하는 게임의 기능적 요소의 한 부분으로 플레이어는 서로의 적 역할을 수행할 수 있다. 플레이어가 서로 경쟁하는 게임은 형태가 직접적이든(누군가가 승리함) 간접적이든(누군가의 점수가 더 높음) 간에 서로가 다양한 방법으로 서로의 장애물이 된다. 수많은 게임이 둘 혹은 그 이상의 플레이어가 각자 상대방을 좌절시킴과 동시에 원하는 것을 얻을 수 있는 균형을 제공한다.

- **플레이어 자신:** 원하는 여러 결과를 한 번에 얻을 수 없는 상황에 처하면 플레이어는 스스로가 자신을 방해하는 적이 될 수 있다는 사실을 깨닫는다. 일반적으로 플레이어는 제한된 자원만 확보할 수 있으며, 따라서 원하는 모든 곳에 자원을 투입할 수 없는 상태로 경제를 꾸리게 된다. 더 많은 병력을 만들어내고자 자원을 소모할지, 혹은 더 강력한 부대를 개발하고자 병영을 업그레이드하는 데 자원

을 소모할지와 같은 결정을 내려야 한다. 대부분의 게임에서 이와 같은 트레이드
오프 관계를 찾아볼 수 있다. 따라서 플레이어는 모든 것을 한 번에 얻을 수 없다
는 진실에 기반을 두고 의미 있는 결정을 내려야 하는 것이다.

플레이어의 목표

플레이어가 내리는 결정은 게임 안에서 플레이어가 갖고 있는 목표를 달성하고자
수행된다. 플레이어가 어떤 목표도 갖고 있지 않고 게임 안에서 도달해야 할 목적지
도 없다면 아무 선택도 하지 않는 것이 가장 좋을 수도 있다. 하지만 이런 경우 플레
이어의 의도나 게임 플레이의 의미, 게임에 대한 흥미도 함께 사라질 것이다. 목표는
말 그대로 플레이어의 선택을 도와주는 북극성과 같은 존재다. 목표가 없다면 플레
이어는 게임 안에서 표류하는 상태가 된다. 이는 게임에서 흥미를 느끼고 즐거운 경
험을 하는 상태와 반대되는 상태며 아무것도 결정할 수 없는 수동적인 상태를 의미
한다.

플레이어 역시 게임에서 목표를 갖기를 원한다. 플레이어가 게임을 통해 궁극적으
로 얻고자 하는 바는 측정할 수 있으며 다른 것보다 돋보이는 결말(즉, '승리')이다. 게
임 디자이너들은 게임의 기능적 요소의 하나로 정량화된 목표를 플레이어에게 제공
한다. 이런 목표를 '명시적 목표'라고 부른다. 누군가 "이 게임의 목표가 뭔가요?"라
거나 "이 게임에서 어떻게 하면 승리할 수 있나요?"와 같은 질문을 던진다면 그들은
이 게임의 명시적 목표가 무엇인지 질문하는 것이다.

대부분의 게임은 게임 전체에 적용될 수 있는 명시적 목표(승리 조건)를 갖고 있다.
플레이어는 이를 통해 멘탈 모델을 만들고 게임의 기본을 배울 수 있게 된다. 게임
에서 오직 하나의 목표만 제공되는 것은 아니며, 어떤 목표는 주된 목표를 이루기
위한 보조적인 역할을 수행하기도 한다. 플레이어는 게임 월드에 대한 멘탈 모델
을 충분히 정교하게 수립한 다음, 명시적 목표를 수립하고 그에 따라 행동하고 결
정한다. 때로는 "퀘스트를 완료하라"와 같이 게임 자체에서 명시적 목표를 제공하
기도 한다. 플레이어는 이 목표를 수행하면서 "한 명의 적도 죽이지 않으면서 이

퀘스트를 완료하고 싶어"와 같이 나름의 흥미를 위해 스스로 목표를 수립하기도 한다.

게임이 제공하는 선택적인 달성 과제나 배지(아무도 죽이지 않고 퀘스트를 달성했을 때 얻게 되는 '평화주의자' 태그)처럼 명시적 목표가 결합할 수도 있다. 이런 달성 과제를 통해 플레이어들은 자신만의 명시적 목표를 수립하기도 한다. 스스로가 목표를 수립함으로써 플레이어는 게임에 더 몰입하고 흥미를 느끼게 된다. 이것이 게임 플레이를 계속 이어가는 계기가 되는 것이다.

반면 게임에서 명시적 목표를 제공하는 경우 게임의 수명이 짧아지고 플레이를 반복하는 플레이어가 줄기도 한다. 게임에서 명시적 목표를 자주 제공하는 경우 플레이어들은 자신이 설정해 즐길 수 있는 목표를 게임 자체가 제한한다고 느낀다. 플레이어가 취할 수 있는 행동의 범위를 제한하고, 상태 공간이 좁아지고, 플레이어가 설정할 수 있는 목표의 개수가 작아질수록 의미 있는 결정을 내릴 수 있는 기회 역시 줄어들고, 게임에 대한 흥미도 줄어들 수밖에 없는 것이다. 게임을 책이나 영화처럼 즐길 수도 있다. 하지만 플레이어가 어떤 것에 의미를 두고 결정하지 못한다면 플레이어들은 스스로 목표를 정하고 그에 따라 게임 월드를 탐험하는 과정을 즐기지 못하게 된다.

목표의 유형

4장에서 다양한 상호작용의 유형을 살펴볼 것이다. 그에 앞서 우선 플레이어의 목표를 유형별로 살펴보자. 목표의 유형은 게임의 기능적 요소들이 만들어내는 의미와 플레이어가 만들어내는 멘탈 모델에 따라 달라진다. 게임 안에 의미가 있는 어떤 것들이 존재하지 않거나, 플레이어가 멘탈 모델을 만들 수 없다면 게임 안에서 추구할 목표를 만들 수 없다. 이런 경우 플레이어는 말 그대로 아무런 목표 없이 게임 안에서 방황할 수밖에 없게 되며, 쉽게 지루함을 느끼게 될 것이다.

플레이어가 목표를 달성하기까지 얼마나 오랜 시간이 걸릴 것인가? 플레이어는 얼마나 자주 이 목표를 달성하려고 시도할 것인가? 이런 질문은 곧 플레이어의 목표를 분류하는 기준이 될 수 있다. 플레이어의 목표는 다음과 같이 정리될 수 있다.

- **즉시 달성 목표:** 정해진 시간 안에 효과적으로 어떤 행동을 완수하고자 즉시 달성해야 하는 플레이어의 목표를 말한다. 적절한 타이밍에 점프를 하거나 로프를 잡는 것 혹은 적의 사격을 피하고자 블록 뒤에 빠르게 숨는 행동 등이 여기에 해당된다.

- **단기간 목표:** 퍼즐을 풀거나 몬스터를 물리치는 것, 혹은 특정한 전략을 사용하거나 레벨을 올리는 것과 같이 짧은 시간 안에 달성 가능한 목표를 말한다. 이런 목표들은 바로 인지할 수 있으며 계획과 집중이 필요하지만 장시간 몰입할 필요는 없다. 단기간 목표는 여러 개의 즉시 달성 목표로 구성되는 경우도 흔하다.

- **장기간 목표:** 플레이어가 게임을 통해 이루고자 하는 바를 아우르는 전략적이고 인지적인 목표를 말한다. 물리치기 힘든 강력한 적을 제거하거나, 한 세트의 전설 아이템을 획득하거나, 특별한 스킬 트리를 완성하거나, 강력한 제국을 건설하는 것과 같은 목표가 이 범주에 포함될 수 있다. 이런 목표를 달성하려면 상당한 집중과 계획이 필요하며 이는 플레이어가 오랫동안 게임을 즐기고 집중할 수 있는 중추가 된다. 장기간 목표에는 다양한 단기간 목표가 포함되며 이 단기간 목표에는 앞서 살펴본 대로 즉시 달성 목표들이 포함돼 있다. 목표 역시 이렇게 시스템적인 계층 구조를 갖고 있는 것이다. 시스템 구조를 가진 목표를 얼마나 달성했느냐는 플레이어가 얼마나 게임에 만족하고 있는지 나타내는 지표가 되기도 한다(4장에서 목표에 대해 더 자세히 다룬다).

- **사회적 목표:** 플레이어가 게임 안에서 다른 플레이어와의 관계를 통해 달성하고자 하는 목표를 말한다. 이 목표는 게임 외부의 관계로 이어지기도 하므로 '매직 서클을 벗어나는 연기'로 묘사되기도 한다. 우선은 게임을 같이 하는 사람들, 게임 안의 지위나 역할, 협동, 경쟁 등의 관계가 이 목표의 대상이 된다. 사회적 관계를 만들고 조정하려면 어느 정도의 시간이 필요하다. 이 목표에는 다양한 즉

시 달성 목표, 단기간 목표, 때로는 장기간 목표가 포함된다.

- **감정적 목표:** 게임 디자이너들이 가장 먼저 고려해야 하는 것이 플레이어의 감정적 목표지만 종종 이를 명확하게 인지하지 못하기도 한다. <곤 홈^{Gone Home}>, <로드 낫 테이큰^{Road not taken}>, <언더테일^{Undertale}> 같은 게임의 핵심은 바로 이런 감정적인 목표를 달성하는 것이다. 감정적 목표가 단기간 목표나 장기간 목표에 비해 중요하지 않다고 생각할 수도 있다. 하지만 게임을 제대로 즐기기 위한 가장 중요한 요소라고 할 수 있다.

플레이어는 동적으로 운용되는 다양한 게임 내의 기능적인 컴포넌트(게임 플레이뿐만 아니라 대립과 결정에 필요한 게임 공간, 그리고 이들을 만들어내는 현실적인 게임 모델)를 통해 게임에 대한 멘탈 모델을 만들고 상호작용을 수행한다. 이 과정을 통해 플레이어는 게임에 흥미를 느끼고 집중이 필요한 목표를 설정한다. 이렇게 이어지는 상호작용과 목표 달성, 이 과정에서 만들어지는 플레이어의 경험이야말로 가장 높은 수준의 시스템적 게임에서만 제공이 가능한 것이다.

아키텍처와 테마 요소

기능 위에 존재하는 시스템 레벨, 즉 전체적인 경험이라는 레벨에서 볼 때 모든 게임에는 아키텍처와 테마가 존재한다. 다른 시스템과 동일하게 아키텍처와 테마도 하부에 존재하는 구조적 부분들의 상호작용을 통해 만들어진다. 사실 시스템에서 아키텍처와 테마는 손의 앞뒷면과 같다. 아키텍처와 관련된 요소들이 좀 더 내재적인 면(개발자)에 집중돼 있다면 테마는 외연의 것(플레이어)에 집중된 것이라고 볼 수 있다. 게임 디자이너들은 아키텍처와 테마를 늘 동시에 고려해야 하며, 이들이 어떻게 연관돼 있고 어떻게 더 근본적인 구조와 기능에서 창발해 효과적인 게임 플레이를 만들어내는지 파악하고 있어야 한다.

게임의 아키텍처란 구조적이고 기능적인 컴포넌트 위에 지어지는 좀 더 높은 수준의 구성물이다. 또한 플레이어가 접하게 되는 테마를 지원한다. 아키텍처와 관련된 요소에는 다음과 같은 것들이 포함된다.

- 게임 콘텐츠와 시스템 밸런스

- 게임 서사 구조의 기계적이며 기술적인 컴포넌트

- 게임의 사용자 인터페이스. 흔히 '사용자 경험'이라고 부르기도 하며 플레이어
  가 게임과 상호작용하는 좀 더 기술적인 방식을 의미한다.

- 보드 게임과 디지털 게임 모두에 사용된 기술적인 플랫폼

게임의 테마와 관련된 요소는 결국 게임의 구조와 기능에서 만들어지며, 플레이어
의 경험 전반에 영향을 미친다. 게임의 테마가 사랑을 찾는 것, 혹은 거대한 힘을 얻
거나 세계를 정복하는 것이라면 이런 테마를 드러낼 수 있는 게임 디자인과 요소를
통해 플레이어에게 전달돼야 한다. 테마를 전달할 수 있는 컴포넌트에는 다음과 같
은 것들이 포함된다.

- 플레이어가 상호작용을 수행하고 목표를 수립하도록 게임 콘텐츠와 시스템이
  이를 지원하는 방식(특히 자체가 목적이 되는 목표)

- 게임 서사 콘텐츠

- 게임 사용자 인터페이스의 외형과 느낌(게임 인터페이스의 시각적인 면과 이를 조작
  하면서 얻게 되는 즐거움)

구조적인 부분, 테마와 관련된 부분이 함께 동작해 플레이어가 목표를 이루는 상호
작용이 발생하게 된다. 이를 통해 게임 구조를 하나의 시스템으로 보는 시각이 완성
될 수 있을 것이다.

콘텐츠와 시스템

게임의 콘텐츠와 시스템은 게임 아키텍처와 테마의 핵심이다. 아키텍처와 관련된
구조라는 측면에서 본다면 (앞서 2장에서 논의된) 혼잡한 부분과 복잡한 부분의 차이를

분명하게 파악할 수 있다. 혼잡한 부분들은 1번 파트가 2번 파트에 영향을 미치고, 2번 파트가 다시 3번 파트에 영향을 미치는 것처럼 연쇄적인 상호작용을 수행한다 (그림 2.5 참고). 이런 연결 구조는 피드백 루프를 형성하지는 않는다. 즉, 3번 파트가 1번 파트로 영향을 미치지 않는다. 복잡계 구조에서는 각각의 부분들이 루프를 형성하고 그들 스스로에게 피드백을 제공한다. 이는 가장 일반적인 시스템의 특징이기도 하다(그림 2.6 참고).

게임은 콘텐츠에 기반을 둔 부분과 시스템에 기반을 둔 부분으로 나눠진다. 모든 게임은 콘텐츠와 시스템으로 구성된다. 그중 어떤 것에 더 초점을 맞춰 게임을 디자인하는지가 관건이다.

콘텐츠가 주도하는 게임

사실 대부분의 게임이 시스템보다는 콘텐츠에 기반을 둔다. 콘텐츠에는 디자이너가 개발하는 게임 내의 모든 장소, 오브젝트, 이벤트가 포함된다. 디자이너들은 이를 조합해 자신이 원하는 게임 플레이를 만들어낸다. 모든 게임은 콘텐츠를 갖고 있다. 콘텐츠의 특별한 설정에 많은 부분을 의존하는 게임도 다수 존재한다. 이런 게임들은 레벨이나 미션이 게임의 핵심이 된다. 이런 게임의 디자이너들은 플레이어가 마주하게 되는 오브젝트나 장애물을 언제 어떤 곳에 배치할지 정확하게 인지해야 한다.

콘텐츠가 주도하는 게임은 일반적으로 선형적인 방식으로 플레이가 수행된다. 즉, 게임 디자이너들이 배치한 경로를 따라 플레이어가 움직이면서 그들을 위해 만들어진 콘텐츠를 경험하게 되는 것이다. 플레이어의 목표는 게임에 의해 명백하게 정의되며 플레이어가 경로에서 마주치는 대립의 형태도 명백하다. 따라서 플레이어가 내려야 하는 결정(보상을 얻을 수 있는 기회) 역시 디자이너에 의해 사전에 결정된다. 이런 게임의 경우 플레이어가 하나의 레벨이나 게임 엔딩을 본 다음 다시 플레이를 한다고 해도 핵심적인 경험 자체는 크게 달라지지 않을 것이다. '앞서 내 기록을 넘어서야지'와 같은 목표를 세울 수 있지만 전반적인 게임 플레이와 경험은 바뀌지 않는다. 이런 콘텐츠 주도 게임에서는 예상밖의 일들은 지극히 제한적으로 나타난다. 오히려 디자이너들은 이런 뜻밖의 결과가 발생하지 않게 노력한다. 플레이어는 본질적으로 예측이 불가능하므로 테스트를 통해 리스크가 제어되지 않는다면 형편없는 게임 플레이 경험을 만들어낼 뿐이다.

디자이너들은 콘텐츠가 주도하는 게임에 새로운 레벨이나 오브젝트를 배치하는 방식으로 게임 플레이를 정량적으로 늘릴 수 있다. 하지만 이런 게임들은 디자이너들이 직접 콘텐츠를 만들기 때문에 콘텐츠가 확대될 수 있는 범위가 제한적일 수밖에 없다. 새로운 콘텐츠를 만들어내는 과정에는 피치 못하게 병목이 발생할 수밖에 없고 플레이어들은 개발자들이 콘텐츠를 만들어내는 속도보다 더 빠르게 콘텐츠를 소비한다. 이런 상황에서 새로운 콘텐츠를 지속해서 만들어내는 것은 상당한 비용이 들 수밖에 없다. 게임업계에서는 이를 '콘텐츠 갈아 넣기'라고도 부른다. 이 상태가 되면 개발 프로세스를 어느 정도 예측할 수 있게 되지만(이는 게임 개발 회사에 아주 중요한 요소다) 플레이어들이 이런 방식으로 생산되는 콘텐츠를 충분히 창의적이지 않다고 생각하는 리스크도 발생하게 된다.

'콘텐츠 갈아 넣기'가 극단적으로 발생한다면 이렇게 생성된 새로운 콘텐츠는 게임의 토큰이나 규칙(부분, 상태, 행위)을 추가하거나 바꾸지 못한다. 이런 경우 플레이어들 역시 새로운 콘텐츠에 즐길 거리가 별로 없다는 것을 깨닫고 지루함을 느끼게 된다. 반면 새롭게 추가된 콘텐츠들이 플레이어의 멘탈 모델과 정확하게 일치한다고 느낀다면 새롭게 추가된 콘텐츠를 편하고 익숙한 것으로 느끼게 될 것이다. 멘탈 모델이 일치한다고 해도 콘텐츠를 통해 새롭게 익힐 만한 것이 없다고 느낀다면 역시 게임을 지겹다고 판단하고 바로 플레이를 그만 둘 것이다. 스킨만 바뀌는 게임들, 컨텍스트와 아트 스타일만 바뀌는 게임들, 예를 들어 중세와 SF, 스팀 펑크로 게임의 외관만 바꾸고 핵심적인 게임 플레이는 동일한 게임들이 여기에 속할 것이다. 이런 방식으로 게임을 출시하는 곳에서는 플레이어들이 처음에는 열정적이지만 더 이상 학습하고 경험할 만한 것이 없다면 쉽게 지루함을 느낀다는 것을 배웠을 것이다.

시스템적인 게임

콘텐츠가 주도하는 게임과 달리 시스템적인 게임은 각 부분의 복잡한 상호작용(피드백 루프)을 통해 게임 월드 안에 존재하는 대립과 플레이어의 결정, 플레이어가 달성해야 하는 목표를 설정한다. 이런 게임에서는 게임 디자이너가 플레이어의 경험을 서술하지 않는다. 디자이너는 플레이어가 따라가야 하는 하나의 경로(혹은 소수의 선택적인 경로)를 설계하지 않는 대신 플레이어가 스스로 가는 길을 만들 수 있는 환경과 조건을 설정해준다. 이원적 디자인을 논의하면서 설명했던 거대한 게임 스페이스가 존재하는 게임들이 여기에 속한다. 플레이어가 게임을 즐기는 경로는 게임을 플레이할 때마다 바뀌면서 늘 게임을 새로운 것으로 느끼게 해주고, 여러 번 플레이를 해도 게임의 흥미를 유지시켜 준다.

게임 디자이너인 대니얼 쿡$^{Daniel Cook}$은 그의 블로그 <로스트가든^{Lostgarden}>에 그의 회사가 만든 공중전 게임인 <스팀버드: 서바이벌$^{Steambirds: Survival}$>의 디자인에 대해 언급하면서 콘텐츠 주도의 게임과 시스템적 게임의 차이에 대한 탁월한 식견을 제공했다.

> 우리는 게임에 재미가 없다고 느끼면 격추된 비행기에서 파워를 강화할 수 있는 아이템이 나오는 것과 같이 새로운 시스템을 추가하고는 했다. 구름 안에 미리 설정된 장치를 숨겨놓고 이 구름에 부딪쳤을 때 비행기 팩이 튀어나오는 것처럼 시나리오를 좀 더 디테일하게 가다듬는 수동적이고 전통적인 방법을 사용할 수도 있었다. 하지만 이런 일반적인 시스템을 추가하는 대신 우리는 매력적인 전략을 통해 전개될 수 있는 세계에 더 주목했다. 아이템을 얻고자 비행기를 몰 것인가, 아니면 스릴 있는 공중전을 통해 적 비행기의 꼬리를 잡을 것인가? 값싸게 정의된 스릴을 기반으로 삼는 것이 아니라 시스템에 기반을 두고 의미 있는 결정을 내릴 수 있어야 하는 것이다(Cook 2010).

게임이 플레이어에게 아주 명확한 목표, 예를 들어 <문명> 시리즈에서 '세계를 정복하라'거나, <FTL>에서 '반란군의 모험을 파괴하라'와 같은 목표를 설정해준다고 해도 플레이어는 스스로 목표를 달성할 수 있는 방법을 결정하고 이를 위한 수많은 경로 중 하나를 선택한다. 게임 시스템은 플레이어의 선택이 단 하나의 경로로 좁아지지 않게 좀 더 다양한 불확실성과 잠재적인 조합을 제공해야 한다. 이런 과정이 완전히 무작위적으로 수행되는 것이 아니라 시스템의 원리에 기반을 두고 수행돼야 하는 것은 두말할 나위가 없다. 예를 들어 게임을 플레이할 때마다 새로운 물리적 배경을 만들어내야 한다면 시스템 원리에 기반을 둔 게임일 경우 서브시스템을 효과적으로 사용해 뜨거운 사막이 배경이라면 그 에셋으로 북극곰이 아닌 선인장을 배치할 것이다.

콘텐츠와 시스템 균형 잡기

시스템적으로 고도화된 게임이라고 할지라도 게임 개발자는 여전히 콘텐츠를 만들어내야 하고 게임 디자인을 통해 플레이어에게 명확한 목표를 제공해야 한다. 콘텐츠가 주도하는 게임에도 경제나 전투와 같은 다양한 서브시스템이 존재한다. 콘텐츠 주도 게임의 서브시스템은 복잡하고 시스템적인 맥락 안에서 존재한다기보다는 최상위의 선형적이고 혼잡한 맥락 안에서 존재한다고 봐야 할 것이다. 이런 면에서 볼 때 콘텐츠와 시스템이 서로 배타적이라기보다는 게임 디자인을 통해 균형을 맞춰야 하는 2개의 축이라고 볼 수 있을 것이다.

이 책의 핵심은 필요하다면 게임 플레이의 선형적인 측면을 사용해 시스템적인 게임을 디자인하는 것이다. 게임은 플레이될수록 점점 더 시스템적인 것이 돼 간다. 좀 더 혼잡해지는 것이 아닌, 좀 더 복잡한 것이 되는 것이며, 시스템적인 게임을 만든다는 것은 결국 좀 더 흥미롭게 즐길 수 있으며 다시 플레이하고 싶은 게임을 만드는 것이다.

자체가 목적이 되는 경험

'자체가 목적이 되는 경험'이란 외부의 목표나 필요성에 따라 바뀌는 것이 아닌, 경험하는 것 자체가 목적이 되는 경험을 의미한다. 플레이어가 스스로 동기 부여돼 명확한 목표를 설정하고 고유한 의미를 부여할 수 있는 행동을 수행한다면 이러한 목표와 행동은 자체가 하나의 목적이 된다.

게임을 플레이하면서 얻게 되는 경험은 개별적이며 원인과 결과에 종속적이지 않아야 하고, 자발적인 것이어야 한다. 그와 동시에 플레이어 스스로에게도 만족감을 줄 수 있어야 한다. 듀이는 "게임 플레이는 다른 어떤 것의 결말에 종속되지 않아야 한다. 그럴 경우 놀이로서의 핵심적인 성질을 상실하게 된다."고 말했다. 수많은 게이미피케이션이 좌초하게 되는 핵심적인 이유가 여기에 있다. 겉으로는 게임처럼 보이지만 이를 통해 얻을 수 있는 경험이 스스로 가치 있는 것이 아니라면 '외적인 필연성에 의해 강제된 결말'(Dewey 1934)을 가질 수밖에 없으며, 따라서 이것은 놀이가 아닌 다른 무엇이 돼 버리는 것이다.

플레이어는 명확한 목표를 통해 게임을 학습하고 멘탈 모델을 수립할 수 있다. 하지만 플레이어가 하나의 목표를 끝낸 다음, 바로 다음 목표를 향하게 하는 것은 소위 말하는 '그라인드grind,[3](즉, 플레이어가 특별한 의도나 가치를 찾을 수 없는 상태에서 미션이나 퀘스트를 이어서 진행하는 것)가 될 수 있다. 각각의 미션 혹은 퀘스트는 목표와 보상이 분명하다. 어떤 플레이어에게는 이런 미션이나 퀘스트가 놀이가 아닌 일이 될 수 있다. 짧은 기간 동안 값비싼 보상을 제공하는 이벤트의 경우 이런 경향이 더욱 분명하게 나타난다.

오랜 기간 동안 게임 플레이를 반복하면서 즐길 수 있는 체스나 바둑, <문명>과 같은 게임은 외적이고 명확한 목표를 제공하는 반면 한편으로는 플레이어가 스스로 내적이면서 암묵적인 목표를 설정하기도 한다. 플레이어는 달성 방법이 미리 정의된 목표를 제공받기도 하지만 게임에 대한 멘탈 모델을 다듬어가면서 스스로 재미와 즐거움을 위해 하는 것 자체가 목적이 되는 목표를 수립하기도 한다. 이런 자연스러운 목표는 게임에서 제공하는 테마와 시스템적 요소에 기반을 두고 수립되며, 플레이어가 게임에 흥미를 느끼고 게임을 즐기며 의미 있는 것으로 인지하기 위한 필수적인 요소가 된다.

---

3. 국내의 게임 업계에서는 '게임 노가다'라는 비속어를 더 자주 사용한다. - 옮긴이

서사

서사를 간략하게 정의하면 '한 사람 혹은 여러 사람이 살아오면서 겪은 일련의 사건과 그 의미를 독자나 관객에게 전달하는 것'이라고 할 수 있다. 사건과 그 사건을 거쳐오는 과정 모두가 중요하다. 단순히 일련의 사건들이 이어진다고 서사가 되는 것은 아니며, 누군가의 과거를 이야기한다고 해도 그 자체에 주목할 만한 일이 없다면 이 또한 서사라고 보기 힘들다. 대부분의 게임은 그 안에 서사적인 요소를 갖고 있다. 서사가 추상적이라면 게임 안에서 일어나는 이벤트와 관련이 없어 보일 수도 있다.

서사는 아키텍처와 테마를 이어주는 가교 역할을 수행한다. 스토리가 게임 안에 내재돼 있는 기능적 요소와 어떻게 어우러지느냐는 개발자가 고민해야 하는 측면이라면 플레이어가 접하게 되는 테마와 관련된 측면은 플레이어를 위한 무대가 어떻게 꾸며지고 게임이 어떤 것인지를 알려주는 것에 무게가 실린다.

서사나 스토리는 그 자체가 플레이어에게 가장 핵심적인 경험이 될 수도 있고, 혹은 이런 경험을 하기 위한 전제 조건이 되기도 한다. 게임 플레이를 통해 제공되는 것 외에도 별도의 스토리가 존재할 수 있지만 플레이어는 게임을 통해 이런 외적인 스토리가 존재할 수 있는 이유를 알 수 있게 된다. 또한 플레이어는 서사를 통해 게임에서 자신이 수행해야 하는 목표를 인지하게 된다. 예를 들어 어떤 잘못된 것을 바로잡거나, 고대의 용을 죽이거나, 세상을 구할 비밀을 발견하는 것과 같은 목표를 서사를 통해 수립하게 되는 것이다. 게임의 전제 조건과 스토리는 플레이어가 게임에 대한 멘탈 모델을 구축하고 게임 안에서 자신이 처한 상황을 인지할 수 있게 도와준다. 서사와 관련된 요소들 역시 유사한 방식으로 활용되며 플레이어는 이를 통해 게임 월드에 대해 더 많은 지식을 쌓게 된다. 게임 안에 등장하는 컷신이나 게임 플레이와 별도로 플레이어가 처한 상황과 이야기를 보충해주는 스토리들이 이런 역할을 수행하게 된다.

게임 안에 이미 설정된 스토리가 주축이 돼 플레이어의 경험을 쌓아가는 게임을 '스토리 주도 게임'이라고 부른다. 이런 종류의 게임에서는 플레이어가 특정한 캐릭터의 역할을 수행하면서 게임이 제공하는 다양한 위기 상황을 헤쳐 나간다. 아키텍처 관점에서 본다면 이런 유형의 게임은 시스템적이라기보다는 오히려 콘텐츠 주도형에 가깝다. 게임에 내재된 시스템에 기반을 두고 스토리가 전개되는 것도 가능하지만 사실 이런 경우는 드문 편이다. 스토리 주도 게임에서는 플레이어가 마주하게 되는 갈등과 목표, 결정 등이 디자이너에 의해 사전에 정의되며 플레이어가 이를 변경할 수 있는 여지는 많지 않다. 이런 장르의 게임은 스토리를 특정한 방향으로 이끌어가는 것(플레이어 공간을 계속 줄여서 결국 단 하나의 경로를 만드는 것)과 플레이어가 자신만의 결정을 내릴 수 있는 기회를 제공하는 것 사이의 균형을 잘 잡아야 한다. 방향을 결정해버린다면 플레이어가 내릴 수 있는 결정의 횟수도 적어지고 그들의 역할역시 더욱 수동적으로 바뀌게 될 것이다. 반면 게임이 플레이의 경로에 대해 방향을 제시하지 않는다면 그들은 원래의 스토리와 그에 연관된 콘텐츠를 제대로 즐길 수없게 되고 게임 자체의 테마도 효과적으로 전달되지 못하게 된다.

스토리 기반의 게임은 큰 흥미를 제공할 수 있지만 같은 게임을 여러 번 다시 플레이하는 경우는 드물다. 리플레이를 통해 게임 안에서 즐기지 못했던 다른 공간을 즐길수는 있다. <구 공화국의 기사단Knights of the Old Republic>에서 플레이어는 자신의 캐릭터를 '라이트 사이드'와 '다크 사이드' 중 한 곳에 속하는 제다이로 선택해야 한다. 이선택의 결과에 따라 플레이어는 서로 다른 스토리와 경험을 얻게 된다. 이런 경우도결국은 2가지 가능한 엔딩만 존재하게 된다. 서사 구조의 게임은 필연적으로 선택할수 있는 경로의 수가 적어질 수밖에 없다. 이런 구조에서 다양한 결말을 준비한다는것은 너무 비용 소모적인 일이 될 수밖에 없다.

시스템적인 게임에서도 플레이어에게 이야기의 방향을 제시하는 배경과 맥락이 존재하지만 이런 부분은 대부분 게임의 후반부에 등장한다. 시스템적인 게임에서도디자이너가 대립과 갈등을 만들어내지만 플레이어는 자신의 선택(과 설계된 잠재적인임의성)을 통해 언제 어떻게 대립과 갈등을 처리할지 결정할 수 있다. 플레이어는 선택과 목표를 설정하는 데 상당한 자유를 누릴 수 있다. <테라리아Terraria>의 경우 선형적으로 생성되는 월드라는 배경을 가지며 플레이어는 게임 안에서 그들이 게임을진행할 방향과 경로를 스스로 결정할 수 있다. 고전 명작인 <시드 마이어의 해적Sid

Meier's Pirates>은 플레이할 때마다 늘 동일한 세계 안에서 게임이 진행된다. 플레이어 캐릭터가 어떻게 해적이 됐는지에 대한 서사도 늘 동일하다. 하지만 플레이가 시작되면 자신만의 경로를 선택할 수 있고 선택된 경로에 맞는 스토리와 목표가 제공된다. 이런 유형의 게임에서 서사가 미리 결정돼 제공되는 것은 아니지만 플레이어는 선택에 따라 충분히 게임의 서사를 즐길 수 있다.

테마, 경험, 의미

게임의 테마는 게임에 내재된 토큰과 규칙, 이들의 기능적 요소에 기반을 두고 만들어진다. 테마는 게임이 말하고자 하는 것, 디자이너가 플레이어에게 제공하려는 경험과 관계가 있다. 게임을 통해 플레이어는 영웅적인 탐험가가 될 수도 있고, 잠입에 능한 도둑이 되거나, 숙련된 상인, 혹은 거대한 제국을 건설하는 사람이 될 수도 있다. 진실한 사랑을 찾고 배신자로부터 살아남는 것과 같이 상상할 수 있는 다양한 경험을 할 수 있다.

테마는 플레이어가 마주하게 되는 게임 전부를 의미한다. 테마는 플레이어에게 게임의 얼개와 방향을 제시해주고 플레이어의 멘탈 모델, 게임 안에서 수행되는 결정, 목표 수립에 대한 맥락을 제공한다. 플레이어는 스스로 멘탈 모델을 만들어 의미 있는 결정을 내리고, 효과적인 목표를 설정하고자 테마라는 조명을 비춰 게임의 토큰과 규칙을 해석하는 것이다. 게임이 구조적이고 기능적이며 아키텍처와 테마에 관련된 모든 요소가 효과적으로 결합해 하나의 시스템을 구성할 수 있다면 게임과 플레이어는 하나의 '의미'를 만들어낼 수 있다. 여기서 말하는 '의미'야말로 플레이어+게임 시스템이 만들어낸 궁극적인 결과, 즉 '게임'과 '플레이'라는 2개의 서브시스템을 조합해서 만들어낸 효과인 것이다.

테마가 특별히 심오해야 하는 것은 아니다. 다만 게임이 제공하는 구조적이고 기능적인 요소와 일치해야 하며, 플레이어가 게임 안에서 앞으로 나갈 수 있게 도와줘야 한다. 게임 디자이너들은 자신이 만드는 경험과 아키텍처 요소들이 계속 강화돼야 한다는 것을 늘 염두에 두고 있어야 한다. 오픈 월드를 표방하면서 큰 성공을 거둔 게임들 역시 경험과 테마에 대한 방향을 제시하고 있다. <마인크래프트 Minecraft>가 전달하는 중요한 테마는 끊임없이 무언가를 탐험하고 새로운 것을 만들어내는 것이다. 이 자체는 심오한 테마라고 할 수 없지만 플레이어가 게임에 대한 멘탈 모델을 만들고 게임 안의 세계를 마스터하기 위한 첫 걸음으로는 더할 나위 없이 충분하다.

게임 디자이너들이 단순한 배경 스토리만 제공하거나 테마를 게임의 아키텍처와 끈끈하게 결합시키지 못한다면 게임 플레이는 힘들고 지루해질 수밖에 없다. <노 맨즈 스카이No Man's Sky>는 플레이어가 무한한 행성의 세계를 탐험할 수 있는 게임이다. 하지만 이 게임은 플레이어에게 명확한 목표를 제공하지 않았고 플레이어들도 스스로 내적인 목표를 수립할 수 없었다. 이로 인해 대부분 플레이어의 경험은 참담한 수준에 머물 수밖에 없었다. 게임 월드에 구현돼 있는 기술적인 모델은 심오했다. 하지만 이를 뒷받침해야 하는 멘탈 모델과 고유한 테마가 기술적인 모델의 수준을 따라가지 못한 것이다. 테마가 충실하지 못하다면 의미 있는 결정을 내려야 하는 기회와 플레이어의 목표 역시 빈약해질 수밖에 없으며(디자인의 하향식 인과관계) 이로 인해 창발적인 테마가 발생하는 것도 불가능해진다(상향식 인과관계).

보드 게임인 <스플렌더Splendor>는 시각적으로도 아름다울 뿐만 아니라 구조적으로도 매력적인 메카닉스를 보여준다. 하지만 보석 상인이 된다는 테마는 매력적인 토큰과 규칙, 이를 통한 게임 플레이와 아주 느슨하게 연결돼 있다. 따라서 게임 메카닉스에 매력을 느끼지 못하는 사람들은 자연스럽게 게임에도 흥미를 느끼지 못하게 된다. 게임 디자인이 아키텍처와 테마를 원활하게 연결해주지 못하면 플레이어들은 빈약한 경험을 할 수밖에 없고, 이를 통해 내적인 의미를 만드는 데 어려움을 겪게 되는 것이다.

게임 디자이너가 어떻게 스토리와 테마를 강화할 수 있는지 배운다면 좀 더 깊고 넓은 게임 공간을 플레이어에게 제공하게 되고, 플레이어들은 게임 테마의 다양한 측면을 탐험하고 즐기게 될 것이다. 이렇게 되면 플레이어에게 소수의 선택만을 강요하거나 흥미가 떨어지는 테마로 가득 찬 무의미한 플레이 공간을 제공하는 것이 아니라 강력한 서사도 함께 제공할 수 있는 것이다.

게임 디자인의 진화

지난 수십 년 동안 게임에 대한 정의가 다양하게 확장돼 왔듯이 게임 디자인에 대한 정의 역시 어떻게 변경돼 왔는지 간단하게나마 알아볼 필요가 있다.

게임은 수천 년 동안 인류가 겪어온 경험의 일부를 구성해왔다. 가장 오래된 게임으로 알려진 고대 이집트의 세네트Senet는 무려 5천 년 전에 만들어진 것으로 알려졌다 (Piccione 1980). 이 게임에서도 이미 정교하게 다듬어진 토큰과 규칙이 발견된다. 이 사실은 이미 오래 전부터 토큰이나 규칙과 비슷한 개념이 발전돼 왔다는 것을 의미한다. 게임은 이미 오래 전부터 다양한 문화에서 취미로 존재해왔다. 20세기 후반 기술 혁명 시기가 도래하면서부터 게임 디자인은 즉석에서 만들어지는 게임의 부수적인 효과가 아니라 스스로 가치를 갖는 독립적인 행위로 인정받기 시작했다.

게임 디자인이 취미 수준에서 벗어나 하나의 전문 분야로 인정받기 시작한 것이 언제부터인지는 명확하게 말하기 어렵다. 적어도 1980년대 초반부터는 가벼운 취미의 수준을 벗어나기 시작했다고 말할 수 있을 것이다. 1984년 출간된 크리스 크로포드의 『아트 오브 컴퓨터 게임 디자인』은 게임 디자인을 하나의 전문 영역 수준으로 올려놓은 의미 있는 통찰이 담긴 최초의 책으로 평가되고 있다(Wolf and Perron 2003). 크로포드는 이어서 <컴퓨터 게임 디자인 저널(1987 ~ 1996)>을 발행했고, 1988년에는 자신의 집 거실에서 최초의 <컴퓨터 게임 개발자 콘퍼런스Computer Game Developer's Conference>를 개최하기도 했다. 오늘날 매해 개최되는 GDC는 전 세계에서 수천 명의 게임 디자인 전문가들이 참가하는 행사로 발전했다.

물론 크로포드의 책이 발간되기 전에도 게임 디자이너들은 존재했다. 1970년대 후반과 1980년대 초반 갓 등장한 컴퓨터 비디오 게임과 페이퍼 시뮬레이션, 롤플레잉 게임 등이 등장할 때까지는 게임 디자인의 노하우를 공유할 만한 방법이 많지 않았다. 1980년대와 1990년대를 거쳐 2000년대 초반까지도 게임 디자이너들은 극예술과 인류학, 심리학, 컴퓨터 과학 등의 분야에 많은 관심을 기울였고, 이 분야에서 전공을 바꾼 사람들도 많았다. 스스로 게임 디자인을 해보고 재능을 인정받은 일부 게이머들도 게임 디자이너로 합류하기 시작했다. 지금도 이전과 마찬가지로 취미의 수준으로 게임 디자인을 즐길 수 있지만 최근에는 여기서 더 발전해 하나의 전문적인 커리어가 됐다.

2000년대 초반에는 게임 디자인의 영역이 교육 분야까지 확대됐다. 그럼에도 불구하고 최소한 2010년대까지는 게임 디자인과 관련된 학위를 갖고 있다고 하더라도 바로 실무에서 역량 있는 게임 디자이너가 되지는 못하는 수준이었다. 대학의 전공 과정도 수준 있는 게임 디자인 역량을 제공해주지 못했고, 교육을 담당한 사람들도 어떤 내용을 교육해야 할지 잘 알지 못했다. 대학에서 게임 디자인 교육을 담당한 사람들이 스스로 게임 디자이너가 되기도 했다. 심지어 게임 디자이너로 일하는 사람들조차도 스스로 게임 디자이너가 되고자 무엇이 필요한지 설명하기 어려웠다.

게임 디자인이라는 커리어는 지금도 만들어지고 있는 중이다. 따라서 여전히 무엇을 가르쳐야 할지 명확하지 않은 분야이기도 하다. 게임 디자인 경력자들 역시 자신이 가진 기술의 대부분을 전통적인 도제 방식으로 배웠다. 일단 무조건 게임을 만들어보고 무엇이 동작하고 무엇이 동작하지 않는다는 식으로 게임 디자인을 배운 것이다. 최근에는 경력직 게임 디자이너들이 다양한 교육 과정을 제공하고 있다. 오늘날 게임 디자인을 배우고 가르치는 방법이 많이 발전했음에도 불구하고 가장 쉽게 게임 디자인을 배우는 방법은 여전히 직접 게임을 디자인해보는 것이다. 직접 게임을 디자인하고, 개발하고, 테스팅을 수행하고, 런칭하는 것만큼 좋은 학습 방법은 없다.

게임 디자인 이론의 발전

오늘날 게임 디자인은 이전의 도제 방식과 스스로 간단한 실습을 통해 배우는 단계를 넘어서고 있다. 컴퓨터 기반의 디지털 게임과 보드 게임 기반의 아날로그 게임 모두 종류와 수량이 폭발적으로 증가하고 있다. 2010년부터 가속화되고 있는 이런 현상으로 인해 활용 가능한 게임 디자인 이론들이 다양하게 발표되기 시작했고 실제로 게임에도 적용되기 시작했다(앞서도 언급했지만 '게임 이론'과 '게임 디자인 이론'은 엄연히 다른 것이다. '게임 이론'은 수학, 경제학과 관련이 있으며 추상적인 상황에서 제약된 결정을 해야 할 때 활용할 수 있는 이론이다. 부분적으로 게임 디자인에도 영향을 미쳤다고는 할 수 있지만 범위가 아주 제한적이다).

아직도 갈 길이 많이 남아있으며 이 여정에 더 많은 게임 디자인 이론이 추가될 것은 의심할 여지가 없다. 게임 디자인이 하나의 전문 영역으로 자리 잡은 오늘날에는 게임 디자인 원리와 이론, 프레임워크를 복합적으로 활용해 학습의 속도를 높일 수 있을 것이다.

오늘날은 지나온 그 어느 때보다 스스로 게임을 디자인해보고 만들어보기 쉽다. 게임 디자이너들 역시 재정적인 부담 없이 사용할 수 있거나 낮은 비용으로 습득이 가능한 기술과 툴, 배포 수단을 활용할 수 있다. 이런 것들은 10년 전만 해도 상상하기 힘든 일들이었다. 효율적인 툴과 잘 다듬어진 이론, 그리고 프레임워크를 조합한다면 더 빠르게 성공적인 게임 디자이너로 성장할 수 있을 것이다.

요약

3장에서는 다양한 철학자와 게임 디자이너의 관점에서 게임을 좀 더 자세히 살펴봤다. 또한 시스템적인 사고방식이 반영된 관점에서도 게임을 분석해봤다.

- 게임은 현실과 분리돼 종속되지 않은 맥락(매직 서클)에서 토큰과 규칙을 통해 표현된다.

- 게임 플레이는 자발적이어야 하며 관찰이 아닌 참여가 필요하다.

- 게임은 플레이어에게 미리 정의된 세계와 의미 있는 결정, 대립, 상호작용, 각기 다른 유형의 목표를 제공한다.

시스템적인 관점에서 살펴본 게임의 특징은 다음과 같다.

- **구조:** 게임의 부분이다(토큰과 규칙은 게임의 '명사'와 '동사'로 비유될 수 있다).

- **기능적 요소:** 명사와 동사로 문장이 구성되는 것과 마찬가지로, 루프 구조를 형성하는 컴포넌트들이 게임 월드의 모델링을 가능하게 하고 이원적 디자인을 가능하게 한다. 플레이어는 의미 있는 결정과 목표를 수립하고 이를 통해 게임에 대한 멘탈 모델을 만든다.

- **아키텍처와 테마 만들기:** 전체적인 게임 경험을 의미한다. 콘텐츠와 시스템, 서사와 게임 플레이를 통해 얻게 되는 경험의 전체적인 균형을 의미한다.

구조와 기능이라는 측면에서 게임을 이해하는 것, 아키텍처와 테마를 조합하는 것은 2장에서 살펴봤던 시스템적 사고방식의 첫 번째 적용 사례라고 할 수 있다.

3장은 게임을 하나의 시스템으로 봤을 때 이를 구성하는 다른 부분, 즉 플레이어의 상호작용, 자발적인 참여와 재미 등을 더욱 자세히 살펴보고자 필요한 무대를 설정하는 단계였다. 이 장에서 기초를 적절하게 쌓았다면 게임 디자인의 더 많은 단계를 배울 준비가 완료된 것이다.

상호작용과 재미

게임은 상호작용을 수행하면서 플레이어에게 재미를 줄 수 있어야 한다. 그렇지 않다면 아무도 플레이하지 않을 것이다. '상호작용'과 '재미'라는 두 단어는 어떤 의미를 갖고 있을까? 게임을 효과적으로 디자인하려면 이 개념들을 자세히 이해할 필요가 있다.

4장에서는 시스템적인 관점에서 상호작용을 살펴본다. 아울러 플레이어가 게임에 흥미를 느끼고 상호작용을 수행할 때 플레이어에게 어떤 일들이 일어나는지도 알아본다. 이를 기반으로 어떻게 상호작용과 참여를 통해 재미를 만들어내는지, 어떻게 게임 안에서 이런 요소들을 만들어낼 수 있는지 시스템적이고 실용적인 관점에서 파악해볼 것이다.

시스템으로 게임을 구성하는 플레이어

3장에서 게임과 게임+플레이어 시스템을 이미 살펴봤다. 플레이로 즐거운 경험을 얻으려면 게임과 플레이어가 한데 어우러져야 하며, 동시에 이들은 각각 시스템의 일부를 형성한다(그림 4.1 참고). 게임은 구조와 기능, 테마와 관련돼 있는 요소들을 통해 내부 시스템을 구성한다. 이들의 부분과 루프, 이들이 구성하는 전체를 통해 하나의 게임이 정의된다.

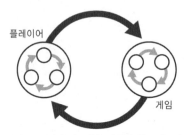

그림 4.1 플레이어와 게임은 함께 게임+플레이어 시스템을 만들어내는 서브시스템이다. 다중 구조이면서 계층 구조적인 이 추상적인 그림에서 각각은 구조(부분), 기능(루프), 테마(전체) 요소를 갖고 있다.

4장에서는 플레이어와 게임이 상호작용이라는 창발적인 과정을 거쳐 더 큰 게임+플레이어 시스템을 만들어내는 과정을 살펴볼 것이다. 상호작용을 이해하게 되면 플레이어가 가진 서브시스템, 즉 플레이어의 멘탈 모델로 '한 단계 더 내려가는 것'이 가능해진다. 또한 어떻게 상호작용이 플레이 경험의 일부가 되는지 살펴보는 것도 가능해진다.

3장에서 살펴본 것처럼 플레이어의 멘탈 모델은 게임의 내부 모델에 대응해서 형성된다. 플레이어와 게임은 서로에게 영향을 미치면서 멘탈 모델을 만들어낸다. 이렇게 서로에게 미치는 영향을 통해 플레이어는 게임의 내부 상태에 본인의 의도를 반영한다. 게임은 내부 상태를 변경하면서 지속적으로 부분과 루프를 플레이어에게 드러낸다. 2장에서도 살펴봤듯이 복잡계는 끝없이 반복되는 상호작용을 통해 만들어진다. 이 장에서도 살펴보겠지만 이렇게 상호 간에 발생하는 루프 사이클이야말로 상호작용과 게임 플레이, 참여와 재미를 이끄는 핵심적인 개념이라고 할 수 있다.

상호작용에 대한 시스템적 접근

'상호작용'이라는 단어는 게임과 연관된 다양한 분야에서 폭넓게 사용되고 있다. 게임에서 플레이어가 버튼이나 아이콘을 클릭했을 때 어떤 일이 발생하는지 설명할 때 이 단어가 가장 많이 사용될 것이다. 하지만 상호작용이라는 단어는 사실 그보다 더 깊은 의미를 갖고 있다. 상호작용은 사람이 얻는 모든 경험이 그러하듯 게임 플레이를 통해 얻는 경험에서도 핵심적인 부분을 차지한다. 이 상호작용이야말로 게임이라는 장르가 다른 미디어와 구별되는 차이점이며(Grodal 2000), 오늘날 우리는 물리적으로 혹은 기술적으로 이전보다 더 밀접하게 연결돼 있기 때문에 이전에 비해 훨씬 더 많은 상호작용이 수행되고 있다고 볼 수 있다. 1장에서도 살펴본 것처럼 1984년에 이르러서야 1,000대의 컴퓨터가 서로 연결될 수 있었지만 오늘날은 약 500억 대의 기기가 연결돼 있다. 이는 인류 역사상 찾아보기 힘들 정도의 거대한 변화다. 이런 엄청난 변화가 우리 삶의 곳곳에서 상호작용의 형태로 존재하고 있다. 커뮤니케이션, 사람과 컴퓨터 간의 상호작용, 게임 디자인과 같은 다양한 영역에서 상호작용에 대한 논의가 지금까지도 진행되고 있지만 여전히 이런 핵심 개념들에 대한 명확하고 실용적인 정의를 내놓지 못하고 있다.

웹스터 사전은 '상호적인interactive'이라는 단어를 '상호적 혹은 호혜적으로 작용하는 mutually or reciprocally active'이라고 정의한다. 이는 이 단어가 사람이나 사물에 적용될 때 의미하는 바를 간결하게 짚어준 것이다. 즉, 2개 혹은 그 이상의 것(사람일 수도 있고 사물일 수도 있음)이 서로 관계를 갖고 행위를 수행하며, 이런 행위를 통해 서로에게, 혹은 호혜적으로 영향을 미치는 경우를 말하고 있는 것이다. 라파엘리Rafaeli는 이 간단한 정의를 좀 더 확장해 "2개 혹은 그 이상의 것들이 서로 연결된 커뮤니케이션을 수행하며, 여기서 전달되는 메시지는 앞서 전달된 메시지와 관련된 맥락을 갖고 있다."고 정의한다. 이런 종류의 커뮤니케이션은 두 사람 사이에도 가능하다. 또한 이런 종류의 커뮤니케이션은 전화와 같이 기술이 매개체가 될 수도 있고 사람이나 사람이 아닌 것이 매개체가 될 수도 있다. 사람이 컴퓨터 게임과 상호작용하는 경우도 사람이 아닌 것이 매개체가 되는 경우다. 사람 사이에서만 상호작용이 존재한다고 보는 사람도 있으며 더러는 기술이나 커뮤니케이션 같은 매개체를 통해서만 상호작용이 존재한다고 정의하기도 했다. 또한 "인간만이 자신의 프로그래밍을 초월할 수 있다."는 전제하에 사람과 사람 사이의 커뮤니케이션에만 상호작용이 존재하고, '다만 기계는 프로그램에 기반을 두고 판단하거나 결정만 내리는 도구'일 뿐이라서 인간과 컴퓨터의 상호작용은 진정한 상호작용이 아니라고 정의하기도 했다(Bretz 1983, 139).

게임 디자인에서 상호작용에 대한 크리스 크로포드의 정의는 앞서 언급한 라파엘리의 정의를 반영하고 있다. 크로포드는 상호작용을 '각자 듣고, 사고하고, 말하는 둘 혹은 그 이상의 활동적인 사물 사이의 순환적 프로세스로 대화의 일종'이라고 정의했다. 크로포드의 이 정의는 상호작용을 살펴볼 때 아주 유용하게 활용될 수 있다. 이 책에서도 크로포드의 상호작용에 대한 정의를 가장 보편적으로 활용할 것이다. 특히 크로포드는 각기 다른 부분이 자신의 행위를 통해 서로에게 영향을 미치는 상호작용이 순환하는 속성이 있다는 것을 환기시켜줬다. 크로포드의 정의로 인해 상호작용이 시스템을 만든다는 이론이 제대로 자리 잡기 시작했으며 부분과 루프, 전체를 포함하는 시스템적인 관점에서 상호작용을 좀 더 잘 이해할 수 있게 됐다.

부분: 상호작용의 구조

상호작용 시스템은 2개 혹은 그 이상의 '액터' 혹은 '에이전트'로 구성된다. 이는 게임뿐만 아니라 다른 모든 상호작용에도 적용된다. 게임을 디자인할 때는 적어도 1명 이상이 상호작용 루프에 포함된다고 가정한다. 컴퓨터 게임은 한 사람이 즐길 수도 있고 여러 명의 플레이어가 즐길 수도 있다. 또한 플레이어 없이 게임 '스스로가 플레이 되는' 경우도 있다. 이런 경우 테스팅에는 유용하지만 게임 플레이를 통해 의미 있는 경험을 얻는다는 측면에서는 주체가 빠져 있는 것이다. 게임을 통해 의미 있는 경험을 얻으려면 반드시 이를 즐기는 사람이 필요하다.

시스템의 각 부분(여기서는 게임과 플레이어)은 자체로 각자의 상태와 경계를 갖고 있으며 각자의 행위를 수행한다. 상호작용 시스템의 각 부분은 행위를 통해 다른 부분에 영향을 미치지만 다른 부분의 내부 상태를 변경시키지는 못한다. 게임 안에서 플레이어를 대리하는 캐릭터 역시 체력, 재화 보유량, 인벤토리, 속도와 같은 내부 상태를 갖고 있으며 대화나 공격, 회피와 같은 행위를 수행한다. 이런 에이전트들은 내부 상태를 기반으로 행위를 수행하며, 이를 통해 다른 에이전트에 영향을 미치고 다시 다른 에이전트의 행위에 영향을 받는다.

내부 상태

자체가 하나의 시스템인 플레이어와 게임은 내부 상태가 복잡할 수밖에 없다. 플레이어의 내부 상태는 자신의 정신과 감정을 합한 것 이상으로 복잡하다. 게임과 상호작용을 수행할 때 플레이어의 내부 상태는 자신이 게임에 대해 갖고 있는 멘탈 모델과 동일하다.[1] 멘탈 모델에는 아래 항목들에 대한 이해가 포함된다.

- 게임 안에서 변경할 수 있는 수치들, 예를 들어 체력, 재력, 한 나라의 인구 수, 인벤토리 혹은 게임이라는 맥락 안에서 상대적으로 변경되는 것들에 대한 이해

- 게임 상태, 특히 가장 최근의 행동으로 게임이 어떻게 변경됐는지에 대한 이해

- 즉시적이거나 단기적, 혹은 장기적인 목표. 행동에 기반을 두고 다음에 어떤 일이 벌어질지에 대한 예측

- 지난 결정으로 인해 발생한 영향과 결과를 통해 플레이어가 게임에 대해 학습한 내용

이 장에서는 멘탈 모델에 포함되는 이 내용들과 함께 플레이어의 심리적인 상태도 함께 살펴볼 것이다. 이는 결국 게임을 만드는 우리 인간에 관한 내용들이다.

---

1. 좀 더 광범위 하게 말하자면 우리는 수행하는 모든 상호작용에 대해 멘탈 모델을 갖고 있으며 대상은 게임이거나 다른 사람, 혹은 우리 자신이 될 수도 있다. 여기서는 우리가 게임을 플레이하면서 형성하는 멘탈 모델에 초점을 맞춘다.

게임의 내부 상태는 3장에서 살펴봤던 게임 디자인이 구현돼 동작하는 것이라고 할 수 있으며, 이 책의 나머지 부분에서도 더 자세히 살펴볼 내용이다. 게임과 관련된 다양한 변수와 규칙, 플레이어의 입력을 통해 게임의 프로세스를 결정하는 이벤트 루프 등도 함께 살펴본다. 이 장에서는 플레이어와의 상호작용에 초점을 맞춰 좀 더 추상적인 게임의 내부 상태에 대해 알아볼 것이다.

행위

게임 디자이너들은 게임 안에서 어떤 동작도 일어나게 만들 수 있다. 플레이어와 플레이어가 아닌 캐릭터(혹은 다른 행위자)가 서로 대화를 나누고, 하늘을 날고, 공격을 수행하는 것과 같은 다양한 행동을 만들 수 있다. 이런 행위들은 게임을 통해서만 가능하며 게임의 맥락 안에서만 가능하다. 게임에서 능력의 사용을 일시적으로 막는다면(스킬을 사용한 다음 '쿨다운' 시간 동안) 행위자는 다시 사용이 가능해질 때까지 해당 행위를 사용할 수 없다. 특출한 능력과 그 능력에 대한 제약 모두 게임의 맥락, 즉 매직 서클 안에 존재하는 것이다.

플레이어의 행위와 인지 부하

게임 안에서 수행되는 플레이어의 행위는 플레이어가 갖고 있는 멘탈 모델과 플레이어가 달성하고자 하는 목표에서부터 시작된다. 플레이어의 행위에는 물리적인 요소가 포함된다. 예를 들어 플레이어가 말판 위의 말을 옮기고 아이콘을 클릭하는 것이 물리적인 요소에 해당한다. 멘탈 모델과 의도를 가진 목표가 물리적 요소로 변환되는 과정은 바로 멘탈 모델의 경계에서 행위로 옮겨가는 것을 의미한다.

게임에서 어떤 행동을 취할 때 플레이어는 일반적으로 디바이스를 통해 값을 입력한다. 키보드를 누르거나, 마우스를 움직이거나, 특정한 제스처를 취할 수 있다. 최근에는 화면의 한 부분으로 시선을 움직이는 것도 게임에서 유효한 행동으로 인지한다.

게임 안에서 어떤 행동을 취할지 계획을 세우고 행동을 수행하려면 플레이어의 의도가 필요하다. 플레이어가 원하는 것을 얻고자 제한된 인지 자원을 할당해야 하고,

그 뒤를 이어 게임이라는 맥락 안에서 목표를 달성하고자 필요한 행동이 취해진다. 행동을 취하는 데 필요한 인지 자원이 적을수록 능동적인 사고 역시 많이 할 필요가 없으므로 플레이어는 그 과정을 더 자연스럽고 즉각적인 것으로 받아들인다.

인지 자원이 과도하게 투입될 때 인지 부하cognitive load가 발생한다(Sweller 1988). 어떤 것에 대해 더 많이 생각해야 한다면 더 많은 인지 부하가 발생하는 것이다. 플레이어가 어떻게 게임을 플레이해야 할지 생각할 필요가 없게 만들어준다면 그들의 인지 부하를 줄일 수 있고, 이를 통해 게임에 더 집중할 수 있을 것이다. 이는 궁극적으로 플레이어의 참여도를 높이고 흥미를 가져다 줄 수 있다(이 장의 뒷부분에서 더 자세히 알아볼 것이다).

HCIHuman-Computer Interaction 분야에서는 '인지 부하'를 어떤 일을 어떻게 수행할지 생각하는 것에서부터 촉발되는 것으로 설명하고 있다. 또한 인지 부하는 발성articulatory과 의미 거리semantic distance의 조합으로 설명할 수 있다(Norman and Draper 1986). 손가락으로 가리키는 것이 마우스 커서를 사용하는 것보다 직관적이며, 마우스 커서는 좌표 값 (x, y)를 직접 입력하는 것보다 훨씬 직관적이다. 어떤 행동이 바로 인지하기 쉬울수록 발성에서 인지까지의 거리가 짧아지며, 인지를 위해 필요한 인지 자원도 적어지게 된다.

게임이 플레이어에게 충분한 피드백을 시기적절하게 제공할 수 있고, 플레이어가 취한 행동의 결과를 쉽게 인지할 수 있도록 표현할 수 있다면 의미 거리도 줄어든다. 게임이 전달하는 피드백이 이해하기 쉽고 본인의 의도에 더 가까울수록 플레이어는 더 적은 인지 자원을 투입할 수 있다. 게임에서는 칼 모양의 아이콘이 무기를 가리키는 문자 'W' 혹은 '검sword'이라는 텍스트보다 의미 거리가 더 짧다. 점차 건물이 완성돼가는 애니메이션을 사용하는 것이 완성도를 표시하는 상태 바를 활용하는 것보다 쉽게 이해될 수 있고, 상태 바는 텍스트로 '563/989 블록이 배치됨'이라고 표현하는 것보다 쉽게 이해될 수 있다.

발성과 의미 거리를 조합하면 플레이어의 인지 부하를 조절할 수 있다. 게임을 이해하려면 반드시 멘탈 자원이 소모된다. 이 거리가 줄어들수록 플레이어는 게임에 대한 불필요한 생각을 줄일 수 있게 된다. 또한 더 많은 인지 자원을 게임 월드를 파악하는 데 투입할 수 있는 것이다.

게임의 규칙에 신경을 많이 쓰지 않는 것이 좋은 것과 마찬가지로, 플레이어가 어떻게 게임을 진행해야 하는지에 덜 신경을 쓸수록(물론 이런 규칙에도 예외와 특별한 경우가 존재한다) 게임 자체에 집중할 수 있게 되며 플레이어의 의도와 게임 안에서 취하는 행동의 의미 거리가 줄어들게 된다. 2장에서 살펴봤던 우아함을 상기해보자. 바둑은 규칙 자체가 아주 간단하다. 따라서 의미 거리는 거의 0에 가깝다. 이런 경우 플레이어는 인지 능력을 온전히 게임 안의 공간, 즉 바둑판에서 자기 집을 만들어 승리하는 데 투자할 수 있게 되는 것이다.

게임 행위와 피드백

게임은 플레이어에게 게임의 상태에 대한 피드백을 제공해야 한다. 플레이어는 이를 통해 어떻게 게임이 동작하는지, 어떻게 멘탈 모델을 만들 수 있는지 학습하게 된다. 최근의 디지털 게임에서는 이런 피드백이 대부분 그래픽(이미지, 텍스트, 애니메이션)과 사운드를 통해 전달된다. 플레이어는 이런 방식으로 게임 상태가 어떻게 변경됐는지 알게 되고 멘탈 모델을 업데이트한다.

피드백은 반드시 플레이어가 인지할 수 있는 형태여야 한다. 플레이어가 볼 수 없는 색깔, 들을 수 없는 소리로 피드백을 전달하는 것은 피드백을 제공하지 않는 것과 마찬가지다. 또한 게임의 상태에 대한 완벽한 정보를 제공해서도 안 된다. 이런 불완정성을 활용해 숨겨진 상태(예를 들어 카드 게임에서 아직 플레이어에게 보여주지 않은 카드)가 존재하는 게임도 다수 있다. 코스터는 이런 부분을 게임의 '블랙박스'라고 불렀다. 블랙박스는 플레이어가 게임 멘탈 모델을 만들어갈 때 함께 형성되며, 블랙박스를 활용해 게임 플레이 경험을 제공할 수 있다. 엘레노어는 게임 내부의 시스템을 '어떤 것을 수행하는 머신'이라고 칭하며 이를 '게임의 심장'이라고 말했다. 즉, 게임 내부 시스템을 하나의 머신으로 파악하고 플레이어는 (머신의) 행위를 통해서만 이 머신의 존재를 알아차리는 것이다.

플레이어가 게임에 대해 알고 있는 모든 것은 플레이어의 행동에 반응한 게임의 행위와 피드백을 통해 습득되는 것이다. 플레이어가 어느 정도의 사전 지식을 갖고 게임을 시작할 수도 있다. 마우스나 터치스크린을 조작하는 방법이나 주사위를 굴리는 방법은 누구나 알고 있을 것이다. 하지만 이런 가정 역시 매우 조심스러워야 한다. 어떤 것을 플레이어가 당연히 안다고 가정하면 게임 진행에 필요한 정보를 제공하지 않게 되고 이로 인해 플레이어가 게임을 진행하는 것이 불가능해지는 경우도 발생하기 때문이다.

플레이어가 게임을 학습하면서 스스로 잘 알고 이해하고 있다고 믿는 부분도 생긴다. 이런 부분은 멘탈 모델이 확고하게 구축된 부분이다. 플레이어가 활용할 수 있는 정보가 많을수록 이런 영역이 확장되며 더 쉽게 게임을 배울 수 있게 된다. 또한 플레이어들이 명확하게 알고 있다고 생각하는 영역이 많아질수록 자신이 잘 알지 못하는 부분이나 게임에서 정보를 제공하지 않은 영역에 대해서도 예측이 가능해진다. 플레이어들은 예측을 기반으로 멘탈 모델을 수립하고 결과에 따라 다양한 행동을 취하게 된다.

의도적인 선택

게임 안에서 행위를 수행하는 행위자(사람일 수도 있고 컴퓨터일 수도 있음)가 무작위로 행동을 취하는 것보다 어떤 행위를 할지 선택할 수 있게 해주는 것이 중요하다. 행동의 선택은 게임의 내부 상태 혹은 게임 로직에 의해 결정되며 사람이 행위자인 경우에는 그다음에 취할 행동이 어떤 것인지도 고려해서 결정된다. 플레이어는 특정한 행동을 취하기 전에 다음과 같은 질문들을 던진다.

- 현재 상황에서 가치 있는 행동인가?

- 선택에 필요한 정보를 갖고 있는가?

- 예측한 결과가 목표를 달성하는 데 도움이 되는가?

- 적절한 시간 안에 결정하거나 선택할 수 있는가?

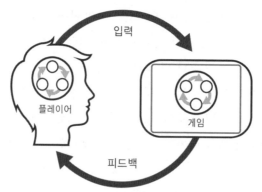

그림 4.2 플레이어는 게임에 입력값을 제공하고 게임은 플레이어에게 피드백을 제공한다. 이를 통해 일반적인 상호작용 루프가 형성된다. 플레이어와 게임 모두 내부에 별도의 루프를 갖고 있는 점에 유의하자.

상호작용적인 게임 루프

시스템적인 관점에서 플레이어와 게임이 수행하는 행위 모두가 게임의 내부 상태에서 기인한 결과라고 할 수 있다. 플레이어와 게임은 상태에 기반을 두고 행위를 선택하고, 이 행위를 통해 서로의 상태에 영향을 미친다. 이는 또 다른 행위 반응을 연달아 이끌어낸다. 플레이어는 행동을 통해 게임에 입력을 제공하고, 이를 통해 게임의 상태를 변경시킨다. 게임은 그다음 과정으로 플레이어에게 피드백을 제공하며 이를 통해 플레이어의 내적 상태를 변경시킨다(그림 4.2 참고). 이런 과정을 통해 상호작용의 핵심이 되는 반복 루프를 만들어내는 것이다. 플레이어와 게임 사이의 이런 기브 앤 테이크를 게임의 핵심 루프라고 볼 수 있다. 이 장의 뒷부분과 7장에서 이를 더 자세히 살펴볼 것이다.

2장에서 '강화 루프'와 '균형 루프' 같이 다양한 시스템 루프에 대해 알아봤다. 모든 시스템은 상호작용하는 루프로 구성된다. 부분은 상호작용을 수행하면서 루프를 형성하고 이를 통해 시스템을 만들어낸다. 이 장에서는 전체 시스템을 구성하는 서브시스템인 플레이어와 게임, 그 사이에 존재하는 상호작용에 초점을 맞춘다. 이 장에서 게임+플레이어 상호작용 루프(간단하게 '상호작용 루프'라고 부르자)를 먼저 살펴보고 7장에서는 게임의 측면에서 이를 더 자세히 분석할 것이다. 앞서 살펴본 시스템 루프에 대한 논의(2장 참고)와 여기서 살펴볼 상호작용에 대한 시스템적인 분석을 통해 향후 좀 더 자세히 살펴볼 디자인 이론에 대한 기초를 다질 수 있을 것이다.

여기서 잠깐 디자이너의 루프(그림 4.3 참고)라고 부르는 또 다른 루프를 살펴보고 넘어가자. 책의 도입부에서 비슷한 루프를 한 번 봤을 것이다. 이 그림은 이 책이 설명하는 내용을 아주 단적으로 보여준다. 이 그림은 게임 디자이너로서 당신이 플레이어와 게임을 대상으로 진행하는 작업, 당신이 만들어서 전달하고자 하는 경험에 대해 설명하고 있다. 다음 장들에서 이 그림을 좀 더 자세히 살펴볼 것이다.

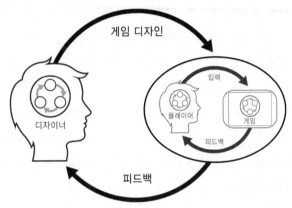

그림 4.3 게임 디자이너 루프를 통해 디자이너는 반복적으로 디자인을 수행하고 이를 테스트할 수 있다.

지금까지 간단하게나마 플레이어의 내부에 존재하는 멘탈 루프, 게임 내부에 존재하는 루프, 플레이어와 게임 사이에 존재하는 상호작용 루프를 살펴봤다. 4번째로 살펴볼 루프는 앞서의 루프와는 성격이 다르다. 이 루프는 게임 플레이와 직접적인 관련은 없지만 게임 디자인에는 무척 중요한 부분이다. 게임을 만들 때 디자이너는 게임+플레이어 시스템의 외부에서 이들과 상호작용을 수행한다. 게임 디자이너는 게임 디자인에 대한 아이디어와 프로토타입이라는 형태로 입력을 제공하고, 입력한 것들 중 어떤 것이 제대로 동작을 수행하고 그렇지 않은지에 대한 피드백을 받게 된다. 이 과정이야말로 전체적인 게임 디자인 프로세스를 간략하게 구체화한 것이며 이 자체가 각각의 부분과 반복적인 상호작용에 기반을 둔 또 하나의 상호작용 시스템을 형성하는 것이다.

총체적인 경험으로서의 게임

게임+플레이어 시스템은 플레이어와 게임 사이의 상호작용 루프에서 창발 효과를 유발한다. 크로포드와 루만은 게임의 상호작용을 대화에 빗대어 설명했다. 상호작용이 갖고 있는 '대화에 가까운' 속성을 활용해 상호작용 시스템 전체를 좀 더 일반적인 방식으로 설명할 수 있다. 이 대화에 참여하는 개체는 모두 복잡한 내부 상태를 가진다. 각 개체는 현재 상태에 기반을 둔 행동을 통해 다른 사람에게 영향을 미친다.

이 모든 과정이 바로 플레이어가 경험하는 하나의 게임이며 게임의 의미는 바로 이 과정에서 발생한다. 플레이어에게 게임이 의미하는 것(게임을 끝낸 다음 플레이어에게 남는 게임의 테마, 혹은 게임을 통해 배운 것이나 도덕적인 깨달음, 그 어떤 것이든지)은 곧 플레이어와 게임 사이에서 수행되는 모든 상호작용을 통해 만들어진 것이다. 즉, 게임이라는 경험 자체는 상호작용 시스템에서 기인하는 하나의 창발 효과며 플레이어나 게임 어느 한 쪽에서 생성되는 것이 아니다. 뉴하겐Newhagen이 말한 것처럼 "의미는 상호작용의 결과에서 생성되며, 더 높은 수준의 상징이 그 다음 레벨에서 창발된다". 플레이어의 멘탈 모델을 만드는 기반이 되는 이런 상징들은 게임에서 일어난 상호작용의 결과인 것이다.

플레이어와 게임 사이에서 일어나는 상호작용뿐만 아니라 상호작용 자체를 하나의 시스템으로 이해한다면 플레이어의 참여와 재미라는 심리적 경험을 더 잘 이해할 수 있을 것이다.

멘탈 모델, 각성, 몰입

시스템적인 측면에서 정의한 상호작용을 염두에 두고 이제 상호작용 루프의 한 축을 이루고 있는 '플레이어'를 좀 더 깊게 살펴보자. 게임을 플레이하는 사람이 어떻게 다양한 상호작용을 수행하고 이를 통해 게임에 대한 이해, 즉 멘탈 모델을 구축해 가는지도 함께 살펴볼 것이다. 이 과정에서 신경학적, 지각적, 인지적, 감정적, 문화적인 상호작용이 동시에 작용하고, 이를 통해 게임에 대한 능동적인 경험과 심리적인 모델을 만들어낸다. 이런 과정에서 즐거운 몰입을 경험하는 것을 바로 '재미'라고 부르는 것이다.

플레이어가 갖고 있는 게임 멘탈 모델은 게임의 내부 모델이 반영된 것이며 이 내부 모델은 결국 게임 디자이너에 의해 정의되고 구현된 것이다(3장에서 이미 이 내용을 살펴봤고 이후 6장과 8장에서 더 자세히 알아본다). 플레이어는 게임 월드와 상호작용을 수행하면서 게임을 파악하고, 게임을 플레이하면서 게임의 중요한 컨셉도 학습한다. 행동을 통해 자신이 이해한 것을 시험해 보려는 플레이어라면 이 과정을 충분히 가치 있는 것으로 받아들일 것이다. 게임이 제공하는 피드백이 긍정적이라면(플레이어가 "무언가 올바른 일을 했다."고 느낀다면) 성취감을 느낄 것이고 이 컨셉이 멘탈 모델에 자연스럽게 추가될 것이다. 플레이어는 이제 게임에 대해 더 많은 것을 알게 됐고 더 많은 것을 할 수 있게 된 것이다. 긍정적인 피드백을 받지 못한다면 플레이어는 좌절감을 느끼고 수행한 행동에 잘못이 있는지 되돌아보면서 멘탈 모델을 수정할 것이다. 플레이어의 멘탈 모델은 자신이 게임에 기울이는 주의와 계획, 목표, 감정이 한데 어우러진 것이며 이는 모두 게임+플레이어 시스템의 한 부분을 이룬다. 3장에서도 살펴봤듯이 플레이어는 의미가 있다고 생각하는 목표를 수립하고, 개인적인 의미가 부여된 목표를 수립하고, 이를 달성하기 위한 행동을 취한다. 이런 과정들이 또 하나의 사이클을 만들게 된다.

게임을 플레이하는 동안 플레이어는 상호작용 루프를 여러 번 수행한다. 플레이어가 이런 과정을 수행하면서 게임 디자이너가 전달하려고 했던 것과 일치하는 모델을 만들지 못하거나, 상호작용이 지루하고 싫증난다고 생각하거나, 혹은 과도하다고 느낀다면 결국은 게임 플레이를 그만두게 될 것이다. 이런 증상과 과정을 심리학적인 측면에서는 행동 소거[behavior extinction]라고 말하며 게임 업계에서는 '번아웃'이라는 표현을 많이 사용한다. 이런 부정적인 결과를 피하려면 플레이어들이 지속적으로 게임에 흥미를 느낄 수 있게 게임을 디자인해야 한다.

플레이어가 멘탈 모델을 만들려면 게임을 복합적인 레벨로 구성된 시스템으로 이해해야 한다. 즉, 부분과 루프, 전체로 구성되는 시스템과 그 하위 시스템으로 이해해야 하는 것이다. 경제나 생태계, 전투 시스템과 같이 명확한 시스템과 더불어 물리적이거나 논리적인 게임 안의 공간을 탐험할 수 있어야 한다. 예를 들어 <월드 오브 워크래프트>를 즐기는 어떤 플레이어가 아쉔베일에서 스톰윈드로 이동할 수 있는 최고의 방법을 알고 있다면 게임 월드에 대해 아주 효과적인 멘탈 모델을 갖고 있는 것이다(아마도 그들이 속한 진영에 대해 갖고 있는 멘탈 모델만큼이나 강력할 것이다). <위쳐3>를 플레이하면서 아주 복잡하고 때로는 혼란스럽게 느껴지는 스킬 트리를 잘 활용하고 있다면(예를 들어 '라이트닝 리플렉스[2]'와 같은 스킬을 무의식적으로 사용할 수 있다면) 스킬 시스템에 대해 훌륭한 멘탈 모델을 갖고 있는 것이다. 멘탈 모델에는 플레이어가 게임 월드와 시스템을 이해하고 활용하는 것, 게임에서 특정한 행동을 하면 어떤 효과를 얻을 수 있는지 인지하는 것이 포함된다. 이렇게 구축된 멘탈 모델을 기반으로 플레이어는 게임 안에서 가치 있는 의도를 가질 수 있고, 이 의도를 반영하는 행동을 수행하고 그 결과를 예측할 수 있으며, 게임에서 제공하는 장애물을 피하거나 극복해서 원하는 목표를 달성할 수 있게 되는 것이다.

아타리의 설립자인 놀란 부쉬넬[Nolan Bushnell]이 남긴 "게임은 쉽게 배울 수 있어야 하지만 마스터하기는 어려워야 한다."(Bogost 2009)는 문장은 오늘날 '부쉬넬의 법칙'으로 더 잘 알려져 있다. 멘탈 모델의 측면에서 이 법칙을 해석해본다면 플레이어를 혼란에 빠트리는 애매모호함과 예외에서 빠르게 벗어나 확고한 멘탈 모델을 만들어야 한다는 것을 의미한다. 게임을 처음 즐기는 플레이어도 명확하고 익숙한 방식으로 기본적인 정보를 습득하고 상호작용을 수행할 수 있어야 하며, 이들이 게임에 대한 지식과 멘탈 모델에 살을 붙여 가면서 더 많은 것을 배우고 탐험할 수 있게 만들어 줘야 하는 것이다.

효과적으로 디자인된 게임은 플레이어가 탐험할 수 있는 공간을 충분히 제공한다. 플레이어는 게임을 반복해서 수행하며 이 공간을 탐험하고 멘탈 모델을 가다듬을

---

2. 석궁 조준 시 조준 속도를 15% 느리게 해주는 스킬이다. 〈위쳐 3〉에는 라이트닝 리플렉스를 비롯한 다양한 스킬이 존재하며 이런 스킬을 상황에 맞게 적절히 사용하는 것은 상당히 어려운 일이다. – 옮긴이

것이다. 이 과정을 반복하면서도 플레이어는 게임을 완전히 마스터했다고 느끼지 못할 것이다. 플레이어가 게임의 모든 콘텐츠를 소비해 더 이상 취할 행동과 상호작용이 남아있지 않다면 더 이상 학습할 것도, 더 이상 새로운 경험도 쌓을 수 없게 되고 결국 게임에 몰입할 수 없게 될 것이다. 바둑은 부쉬넬의 법칙을 전형적으로 보여주는 게임이다. 바둑은 규칙이 많지 않아 쉽게 배울 수 있다. 하지만 평생을 바둑에 바친 사람들도 바둑을 마스터했다고 말하기는 쉽지 않다. 바둑의 시스템적 깊이를 이해하고 그 폭을 넓혀갈수록 바둑에 대한 멘탈 모델을 끊임없이 다시 수립하고 가치를 증명해야 하기 때문이다.

상호작용 루프: 플레이어의 멘탈 모델 구성

그림 4.4는 그림 4.2에서 살펴봤던 플레이어와 게임 사이의 상호작용을 좀 더 자세히 보여준다. 이 루프의 첫 단계는 플레이어가 게임을 시작하려고 마음을 먹고 행동을 시작하는 것이다. 게임은 매력적인 피드백을 제공해 플레이어가 게임을 시작할 수 있는 행동을 유발한다(이를 위해 스플래시 화면이나 게임 인트로를 제공한다). CTA^Call To Action, 혹은 훅^hook이라고 부르는 요소를 활용해 플레이어가 게임을 시작하거나 계속하도록 유도한다. 이는 사용자 인터페이스 디자인에 사용되는 '어포던스^affordance'라는 개념과 유사하지만 정확하게 같은 개념은 아니다. 어포던스는 시각적으로 인지할 수 있는 인터페이스를 통해 사물이 어떻게 동작하는지 알려주는 단서를 말한다. 도널드 노먼^Donald Norman은 "발판은 누른다. 손잡이는 돌린다. 슬롯에는 무언가 넣는다. 공은 던지거나 튀긴다. 사용자는 어포던스를 보고 무엇을 해야 할지 알게 된다. 그 밖의 다른 그림이나 레이블, 추가적인 설명이 필요하지 않다."라고 어포던스를 설명했다. 플레이어가 다음에 취해야 하는 행동이 무엇인지 알 수 있게 만들고자 CTA에는 반드시 어포던스가 포함된다. 여기에 더해 다음 행동을 할 수 있도록 플레이어에게 동기 부여도 해줘야 한다. CTA는 단순히 컵을 들면서 "난 이 컵을 들 수 있어"라고 말하는 것이 아니라 매력적인 모양의 컵 안에 따뜻한 코코아를 채워 넣고 추운 날 이 컵을 두 손으로 잡으면 따뜻하고 편안한 느낌이 들겠다고 생각하게 만드

는 것이다. 게임은 처음부터 플레이어를 끌어당길 수 있어야 하며 이들이 게임에 지속적으로 몰입할 수 있게 해줘야 하는 것이다.

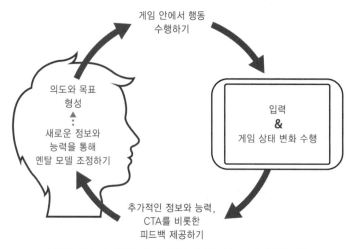

게임 안에서 행동
수행하기

의도와 목표
형성
⋮
새로운 정보와
능력을 통해
멘탈 모델 조정하기

입력
&
게임 상태 변화 수행

추가적인 정보와 능력,
CTA를 비롯한
피드백 제공하기

그림 4.4 좀 더 자세히 살펴본 플레이어와 게임 사이의 상호작용

CTA에 대응해 상호작용 루프가 시작되면 플레이어는 시각적, 청각적, 상징적인 정보를 게임에서 습득해 가장 최신의 멘탈 모델에 추가한다. 플레이어는 습득한 새로운 정보를 기반으로 현재의 목표 상태를 확인하고 게임의 맥락 안에서 새로운 목표를 수립한다. 이 결과가 게임에서 플레이어가 수행하는 행동으로 나타나며, 행동을 통해 게임의 상태를 변경한다(디자인과 내부 모델에 기반을 두고 게임이 독립적으로 상태를 변경하기도 한다).

게임은 새로운 피드백을 통해 더 많은 정보를 제공해 플레이어가 게임 안에서 더 많은 것을 할 수 있게 해준다. 게임은 루프 안에서 더 많은 기회와 CTA를 플레이어에게 제공해 플레이어 스스로 멘탈 모델을 계속해서 만들어갈 수 있도록 독려해주는 것이다. 이런 과정이 수행되는 동안 플레이어의 흥미가 계속 유지된다면 게임에 대한 이해도 늘어가면서(일반적으로 그들의 능력도 커져간다) 멘탈 모델도 역시 단단해질 것이다.

플레이어의 관심을 얻고 이를 유지하는 과정은 플레이어가 게임에 흥미를 얻고 몰입하게 해주는 것과 다르지 않다. 이를 좀 더 상세하게 이해하려면 각성과 관심, 다양한 심리적인 몰입에 대해 알아볼 필요가 있다. 이런 요소들을 충분히 이해한다면 플레이어에게 즐거운 경험을 제공하는 방법을 더욱 잘 알 수 있을 것이다. 또한 '플로우'를 경험하는 것에 대한 논의도 원활하게 시작할 수 있을 것이다.

각성과 관심

플레이어가 어떤 게임을 플레이하려면 우선 이에 흥미를 느끼고 심리적으로 각성할 수 있어야 한다. 즉, 경계하고 지켜보면서 동시에 게임에 참가할 준비가 돼야 하는 것이다. 플레이어가 게임에 흥미를 느끼지 못하거나 지루하다고 생각한다면 혹은 과하거나 불편하다고 느낀다면 아예 게임을 시작할 생각도 하지 않을 것이다. 이런 경우에는 게임을 시작해도 지속적으로 게임에 참가하고 몰입하고자 상당한 에너지를 투입해야 한다.

예를 들어 누군가 게임 플레이를 시작했는데 어떻게 컨트롤을 해야 할지 모르거나 화면에 표시되는 내용을 이해할 수 없다면 흥미를 느끼지 못하고 바로 게임 플레이를 그만둘 것이다. 게임을 '해야 하는' 사람은 없다. 플레이어가 흥미를 느낄 정도로 게임을 매력적으로 만들고 플레이어의 관심을 유지하게 하는 것은 다름 아닌 게임 디자이너의 몫이다. 마찬가지로 게임 안에서 처음 보이는 것들이 너무 많아도 플레이어는 무엇을 해야 할지, 어디에서 플레이를 시작할지 모를 것이다. 이들은 플레이를 시작할 방법을 찾고자 게임에 과도하게 집중하게 되고 결국은 플레이를 그만두게 될 것이다.

각성과 능력

심리적인 각성 수준과 능력의 관계는 심리학의 초기 단계에 로버트 여키스[Robert M.Yerkes]와 존 딜링햄 도슨[John Dillingham Dodson]에 의해 연구됐다. '여키스-도슨 법칙'으로 명명된 원리를 이해하는 것은 게임 디자이너에게 무척이나 중요하다. 여키스와 도슨은 각성 수준이 높아질수록 일정 수준까지는 수행 수준도 함께 증가한다는 사실을 발견했다. 각성 수준이 현저히 낮다면 지루함을 느끼고 수행 능력 역시 떨어진다. 반면 지속되는 자극과 스트레스에 대한 반응으로 각성 수준이 일정 수준을 넘어서면 불안이 증가하고 집중하기 어렵게 되면서 수행 능력이 떨어지게 된다.

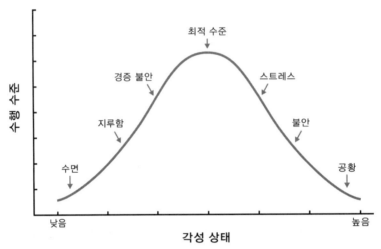

그림 4.5 여키스–도슨 곡선의 가장 이상적인 상태. 각성이 낮은 수준에서는 수행 수준도 낮다. 각성 수준이 높아질수록 일정 수준까지 수행 수준도 높아진다. 이 수준을 넘어서면 수행 능력이 다시 낮아진다.

여키스–도슨 곡선에도 다양한 변형이 존재한다. 단순한 작업을 수행하는 경우 각성 수준이 높아도 수행 능력이 떨어지지 않는다. 좀 더 복잡한 작업을 수행한다면 빠르게 최적의 지점을 찾아낼 수 있을 것이다. 마찬가지로 좀 더 숙련된 사람들을 대상으로 한다면 각성 수준이 높아도 일정 수준 이상의 수행 수준을 유지할 것이다. 이를 '전문가 효과'라고 부른다. 예를 들어 자동차 레이서나 비행기 파일럿, 의사나 프로그래머들은 일반인들이라면 공황에 빠질 만한 상황에서도 수행해야 하는 일을 성공적으로 마무리하고는 한다.

그림 4.5는 여키스–도슨 곡선의 가장 이상적인 상태를 보여준다. 그림에서도 보이듯이 충분히 각성하지 않은 상태라면 업무에 집중할 수 없다. 곡선의 꼭짓점 혹은 바로 그 지점을 지난 상태에서 플레이어는 가장 탁월한 수행 수준을 보여주며 스트

레스도 받지 않는다. 플레이어가 이 구간에 위치할 때 스킬이 향상되고 학습이 원활하게 수행되는 것이다. 곡선의 오른쪽 하향 구간에 진입하게 되면 해야 할 일들이 너무 많아지고 인지적인 입력과 부하도 늘어나게 된다. 이 상태가 되면 각성 수준이 너무 높아지고 스트레스와 불안, 심지어는 공황에 빠지기도 하며 결과적으로 수행 수준이 심각하게 떨어진다.

곡선의 중간 지점 어딘가, 즉 개인이 수행해야 하는 일에 관심을 유지하면서 이와 관계없는 이벤트나 입력을 무시할 수 있고 일을 잘 수행할 수 있는 지점에 있을 때(그리고 일반적으로 그들 스스로 뭔가 잘되고 있다고 느낀다) 이를 심리학에서는 '몰입했다'고 말한다.

몰입

심리학 용어인 몰입은 상호작용과 게임 플레이에 있어 무척이나 중요한 개념이다. 게임 디자인을 통해 플레이어에게 전달돼야 하는 핵심적인 사항이기도 하다. 다양한 상황을 설명할 때 몰입이라는 단어를 사용하지만('플레이어의 몰입'이라는 말은 흔히 게임의 상업적인 성공을 평가하는 척도로도 사용된다) 명확하게 정의하기 힘든 단어다. 게임 디자인이 주제인 이 책에서 사용하는 몰입이라는 단어는 심리학에 뿌리를 두고 있다. 우선 심리학 용어로서의 몰입을 살펴본다면 단어의 진정한 의미와 이를 효과적으로 사용하는 방법을 알 수 있을 것이다.

몰입은 사람의 내적 상태와 주변에 어떻게 반응하는지 설명해주는 것이다(Gambetti and Graffigna 2010). 쇼펠리^{Schaufeli}를 비롯한 여러 학자는 몰입을 '지속되는 인지적이고 감정적인 상태'로 설명하며 이를 '활력^{vigor}, 전념^{dedication}, 몰두^{absorption}'가 조합된 것으로 정의했다.

> '활력'은 어떤 작업을 수행하면서 발생하는 높은 수준의 에너지와 정신적 회복력, 자발적으로 그 작업에 노력을 투자하고 난관을 극복할 수 있는 의지로 규정된다. '전념'은 대상에 의미를 부여하고 열정을 갖는 것을 의미한다. 영감과 자부심, 도전이라는 키워드로 정의할 수 있다. '몰두'는 어떤

작업에 완전하게 집중하고 깊게 열중하는 것을 의미한다. 이럴 때 시간은 빠르게 지나가며 이런 상황을 스스로 그만두는 것이 어렵게 느껴지기도 한다(pp. 74-75).

이 내용들은 게임에 만족하는 플레이어에게서 쉽게 찾아볼 수 있는 특징들이다. 플레이어가 게임에 흥미를 느끼고 집중할 때 그들의 멘탈 모델은 성장하고 게임의 내부 모델과도 일치하게 된다. 그 결과 그들은 게임과 성공적으로 상호작용을 수행한다. 이들은 목표(게임이 제공하거나 그들 스스로 만들었거나 상관없이)를 통해 게임이 주는 긍정적인 피드백을 받고, 자신이 수행한 행동에 입각해 가설을 세우고 이를 검증하는 사이클을 계속 반복하게 된다.

희열을 느낄 수 있고 자발적으로 수행할 수 있으며, 결과가 정해져 있지 않은 행위에 능동적으로 몰입할 수 있다면 이 상태를 '재미있다'고 표현한다. 이런 행위는 '놀이' 혹은 '게임'으로 대치될 수 있다. 게임 디자이너와 게임 플레이어의 입장에서 게임을 통해 이런 긍정적인 경험을 제공하거나 얻을 수 있다면 성공한 것이다. 이 장의 뒷부분에서 몰입과 재미를 더욱 자세히 알아볼 것이다.

몰입과 유지

게임에서 몰입이 갖는 중요함을 생각해본다면 이런 질문을 던질 수 있을 것이다. 좀 더 현실적인 단어로 몰입을 설명할 수 없을까? 몰입과 상호작용은 어떤 관계가 있을까? 게임의 재미를 어떻게 정의할 수 있을까?

우선 신경 화학적인 측면에서 몰입을 분석할 것이다. 그런 다음 행동/피드백, 인지, 소셜, 감정적 혹은 문화적 경험이라는 측면에서도 몰입을 살펴본다.

신경 화학적 측면에서의 몰입

게임을 만든다는 것은 궁극적으로 사람의 뇌가 매력적이라고 판단하는 경험을 제공하는 것이다. 이것이 가능하다면 플레이어는 게임에 관심을 갖고 즐겁고 긍정적인 느낌을 받을 수 있다. 우리의 뇌에서 일어나는 어떤 화학 작용이 재미와 몰입을 유발하는지 특정하기는 쉽지 않지만 관련된 생화학적 작용을 파악한다면 플레이어가 어떻게 게임에 흥미를 느끼게 되는지 좀 더 쉽게 이해할 수 있을 것이다.

뇌가 어떤 행동이나 상황이 반복할 만큼 가치가 있다고 알려주는 첫 단계는 우선 우리의 기분을 좋게 만드는 것이다(주관적인 판단일 수 있지만 대부분의 사람들이 경험해봤을 것이다). 이 과정은 우리의 뇌에서 특정한 화학물질이 분비될 때 발생한다. 외피 회로 소자^{cortical circuitry}에서는 기분이 좋을 때 발생하는 화학물질이 분비되면 뇌에 "지금 하는 일로 기분이 좋아지고 있어. 더 해!"라는 신호를 보낸다. 이 "더 해!"라는 신호를 통해 여러 가지 신경 화학 작용이 동시에 발생하게 된다. 결과적으로 이런 효과들은 몰입하는 경험을 만들어준다. 다양한 몰입 상황에서 분비된다고 알려진 주요한 신경 화학물질과 작용은 다음과 같다.

- **도파민**^{Dopamine}: '보상 물질^{reward chemical}'이라고도 부르는 도파민은 사람이 깨어있고 각성하게 만들며, 이를 위해 특정한 행동을 하도록 동기를 부여해준다. 특히 도파민은 새롭고 신기한(그렇다고 너무 이상하지는 않은) 상황에 처해 무언가 탐색할 만한 것을 갖게 되거나 특정한 목표를 달성했을 때 긍정적인 감정을 느끼게 해준다. 게임 안에서 도달해야 하는 지점에 도착해서 결과적으로 희열을 느낀다면 뇌 내에 도파민이 분비돼 동작한 것이다. 어떤 과제를 달성한 다음 기대했던 만큼의 보상을 받지 못한다면 분비되는 도파민의 양이 줄어들고, 이후 유사한 상황이 발생하면 이를 이전보다 덜 긍정적으로 바라보게 된다(Nieoullon 2002). 이 과정을 통한 '습관화^{habituation}'라고 부르는 현상이 나타난다. 즉, 지금 바로 얻을 수 있는 보상보다 이후에 받게 될 새로운 보상을 좀 더 가치 있는 것으로 판단하게 만든다. 점점 현재 상황에 익숙해지면 새로움과 보상으로 느끼는 긍정적인 감정들도 줄어든다. 이런 상태에 반응하는 활력도 떨어지고 결국 궁극적으로는 지루함을 느끼고 뭔가 새로운 보상을 찾게 된다. 플레이어에게 새로운 보상과 게임에 몰입할 새로운 방법을 제공하는 것이야말로 게임 디자인에서 큰 부분을 차지한다.

- **세로토닌**^{Serotonin}: 세로토닌은 도파민과 균형을 맞추는 물질이다. 도파민이 기민

함, 새로운 것을 찾는 것, 보상을 기대하는 것과 관련이 있다면 세로토닌은 확실함, 달성감과 관련된 물질이다. 도파민이 충동적이고 뭔가 새로운 것을 찾는 것을 유도한다면 세로토닌은 이미 알고 있는 것들을 활용하도록 유도한다. 세로토닌이 주는 긍정적인 느낌은 안전이 보장될 때 느끼는 심리(심리적인 용어로 '위험 회피harm avoidance')에서 비롯되는 것이다. 사회적 지위를 얻고 유지하는 것, 업적을 달성하는 것, 혹은 새로운 스킬을 습득하는 것과 같은 행동들이 뇌에서 세로토닌을 분비하게 만든다(Raleigh et al. 1991). 플레이어의 레벨이 올랐을 때 느끼는 만족감은 세로토닌이 분비돼 유발되는 것이다. 많은 게임이 이러한 업적 달성을 특수한 시각적/청각적 효과로 축하한다는 것은 주목할 만하다(수많은 MMO에서 플레이어의 레벨이 올라갔을 때 '딩!'하고 울리는 신호음이 대표적이다). 따라서 레벨업을 했을 때 특별한 느낌을 주는 사운드나 시각적 효과는 절대 과소평가돼서는 안 된다.

- **옥시토신Oxytocin과 바소프레신vasopressin**: 이 두 신경 화학물질은 사회적 연대와 지원에 있어 아주 중요한 물질이다. 이 물질들은 성적인 각성 상태를 촉진하고 학습 기능을 강화한다. 낯선 사람이나 친구를 대할 때, 누군가와 사랑에 빠질 때와 같이 광범위한 사회적인 연대 기능과 관련이 있다(Olff et al. 2013, Walum et al. 2008). 옥시토신은 '포옹 호르몬cuddle hormone'이라고도 부른다. 성적으로 매력적인 상대나 친밀한 사람을 만났을 때 옥시토신이 분비되며, 이를 통해 강력한 사회적 연대를 꾀할 수 있기 때문이다.[3] 바소프레신은 옥시토신과 비슷한 작용을 하지만 주로 남자에게 분비되는 물질이다. 이 물질들은 우리가 연인, 가족, 혹은 커뮤니티의 일원이 됐을 때 느끼는 행복한 감정을 느낄 수 있게 도와준다.

- **노르에피네프린Norepinephrine과 엔돌핀endorphins**: 이 두 가지 신경 화학물질은 집중, 주의, 에너지, 몰입과 관련이 있다. 이 물질들은 '스트레스 호르몬'이라고도 알려

---

3. 옥시토신은 주로 성관계 이후에 분비되지만 서로 눈을 마주보는 것만으로도 분비되기도 한다. 30분 정도 서로 진솔한 대화를 나누고 서로의 눈을 몇 분 동안 바라봐도 사랑에 빠지는 것이 가능하다(Kellerman et al. 1989). 옥시토신은 심지어 강아지와 사람이 눈을 마주쳤을 때도 분비될 수 있다. 하지만 다른 동물과의 시선 교환에서는 분비되지 않는 것으로 확인됐다(Nagasawa et al. 2015). 이런 사회적인 몰입을 포함한 다양한 정보를 폭넓게 접하는 것이 게임 디자이너에게는 도움이 될 것이다.

져 있다. 노르에피네프린은 특히 아주 짧은 시간 안에 발생하는 경계 반응과 같이 각성 상태를 통제하는 데 도움을 준다. 투쟁-도피 반응$^{fight-flight\ response}$과 같이 뇌가 자극에 빠르게 반응하게 도와주며, 이렇게 신속한 반응이 필요한 상황에 처했을 때 학습도 빠르게 수행될 수 있도록 도와준다. 엔돌핀은 고통을 억제하고 활력을 느끼게 해주는데, 특히 격렬한 신체 활동을 수행한 다음에 효과가 두드러진다. 이들 신경 화학물질은 다른 물질들에 비해 몰입과 직접적인 관련은 적어 보인다. 특히 앉아서 하는 게임의 경우에는 더더욱 큰 관계가 없어 보인다. 하지만 스트레스를 많이 받으면서 주의를 기울여 어떤 일을 수행할 때 도움을 줄 수 있다.

앞서도 언급했듯이 무언가에 몰입할 때는 그것에 열중한 상태에서 능동적으로 시간과 에너지를 쏟아 부을 수 있어야 한다. 어떤 일에 몰입할 수 있다면 자연스럽게 다른 일들은 우리의 시각에서 멀어지게 된다. 신경 화학물질의 작용에 기반을 두고 발생하는 몰입이라는 감정은 다음과 같은 과정을 거쳐 발생한다.

- 긴장을 유지하면서 새로운 것을 찾고 보상을 기대할 때

- 사회적 계층 구조 안에서 보상과 공간을 확보했을 때

- 사회적 연대를 통해 다른 사람과 연결됐을 때

- 스트레스를 받는 상태에서 경계심이 발생할 때

- 노력해서 무언가를 성공적으로 달성해냈을 때

이 모든 감정을 동시에 느끼거나 항상 이런 감정을 느낄 수 있는 것은 아니다. 따라서 이런 감정들의 완급을 효과적으로 조절하는 것이 몰입을 유지하는 비결이다. 게임에서 어려운 레벨, 책이나 영화에서 극적인 부분들이 평범하고 쉬운 부분 다음에 이어지는 것이 바로 그 예라고 할 수 있다. 이를 통해 플레이어나 독자들은 더욱 숨을 죽이고 그 부분에 몰입할 수 있다. 심리적으로나 육체적으로 경계를 풀고 긴장이 완화된 상태에서 얻게 되는 사회적 연결과 성취감은 더욱 클 수밖에 없다.

매일 반복되는 업무처럼 늘 결과가 일정한 맥락에서 몰입이 발생하면 특별한 성취감이 생기기도 한다. 반면 독립적이고 자발적으로 수행되며 결과론적이지 않은 공간(예를 들어 게임이 진행되는 '매직 서클')에서 몰입이 이뤄진다면 이를 '재미'라고 부른다.

뇌의 영역을 넘어서는 단계

뇌에서 발생하는 화학 작용만으로 사람의 심리를 분석할 수는 없다. 마찬가지로 집중이나 각성도 뇌의 화학 작용으로만 해석할 수 있는 것은 아니다. 신경학적인 차원을 넘어서서 발생하는 그다음 몰입의 단계는 좀 더 심리적인 것에 가깝다. 이제는 사람이 제어할 수 있는 영역(즉, 심리학적인 측면에서 봤을 때 어떤 자극에 대해 반사적으로 일어나는 일)들이 아니라 특정한 행위를 실행하는 단계에 더 가까워지는 것이다. 이런 행동을 실제로 수행하는 데 어느 정도의 시간이 걸리는지도 함께 고려해야 한다.

게임 디자이너의 입장에서 플레이어에게 동기 부여가 일어나는 과정과 함께 플레이어의 심리를 이해하는 것은 아주 중요한 일이다. 6장에서 동기 부여를 가능하게 만드는 다양한 원인을 알아볼 것이다. 이는 게임의 주요 고객층을 설정할 때 고려해야하는 중요한 요소이기도 하다. 어떻게 동기 부여가 되더라도 다양한 상호작용은 이와 별개로 수행된다.

여기서 논의하는 몰입과 상호작용의 대략적인 얼개는 3장에서 다뤘던 플레이어의 목표 유형과 유사하다. 각각의 상호작용 루프를 통해 플레이어는 자신의 의도를 구체화할 수 있다. 이 상호작용 루프는 아주 짧은 순간 발생하는 물리적인 반응일 수도 있고 어느 정도의 시간이 흐른 다음 성과를 얻을 수 있는 장기간 목표가 될 수도 있다.

상호작용 루프

상호작용 루프의 간단한 개념은 이미 살펴본 적이 있다. 여기서는 플레이어와 게임 사이에서 발생하는 상호작용 루프를 좀 더 깊게 살펴볼 것이다. 아주 빠르게 발생하며 인지적 자원을 덜 사용하는 것에서부터 더 긴 시간을 필요로 하며 더 많은 생각을 필요로 하는 것까지, 플레이어와 게임 사이에 발생하는 상호작용 루프는 아주 다양하다. 그림 4.6에서 보이는 각각의 상호작용 루프는 그림 4.4에서 보이는 루프와 동일한 것이다. 각각은 서로 다른 시간 척도에서 동작하며 서로 다른 내부 자원이 필요하다. 각각의 루프에서 플레이어는 의도를 반영하고, 행동을 취하고, 이를 통해 게임의 상태를 변경하고 게임으로부터 피드백을 받게 되며, 이를 통해 루프의 다음 반복 과정을 준비하게 된다. 다양한 상호작용 루프의 차이점은 루프 수행에 필요한 멘탈(혹은 컴퓨팅) 리소스의 양과 이들이 발생하게 되는 시간의 척도, 그 결과로 플레이어가 얻게 되는 경험뿐이다. 이런 다양한 루프들이 자주 동시에 발생하기도 한다. 다양하고 신속한 행동을 통한 피드백 루프가 오랜 기간 동작하는 인지적 루프 안에서 발생하며, 그중 여러 개가 사회적 혹은 감정적 상호작용 루프 안에서 동시에 발생하기도 한다. 이 장의 뒷부분에서 상호작용 루프와 시간 척도라는 부분을 다시 한 번 짚어볼 것이다.

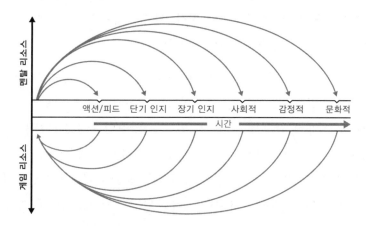

그림 4.6 다양한 유형의 상호작용 루프를 다이어그램으로 표시한 그림. 시간 척도는 초보다 작은 단위에서부터 한 주를 넘어서는 긴 시간까지 다양하게 존재한다. 루프가 길수록 통상적으로 멘탈 리소스 혹은 게임(컴퓨팅) 리소스가 더 많이 들어간다. 이 루프들은 때로는 동시에 발생하며 하나의 루프 안에 다른 루프가 포함되기도 한다.

이제 각각의 상호작용 루프를 좀 더 자세히 살펴볼 것이다. 가장 빠르고 인지가 덜 소모되는 것에서부터 느리고 사고 작용이 많이 필요한 순서대로 나열하면 다음과 같다.

- 액션/피드백 상호작용

- 단기 인지 상호작용

- 장기 인지 상호작용

- 사회적 상호작용

- 감정적 상호작용

- 문화적 상호작용

액션/피드백 상호작용

심리적 상호작용 중에서 가장 빠르게 수행되는 상호작용이다. 가장 기본적인 형태의 피드백으로 플레이어가 게임에 제공하는 물리적인 행동과 게임이 플레이어에게 제공하는 감각 위주의 피드백으로 구성된다. 이 상호작용은 보통 1초도 안 되는 짧은 시간 안에, 혹은 길어야 2~3초 안에 발생한다.

액션과 피드백이 핵심인 게임은 플레이어의 즉각적인 반응이 필요하다. 이런 게임의 핵심은 빠르게 반응하는 것이다. 플레이어의 액션과 게임의 피드백이 수행되는 시간은 100밀리초가 채 되지 않는 경우도 있다. 즉각적인 반응을 하는 데 필요한 시간이 250밀리초, 즉 1/4초를 넘지 않는다는 연구 결과도 존재한다(Card et al. 1983). 이 정도 시간을 초과하면 플레이어가 앞서 수행한 행동과 피드백을 연관지어 생각하지 못할 수도 있다. 심지어는 게임을 느리고 답답한 것으로 인지하게 된다.

현재 시제 액션과 반사적 주의

액션/피드백 상호작용 루프의 앞쪽 절반을 형성하는 것은 플레이어의 신속한 액션과 리액션이다. 플레이어의 액션은 '현재 시제'로 표현할 수 있다. 즉, "지금 플레이어가 무엇을 하고 있는가?"라는 질문에 "걷고 있다.", "달리고 있다.", "쏘고 있다." 혹은 "점프하고 있다."와 같이 현재 시제로 답할 수 있다면 플레이어의 멘탈 모델은 지금 이 순간 벌어지는 일을 토대로 형성되고 있는 중이며, 현재의 액션/피드백 루프를 통해 게임에 몰입하고 있는 것이다. 하지만 플레이어는 그들의 행동을 미래에 달성할 목표나 수행할 의도에 대입해서 설명하는 경향이 있다("퀘스트를 완료하고 있는 중이다." 혹은 "군대를 만들고 있는 중인데 다 만들면 친구가 성을 공격하는 걸 도와줄 거야"와 같이 말하기도 한다). 이런 경우 액션/피드백 상호작용이 중요한 역할을 수행하고 있지만 더 장기적으로 수행되는 인지 상호작용 혹은 감정적이거나 사회적인 상호작용 루프(이후에 더 자세히 이들을 다룬다)의 일부분으로 액션/피드백 상호작용을 인지하고 있는 것이다.

액션/피드백 상호작용은 반사적 주의reflexive attention, 혹은 외재적 주의exogenous attention라고 알려진 영역에 속한다. 이 영역에서 플레이어는 스스로의 자각이 아닌 외부의 이벤트에 의해 제어된다(Mayer et al. 2004). 우리의 뇌는 갑작스럽게 나타나는 위협을 포함해 새로운 자극에 기민하게 반응하도록 설계돼 있다. 이런 이유로 밝고 다채로운 색이나 빠르게 움직이는 것들에 시선을 빼앗기는 것이다. 특히 시야에 이런 것들이 나타날 때 증상이 더욱 도드라진다(Yantis and Jonides 1990). 두더지 잡기부터 FPS 게임에 이르기까지 수많은 게임이 이 메커니즘을 사용해 게임 플레이를 만들어내며 플레이어는 이 과정에서 흥분과 긍정적인 긴장감을 느낀다(Yee 2016b). 빠르게 움직이는 컬러풀한 오브젝트가 등장하고, 풍부한 소리로 피드백을 전달하는 게임은 '흥미진진하다'고 평가할 수 있을 것이다. 이런 게임이 플레이어의 주의를 끄는 것은 반사적인 수준이다. 게임 플레이 역시 깊은 생각 없이 수행이 가능하며 또 그럴 필요도 없다. '흥미진진한' 루프가 유지된다면 플레이어는 기민하게 반응하고 게임에 집중하는 상태를 유지하면서 언제 어떤 것이 나타나더라도 최대한 빠르게 반응하려 할 것이다. 스티브 스윙크^{Steve Swink}는 이런 빠른 속도의 루프를 통해 "게임은 가상의 오브젝트를 마치 실제로 조작하는 것과 같은 촉각과 운동 감각을 느끼게 해준다. 이것이 게임에서 무언가를 제어하는 느낌을 준다."라고 말했다. 이런 방식으로 게임 오브젝트와 상호작용하는 것은 자체가 즉각적인 즐거움을 제공해준다.

빠른 액션에 따른 스트레스와 보상

빠르게 진행되는 대부분의 게임에서는 플레이어 역시 신속하게 반응해야 한다. 특히 시각적 자극에 빠르고 정확하게 반응할 필요가 있다. 이 반응 과정에서 사람의 지각과 운동 시스템에 부하가 가해진다. 부하의 양은 특정한 목표물에 닿기까지 필요한 시간은 목표물의 크기에 반비례한다는 '피츠의 법칙'으로 설명할 수 있다. 큰 목표물일수록 빠르고 쉽게 손가락이나 마우스 포인터를 사용해 포인팅할 수 있다. 목표물이 작고 사전에 위치를 인지하지 못했다면 목표물까지 도달하는 데 더 오랜 시간이 걸릴 것이다. 특정 지점에 빠르게 도달하는 것처럼 반사적인 주의가 필요한 일을 성공적으로 완료하면 긍정적인 기분을 느낄 수 있다. 뇌에서 도파민과 노르에피네프린을 분비하고 이 과정을 한 번 더 수행하도록 부추긴다. 이런 행동은 어느 정도 카이와가 정의한 일링크스 플레이를 연상시킨다. 플레이어가 단순히 마우스 위에서 손가락만 움직이는 것에 불과하더라도 빠르고 정확하게 움직이고, 이를 성공적으로 완수했다는 느낌을 줄 수 있다면 게임을 충분히 재미있는 것으로 만들어 줄 것이다.

대부분의 디지털 게임에는 액션/피드백 상호작용보다 복잡한 상호작용이 포함된다. 초기 아케이드 게임들은 게임 플레이가 제한적이고 결정적이었다. 게임 안에 등장하는 적은 매번 정확하고 동일하게 움직였다. <팩맨>이 가장 대표적인 예라고 할 수 있다. 이 게임에 등장하는 '유령'들은 게임을 플레이할 때마다 항상 같은 방식으로 움직인다. 이런 결정론적인 구조로 인해 플레이어가 패턴만 알게 되면 게임을 성공적으로 플레이할 수 있었다. 충분한 연습을 거치면 짧고 반복되는 액션/피드백 루프에서 발생하는 반응을 기억하게 되지만 특별한 인지 작용은 발생하지 않는다. 절차적 기억(반복을 통해 기억되는 '근육 기억muscle memory'이라고 부르기도 한다)을 통해 이런 패턴을 오랫동안 정확하게 수행하면 플레이어는 그들이 반응할 수 있는 한계를 넘어서는 속도로 플레이를 이어나갈 수 있게 된다.

<쿠키런: 오븐브레이크> 같은 러닝 게임에서는 플레이어가 끊임없이 달리면서 어디로 가는지 빠르게 인지하고 장애물에 반사적으로 반응해야 한다. 어떤 오브젝트에 부딪히고 어떤 것을 피해야 할지 점점 더 빨라지는 진행 속도와 어려워지는 맵 구성에 맞춰 판단해야 하는 것이다. 게임이 진행될수록 액션/피드백 루프의 시간은 더 짧아지고 게임 속도 역시 빨라진다. 게임이 너무 빨라져서 플레이가 불가능해지기 전까지 게임은 흥미롭고 즐거움을 제공해준다.

이렇게 플레이가 불가능한 상태에 다다르면 특정한 행동을 하고 싶다는 내적인 욕구, 즉 '딱 한 판만 더'라는 증상을 흔히 겪게 된다. 플레이어가 짧은 기간 고도로 집중한 루프를 수행해왔고 이미 다음 달성 과제에 대한 열망으로 가득 차 있다면 조금만 더 나아가고 조금만 더 멀리 가고자 '한 번만 더 플레이를 하고 싶다'는 욕망이 아주 강력하게 발생할 것이다(이 욕구는 외부 루프 혹은 메인 게임의 메타게임 형태를 띤다). 플레이어는 게임을 학습하면서 자신의 멘탈 모델을 발전시켜 나간다. 하지만 이런 게임의 경우에는 반복된 행위를 통한 학습보다는 단순한 사물의 인지와 이에 반응하는 액션을 중심으로 멘탈 모델이 구성된다. 게임이 플레이어의 운동 기반 스킬 레벨을 넘어설 정도로 빨라진다면 이런 종류의 게임은 끝낼 순간이 온 것이다. 플레이어가 '딱 한 판만 더'를 원하지 않는다면 말이다.

액션/피드백 루프에 기반을 둔 게임에서도 신경 화학적이고 지각적인 아키텍처를 사용한다. 플레이어가 게임 안의 유닛을 적절한 시점에 이동시키고, 캐릭터를 달리게 만들고, 점프하고, 사격하고, 엄폐하고자 마우스를 움직이고 키보드를 누를 때 이런 아키텍처를 사용하는 것이다. 게임 플레이에서 빠른 리액션을 필요로 하지 않는 게임에서도 피드백은 충분히 흥미진진할 수 있다. 형형색색으로 다양한 움직임을 제공하고, 경쾌하고 신나는 사운드와 배경음악을 플레이어에게 제공하는 것이다.

이를 통해 플레이어는 각성과 보상의 메커니즘을 주축으로 동작하는 지각 시스템에 몰입할 수 있을 것이다.

이런 시스템을 가장 잘 보여주는 게임으로 <페글^{Peggle}>을 들 수 있다. 페글의 게임 플레이는 적절한 물리적인 입력과 단기 인지(이 장의 뒷부분에 더 자세히 다룬다)의 조합으로 이뤄진다. 하지만 이 게임에서 가장 빛을 발하는 것은 다양하면서도 효과적인 게임의 피드백이라고 할 수 있다. 특히 성공적으로 플레이를 수행했을 때 보상은 화려하기 그지없다. 게임 자체가 전체적으로 화려하고 매력적이며(플레이어의 주의를 끌 수 있는), 특히 핵심적인 플레이가 진행되는 순간에는 오늘날 게임이 줄 수 있는 최고 수준의(좋은 측면에서) 시각적이고 청각적인 피드백을 제공해준다. <페글>의 게임 플레이는 게임 보드상에 다양한 형태와 위치로 존재하는 핀(혹은 못)을 향해 작은 구슬을 발사하는 것으로 이뤄진다. 게임의 가장 극적인 순간에는 특정한 핀 사이를 구슬이 날아다니는 것을 카메라 줌인으로 확대해서 보여준다. 구슬의 궤적 역시 슬로 모션으로 보여주면서 극적인 드럼 사운드가 추가된다. 볼이 정해진 핀을 정확하게 치면 형형색색의 불꽃놀이와 함께 'EXTREME FEVER'라는 단어가 화면에 큼지막하게 보이면서 '환희의 송가'가 울려 퍼진다. 공이 지나는 궤적을 따라 무지개 색의 꼬리가 이어지며, 밝고 화려한 별들이 수놓는 불꽃놀이도 표시된다. 뒤를 이어 다양하고 밝은 색의 무지개가 화면을 가로지르고 획득한 점수를 커다랗게 표시해준다.

이 모든 것이 정확한 입력에 대한 강력한 피드백임과 동시에 지각적이고 신경 화학적인 시스템에 몰입하게 해주는 것이다. 플레이어는 이를 통해 각성된 상태와 몰입을 유지할 수 있다.

즉시적 게임 플레이

액션/피드백 상호작용은 대부분의 게임에서 중요한 비중으로 다뤄지며 다른 상호작용 루프에 의존하는 부분이 많다. '즉시적 게임 플레이^{Moment-to-moment gameplay}'라는 단어를 통해 이런 특징이 설명될 수 있다. 게임 디자이너라면 반드시 던져야 하는 질문 중 하나가 "플레이어가 플레이하는 모든 순간에 어떤 일을 수행하는가?"이다.

이는 앞서 살펴본 액션/피드백 상호작용이 가진 속성 중 하나인 현재 시제와도 관련 돼 있다. 게임은 어떤 피드백을 제공하며, 멘탈 모델을 만드는 데 어떻게 도움을 주는가? 플레이어는 이에 기반을 두고 어떤 행동을 취하는가?

게임이 적절한 시기에 피드백을 제공하지 못하고 플레이어에게 행동할 수 있는 기회를 주지 못한다면 흥미를 유지할 수 있는 다른 형태의 상호작용을 제공받지 못하는 한 게임에 몰입하지 못하고 지겨워하게 될 것이다. 모든 게임이 빠르게 진행되는 액션/피드백 상호작용 루프를 사용하는 것은 아니지만 대부분의 게임이 플레이어가 충분히 인지할 수 있는 결과와 플레이어가 게임의 상태를 변경할 수 있는 입력 수단을 제공한다. 이것이 즉시적 게임 플레이를 만들어내는 상호작용 루프라고 할 수 있다. 이 루프는 뒤이어 다른 형태의 상호작용을 불러일으키는 반송파의 역할을 수행한다.

인지적 상호작용

플레이어의 신경과학적이고 심리적인 단계에서 수행되는 액션/피드백 루프를 지나게 되면 단기 및 장기 인지 상호작용 루프를 관찰할 수 있다. 단기/장기 인지 상호작용은 문제 해결(단기)과 목표 달성(장기), 혹은 전술과 전략으로 대체할 수도 있다. 이 개념들은 이어지는 행동을 계획하고 그 행동에 집중하는 것과 관련이 있다.

'단기'와 '장기'라는 개념은 상대적이어서 상황에 따라 유연하게 적용할 수 있다. 퍼즐의 경우는 어떻게 행동할지 계획하는 데 아주 짧은 시간이(예를 들어 스도쿠 게임에서 적절한 숫자를 찾는 것) 필요한 반면 전략 게임에서는 계획을 수립하는 데 훨씬 오랜 시간이 필요하다. 플레이어는 액션/피드백 상호작용처럼 단순하게 환경에 반응하는 것이 아니다. 다음에 어디로 움직일지, 어떤 목표를 수립할지 꼼꼼하게 계획을 수립하며 이를 행동으로 옮기고자 필요한 값을 게임에 입력한다.

인지적 상호작용에서 학습은 구체적이고 의식적으로 수행된다. 대부분의 상호작용에도 학습이 필요하다. 플레이어는 액션/피드백 상호작용의 물리적이고 의식하기 어려운 과정을 반복해 학습하기도 하고, 사회적 상호작용을 통해 어떤 행동을 해야 하는지 배우기도 한다. 인지적 상호작용을 통해 얻을 수 있는 가장 큰 효과는 일반적으로 말하는 지식과 스킬의 증가, 즉 어떤 것에 숙련될 수 있다는 것이다. 십자 말 풀이나 스도쿠를 통해 스킬을 연마한 플레이어들은 더 어려운 게임을 플레이할 수 있는 능력을 습득하게 된다. 보드 게임과 디지털 게임에서도 충분한 인지적 상호작용을 제공해 플레이어가 원활하게 멘탈 모델을 수립하고 게임을 더 잘 수행할 수 있게 도와준다. 학습을 통해 어떤 것에 숙련되는 것은 수많은 플레이어에게 동기를 부여한다(새로운 스킬을 학습하면 뇌에 도파민이 분비된다). 특히 게임에서 제공하는 목표가 아닌 개인적으로 업적을 달성하려는 플레이어에게는 그 효과가 더욱 두드러진다.

인지적 상호작용 만들기

인지적 상호작용 루프를 만들려면 플레이어가 계획하고 달성할 수 있는 목표를 제공해야 한다. 이런 목표는 처음에는 단순해야 하며(몬스터를 처치하라, 빌딩을 건설하라, 특정 지점까지 이동하라) 시간이 지나면서 플레이어가 멘탈 모델을 만들어갈수록 좀 더 혼잡해지기도 하고(더 많은 단계가 필요) 복잡해지기도 한다(더 많은 루프와 빠른 액션을 통해 더 많은 결과를 산출해야 함). 계획이 복잡하고 오래 걸릴수록 이를 실행하는 데도 더 많은 주의가 필요하다. 플레이어가 단기 혹은 장기 상호작용을 수행하고 결과로 어떤 것을 얻을 수 있는지 예측하는 것도 필요하다. 게임 월드가 어떻게 동작하는지 학습한 것에 기반을 두고 이런 예측을 수행할 수 있다.

게임은 플레이어가 갖는 멘탈 모델의 깊이와 비슷한 내부 모델을 갖고 있어야 하며 플레이어가 멘탈 모델을 원활하게 수립할 수 있도록 도와줘야 한다. 게임 시스템이 계층 구조로 표현할 만큼 깊지 않다면 플레이어도 깊이 있는 목표를 설정하지 못한다. 레벨을 진행하는 플레이가 주요한 콘텐츠인 게임에서는 플레이어가 단기적인 사고 이상의 것을 하기 힘들다. 이런 게임에는 장기적인 계획을 세우거나 인지적인 상호작용을 수행할 것이 없다. 스킬 트리와 같이 오랜 기간 동안 수행할 수 있는 행동을 포함시켜 레벨 위주로 진행되는 선형적인 플레이를 보완할 수도 있다. 플레이어에게 다른 경로와 대안을 제시해주는 것이다. 하지만 이런 콘텐츠가 생명을 다한다면 플레이어는 바로 게임을 떠나게 될 것이다.

플레이어가 단기 혹은 장기적인 계획을 수립하고 다양한 경로를 선택할 수 있는 시스템 기반의 게임에서는 플레이어가 찾을 수 있는 해법이 다양하게 등장한다. 예를 들어 시장을 건설하는 대신 방어력을 극대화하고자 성벽을 높게 짓는 것을 택할 수 있다. 플레이어가 탐험할 수 있는 공간이 넓을수록 더욱 오랜 시간 효과적으로 게임에 몰입할 수 있게 되는 것이다.

상호작용 혼합

인지적 상호작용만 동작하는 경우는 아주 드물다. 체스나 바둑 같은 전통적인 게임은 플레이를 수행하는 데 깊은 생각이 필요하고 액션/피드백 상호작용에 거의 의존하지 않는다. 하지만 이런 게임들도 상호작용에서 자유로울 수는 없다. 바둑은 네모난 바둑판 위에 흰 돌과 검은 돌을 제외하면 아무것도 존재하지 않는다. 물리적인 입력과 감각적인 피드백이라는 측면에서 이보다 더 간단할 수는 없을 것이다. 그럼에도 불구하고 수많은 사람이 이 단순한 게임을 아름답다고 평가한다.

바둑을 두는 플레이어는 멘탈 모델에 각인돼 있는 다양한 상호작용을 활용해 하나의 돌을 움직인다. 사람들은 누구나 바둑을 두지 않더라도 이미 어떻게 돌을 집고, 들고, 착수하는지 알고 있다. 이런 동작을 수행하는 와중에 머릿속에서는 단기적인 전술과 장기전인 전략을 셈하고 있는 것이다. 플레이어의 스킬이 늘어나면 낮은 레벨의 전술적 인지가 게임의 시스템 계층 구조에 자연스럽게 녹아든다. 이 단계에 다다르면 플레이어가 알고 있는 지식이 암묵적으로 동작한다. 마치 바둑돌을 집을 때처럼 쓸데없는 생각은 거의 하지 않고 동작을 수행하게 되는 것이다. 이렇게 되면 플레이어는 자신의 인지 자원을 장기적인 전략에 더 많이 투자할 수 있게 된다. 게임에서 전술적인 측면을 더 많이 고려할수록 멘탈 모델 역시 더 깊어지고 계층 구조의 형태를 갖게 된다. 게임에 공감하고 몰입하는 것이 이 과정에서 함께 수행된다.

바둑이 간단한 인지적 상호작용을 제공하는 것에 비해 <캔디 크러시사가>와 같은 퍼즐 게임들은 단기 인지 혹은 좀 더 장기적인 인지를 제공한다. 전략 게임에서 풍부한 시각적인 효과를 제공하는 것은 게임 플레이 측면에서 핵심적인 것은 아니다. 이런 효과들은 전략 게임 안에서 실용적인 가치는 다소 떨어지더라도 게임 플레이를 통해 즐거운 경험을 얻는 것에는 일조할 수 있다.

단기 인지 상호작용 루프는 플레이어가 즉시적인 게임 플레이에 기반을 둔 경험을 얻을 때도 중요한 역할을 수행한다. 특히 플레이어가 오랜 시간이 필요한 목표를 달성하고자 그 안에서 빠르게 달성할 수 있는 목표를 연이어서 완성해 갈 때 이런 부분이 두드러진다. 롤플레잉 게임을 즐기는 플레이어가 마우스를 클릭해(액션/피드백 상호작용) 그들의 캐릭터가 몬스터를 공격하고(단기 인지) 이를 통해 캐릭터가 레벨업을 하고(장기 인지), 그들이 가입하려고 했던 길드에도 들어갈 수 있게 되는 것이다(사회적 상호작용).

사회적 상호작용

사회적 상호작용은 인지적 상호작용, 감정적 상호작용과 다양한 관계를 가진다. 사회적 상호작용은 플레이어에 중점을 맞춰 계획되고 실행돼야 한다. 이 단계부터 어딘가에 소속되거나 배제되는 느낌, 신분이나 지위, 존경과 같은 감정적인 요소와 경험들이 본격적으로 고려된다. 이들은 게임이라는 영역 밖에서 플레이어에게 동기를 부여해주는 것들이다. 사회적 상호작용이 다른 상호작용과 다른 점은 오직 사회적 맥락 안에서만 경험할 수 있다는 것이다. 사회에 속한 한 명의 구성원일 수밖에 없는 플레이어에게 이 점은 중요하게 작용한다. 사회적 상호작용의 근간에도 신경화학물질의 작용이 수반된다(세로토닌과 옥시토닌이 뇌에 분비됨). 사회적 상호작용과 몰입은 인지적인 몰입에 비해 효과를 얻기 위한 시간이 더 많이 필요하다. 다른 사람과의 대화는 아주 짧게 수행될 수 있지만 사회적 상호작용을 수행하는 데 필요한 입력과 반응 루프를 설계하는 데 필요한 시간은 짧게는 몇 시간에서 몇 주가 넘게 걸릴수도 있다. 긍정적인 사회적 경험을 해보는 것은 상대적으로 짧은 시간에도 가능하지만 커뮤니티에 속해 있다는 소속감을 느끼려면 더 오랜 시간이 필요하다.

장기 인지가 필요한 전략적인 상호작용과 마찬가지로 사회적 상호작용 역시 대부분의 사람에게 큰 동기 부여가 된다. 심지어 싱글 플레이어 게임에서도 게임 안에서 수행되는 사회적 상호작용은 중요한 역할을 수행하기도 한다. <파이어워치Firewatch>에서 플레이어는 산림 감시원 역할을 수행하며 게임 안에 등장하는 캐릭터 딜라일라와 무전기로 교신하는 부분이 게임의 핵심을 차지한다. 플레이어와 딜라일라는 게임 안에서 한 번도 만나지 않지만 사회적 상호작용을 수행하며 관계를 발전시켜 나간다. 딜라일라와의 대화를 통해 플레이어는 다양한 선택을 하고 이를 통해 다양한 국면이 전개된다. 이것이 게임을 진행하는 주요한 방식이다.

게임을 통한 사회적 상호작용

수많은 게임 중에서도 특히 가상 세계에 플레이어가 살아가는 MMO 장르에서는 플레이어의 사회적 상호작용이 성공적인 게임 플레이를 좌우하는 중요한 요소다. 플레이어는 서로 도울 수도 있고, 서로 배척하고 싸울 수도 있다. 멀티플레이 게임에서 게임(과 그 내부 모델)은 플레이어와 플레이어를 연결해준다. 플레이어는 게임 월드 안에서 상호작용을 통해 다른 플레이어와 상호작용을 수행한다. 상대방 캐릭터에게 칼을 휘두르거나 상점 주인에게 소지품을 파는 것과 같은 행위를 수행함으로써 플레이어가 게임 월드를 통해 상호작용을 수행하는 것이다. 플레이어는 게임과 수행하는 각자의 상호작용 루프를 수행하는 것이지만 플레이어의 행위가 게임 월드뿐만 아니라 다른 플레이어와 그들의 멘탈 모델, 이어서 수행되는 상호작용에도 영향을 미치게 된다. 문자나 채팅을 통해 플레이어들이 직접 사회적인 관계를 맺을 때는 게임이 플레이어 간의 매개가 되지 못한다. 이런 사회적 상호작용 역시 플레이어들로 구성된 독립적인 루프를 형성한다. 직접 수행되는 이런 상호작용은 게임을 매개로 하는 루프를 더욱 강화해준다.

이런 사회적 상호작용은 플레이어를 게임에 돌아오게 만드는 원인이 되기도 한다. 사람들은 그룹에 속해있다는 감정을 느끼기를 바라는 동시에 내가 아닌 '다른 사람'처럼 보이기를 원한다. 수천 명의 플레이어들이 즐기는 온라인 게임들은 플레이어의 이런 욕구를 충족시키고자 사회적 상호작용 루프를 제공하고 있다. MMO 장르의 게임을 플레이해본 개인적인 경험에 의하면 플레이어들은 게임 안에서 해야 하는 모든 것을 다 해 본 것처럼 느끼고 말하며 실제로 그렇게 보이기를 원한다. 그러면서도 여전히 커뮤니티에 속한 상태에서 사회적 상호작용을 수행하기를 원한다.

사회적 상호작용을 촉진하는 기술

게임에서 수행되는 사회적 상호작용은 상대방이 필요하다고 느끼거나 게임 안에서 상대방과 상호작용을 수행함으로써 이득을 얻을 수 있다는 것을 깨닫는 것에서 시작된다. 단순한 채팅 외에도 플레이어가 사회적 상호작용을 능동적으로 수행할 수 있도록 촉진하는 다양한 메커니즘이 존재한다. 여기서 주요한 몇 가지 메커니즘을 살펴볼 것이다. 이들을 통해 사회적 참조, 경쟁, 그룹화, 상호보완적 역할, 사회적 호혜를 수행할 수 있다.

사회적 매개체

사회적 상호작용을 촉진하는 가장 간단한 방법 중 하나는 다양한 플레이어가 상호작용할 수 있는 하나 혹은 여러 개의 오브젝트를 게임에 포함시키는 것이다. 이는 1990년대 유행한 3D 공간에서 함께 이야기를 나누는 온라인 그래픽 채팅에서 영감을 받았다. 게임 월드 안에서 갖고 놀고 싶은 오브젝트를 만들어 플레이어들의 사회적 상호작용을 촉진하는 것이다. 플레이어는 이런 오브젝트를 특별한 의미가 있는 것, 즉 사회적 상호작용의 대상으로 인식한다. 두 명 혹은 그 이상의 플레이어가 이 오브젝트를 활용하고 사회적인 방식으로 오브젝트와 상호작용을 수행하는 것이다. 공이야말로 가장 간단한 예라고 할 수 있다. 현실 혹은 디지털 게임 안에서 사람들에게 공을 주면 공을 활용해 사회적 상호작용을 수행한다. 어떤 형태로든 게임이 시작되며 이를 막는 것은 거의 불가능할 것이다. 이같이 게임 월드 안에서 플레이어들의 상호작용을 이끌어낼 수 있는 오브젝트를 배치하는 것도 사회적 상호작용을 촉진하는 훌륭한 방법이 될 수 있다.

경쟁

경쟁은 플레이어 홀로, 혹은 팀이나 그룹을 만들어 승부를 겨루고 이를 통해 보상을 받는 것으로 수많은 게임에서 가장 흔하게 찾아볼 수 있는 사회적 상호작용이다. 승자와 패자가 존재하고, 점수로 순위를 매기거나 리더보드가 존재한다면 플레이어는 더더욱 게임을 하고 싶어질 것이다. FPS나 MOBA와 같은 장르는 경쟁을 게임의 근간으로 삼고 있으며 프로 선수들이 뛰는 리그도 존재한다. 승부를 겨루는 게임에서 팀이 존재하고 팀에 속했을 때와 그렇지 않을 때 결과가 다른 것, 이를 통해 사회적 상호작용이 촉진된다는 점도 흥미로운 부분이다. 게임뿐만 아니라 다양한 분야에서 경쟁은 강력한 동기를 유발한다. 하지만 동시에 어떤 플레이어에게는 의욕을 떨어뜨리는 계기가 된다. 경쟁으로 유발되는 동기 부여는 나이가 듦에 따라 빠르게 옅어지기도 한다(Yee 2016a).

그룹화

플레이어들이 모여 그룹을 형성하면 소속감을 고취하고 동일한 정체성을 공유함으로써 사회적 상호작용을 촉진할 수 있다. 게임에서 플레이어가 보여주는 공동체 의식은 대부분 이와 관련돼 있다. 수많은 게임이 연맹, 길드, 파티 혹은 조합과 같은 그룹을 제공한다. 한 명의 플레이어가 그룹을 만들어 리더의 역할을 수행한다. 멤버 가입을 승인하고 이들에게 그룹에 가입하지 못한 플레이어들은 갖지 못하는 특권을 부여한다(예를 들어 길드원만 접근할 수 있는 공유 자원). 이들은 다른 플레이어에게 리더로서의 권한과 의무를 이양하기도 한다. 대부분 게임이 그룹을 형성하고 유지하는 것을 플레이어의 몫으로 남겨둔다. 온라인 MMO 게임인 <렐름 오브 더 매드 갓^{Realm of the Mad God}>에서는 플레이어가 근처에 있는 것만으로도 경험치를 얻을 수 있다. 플레이어들은 특정 그룹을 만들 필요가 없으므로 더욱 유연하게 협동 플레이를 즐길 수 있다. 이 게임은 플레이어들이 서로 가까운 거리 안에 존재한다면 우호적인 상태에 있다고 간주한다. 반면 이 게임에서는 오랫동안 유지되는 그룹이 존재하지 않기 때문에 사회적 상호작용은 짧은 기간만 수행되고 장기적으로 수행되는 사회적인 몰입이 촉진되지 못한다. 대부분 다른 게임에서는 길드나 연맹 같이 기본적으로 플레이어가 참여하는 형태의 그룹을 제공하고 사회적인 몰입 역시 더욱 길게 유지되며, 이를 통해 플레이어와 게임이 모두 이득을 얻게 된다.

상호보완적 역할

상호보완적 역할은 롤플레잉 게임과 같이 플레이어 혼자 모든 것을 수행하지 못하는 게임에서 흔하게 발견된다. 탱커(대미지 흡수), 원딜(원거리에서 딜 공격을 수행함) 혹은 지원(다른 플레이어에게 치유와 강화 – '버프'를 제공한다)과 같이 플레이어의 캐릭터가 하나의 역할을 맡게 된다. 이런 능력의 조합을 통해 플레이어들은 게임 안에서 사회적 상호작용을 수행하고 서로 돕게 된다. 혼자서는 달성할 수 없는 목표를 이들과 함께 달성하기도 한다. 게임 안에서 적절한 역할을 수행함으로써 도파민, 세로토닌, 옥시토닌이 분비되는 신경 화학적인 몰입은 물론이거니와 액션/피드백, 단기 인지 역시 함께 수행되는 효과를 얻을 수 있다. 결과적으로 계속 게임에 몰입하게 만드는 강력한 메커니즘이 만들어지는 것이다.

사회적 호혜

사회적 호혜^{Social reciprocity}는 내가 속한 그룹을 통해 이득을 얻고 이를 다시 그룹에 돌려주는 형태, 즉 호혜라는 인간적 욕구에 기반을 두고 형성된 게임 플레이를 말한다. 높은 매출을 올리고 있는 다양한 모바일 게임, 예를 들어 <게임 오브 워: 파이어 에이지^{Game of War: Fire Age}>는 사회적 상호작용을 활용해 성공을 거뒀다. 이 게임에서 플레이어는 동맹(플레이어가 속한 팀과 게임 안의 소셜 그룹) 안의 다른 플레이어가 건물을 더 빠르게 지을 수 있도록 도와줄 수 있다. 당신이 어떤 사람의 도움을 받았다면 이후 기회가 될 때 그 사람을 도와주려고 하는 것이 인지상정이다. 모든 플레이어가 개인 혹은 그룹 차원에서 서로에게 도움을 줄 수 있으며, 이는 강력한 형태의 사회적 소속감으로 자리 잡게 된다.

<게임 오브 워>에서는 플레이어끼리 선물을 주고받을 수 있으며, 특히 한 플레이어가 중요한 아이템을 획득했을 때 동맹의 다른 플레이어에게 선물을 제공할 수 있다. 이 역시 하나의 사회적 호혜 상호작용으로 작동한다. 누군가 특정 아이템을 구매해 다른 플레이어에게 선물을 주는 것이 가능하다면 아마 선물을 받은 플레이어도 다른 플레이어에게 같은 혜택을 주기를 바랄 것이다. 이를 통해 동맹은 더 강해지고 사회적 연대도 강화된다. 어느 정도 의도된 것이겠지만 결과적으로 게임 역시 수익을 얻게 된다. <게임 오브 워>의 실제 게임 플레이(진영을 건설하고 군대를 양성하며 이들을 다른 곳으로 보내서 싸우는)는 사실 다른 게임에 비해 더 낫다고 할 수는 없다. 그럼에도 이 게임은 일 매출 2백만 달러를 기록하는 기염을 토했다(Game of War ? Fire Age 2017).

사회적 상호작용과 관계없는 소셜 게임

소셜 게임이라고 부르는 많은 게임이 사실은 소셜과 아무런 관련이 없는 경우가 많다. <팜빌Farmville>과 같이 크게 성공한 소셜 게임에도 사회적 상호작용은 전혀 구현돼 있지 않다. 물론 플레이어가 다른 플레이어의 농장을 방문해 잡초를 제거하는 것 같은 미션을 수행해 다른 플레이어를 도와줄 수는 있다. 하지만 이는 전적으로 비동기적으로 수행된다. 플레이어는 서로 접촉할 수 없고 어떤 상호작용도 수행하지 않는다. 평행 세계에 거주하는 유령과 같은 존재일 뿐이다. 이런 부분들이 마치 사회적인 것처럼 보일 수 있지만 게임 안에서, 혹은 게임 밖에서 플레이어에게 사회적인 동기 부여는 전혀 되지 않는다. 플레이어가 도와준 다른 사람들이 보답으로 자신의 농장(다른 게임의 경우는 성이나 도시가 될 수도 있다)에서 일하는 것을 보면 뿌듯함을 느낄 수 있지만 실제 게임 안에서 사회적 상호작용이 풍부하게 수행되는 게임들에 비하면 아무래도 느낌이 부족할 수밖에 없다.

감정적 상호작용

직접적인 행동에서 사고가 필요한 영역을 지나 이제 감정적 상호작용과 몰입에 대해 알아볼 차례다. 상호작용을 수행하지 않는 미디어, 즉 책이나 영화에서도 감정은 중요한 부분이며 게임에서도 감정은 아직 미지의 영역으로 남아있다. 사실 지금까지 다양한 게임에서 분노, 두려움, 긴장감, 놀람, 성취감, 기쁨과 같은 감정에 대해 탐구해왔다. 이런 감정들은 다마시오Damasio와 에크먼Ekman이 기본적 혹은 우선적 감정이라고 표현했던 것과 관련이 있다. 이런 감정들은 인지적 영역에 속한다기보다는 좀 더 생물학적인 면에 가까우며 짧은 시간 안에 발생하고 플레이어의 내적인 부분에 의해 통제 받지 않는다. 이런 감정들은 사고 영역이라기보다는 좀 더 즉각적으로 반응하는 외적인 영역에 가깝다.

최근에 와서야 게임 디자이너들은 공포, 죄책감, 상실감, 열망, 성취, 사랑, 고마움, 명예와 같이 1차적인 감정을 넘어서는 좀 더 미묘한 감정들에 초점을 맞추기 시작했다. 이런 감정들은 단순한 상호작용만으로 느끼기는 쉽지 않다. 이런 감정을 느낄 수 있을 때까지의 시간은 액션/피드백이나 인지적 상호작용이 발생하는 시간에 비해 적게는 몇 분에서 길게는 몇 시간이 더 걸린다. 감정적 상호작용의 효과는 그 어떤 플레이어의 결정이나 게임에서 자체적으로 제공하는 감정보다 훨씬 오랫동안 남는다.

작가는 책에 등장하는 작중 인물의 말과 행동을 완벽하게 제어할 수 있다. 독자들은 책에 등장하는 캐릭터의 말과 행동에 찬사를 보내거나, 구역질을 느끼거나, 배신감을 느끼거나, 구원받은 것처럼 느낄 수도 있다. 캐릭터의 행동과 이를 통해 독자들이 느끼는 감정들은 사실 작가에 의해 계획된 것이다. 책에 등장하는 캐릭터의 말과 행동은 그 어떤 것과도 상호작용을 수행하지 못하고 이들을 변경시키지 못한다. 반면 게임은 다양한 상호작용 루프를 수행한다. 따라서 게임을 플레이하다가 어떤 부정적인 감정을 느낀다면 상호작용 루프 안에서 이와 관련된 부분을 변경해 이런 감정을 피하거나 개선할 수 있다. 반면 게임을 통해 사랑이나 애정과 같은 긍정적인 감정을 가질 수 있는 상황에서 게임(혹은 게임 안에 포함돼 있는 NPC)이 이런 경험을 방해한다면 당혹스러울 것이다.

<페이퍼 플리즈Papers, Please>에서 주인공은 다른 캐릭터의 운명을 결정하며 이 과정에서 도덕적이면서도 한편 고통스러운 감정적 상황에 직면해야 한다(어떤 경우는 취해야 할 행동을 선택하기도 한다). 플레이어는 가상 국가의 입국 심사관 역할을 수행하면

서 누구를 통과시키고 누구를 거부할 것인지 결정해야 한다. 이런 과정은 결국 개인적이고 감정적인 결말을 가져온다. 또 다른 암울한 배경을 가진 게임인 <디스 워 오브 마인$^{This War of Mine}$>과 <병사들의 귀향$^{The Grizzled}$>은 현대를 배경으로 시민들이 겪게 되는 전쟁의 폐해와 1차 대전의 군인들이 겪는 날것의 감정을 제공한다. 플레이어는 힘든 환경에서 어려운 결정을 내려야 하며 명확한 답을 찾을 수 없는 상황을 헤쳐가야 한다. 이 과정에서 스스로 옳은 일이라고 생각하고 수행한 일이 오랫동안 부정적인 감정으로 남는 일들을 해야 한다.

<저니^{Journey}>는 인터랙티브한 설정을 통해 플레이어에게 놀라움과 경외라는 감정을 선사해준다. 수많은 RPG 게임에서 사랑이 시작되고 난관을 극복하며 다시 사랑이 시작되는 낭만적인 테마를 제공한다. 이제는 고전이 돼버린 <구 공화국의 기사단$^{Knight of the Old Republic}$>이 대표적인 게임이라고 할 수 있다. <버글 브로스$^{Burgle Bros}$>나 <도망자^{Fugitive}>와 같은 보드 게임에서도 게임 플레이를 통해 감정이 다뤄진다. <버글 브로스>는 고비에서 살아남고자 협력하는 악당들의 감정을 경험해볼 수 있고, <도망자>의 경우는 범죄자를 쫓는 보안관의 감정에 몰입하게 된다. 이 게임들에서 감정은 게임의 핵심이며 플레이어가 상호작용을 수행하는 주된 대상이 된다. 감정적 상호작용을 통해 게임 안에서 필요한 결정을 내리며 더 나아가서는 게임 경험 자체가 되는 것이다. 이런 감정들은 어떤 이벤트로 인해 발생하거나 가식적으로 추가될 수 있는 것들이 아니다.

감정적 상호작용 구축

점점 더 많은 게임이 플레이어의 감정을 이끌어내고 있지만 게임 플레이를 통해 어떻게 감정을 불러일으킬 수 있는지는 아직까지 명쾌한 답을 얻지 못했다. 사실 사람의 감정에 대한 연구는 아직도 광범위하게 진행 중이며 여전히 다양한 모델과 이론이 제시되고 있다. 게임 디자인의 경우도 마찬가지다. 니콜 라짜로$^{Nicole Lazzaro}$, 스태픈 부라$^{Stéphane Bura}$, 제임스 쿡$^{James Cook}$ 같은 학자들이 게임과 감정에 대해 통찰력 있는 모델을 제시하고 있다.

게임 디자인 이론과 마찬가지로 오랜 세월 축적된 경험과 사고, 데이터가 존재함에도 불구하고 감정을 포괄적으로 설명할 수 있는 단 하나의 이론이나 모델은 존재하지 않는다. 게임에서 감정을 어떻게 만들어내는지에 대해서도 논란의 여지가 많다. 감정에 대한 연구는 지금도 왕성하게 진행되고 있다. 게임을 통해 유발되는 감정을 게임 네러티브라는 관점, 즉 게임을 소설이나 영화의 관점에서 설명하는 것은 이런 상황을 더욱 복잡하게 만들 뿐이다. 이런 관점으로 게임을 본다면 플레이가 이뤄지는 공간은 단일 경로로 한정되고 플레이어는 디자이너가 원하는 대로만 경로를 탐색하며 사전에 디자이너가 의도했던 감정적인 상황에 빠질 수밖에 없는 것이다.

게임에서 감정적 상호작용이 발생하게 도와주는 다양한 기법이 있다. 이런 기법들을 잘 배우고 활용하면 플레이들로부터 이끌어내고자 하는 감정을 불러일으킬 수 있을 것이다. 하지만 그 전에 우선 감정에 대해 더 자세히 살펴봐야 한다.

감정 모델

신경 화학적으로 혹은 심리학적으로 감정을 깊게 분석해보는 대신 감정에 대해 가장 널리 알려지고 유용한, 그리고 다양한 문화적 측면에서 이미 검증된 이론부터 살펴보자. 이 이론은 감정을 크게 2개의 축으로 나눈다. 수평축은 얼마나 행복한지를 보여주며 수직축은 얼마나 많은 에너지를 갖고 있는지 보여준다. 이 축들을 통해 모두 4개의 상태가 정의될 수 있다. 즉, 높은 에너지를 가진 행복한 상태, 낮은 에너지를 가진 행복한 상태, 낮은 에너지를 가진 행복하지 않은 상태, 마지막으로 높은 에너지를 가진 행복하지 않은 상태가 바로 그것이다. 이 4개의 상태가 중세의 4체액설의 다혈질^{sanguine}, 점액질^{phlegmatic}, 우울질^{melancholic}, 담즙질^{choleric}과 대응이 되는 것도 흥미롭다(그림 4.7 참고). 감정은 이 사분면 위의 어느 지점에 존재한다. 분노, 희열, 두려움과 같이 위치가 명확한 것도 있고 탐욕, 질투, 열정, 기쁨, 체념과 같이 위치가 애매한 감정들도 있다.

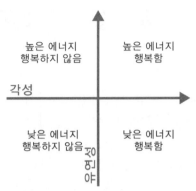

그림 4.7 2개의 축으로 구성된 감정 모델. 러셀의 원형 모형과 셀러스의 다중 레이어 원형 모형이 이 모델을 포함하고 있다.

이 이론을 통해 게임에서 구현하려는 감정에 대한 고찰을 시작할 수 있을 것이다. 감정적 상호작용을 만들기 전에 제일 먼저 감정이라는 것이 플레이어의 동기 부여와 함께 발생한다는 것을 깨달아야 한다. 감정은 우리가 원하는 것을 어떻게 느끼고 받아들이는 지에 따라 달라진다(부정적 감정이 발생하면 그 원인을 피하려고 한다).

게임 안의 동기 부여를 살펴볼 때 심리학자인 에이브러햄 매슬로우^{Abraham Maslow}의 욕구 이론을 활용할 수 있다. 이 이론의 가장 낮은 단계는 즉각적으로 동기 부여가 발생하고 가장 높은 단계에서는 오랜 기간을 거쳐 동기 부여가 발생한다. 표 4.1을 참고하자(여기에서 말하는 시간 척도는 상호작용 루프의 시간 척도와 동일하다).

표 4.1 매슬로우 이론에 착안한 동기 부여와 그와 관련된 감정

매슬로우의 단계	동기 부여의 예	감정의 예
기여(자아 실현)	자신을 넘어서는 것을 찾음, 그룹을 이끌고 봉사함	헌신, 연대, 진노, 두려움, 즐거움, 절망, 체념, 겸손
스킬과 달성(자부심)	스킬, 전문가적 가치, 성취감	승리, 명예, 죄책감, 용기, 달성감, 자부심, 회한, 연민
소셜(소유)	친구, 가족, 소속감, 그룹 멤버십, 신분	공감, 부끄러움, 질투심, 우정, 증오, 경멸, 수용

(이어짐)

매슬로우의 단계	동기 부여의 예	감정의 예
보안과 개체화(안전)	획득, 준비, 보호, 피난처	기쁨, 희망, 부러움, 실망, 즐거움, 안정감, 불안감
물리적(생리적)	음식, 물, 사람과의 접촉, 신기함, 고통과 상처를 피하려 하는 것	매력, 희열, 혐오, 분노, 무서움, 놀람, 피곤

표의 내용은 가이드에 불과하므로 참고만 하기를 바란다. 이 표가 전달하고자 하는 것은 어떤 감정을 불러일으키고자 할 때 어떻게 동기 부여를 하고 이를 위해 어떤 상황과 시스템을 만들어야 하는지에 대한 것이다. 당신이 만드는 게임을 살펴보고 가장 광범위하게 동작하는 동기 부여가 어떤 것인지 살펴본다면 플레이어가 이 경험을 통해 어떤 감정을 느끼게 될지 알 수 있을 것이다(게임 안에서 동작하는 동기 부여는 일반적으로 플레이어가 게임 외부에서 받는 동기 부여와는 다르다. 더 자세한 내용은 6장을 참고한다).

끊임없이 등장하는 좀비로부터 캐릭터가 살아남아야 한다면 플레이어는 빠른 시간 안에 캐릭터의 안전을 확보하는 것에 동기 부여가 될 것이다. 그 결과 두려움, 혐오, 놀라움, 살아남을 수 있다는 희망과 그렇지 못할 경우의 실망이라는 감정이 발생한다. 이런 게임에서 우정, 연민, 복수의 감정을 경험하는 것은 쉽지 않다. 사회적인 연결고리(예를 들어 누군가를 구해주는 것)가 이 게임 안에 구현돼 있다면 이런 종류의 감정을 느낄 수도 있을 것이다. 또한 스킬을 강화하려는 동기 부여와 이를 통해 느끼는 성취감 같은 감정도 접하기 어려울 것이다. 1차적인 감정(분노, 두려움, 희열 등)보다 더 미묘한 감정을 다루려면 그러한 감정을 불러일으킬 수 있는 동기 부여가 가능한 환경을 만들어내야 한다.

맥락

감정적 상호작용을 만드는 첫 번째 기법은 적절한 맥락을 만들어내는 것이다. 맥락을 만든다는 것은 곧 플레이어가 플레이를 통해 느끼는 분위기를 만드는 것이다. 적절한 무대를 제공한다면 플레이어들은 두려움, 승리, 희망과 같은 감정을 더욱 쉽게 느낄 수 있다. 게임에서 제공하는 색과 조명, 카메라 앵글, 음악과 같은 설정으로도 이를 가능하게 할 수 있다. 놀이 공원의 경우에도 밝은 햇살이 비치는 날 하늘 위에서 쳐다본 놀이기구와 폭풍우가 몰아치는 한밤중에 물체들이 흐릿하고 단색으로 보이는 상황에서 카메라를 낮게 잡아서 보는 것은 다른 감정을 불러일으킬 것이다. 이런 식으로 분위기를 만들어 게임 플레이를 통해 느끼기 원하는 감정을 제공할 수 있다.

상황과 목표

맥락이 만들어진 상황에서 좀 더 현실적인 감정적 경험을 제공하려면 앞서 설명한 것처럼 플레이어에게 의미 있고 동기 부여 되는 목표를 제공해야 한다. 이런 목표는 플레이어가 참여하거나, 유지하거나 혹은 막고 싶은 상황이나 사물로 구현된다. 매슬로우의 욕구 이론에 대응하는 단계를 선택해서 체험할 수 있는 기회를 준다면 각 단계에 대응하는 감정을 느끼게 할 수 있다. 마찬가지로 플레이어의 생명과 소유물, 친구, 그룹, 그의 명예를 더럽힐 수 있는 리스크를 제공한다면 이런 위협에 대응하는 감정을 불러일으킬 수 있다. 리스크를 극복하는 과정에서 혹은 리스크를 배제함으로써 이어지는 감정들(승리감, 실망, 외로움, 소속감 등)도 불러일으킬 수 있다.

플레이어는 최소한 게임의 맥락 안에서는 게임 디자이너가 부여하는 목표를 진지하게 받아들일 수밖에 없다. 그들이 마주하는 상황에 따라 느끼는 감정도 달라질 것이며, 감정의 강도 역시 상황을 얼마나 중요하게 받아들이느냐에 따라 달라진다. 이 시점에서 매직 서클이 중요하게 작용한다. 게임 안에서 발생하는 동기 부여와 감정은 실제로 게임을 플레이하게 만드는 동기 부여에 어느 정도 영향을 받는다. 플레이어가 게임 안에서 자신이 운영하는 도시가 파괴되기를 바라지 않는다면 이런 감정이 게임이라는 서클 안에 남아있어야 한다. 게임이 좀 더 현실적이라면 이런 감정은 더욱 구체적인 것이 되고 플레이어의 현실에도 영향을 미칠 것이다. 책이나 영화 안에서 좋아하는 캐릭터가 죽음을 맞았을 때 그 캐릭터들의 삶이 완전히 허구라는 것을 잘 알면서도 플레이어의 감정에 깊은 영향을 미치는 것처럼, 게임에서도 외부의 세계에 강력한 감정적 영향을 미칠 수 있다.

도전

게임 디자인의 측면에서 감정적 상호작용이란 플레이어에게 동기 부여된 상황을 만들고 이를 통해 플레이어가 원하는 감정적 경험을 할 수 있는 시스템을 만드는 것이다. 하지만 플레이어에게 유일한 경로와 선형적인 스토리를 제공하면 안 된다는 것을 고려하면 이는 도전에 가깝다. 플레이어에게 선택의 여지가 없는 특정한 경험을 강제하는 것보다 게임과 상호작용을 수행하면서 유발되는 감정과 동기 부여를 통해 새롭게 만들어지는 시스템에 집중하게 만드는 것이 더 효과적이고 효율적이라는 것은 자명한 사실이다.

최근에는 시스템에 기반을 둔 게임 플레이를 통해 감정을 유발하는 것보다 플레이어에게 어느 정도 결정된 '감정적 순간'을 제공할 수 있는 컷신을 활용하는 경우가 점점 더 많아지고 있다. 컷신 혹은 단일 경로 콘텐츠는 효율적으로 경험을 전달할 수 있다. 스토리의 특정 지점에서 특정한 감정을 유발해야 한다면 이 방법이 충분히 효과적일 것이다. 반면 플레이어가 게임에서 상호작용을 수행하고 동기 부여되며 그 결과 어떤 감정을 느끼도록 게임을 설계해야 하는 경우 플레이어가 정확하게 어떤 감정을 느껴야 한다고 사전에 설정하는 것이 쉽지는 않다. 대신 좀 더 풍부하게 상호작용을 수행하고 좀 더 개개인에게 의미가 있으며, 좀 더 의미 있는 진실한 경험을 전달하는 것에 초점을 맞춰야 할 것이다.

동기

감정적 상호작용을 만들어내는 것은 결코 쉽지 않으며 결과를 예측할 수 있는 일도 아니다. 때론 플레이어가 목표에 도달할 수 있는 기회를 놓치거나 게임이 제공한 목표에 의미를 부여하지 않을 수도 있다. 그 결과 목표로 유발되는 동기 부여와 감정 역시 플레이어에게 전달되지 않을 수 있다. 때로는 예상했던 것보다 더 격렬하게 반응할 수도 있고(이 부분은 이 장의 후반부인 '문화적 상호작용'에서 더 자세히 알아본다) 예상했던 것과 다른 동기 부여와 감정을 갖게 될 수도 있다. 이런 경우 게임의 전체적인 경험 자체가 달라질 수도 있다.

감정적으로 몰입할 수 있는 상황과 시스템을 만드는 데는 많은 시간이 필요하다. 플레이어가 이런 상황과 시스템을 인지하고 동기가 부여돼 몰입하고, 그 결과 어떤 감정을 갖게 되는 데까지도 시간이 필요하다. 게임을 통해 얻을 수 있는 모든 감정 상태를 경험하려면 때로는 몇 주의 시간이 필요할 수도 있다. 매슬로우의 욕구 이론과 마찬가지로 더 높은 단계의 동기 부여와 감정일수록 이를 얻기 위한 시간도 더 오래 걸린다. 이런 감정들은 얻기 힘든 만큼 더 오랫동안 감정적인 영향력을 행사한다.

게임 디자이너들에게 상호작용 루프를 통해 감정을 사용하는 것은 여전히 배울 게 많이 남아 있는 영역이다. 더 몰입할 수 있는 게임을 만들기 위해서라도 이 영역은 충분히 살펴볼 가치가 있다.

문화적 상호작용

앞서 살펴본 과정의 끝에 다다르면 결국은 문화적 가치와 한 문화에 속한 개인에 대해 오래 고민해봐야 한다. 역사 속에서 우리가 누구였는지 돌아보고 각자 개인으로서 우리는 어디에서부터 유래했는지, 오늘날 우리가 처한 문화적인 상황에 대해서도 살펴봐야 하는 것이다. 게임을 활용해 우리의 과거와 현재의 가치를 미래에 우리가 갖고 싶어 하는 가치와 비교할 수 있다. 문화는 항상 정체와 번창, 몰락과 같은 질문거리를 수반하기 때문에 이런 질문에 대한 답을 하려면 몇 년의 시간이 걸릴 수도 있다. 게임의 수명이 몇 년 동안 지속되지 않을 수도 있지만 현재의 가치와 문화를 게임에 반영할 수는 있다. 이를 통해 플레이어가 평생 동안 고민하는 문제를 해결하게 도와주기도 한다.

브렌다 로메로^{Brenda Romero}가 만든 <트레인^{Train}>은 아주 인상적인 게임으로, 오랜 시간 문화적인 몰입을 할 수 있게 해주는 게임이다. 간단해 보이는 이 게임에서 플레이어는 노란색 사람 모양의 말들을 기차 화차에 태우고 목적지로 옮긴다. 처음에는 기차의 목적지를 알 수 없지만 게임을 진행하면서 사람들을 실은 이 기차가 어디로 가는지 알게 된다. 게임이 갖고 있는 메커니즘을 통해 이 게임의 본질이 점점 드러나는 것이다. 노란색 사람 모양의 말은 유태인을 의미하고 플레이어들은 이들을 나치의 강제 수용소로 데리고 가는 것이다.

이 게임을 플레이하는 사람이나 이를 지켜보는 사람에게 일어나는 감정적이고 사회적이며 문화적인 충격을 과장할 필요는 없을 것이다. 많은 사람이 게임의 본질을 깨닫고 나서 놀라게 된다(사람들은 게임의 실상을 아주 미묘하게 알게 된다. 마치 깨끗한 게임 보드 아래 깨진 유리 조각들이 펼쳐져 있는 것 같은 느낌을 받게 된다. 이는 1938년 독일에서 발생한 유태인의 습격의 날인 '수정의 밤^{Kristallnacht}'을 연상시킨다). 게임의 본질을 알게 된 플레이어는 스스로 홀로코스트의 공모자가 됐다는 생각에 공포와 혐오를 느낄 것이다. 어떤 사람들은 모든 사람 모양의 말을 구할 때까지 게임을 끝내지 않으려 한다. 또 어떤 사람들은 게임의 목적을 알게 된 다음 이를 바꾸려고 노력한다. 마치 독극물을 만진 것처럼 게임 자체를 역겹게 생각하는 사람들도 있다.

<트레인>은 불쾌한 경험을 제공할지는 모르지만 게임이 어떻게 문화적 상호작용을 수행하는지 잘 보여주는 예라고 할 수 있다. 플레이어는 역사와 문화를 체험하고 그 안에서 살아볼 수 있게 된다. 또한 문화를 모델로 만들어진 게임 시스템을 통해 그 문화와 상호작용을 수행할 수도 있다. 플레이어는 이 게임을 통해 홀로코스트의 공포를 느낄 수 있을 뿐만 아니라 이 사건에 직접 연관됐다고 느끼게 되는 것이다. 플레이어가 게임을 어떻게 진행할지 결정할 수 있기 때문에 게임을 플레이한다는 단순한 느낌이 아니라 이 게임의 결과를 만드는 데 동참했다는 느낌을 갖게 되는 것이다. 게임을 진행하는 중에는 결말이 어떻게 될지 알 수 없다. 결과적으로 플레이어는 "끝이 어떻게 될까?"라는 질문을 던지지 않고 맹목적으로 규칙을 따르는 것이 과연 정당한 것인지에 대한 의문을 갖게 될 것이다. 게임이 화두를 던지고 문화적 상호작용 루프를 수행하는 훌륭한 예라고 할 수 있다.

게임을 제외한 다른 매체에서 이런 상호작용을 수행하는 것은 거의 불가능하다. 플레이어는 사회적으로 중요한 주제와 상호작용을 수행하고 경험함으로써 게임이 표현하려는 문화적 방향에 대해 고민하게 된다. 항상 권위에 복종하고 규칙을 따를 것인가? 이런 질문을 던지는 메커니즘 자체는 인지적, 사회적, 감정적 상호작용 모두에

유사하게 적용될 수 있다. 문화적인 화두를 고민하게 만드는 시스템은 좀 더 특별한 상호작용 수행을 위해 더욱 장기적인 맥락 형성이 필요하다.

문화적 상호작용의 특성으로 인해 플레이어에게 매직 서클의 영역이 애매모호해질 수 있다. 플레이어가 게임 자체가 아닌 다른 주제에 대해 고민한다면(예를 들어 <트레인>의 경우 "게임의 본질을 알게 된 다음에도 플레이를 계속하는 것이 도덕적으로 옳은 일인가?"와 같은 질문) 게임을 통해 나타난 문화적인 현상과 문제에 대해 계속 게임 디자이너와 소통하고 있는 것이다.

플레이어는 팬덤 활동이나 코스플레이, 게임 포럼, 혹은 게임 비평 등을 통해서도 문화적 상호작용을 수행할 수 있다. 2K의 명작인 <바이오쇼크> 시리즈를 플레이한 플레이어들 중 일부는 다양한 채널을 통해 이 게임에 반영된 객관주의 철학에 대해 의문을 제기했다. 이는 다른 플레이어들이 더욱 게임과 활발하게 문화적 상호작용을 하는 결과를 낳았다. 이런 행동과 소통은 우연히, 그리고 순식간에 일어난 것이 아니다. 게임 안에서 이런 현상을 유발할 수 있는 상호작용 루프가 설계돼 있었고, 게임 플레이가 끝났다고 하더라도 이 영향이 계속 이어졌던 것이다. 이런 내용들은 게임 디자인의 초기 단계에서 다뤄야 하며 게임을 개발하는 내내 주의를 기울일 가치가 있다.

상호작용 루프의 플로우

미할리 칙센트미하이[Mihaly Csikszentmihalyi]의 <플로우 이론>을 언급하지 않는다면 상호작용이나 몰입에 대한 논의가 마무리될 수 없을 것이다. 이 이론은 자신의 행위에 몰입해서 '어떤 영역' 혹은 '어떤 플로우'에 들어가는 상태를 설명하고 있다.

몰입한다는 것이 수행하고 있는 일에 기민하게 반응하며 상당한 주의를 기울이고, 이로 인해 관계없는 입력을 무시해 결과적으로 평소보다 성과가 더 잘 나오는 상태라는 것을 다시 한 번 상기해보자. 플로우 상태에 들어간 사람은 어느 정도의 불확실성을 인지하더라도 도전적인 행위에 몰입하게 되며 인지 가능한 수준의 목표를 세우고 피드백을 명쾌하게 수용하게 된다. 이들의 주의가 한 곳에 집중되지만 그렇다고 해서 스트레스를 받는 상태는 아니다. 이 상태에 돌입하면 시간의 흐름에 크게 구애 받지 않으며 그들이 일을 잘 수행하고 있다는 느낌을 계속 받게 된다. 그들의 일에 완전히 빠져들며 때로는 이 사실조차 인지하지 못한다. 이런 경험을 한 이들은 그들이 수행한 일과 '하나가 됐다'고 설명한다('플로우'라는 개념을 설명할 때 가장 힘든 부분 중 하나다). 궁극적으로 지금 수행하고 있는 일이 커다란 의미를 갖게 되며 그 자체가 하나의 의미 있는 일이 된다. 처음에는 어떤 공리주의적인 목표를 갖고 일을 시작할 수 있지만 수행 도중 일정 기간 플로우 상태를 유지할 수 있다면 그 자체가 의미 있는 목표가 될 수 있는 것이다.

플로우는 '채널'을 통해 설명할 수도 있다. 플레이어의 몰입 상태와 플로우를 시각화해서 설명할 때 매우 유용하게 사용된다. 그림 4.8에서도 보이듯이 플로우 상태는 어딘가에 '흥미를 갖는 것'에서부터 시작한다.

도전할 만한 것들, 혹은 나의 스킬을 발전시킬 수 있는 것들이 보이지 않는다면 사람들은 무관심 상태를 유지하며 전혀 몰입하지 못한다. 플로우가 증가하면 업무를 통한 도전과 얻을 수 있는 스킬이 늘어난다. 편안한 상태보다 도전에 관련된 부분이 더 증가하면 각성 상태를 유지하게 된다. 도전과 관련된 부분이 계속해서 증가하면 스트레스를 받고 불안감이 발생해 여키스-도슨 법칙의 오른쪽 구간에 진입하게 된다(그림 4.5를 다시 참고하자). 현재의 업무를 충분히 잘 수행할 정도의 스킬을 갖고 있다면 처음에는 이완된 상태를 유지하다가 시간이 지나면서 점점 지겨움을 느낀다. 각성과 이완의 중간 영역(파동 모양 곡선이 가로지르는 부분)에 머무른다면 플로우 채널의 가장 합리적인 영역에 머물게 되는 것이다. 이 상태라면 현재 몰입하고, 학습하고, 수행하는 일에 대한 멘탈 모델을 효과적으로 만들 수 있고 동시에 그 일을 효과적으로 수행할 수 있다. 심리학적으로 어떤 것에 심취해 있는 것이며(여전히 각성한 상태로 주의를 기울이고 있으면서도 외부의 불필요한 자극을 무시하는) 시간이 흐르고 있다는 것조차 잘 인지하지 못하게 된다.

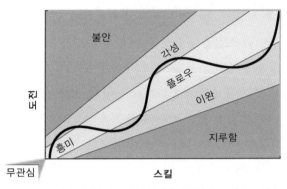

그림 4.8 시각화된 플로우 상태. 불안과 지겨움의 중간 영역에서 발생하며, 도전과 스킬이 모두 늘어나게 된다.

플로우 채널의 개념을 활용해 개인의 욕망이 어떻게 충족돼 가는지 알 수 있다. 사람들은 더 많이 배울수록 새로운 도전을 쉽게 받아들인다. 어떤 일에 몰입하면(그로 인해 성공적인 게임 경험을 얻는다면) 다양한 상호작용의 결과로 앞서 설명했던 신경 화학적인 작용이 발생한다. 도파민, 세로토닌, 옥시토닌, 엔돌핀이 분비돼 성취감을 느끼고 궁극적인 희열을 느끼게 되는 것이다. 하지만 곧 '습관화'라고 부르는 과정을 통해 이런 감정에 익숙해지고 새로웠던 감정들을 더 이상 느끼지 못하게 된다. 상호작용과 목표를 수반하는 모든 일이 동일하게 습관화 과정을 거친다. 따라서 플레이어들은 점점 더 많은 것을 배우기를 원하고 더 새로운 것에 도전하려고 한다. 여키스-도슨 곡선의 정점을 향해 올라가는 사람들, 플로우 채널의 윗부분에 위치한 사람들은 각성된 상태에서 학습을 이어가는 양상을 보여준다. 다양한 상호작용을 적절하게 활용하면 플로우 상태를 벗어나지 않고 다시 이완 상태로 돌아갈 수도 있다.

플로우를 통해 몰입을 명쾌하게 설명할 수 있을 뿐만 아니라 경험 자체가 목적이 되는 것도 이해할 수 있다. 미하이 칙센트미하이도 경험하는 것 자체가 목적이 되는 것을 언급했고, 이와 유사한 내용을 이 책의 3장에서도 다뤘다. 플레이어는 게임이 제공하는 상호작용을 사용해 이런 경험을 시작한다. 여기에는 단기간, 장기간 인지적 상호작용을 통해 구현되는 목표도 포함된다. 이런 여정의 끝에서 플로우를 경험할 수 있다면 플레이어는 도전이 달성되고 스킬이 발전하는 경험을 한 것이며 이런 경험과 발전 자체를 그들의 목표로 삼을 수도 있다. 이런 상태에 도달한 플레이어들은 그림 4.8 플로우 채널의 오른쪽 윗부분에 위치한다. 즉, 외부에서 주어지는 동기로 더 어려운 도전이나 스킬을 얻으려 하는 것이 아니라 그들 스스로 만들고 움직여온 목표와 상호작용에 기반을 두고 몰입 상태를 유지하게 되는 것이다. 모든 게임이 스스로 의미를 갖는 목표를 제공하지는 않는다. 또한 그럴 필요도 없다. 상대적으로 간단한 액션/피드백과 짧은 기간의 인지적 상호작용 루프를 통해서도 충분히 플로우 상태에 도달할 수 있다. 테트리스나 단순한 쓰리매치 퍼즐 게임에서도 이런 플로우를 제공할 수 있는 것이다. 플레이어 스스로 가치 있는 목표를 수립할 정도로 멘탈 모델을 만들 수 있어야 하며, 이를 가능하게 만드는 게임 내부 모델을 제공한다면 오랜 시간 동안 플레이를 즐기고 그 시간만큼 충분히 사랑받는 게임이 될 것이다.

상호작용 루프의 시간 척도

지금까지 다양한 상호작용과 몰입에 대해 알아봤다. 신경 화학적, 액션/피드백, 인지적, 사회적, 감정적, 문화적 상호작용까지, 또한 반사적인 반응에서부터 더 상위의 사고 수준에 이르기까지 주의력의 측면에서도 상호작용과 몰입은 다양한 형태를 띠고 있다. 아주 느리게 작용하는 것부터 아주 빠르게 작용하는 것까지, 속도도 다양하다. 1초가 채 걸리지 않는 것부터 하나의 루프를 완성하기까지 한 시간, 하루, 혹은 그 이상의 시간이 걸리기도 한다(그림 4.6 참고).

이런 루프들은 완전하게 몰입할 수 있는 상호작용을 제공하고자 다른 루프보다 더 높은 부분에 위치하기도 하고 다른 시간 척도를 기준으로 수행되기도 한다. 게임에서는 다양한 상호작용 루프가 동시에 작용하며 이를 통해 더 몰입감 있는 경험을 만들어낸다. 빠르게 수행되는 상호작용 루프들은 상대적으로 다른 루프에 비해 깊은 의미가 없는 것으로 간주된다. 플레이어들은 빠르게 진행되는 슈팅 게임에도 몰입할 수 있지만 이것이 깊이 있는 통찰로 이어진다고 보기는 힘들다. 좀 더 긴 시간이 필요한 사회적, 감정적, 문화적인 상호작용이야말로 게임의 의미를 더욱 깊이 있게 만들어준다.

가볍고 캐주얼한 쓰리매치 게임에는 주로 액션/피드백 루프와 단기 인지 루프를 활용하며 단기 인지 루프가 반복되면서 구축되는 좀 더 긴 형태의 루프도 함께 활용한다. 이런 종류의 게임 디자인에는 장기적이고 전략적인 사고, 혹은 감정적이고 사회적, 문화적인 상호작용을 통해 전달할 심각한 의미는 포함되지 않는다. 온라인으로 진행되는 전쟁 게임의 경우에도 플레이어는 여전히 액션/피드백 상호작용 루프를 활용하지만 (좀 더 긴 시간이 필요한) 전술적이고 전략적인, 그리고 사회적인 상호작용에 더 초점을 맞춘다.

상호작용이 빠르게 경험될수록 게임은 '가볍게' 여겨진다. 이런 게임들은 쉽게 시작하고 그만둘 수 있으며 플레이어에게 큰 가치로 다가오지 않는다. 반면 상호작용이 좀 더 긴 시간 동안 수행된다면 게임은 그만큼 더 '무겁게' 다가온다. 장기적인 인지와 사회적, 감정적, 문화적인 상호작용이 수행되며 긴 시간 동안 몰입된 상태를 유지하게 만들고 몇 년에 걸쳐 그 게임에만 몰두하게 만들 수도 있다. 빠르게 순환되는 오늘날의 모바일 게임 시장에서 이런 현상은 더욱 두드러진다. 전체 모바일 게임 플레이어 중 오직 38%만이 한 달 이상 같은 게임을 즐긴다. 나머지는 한 달이 채 되기 전에 다른 게임으로 이동한다(Dmytryshyn 2014).

각기 다른 시간 기준을 가진 다양한 게임 플레이가 쌓여서 게임 경험을 만든다는 개념은 이미 오래전 한 게임 디자이너에 의해 언급됐다. <헤일로 2>와 <헤일로 3>의 리드 게임 디자이너인 제이미 그리즈머^{Jaime Griesemer}는 '30초의 재미'라는 아이디어를 언급했다(Kietzmann 2011).

그리즈머는 한 매체와의 인터뷰에서 헤일로 시리즈의 매력적인 전투에 대해 "3분 루프 안의 30초 루프, 또 그 안에 3초 루프가 존재하며 이들은 항상 다르게 동작한다. 따라서 항상 독특한 경험을 얻게 된다."고 말했다. 아주 빠른 속도로 진행되는 액션 게임도 서로 다른 상호작용이 서로 다른 시간 척도를 갖고 동시 다발적으로 발생하는 것이다. 사이클이 짧을수록 순간적인 문제들, 즉 '어디에 서 있을 것인지, 언제 총을 쏠 것인지, 언제 몸을 던져 수류탄을 피할 것인지'와 같은 일에 집중하게 된다. 반면 더 긴 사이클의 상호작용들은 좀 더 전략적인(따라서 좀 더 인지적인) 문제에 집중한다. 이런 상호작용 루프들이 쌓이면서 각각의 시간 척도에 맞는 몰입을 만들고 이들이 제공하는 경험 역시 더욱 다양해지며, 이런 복합적인 과정을 통해 게임 디자이너는 몰입이 가능하고 기억에 남을만한 게임 플레이 경험을 제공할 수 있게 되는 것이다.

핵심 루프

게임 디자이너들은 게임의 '핵심 루프'라는 단어를 자주 사용한다. 이 단어는 '플레이어가 가장 많은 시간을 할애하는 부분' 혹은 '플레이어가 항상 수행하는 무엇'을 이야기할 때 자주 사용된다. 앞서 살펴본 여러 상호작용 루프에 대한 이해를 기반으로 이 단어를 좀 더 정확하게 정의해볼 필요가 있다. 대부분의 몰입 루프는 그림 4.4와 같은 동작을 수행하며 게임의 핵심 루프는 그림 4.9처럼 동작한다. 플레이어가 의도를 갖게 되고 이를 행동으로 옮기며 게임에 입력을 제공한다. 이를 통해 게임 내부의 상태가 변경되고 게임은 플레이어에게 그들이 행동하는 원인이 되는 긍정적인 피드백이나 효과를 전달한다. 일반적으로 이런 피드백에는 게임의 진행 상황이나 보상, 혹은 플레이어가 계속 게임에 몰입할 수 있게 유도하는 다양한 정보가 포함된다. 게임이 진행되면서 새로운 능력과 보상을 얻게 되고, 이 능력과 보상을 활용해 새로운 목표와 의도를 얻으면서 다시 하나의 사이클이 시작된다.

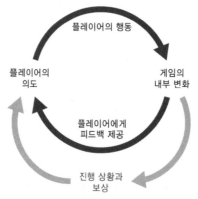

그림 4.9 다이어그램으로 표현된 핵심 루프. 플레이어가 주로 수행하는 행동과 연관된다. 7장에서 더 자세한 내용을 다룬다.

앞서 살펴봤듯이 이 사이클은 플레이어가 얼마나 많은 주의를 기울이느냐에 따라 달라지며 또한 다양한 기간에 걸쳐 발생할 수 있다. 게임의 핵심 루프는 게임 디자인에 의해 결정되며 플레이어의 몰입에 가장 중요한 영향을 미치는 상호작용에 따라 달라진다. 상대적으로 낮은 수준인 액션/피드백 루프는 거의 대부분 이 범주에 포함되는데, 이는 플레이어와 게임이 직접 맞닥뜨리는 인터페이스이기 때문이다. 키를 누르고, 마우스를 움직이고, 스크린을 탭 하는 것과 같은 액션이 수행되고 그에 대한 반응으로 피드백이 제공된다.

액션/피드백 루프가 게임+플레이어 시스템의 가장 중요한 루프가 아닐 수도 있다. 게임 디자인 과정을 거치면서 플레이어가 가장 관심을 기울일 수 있는 상호작용의 형태를 결정하고, 이를 통해 핵심 루프가 형성될 수 있게 해야 한다. 게임을 따라 움직이는 것(점프하거나, 사격하는 것과 같은 행동들)은 게임 안에서 가장 중요한 상호작용이 될 수도 있고, 단지 게임을 진행하는 하나의 수단이 될 수도 있다. 플레이어가 건물을 짓고 기술을 개발하며, 제국을 다스리는 것에 집중하거나 혹은 다른 플레이어와의 관계를 만드는 것에 더 많은 관심을 기울인다면 이런 형태의 상호작용이 게임의 핵심 루프를 형성하게 될 것이다(7장에서 이 주제를 더욱 자세히 알아본다).

몰입 사이클

서로 다른 기간 동안 수행되는 서로 다른 유형의 상호작용 루프가 축적되면 이를 통해 다양한 수준의 각성이 반복되는 사이클이 형성된다. 몰입과 학습에서 이 사이클은 중요한 의미를 가진다. 플레이어가 어떤 것에 도전하면서 긴장 상태를 유지하고, 그 이후 이완과 강화의 단계를 경험할 수 있기 때문이다. 또한 더 이상 긴장감을 유지할 수 없을 정도로 피로해지는 것을 방지하고, 일정 수준 이상의 몰입과 성과를 유지할 수 있게 도와준다.

서로 다른 주파수의 파장이 여러 개 겹친다고 생각하면 이 구조가 좀 더 쉽게 파악될 수 있다. 액션/피드백 상호작용 루프는 가장 짧은 유지 기간을 가지므로 가장 짧은 파장을 갖지만 가장 빈번하게 발생한다. 이 상호작용 루프는 게임 플레이가 이어지는 동안 계속 발생한다. 그 외의 상호작용들은 액션/피드백 상호작용 루프에 비해 좀 더 긴 파장과 사이클을 가진다(그림 4.10 참고). 그 결과 액션/피드백 루프는 게임 내내 지속적으로 발생하며, 바다의 큰 너울과 함께 존재하는 작은 파도와 같은 역할을 수행하게 된다. 또한 단기 인지, 장기 인지, 사회적, 감정적, 문화적 루프와 함께 쌓이고 동작해 다양한 긴장과 이완의 시기를 만들어낸다.

게임 디자이너 첼시 호우Chelsea Howe는 겹친 사이클을 통해 '주기와 절차'를 만들며 플레이어에게 게임 안에서 시간의 경과를 알려줄 수 있다고 설명했다. 사이클을 통해 새로운 콘텐츠를 활용할 수 있는 기간(예를 들어 일일 퀘스트와 그 보상), 게임 세션을 시작하는 지점과 중단하는 지점, 전투를 시작하거나 이에 대비해 장비를 수리해야 하는 시점, 액션에 집중하거나 긴장을 이완할 수 있는 시점, 혹은 게임 안에서 사회적이거나 축하할 만한 일들이 일어나는 주기(시즌 혹은 레벨업)를 인지하게 되는 것이다.

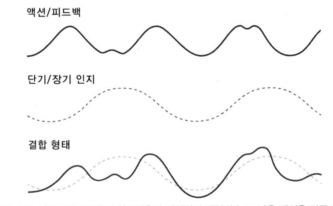

그림 4.10 서로 다른 '파장'의 상호작용이 겹치면서 게임의 높고 낮은 텐션을 만들어낸다.

서사적이고 상호적인 몰입

3장에서도 살펴봤듯이 많은 게임에서 서사는 중요한 역할을 수행한다. 게임에서 플레이어는 서사를 활용해 상호작용을 수행한다. 또한 서사는 플레이어가 추구하는 목표를 제공하고 배경을 만들어준다. 이런 다양한 역할을 수행하지만 서사 자체가 상호작용은 아니다.

대니얼 쿡Daniel Cook은 게임의 서사를 루프가 아닌 부채꼴 모양으로 설명했다. 게임은 텍스트나 NPC의 대사, 컷신 같은 다양한 형태로 플레이어에게 피드백을 제공하며 이는 플레이어에게 '전처리pre-processed된 정보 화물'이 된다. 이 '화물'은 플레이어에게 특정한 정보를 제공하며 플레이어는 이를 효과적으로 활용할 수 있지만 이와 상호작용을 수행하지는 않는다. 결과적으로 플레이어의 몰입은 제한될 수밖에 없다. 영화를 보거나 게임의 컷신을 볼 때 상황과 캐릭터에 몰두할 수는 있지만 그 안에서 어떤 행동도 취하거나 선택할 수 없는 것과 마찬가지다. 플레이어는 서사가 지속되는 기간 동안 수동적인 참관자의 위치에 머무를 수밖에 없다.

수많은 게임에서 이렇게 상호작용을 수행하지 않는 서사를 활용해 상호작용을 시작하고 마무리한다. 미션을 시작할 때 내레이션을 통해 이를 소개하고 플레이어가 미션을 완료하면 역시 내레이션을 통해 상황을 마무리한다. 이런 경우 플레이어가 아주 오랜 시간이 지난 다음 결과를 알 수 있는 의사결정이나 상호작용을 수행하는 것은 아니지만 그럼에도 불구하고 외견상으로는 아주 효과적인 상호작용의 형태로 서사가 수행되는 것처럼 보인다. 하지만 시작과 끝이 모두 미리 설정돼 있고, 플레이어가 수행한 어떤 행동도 시작과 끝에 영향을 미치지 못한다는 한계가 존재한다. 플레이어가 수행한 결정에서 아무런 의미를 끌어내지 못하므로 플레이어는 무력감을 느끼고 자연스럽게 몰입도 떨어진다. 이를 '길리건의 섬 문제Gilligan's Island Problem'라고 부르기도 한다. TV 쇼인 <길리건의 섬>은 각각의 에피소드에서 어떤 일이 벌어지더라도 해당 에피소드가 끝나면 모든 캐릭터가 다시 섬으로 돌아와 있다. 작가는 아주 쉽게 모든 캐릭터가 매번 동일한 시작지점으로 돌아오게 만들 수 있다. 하지만 캐릭터와 서사의 측면에서 본다면 의미 있는 성장이나 변화에는 분명한 한계를 보여주는 것이다.

상호작용 루프와 상호작용 요소가 없는 서사를 효과적으로 연결한다면 매력적인 경험을 만들어낼 수 있다. 하지만 서사를 반복적으로 사용할 수 없다는 단점도 존재한다. 플레이어가 한 번 서사를 경험하면 같은 서사를 다시 경험하고 싶다는 생각이 들지 않을 것이다. 게임에서 서사를 하나의 맥락으로 적절하게 사용하고 또한 상호작용 시스템 플레이를 만드는 뼈대로 사용한다면 서사를 통해 플레이어가 멘탈 모델을 빠르게 구축하고 게임의 상호작용을 견고하게 수행할 수 있다.

정신적 부하와 상호작용 비용

플레이어가 다양한 루프와 상호작용을 수행할 때 각기 다른 시간 척도에서 각기 다른 양의 반사적, 행동적, 사색적 주의를 기울여 게임에 입력을 제공하고 피드백을 받는다. 이 모든 것은 주어진 시간에 행할 수 있는 양의 한계가 있다. 우리가 어떤 대상에 기울일 수 있는 주의와 정신적 자원에 한계가 있기 때문이다. 플레이어가 동시에 추적할 수 있는 적의 숫자는 많지 않다. 일정 수준의 수행 능력과 몰입이 유지되는 상태에서 인지할 수 있는 시각적인 효과와 대화, 퍼즐 등에도 분명 한계는 존재한다. 앞부분에서는 이런 한계를 인지 부하cognitive load라는 단어로 표현했다. 일반적으로 이 단어는 스트레스를 받지 않는 선에서, 그리고 수행하는 일의 효율이 떨어지지 않는 선에서 기울일 수 있는 주의와 정신력의 총량을 말한다(Sweller 1988). 이 책에서는 플레이어가 게임과 상호작용을 수행할 때 필요한 주의력뿐만 아니라 지각적이고 인지적인 주의, 감정적이고 사회적인 주의, 심지어 문화적인 주의까지 고려하기 때문에 이들 모두를 아울러 정신적 부하mental load라는 단어로 정의한다.

제한된 정신적 자원을 가진 플레이어가 게임을 진행하면서 정신적 부하를 견뎌야 한다면 게임이 제공하는 모든 것을 제대로 즐길 수 없을 것이다. 그렇다면 이런 경우 플레이어는 무엇을 가장 우선시 할까?

플레이어가 정신적인 부하를 받게 되면 자신의 의지와 상관없이 나타나는 반사적이고 외인적인 주의가 가장 우선시 된다. 그 뒤를 행동적인 주의가 따르게 되며, 사색적 주의가 마지막을 차지한다. 빠르게 달리는 차의 속도를 줄이는 과정에서 동일한 원리를 관측할 수 있다. 플레이어가 빠르게 움직이는 장애물을 피하거나 새롭게 등장하는 오브젝트를 인지하는 과정을 생각해보자. 이 과정에서 전략적 혹은 전술적인 사고는 억제될 수밖에 없다. 더군다나 이런 상황에서 감정을 고려하는 것은 더더욱 억제될 수밖에 없다. 주의를 기울여야 하는 것들이 많아지면 그에 따라 소모되는 정신적인 리소스도 증가하게 된다. 빠른 조치가 필요한 상호작용이 많아질수록 주의도 더 많이 소모된다. 날아오는 미사일을 맞춰서 떨어뜨리거나 익숙하지 않은 거리에서 주소를 찾아야 하는 경우도 여기에 해당한다. 이 두 경우 모두 상황에 익숙해지면서 상호작용은 느려지고 점점 더 많은 사색적인 주의가 필요하게 된다. 행동적주의를 사용하면서 어떤 문제를 해결하는 데 집중하는 경우는 이례적이기는 하지만 외부 환경의 명백한 신호를 인지하지 못하기도 한다. 플레이어가 몰입할 수 있는 게임과 멘탈 모델을 디자인하려면 어떤 정신적인 부하를 주어야 하는지 뿐만 아니라 플레이어가 우선순위를 부여하려는 상호작용이 무엇인지도 고려해야 한다.

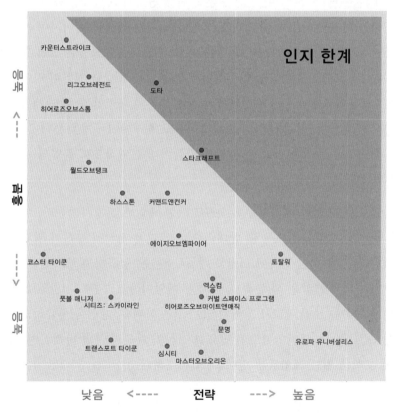

그림 4.11 퀀틱 파운드리의 '흥분'과 '전략' 게임 다이어그램. 이 지표는 플레이어들이 효과적으로 게임을 수행할 수 없는 명백한 인지 한계 영역을 보여준다.

게임 전문 조사기관인 퀀틱 파운드리^{Quantic Foundry}가 30만 명 가량의 게임 플레이어들을 대상으로 동기 부여와 행동에 관한 모델을 만들고자 수집한 자료도 도움이 된다. 퀀틱 파운드리의 자료 중 하나(그림 4.11 참고)는 플레이어들이 '흥분'(다양한 액션과 놀라움, 스릴을 동반해 빠르게 진행되는 게임 플레이)과 '전략'(오랫동안 생각하고 복잡한 결정을 내리는 느리게 진행되는 게임)을 기준으로 점수를 매겨 분류한 것을 보여준다. 왼쪽 상단 영역(높은 흥분/낮은 전략)에는 <카운터스트라이크>나 <리그 오브 레전드>와 같은 게임들이 위치하고, 오른쪽 하단 영역(낮은 흥분/높은 전략)에는 <유로파 유니버설리스>와 같은 게임이 위치한다. 왼쪽 상단 영역에 속하는 게임들은 빠르게 액션이 전개되고 장기적인 사고를 필요로 하지 않는다. 이는 곧 액션/피드백과 단기 인지 상호작용에 의존한다는 의미다. 반면 오른쪽 하단 영역의 게임들을 즐기려면 좀 더 길게 수행되는 인지와 사고가 필요하다. 이들 게임에서 세대를 이어가며 제국을 건설하는 동안 플레이어의 주의를 끌 수 있는 액션/피드백 상호작용은 그리 많이 수행되지 않는다. 이 그래프에서 가장 인상적인 부분은 오른쪽 상단 영역이 비어있다는 것이다. 즉, 플레이어에게 흥분과 전략을 동시에 충분히 제공할 수 있는 게임은 존재하지 않는다는 것이다. 이런 게임이 존재하더라도 플레이어에게 너무나 많은 것을 요구하게 되며 이는 과도한 정신적 부하를 만들어내 결과적으로 몰입의 수준을 훨씬 넘어서게 된다.

각각의 축을 따라 멀리 배치될수록 하드코어한 게임으로 평가받는다. 이는 게임을 학습하고 멘탈 모델을 만드는 데 상대적으로 더 많은 정신적 부하가 필요하다는 것을 의미한다. 왼쪽 하단 영역에 위치한 게임들은 캐주얼하다고 평가된다. 퀀틱 파운드리는 이 영역의 게임을 '쉽게 즐길 수 있는' 게임이라고 부른다(그림 4.12 참고). 각각의 영역에 속하는 게임 장르가 정해져 있는 것은 아니다. 게임을 학습하고 플레이하는 난이도는 게임을 플레이하고자 필요한 정신적 자원의 양과 비례하며, 각각의 밴드 안에 포함돼 있는 게임들은 양이 거의 비슷하다.

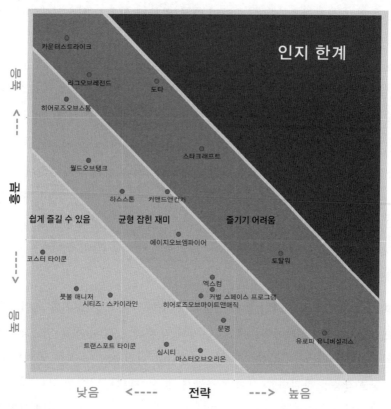

그림 4.12 퀀틱 파운드리의 인지 한계 다이어그램. 쉽게 즐길 수 있는 영역, 균형 잡힌 재미의 영역, 즐기기 어려운 게임의 영역을 보여준다.

상호작용 비용

다양한 게임 플레이와 상호작용이 플레이어의 정신적 부하를 가중시킨다는 것을 알게 되면 상호작용 비용interactivity budget이라는 개념을 더 쉽게 이해할 수 있다. 플레이어가 스스로 자신의 정신적 자원을 게임에 투입할 의지가 있다면 그림 4.11과 4.12에서 보이는 각각의 축에서 먼 곳에 위치하고 있는 게임이나 상대적으로 많은 감정적 상호작용을 제공하는 <곤 홈>이나 <페이퍼 플리즈>와 같은 게임에 더 많은 관심을 갖게 될 것이다. 플레이어가 정신적 자원을 많이 사용하고 싶지 않다면 상호작용이 적은 게임을 선택할 것이다. <캔디 크러시>와 같은 쓰리매칭 류의 게임은 아주 적은 양의 단기 인지 상호작용만을 제공하며 액션/피드백 상호작용과 그에 대응하는 재미를 통해 적절한 만족감(일반적으로 그리 높지 않은 압박과 함께)을 제공해준다. 플레이어의 몰입을 유지할 수 있도록 충분한 상호작용을 준비해야 하지만 통상적으로 많은 주의를 기울이지 않아도 플레이가 가능한 경우를 보통 '캐주얼'하다고 말한다. 이 경우 플레이어는 복잡한 멘탈 모델 없이도 게임에 몰두할 수 있다.

게임 디자이너는 자신이 만들어낸 경험을 플레이어가 즐길 수 있도록 플레이어의 상호작용 비용을 최대한 고려해 디자인해야 한다. 이를 위해 플레이어의 정신적 자원이 가장 먼저 할애되는 단기 상호작용 루프(몰입을 만들고자 반사적인 주의를 기울이는 것)부터 제대로 이해해야 한다. 액션/피드백만으로 단기 인지에 필요한 상호작용 비용을 대부분 사용할 수도 있다. 더 나아가 장기 인지에 필요한 리소스도 모두 액션/피드백에 투입될 수 있다.

액션/피드백 상호작용과 단기 인지 상호작용이 핵심인 액션 위주의 게임을 개발한다면 게임을 즐기는 플레이어는 장기 인지와 감정적 혹은 사회적 상호작용에 정신적 자원을 거의 사용하지 않을 것이다. 그렇다고 이런 게임에 장기 인지나 감정적, 사회적 상호작용을 추가하는 것이 불가능한 것은 아니다. 다수의 RPG 게임이 캐릭터 커스터마이징과 관련된 장기 인지적인 상호작용 요소를 전술적이며 단기간에 수행되는 퀘스트와 전투 사이에 배치해놓는다. <리그 오브 레전드>의 경우 액션/피드백과 단기 인지 루프에 더해 사회적 상호작용을 포함시켜 좀 더 몰입감을 높이고 있다. 개발사인 라이엇은 주요한 게임 플레이와 사회적 상호작용을 분리함으로써 이를 가능하게 만들었다. 게임은 기본적으로 다른 부분과 분리돼서 자체로 플레이된다. 고도의 집중력이 필요한 전투 부분과 로비에서 수행되는 사회적인 상호작용이 게임 안에 함께 배치된 것이다.

오랜 시간 사고가 필요한 게임이라면 너무 많은 액션/피드백이나 단기 인지 상호작용이 발생하지 않게 신경 써야 한다. 그렇지 않을 경우 장기적인 상호작용 루프에 몰입하는 데 사용돼야 할 플레이어의 정신적 자원이 이런 부분에 소진될 수 있기 때문이다. <스텔라리스>는 장기 인지 상호작용에 초점을 맞춰 우주를 탐사하는 전략 게임으로 플레이어가 거대한 제국을 건설하는 것을 목표로 게임이 진행된다. 이 게임은 매우 아름다운 시각적 요소를 제공하고 있어 시간에 쫓기는 액션/피드백 방식을 요구하지 않으면서도 높은 주의를 기울일 가치를 갖고 있다. 우주 함대 간의 전투가 벌어지지만 플레이어가 모든 것을 조정하지 않는다. 원한다면 플레이어는 전장을 확대해볼 수 있지만(드라마틱한 광경들을 지켜볼 수 있을 것이다) 전투를 이어가고자 별도의 주의를 기울이거나 특별한 행동을 취하지 않아도 된다.

<페이퍼 플리즈>나 <트레인> 같이 높은 수준의 감정적인 임팩트를 전달하는 게임이라면 플레이어들의 정신적 자원과 몰입을 액션/피드백이나 단기 인지 혹은 장기 인지 상호작용에 할애하지 않고 감정적 상호작용 루프에 할애하게 만들어야 한다. 다양한 상호작용이 발생하지 않게 하라는 것이 아니다. 게임의 초점이 감정적 상호작용이 아닌 다른 것에 맞춰져서는 안 된다는 것이다. 앞서 언급한 두 게임이 수행하는 기능 자체는 무척 간단하며 시각적으로도 소박하게 표현된다. 플레이어는 이로 인해 스스로의 감정적인 부분에만 몰두할 수 있게 되는 것이다. 그림 4.13은 <트레인>의 간단한 구성품을 보여준다.

그림 4.13 간단하지만 인상적인 게임 트레인의 구성품(브렌다 로메로 사진)

상호작용 비용이라는 개념에 대해 다양한 연구가 여전히 진행되고 있다. 퀸틱 파운드리가 다수의 사용자를 대상으로 조사를 진행한 것 외에도, 우리는 아직 흥분(액션/

피드백과 단기 인지)이나 전략(장기 인지)이라는 요소, 다른 형태의 몰입을 어떻게 측정할 수 있는지 정확하게 알지 못한다. 또한 주의와 몰입을 유지하고자 얼마나 많은 피드백이 플레이어에게 제공돼야 하는지, 또한 이런 작용이 좀 더 긴 시간 척도에서 진행되는 상호작용 루프에는 어떤 영향을 미칠 수 있는지 알 수 없다. 오직 경험을 통해서만 이런 유형의 상호작용 루프가 존재하고, 그들 사이에 관계가 있다는 것을 알 수 있다. 좀 더 구체적인 연구 결과가 발표되기 전까지는 끊임없는 실험과 연습을 통해서만 이들을 적절하게 사용할 수 있을 것이다.

재미 인지, 정의, 창조

이 장의 앞부분에서도 언급했지만 상호작용이라는 용어를 하나의 개념으로 완벽하게 정의할 수는 없다. 재미는 개념이 더더욱 불분명하다. 개인의 취향과 맥락을 포함해 광범위한 것들을 고려해야 하기 때문이다. 어떤 사람이 재미있다고 하는 부분을 다른 사람은 지겹다고 생각할 수 있다. 다른 사람이 지겹다고 생각하는 부분, 혹은 스트레스를 받는다고 생각하는 부분 역시 이와 동일할 것이다. 로저 카이와^{Roger} Caillois와 마이어 바라쉬^{Meyer Barash}는 아곤, 알레아, 미미크리, 일링크스의 4가지 형태로 놀이를 분류했다. 라프 코스터^{Raph Koster}는 "재미는 학습과 같다."고 정의했다. 재미의 종류를 8개, 14개, 혹은 21개로 설명한 경우도 있다. 재미에 대한 정의는 끊임없이 변화해왔다. 여기서는 앞서 살펴본 상호작용과 몰입에 대한 이해를 기반으로 '재미'를 좀 더 폭넓고 실용적으로 정의해볼 것이다.

재미의 속성

재미가 무엇인지 정의하고 게임과 플레이의 어느 부분이 이와 연관돼 있는지 살펴보기 전에 재미와 관련된 경험의 종류와 속성을 먼저 짚고 넘어가보자. 대부분은 앞서 게임과 상호작용하는 과정을 살펴보면서 이미 살펴봤던 것들이다.

일반적으로 재미라는 경험은 희열 혹은 긍정적인 감정 중 하나와 유사하며, 빠른 시간 안에 발생하고, 이를 경험한 사람들은 다시 반복되기를 원한다. 윌마 쇼펠리^{Wilmar Schaufeli}는 재미를 '전반적으로 정서적이고 인지적인 상태'이며 순간적인 쾌락보다 오래 지속되고, 감정과 인지의 두 가지 측면에서 모두 경험할 수 있는 것으로 정의했다.

재미있다고 느껴지는 행위와 상황은 전적으로 자발적으로 얻어지며 결과가 정해져 있지 않다. 이런 속성은 앞서 살펴본 매직 서클과 일치한다. 서클 안에서 발생하는 일들은 어떤 개념에 얽매이지 않고 누구도 억지로 참가하라는 압박을 받지 않는다. 하고 싶은 행동을 선택할 수 없다면 재미 역시 사라지고 만다.

재미를 경험하는 것은 매력적인 일이 아닐 수 없다. 재미라는 감정을 피할 수 있는 것도 아니고, 재미가 느껴지는 상황에서 감정 없이 단순히 정보를 전달하는 것도 어렵다. 재미는 부정적이거나 중립적인 감정에 머무르지 않고 긍정적인 감정을 전달한다. 이런 면에서 인간만이 갖고 있는 모순을 찾아낼 수도 있다. 슬픔이나 놀라움과 같은 감정이 표면에 드러나는 상황(드라마틱한 영화나 귀신이 출몰하는 저택과 같은 상황)에서도 여전히 자발적이고 결과가 정해져 있는 것이 아니라면 재미를 느낄 수 있는 것이다. 플레이어가 실제로 위험에 처한 것이 아니고 어떤 비극도 실제로 벌어지지 않으므로 여전히 감정이 주는 상승감(아드레날린의 분비로 인한)을 재미라는 경험으로 인지하는 것이다.

재미라는 경험도 여러 종류가 있다. 반사적인 주의를 기울여 불꽃놀이와 같은 효과를 얻을 때 발생하는 황홀한 재미, 일링크스와 연관돼 느끼는 도취된 듯한 재미, 도파민이나 세로토닌, 옥시토닌, 엔돌핀과 같은 신경 화학 전달 물질의 분비로 형성되는 재미 등으로 분류할 수 있다. 여기에는 물질적인 보상, 사회적인 소속감, 업적, 달성감(일련의 해야 할 일을 완수해서 느끼는 만족감)들도 포함된다.

학습 역시 재미의 영역에 포함될 수 있지만 필수적인 요소는 아니다. 때로는 어떤 스킬을 잘 배우거나 물리적 행동 혹은 그룹 행동에 함께 참여하는 것만으로도 즐거움과 재미를 느낄 수 있다. 재미에는 합리적인 요소가 존재할 수도 있고, 그렇지 않을 수도 있다. 퍼즐 게임 역시 어느 정도 정신적인 자원을 사용하는 작업을 수행하며 깔끔한 승리를 통해 재미라는 감정을 제공할 수 있다. 인지에 기반을 두는 것보다 감각에 기반하고 감정이 이끄는 경험들이 좀 더 재미에 가까운 경험으로 이해되기 쉽다.

또한 재미는 만족감과 균형이라는 감정으로 설명할 수도 있다. 어떤 상황이나 행동이 너무 지루하거나, 너무 스트레스를 주거나(개인에 따라 다르지만), 너무 혼란스럽다면 더 이상 재미의 영역에 속할 수 없을 것이다. 재미와 플로우는 앞서 살펴봤던 것처럼 서로 깊은 연관을 갖고 있다.

재미 정의

방금 살펴본 내용과 이전에 살펴본 상호작용과 몰입의 내용을 상기해본다면 모든 상황에 딱 맞아 떨어지는 재미를 간단하게 정의할 수 없다는 것을 알 수 있을 것이다. 재미는 다양한 형태로 표현되며 이런 다양함을 어느 정도 분류할 수 있다는 것도 명백한 사실이다. 재미를 정의한다는 것은 이 장의 앞부분에서 살펴본 몰입을 정의하는 것과 어느 정도 일치한다. 또한 3장에서 살펴본 게임의 구조적이고 기능적인 측면, 테마적인 요소와도 일치하는 부분이 존재한다.

재미를 정의할 때 가장 먼저 언급해야 하는 중요한 부분은 바로 재미는 자발적이어야 하며, 재미를 느끼는 행위는 일반적으로 결과가 정해져 있지 않다는 것이다. 강제나 중독 등을 통해 참여가 강요된다면 아무런 재미도 느끼지 못할 것이다. 마찬가지로 결과를 미리 알 수 있다면, 특히 결과가 현실 세계에서의 패배나 손실로 이어질 수 있다면 더더욱 재미를 느끼지 못할 것이다. 돈을 건 도박에서 재미를 느끼는 사람들도 있다. 도박은 리스크를 기반으로 하는 자발적인 행동이다. 도박은 자체가 리스크지만 동시에 잠재적인 보상(이런 기대를 수반되는 도파민의 분비)을 통해 재미의 영역에 있는 것처럼 보이는 것이다.

재미는 중립적인 감정이 아니라 긍정적인 느낌을 유발한다. 재미는 시각과 사운드, 맛, 촉각, 운동 등을 포함해 다양한 감각과 물리적인 정황을 통해 발생한다. 순수하고 자발적인 일링크스의 짜릿한 느낌 혹은 롤러코스터나 화려한 조명 쇼, 뮤지컬 공연에서 볼 수 있는 감각적인 느낌들도 여기에 포함된다.

또한 재미는 인지적으로도 경험할 수 있다. 간단한 퍼즐부터 오랜 시간이 필요한 전략 게임에 이르기까지, 자발적이고 결과가 정해지지 않은 상태를 유지한다면 얼마든지 재미를 느낄 수 있다. 플레이를 학습하는 과정에서도 재미를 경험할 수 있다. 상황을 좀 더 쉽게 이해할 수 있는 더 나은 멘탈 모델을 만들 때 심지어 아주 심각한 상황에서도 재미를 경험할 수 있다. 모든 학습 과정이 재미있는 것도 아니고(특히 단순 암기나 과도한 스트레스를 받는 상황에서) 모든 재미에 학습이 필수적인 것도 아니지만 재미의 인지적인 측면을 고려한다면 학습은 재미의 중요한 측면이라고 할 수 있다.

사회적이고 감정적인 활동에서도 재미를 경험할 수 있다. 이런 활동을 통해 유발되는 재미는 춤(사회적이고 물리적인)이나 파티(사회적이고 인지적인), 혹은 재미있는 대화를 듣고 참여하는 것과 같이 더욱 체계화되지 않은 행위들, 즉 재미의 다른 측면과 함께 조합돼 만들어지기도 한다. 이런 과정에서 재미를 느끼며 우리가 속해있는 문화와 커뮤니티 안에서 우리의 위치를 이해할 수 있게 된다. 박물관이 재미있다고 느껴진다면 그 이유를 이렇게 설명할 수 있을 것이다.

재미를 느끼는 것도 결국은 상호작용의 비용 범위 안에서 수행돼야 한다. 플레이어들은 매우 다양한 것에 도전하지만 결국 더 간단하고 부담이 적은 도전들을 편하고 바람직하다고 생각한다. 상호작용 비용은 사람과 시간에 따라 다르게 나타나지만 결국 얼마나 많은 정신적 노력을 쏟을 수 있는지 판단해야 한다는 점에서 비용이라는 것은 변하지 않는다. 여기서 다시 플로우에 대한 논의로 돌아갈 수 있다. 특정한 시간 동안 어떤 경험이 너무 지루하게 느껴지거나 혹은 이 경험을 통해 스트레스를 많이 받게 되면 이 경험은 재미로 느껴지지 않는다. 이런 경우 이 경험은 최소한 플로우 채널의 바깥에 존재하고 있는 것이다.

요약하자면 재미는 행위 및 맥락과 연관 있는 복잡한 경험이라고 할 수 있다. 재미는 다음과 같은 속성을 가진다.

- 일반적으로 자발적이며 결과가 정해져 있지 않다.

- 긍정적인 감정(때로는 부정적인 경험 안에 내재돼 있는)을 제공하며 한 순간에 쏟아지는 희열이라기보다는 어느 정도 지속되는 감정이다.

- 하나 이상의 감각적, 인지적, 사회적, 감정적, 문화적 몰입 요소를 갖고 있다.

- 각 개인이 갖고 있는 상호작용의 비용 범위 안에서 수행되며 이는 사람과 시간에 따라 다르다.

다시 한 번 요약해보면 몰입과 관련된 모든 경험이 재미있는 것은 아니지만 모든 재미있는 경험은 몰입의 일종이다. 또한 재미는 다양한 형태와 시간 척도를 갖고 있으며 긍정적이고, 매력적이며, 몰입할 수 있는 성질을 갖고 있다. 재미를 느낄 수 있는 상호작용의 비용 범위는 개인마다 다르며 이 범위 안에서 수행돼야 한다.

따라서 게임이 재미있다는 평가를 받으려면 게임을 디자인할 때 다음과 같은 부분이 수행돼야 한다.

- 플레이어 스스로 자발적으로 선택해 몰입할 수 있는 행동을 제공해야 한다.

- 플레이어가 상호작용 루프를 시작할 정도로 명백한 동기가 부여되고 이를 통해 게임을 매력적인 것으로 인지해야 한다.

- 상호작용을 통해 몰입할 수 있는 것을 하나 이상 제공해야 한다. 또한 플레이어에게 광활한 플레이 공간을 제공해 그들에게 선택할 수 있는 기회를 다양하게 제공해줘야 하며, 플레이어들이 그들의 열정을 바치고 헌신해 몰입할 수 있어야 한다.

- 이 모든 과정이 플레이어의 정신적 자원이나 상호작용 비용을 초과해서는 안 된다.

이러한 특성들이 잘 디자인됐는지 단순하게 확인할 수 있는 방법은 없다. 재미는 디자인을 통해 만들어진 모든 경험을 기반으로 만들어지는 창발적인 결과이기 때문이다. 게임 디자이너들은 늘 이런 질문들을 염두에 두고 있어야 한다. 재미와 관련된 속성을 바꾸고 있는 것은 아닌가? 의미 있는 결정을 포함한 다양한 몰입의 기회를 충분히 제공하고 있는가? 플레이어의 상호작용 비용을 초과하지 않는가? 게임을 디자인하고 테스트할 때마다 이런 질문들을 통해 재미 요소를 충분히 관리하고 있는지 확인할 필요가 있다.

게임은 반드시 재미있어야 하는가?

게임은 상호작용과 몰입을 수행하려는 목적으로 디자인된 하나의 시스템이다. 자발적이고 결과에 종속되지 않으며, 매력적이고 긍정적인 상호작용을 수행하는 것들이 많다면 몰입하기도 쉽고 재미를 느낄 수 있다. 게임은 게임이라는 이유만으로 이런 것들을 수행해야 한다고 생각하기 쉽다. 대부분의 게임이 재미있는 것도 사실이다.

하지만 엄밀하게 말하면 게임이 반드시 그래야 하는 것은 아니다. <트레인>과 같은 게임은 매력적이고 상호작용을 수행하지만 반전을 통해 플레이어들을 몰입하게 만든다. 플레이어는 게임을 플레이하면서 느낀 경험을 가치 있다고 생각하겠지만 이를 다시 갈구하지는 않을 것이다.

맥스 버크Max V. Birk는 게임 플레이의 긍정적인 영향과 부정적인 영향을 주제로 한 워크숍에서 다음과 같이 말했다.

> 대부분의 경우 게임은 우리를 행복하게 만든다. 하지만 가끔은 실망시키거나 슬프게도 한다. 기쁨과 성취감, 즐거운 경험을 주지만 절망, 실패감, 슬픔과 같이 더 어두운 종류의 감정을 줄 수도 있다. 게임을 통해 우리는 모든 종류의 온전한 감정을 느낄 수 있다. 긍정적인 감정과 부정적인 감정을 모두 느낄 수 있는 것이다.

<슈퍼 미트 보이Super Meat Boy>, <다크 소울Dark Souls>, <드워프 포트리스Dwarf Fortress>와 같은 게임들은 절망에 가까운 어려운 난이도를 제공하고 <라스트 오브 어스The Last of Us>, <댓 드래곤 캔서That Dragon Cancer>[4]와 같은 게임은 부정적인 감정을 초래한다. 그

---

4. 게임 개발자인 라이언 그린(Ryan Green) 이 3살 아들 조엘을 암으로 잃고 나서 아들과 가족이 겪은 투병 과정을 그려 낸 게임이다. – 옮긴이

럼에도 이 게임들은 여전히 몰입과 자발적인 경험을 제공하고, 충분히 주의를 기울일 정도의 감정적 상호작용도 제공한다. 이런 게임들이 재미있다고 말할 수는 없지만 여전히 이 게임들은 상당한 몰입과 눈을 뗄 수 없는 흥미로움을 제공한다.

깊이와 우아함 다시 살펴보기

상호작용과 몰입, 재미라는 개념을 염두에 두고 2장에서 살펴봤던 '깊이'와 '우아함'이라는 개념을 다시 한 번 살펴볼 필요가 있다. 시스템적 깊이는 시스템 안에 존재하는 시스템의 계층 구조에서 비롯된다. 레벨을 구성하는 한 부분은 그 아래 레벨에서 본다면 하나의 전체적인 시스템이 된다. 또한 한 단계 높은 레벨에서 본다면 하나의 부분이 된다. 플레이어의 멘탈 모델은 이런 깊이 있는 계층 구조를 기반으로 구성된다. 각각의 레벨은 시스템과 상호작용을 수행해 플레이어가 더욱 게임에 몰입할 수 있게 만들어준다. 이를 통해 단순한 몰입을 넘어서는 이성적이며 감정적인 몰입의 조합, 즉 인지적인 경이로움을 경험하게 되는 것이다.

게임의 시스템이 충분히 깊고 균형과 메타안정성을 저해하는 예외를 찾기 힘들다면 이 게임을 우아하다고 할 수 있을 것이다. 이런 게임은 배우기 쉽지만 마스터하기는 어렵다는 부쉬넬의 법칙이 명확하게 적용될 수 있다. 플레이어가 적은 양의 상호작용만 수행해도 상대적으로 손쉽게 멘탈 모델을 만들 수 있을 것이다. 또한 이미 만들어진 구조를 재활용해 다른 영역에도 접근할 수 있으며 이런 과정을 통해 훨씬 더 쉽게 학습을 진행할 수 있다. 플레이 공간을 협소하게 만들어 경로를 줄이지 않아도 이런 것들이 가능하다.

플레이어가 예외적인 상황을 염두에 둬야 하거나 모순되는 2개의 시스템이 동시에 동작한다면 플레이어의 상호작용 비용이 비효율적으로 소모되고 이로 인해 몰입감 역시 떨어진다. 이렇게 되면 플레이어들은 그들이 이해할 수 있는 수준의 멘탈 모델을 만들고자 점점 더 많은 에너지를 소모해야 한다. 편안하게 플레이를 즐길 수 있는 수준까지 도달하는 것이 더 어려워지는 것이다. 규칙을 단순하게 만들고 예외의 경우를 최소화해 이런 문제를 개선할 수 있다. 또한 플레이를 할 수 있는 공간(플레이어가 상호작용을 수행할 수 있는 더 많은 레벨의 구조)을 더 넓게 만들고 유지하는 것도 필요하다. 이를 통해 더 우아하고 더 몰입할 수 있는 재미있는 게임이 될 것이다.

요약

4장은 게임 디자인의 기초를 다지는 마지막 장이다. 이 장에서는 앞서 설명했던 시스템적 사고방식을 활용해 게임 디자인의 핵심이라고 할 수 있는 상호작용과 이와 관련된 다양한 이슈들을 살펴봤다. 시스템이라는 개념을 사용해 상호작용을 이해하고 플레이어가 게임의 내부 모델에 대응하는 멘탈 모델을 어떻게 만드는지 살펴봤다. 이 과정에서 플레이어와 게임 사이에서 발생하는 다양한 상호작용 루프도 자세히 분석해봤다. 이 과정을 거쳐 다양한 형태로 제공되는 몰입을 경험할 수 있게 된다.

이런 내용들을 기반으로 간단해 보이지만 실체를 파악하기 힘든 재미라는 개념을 정의할 수 있었다. 대부분의 게임이 재미라는 경험을 제공하지만 모든 게임이 그래야 할 필요는 없다. 상호작용과 몰입을 제공하는 게임들이 반드시 재미있을 필요는 없는 것이다.

5장에서는 시스템적 사고, 게임 구조, 상호작용, 플레이어의 멘탈 모델을 사용해 게임을 디자인하는 과정을 알아본다.

PART 2

원리

시스템적인 게임 디자이너로 작업하기

5장에서는 앞서 살펴본 기본적인 이론들을 바탕으로 직접 게임을 디자인해 볼 것이다. 게임 디자인 프로세스의 다양한 측면들을 살펴보고 시스템적 게임 디자이너로서 이 작업들을 어떻게 시작할 수 있을지 살펴본다.

우선 디자인 작업의 개요를 간단하게 살펴본다. 이후 6장과 7장, 8장에서 통일된 전체, 이를 기반으로 하는 루프, 각각의 부분을 순서대로 살펴볼 것이다.

어떻게 시작할 것인가?

수많은 사람이 게임 디자인을 하고 싶어 한다. 게임 디자이너가 꿈이라고 하는 사람, 게임 디자인은 이런 것이라고 이야기하는 사람들은 수없이 많지만 이 일을 어떻게 시작해야 하는지 정확하게 알고 있는 사람은 많지 않다. 용기 있는 사람만이 게임 디자인이라는 깊고 어두운 바다로 여행을 떠날 수 있다. 게임 디자인이라는 바다의 해변 언저리에서 자신이 만들고 있는 게임을 이리 저리 굴리면서 알아 들을 수 없는 소리만 횡설수설하고 있는 사람들도 더러 있다. 이런 비유가 과하다고 생각할지 모르지만 실제로 게임을 만들어보면 더 이상 그렇게 생각하지 않을 것이다.

게임 디자인을 가볍고 즐거운 취미 정도로 치부하지 않는다면 가장 먼저 "어떻게 시작할 것인가?"라는 질문이 떠오를 것이다. 게임 디자인은 지름길이나 명백한 해결책이 없는 난해한 질문과 같다. 이 질문에 답하려면 그저 '잘 되겠지'라는 희망을 갖고 이리 저리 뛰어다닐 수밖에 없을 것 같다. 사실 지금까지 게임 디자이너들이 해온 일이 여기서 크게 벗어나지 않는다. 수십 년 동안 게임을 디자인한 사람들이 이런 식으로 작업을 해온 것이다. 수많은 시도가 결국 실패로 드러난다. 세계적인 히트 게임인 <앵그리 버드^{Angry Birds}>를 만든 로비오는 그 전에 51번의 실패를 경험했다. 심지어 <앵그리 버드>조차도 처음엔 실패작으로 여겨졌다.

실패는 그 자체로 나쁜 일은 아니다. 무언가 새로운 것을 시도할 때마다 더 많은 실패의 고배를 마셔야 할 것이다. 게임 디자인의 경우도 마찬가지다. 하지만 시스템이라는 개념을 고려해 접근한다면 실패하는 횟수와 그로 인해 고통 받는 기간을 줄일 수 있을 것이다. 게임을 하나의 시스템으로 보는 것은 이런 문제를 해결할 수 있는 효과적인 첫걸음이라고 할 수 있다.

전체에서 부분으로, 혹은 부분에서 전체로

"어떻게 시작할 것인가"라는 질문에 대한 답 중 하나는 '어디부터 시작할지' 정하는 것이다. 부분, 루프, 혹은 전체 중 어디서 시작할지 결정해야 한다. 답이 정해져 있는 것이 아니다. 수많은 디자이너가 처음에는 이 답이 옳다고 주장하다가 시간이 흐르면 다른 쪽의 답이 옳다고 주장하기도 한다. 누구나 스스로 옳다고 생각하는 답을 기준으로 작업을 진행한다. 모든 게임 디자인이 '명사와 동사'부터 시작해야 한다고 주장하는 게임 디자이너들도 있다. 이들은 '명사와 동사'가 하나의 시스템을 구성하는 핵심적인 부분이라고 주장한다. 또 다른 디자이너들은 만들고자 하는 게임 경험과 이를 통해 유발되는 직관적인 감정에서부터 시작해야 한다고 주장한다. 제프 엘레노어Geoff Ellenor가 말한 '어떤 일을 수행하는 머신'이라는 개념에서부터 게임 디자인을 시작하려는 사람들도 있다. 이들은 무엇이 이 머신을 구성하는지, 이를 통해 어떤 게임 플레이 경험들이 만들어지는지에 집중한다. 이렇게 게임 디자인에 대한 다양한 의견들로 인해 무엇이 '올바른' 방법인지에 대한 논란은 결국 수많은 오해와 불통을 낳을 수밖에 없었다.[1]

저명한 게임 디자이너들이 이 질문에 대한 나름의 답을 제시해왔지만 그럼에도 불구하고 단 하나의 '올바른' 게임 디자인 방법은 존재하지 않는다. 시스템적인 시각을 활용한다면 이 사실이 더욱 명백해진다. 게임을 디자인하기 위해서는 우선 부분과 루프, 전체를 정의할 수 있어야 한다. 게임 디자이너라면 필요할 때마다 손쉽게 부분과 루프, 전체로 구성된 레벨을 오르락 내리락 하면서 작업을 수행할 수 있어야 한다. 이것이 가능하다면 가장 적합하다고 생각하는 부분 어디에서라도 디자인을 시작하고 필요할 때마다 다른 부분을 오가면서 작업을 진행할 수 있을 것이다.

강점을 인지하고 약점을 보완하라

게임을 만든다고 한다면 무엇이 가장 먼저 떠오르는가? 플레이어가 상어나 슈퍼 히어로인 게임은 어떨까? 플레이어가 하늘을 날고 있는 연이 되는 게임은? 그도 아니면

---

1. 나는 저 유명한 심시티의 윌 라이트(Will Wright)와 일하면서도 비슷한 경험을 할 수 있었다. 그는 '명사와 동사' 진영을 지지하는 사람이었다. 반면 나는 전체적이고 경험적인 시각을 중시하는 사람이었다. 이런 명백한 입장 차이는 우리가 서로의 관점을 이해할 수 있을 때까지 오랜 기간 지속됐다.

어떤 상황을 시뮬레이션하거나 모델링하는 게임을 만들어야겠다는 생각이 제일 먼저 떠오르는가? 게임을 하나의 세포라고 가정하고 이 세포의 모든 부분을 정리하는 것부터 시작해볼까? 구매와 판매가 어떻게 이뤄지는지 고민한 다음, 이를 기반으로 플레이어가 한 교역소의 상인이 되는 게임을 만들어보는 건 어떨까?

모든 게임 디자이너는 자신만의 강점을 갖고 있다. 사람들에게는 난관에 부딪혔을 때 돌아올 수 있는 본거지가 있어야 한다. 누구나 게임 디자인을 할 때 본거지로 삼아야 할 곳을 알아야 하고 동시에 그 장소에 계속 머물고 싶다는 유혹을 극복하는 방법도 알고 있어야 한다. 또한 다른 방법으로 게임을 디자인하는 사람들과도 함께 일하는 방법을 배워야 한다.

게임 디자인을 직접 해본다면 어떤 부분을 가장 잘 할 수 있는지 쉽게 알 수 있을 것이다. 어디에서 어떻게 디자인을 시작하면 좋을지 우선 고민해보고 작업을 시작해보자.

스토리텔러

플레이어의 전체적인 경험을 가장 먼저 고민하는 게임 디자이너들은 게임 안에서 플레이어가 경험하게 되는 여정을 먼저 그려본다. 플레이어가 어떤 감정을 느낄지, 게임 안에서 어떤 것들을 마주하게 될지, 그들이 어떤 변화를 겪게 될지 생각해보는 것이다. 이런 작업들은 마치 숙련된 스토리텔러들이 하는 일과 비슷해보인다. 이들은 당신에게 게임 안의 세상이 움직이는 거대한 흐름을 보여준다. 하지만 이들은 곧 게임이 스토리로만 이뤄진 것이 아니라는 문제에 직면한다. 게임을 하나의 스토리처럼 '이야기하는 것'을 통해 플레이어가 살아갈 세상을 소개할 수는 있지만 궁극적으로 게임은 플레이어가 사는 곳 이상의 그 무엇이다.

스토리텔러들은 세상의 경험을 기반으로 그림을 그리고 색칠할 수 있는 능력을 갖고 있지만 거기에 머물러서는 안 된다. 스스로 스토리텔러라고 생각한다면 토큰과 규칙, 다양한 동적 요소를 가진 시스템을 만들어낼 수 있는 역량을 키워야만 한다.

스토리텔러로서 게임의 테마를 효과적으로 표현할 수 있다. 이에 만족할 것이 아니라 여기에 더해 게임의 시스템적인 구조를 활용해 게임의 테마를 보완할 수 있어야 한다. 이를 위해 당신을 도와줄 수 있는 다른 사람들과의 협업도 원활하게 수행해야 한다.

발명가

수많은 톱니바퀴로 움직이는 시계나 다양한 구조물을 사용해 복잡한 메커니즘을 만드는 것을 좋아하는 게임 디자이너들이 있다. 실제로 동작하는 이런 시스템을 보면 시각적인 아름다움에 빠져들 수밖에 없다. 이와 비슷하게 게임 디자이너들은 새로운 종류의 생태계나 경제 시스템을 만들고 자신이 만든 시스템을 이리 저리 갖고 놀며 손보는 데 많은 시간을 할애한다. <스포어^{Spore}>가 그 좋은 예라고 할 수 있다. 이 게임의 프로토타입에는 우주의 성간 가스와 먼지를 사용해 별을 만드는 시스템을 포함해 다양한 시뮬레이션 메커니즘이 포함돼 있었다.

이런 발명이 매혹적이기는 하지만 스토리텔링과 마찬가지로 자체가 게임인 것은 아니다. 디자이너들은 필요한 메커니즘을 만들고 나서야 이를 즐기는 사람, 즉 플레이어가 필요하다는 것을 깨닫는다. 그제야 플레이어들이 즐길 요소들을 만들어 전달하려 하지만 여전히 메커니즘과 시뮬레이션이 게임의 핵심인 것에는 변함이 없다. 스스로 매혹적이고 동적인 시스템을 만들 수 있는 발명가라고 생각한다면 반드시 '사람'을 고려해야 하며 플레이어에게는 반드시 장기적인 목표와 게임을 플레이해야 할 이유가 필요하다는 것을 잊지 말아야 한다. 이런 것들을 제공하지 못한다면 플레이어는 더 이상 게임에서 재미를 느끼지 못할 것이다.

장난감 제작자

일부 게임 디자이너는 전형적인 장난감 제작자의 특징을 보여준다. 이들은 자체로는 중요한 기능을 수행하지 않으며 아주 짧은 시간 동안 몰입할 수 있는 작은 조각이나 메커니즘을 만드는 것에 열광한다. 이들은 특정한 분야에 깊은 지식을 갖고 있다.

예를 들어 숍위드 카멜^{Sopwith Camel}[2]의 상승각이나 탄약 보유량, 중세(혹은 판타지 장르의) 근접전에서 각기 다른 종류의 칼이 갖는 상대적인 장점, 산호초에 분포돼 있는 산호의 종류와 같은 지식에 통달해 있으며 이런 정보를 찾는 것에 열광하는 사람들이다.

게임 디자인을 '명사와 동사'부터 시작하는 디자이너들은 대부분 이 장난감 제작자 카테고리에 맞아 떨어진다. 바이러스에 맞서 싸우는 면역 세포를 주제로 하는 게임을 만든다면 T-세포가 어떻게 동작하는지부터 파악하려 할 것이다. 플레이어가 어떤 일을 수행하고, 어떤 것에 몰입하고 재미를 느끼는지에 대한 의문은 게임을 디자인할 때 바로 떠올릴 수 있는 질문이 아니며 답을 찾는 것도 어려워할 것이다. 특정한 부분과 행위(토큰과 규칙, 명사와 동사)에 이렇게 장난감을 만들어내는 것과 같은 디자인 기법을 반영할 수 있다면 프로토타입을 빠르게 만들어낼 수 있을 것이다. 이런 기법을 게임에 제대로 반영하려면 상호작용을 수행하는 시스템을 만드는 방법, 플레이어들이 추구하고 경험할 수 있는 목적을 부여하는 방법도 함께 알아야 한다.

함께 작업하기

앞서 게임 디자인을 바라보는 다양한 시각과 이를 기준으로 디자이너의 유형에 대해 알아봤다. 당신이 어떤 유형에 가까운지 알게 된다면 다른 유형이 가진 장점까지 습득하려고 노력해볼 수 있을 것이다. 어떤 유형이라고 하더라도 게임 디자인을 시작하는 장소로는 아무런 문제가 없다. 다른 유형의 사람들과 함께 일할 수 있는 기회가 있다면 역시 축복받은 일이다. 서로 다른 디자인 스타일을 가진 사람들이 모여 함께 작업한다는 것은 분명 어려운 일이고 때로는 짜증나는 일이 될 수도 있다. 하지만 결과는 혼자 작업할 때보다 나을 것이며 결과적으로 게임을 즐기는 플레이어들은 게임에 더 몰입할 수 있을 것이다.

게임 디자인의 특정한 부분을 선호하고 그 분야에서 역량이 뛰어나다고 하더라도

---

2. 1차 대전 당시 영국의 대표적인 쌍엽 전투기 – 옮긴이

반드시 다른 영역에 대한 지식을 쌓아야 한다. 또한 다른 시각으로 게임 디자인을 바라보는 사람들과도 소통하고 그들의 영역에 대해 배워야 한다. 다른 강점을 가진 사람들과 커뮤니케이션을 통해 아이디어를 교환하고 함께 작업함으로써 게임 디자인이 완성된다. 게임 디자인 자체를 하나의 시스템적 디자인으로 이해한다면 시스템으로서의 게임, 시스템 디자이너로서의 게임 디자이너라는 시각을 더 쉽게 가질 수 있을 것이다. 이런 이해를 통해 당신의 스킬을 가다듬고 스킬을 보완해줄 사람들을 찾아야 하는 것이다.

게임 디자인을 수행할 때 가장 많이 듣는 말 중 하나는 아마 '재미를 찾아라'일 것이다. 재미있는 장난감, 흥미로운 메커니즘, 혹은 눈을 뗄 수 없는 경험(부분, 루프, 게임 전체)을 만드는 과정 자체에서부터 재미를 찾을 수 있을 것이다. 이 3가지 요소에 몰입할 수 있는 상호작용을 만들어낸다면 재미있는 게임을 만들 수 있다. 게임 시스템, 시스템으로서의 게임을 만들고자 앞서 살펴본 시스템에 대한 지식을 여기에 반영할 필요가 있는 것이다.

시스템적인 게임 디자인

게임 디자인 작업 과정을 하나의 시스템으로 보려면 게임을 구성하는 시스템의 속성과 이들이 어떻게 게임 디자인 프로세스에 영향을 미치는지부터 살펴봐야 한다.

게임 시스템의 특성

대니얼 아처만[Daniel Achterman]은 지금도 게임 시스템을 만들 때 유용하게 적용될 수 있는 가이드라인을 제공했다. 그는 효과적인 게임 시스템의 특성을 5개 항목으로 정리했다.

- **쉽게 이해할 수 있어야 한다:** 디자이너들은 자신이 만드는 게임을 하나의 시스템으로 인식하고 그 안에 내재하는 시스템들도 인지할 수 있어야 한다. 게임을 즐기는 플레이어 역시 이런 시스템을 쉽게 이해할 수 있어야 한다. 게임을 만드는 기반이 되는 디자인 문서가 중요한 이유라고 할 수 있다. 플레이어들은 이를 기반으로 게임에 대한 멘탈 모델을 만들어가기 때문이다.

- **일관적이어야 한다:** 아처만은 게임 안에서 규칙과 콘텐츠가 모든 곳에서 동일하게 적용되는 것이 중요하다고 지적했다. 문제를 빠르게 수정하고자 예외를 두거나 특별한 경우를 설정하는 경우가 더러 있다. 이렇게 되면 시스템의 회복력이 떨어지고(가장 최근에 발생한 문제에 대응하고자 설정된 게임이 다시 복구되지 못하는 경우가 발생함) 게임을 학습하는 과정에도 많은 어려움이 발생하게 된다. 이 부분은 3장에서 언급한 우아함과도 관련돼 있다.

- **예측 가능해야 한다:** 게임 시스템은 주어진 입력값에 대해 예측 가능한 출력값을 제시할 수 있어야 한다. 예측 가능한 게임을 만드는 것은 플레이어가 멘탈 모델을 만드는 데도 도움이 될 뿐더러 창발 효과를 일으키고자 하는 시스템 디자인에도 예상치 못한 긍정적인 효과를 더해줄 수 있다. 예측 가능하다는 것은 단순히 게임 시스템이 명확하다거나, 지겨울 정도로 기계적이라는 것을 의미하는 것이 아니다. 유사한 입력에 대해 완전히 다른 결과를 내놓아야 하는 것도 아니며, 예상치 못한 상황으로 인해 쉽게 불안정해지거나 고장이 발생하지도 않아야 한다. 플레이어의 경험을 저해하거나 플레이어들이 악용할 수 있는 것들을 사전에 알 수 있어야 한다.

- **확장 가능해야 한다:** 시스템적으로 게임을 만든다는 것은 게임이 아주 높은 수준으로 확장 가능하다는 것을 의미한다. 커스터마이징된 '세트 피스' 콘텐츠보다는 가급적이면 절차적 생성을 거치거나 새로운 방법으로 재활용이 가능한 콘텐츠를 만들어야 한다. 시스템을 형성하는 부분과 루프 역시 다양하게 재활용할 수 있어야 한다. 한 쪽 방향으로만 활용할 수 있는 부분과 루프는 관계를 혼잡하게 만들 뿐이다. 루프 안의 각 부분들이 순환적으로 영향을 미쳐야 한다. 베테랑

게임 디자이너인 대니얼 쿡은 "부채꼴 모양의 루프는 부서진 것이며, 여기에서 즉시 벗어나야 한다."고 이야기했다(Cook 2012). 부채꼴 모양이 아닌 원형의 루프를 디자인해야 한다. 이렇게 추가된 루프는 더 큰 새로운 시스템의 일부로 동작할 수 있다. 예를 들어 새로운 클래스의 빌딩을 추가한다고 가정해보자. 게임 안에 '빌딩 건설'이라는 시스템이 구축돼 있다면 이는 크게 어려운 일이 아닐 것이다. 반면 게임 안에 빌딩 건설 시스템이 존재하지 않고 수동으로 일일이 빌딩을 만들어야 한다면 아주 복잡하고 어려운 작업이 될 것이다. 필요한 부분들과 그들 사이의 루프를 활용해 세심하게 게임을 디자인 한다면 정적인 콘텐츠와 분리된 시스템에 의존할 때보다 게임 안의 시스템을 더욱 쉽게 재사용할 수 있을 것이다.

- **우아해야 한다:** 4장에서도 살펴봤듯이 시스템의 가장 큰 특징은 자체로 우아하다는 것이다. 이 특성은 앞서 언급한 모든 특성을 아우르는 것이라고 할 수 있다. 앞서 언급한 모든 특성과 관련돼 있으면서도 이들을 뛰어넘는 수준의 특성이라고 할 수 있다. 다음과 같은 경우 게임이 우아하다고 말할 수 있을 것이다.

  - 소수의 규칙에 기반을 두고 플레이어가 탐험할 수 있는 광활한 공간을 만든다(다시 언급하지만 바둑이 가장 전형적인 예라고 할 수 있다).

  - 소수의 예외만을 허용하는 시스템적인 규칙을 갖고 있어 배우기 쉬우며, 예측이 가능하고 그 안에서 창발적인 행위가 가능하다.

  - 다양한 맥락 안에서 시스템을 재사용할 수 있고 새로운 부분을 추가하는 것도 용이하다.

보드 게임과 디지털 게임

이 책에 사용되는 예제는 보드 게임(아날로그 게임, 테이블 탑 게임, 물리적 게임이라고도 부른다)과 디지털 게임(컴퓨터, 콘솔, 태블릿이나 모바일 폰으로 플레이되는 게임) 모두를 아우른다. 게임 디자인이라는 측면에서 본다면 보드 게임과 디지털 게임은 장르를 불문하고 상당히 많은 공통적인 부분을 찾을 수 있다.

보드 게임을 만들지는 않더라도 이를 연구해볼 가치는 충분하다. 연산 능력을 플레이어의 머리에만 의존하고, 플레이어가 물리적으로 제어할 수 있는 부분에서 토큰을 활용해 상호작용이 발생하는 게임을 디자인해보는 것은 의미 있는 도전이 될 것이다. 이런 과정을 거쳐 게임의 컨셉을 구체화시키고 토큰과 규칙, 루프와 전체 경험 사이의 관계를 명확하게 파악할 수 있을 것이다. 디지털 게임의 경우 화려한 그래픽과 서사적인 컷신으로 게임 디자이너의 나태함이 드러나지 않을 수도 있다. 하지만 보드 게임은 화려한 조명과 치장 없이 디자이너의 역량을 있는 그대로 드러내 줄 것이다.

배우인 테렌스 만^{Terrence Mann}은 유니버시티 시어터의 학생들에게 "영화는 당신을 유명하게 만들어주고, TV는 당신을 부자로 만들어 줄 것이다. 하지만 극장은 당신을 훌륭한 배우로 만들어 줄 것이다."고 말했다. 특정한 유형의 게임 디자인이 당신을 유명하거나 혹은 부자로 만들어주지는 않지만 게임 디자인도 이와 유사하다. 보드 게임의 디자인과 디지털 게임의 디자인이 갖고 있는 관계는 극장이 영화나 TV와 갖고 있는 관계와 비슷하다. 극장과 마찬가지로 보드 게임은 이를 즐기는 사람들과 가장 가까운 인터페이스를 갖고 있다. 게임 디자이너는 게임을 즐기는 플레이어에게서 숨는 것이 거의 불가능하다. 실력을 갈고 닦을 수 있는 훌륭한 무대라고도 볼 수 있다.

모든 게임 디자이너가 보드 게임 디자인을 경험해봐야 한다는 것은 아니다. 하지만 보드 게임을 디자인하는 것은 탁월한 실전 경험이 될 수 있다. 여전히 다양한 보드 게임들이 하나의 예로 언급되는 이유도 동일하다. 보드 게임 역시 21세기 초반에 디지털 게임에 버금가는 르네상스를 맞이했다. 시스템적 게임 디자이너라면 이 두 분야 모두에서 배울 것이 있을 것이다. 보드 게임 디자인에서는 컴퓨터에서 수행하기 어려운 게임 디자인에 초점을 맞춰서 스킬을 발전시킬 수 있다.

시스템으로서의 게임 디자인 프로세스

게임 시스템의 특성을 좀 더 깊이 살펴보면 시스템적 게임 디자인(보드 게임이든 디지털 게임이든 상관없이)에서 공통적으로 찾아볼 수 있는 디자인 프로세스를 찾아낼 수 있다.

부분과 루프, 전체를 디자인하는 것은 필수적으로 반복되는 과정이다. 디자이너의 머릿속에서나 화이트보드, 메모를 통해 이 프로세스는 끊임없이 반복되며, 그 이후 문서와 스프레드시트에 내용이 정확하게 구현될 수 있어야 한다. 게임이 모양새를 갖춰갈 무렵부터 프로토타이핑과 플레이테스트의 반복적인 사이클이 수행돼야 한다(좀 더 자세한 내용은 12장에서 다룬다). 빠르게 프로토타입을 만들고 일찍 플레이테스트를 수행하는 것은 현실적이고 효과적인 방법이다. 제우스의 머리에서 아테나가 태어날 때처럼 아이디어가 바로 형태를 갖춰 나올 것이라는 기대를 해서는 안 된다. 이 프로세스는 그림 5.1에서 보여주는 게임 디자이너의 루프와 동일하다(그림 4.3도 동일하다).

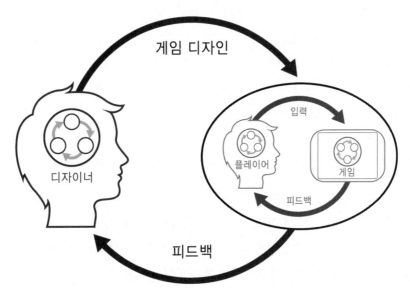

그림 5.1 게임 디자이너 루프를 통해 디자이너는 반복적으로 디자인을 수행하고 테스트할 수 있게 된다.

앞에서도 언급했듯이 시스템의 한 영역(부분, 루프, 전체적인 경험)에서 시작하는 것도 가능하다. 어디에서 시작하든 다른 영역으로 이동할 수 있다. 이를 염두에 두고 우선은 전체, 즉 아키텍처나 테마와 관련된 요소부터 한번 살펴보자. 그런 다음 기능적인 루프를 살펴보고 마지막으로 부분에 대해 알아보자.

전체 경험: 테마와 아키텍처

3장에서도 살펴봤듯이 게임 디자인은 플레이어의 전체적인 경험과 관련이 있다. 게임 디자인은 아키텍처와 관련된 것 및 테마와 관련된 것으로 분류할 수 있다. 아키텍처와 관련된 디자인은 사용자 경험, 즉 게임의 룩앤필과 관련된 기술적인 요소들을 의미한다. 테마와 관련된 디자인은 좀 더 미묘하고 암묵적이다. '게임이 어떤 것에 관한 것인가'라는 질문에 대한 답변과 밀접한 관련이 있다. 게임을 전체적으로 이해한다는 것은 곧 "게임의 핵심은 무엇인가(혹은 게임 안에 어떤 시스템이 있는가)"라는 질문을 던지는 것과 같다.

포 아너^{For Honor}의 크리에이티브 디렉터인 제이슨 반덴버그^{Jason VandenBerghe}는 "전투는 하나의 예술 양식이라고 믿는다. (내가 만든) 게임은 이런 믿음에서 자라난 것이다." 라고 말했다(개인적인 대화, 2016년 12월). 그는 플레이어들이 게임에서 경험하는 근접전 전투를 춤과 같은 하나의 예술 형태로 받아들이기를 바랐다. 그의 이런 욕구는 게임 디자인 자체에 실질적인 도움을 주지는 못하지만 동료들에게 설득력 있는 비전을 제시하며, 이를 통해 게임 개발자들에게 개발의 방향을 알려주는 나침반이 되는 것이다. 게임의 모든 상호작용과 디테일이 이 테마를 위해 수행되고 설정된다.

하지만 여전히 많은 게임 디자이너와 개발 팀이 게임을 통해 플레이어에게 전달하고자 하는 '전체적인 경험'이 어떤 것인지 명확하게 정의하지 않은 채 게임을 개발하기 시작한다. 테마와 비전에 대한 질문은 사소한 것으로 치부된다. 게임을 개발한다는 것은 사소하게 여겨지는 테마와 비전이 반영된 게임을 만드는 것이다. 이후 11장에서도 살펴보겠지만 팀 구성원들이 확고한 비전을 공유한다는 것은 성공의 중요한 시금석이 된다.

비전에도 다양한 측면이 있으며 이는 다음 절에서 더 자세히 알아본다. 비전의 다양한 측면을 통해 게임이 어떤 모습이 될지 미리 예측할 수 있다.

게임 월드와 역사

게임에서 말하는 월드는 어떤 것이며 그 안에 내재된 플레이어의 시각이란 무엇을 의미하는 것일까? 스파이가 등장하는 게임을 만든다고 가정하고 게임 월드를 한 번 상상해보자. 겉과 속이 일치하지 않는 차가운 세계를 가장 먼저 연상할 수 있을 것이다. 계속해서 다음과 같은 질문을 던져볼 수 있다. 플레이어가 움직이는 스파이가 어떤 조직의 우두머리가 되려고 하는 것인가? 스파이 조직의 우두머리가 당신을 감시하면서 어떤 일을 벌이려 하고 있는가? 그것도 아니라면 이제 은퇴를 앞두고 복수에 불타는 마지막 미션을 수행하려는 것인가? 이런 질문에 따라 다른 그림을 그릴 수 있게 되며, 게임 디자인 역시 다른 방향으로 전개될 수 있는 것이다.

게임 월드를 채울 때 필요한 것, 즉 그 세계의 역사를 구성하며 플레이어에게도 적용될 수 있는 사건에 대해서도 고민해봐야 한다. 스토리텔러 스타일의 디자이너라면 방대한 분량의 역사와 신화를 만들고 싶다는 충동을 물리쳐야 할 것이다. 충분한 시간과 돈이 확보돼 있다면 얼마든지 이 작업에 몰두해도 상관없다. 이 작업을 완료할 수 있다면 게임 월드에 다양한 디테일을 추가해 좀 더 선명하고 현실적인 세상을 만들 수 있을 것이다. 하지만 늘 그렇듯이 시간과 비용의 제약이 존재한다. 이미 이런 작업을 시작했다면 배경 설정에 너무 깊이 빠져들지 않도록 유의해야 한다. 게임 월드에 대한 설정은 처음에는 한두 페이지 정도로도 충분하다. 추후 진행될 디자인 작업에 필요한 것 이상을 작성할 필요는 없다. 게임 디자인을 기반으로 게임이 수행될 때야말로 수없이 많은 비밀을 간직한 이 전설의 도시에 불을 밝힐 수 있을 것이다.

서사, 진행, 핵심적인 순간

게임 월드의 역사는 게임이 가진 과거다. 게임의 현재와 미래는 게임의 서사에 달려있다. 플레이어가 사전에 정의된 스토리를 바꿀 수 있는가? 역사에서 가지를 뻗은 하나의 사건이 플레이어에게 일어나는 것인가? 그 사건이 플레이어의 결정에 의해 변경되는가? 게임의 과거는 프롤로그에 불과하며 플레이어로 인해 모든 역사가 바뀌게 되는가? 플레이어의 행동을 안내할 수 있는 서사적인 요소는 얼마나 많이 등장하는가?

게임 월드와 역사를 이해한다면 게임에서 발생하는 주요한 사건들을 정의할 수 있다. 이 사건을 겪으면서 플레이어는 게임을 진행하고 목표를 달성해간다. 또한 플레이어에게 의미 있고 극적인 포인트를 설명할 때 필요한 짧은 순간이나 이야기를 만들어낼 수 있을 것이다.

아트, 수익, 전체 경험과 관련된 또 다른 걱정거리

전체적인 경험을 만드는 과정에서 다양한 질문이 떠오른다. 게임 아트 스타일은 2D가 좋을까, 3D가 좋을까? 회화적인 분위기가 좋을까, 셀 셰이딩 기법을 적용하는 게 좋을까? 그것도 아니면 극 사실적인 분위기가 좋을까? 게임의 핵심과 테마를 플레이어에게 효과적으로 전달하려면 어떤 선택을 해야 하는가? 이런 선택은 결국 플레이어가 게임과 상호작용 하는 방법과 궤를 같이 해야 한다. 즉, UI/UX라고 부르는 사용자 인터페이스와 사용자 경험을 고려해야 한다. 수익 설계(게임으로 어떻게 돈을 벌 것인가) 역시 이 단계에서 고려해야 하는 중요한 항목이다.

6장에서 게임 플레이 경험을 전체적으로 설계하고 문서화하는 과정을 좀 더 자세히 살펴볼 것이다. 때로는 비현실적으로 보일 정도의 추상적이고 높은 수준의 비전으로 게임에 내재한 루프와 부분을 만들거나, 구체적이고 명확한 사실을 확인한 다음에 게임 플레이 경험을 설계하고 문서화할 수도 있다. 두 경우 모두(즉, 비전과 구체적인 사실 모두) 아이디어를 가다듬으면서 계속 발전시켜야 한다. 어떤 방법을 선택하든 게임 개발을 시작하기 전에 이런 테마와 비전, 플레이어가 갖게 되는 전체적인 경험을 구체화하고 문서화해 팀의 다른 사람들과 공유하는 것이 중요하다.

시스템적 루프와 플레이를 위한 공간 만들기

3장과 4장에서 이미 게임의 루프에 대해 알아봤다. 게임 루프는 게임이 갖고 있는 동적인 모델이며, 플레이어가 게임을 대상으로 만드는 멘탈 모델임과 동시에 플레이어와 게임 사이에서 발생하는 일종의 상호작용이다. 루프와 이를 지원하는 구조를 설계하고 만들어내는 것이야말로 흔히 '시스템 디자이너'라고 부르는 사람들이 수행하는 일들이다. 여기서는 시스템 디자인을 간단히 살펴본다.

게임이 진행됨에 따라 하나의 경로만 만들어주는 것이 아니라 플레이어들이 살아가면서 탐험할 수 있는 공간을 만들어주려면 우선 게임의 시스템을 정의해야 한다. 게임 안에 존재하는 시스템은 게임과 플레이어 사이에서 상호작용을 수행하며 이를 통해 게임이 전달하려는 테마와 플레이어의 경험을 더 풍부하게 만들어준다. 이를 위해 플레이어의 핵심 루프와 명확한 목표, 게임 진행 방식을 반복적인 프로토타이밍과 플레이테스트를 통해 만들어내고 문서화할 수 있어야 한다.

시스템을 만드는 과정은 게임 디자인에 있어 가장 어려운 부분이라고 할 수 있다. 게임의 토큰과 규칙을 사용해 경험을 만들어내야 한다. 간단해 보이는 이런 개념은 실제로 게임을 만들어보기 전에는 명확하게 갖기 힘들다. 시스템을 한 번에 완성하려고 해서도 안 된다. 프로토타이핑과 플레이테스트를 반복하면서 점진적으로 개선해나가야 한다. 게임 디자인이 잘 구현된 복잡한 루프 시스템을 만드는 것은 여전히 힘든 숙제다. 자원, 생산, 제작, 경제, 전투처럼 그 안에 또 다른 내부 시스템을 가진 시스템들이 다양한 상호작용을 수행하고 이를 통해 플레이어는 경험을 만들어간다. 이들 모두가 원활하게 동작하고 시스템에 기여하게 만들려면 충분한 스킬과 인내, 그리고 어떤 것이 정상적으로 동작하지 못할 때 반복해서 수정하고 복구해야 한다.

게임 시스템 균형 잡기

게임 시스템을 만들 때 정의되는 모든 부분이 명백한 목적을 가지면서 동시에 균형 있게 활용되는지 확인해야 한다. 게임에 퀘스트 시스템을 추가했는데, 플레이어가 이를 무시하고 별 반응이 없다면 퀘스트 시스템이 왜 플레이어의 경험에 기여하지 못하는지 이유를 밝히고 이 시스템을 제거할지 혹은 수정할지 결정해야 한다. 9장과 10장에서 이 부분을 좀 더 자세히 살펴볼 것이다.

구조적인 부분: 토큰, 가치, 규칙

루프 혹은 상호작용을 고안하는 것에서부터 게임 디자인 프로세스를 시작할 수 있다. 게임을 통해 어떤 경험과 감정을 전달할 것인가라는 고민에서 시작하는 방법도 있다. 때로는 어떤 블록을 사용해 게임이라는 건축물을 쌓을 것인가라는 생각부터 할 수도 있다. 어떤 경우라도 게임의 기능적 루프를 전체적인 맥락과 경험에 대입해 보고 이후 게임 시스템의 구조적인 부분을 고안해볼 필요가 있다.

3장에서 토큰과 가치, 규칙을 처음 살펴봤다. 8장에서 이 부분을 다시 다룰 것이다. 이 장에서는 시스템 디자이너로서 게임에서 실제로 진행되는 일들이 어떻게 전개되는지 이해할 필요가 있다. 기초를 빠르게 이해하고 게임에 구현하는 것이 핵심이다. 이 과정을 진행하기 전까지는 제대로 된 게임을 만들었다고 볼 수 없다.

게임 디자인의 이런 측면을 '세부적 디자인'이라고 부르며, 이 단계에서부터 게임 디자인은 특별한 무언가가 되는 것이다. 검의 무게는 3이 좋은가 혹은 4가 좋은가? 비용은 10 혹은 12가 적당한가? 부대의 종류, 말의 종류, 꽃잎의 개수는 어느 정도가 좋은가? 그 차이는 전체적인 게임 플레이를 어떻게 변화시키는가? 이런 구조적인 부분들을 조사하고 명세하는 과정을 게임 디자인의 '스프레드시트 수준 정의spreadsheet-specific'라고 부른다. 이런 과정이야말로 시스템 디자인의 핵심이라고 할 수 있다. 이 과정을 통해 게임은 더욱 현실적인 것으로 거듭 난다. 이런 특별한 과정을 거치면서 토큰을 통해 활성화된 부분들은 개별적인 시스템으로 자신의 일을 수행하면서 전체적인 게임의 균형을 잡아 가는 것이다.

이 단계에서는 우선 게임 안의 오브젝트를 어떻게 표현할지 고민해야 한다. 플레이어와 다른 사람들, 국가, 생명체, 우주선이나 게임 안에서 살아 움직이는 모든 유닛, 이 모든 것에게 충분한 속성과 가치, 고유한 행동을 제공해야 한다. "게임 시스템에 적합하며 플레이어에게 전달하고자 하는 게임 플레이 경험을 제공하기 위해 필요한 최소한의 속성과 상태, 행위는 어떤 것인가?"라는 질문에 답하는 과정이라고 볼 수 있다.

플레이어가 게임 안에서 얼마나 명확하게 토큰을 인지할 수 있는지, 토큰은 어떤 역할을 수행하는지, 플레이어는 어떻게 토큰에 영향을 미칠 수 있는지 등을 함께 고민해야 한다. 이는 자연스럽게 게임의 UI/UX, 즉 게임에서 필요한 정보를 화면이나 게임 보드에 어떻게 구성해서 보여줄 것인가라는 문제로 연결된다. 이 문제를 해결하려면 가장 먼저 어떤 정보를 보여줘야 하는지 결정해야 한다. 동시에 플레이어가 게임을 파악하려면 어떤 정보가 필요한지도 파악해야 한다. 이런 질문들을 통해서 제대로 된 토큰 프로세스를 만들 수 있다.

8장에서 좀 더 자세히 이 과정을 다룰 것이다. 여기에는 어떻게 일반적인 속성만으로 복잡한 오브젝트와 게임 안의 도구들, 토큰을 만들어낼 것인지, 어떻게 이들을 상호작용하게 만들어 더 큰 게임 시스템 안에 존재하는 서브시스템을 만들 것인지 정도만 살펴본다. 또한 8장에서는 오브젝트 간 행위의 중요성과 쉬운 승리를 피하는 방법, 게임 안에서 게임을 죽이는 토큰을 피하는 방법 등도 알아볼 것이다.

시스템적 디자인 프로세스 다시 살펴보기

게임 디자이너의 루프는 전체로서의 게임, 시스템으로서의 게임, 개별화된 부분으로서의 게임 사이를 순환한다(그림 5.2 참고). 게임 디자이너는 이 모든 것을 동시에 살펴볼 수 있어야 하며, 이들이 서로 어떤 영향을 미치는지 파악해야 한다. 또한 게임 디자인에 필요한 요소들을 고려하면서 각 레벨을 더욱 깊게 파고 들어갈 수 있어야 한다. 다른 것들을 배제하면서 너무 한 부분에만 치우치지 않도록 주의해야 한다. 다른 부분이 원인이 돼서 비효율적으로 작업이 진행돼서도 안 된다. 스스로 어떤 레벨에 몰입돼 있다고 느낀다면 다른 레벨에서의 시각으로 보는 것도 필요하다. 이를 통해 정말 필요한 것이 어떤 것인지 알 수 있을 것이다. 의도했던 경험을 얻을 수 없다면 토큰의 동작 방식을 살펴봐야 한다. 이를 위해 우선 토큰을 통해 경험이 어떻게 전달되는지 알고 있어야 한다. 반면 경험은 명백하게 인지하고 있지만 이를 토큰으로 명세할 수 없다면 시스템을 통해 이들이 어떤 방식으로 동작해야 하는지 알 수 있을 것이다. 시스템에 토큰이 동작하고, 흥미로운 상호작용을 구현하고, 상호 보완할 수 있는 구조의 테마를 만들어내야 한다. 그중에는 분명 게임 디자이너들이 편안하게 생각하지 않는 부분도 포함돼 있다. 동작하는 모든 게임에는 앞서 언급한 모든 것이 필요하다. 시스템적인 게임 디자이너라면 이 모든 것을 제대로 수행할 필요가 있다.

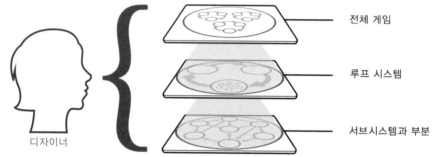

전체 게임

루프 시스템

서브시스템과 부분

디자이너

그림 5.2 게임 디자이너들은 부분과 루프, 게임 전체의 경험을 동시에 바라보면서 필요하다면 각 레벨을 더욱 세세하게 살펴볼 수도 있어야 한다.

시스템 관점에서 게임 분석

게임 디자이너가 해야 할 일에 게임 디자인만 포함되는 것은 아니다. 다른 사람들이 만든 수많은 게임을 플레이해보고 분석할 필요도 있다. 다른 게임이 어떻게 동작하는지, 어떤 부분은 제대로 동작하고 있지 않은지 이해하는 것은 매우 중요하다.

다른 게임의 시스템 구조를 살펴보고 연구할 필요도 있다. 그렇다면 대상이 되는 게임에 대한 멘탈 모델을 만드는 과정과 게임을 통해 전체적인 경험을 만들어가는 과정을 살펴봐야 한다. 게임의 내부와 상호작용 루프, 이를 만들어주는 토큰과 규칙도 함께 살펴봐야 한다. 세심하게 이들을 확인하고 분류할 수 있다면 게임 디자이너가 왜 이렇게 게임을 만들었는지에 대한 통찰력을 얻을 수 있을 것이며, 결과적으로 디자인 역량 또한 발전시킬 수 있을 것이다.

게임 플레이를 처음 시작할 때부터 스스로 멘탈 모델을 어떻게 만들어가는지 알아봐야 한다. 테마를 설정하는 방법을 인지하고 있는가? 무엇이 플레이어를 놀라게 만들었는가? 중요하다고 생각하거나 불완전하다고 생각한 컨셉이 있는가? 혹은 게임을 이해하고 학습하기 어렵지는 않은가? 게임에 몰입할 수 있는 이유는 무엇인가?

게임을 플레이하면서, 혹은 플레이를 끝낸 다음 체험했던 게임 경험을 곱씹어 봐야 한다. 게임 디자이너가 플레이어인 당신으로부터 끌어내고자 했던 경험과 감정은 어떤 것이었을까? 어떤 것들이 경험을 강화해주거나 손상시켰는가?

게임의 시각적 요소와 상호작용 요소들은 게임의 테마와 플레이어 경험에 도움이 됐는가? 아트 스타일과 상호작용의 측면을 고려해봤을 때 게임을 통해 디자이너가 전달하고자 하는 바를 유추할 수 있었는가?

이 게임만의 특별한 시스템이라고 생각되는 것이 있었는가? 플레이어와 분리돼서 독립적으로 운용되는 시스템이 있었는가? 혹은 모든 시스템이 플레이어의 행동에 의존하고 있는가? 보드 게임인 <파워 그리드^{Power Grid}>는 대부분의 시스템이 플레이어의 제어 범위 밖에서 운용된다. 이 게임에는 간단하지만 효과적인 공급-수요 예측 모델이 적용될 수 있다. 플레이어가 종류에 상관없이 어떤 연료를 많이 구매하게 되면 다음 턴에 연료가 다시 보충될 때까지 해당 연료의 가격이 상승한다(그림 5.3 참고).

어떤 것이 플레이어를 계속 나아가게 하고, 어떤 것이 루프를 계속 강화하는지 알 수 있는가? 플레이어가 다른 사람들을 압도할 정도로 앞서갈 때 이를 조절해주는 균형 루프는 존재하는가?

게임에서 가장 주를 이루는 상호작용의 형태는 어떤 것인가? 상호작용 비용은 어느 정도로 설정돼 있는가? 전략 게임인가 혹은 소셜 게임인가? 반사적인 인지와 빠른 액션이 필요한 게임인가? 플레이어가 게임과 상호작용하는 방법이 게임의 테마를 만들어내는 데 도움을 주는가? 혹은 그 반대인가?

그림 5.3 보드 게임인 〈파워 그리드〉에는 석탄, 석유, 쓰레기, 핵연료의 가격을 표시하는 칸이 존재한다. 플레이어가 이들을 구매해서 공급이 줄어들면 가격이 상승한다. 각 턴마다 연료는 다시 채워진다. 사용되지 않는 연료의 가격은 낮아진다.

마지막으로 게임의 가치와 행동을 극명하게 드러내주는 게임의 핵심적인 부분, 즉 게임의 토큰과 규칙이 어떤 것인지 살펴봐야 한다. 플레이어가 게임의 토큰과 규칙을 활용해 원하는 게임 경험을 얻을 수 있는가? 혹은 이들이 그런 경험을 얻는 데 방해가 되지는 않는가? 하나의 게임 시스템을 학습하면 동일한 방식으로 게임의 다른 시스템을 이해할 수 있는가? 그렇지 않다면 수많은 예외와 규칙을 다시 배워야 하는가? 결과적으로 게임을 진행하는 방식을 배울 때 얼마나 많은 시간을 소비해야 하는가?

종종 게임의 아트 스타일이 개별적인 토큰의 형식으로 표현되기도 하는데, 때로는 방식이 아주 독특하다. 보석 상인이 돼 사업을 경영하는 보드 게임인 〈스플렌더〉가 이런 방식을 잘 보여준다. 개인이 보유한 광산에서 시작해 귀족들의 호의를 얻어 정해진 승점을 얻어야 한다. 게임 안에서 사용되는 보석 토큰은 포커에서 사용되는 칩과 비슷하다. 이들은 각자 다양한 보석을 표현하고 있으며, 이들을 획득하기 위한 조건이 모두 다르다. 이 토큰의 중량감조차 미묘하게 게임 전체의 경험을 더 좋게 만들어준다. 하지만 이는 이 게임의 다른 예술적인 부분과 마찬가지로 게임의 기능에는 전혀 영향을 미치지 않는다.

게임이 갖고 있는 부분과 루프, 그 전체를 분석하면 이들에게서 공통적으로 보이는 부분뿐만 아니라 각각이 갖고 있는 독특한 부분도 보일 것이다. 이런 유사성과 차이를 이해한다면 디자인이 좀 더 나아질 수 있을 것이다. 실수를 미연에 방지하고 분석의 대상이 된 게임이 갖고 있는 훌륭한 아이디어를 발판 삼아 디자인을 좀 더 신선하고 몰입이 가능한 것으로 만들 수 있을 것이다.

프로토타이핑과 플레이테스트

시스템적 게임 디자이너들은 작업을 진행할 때 반복적으로 피드백을 수용해야 한다. 게임 디자인은 게임이 서비스되는 기간 동안 반복적으로 테스트를 수행하고 게임 디자인에 필요한 아이디어를 가다듬어야 하는 과정이다. 게임 디자이너가 떠올린 아이디어가 단순히 플레이어에게 최종적인 형태로 전달되는 것이 아니라 수많은 변화의 과정을 거치게 된다. 변경되지 않는 게임의 비전을 제외하고 게임 안의 거의 모든 것이 개발 과정에서 수차례 변경되는 것이 일반적이다.

다양한 창작의 영역에서 이와 비슷한 일들이 일어난다. 픽사의 설립자인 애드 캣멀 Ed Catmull은 스튜디오의 애니메이터들에게 영감을 불어넣고자 마련한 자리에서 "우리가 만든 영화 모두가 처음에는 형편없었다."고 말했다. "수많은 사람이 이 말을 믿지 않는다. 그들은 내가 너무 겸손하다고 이야기한다. 당연히 그런 뜻으로 이야기한 것은 아니었다. 우리 영화가 처음에 정말 얼마나 엉망이었는지 말하고 싶었다."라고 이야기했다. 그는 이어서 픽사의 인기 영화인 <업ᵁᴾ>을 개발하고 촬영할 당시 스토리의 얼마나 많은 부분이 바뀌었는지 이야기했다. <업>의 초기 스토리는 하늘에 떠 있는 왕국에 살고 있는 서로를 증오하는 두 명의 왕자 이야기였다. 이 두 왕자가 모두 지상으로 떨어지고 케빈이라는 거대한 새를 만나는 것에서 이야기는 끝이 났다. 이 버전은 곧 많은 변화를 받아들여야 했다. 애드 캣멀은 영화를 완성했을 때 "초기 스토리에서 남은 것은 새와 '업'이라는 단어뿐이었다."라고 밝혔다.

게임에서도 비슷한 일들이 일어난다. 만들고 있는 게임이 영화 <업>처럼 드라마틱한 변화를 겪지 않더라도 개발 과정에서 발생하는 수많은 변경과 반복을 준비해야 할 것이다. 이는 아이디어를 끊임없이 반복해서 테스트하고, 수정하고, 다시 테스트하면서 지속적으로 학습해야 한다는 것을 의미한다. 아이디어가 제대로 동작하지 않는다면 스스럼없이 수정하고 변경할 수 있을 정도로 충분히 겸손할 줄 알아야 한다. 반복적으로 재미를 찾는 과정에는 필연적으로 드로잉, 애니메이션, 프로그래밍, 디자인 문서화 같은 수많은 작업이 수반된다. 그저 어떤 일에 많은 시간을 투자했다는 이유만으로 그것을 고수하려 해서는 안 된다. 좀 더 시간을 투자하고 가다듬는다면 좀 더 훌륭한 결과를 얻을 수 있음에도 이전 것을 이유 없이 고수하려는 자세를 유지한다면 당신과 당신의 아이디어는 그저 그런 수준에 머물 수밖에 없게 된다.

게임 디자인을 효과적으로 반복하려면 이 과정을 좀 더 현실적이고 구체적인 과정으로 만들 필요가 있다. 초기 버전인 프로토타입을 만들고 테스트하는 것이 가장 효과적인 방법이다. 화이트보드나 종이 위에 그림을 그려도 좋고, 테이블 위에 동전을 올려놓아도 상관없다. 어떤 것이라도 아이디어를 현실화해 게임을 플레이할 수 있게 만들면 된다. 대부분의 프로토타입들이 엉망이고 미완성인 상태에서 시작해 좀 더 완전하게 마무리되고, 좀 더 가다듬은 형태의 제품이 돼간다. 이 과정의 핵심은 머릿속의 아이디어를 현실로 구현하고, 플레이해보고, 테스트해보는 것이다. 그리고 가능한 이 과정을 빠르게, 자주 수행해야 한다.

플레이테스트는 프로토타입의 가치를 입증하는 과정이다. 또한 게임 디자인에서 어느 것이 잘못됐는지 찾기 위한 목적으로도 자주 수행된다. 게임 디자이너로서 어떤 것이 제대로 동작하고 어떤 것은 그렇지 않은지에 대한 직관을 키우는 것은 중요한 일이다. 아무리 경험 많은 디자이너일지라도 스스로가 게임을 한 번도 본적이 없는 플레이어의 입장에서 게임 플레이를 해본다는 것은 대체할 수 없을 만큼 중요한 일이다. 대니얼 쿡은 게임 디자인을 검증하기 위한 플레이테스트가 제대로 수행되지 않는 게임들은 "아무런 가치 없는 종이 위의 판타지에 불과하다."고 말했다. 다른 사람들과 함께 당신의 아이디어를 신속하게 테스트하고 피드백을 수렴하는 과정을 개발 기간 내내 유지할 필요가 있다.

이후에도 프로토타이핑과 플레이테스트는 자주 언급될 것이다. 특히 12장에서 더욱 자세히 살펴볼 것이다. 여기서는 게임 디자이너의 중요한 덕목인 겸손과 유연함을 겸비해 다른 사람들의 피드백을 기반으로 당신이 생각한 게임 아이디어를 테스트하고 가다듬는 것이 중요하다는 정도만 이해하고 넘어가자. 게임 디자인 기간을 포함한 개발 기간 내내 엉망일지라도 빠르게, 자주 프로토타이핑을 수행하고 이를 잠재적인 플레이어와 함께 테스트해봐야 한다. 아무리 탁월한 아이디어가 머릿속에 있을지라도 이에 대한 피드백과 변화를 받아들이지 못한다면 결과적으로 아이디어는 살아남을 수 없다. 대부분의 아이디어가 수많은 변화를 거쳐야 살아남을 수 있게 된다.

요약

5장에서는 시스템적 게임 디자이너가 해야 하는 작업들을 간략하게 살펴봤다. 새로운 게임 디자인을 시작할 때 게임을 부분과 루프, 전체로 나누는 작업부터 결코 쉬운 일이 아니다.

이후 장들에서는 이 장에서 언급된 주제들을 더욱 자세히 살펴볼 것이다. 6장에서는 전체적인 게임 경험을 더욱 자세히 살펴본다. 어떻게 이를 발견하고, 문서로 옮기고, 경험을 전달하기 위한 시스템을 만들고, 배치할 것인지 알아본다. 7장에서는 게임의 기능적 루프를 다시 한 번 살펴보고 시스템적 사고와 게임 루프에 관해 지금까지 알아본 바를 활용해 새롭고 특별한 루프를 만드는 방법을 다룬다. 8장에서는 게임의 부분에 집중해 어떻게 '스프레드시트 수준'의 토큰과 가치, 규칙을 만들 수 있는지 알아본다.

CHAPTER 6

전체적 경험 디자인

6장에서는 게임의 큰 그림을 어떻게 그려낼지, 이런 상위 수준의 비전을 컨셉 문서로 옮기는 방법을 알아본다. 이 문서에는 게임을 좀 더 독특한 것으로 만드는 플레이어의 경험뿐만 아니라 어떤 시스템이 포함돼야 하는 지, 게임을 어떤 방식으로 판매할 것인지와 같이 좀 더 실용적인 내용들도 포함된다.

여기서 언급한 '컨셉 문서'는 전체 디자인의 간략한 개요를 다루는 문서를 말한다. 이 문서는 간단하지만 게임 전체를 하나의 형태로 표현하는 것으로 게임 개발의 시금석이 된다

가장 중요한 아이디어는 무엇인가?

모든 게임에는 게임을 이끌어가는 아이디어가 있다. 보통 이를 게임의 컨셉이나 비전이라고 부른다. 게임 디자인 프로세스 초기에 게임 컨셉을 빠르고 명확하게 정의해 다른 사람에게 이 컨셉을 간단명료하게 설명해줄 수 있어야 한다. 게임의 컨셉이 오랫동안 정해지지 않는다면 게임의 핵심을 드러내지 못한 채 여러 가지 가능성만 훑어보는 모양새가 되기 쉽다. 당신이 뭘 하려는지 아무도 이해하지 못하거나 게임에 어떤 가치가 있는지 알 수 없게 되는 것이다. 11장에서도 살펴보겠지만 누구나 알기 쉽게 명백하고 확실한 비전을 공유하는 것은 성공적인 게임을 만들기 위한 핵심 요소라고 할 수 있다.

비전이라는 단어의 뉘앙스처럼 모든 게임의 아이디어가 웅장하거나 압도적일 필요는 없다. 사실 더 작은 부분에 집중한 아이디어들이 더 나은 결과를 가져오기도 한다. <앵그리 버드>의 경우 배경이 된 아이디어가 서사적이고 웅장하지는 않았지만 수백만 명의 사람들이 게임을 재미있게 즐겼다. 5장에서도 살펴봤듯이 유비소프트의 게임 <포 아너>는 '춤과 같은 전투'라는 간단하고 명백한 비전을 갖고 개발됐다. 이처럼 단 하나의 문장을 통해 훨씬 더 강력하게 게임을 어필할 수 있다. 이런 문장은 우선 사람들의 흥미를 유발하고, 그 문장보다 더 많은 것을 기대하고 찾게 만들어 게임에 내재해 있는 생동감 있는 아이디어를 전달할 수 있게 도와준다.

블루스카이 디자인

게임의 주요한 아이디어, 즉 비전을 어떻게 풀어나가는 것이 좋을까? 완전히 새로운 게임을 디자인해야 하는 경우 아이디에이션^{ideation}, 즉 '다 함께 모여 새로운 아이디어를 나누고 이에 대해 커뮤니케이션하는 방법'을 흔하게 사용할 것이다. 특히 결말을 정하지 않고 아이디어를 나누는 형태를 블루스카이 디자인^{blue-sky design}이라고 칭한다. 어떠한 제한이나 규칙, 사업적 고려와 같은 제약에 영향 받지 않고 파란 하늘 가운데를 날아다니는 것처럼 가고 싶은 어디로든 갈 수 있다. 상대적으로 경력이 많지 않은 초보 디자이너들이 선호하는 디자인 방식이다.

수행 방법

블루스카이 디자인 기법을 수행하는 방법이 단 한 가지는 아니다. 혼자서 이 기법을 사용해 아이디어를 고안할 수도 있지만 여러 명이 함께 이 기법을 수행하는 것이 더 효과적이다. 당신의 아이디어에 대한 다른 사람들의 반응을 살필 수 있고 다른 사람들의 창조적인 아이디어를 활용해 게임 컨셉을 더욱 강화할 수 있기 때문이다.

대부분의 경우 소규모 팀을 만들어 블루스카이 기법을 수행한다. 텅 빈 종이나 화이트보드가 걸려있는 회의실에서 서로가 쭈뼛쭈뼛 마주보고 앉아 이 과정을 시작하는 것이다. 이 상황에서 뭔가 새롭고 중요한 아이디어를 고안해내야 한다. 마치 "좋아, 이제부터 창조적인 사람이 되는 거야. 가자!"라고 하는 것처럼 들릴 수도 있다.

브레인스토밍 스타일

블루스카이 디자인을 수행하는 많은 팀이 브레인스토밍과 유사한 과정으로 이를 진행한다. 브레인스토밍 기법을 조금만 변경한다면 이 또한 블루스카이 기법을 시작하기에 무리가 없어 보인다. 다른 브레인스토밍 기법과 마찬가지로 처음에는 질보다는 양에 초점을 맞춰 우선 많은 양의 아이디어를 도출해내야 한다고 생각할 것이다. 활발하게 아이디어를 도출하고자 분위기를 북돋울 말이나 가벼운 농담으로 시작하는 것도 좋다. 게임 디자이너인 론 길버트Ron Gilbert는 "지금까지 괜찮았다고 기억하는 모든 브레인스토밍 세션은 처음 15분 동안 <스타트렉>에 관한 농담으로 시작했다."고 이야기했다. 모두가 관심을 기울일 만한 문화적 주제는 늘 바뀔 것이다. 중요한 것은 참가한 모든 사람이 긴장을 풀고 몰입할 수 있는 마음자세를 가질 수 있어야 한다는 것이다.

일단 세션을 시작하면 아이디어가 흘러가는 대로 둬야 한다. 하지만 가능한 모닥불 주위에 둘러 앉아있는 것처럼 따뜻하고 여유로운 분위기를 유지해야 한다. 엄격하고 절제된 분위기는 창조적인 흐름을 방해할 수 있다. 모든 사람이 세션에 기여할 수 있게 순서를 정하는 것도 효과적이다. 끝말잇기와 같이 게임의 형식을 빌릴 수도 있다. 형식이 중요한 것이 아니다. 중요한 것은 아이디어의 흐름을 통해 가능한 한 많은 아이디어를 내놓는 것이다.

쉽게 떠오르는 아이디어 흘려보내기

빠르게 아이디어를 제안하고 흐름을 유지하는 것이 중요한 이유는 최초의 아이디어가 그리 좋은 것만은 아니기 때문이다. 가장 먼저 머릿속에 떠오르는 것들은 고정 관념과 클리셰, 최근에 봤던 게임이나 TV 쇼에서 봤던 아이디어가 대부분이다. 거의 모든 디자이너가 이런 일을 겪는다. 이런 아이디어들이 마음의 표면을 걸돌다가 마침 아이디어를 고안하려 할 때 스스로가 만든 창조적인 내용인 양 당신의 마음을 사로잡는 것이다.

고정 관념과 클리셰를 사용하지 않는 것은 말처럼 쉬운 일은 아니다. 아이디어에 어떤 고정 관념과 클리셰가 반영됐다는 것을 인지하자마자 바로 거기에 머물지 않으려 노력할 필요가 있다. 빠르게 떠오른 아이디어들은 그만큼 매력적이다(당신이 얼마나 영리한지도 보여주니까). 그 아이디어에 안주하고 싶다는 생각을 치워두고 계속 앞으로 나아가야 한다. 당신이 가진 창조적 영역을 스스로 탐험하면서 넓혀 가야 하는 것이다. 다른 사람들과 함께 작업을 진행한다면 이들의 의견을 기반으로 당신의 창조적 영역을 더 넓힐 수 있다. 이 프로세스가 원활하게 진행된다면 다른 사람의 아이디어를 기반으로 생각을 한 단계 더 도약시킬 수 있을 것이며, 이를 통해 이전에 한 번도 생각해보지 못했던 곳에 다다를 수도 있을 것이다.

아이디어 비틀기

두 번째 중요한 단계는 제안된 아이디어를 좀 더 복잡하게 만들어보고 뒤집어보는 것이다. 예를 들어 처음 제안된 아이디어의 내용이 플레이어가 용을 죽이고 마을을 구하는 것이라고 가정해보자. 사실, 이런 설정이 지겹지 않은가? 어떤 부분도 독특해 보이지 않는다. 이 아이디어를 그냥 접지 말고 한 번 비틀어보자. 용을 죽이는 것이 아니라 구하는 것이라면 어떨까? 그렇다면 왜 그래야 할까? 마을 주민들에게 용과 연맹을 맺자고 설득할 수는 없을까? 플레이어가 용이 되면 안 될까? 빠르게 떠오르는 몇 가지 생각만으로도 구태의연했던 클리셰에서 벗어날 수 있다. 이를 통해 여전히 쉽게 인지할 수 있는 범위 안에서 처음에 제안했던 아이디어에 좀 더 가치를 부여하고 좀 더 탐험할 수 있는 공간을 제공할 수 있게 된다.

이 단계에서 활용할 수 있는 또 다른 방법은 '맞아, 그리고…'라는 사고방식으로 알려져 있다. 이 방식은 즉흥 코미디나 다른 사람의 아이디어를 기반으로 협업을 진행할 때 주로 사용된다. 한 사람이 대화를 통해 하나의 아이디어를 내놓는다. 이를 부정하는 단어인 '아니야'라고 말하는 대신 다른 사람들은 '맞아, 그리고…'라고 말하며 첫 번째 아이디어를 살짝 변형한다. 같은 방식으로 두 번째 아이디어도 변형된다. 이런 동일한 과정이 반복되면서 아이디어가 점점 추가되고 변형된다. 이 기법의 장점 중 하나는 누구도 자신의 아이디어에 매달리지 않는다는 것이다. 중요한 것은 아이디어이지, 누가 그것을 말했느냐가 아니다. 아이디어를 논의하는 과정에서 자존심을 빼고 실행할 수 있으며 혁신적인 아이디어를 만들 수 있는 효과적인 방법이다.

큐레이션

블루스카이 디자인 기법을 사용하더라도 아이디어를 내는 데는 제한이 있기 마련이다. 브레인스토밍에서 가장 바라지 않는 결과는 아무도 의견을 내지 않는 것이다. 또한 대충 '맞아, 그리고…'라고 이야기할 수도 있다. 처음부터 고정관념과 클리셰를 모두 걷어낸 주요한 아이디어를 얻고 싶을 것이다. 또한 결국은 자기가 제안한 아이디어가 채택되면 좋겠다는 불안정하고 이기적인 생각에 사로잡힐 수도 있다. 이런 생각들을 가라앉히고 다른 사람들의 의견에도 집중해야만 한다.

팀에서 수많은 아이디어를 쏟아내면서 커다란 종이나 화이트보드에 자신의 생각을 적어나갈 때 한 발짝 뒤로 물러나서 그 과정과 내용을 살펴보자. 아이디어를 쏟아내는 팀원들의 열정과 창조적인 모습이 눈에 띌 것이다. 팀원들은 오랫동안 열정적으로 아이디어를 쏟아내고 탐험해볼 것이다. 결국 단 하나의 아이디어가 가장 돋보일 것이다. 사람들은 그 아이디어에 대해 이야기하기 시작할 것이다. 그렇다고 인기 있는 모든 아이디어가 게임에 반영될 수 있는 것은 아니다. 어떤 아이디어는 우리가 가진 역량과 리소스에 비해 과분하고, 어떤 아이디어는 이를 구현할 수 있는 기술이 아직 존재하지 않을 수도 있다. 또한 어떤 것은 가고자 하는 방향과 결과적으로 맞지 않는 것도 있다.

어떤 아이디어를 선택한 다음 이를 가다듬고 다른 아이디어를 추가할지 결정하는 것은 수많은 경험과 건전한 판단력이 필요한 쉽지 않은 과정이다. 이 과정은 박물관의 큐레이터가 수많은 유물 중에서 어떤 것을 전시할지 선택하는 것과 비슷하다. 큐레이터가 전시회를 기획할 때 상대적으로 가치가 떨어지는 유물을 무조건 제외해서도 안 되지만 그렇다고 모든 유물이 전시회의 하이라이트를 차지할 수 있는 것도 아니다. 마찬가지로 모든 사람이 훌륭한 아이디어를 낼 수 있지만 그중에서도 어떤 것이 가장 가치 있는지 판단하는 데는 수많은 경험이 필요하다. 특히 훌륭한 아이디어가 경합을 벌이는 상황이라면 이를 해결할 수 있는 경험이 더욱 필요하다.

블루스카이 디자인 기법을 사용해 아이디어를 선별해내는 역할은 통상적으로 경험 있는 시니어들이 맡게 된다. 대규모 조직의 경우 크리에이티브 디렉터나 리드 디자이너, 혹은 PD와 같은 사람들이 이 역할을 수행한다. 화이트보드에 여러 아이디어를 그려보고 그중 하나를 팀의 본격적인 업무로 지시할 수도 있고, 공식적으로 제출된 여러 아이디어 중에서 몇 가지를 선별한 다음 여기에 살을 붙이는 작업을 진행할 수도 있다. 선택된 아이디어를 제외한 다른 모든 아이디어는 더 이상 고려되지 못한다. 사실 이 과정이 그리 녹록하지만은 않다. 현재 상황에서 가장 적절하다고 판단되는 소수의 아이디어를 골라내는 것이야말로 팀의 창조적 역량을 활용할 수 있는 최선의 방법이다. 결국 모든 아이디어에 집중할 수는 없다. 스티브 잡스도 말했듯이 1,000개의 다른 훌륭한 아이디어에 대해 '노'라고 이야기할 수 있는 것이 핵심이다.[1]

---

1. 사람들은 흔히 '집중'을 관심이 있는 것에 대해 '예스'라고 말하는 것을 의미한다고 생각한다. 하지만 이는 집중이 갖는 모든 의미를 제대로 표현한 것이 아니다. 결국 어딘가에 집중한다는 것은 수백 개의 다른 좋은 아이디어에 대해 '노'라고 말하는 것이다. 따라서 세심하게 선택해야 한다. 나는 사실 내가 이뤄낸 일만큼 우리가 하지 않은 일들도 자랑스럽다. 혁신은 1,000가지 일에 대해 '노'라고 말하는 것이다.

블루스카이 디자인의 한계

블루스카이 디자인은 방향이 정해지지 않고 어디에도 집중하지 않은 상태에서 시작하므로 찾고자 했던 것이 아닌 아이디어도 다양하게 제시될 수 있다. 하지만 그 결과 어떤 방향으로도 결론을 짓지 못하거나 서로 명백하게 다른 방향만 바라보다가 하나의 최종안을 선택하지 못하는 경우도 생긴다. 원하는 어떤 것이라도 디자인할 수 있는 기회가 주어진다면 오히려 수많은 게임 디자이너가 스스로 너무 많은 아이디어 안에서 사고가 마비돼 일관적인 디자인을 하기 힘들어질 것이다.

아이디어를 만드는 데 어떤 제약도 없다면 많은 디자이너가 완전히 새로운 방향으로 나아가기보다는 오히려 이미 그들이 잘 알고 있는 개념적인 안전지대로 돌아오려고 한다. 브레인스토밍과 '맞아, 그리고...' 기법이 이런 역효과를 방지해줄 수 있지만 이 역시 미지의 영역으로 거리낌 없이 들어갈 준비가 돼 있을 때만 도움이 된다. 마찬가지로 시간에 제약이 없다면 많은 사람이 끊임없이 디자인을 보완하려고 해서 오히려 깔끔하게 마무리를 하기 힘들 것이다.

블루스카이 디자인이 가치가 없다는 이야기가 아니다. 적절하게만 수행한다면 충분히 놀라운 경험을 얻을 수 있고 그 결과 혁신적인 게임을 만들어낼 수 있는 기법이다. 하지만 이렇게 제약이 없는 디자인 기법을 통해 기대했던 결과를 얻는 것이 쉽지 않다는 것을 늘 염두에 두고 있어야 한다.

제약은 당신의 친구다

어떤 제한도 없이 게임을 디자인할 수 있다면 그야말로 운이 좋은 경우다. 대부분의 디자인 컨셉에는 알게 모르게 어느 정도의 제약이 있다. 돈과 시간의 제약은 물론, 게임 플랫폼에 따른 제약, 더 근본적인 프로그래밍이나 아트에서 구현할 수 있는 역량의 제한도 이 범위에 포함된다.

게임 디자인을 수행할 때 이런 제약들이 오히려 도움이 된다는 것은 중요한 교훈 중의 하나다. 이런 제약들은 스스로 만들어냈거나 외부에서 발생한 것이다. 전문적인 게임 개발 과정에서도 돈과 시간, 기술의 제약 같은 현실적인 제약이 있기 마련이다. 만들려고 하는 게임의 유형과 준수해야 하는 라이선스 자산 등으로 인해 아이디어에 강력한 제한이 있을 수도 있다. 이런 제약들로 인해 블루스카이 기법을 사용해 도출해낼 수 있는 아이디어의 양이 제한될 수도 있지만 이 제약이 창조성에까지 적용되는 것은 아니다.

게임 디자이너로서 원하는 형태의 게임 플레이, 즉 플레이어가 갖길 원하는 전체적인 경험을 적절하게 제공하고자 스스로 디자인의 한계를 정해야 할 때도 있다. 초기에 수행되는 블루스카이 디자인 세션에서도 팀 구성원들은 아이디에이션의 기본 범위를 설정해 스스로 제약을 만들 수 있다. '게임 플랫폼에 VR은 포함되지 않는다'라든가 '게임에 사람을 죽이는 장면이 포함돼서는 안 된다'와 같은 제약을 설정할 수 있다. 이런 제약으로 인해 초기 단계에서부터 많은 아이디어가 사라질 수도 있다. 하지만 앞서 스티브 잡스도 언급했듯이 '노'라고 이야기하고 아이디어를 추려내는 것이야말로 이 과정의 핵심이다.

주의 사항

브레인스토밍과 같은 아이디에이션 과정에서는 몇 가지 주의 사항을 염두에 두고 있어야 한다. 브레인스토밍이 모두에게 자유롭게 열려있다는 것을 찬양하는 사람도 많지만 피해야 하는 단점도 있다.

가장 일반적인 주의 사항 중의 하나는 세션에서 제일 처음 말하거나, 가장 자주 말하는 사람이야말로 다른 사람의 말을 가장 많이 들어야 하는 사람이라는 것이다. 누군가의 큰 목소리에 때로는 중요한 의견과 가장 혁신적인 아이디어가 묻힐 수 있다. 개인적인 성향도 여기에 영향을 미친다. 회의를 통제하는 것을 좋아하거나 외향적인 사람들이 이런 아이디에이션 과정을 마무리하는 경우가 많다. 때로는 그들이 원하지 않아도 그런 경우가 발생한다. 좀 더 내향적인 사람들은 굳이 스스로 회의를 주도하거나 제어할 필요가 없다고 느끼고 종종 다른 사람들이 나의 의견을 들어주지 않는다고 생각한다. 결과적으로 이런 성향의 사람들이 속해 있는 그룹은 이들의 중요한 의견을 무시할 수도 있다.

'집단 사고'라고 부르는 것이 이런 증상과 관련돼 있다. 방 안의 모든 사람이 특정한 아이디어와 행동 양식에 동의한다면 고민할 일이 없다. 방안에 모인 사람들이 모두 동일한 의견이나 성향을 가진 사람들이라면, 예를 들어 모두가 하나의 장르를 좋아한다면 이 방에서 협의된 아이디어 역시 범위가 매우 좁을 것이다(우리는 스스로의 단점을 찾아낼 수 없기 때문에 브레인스토밍이나 블루스카이 기법을 사용하는 그룹에서 이를 수행할 수 있어야 한다). 좀 더 넓은 시각을 제안해줄 사람을 아이디에이션 과정에 포함시켜야 한다. 다른 성별과 인종, 다른 삶의 경험, 다른 흥미, 같은 경험이라고 하더라도 경험의 수준이 다른 사람들을 포함시킬 필요가 있다. 모든 브레인스토밍 세션이 인류가 가진 광범위한 스펙트럼을 반영할 필요는 없다. 하지만 최대한 많은 의견을 들으려고 노력한다면 좀 더 창조적인 아이디어를 만드는 데 도움이 될 것이다. 아이디에이션 과정에서 다양한 목소리를 내는 사람들이 참여하고 이들의 의견을 청취함으로써 깊이가 없거나 왜곡된 의견들을 더욱 빠르게 걸러낼 수 있을 것이다. 이는 결과적으로 더 나은 산출물을 얻게 해줄 것이다.

브레인스토밍이 갖고 있는 또 다른 문제는 게임 비전이나 기능에 대한 아이디어를 한 번에 도출하려고 한다는 것이다. 때론 온종일 이 작업에만 매달리는 경우도 있다. 사실 하루 종일 여기에 매달리는 것은 구성원들의 창조성이 필요한 이런 업무에 어울리지 않는다. 처음에는 편안함을 느끼더라도 온종일 다른 사람들과 함께 앉아 있게 되면 창조성 역시 빠르게 고갈된다. 사람들이 아이디어를 짜내게 만들어서는 안된다. 아이디어를 제안하는 속도가 떨어진다면 잠시 쉬는 것도 좋다. 1시간 정도 자기 자리로 돌아가서 자신이 선택하거나 자신에게 할당된 아이디어를 홀로 살펴보는 시간을 갖게 하는 것이다. 이후에 다시 모여 검토했던 아이디어를 다시 살펴본다. 당신이 먼저 시작할 필요도 없고, 이전과 완전 다른 시각을 일부러 제안할 필요도 없다. 단지 사람들이 다시 아이디어를 논의할 수 있는 분위기를 만들어주기만 하면 된다. 사람들은 이전과 완전히 다른 새로운 아이디어를 내놓아 당신을 놀라게 만들 것이다.

필요한 경험

개발 초기 아이디에이션 과정을 통해 만들고자 하는 게임의 컨셉과 비전을 찾고 이를 좀 더 명확하게 만들 수 있을 것이다. 이 과정에서 가장 중요한 질문인 "플레이어가 어떤 경험을 해야 하는가?"의 답을 찾을 수 있어야 한다. 플레이어가 어떤 행동을 취할지, 이들이 어떤 과정을 경험하고 싶어 하는지, 가장 중요한 그들이 어떤 것을 느끼고 싶어 하는지에 대한 답을 찾아야 하는 것이다.

이 답을 찾는 것이 쉬운 일은 아니다. 특히 발명가나 장난감 제작자 스타일의 디자이너라면 더욱 그럴 것이다. 이런 유형의 디자이너들에게 플레이어의 경험은 곁가지처럼 인식되기도 한다. 이들에게는 게임의 토큰과 규칙을 정하는 것이 풀어야 할 가장 중요한 미션이다. 물론 이 방향에서 게임에 접근하는 것도 의미가 있다. 하지만 이런 경우에도 곧 플레이어가 게임에서 가져야 하는 경험은 어떤 것인가라는 질문에 다다르게 된다. 게임 디자이너가 이 문제에 집중하지 않는다면 그 누구도 이 문제를 쉽게 풀어낼 수 없다. 플레이어의 경험을 염두에 두고 이를 반영해서 게임을 디자인하지 않는다면 플레이어들이 게임에 대한 멘탈 모델을 만들 때 혼란을 겪게 된다. 게임의 학습에도 부정적인 영향을 주며 결과적으로 게임에 대한 몰입도 역시 떨어질 수밖에 없다.

스토리텔러 스타일에 가까운 디자이너라면 플레이어의 경험에 관한 본질적이고 감정적인 핵심을 좀 더 쉽게 파악하고 이를 다른 사람들 역시 빠르게 간파할 수 있게 도와줘야 한다. 서사가 중심이 되는 게임을 만든다면 이미 플레이어가 가져야 하는 경험에 대해 충분히 생각해봤을 것이다. 이런 경우에도 영화를 만드는 것이 아니라 게임을 디자인하고 있다는 사실을 망각해서는 안 된다. 플레이어가 관찰자의 입장에서 하나의 이야기만 따라가게 해서는 안 된다. 플레이어가 게임을 탐험할 수 있는 공간도 충분히 제공해야 한다. 플레이어에게 제공하려는 경험은 이와 같은 이원적 디자인에 바탕을 두고 있어야 한다.

앞서 살펴본 내용들을 전제로 플레이어에게 전달해야 하는 경험을 좀 더 자세히 살펴보자. 우선 다음 항목들이 고려돼야 한다.

- 플레이어는 어떤 사람인가? 그들은 어떤 것으로 동기 부여되는가?

- 게임 장르는 어떤 것인가? 게임에서 가장 자주 사용되는 게임 플레이의 유형은 어떤 것인가?

- (위의 두 질문을 조합해) 플레이어가 게임 안에서 가질 수 있는 판타지는 어떤 것인가? 그들이 게임 안에서 맡게 되는 역할은 무엇이며 어떤 공간을 탐험하는가? 그들은 영웅인가, 해적인가, 아니면 황제인가? 그도 아니면 쇠똥구리, 어린 아이, 혹은 그 밖의 완전히 다른 존재인가?

- 플레이어는 어떤 것을 선택할 수 있는가? 어떻게 게임을 진행하는가?

- 게임에서 주로 사용하는 상호작용의 유형은 무엇인가? 어떻게 플레이어의 상호작용 비용이 소모되는가? 빠른 리액션이 수행되는 게임인가? 꼼꼼하게 계획을 세워야 하는 게임인가? 아니면 감정적 반응을 이끌어내는 것이 핵심인가? 플레이어가 느끼는 시각적이고 청각적인 아름다움에는 어떤 것들이 있는가?

이어서 이 질문과 관련된 부분을 더 자세히 살펴본다.

컨셉 문서

게임에서 플레이어에게 필요한 전체적인 컨셉과 경험을 정의한 것만으로는 충분하지 않다. 비전을 공유하기 위한 커뮤니케이션이 원활하게 수행될 수 있도록 충분한 문서를 만들어야 한다. 하지만 대부분의 게임 개발 과정에서 이를 무시하고 지나간다. 특히 소규모 개발 팀일수록 이런 경향이 도드라진다. 문서화를 훌륭하게 진행할 수 있다면 생각과 아이디어를 명백하게 표현하고 이를 통해 팀이 하나의 비전을 향해 나아갈 수 있다. 또한 새로운 팀 멤버나 잠재적인 투자자들, 임원진들이 당신의 아이디어에 높은 값을 매길 수도 있다.

대개 짧은 분량의 문서로 게임의 컨셉을 정리한다. 이 컨셉 문서는 유용하면서 설득력이 강해야 한다. 최대한 빠르고 명백하게 아이디어를 다른 사람에게 전달함과 동시에 이 아이디어가 실행에 옮길 정도로 가치가 있다는 것을 입증해야 한다. 지금 만들고 있는 게임에 투자 유치나 승인, 심사 등을 통과하기 위한 '피칭'을 준비할 때 컨셉 문서와 비슷한 구조로 프레젠테이션을 진행하게 된다(컨셉 문서와 피칭에 사용되는 문서는 이 문서를 보는 관객이 다르다는 중요한 차이가 있다). 12장에서 피칭을 좀 더 자세히 다룬다. 다양한 스타일의 컨셉 문서가 존재하며 당신만의 독특한 형태를 만들 수도 있다. 이 장에서 다루는 컨셉 문서 템플릿은 온라인 www.informit.com/title/9780134667607에서 다운로드할 수 있다.

컨셉 문서는 종이에 작성할 수도 있지만 통상적으로 웹 페이지나 문서 작성 프로그램을 사용해 작성된다. 온라인에서 컨셉 문서를 작성하고 유지 보수를 진행할 수 있다면 좀 더 체계화된 방법으로 문서를 최신 상태로 유지할 수 있을 것이다.

컨셉 문서를 통해 게임에 대한 시각을 유지할 수 있다. 프로젝트가 진행되는 동안 컨셉 문서는 다양한 게임 디자인 문서와 연결고리가 돼야 한다. 마치 컨셉 문서가 빙산의 일각처럼 보일 것이다. 게임을 개발하는 동안 디자인 전체와 컨셉 문서 모두 변경될 수 있다. 이 문서들을 항상 최신 버전으로 유지해야 한다.

컨셉 문서는 간단하면서 명백한 상태로 유지돼야 하며 동시에 게임의 비전을 잘 표현해야 한다. 그림과 다이어그램을 사용하는 것이 효과적이다. 게임의 아트 스타일, 게임 월드의 역사, 플레이어의 게임 진행 상황과 같은 상위 개념을 설명하고 좀 더 상세한 내용을 다루는 문서를 찾아갈 수 있는 링크를 제공해야 한다. 이런 구조를 통해 여러 디자이너가 동시에 다른 부분의 작업을 진행할 수 있게 된다. 게임 개발이 진행될수록 다양한 문서가 추가되지만 이런 상황에서도 컨셉 문서는 여전히 디자인의 핵심적인 내용을 포함하고 있어야 한다. 컨셉 문서는 게임 개발 기간 동안 합의된 하나의 비전과 개발 원칙을 보여주는 시금석으로 활용해야 한다.

컨셉 문서는 크게 다음과 같은 3가지 부분으로 구성된다.

- 상위 수준 컨셉

- 제품 설명

- 상세 디자인

다음 절에서 이들 각각을 더 상세하게 알아본다.

컨셉 잡기

컨셉 문서의 첫 부분에는 게임의 상위 수준에 해당하는 내용들이 정확하게 설명돼야 한다. 이 부분에는 다음과 같은 항목들이 포함된다.

- 가제

- 컨셉 문구

- 장르

- 목표 사용자층

- 고유한 셀링 포인트

가제

가제^{假題; working title}는 임시로 선정된 게임의 제목을 말한다. 게임의 내용을 연상케 하고 부르기 쉬워야 한다. 이 단계에 많은 시간을 할애하는 팀도 있다. 온라인에서 적당한 이름을 검색해보거나 라이벌 게임의 이름을 참고하기도 한다. 게임 플레이와 전혀 관련이 없는 이름을 선택하는 팀도 있다(종종 코드 네임을 사용해 실체를 숨기려는 팀들도 있다).

다양한 방법 중 어떤 것을 선택해도 문제될 것이 없다. 개발 초기에 어떤 이름으로 부르더라도 이후 게임이 상품으로서의 가치를 가질 때는 다른 이름을 가질 확률이 높기 때문이다. 지금은 그저 게임을 연상할 수 있는 쉬운 이름을 고르면 된다. 이후에 더 적당한 이름을 찾을 때가 올 것이다.

컨셉 문구

컨셉 문구를 만들어 게임 디자이너가 컨셉을 제대로 이해하고 있다는 것을 보여주고 이를 다른 사람들 역시 빠르게 이해할 수 있도록 만들어야 한다. 컨셉 문구는 게임의 중요한 측면, 특히 플레이어의 경험과 관련된 핵심적인 내용만 골라서 한 문장 혹은 두 문장으로 표현한 것을 말한다. "게임이 어떤 것에 관한 것이죠?"라는 질문에 이 문장이 답이 될 것이다. 그리고 게임 디자이너인 당신은 이 질문에 답할 준비가 돼 있어야 한다. 이 문구를 사용해 다른 사람에게 게임에 대한 첫 인상을 심어줄 수 있다. 컨셉 문구를 만드는 것은 일견 간단해 보이지만 훌륭한 컨셉 문구를 만드는 것은 쉬운 일이 아니다. 게임의 비전을 승화시켜야 하고 시간을 들여 음미할 가치가 있는 문구여야 한다. 컨셉 문구는 간결하고 함축적이어야 하며 쉽게 이해할 수 있어야 한다. 이 문구를 듣거나 읽는 사람에게 게임 디자인의 주요한 포인트를 정확히 전달할 수 있어야 한다. 또한 다른 게임들과 비교해 어떻게 다른지, 왜 재미가 있는지도 전달할 수 있어야 한다.

트위터로 게임을 표현한다고 생각하면 컨셉 문구를 잡는 데 큰 도움이 된다. 트위터로 표현할 수 있는 140자 안에서 게임에 대해 아무것도 모르는 사람에게 게임의 핵심을 모두 설명해야 하는 것이다. 글자 수가 너무 적다고 고민할 필요는 없다. 다만 트위터로 작성하는 상황을 염두에 둔다면 좀 더 세심하게 단어를 선택해 더 강력하고 효과적인 컨셉 문구를 만들 수 있을 것이다.

단 하나의 질문

'단 하나의 질문'이라는 기법을 사용해 컨셉 문구를 만들 수 있다. 이 질문은 컨셉 문구와는 다르며 이 질문을 통해 컨셉 문구를 유추하고 연상할 수 있다. 이 질문의 핵심은 '디자인에 관한 의문을 풀어줄 수 있는 단 하나의 질문은 과연 무엇인가?'라는 것이다. 예를 들어 역사 시뮬레이션 게임을 만든다면 게임 안에 등장하는 사건들에 대해 "이거 진짜 있었던 일이야?"라고 물어볼 수 있을 것이다. 닌자가 등장하는 게임이라면 "계속 다른 사람들 눈에 띄지 않고 있어야 하는 거야?"라고 물어볼 수도 있다.

이런 질문은 아주 작은 기능에서부터 유저 인터페이스에 이르기까지 말 그대로 게임 안의 거의 모든 것에 적용될 수 있다.

<기타 히어로Guitar Hero>와 그 계승작인 <락 밴드Rock Band>의 게임 디자이너인 제이슨 부스Jason Booth는 <기타 히어로>의 기능에 관한 단 하나의 질문으로 "락을 하고 있는가?"를 들었다. 게임의 핵심에 기여하지 않는 기능은 과감히 버려야 한다. 제이슨 부스는 두 가지 기능 중 하나를 택해야 한다면 좀 더 락에 가깝다고 생각되는 기능을 선택했다고 말했다. 예를 들어 플레이어가 스스로 게임 캐릭터를 만들게 할지, 아니면 미리 만들어진 캐릭터 중에서 선택하게 할지를 결정해야 한다면 "플레이어가 만든 캐릭터로 좀 더 락을 즐길 수 있을까?"라는 맥락에서 "락을 하고 있는가?"라는 질문을 던지는 것이다. 평소에 할 수 없는 짙은 아이라이너를 그려 넣어 스스로의 캐릭터를 마음대로 만들 수 있다면 락 스타가 되고 싶다는 판타지를 충족시킬 수 있을 것이다.

부스와 그의 팀은 <기타 히어로>의 계승작인 <락 밴드>의 비전을 설정하는 과정에서도 많은 난관을 겪어야만 했다. 그들은 아직도 <기타 히어로>를 너무 사랑하고 있었다. 이런 상황에서 완전히 다른 시각으로 새로운 제품을 만드는 것은 결코 쉬운 일이 아니었기 때문이다. 이 과정에서 이들이 찾아낸 단 하나의 질문은 "진짜 락 밴드가 되는 것 같은 경험을 주는가?"였다. 부스는 "단 하나의 질문을 정하고 나자 게임의 방향에 대한 잠재적인 논란거리들이 사라졌다. 모든 사람이 <기타 히어로>와 <락 밴드>라는 2개의 제품 사이에 선을 그을 수 있었기 때문이다."라며 이 기법의 효과를 입증했다.

비전을 간결하고 명확하게 밝혀주는 질문(혹은 문구)을 만들게 되면 이후 어떤 기능들을 추가해야 하는지도 쉽게 가늠할 수 있게 된다.

장르

게임의 장르는 게임에서 사용되는 규약, 플레이어에게 제공되는 도전과 선택의 유형에 기반을 두고 정의될 수 있다. 장르는 가장 짧은 단어로 게임 디자인의 심미적이고 외형적인 면, 기술적인 면을 종합해서 나타내는 것이다. 게임 장르는 공식적으로 지정된 것이 없으며 시간이 지나면서 변형되고 하위 장르가 발생하기도 한다. 따라서 게임 장르는 게임 전반에 나타나는 상호작용의 형태를 보여주는 경험 기반의 레이블이라고 할 수 있다. 빠르게 진행되는 액션 게임, 생각을 많이 해야 하는 전략 게임, 감정이나 서사가 주도하는 게임, 다른 사람과의 관계가 중요한 소셜 게임 등이 있으며, 그중 몇 가지가 혼재된 장르도 존재한다.

슈팅 게임은 플레이어가 쏘고 맞추는 것에 오랜 시간을 할애하는 액션 게임의 하위 장르로 오랫동안 명맥을 이어오고 있다. 이 장르의 게임은 액션/피드백과 단기 인지 상호작용을 활용하며 전형적으로 빠르게 진행되는 액션 게임이다. 죽이거나 죽게 되는 폭력적인 배경을 가진 게임들이 많으며 가능한 한 빠르게 쏘고 맞추는 동작이 수행돼야 한다. 슈팅 게임의 아류를 보여주는 수식어에는 거의 한계가 없다. '2D 탑다운 스페이스 슈터', '다중 멀티플레이어 탄막 협동 슈팅'과 같이 수많은 슈팅 게임의 하위 장르가 있다. 하나의 장르가 성숙하면 그 장르의 대표적이고 암묵적인 상직을 비틀어 장르의 정의를 다시 하게 만드는 게임도 등장한다. <포털Portal>이 대표적인 경우로 목표를 쏘아 맞춘다는 의미에서 이 게임은 슈팅 장르로 분류할 수 있을 것이다. 하지만 다른 슈팅 장르의 게임과 달리 <포털>에서는 어떤 것도 살상하지 않으며 오히려 퍼즐을 풀어나가는 수단으로 슈팅을 활용한다.

<포털>의 예를 통해 게임의 장르를 결정하는 것이 단순한 일이 아님을 알 수 있다. 슈팅 장르이면서 다른 슈팅 게임과 같지 않다면 단순히 장르만을 연상했을 때 떠오르는 많은 것을 잃어버리게 된다. 때로는 슈팅이나 전략 같은 장르의 이름에서 연상되는 것들을 대수롭지 않게 생각하기도 한다. 게임에 포함돼 있는 장르의 특징까지도 가볍게 넘겨버리는 것이다. 장르의 이름을 사용하는 것은 그 자체로도 여러 가지 장점을 가진다. 하지만 세심하게 사용하지 않는다면 오히려 디자인을 느슨하게 만들 수 있다. 스스로 만드는 게임을 전략 게임이라고 부른다면 다른 사람들은 당신이 만들고 있는 게임에 탑다운 혹은 아이소메트릭isometric 방식의 카메라가 사용되고 다

양한 유닛을 한 번에 제어하는 기능처럼 전략 게임에서 일반적으로 보이는 요소들이 구현된다고 믿을 것이다.

좀 더 구별되는 특별한 디자인을 구현하고 싶다면 게임의 장르를 직접 언급하지 않는 것이 좋다. 대신 표현하고자 하는 장르의 특별한 측면들을 부각시키는 것이 더 효과적이다. 예를 들어 "전략 게임의 유닛 컨트롤과 액션 게임의 빠른 전개를 동시에 즐길 수 있으며, 또한 캐주얼 게임의 쉽고 빠른 학습과 풍부한 상호작용을 제공한다."고 말하는 것이다. 이런 방식은 다른 사람에게 당신이 만들고 있는 게임이 어떤 것인지를 알려줌과 동시에 한 번에 너무 많은 장르의 특성을 구현하려고 하는 것은 아닌지 판단하는 데 도움을 줄 것이다.

지금도 셀 수 없이 많은 게임 장르가 존재하며 빠르게 변화하고 있다. 가장 대표적인 게임 장르는 다음과 같다.

- **액션**: 액션 게임은 빠른 액션/피드백 루프가 근간을 이룬다. 배경에 스토리가 있을 수 있지만 게임 플레이에서 스토리나 서사가 차지하는 영역은 제한적이다.

- **어드벤처**: 이 장르 역시 다양한 액션/피드백 루프 요소를 갖고 있지만 플레이어에게 장기적인 목표를 제공하는 어드벤처 스토리가 큰 맥락을 형성한다.

- **캐주얼**: 이 장르를 즐기는 많은 플레이어가 '캐주얼'하지 않을 정도로 게임에 몰입하기 때문에 사실 논란이 많은 장르일 수밖에 없다. 이 장르의 게임들은 쉽게 배울 수 있고 상대적으로 짧은 단기 루프와 목표에 의존하며, 상대적으로 짧은 플레이 세션을 가진다. 아드레날린이 뿜어 나오는 빠른 속도의 액션이 아닌 일반적인 액션/피드백 상호작용 루프가 주를 이루지만 그러면서도 밝은 그래픽과 명확하고 쉬운 액션(예를 들어 알록달록하고 큰 버튼), 풍부한 시각적이고 청각적인 피드백 등을 통한 '흥미진진한' 상호작용에 초점을 맞춘다(4장에서 이 부분을 다뤘다). '캐주얼'이라는 이름은 자신이 게임을 본격적으로 즐기지 않는다고 생각하는 사람들도 게임을 즐길 수 있다는 것을 어필할 때 많이 사용된다. 이런 성향의

플레이어들도 캐주얼 장르의 게임을 즐기는 데 몇 시간을 보낼 수 있다. 하지만 하나의 취미로서 게임을 즐긴다기보다는 말 그대로 가볍게 여가 시간을 보내는 수단 정도로 게임에 흥미를 가진다.

- **방치형:** 상대적으로 최근에 등장한 새로운 장르이며 종종 조소하는 의미로 사용되기도 한다. 하지만 이 장르가 상업적으로 성공했고 두터운 팬층이 존재한다는 것은 부정할 수 없다. 방치형 게임에서 플레이어는 몇 가지 결정만 내리면 되고 나머지는 게임이 알아서 스스로 플레이한다. 이런 장르의 게임에서는 상호작용이 다른 게임만큼 중요하지 않으며 그나마 존재하는 게임 상호작용 중 대부분은 액션/피드백에 초점을 맞춘다. 퍼즐을 풀 때 필요한 단기 인지 상호작용과 전략을 짤 때 필요한 장기 인지 상호작용이 일부 적용되기도 한다. 상호작용이 많이 발생하지 않는다는 것이 이 장르의 가장 큰 특징이다. 이로 인해 플레이어가 게임에 집중할 때 발생하는 인지 부하가 현저하게 줄어든다는 장점이 있다. 플레이어의 입력을 최소화하거나 혹은 입력이 아예 없는 경우에도 게임은 진행이 가능하며(심지어 플레이어가 자리를 떠나도 진행이 가능하다), 그들이 돌아왔을 때 획득한 게임 내 재화나 포인트를 통해 긍정적인 피드백을 플레이어에게 전달할 수 있다. <다크 룸Dark Room>의 크리에이터인 마이클 타운센드Michael Townsend는 초기의 방치형 게임(서사적인 요소를 일부 갖고 있음)이 타깃으로 삼은 사람들은 숫자가 올라가는 것에서 쾌감을 느끼는 사람들과 미지의 영역을 탐구하기를 좋아하는 사람의 교집합이라고 말했다. 숫자가 올라가는 것을 보는 것이 방치형 게임의 가장 큰 매력이며 기대한 보상을 얻으면서 도파민이 지속적으로 분비된다. 이런 보상이 허구에 지나지 않는다는 것을 깨달을 때까지 이 효과는 지속된다.

- **MMO:** MMO는 '대규모 멀티플레이어 온라인Massively Multiplayer Online'의 줄임말이다. 플레이어가 수백 수천 명의 다른 플레이어와 함께 하나의 월드에 속해 있으며, 플레이어의 아바타(보통 하나 이상의 아바타를 생성한다)가 존재하고 플레이어가 실제로 플레이를 하지 않더라도 게임 자체는 유지된다. 기능의 핵심인 전투를 비롯해 다양한 부분에서 액션/피드백 상호작용이 폭넓게 사용되며 단기와 장기

인지 형태의 상호작용도 함께 활용된다. MMO에서는 사회적 상호작용의 중요도가 아주 높다. 게임 안에서 그룹과 비공식적인 커뮤니티를 만들고 참여하는 것이 게임의 성공과 흥행에 중요한 역할을 수행한다.

- **플랫폼:** 이 장르는 플레이어가 조종하는 캐릭터가 공중에 매달린 발판(플랫폼)을 밟고 점프해서 하나의 스테이지를 건너가는 게임을 말한다. 플레이어의 주요한 상호작용은 빠른 액션/피드백 형태이며 죽지 않고자 언제 어떻게 점프를 해야 하는지 아는 것이 게임의 핵심이다. 액션 게임의 하위 장르이기는 하지만 이 범주에 속하는 게임들이 워낙 많이 출시돼 하나의 장르를 확립했다고 볼 수 있다. 이 장르는 1980년대의 비디오 게임에 근간을 두고 있으며 지금까지도 상당한 인기를 누리고 있다. 상대적으로 쉽게 게임을 배우고 실력을 향상시킬 수 있으며, 다른 장르의 게임에 비해 상대적으로 난이도가 낮다.

- **리듬:** 리듬이나 뮤지컬, 댄스와 같이 음악과 관련된 플레이어의 센스가 기본이 되는 게임들이다. 리드미컬한 노래나 음악을 배경으로 빠르고 복잡하게 이어지는 박자에 맞게 노트를 맞추는 게임으로 신속한 액션/피드백 상호작용이 주를 이룬다.

- **로그라이크:** 이 요상한 이름의 장르는 오늘날 일반적으로 절차적 생성을 통해 맵을 만들어내는 게임을 통칭할 때 사용된다. 보통 이런 게임은 (항상 그런 것은 아니지만) 한 번 죽으면 게임이 끝나는 '영구적 죽음Perma-death'이라는 시스템을 사용한다. 따라서 플레이어는 게임을 진행하는 동안 여러 번 죽음의 위기에서 벗어나야 한다. 이런 스릴과 '죽을 것 같은 위태로움'이야말로 이 장르가 어필하는 부분이다. 이 장르의 이름은 텍스트 게임인 <로그Rogue>에서 따온 것이다. 이 게임은 가장 초기의 어드벤처/롤플레잉 게임의 하나로 던전을 자동으로 생성하고 캐릭터가 죽으면 처음부터 게임을 다시 시작해야 했다. 매번 플레이할 때마다 다른 레벨이 등장하므로 반복해서 같은 플레이를 할 수 없었다. 오늘날 이런 특징은 우주 탐험, 시뮬레이션과 같은 다른 장르의 게임에도 적용되고 있다. 로그라이크 장르의 게임에는 액션/피드백 상호작용(특히 실시간 전투)과 좀 더 어려운 도전

을 위해 스킬과 장비를 향상시키고 아바타(캐릭터나 전함 같은 것들)를 레벨업하기 위한 전략적인 장기 인지 상호작용이 동시에 사용된다.

- **롤플레잉:** 이 장르의 게임에서 플레이어는 영웅적인 모험을 수행한다. 전사, 마법사, 해적, 무역상과 같이 게임에서 제공하는 다양한 역할을 통해 게임 안의 세계를 경험한다. 전투와 스킬 강화, 제작 같은 행위들이 이 장르의 주를 이루며, 액션/피드백과 단기 인지, 장기 인지 형태의 상호작용이 각각 존재한다.

- **스포츠와 시뮬레이션:** 이 두 장르에는 공통된 부분이 존재하는데, 외부 세계 혹은 실제 세계에서 발생하는 행위를 사실적으로 보여준다는 것이다. 축구나 농구, 골프와 같이 인기 있는 스포츠 게임을 시뮬레이션 하는 게임들은 실제 플레이와 최대한 비슷하게 만들고자 액션/피드백, 단기 인지, 장기 인지 형태의 상호작용을 사용한다. 시뮬레이션 장르는 농장을 경영하거나, 비행기를 운행하거나, 건물을 짓는 것과 같이 경험을 재창조하고자 단기 인지와 장기 인지 형태의 상호작용을 주로 사용한다.

- **전략:** 시뮬레이션 게임과 마찬가지로 전략 게임 역시 단기와 장기 상호작용에 초점을 맞춘 게임들이다. 플레이어는 군대를 지휘하거나 회사를 경영하는 것과 같이 전략적이고 전술적인 계획을 세워 일련의 목표를 달성한다. 물론 액션/피드백 상호작용도 존재하지만 전략 게임에서는 이런 유형의 상호작용이 주를 이루는 것은 아니다. 이런 장르의 게임들은 시각적으로 크게 흥미를 유발하지 못할 수도 있다. 대신 장기적인 인지 상호작용에 플레이어의 인지 상호작용 비용을 할애하게 만든다.

- **타워 디펜스:** 액션이나 전략 게임과 관련이 있는 장르이며 타워 디펜스 장르는 이 장르만이 갖고 있는 특정한 형태로 발전해왔다. 타워 디펜스 게임에서 플레이어는 특정한 베이스(기지)나 물체(생명 크리스털)를 수차례 이어지는 적들의 공격에서 지켜내야 한다. 적들의 공격은 시간이 지날수록 강력해진다. 그동안 플레이어의 방어(장르 이름에도 보이는 다양한 모습의 '타워') 역시 점점 더 강화된다. 대부분의 타워 디펜스 게임에서 플레이어는 원하는 곳 어디에나 타워를 배치할 수

있다. 이를 통해 적의 진행 방향을 플레이어가 원하는 대로 바꿀 수 있다. 처치한 상대방의 숫자에 따라 타워를 새로 만들거나 업그레이드할 수 있다. 이를 위해 더 많은 포인트/재화가 필요하며, 이는 하나의 피드백 루프를 형성한다. 이런 장르의 게임은 단기 인지와 장기 인지 형태의 상호작용을 효과적으로 혼합해 사용하며, 일부지만 액션/피드백 상호작용 역시 사용한다.

이 밖에도 훨씬 더 다양한 장르가 존재한다. 또한 이들을 다양하게 조합한 장르도 존재한다. 예를 들어 <월드 오브 탱크World of Tanks>와 같은 '액션-전략 MMO 게임'이나 '캐주얼 리듬 시뮬레이션 롤플레잉 게임' 같은 장르도 존재할 수 있다.

게임의 장르를 정하는 첫 번째 단계는 우선 현재 개발 중인 게임과 가장 유사한 게임을 찾아보는 것이다. 하나의 장르만 찾아볼 필요는 없다. 2D 액션 플랫폼 게임을 만든다면 지금까지 출시된 수백 수천의 비슷한 2D 액션 플랫폼 게임과 본질적으로 동일한 게임을 만든다는 것을 의미한다. 이는 결과적으로 만드는 게임에 대한 흥미를 떨어뜨릴 수 있다. 또한 디자인을 느슨하게 만들어 게임에서 독특한 것을 찾아볼 수 없게 만들거나 게임 디자이너가 고민해야 할 문제를 장르의 특성에 의존해서도 안된다. 너무 이해하기 어렵거나 복잡해보일 정도로 장르를 혼합해도 안 된다. '서사 기반 전략 탄막 슈팅 게임'이라는 장르를 만들 수 있지만 플레이어들은 이 단어만으로는 어떤 게임인지 이해하기 힘들 것이다.

목표 사용자층

게임을 제대로 만들려면 어떤 사람들이 게임을 플레이할지 알아야 한다. 어떤 플레이어들을 위해 게임이 만들어졌는가? 목표 사용자층을 정하려면 심리적이고 인구학적인 자료와 기술적이고 환경적인 정황도 함께 고려해야 한다.

심리적 측면과 동기 부여

목표 사용자층을 정하려면 대상이 되는 사람들이 어떤 것으로 동기 부여되는지, 그들의 일상적인 태도는 어떠한지, 그들이 진심으로 바라는 것이 무엇인지를 먼저 알아야 한다. 만드는 게임과 유사한 게임 플레이를 제공하는 다른 게임을 즐기는 사람들을 살펴본다면 이 문제를 쉽게 해결할 수 있다. 당신의 게임과 비슷한 다른 게임을 즐기는 사람이 있다면 그 사람이 당신의 게임도 좋아할 것이라고 가정하는 것이다.

좀 더 상세히 알아보자. 우선 게임 플레이와 관련돼 목표 사용자들에게 가장 동기 부여가 되는 것이 어떤 것인지 적어본다. 플레이어에게 동기를 부여하는 데는 다양한 모델이 적용될 수 있다. 퀀틱 파운드리^{Quantic Foundry}는 데이터에 입각해 이와 관련된 가장 효과적인 모델을 만들었다(Matsalla 2016). 전 세계 30만 명 이상의 게이머를 대상으로 수행된 조사 결과를 기반으로 퀀틱 파운드리는 동기를 부여하는 6개의 주요한 원인을 규명했다.

- **액션:** 때려 부수면서 빠르게 전개되는 흥미진진한 게임 플레이
- **소셜:** 커뮤니티와 경쟁(서로 상호 배제하는 관계가 아니다)
- **숙달:** 어려운 도전과 장기간의 전략
- **달성:** 모든 미션을 달성해 강력함을 얻는 것
- **몰두:** 다른 사람이 돼서 또 다른 이야기 체험하기
- **창조:** 제작과 커스터마이징, 임기응변으로 필요한 물건을 만들거나 수리하고, 필요한 물건을 찾고자 탐험을 하면서 스스로를 표현하기

이 6개의 원인은 다시 3개 영역으로 구분할 수 있다.

- **액션-소셜:** 이 영역에는 흥분, 경쟁과 파괴와 같은 요소들이 포함되며 더 나아가 커뮤니티의 일원이 되고자 하는 욕망까지 포함될 수 있다.
- **숙달-달성:** 이 영역에는 완료, 전략, 도전과 같은 요소들이 포함되며 더 나아가 힘을 얻고자 하는 동기 부여까지 포함될 수 있다.
- **몰두-창조:** 이 영역에는 스토리, 커스터마이징, 디자인, 판타지와 같은 요소들이 포함되며 더 나아가 무언가를 발견하려는 욕망까지 포함된다.

이렇게 구분된 영역은 그림 6.1에서 확인할 수 있다. '힘'과 '발견'이라는 요소가 2개의 영역을 이어주는(혹은 둘 모두에 속하는) 다리 역할을 하는 것에 주목하자. 퀀틱 파운드리는 각각의 클러스터가 사고(뇌와 관련된 부분)와 액션(키네틱^{kinetic} 혹은 운동과 관련된 부분) 중 어떤 것을 더 선호하는지, 게임 안의 세계와 다른 플레이어 중 어떤 것에 더 집중하는지 보여주는 것이라고 밝혔다. 이는 1996년, 리처드 바틀^{Richard Bartle}이 발표한 플레이어 유형 모델과 유사하다. 바틀은 '행동'과 '상호작용'을 한 축으로 삼고 '플레이어'와 '월드'를 다른 축으로 삼아 플레이어 유형을 구분했다. 이에 따라 플레이어의 유형은 성취가(월드를 대상으로 행동하는), 탐험가(월드와 상호작용하는), 사교가(플레이어와 상호작용하는), 킬러(플레이어를 대상으로 행동하는)의 4가지 유형으로 나뉜다(Bartle 1996). 바틀의 모델이 정량적인 근거를 갖고 있는 것은 아니지만 수많은 플레이어와 게임 디자이너들에게 직관적이고 유용한 모델을 제시한 것은 사실이다.²

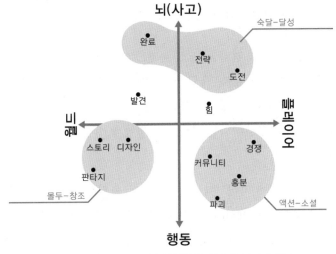

그림 6.1 퀀틱 파운드리가 분석한 동기 부여의 3가지 영역

그림 6.1의 클러스터는 게임과 관련된 사람들의 성향을 보여준다. 개인의 성향을 분류할 때 사용되는 FFM^{Five Factor Model}('Big 5'라고 알려져 있음)과도 관계가 있다(McCrae

---

2. 통계학자인 조지 박스(George Box)의 명언인 "모든 모델은 부정확하다. 하지만 어느 정도는 유용하다."를 떠올려보자 (Box and Draper 1987).

and John 1992). 이 모델은 사람들의 성향을 5개로 분류한다.

- **신경성**^{Neuroticism} : 경험을 통해 부정적인 감정을 쉽게 느끼는 성향

- **외향성**^{Extraversion} : 진정한 동료가 될 사람을 찾는 성향. 절제하고 사색적인 것보다는 '시끌벅적하게 살아가기'에 더 초점을 맞추는 경향이 있다.

- **친화성**^{Agreeableness} : 타인에게 우호적이며 협력적인 성향. 적대적이고 공격적인 것에 반하는 성향이다.

- **성실성**^{Conscientiousness} : 조직화돼 있고 의지할 수 있으며 자기 수양이 잘 돼 있는 성향. 즉흥적이며 유연하고, 변덕이 많은 것에 반하는 성향이다.

- **경험에 대한 개방성**^{Openness to experience} : 얼마나 호기심이 많고 창조적인 사람인지 보여주는 성향. 또한 일반적인 경험에 대한 내성을 보여주기도 하며 실용적인 것이나 독단적 성향과 거리가 멀다.

액션-소셜 영역에서 동기 부여가 되는 사람들은 상당히 높은 외향성을 갖거나 사회적 접촉을 열망하는 경향이 있다. 숙달-달성 영역에서 동기 부여되는 사람들은 높은 성실성을 보이는 경향이 있다(어떤 업무를 완수하려는 열망을 포함한다). 마지막으로 몰두-창조 영역에서 동기 부여되는 사람들은 경험에 대한 개방성 부분에서 높은 점수를 얻는 경향이 있다.

플레이어들은 이런 성향에 따라 게임을 선택한다. 퀸틱 파운드리는 "게임은 우리가 가진 정체성의 반영이지 도피처가 아니다. 게임을 플레이하는 사람들은 그들이 아닌 다른 사람이 되기 위해 게임을 하는 것이 아니라 그들이 진정 원하는 스스로가 되고자 게임을 플레이한다."고 분석했다(Yee 2016b).

스스로 만들고자 하는 게임을 이해하는 것, 그리고 앞서 4장에서도 살펴봤던 게임을 통해 제공되는 상호작용의 형태를 이해한다면 게임을 즐기는 플레이어들이 어떤 것에 동기 부여되는지 알 수 있을 것이다. 플레이어들이 원하지 않는 동기 부여의 조합을 만들어내는 것은 아닌지 늘 확인해야 한다. 고상한 감정적 스토리에 빠져들고 싶

은 플레이어들은 무언가를 때려 부수는 일에 시간을 뺏기고 싶어 하지 않을 것이다.

인구통계적 특성

플레이어의 심리적이고 감정적인 측면을 이해하는 것과 더불어 이들의 인구통계적인 특성, 즉 연령과 성별, 살아온 과정 등을 이해할 필요도 있다. "리사는 40대 중반의 이혼녀로 사랑하는 두 명의 자녀와 직장을 갖고 있다."와 같은 설정으로 플레이어를 대신하는 페르소나를 게임에 등장시키기도 한다. 이렇게 인구통계학적 특성을 설명하면 캐릭터 자체에 더 집중할 수 있게 되고 플레이어가 깆는 동기 부여의 방향도 달라질 수 있다. 게임에서 자녀의 수나 직업의 종류가 중요한 의미를 갖지 않는 한 이런 세세한 정보를 설정하는 데 너무 많은 시간을 쏟지 않는 것이 좋다.

캐릭터뿐만 아니라 플레이어의 인구통계학적 특성도 중요하다. 무언가에 흥분할 정도로 신이 난다는 것은 강력한 동기 부여가 되지만 나이가 들어갈수록 비중이 줄어들고 심지어 50대 이상의 플레이어에게는 동기 부여를 저해하는 요인이 되기도 한다. <리그 오브 레전드>가 젊은 층에서 더 인기가 많은 이유도 이로 설명할 수 있을 것이다.

경쟁을 통한 동기 부여 역시 10대에 최고조에 달했다가 빠르게 감소하며 40대 이상이 되면 거의 바닥에 다다른다. 10대에서 40대 사이는 여성보다 남성이 더 경쟁에 의해 동기 부여되는 경향이 강하다. 이런 경향은 45세 이상의 연령대부터 빠르게 사라진다. 즉, 45세 이상 연령대에서는 성별에 따라 동기 부여가 크게 달라지지 않는다는 것을 의미한다.

모든 미션을 완수하고 모든 아이템을 모으는 것과 같이 달성에 대한 강한 동기 부여는 모든 연령대에 고르게 나타난다. 이 달성 욕구는 모든 연령대와 성별에서 보이는 주요한 동기 부여의 원인에 포함된다(Yee 2017).

환경적 맥락

심리적인 측면 및 인구통계학적 측면과 더불어 목표한 사용자층이 갖는 환경적 요소도 고려돼야 한다.

- 게임 플레이를 즐기는 플랫폼: 콘솔이나 노트북, 데스크톱, 모바일 디바이스 등
- 게임을 즐기는 시간과 환경. 통근하는 사람들이 버스에서 보내는 10분 혹은 하루 종일 경험을 쌓고 싶은 플레이어들
- 플레이어들의 기술적 레벨과 게임 관련 지식/철학
- 게임과 관련돼 있는 적절한 배경 지식과 맥락

정리하기

목표 사용자층을 정할 때는 심리적, 인구통계학적, 환경적 측면과 같은 다양한 요소를 함께 고려해야 한다. 누가 당신의 게임을 즐길 지 고려해보는 것은 충분한 가치가 있다. 결과는 명확해야 하며 번복돼서도 안 된다. 게임을 누가 즐길지 명확해지면 간단한 문장으로 이를 남길 수 있다. 예를 들어 "이 게임의 목표 사용자는 액션에 기반을 둔 경쟁 구도를 즐기는 사람들이다. 이런 경쟁 구도와 함께 사전에 정의된 미션(그들의 달성 욕구를 충족시키고자 만들어진)도 제공된다. 플레이어들이 처한 현실에서 게임을 방해하는 요소들이 오히려 게임을 지속하게 만드는 동기를 부여한다. 따라서 플레이어는 쉽게 배울 수 있고 화려한 스킬을 맘껏 뽐낼 수 있으며, 10분 가량의 플레이 세션 안에 하나의 미션을 완성할 수 있는 것을 선호할 것이다."와 같이 짧은 문장으로 목표 사용자층을 정리할 수 있다. 게임 디자인의 세부 사항에 따라 더욱 다양한 설명이 필요할 수도 있다. 핵심은 너무 광범위하지도 너무 축소되지도 않은 범위에서 디자인 가이드를 도와줄 수 있는 명확하고 명백한, 그러면서도 제한되지 않는 비전을 설정하는 것이다.

"누가 목표 사용자인가?"라는 질문에 '모든 사람'이라고 답한다면 아직 게임과 그 게임이 어필하는 내용에 대해 충분히 고민하지 않은 것이다. 모든 사람에게 충분히 어

필할 수 있는 게임은 존재하지 않는다. 이 단계에서 이렇게 어설프게 대답하는 것은 이후의 문제들을 해결하는 데 도움을 주지 못한다. 다양한 사람들이 당신이 설정한 개념에 흥미를 가질 수 있지만 그중에서도 더욱 효과적으로 이를 받아들일 핵심적인 사용자들이 분명 존재할 것이다. 목표 사용자가 누구인지 결정하게 되면 향후 직면할 여러 가지 결정을 좀 더 쉽게 내릴 수 있을 것이다.

독특한 셀링 포인트

상위 수준의 컨셉을 마련하기 위한 마지막 요소는 USP^{Unique Selling Point}다. 이미 충분히 활성화된 게임 시장에서 당신의 게임이 다른 나머지 게임과 차별화돼 돋보여야 한다는 것은 두말할 나위 없다. 그렇다고 USP가 무작정 많을 필요는 없다. 3개 혹은 5개 정도의 의미 있고 간단한 문장으로 당신이 만들고자 하는 게임이 얼마나 독특하게 상호작용을 수행하는지를 설명할 수 있다면 좀 더 몰입할 수 있는 게임을 만드는 데 큰 도움이 될 것이다. 반대로 USP를 만드는 데 많은 어려움이 존재한다면 게임의 컨셉을 다시 잡아야 할 수도 있다.

당신의 게임을 선택한 사람들이 앞서 즐기던 게임을 중단하게 되는 이유가 뭔지 생각해보는 것이 게임의 USP를 정하는 방법 중 하나다. 많은 게임 디자이너가 게임 개발을 시작할 때 자신이 만드는 게임이 놀랄 만큼 재미있고 게임을 경험하는 모든 사람이 그렇게 생각할거라고 믿는다. 게임을 디자인하고 만드는 과정은 분명히 어렵고 힘든 일이다. 하지만 점점 더 나아질 것이라는 막연한 믿음을 갖거나 출시 이후 게임을 즐기는 사람들이 게임 개발에 쏟아 부은 열정을 충분히 이해해 줄 거라고 믿어서는 안 된다. 이런 일은 결코 일어나지 않는다. 플레이어가 게임에 몰입하게 되는 첫 단계는 게임에 시각적인 주의를 기울이는 것이다. 즉, 플레이어들의 관심을 받는 것이 가장 먼저 일어나야 한다. 게임을 만드는 사람들이 게임에 애정을 갖고 있는지, 얼마나 많은 시간을 할애했는지에 대해 플레이어는 관심을 갖지 않는다. 대신 게임 자체가 흥미롭고 매력적이어야 한다.

플레이어의 관심을 끌려면 우선 어떻게 다른 게임들과 구별되며 더 나아가 하나의 독특한 게임으로 자리매김할 수 있는지 고민해야 한다. 주로 이 단계에서 '새로운 것'에 집착하기 쉽다. 기존의 게임과 완전히 다를 수는 없지만 그렇다고 마치 같은 것을 여러 번 본 것 같은 느낌을 줘서도 안 된다. 좀비가 등장하는 게임을 만든다고 가정해보자. 이미 출시된 수많은 좀비 게임보다 더 나은 무언가, 그리고 독특한 무언가가 당신의 게임에 존재해야 한다. 좀비를 구한다거나 역으로 좀비를 감염시켜 이들을 사람으로 되돌린다던가 하는 것을 생각해볼 수 있다. 하지만 '더 빠르게 움직이는 좀비'라던가 '보라색 좀비'와 같은 컨셉은 당신의 게임을 독특한 것으로 만들지 못할 것이다.

<포털>이 슈팅 장르를 새롭게 해석하고 <언더테일^{Undertale}>이 새로운 RPG 장르를 개척했다는 평가를 받는 것처럼 기존 장르를 전복시키는 것도 가능하다. 이런 경우 특정 장르에 일반화돼 있는 게임 플레이, 즉 "슈팅에서는 모든 것을 파괴할 수 있어야 한다."와 같은 기본적인 전제를 우선 수용한 다음, 이를 "퍼즐을 풀어 게임을 진행하기 위해 슈팅을 수행한다."와 같이 변경하는 것이다. 액션이 가미된 서사 위주의 게임처럼 기존의 장르적 요소를 활용해 게임을 새로운 방향으로 만들어내는 것은 쉽지 않은 일이다.

다른 게임과 차별되는 게임을 만들고 싶은 것은 당연하다. 더 새롭고 독특한 게임을 개발할수록 다른 게임과 더 쉽게 구별될 수 있다. 하지만 이 역시 장르를 설정할 때와 마찬가지로 플레이어가 쉽게 인지할 수 있는 범위 안에서 수행돼야 한다. 그렇지 않다면 너무 관습적이어서 쉽게 잊어지는 것만큼, 빠르게 이해하기 어렵다는 이유로 플레이어의 뇌리에서 지워져 버릴 것이다.

게임 컨셉을 설정하는 데 충분한 시간을 할애해 USP를 만들어야 한다. 가장 처음 뇌리에 떠오르는 생각만으로 문장을 만든다면 충분히 의미 있고 독특한 문장이 아닐 수도 있다. USP라는 관점에서 게임의 컨셉을 생각해보는 것은 게임을 개발하는 것이 과연 가치가 있는지 명확하게 판단할 수 있는 효과적인 방법이다. 만들기 쉬운 게임은 없다. 그리고 모든 사람이 인정하는 게임 디자인을 하려면 "내가 보기엔 좋은데?"라는 것보다 더 나은 근거를 제시할 수 있어야 한다.

X-구문

X-구문이라는 기법을 활용해 USP를 설정할 수 있다. 이 기법은 같은 목적을 갖지만 2개의 다른 방식을 통해 수행될 수 있다. 첫 번째는 게임의 'x-요소'가 무엇인지 정의하는 것이다. 즉, "무엇이 당신이 만드는 게임을 특별하게 만들고, 다른 게임과 차별되게 만들며, 플레이어들을 몰입하게 만드는가?"라는 질문을 던지는 것이다. 이 질문에 대한 답변들이 USP로 활용될 수 있을 것이다.

기존 게임에서 더 새롭고 독특한 것을 만들어내고자 'A × B' 구조('A와 교차하는 B' 혹은 'A가 B를 만났을 때')의 기법을 선호하는 디자이너들도 있다. 예를 들어 "이 게임은 <디비전> X <오버워치> 컨셉이다."라고 하거나, '<GTA>가 <언더테일>을 만났을 때'와 같이 생각할 수 있는 것이다. 2개의 게임을 결합함으로써 익숙했던 영역에서 완전히 새로운 게임을 만들어낼 수 있다.

경고

셀링 포인트가 디자인에서 중요한 것은 사실이지만 이를 하나의 목록이나 X-구문 형태로 만들 때는 세심하게 다룰 필요가 있다. 충실하게 게임 디자인이 수행되지 않는다면 USP에 심하게 의존하는 경우가 많아진다. 실존하는 다른 게임의 USP를 결합해 x-구문을 만드는 경우, 즉 한 게임에서 일부를, 다른 게임에서 또 다른 일부를 가져와 놀라운 하이브리드 장르를 만들어냈다고 생각할 수도 있다. 하지만 이 경우 대부분의 구문과 USP는 의도한 대로 동작하지 않는다. USP에는 반드시 일관적인 게임 비전이 포함돼야 하며, 전혀 상관없는 이질적인 단어들의 집합체가 돼서는 안 된다.

USP에 셀링이라는 단어가 들어있지만 주된 목적은 게임 디자인의 컨셉을 명확하게 만들고 이를 통해 관련된 커뮤니케이션을 원활하게 수행하는 것이다. 게임을 더욱 매력적인 것으로 만들어 플레이어가 더 몰입할 수 있도록 하는 것에 여전히 무게가 실려야 한다. 게임을 더욱 잘 팔리게 만드는 것이 중요한 것이 아니다. 물론 둘 사이에 전혀 연관이 없는 것은 아니지만 너무 빨리 게임 세일즈와 관련된 것들을 신경쓰기 시작하면 디자인 과정이 더 힘들어지게 된다. 잘 팔리는 게임을 만드는 것도 중요하다. 하지만 스스로가 원하는 게임을 잘 만드는 것도 잘 팔리는 게임을 만드는 것만큼이나 중요한 일이다.

제품 설명

앞서 살펴본 상위 수준의 게임 컨셉은 컨셉 문서에 제품 설명이 포함될 때 더 이해하기 쉽다. 제품 설명은 게임을 통해 플레이어가 얻을 수 있는 경험의 개요를 제공해준다. 일반적으로 제품 설명에는 다음과 같은 항목들이 포함된다.

- 플레이어 경험

- 시각적/청각적 스타일

- 게임 월드에 대한 설명

- 수익화 모델

- 게임을 구현한 기술과 툴, 플랫폼

- 게임이 다루는 스코프

컨셉 문서에는 더 상세한 디자인 문서를 참조할 수 있도록 웹 기반의 링크나 참조 문서 목록을 제공하는 것이 좋다. 앞서도 언급했듯이 컨셉 문서는 빙산의 일각과 같다. 링크와 참조 문서 목록을 제공한다면 문서를 보는 사람들이 좀 더 상세한 내용을 보고 싶을 때 쉽게 문서를 찾을 수 있을 것이다. 이 문서와 내용은 7장과 8장에서 더 상세히 다룬다.

플레이어 경험

게임 디자이너가 원하는 플레이어의 경험이 어떤 것인지 이해하는 것이야말로 게임 컨셉의 핵심이다. 블루스카이 기법이나 브레인스토밍을 통해 얻을 수 있는 가장 중요한 산출물이기도 하다. 통상적인 컨셉 문서에서 플레이어의 경험은 몇 개의 짧은 문장으로 정리된다. 여기에는 플레이어의 판타지, 게임 플레이의 핵심적인 순간들, 플레이어에게 이 게임이 어떤 의미로 남을지와 같은 내용들이 포함된다.

판타지란 무엇인가?

컨셉 문서를 통해 플레이어의 관점과 게임이 제공하는 판타지가 명확해진다. 게임 안에서 판타지는 플레이어가 영웅적인 기사나 날랜 도둑, 혹은 우주선의 함장, 홀로 가족을 지키려는 용감한 어머니가 되는 것일 수 있다. 또는 자신이 속한 조직이나 은하 제국을 지키는 리더가 되는 것일 수도 있다. 이들 모두는 플레이어에게 다양한 경험을 제공하며 서로 다른 판타지를 실현할 수 있게 도와준다.

일반적으로 게임이 제공하는 판타지는 개인이 염원하는 것들과 관련이 있다. 플레이어가 바라는 역할이나 상황이지만 지금까지 경험하지 못한 것들, 즉 우주선의 선장이나 한 도시의 시장, 혹은 용감한 전사나 현명한 마법사가 되는 것이 이런 경우에 속한다. <라스트 오브 어스>와 같이 어려운 상황에서 최선의 결과를 얻으려고 노력하는 것도 판타지에 포함된다. 또한 누군가 다른 사람의 입장이 돼보는 것도 판타지에 포함될 수 있다. <곤 홈>처럼 가족이 떠난 집을 조사하는 소녀가 되거나 <심즈>에서 당신이 만든 집에 함께 사는 가족이 돼 보는 것도 여기에 포함된다. 각각의 게임은 고유한 매직 서클을 만들며 이 안에서 플레이어는 안전하고 독립적으로 결말이 정해져 있지 않은 소설 같은 이야기를 펼쳐나갈 수 있는 것이다.

<스프라이 폭스^{Spry Fox}>의 게임 디자이너인 대니얼 쿡은 '게임의 현관'이라는 개념으로 게임 판타지를 설명했다. 플레이어는 게임을 시작하자마자 스스로 어떤 일을 하고 있고, 왜 이것이 흥미로운 것인지 파악할 수 있어야 한다. 쿡은 플레이어가 어떻게 게임을 시작하며 무엇을 하는지에 대한 답을 찾고자 가상의 플레이어와 대화를 하는 것을 추천했다. 플레이어에게 게임의 컨셉을 표현하는 문구를 전달해주고 무엇을 할 수 있을 거라 기대하는지, 어디서 시작할 수 있다고 생각하는지, 어떻게 이 여정이 마무리될 것 같은지, 이 과정을 거칠 만한 가치가 있다고 판단하는지 등을 물어보는 것이다. 이 과정에서 플레이어가 게임에 대한 멘탈 모델을 만들어낼 수 없거

나 의도했던 게임 컨셉과 맞지 않는 답변을 한다면 게임을 수정하고 보완해야 한다. 반면 플레이어들이 게임이 제공하는 판타지를 바로 이해하고 받아들이며 게임 디자인 방향을 폭넓게 수용한다면 시작이 좋은 것이다. 분명 이 기법이 유용하기는 하지만 이를 공식적인 반응으로 받아들이거나 플레이어가 게임을 직접 디자인하게 만들어서는 안 된다. 이 작업은 게임의 컨셉을 테스트하기 위한 것이지 게임 디자인이라는 힘든 작업에서 벗어나기 위한 것이 아니다.

스토리텔러 유형의 게임 디자이너라면 전체적인 게임 경험을 우선해 플레이어의 시각과 판타지를 좀 더 쉽게 이해할 수 있을 것이다. 장난감 제작자 유형이라면 게임 메카닉을 분석하고 이를 다시 합치는 과정을 통해 이런 작업을 수행할 수 있다. 본인이 어떤 유형의 게임 디자이너든지 상관없이 게임 컨셉과 제품 설명의 일환으로 플레이어의 경험을 설명할 수 있어야 한다. 그 내용은 게임의 전체적인 컨셉 구문과 USP 등에 반영돼야 한다.

핵심적인 순간

플레이어의 경험을 파악하는 방법 중 하나는 게임의 핵심적인 순간을 간단하게 서술하는 것이다. 언제 이런 일들이 발생하며, 어떻게 플레이어들이 이 순간에 몰입하고, 플레이어들이 이 순간 어떤 것을 느끼는지 설명하는 것이다(앞서 게임 판타지를 애기하는 부분과 어느 정도 중복될 수도 있다). 이런 핵심적인 순간들은 플레이어 경험이 각각 다른 레벨에 다다랐을 때를 설명하는 것이다. 즉, 게임을 처음 배우는 순간, 일반적인 수준에 다다랐을 때, 게임을 마스터했을 때의 내용이 다르다. 각기 다른 동기 부여에 의해 달라지는 플레이어의 시각적인 차이와 그로 인해 달라지는 경험을 반영하는 것이다.

핵심적인 순간을 설명하려면 우선 다양한 동기 부여와 상황을 가진 플레이어들을 대변하는 페르소나를 만들어야 한다. 숙달된 플레이어, 빠르게 게임을 진행하고 싶은 플레이어, 동기와 상황이 불명확한 플레이어 등이 포함될 수 있다. 게임 컨셉과 디자인에 따라 페르소나는 달라진다. 다음 각각의 페르소나가 게임 안에서 겪게 되는 중요한 순간을 식별해낸다. 실제로 경험하게 되는 첫 번째 승리와 패배, 레벨 50을 달성해서 추가적인 게임 콘텐츠가 열리는 순간, 두 번째 성을 완성하는 순간 이나 첫 번째 모터 스쿠터를 얻게 되는 순간, 처음으로 온라인 플레이를 통해 상대 방과 만났을 때 등 의미 있는 순간들을 추가한다. 게임을 시작하는 순간 역시 간과 해서는 안 된다. 게임을 시작하고 나서 5분 안에 플레이어가 게임에 몰입할 수 있 을지가 결정된다. 5분 동안의 게임 플레이를 모두 꼼꼼하게 계획할 필요는 없지만 그 안에 핵심적인 순간을 마련해 플레이어들이 게임에 지속적으로 몰입할 수 있게 해야 한다.

간단한 텍스트와 러프 스케치를 통해 이런 핵심적인 순간들을 설명하는 것이 좋다. 이를 통해 다른 시각을 가진 플레이어의 입장에서 게임의 컨셉을 좀 더 명확하게 이 해할 수 있게 된다. 또한 개발이 진행되면서 디자인과 관련해 과거에 왜 이런 결정을 내렸는지를 상기시켜주고, 때로는 특정한 페르소나와 관련해 새로운 옵션을 시도해 보는 계기를 마련해줄 것이다.

시간이 지나면서 컨셉 문서에 더 많은 핵심적인 순간을 추가할 수도 있고 그중 하나 를 골라 독립된 문서로 만들 수도 있다. 컨셉 문서에 핵심적인 순간을 담아 독자들이 게임을 더 잘 이해하게 만들고 그 순간을 출발점으로 삼아 게임의 좀 더 깊은 곳을 탐색하게 하는 계기를 만들어줄 수도 있다.

감정과 의미

게임을 통해 플레이어의 경험이 쌓이면 감정을 느끼게 된다. 당신이 만드는 게임이 어떤 감정적인 반응도 불러일으키지 않는다면 플레이어는 게임에 몰입할 수 없을 것이다. 심금을 울리는 게임을 만들어야 한다거나 완전히 새로운 방법으로 세상을 바라볼 수 있게 만들어야 한다는 것이 아니다. 플레이어가 게임 전체를 통틀어 어떤 형태로든 감정적인 부분을 인지할 수 있어야 한다. 플레이어는 숨 막히는 재난 상황 을 가까스로 피했을 때 안도감과 성취감을 느끼기도 하고, 비슷한 유형을 계속 플레 이 하면서(테트리스와 같은 다양한 액션-퍼즐 게임처럼) 조금씩 나아지고 있다고 느낄 수도 있다. 지난번보다 못할 수도 있지만 다음에는 더 잘할 거라는 기대를 할 수 있는 것이다.

플레이어가 다양한 감정을 갖도록 의식적으로 유도하는 게임들도 있다. 패배감, 희망, 고마움, 소속감, 혐오감 등 나열할 수 있는 감정은 끝이 없다. 4장에서도 간략하게 알아봤지만 게임 디자이너들은 이런 감정에 대해 늘 고민해야 한다. 특히 게임이 감정적 상호작용에 의존한다면 플레이어의 경험과 핵심적인 순간들에 대해 더 많은 공을 들여야 한다. 게임 시스템 역시 디자이너가 전달하고자 하는 경험과 감정을 효과적으로 플레이어에게 전달할 수 있어야 한다. 하지만 이런 일들이 결코 저절로 일어나지는 않는다. 플레이어가 당신이 만든 경험에 접근할 수 있는 기회와 공간을 우선 만들어내야 한다.

"플레이어가 게임을 플레이하는 동안 어떤 감정을 느낄 것인가?"라는 질문은 까다롭기 그지없다. 게임이 플레이어에게 지속적인 의미를 부여하는지 우선 물어봐야 한다. 모노폴리와 같은 게임도 수많은 의미로 가득 차 있다. 부자가 되는 법, 성공이 갖는 의미를 모노폴리만의 방식으로 보여주는 것이다. 일반적인 슈팅 게임들은 <디스 워 오브 마인>과 비교했을 때 전쟁에 관한 어떤 의미를 전달하는가? <파이어워치>나 <곤 홈>, 혹은 <심즈>가 전달하려는 의미는 무엇인가?[3]

심각한 의미를 갖지 않으면서도 재미있는 게임을 만들 수 있다. <캔디 크러시>와 같은 게임의 경우 의미를 전달하는 것보다는 즉시 발생하는 감각적인 효과와 퍼즐을 풀어간다는 희열을 제공한다. 게임 안에 등장하는 캔디가 어떻게 사용되는지 명확하게 설명하지 않는다. 게임을 통해 플레이어에게 어떤 의미를 전달할지 결정할 수 있다. 게임의 전체적인 컨셉과 USP, 플레이어의 경험만큼이나 이 역시 신중하게 고려돼야 한다.

---

3. 〈심시티〉와 〈심즈〉 같은 혁신적인 게임을 디자인했던 윌 라이트(Will Wright)는 2001년 심즈가 갖는 근본적인 의미에 대해 '우리가 가진 자원 중에서 오직 시간만이 재생불가능하다는 것을 깨닫는 것'이라고 말했다. 돈은 얼마든지 벌 수 있지만 시간을 벌 수는 없다. 게임 안에서 더 많은 것을 소유할수록 당신의 심은 이를 수리하고 유지하는 데 더 많은 시간을 할애해야 한다. 사실상 그들이 소유물에 속하게 되는 것이다. 비슷한 생각을 하는 플레이어들도 있었겠지만 대다수의 사람들이 얻기 힘든 미묘한 메시지임에는 틀림없다.

시각적/청각적 스타일

게임 컨셉을 설명하고 이해할 때 가장 중요한 부분 중의 하나는 룩앤필을 만들어내고 이를 통한 커뮤니케이션이 가능해야 한다는 것이다. 컨셉 문서에서 아트 스타일을 설명하고 이를 통해 게임 컨셉과 전체적인 게임 경험이 어떻게 강화될 수 있는지 보여줘야 한다. 엄선된 단어 몇 개로도 충분하다. "게임은 너무 채도가 높지 않으면서 밝은 컬러 위주로 화사하고 투명한 느낌을 준다."거나, "로우 폴리 씬에서는 회색과 단조로운 그림자가 주를 이루고 게임의 전반적인 비주얼 톤은 어둡고 암울하다."는 식으로 설명하면 충분하다. 이런 문장들과 함께 컨셉 이미지나 참조할 이미지를 함께 보여준다면 더욱 효과적이다.

오리지널 컨셉 이미지가 존재한다면 이를 포함하거나 외부 링크를 제공한다. 참조할 만한 다른 아트 요소 역시 유용하다. 게임이나 영화, 잡지, 책 표지와 같이 다른 소스의 이미지를 직접 게임에 쓸 수는 없지만 게임의 룩앤필을 결정하는 초기 과정에서 이를 유용하게 활용할 수 있다. 이 과정에서 저작권을 침해하지 않도록 조심해야 한다. 법적으로 명확한 승인 없이는 다른 사람이 소유한 어떤 저작물도 당신의 게임 안에 직접 사용할 수 없다는 것을 명심해야 한다. 컨셉 문서 안에 직접적으로 사용되거나 참조로 사용되는 창작물과 관련해 '무드 보드mood boards'라고 부르는 큰 보드를 활용하는 프로젝트들도 많다. 컨셉 아트나 참조할 만한 이미지 등을 붙여 넣고 팀의 모든 사람이 이를 보면서 게임의 톤과 분위기에 대한 아이디어를 교환할 수 있다.

게임의 배경음악과 효과음을 포함한 게임 오디오 역시 시각적 측면만큼이나 중요하다. 소리를 이용한 효과와 배경음악은 게임에서 사용된 비주얼 아트와 함께 플레이어의 경험을 강화시킨다. 컨셉 문서 안에 오디오 샘플을 포함하는 것이 쉬운 일은 아니기 때문에(오디오 링크를 추가하거나 온라인 문서를 사용하면 불가능한 것은 아니지만) 비주얼 아트를 설명할 때처럼 엄선된 단어들로 이를 설명한다. '게임의 테마 음악은 바이올린이나 유사한 악기의 독주로 구성되며 단순하지만 무언가를 연상케하는 멜로디'라거나 "게임의 오디오는 일렉트로닉 사운드 위주로 구성되며 시각적으로 어두운 톤과 어울려 전반적으로 암울한 분위기를 만들어낸다."는 식으로 설명할 수 있다. 비주얼 아트와 마찬가지로 오디오 레퍼런스 역시 팀과 외부의 이해관계자들이 게임의 오디오 스타일과 게임 경험을 명확하게 이해할 수 있도록 활용돼야 한다.

게임의 스타일 가이드에서 이런 시각적이고 청각적인 요소들을 자세히 설명해야 한다. 이 가이드는 컨셉 문서에 포함되지 않지만 참조할 수 있는 링크를 제공하는 것이 좋다. 스타일 가이드는 게임이 출시되기 전까지 완성되지 않을 수도 있지만(12장의 출시 단계에 대한 설명 참고) 초기에 컨셉을 잡는 단계에서부터 참조하는 것이 좋다.

게임 월드에 대한 설명

컨셉 문서에서 게임의 배경과 게임 월드에 대한 간단한 설명을 추가하는 것이 좋다. 수십 장에 걸친 방대한 배경 설명이 필요한 것이 아니라 독자에게 게임 디자인을 좀 더 현실적인 것으로 느끼게 해줄 정도면 충분하다. 게임 월드 픽션은 "플레이어는 집으로 돌아가는 길을 찾으려 하는 아메바다." 혹은 "플레이어는 테크놀로지 대신 마법이 존재하는 세계에 불시착한 우주선의 파일럿이다." 정도면 충분하다. 게임 배경을 설명하기 위한 문장이 더 추가된다면 금상첨화다. 게임이 시작하는 지점을 알려주고자 앞서 어떤 일이 있었는지, 게임 안에 등장하는 월드의 물리적인 영역은 어디까지인지, 게임 안에 등장하는 주요한 NPC는 어떤 캐릭터인지 등을 간단하게 설명해준다면 제품으로서의 게임에 대한 설명은 충분하다. 이를 통해 개발 기간 동안 어느 부분이 어느 수준까지 디자인돼야 하는지도 알 수 있다.

수익화 모델

모든 상업적 게임은 돈을 벌어야 한다. 게임 디자이너들은 스스로가 이런 거대한 자본주의 현실과 논리에 속하지 않는다고 믿는 경향이 있지만 다양한 비즈니스 모델을 동원해 게임을 판매해야 하는 오늘날 이는 더 이상 통하지 않는다. 제품으로서의 게임을 설명할 때 어떻게 게임 제작에 필요한 비용을 충당할 수 있을지, 더 나아가 어떻게 수익을 올릴 수 있을지에 대한 아이디어가 반드시 포함돼야 한다.

제품으로서의 게임을 정의할 때 어떤 방식으로 게임을 판매하거나 어떻게 게임을 통해 수익을 올릴 수 있을지 간략하게 정의할 필요가 있다. 게임 비즈니스 모델도 끊임없이 진화한다. 다음의 수익화 모델 중 최소한 하나(혹은 그 이상)의 방법을 고려해야 할 것이다.

- **정가 판매**Premium pricing: 제품에 정해진 가격이 부여되며 플레이어는 단 한 번 비용을 지불하고 게임을 구입할 수 있다. 신뢰할 수 있는 가장 전형적인 가격 모델이지만 최근에는 효과가 보장되지 않는다. 오늘날 게임 시장에서 통상적인 게임의 가격은 2만원 ~ 6만원 사이에서 정해지지만 플레이어들은 단 100원도 더 지불하기를 주저하는 경향이 있다. 제품의 개발과 마케팅 비용이 천문학적이지 않은 이상 정가로 판매되는 게임이 시장에서 히트하면 충분히 개발 비용을 충당할 수 있을 것이다.

- **부분 유료화**F2P, Free to Play: 오늘날 게임 시장의 주류를 형성하는 가격 모델이며, 특히 모바일 게임에서 이 모델을 주로 사용한다. 이 게임들은 완전히 무료로 즐길 수 있다. 플레이어는 어느 것에도 돈을 지불할 필요가 없다. 다만 부분 유료화 게임은 플레이어들의 구매를 유도할 뿐이다. 일부 게임은 이런 방식을 공격적으로 사용한다. 직접 구매 대신 광고를 보도록 유도하는 게임들도 있다. 당신이 만드는 게임이 이 모델을 사용한다면 개발 초기부터 이 모델을 게임 안에 어떻게 자연스럽게 녹여낼지 고민해야 한다. 게임 개발이 막바지에 이르렀을 때 이 모델을 게임에 추가하는 것은 쉬운 작업이 아닐 것이다.

- **제한 구매**limited-play pricing: 변형된 정가 판매 방식으로 플레이어가 일정 구간까지는 무료로 플레이할 수 있다. 처음 몇 레벨을 플레이어가 무료로 플레이를 진행하고 이후 모든 콘텐츠를 즐기려면 게임을 구매하는 방식이다. 한 번 해보고 구매하는 방식으로, 한때 일반적으로 사용된 모델이지만 F2P가 주류를 형성한 다음 그리 많이 사용되지는 않는다.

- **콘텐츠 다운로드**^{DLC, DownLoadable Content}: 제한 구매와 유사한 방식으로, 추가 콘텐츠를 다운로드해 게임 플레이 경험을 더욱 확장하고 강화하는 방식이다. 게임 개발자들은 DLC가 원작의 맥락을 헤치지 않고 자연스럽게 추가될 수 있는지 고민한다. 개발사가 추가 수익을 얻고자 콘텐츠를 보류해 놓았다가 제공한다는 식으로 받아들이는 플레이어들도 존재한다.

- **광고 지원**^{Ad supported}: 일부 게임은 무료로 제공되지만 플레이어에게 광고를 노출한다. F2P 방식으로 게임을 설계하지 않아도 게임을 무료로 제공할 수 있기 때문에 개발자들에게 매력적으로 어필할 수 있는 모델이다. 사실 광고를 통해 얻을 수 있는 수익은 그리 많지 않다. 수백만 명의 사람들이 게임을 즐기지 않는 이상 이 유형의 수익화 모델로는 일정 수준 이상의 수익을 얻기 힘들다.

물론 아직 개발되지 않은 수익화 모델을 포함해 지금까지 살펴본 것들보다 더 많은 수익화 모델이 존재할 것이다. 드물기는 하지만 특정한 고객을 위해 게임을 개발하거나 펀드의 지원을 받는 경우처럼 수익화 모델을 고안하는 것이 상대적으로 다른 모델에 비해 중요하지 않은 경우도 있다. 하지만 이런 경우에도 컨셉 문서 안에 수익화 모델을 포함시켜 놓는다면 추후에 제기될 가능성이 있는 질문에 미리 준비하고 게임의 비전을 더욱 확고하게 만들 수 있을 것이다.

게임을 구현한 기술과 툴, 플랫폼

제품으로서의 게임을 기획하는 단계에서 어떤 기술을 활용해 게임을 개발하고 구동할 것인지 자세히 설명할 필요가 있다. 아날로그 혹은 보드 게임이 아닌 디지털 게임을 개발하는 경우 다양한 기술과 툴, 플랫폼을 활용해야 한다. 아래 정리된 내용들이 모든 것을 망라하는 것은 아니지만 제품으로서의 게임을 기획하면서 필요한 기술적인 요구 사항을 정리할 때 유용하게 사용할 수 있을 것이다.

- **하드웨어와 운영체제:** 컴퓨터에서 실행되는 것을 목표로 게임을 만들거나(일반적으로 윈도우 혹은 맥OS를 사용하는 컴퓨터에서 실행되는 것을 목표로 삼을 것이다. 물론

리눅스도 포함될 수 있지만 주류에 포함된다고 보기는 힘들다) 혹은 스마트폰이나 태블릿(iOS 혹은 안드로이드 운영체제)을 목표로 할 수도 있고, VR/AR 기기를 대상으로 할 수도 있다. 게임이 구동되는 하드웨어야말로 게임 개발에 있어 가장 중요한 부분이므로 시작 단계에서부터 이를 명확하게 결정할 필요가 있다.

- **개발 툴:** 유니티나 언리얼 엔진과 같은 게임 엔진을 사용할지 결정해야 한다. 엔진을 활용하면 게임 개발에 소요되는 상당한 시간과 노력을 아낄 수 있지만 툴 자체를 활용하는 방법을 배우기 위한 시간과 노력 역시 필요하다. 툴을 선택할 땐 이런 다양한 측면을 고려해야 한다.

- **서버와 네트워크:** 싱글 플레이 위주의 게임이라면 서버나 네트워크를 심각하게 고려할 필요가 없을 것이다. 서버와 네트워크는 개발 초기뿐만 아니라 게임을 개발하고 서비스하는 기간 내내 고려해야 할 중요한 사안이다.

- **수익화와 광고:** 게임 안에서 광고나 특정한 수익화 모델을 구현한다면 광고 혹은 결제 서버와 연동해야 할 수도 있다. 게임 컨셉을 잡는 단계에서 이런 작업을 수행하는 방법을 세세하게 알 필요는 없다. 하지만 제품으로서의 게임에 이를 포함할지는 결정해야 한다.

- **로컬라이제이션:** 수익화와 마찬가지로 개발 초기부터 하나의 언어만 지원할 것인지 혹은 글로벌 시장을 겨냥해 다양한 언어를 지원할 것인지 결정해야 한다. 글로벌 시장에 게임을 출시한다면 반드시 개발 초기부터 로컬라이제이션을 고려해야 한다. 개발이 어느 정도 진행된 다음 여러 언어의 로컬라이제이션을 고려한다면 상당히 힘든 과정을 거쳐야 한다.

제품을 기획하고 컨셉을 잡는 단계에서 모든 질문에 명확한 답을 주는 것은 쉽지 않다. 하지만 대부분의 질문에 대해서는 답을 알고 있는 것이 바람직하다. 즉시 답을 제시하기 힘든 질문들 역시 최대한 빠르게 답을 제시할 수 있어야 한다.

스코프

컨셉과 제품 디자인을 살펴본다면 게임 개발의 스코프를 정할 수 있다. 얼마나 많은 사람이 필요하며, 얼마나 많은 기술이 필요하고, 개발이 완료될 때까지 어느 정도의 시간이 걸릴지 가늠할 수 있게 된다. 아트와 콘텐츠가 더 많이 필요할수록 더 많은 시스템이 만들어지고 밸런스가 조정돼야 한다. 수익화와 로컬라이제이션을 위해 개발이 더 필요하다면 프로젝트의 스코프 역시 더 커져야 한다.

게임 프로젝트의 스코프는 늘 한정돼 있다. 회사의 첫 프로젝트일수록 특히 이런 경향이 강하다. 수백 명으로 구성된 팀의 프로듀서라도 스코프를 제한하고자 노력한다. 따라서 시간과 예산이 정해진다면 게임 안에 포함돼야 하는 것들의 우선순위를 엄격하게 정해야 한다.

세부 디자인

컨셉과 제품에 관한 내용들이 상위 수준에서의 게임 기획을 다뤘다면 이제 다룰 세부 디자인 섹션은 게임 디자인의 좀 더 상세한 측면을 다루게 될 것이다. 이 내용들은 지금까지 개발 과정에서 구현된 것들이 아니기 때문에 이후의 일을 예측하는 성격의 것이기도 하다. 따라서 어떤 부분들은 현재 시점에서 본다면 현실적이지 않은 내용들도 있을 것이다. 그럼에도 이 부분은 게임이 어떤 것인지, 어떻게 이를 만들어 가야 할지에 대한 이해를 높이는 데 중요하다.

핵심 루프

핵심 루프의 개념에 대해서는 앞에서 이미 여러 번 다뤘고 7장에서도 더욱 깊이 다룰 것이다. 컨셉 문서에서는 게임을 즐길 플레이어가 어떤 행동을 수행할지에 대한 생각이 드러나야 한다. 가장 많이, 가장 자주, 시시때때로 수행하는 일들이 어떤 것인지 예상할 수 있어야 한다. 전투를 수행하거나, 빌딩을 건설하거나, 꽃잎을 모으는 것과 같은 행동들이 결정돼야 한다. 또한 플레이어들이 핵심 루프에 어떻게 몰입할 수 있으며, 이를 통해 어떻게 플레이어의 목표를 달성할 수 있는지에 대해서도 논의 돼야 한다.

목표와 진행

플레이어가 게임 안에서 갖고 있는 목표와 이를 달성했는지 여부는 게임의 핵심 루프와 밀접한 관련을 갖고 있다. 튜토리얼부터 시작해서 특정한 과정을 완료하고 숙달하는 것, 물리적인 공간의 확장(예를 들어 게임 안에서 플레이어가 가본 곳의 확장) 같은 것들이 여기서 고려돼야 한다. 플레이어의 게임 진행을 간단하게 스케치로 옮겨보는 것도 큰 도움이 된다. 재화나 스킬, 평판, 마법력, 차지한 영지, 주민의 숫자 등이 어떻게 증가할 수 있는지 살펴보는 것이다.

게임 진행에 따라 달라지는 수치를 제공하려면 바로 달성 가능하거나 단기 혹은 장기적인 목표를 플레이어에게 제공해줘야 한다. 이 내용은 상세 디자인을 다루는 이 장의 나머지 부분, 특히 핵심 루프와 서사, 메인 게임 시스템에서 다룬다.

목표를 달성하려면 자연스럽게 플레이어에게 판타지와 다양한 경험을 제공해야 한다. 암살자가 되는 것이 핵심인 게임에서 두더지를 획득하는 것이 목표가 된다면 어울리지 않을 것이다. 거대한 제국을 건설하는 게임이라면 그때그때 플레이어가 어떤 행동을 하고 있는지(혹은 해야 하는지)에 대한 간략한 설명을 제공함으로써 플레이어의 몰입을 유지할 수 있을 것이다.

게임이 제공해주는 가시적인 목표 외에 플레이어가 스스로 설정한 목표를 달성하기를 원한다면 어떻게 이것이 가능할지 언급해줘야 한다. 예를 들어 전투가 주를 이루는 게임에서 마스터 장인이 되고 싶다면 잠재적으로 가능한 목표인지, 어떻게 달성할 수 있는지 언급해주는 것이 좋다.

서사와 메인 시스템

서사가 주도하는 게임이라면 이 역시 간단하게 컨셉 문서에 명시될 필요가 있다. 게임의 세계관이 좀 더 일찍 언급되고 정해진다면 더욱 좋을 것이다. 게임 안의 역사나 배경은 과거를 뒤돌아봐야 하지만 게임의 서사는 게임 안에서 앞으로 발생할 일들을 플레이어의 관점에서 설명하는 것이다. 여기서 서사 전체를 만들고 다루는 것은 아니지만 관련된 사항을 찾아볼 수 있도록 문서에 개요와 레퍼런스를 남기는 것을 추천한다.

게임의 핵심 루프와 관련해 물리적인 전투나 마법 전투, 경제, 생태계, 정치 시스템과 같은 메인 시스템도 간략하게 설명할 필요가 있다. 어떤 것들이 플레이어와 직접 상호작용을 수행하고 어떤 것들이 게임 모델 안에서 독립적으로 수행되는지 명시한다. 예를 들어 게임 안에서 플레이어가 직접 개입하지 않지만 게임 진행에 필요한 음모가 진행된다면 이런 내용들을 명시하는 것이 좋다.

상호작용

게임이 시각적으로 그리고 청각적으로 어떻게 상호작용을 수행하는지 그 형태와 인터페이스를 컨셉 문서에 명시해야 한다. 마우스만으로 게임 플레이가 가능한가? 혹은 키보드와 마우스를 모두 사용할 수 있는가? 게임 컨트롤러, 터치 인터페이스, 시선 추적이나 다른 형태의 입출력 수단을 지원하는가? 이런 질문에 대한 답이 정리돼야 한다.

게임이 상호작용 비용을 얼마나 소모하는지 기록할 수 있다면 금상첨화라고 할 수 있다. 게임에서 빠른 속도의(혹은 더 느리고 캐주얼한) 액션/피드백, 단기 혹은 장기 인지(퍼즐이나 전략), 감정적이거나 사회적 혹은 문화적 상호작용을 시도하는가? 이런 상호작용이 완료될 때 게임에서는 어떤 시각적이고 청각적인 효과를 보여주는가? 여기서 유저 인터페이스를 자세히 다루지는 않지만 게임의 주요한 상호작용이 어떻게 수행되는지 간략하게 설명할 필요가 있다. 이를 통해 어떻게 게임 플레이 경험이 강화될 수 있는지, 어떻게 플레이어의 액션에 대해 충분한 피드백을 전달해 줄 수 있는지, 그 결과 게임 시스템에는 어떤 영향을 미칠 수 있는지가 포함돼야 한다(7장과 8장 참고).

이 단계는 아직 전반적인 유저 인터페이스가 완성되지 않았다. 화면의 목업^{mockup}과 시각적으로 표현되기 힘든 상호작용의 목록(키보드나 마우스, 혹은 제스처를 통한 입력)을 정리해 본다면 게임의 컨셉과 상호작용에 대한 이해를 도울 수 있을 것이다.

게임+플레이어 시스템 디자인

게임 디자인 컨셉을 고안하고 다듬는 과정은 스스로 원하는 게임, 또한 동시에 다른 사람들이 즐기기 원하는 게임을 만든다는 측면에서 아주 중요한 단계라고 할 수 있다. 이 과정은 궁극적으로 게임과 플레이어가 부분을 이루는 시스템을 디자인하는 연습 과정이다. 게임과 플레이어는 상호작용을 수행하며 더 큰 규모의 게임+플레이어 시스템을 형성한다. 이는 플레이어가 게임 플레이를 이어갈 때만 가능하다. 게임이 쉽게 이해 가능하고 즐거워야 하며, 플레이어 역시 게임에 몰입하고 재미있다고 생각해야만 가능한 것이다.

디자인의 컨셉을 잡는 단계에서 가장 중요한 것은 전체적인 게임 아이디어가 명확하고 일관적이어야 한다는 것이다. 다른 사람들이 게임의 비전을 잘 이해하지 못한다면 디자이너가 게임에 비전을 성공적으로 반영했더라도 출시 이후 게임을 즐기는 플레이어들은 고개를 갸우뚱할 수 있다.

테마 유지

실행 가능하고 쉽게 이해할 수 있는 게임 비전과 컨셉을 만드는 것은 게임 디자인에 있어서 핵심적인 프레임을 만드는 동시에 제약 사항도 함께 만들어내는 것이다. 즉, 게임의 뼈대나 결합 조직을 만들어내는 것과 같다. 게임의 테마적 요소, 즉 '전체적인' 게임 경험은 게임의 곳곳에서 드러나고 다듬어진다. 테마에서 어떤 의미를 이끌어내지 못하거나 테마를 지원하지 못하는 시스템이나 토큰이 존재한다면 이들은 수정되거나 제거돼야 한다. 반대로 게임 전체에 걸쳐 일관된 테마를 표현하는 부분과 루프, 전체가 하나로 어우러져야 플레이어가 몰입 가능한 경험을 제공하고 이를 통해 좀 더 높은 수준의 게임+플레이어 시스템을 만들어낼 수 있다.

우아함, 깊이와 폭

이제 게임의 컨셉과 비전에 대해 어느 정도 이해했을 테니 게임의 우아함과 깊이, 폭에 대해 다시 한 번 생각해보자. 명확하고 일관된 비전을 게임 안의 시스템, 토큰, 규칙(즉, 전체에서 루프, 부분에 이르기까지)에 반영하고 특수한 경우나 예외의 경우를 배제할 수 있는 게임이라면 플레이어들은 이 게임을 우아하다고 느낄 것이다. 배우기는 쉽지만 마스터하기 어렵다는 부쉬넬의 법칙에도 부응하며 플레이어들 역시 게임 초기부터 적절한 멘탈 모델을 마련해 큰 저항 없이 게임을 지속적으로 학습하고 마스터할 수 있을 것이다. 이런 방식으로 제작된 게임이라면 학습에 큰 어려움이 없을 것이며 학습을 통해 습득된 것들이 플레이어의 게임 진행을 도와주고 시간이 지날수록 플레이어는 조금씩 게임을 마스터하고 있다는 느낌을 받게 될 것이다. 예외적이거나 모순되는 경우가 최소화돼 있으므로 이런 경우를 조사하고 학습하고자 게임의 외적인 측면에 정신을 팔아야 하는 경우도 발생하지 않을 것이다.

게임을 마스터하는 데 얼마나 오랜 시간이 걸리느냐는 시스템의 깊이와 기능의 폭에 달려있다. 우아하다고 평가받는 게임은 대부분 시스템 안에 또 다른 시스템이 존재한다. 초기에 학습된 부분은 추후에 게임을 마스터하는 과정에 적용된다. 상대적으로 시스템이 단순해보일 수도 있지만 자유롭게 탐험할 수 있는 공간이 마련돼 있어 결과적으로 플레이어가 갖게 되는 멘탈 모델의 수는 거의 무한에 가까울 것이다. 이 공간이야말로 탁월한 가치를 갖고 있는 것이며 그 깊이를 가늠하기 쉽지 않다. 플레이어가 인지, 감정, 상호작용의 예산 범위 안에서 계속 게임에 대한 멘탈 모델을 확장시켜 나갈 수 있다면 게임을 탐험하고 마스터하는 과정에서 동기를 부여 받게 되고 자발적으로 게임에 몰입한 상태를 유지할 것이다.

수많은 게임이 출시 이후에도 다양한 기능을 추가해 게임의 폭을 넓힌다. 동일한 콘텐츠나 시스템을 더욱 다양한 방법으로 즐길 수 있게 해주는 것이다. 플레이어의 몰입을 유지하고자 수많은 콘텐츠를 제공해 시스템의 깊이를 대체하는 효과를 내기도 한다. 때로는 게임의 스코프로 인해 광범위한 기능 추가가 필요하기도 하고, 이를 통해 스코프가 다시 강화되는 효과를 얻기도 한다. 다양한 캐릭터와 탈 것, 전투 시스템, 이들과 동시에 상호작용을 수행하는 리소스, 경제, 정치 시스템 등이 모두 여기에 포함된다. 다양한 전략 게임들이 이런 방법을 활용한다.

물론 광범위한 범위를 가진 게임이 시스템적 깊이도 충분한 경우가 많다. 여기에 더해 우아함이 수반된다면 금상첨화일 것이다. 하지만 일반적으로 게임에 깊이를 더하고 폭을 넓힌다는 것은 필연적으로 예외의 경우와 특수한 경우를 수반하게 되고 게임을 학습하는 난이도를 높이게 된다. 플레이어가 경험하는 기능의 숫자가 늘어난다는 것은 곧 멘탈 모델을 만드는 데 어려움을 겪을 수 있다는 것을 의미한다. 이 두 가지 요소로 인해 충분한 깊이와 폭을 제공하는 대규모의 게임에서 우아함은 제한적일 수밖에 없는 것이다. 폭넓은 경험을 하기 원하는 플레이어들이 모두 우아함을 원하는 것도 아니다. 또한 이런 게임 디자인이 실패했다고 볼 수도 없다. 목표로 하는 사용자층이 어떤 경험을 원하는지에 따라 평가는 달라질 것이다.

디자인 비전에 대해 고려해야 할 질문

몇 가지 질문을 통해 게임의 루프와 부분을 만들 수 있을 정도로 게임 컨셉을 잘 이해했는지 확인해보자. 이 질문에 정답은 존재하지 않는다. 하지만 이 질문을 듣고 답을 고민해보는 것만으로도 컨셉과 디자인을 명확하게 잡는 데 도움을 줄 것이다. 시간이 지나도 동일한 디자인 컨셉을 유지하려면 개발 기간 동안 자주 이 질문들을 상기해보는 것이 좋다.

- 컨셉 문구는 무엇인가? 한 문장 혹은 그 이상인가? 이 문장에 게임의 중요한 모든 것이 담겨 있는가? 게임 컨셉에 기반을 두고 '단 하나의 질문' 테스트를 수행했는가?

- 누구를 위한 게임인가? 대상이 되는 사람들은 무엇으로 동기 부여되는가? 당신의 게임을 즐기는 사람들이 즐기는 또 다른 게임에는 어떤 것들이 있는가? 사람들의 게임 플레이에 중요한 영향을 미치는 외적 혹은 환경적인 요소(예를 들어 통근 시간에 게임을 하는지, 혹은 하루 종일을 게임에 투자해야 하는지)는 무엇인가?

- 다른 게임과 차별되는 게임 플레이의 핵심 기능은 무엇인가? 이미 같은 종류의 다른 게임을 해본 플레이어가 다른 게임을 접고 당신이 만든 게임을 한다면 원인은 무엇인가? 최초에 플레이어의 흥미를 끌어낼 만한 것은 무엇인가? 플레이어를 지속적으로 게임에 몰입하게 만드는 게임 디자인은 어떤 것인가?

- 게임을 플레이하면서 얻을 수 있는 경험의 특징은 무엇인가? 동기 부여와 감정이라는 측면에서 어떻게 이를 설명할 수 있는가?

- 게임의 경험이 플레이어에게 의도된 것으로 보이는가? 게임이 전반적으로 조화롭게 보이는가? 아니면 짜깁기한 것처럼 보이거나 서로 다른 컨셉과 시스템으로 구성된 것처럼 보이지 않는가?

- 플레이어가 게임을 마스터했다고 느끼거나 최소한 숙련돼간다는 느낌을 가질 수 있는가? 게임에서 스스로 스킬이 늘어나고 있다는 것을 어떻게 느낄 수 있는가?

- 게임의 시각적이고 청각적인 요소들이 어떻게 게임의 컨셉과 게임 플레이를 지원해주는가? 아트와 관련된 요소들로 인해 플레이어가 게임에서 괴리감을 느끼지는 않는가?

- 게임의 컨셉과 플레이어 경험을 직접 지원해주는 게임 시스템이 존재하는가?

- 게임이 플레이어의 경험을 지원하고자 사용하는 상호작용의 형태는 어떤 것인가? 플레이어의 인지 자원을 소모하는 애매모호하거나 불명확한 상호작용은 존재하지 않는가?

- 플레이어가 마음만 먹으면 모든 것을 할 수 있는가? 게임 안에 플레이어의 심금을 울리는 감정적 요소가 존재하는가? 모든 게임이 깊은 의미를 가져야 할 필요

는 없지만 게임이 어떤 의미를 전달하는지는 여전히 고려할 가치가 충분하다. 플레이테스트를 통해 이런 의미가 필요한지, 필요하다면 의도했던 비전과 부합하는지 검증해야 한다.

요약

6장은 시스템적 게임 디자인의 실용적인 면을 살펴보는 것부터 시작했다. 게임의 컨셉을 만들고, 이를 의도한 대로 표현하고, 명확하고 일관되게 유지해야 한다. 블루스카이 디자인 기법을 통해 게임 컨셉의 기초를 만들고, 당신이 만든 게임을 즐기는 플레이어들에게 일관된 비전과 경험을 제공하는 방법도 알아봤다.

컨셉 문서에 많은 주의를 기울여야 한다는 것을 느꼈을 것이다. 컨셉 문서에는 상위 수준의 컨셉, 제품으로서의 게임, 상세한 디자인 섹션이 포함된다. 상세한 게임 디자인으로 가는 표지판이 되는 문서들을 만들어 전체적인 게임 디자인을 개발 기간 내내 일원화할 수 있다.

모든 게임이 컨셉을 잡고 전체적인 비전을 수립하는 단계를 거칠 필요는 없다. 하지만 이 단계를 거치지 않고서는 제대로 된 게임 디자인이나 개발이 힘든 것이 사실이다. 당신이 만드는 게임의 프레임워크가 어떤 것인지 이해하지 못한다면 디자인이나 개발 모두 헤매게 될 것이다. 따라서 게임 디자이너들은 게임의 컨셉을 가장 먼저 명확하게 잡아야 한다. 당신이 스토리텔러보다 발명가나 장난감 제작자 스타일이라면 이런 방식으로 게임 디자인을 시작하는 것이 다소 어려워 보일 수도 있다. 문제될 건 없다. 게임 개발을 본격적으로 시작하기 전에 이 장에서 다뤘던 단계를 거쳐 비전을 명확하게 만들기만 하면 된다.

CHAPTER 7

게임 루프 작성

각 부분 간의 루프 상호작용을 기반으로 존재하는 시스템은 인터랙티브한 게임 플레이 경험을 만들어주는 가장 주요한 수단이다. 7장에서는 2장에서 살펴봤던 루프들을 다시 살펴보고 4장에서 소개했던 4개의 주요 루프를 새롭게 구성해본다.

아울러 각각의 중요한 게임 시스템 루프와 예제도 함께 살펴본다. 이어 게임 루프의 목적, 이를 만들 수 있는 툴, 시스템적 게임 루프에서 보이는 문제, 게임 시스템을 만들고 이를 문서화하는 방법도 상세히 알아본다.

부분의 합보다 큰 무엇

1장에서 부분의 합보다 큰 무엇, 하나로 통합된 전체라는 개념을 알아봤다. 이는 시스템적 사고와 시스템적 디자인을 뒷받침해주는 기본적인 개념이다. 루프를 형성하고자 다양한 부분이 서로 연결되고 단순한 부분의 합이 아닌 전체로서의 창발이 발생한다. 이를 통해 완전히 몰입할 수 있는 새로운 속성이 발생하며, 이들은 이전에는 어디에서도 찾아볼 수 없는 것들이다.

7장에서는 각 부분의 행위를 통해 부분을 연결하고, 이렇게 만들어진 루프를 통해 6장에서 살펴본 '전체적 경험'을 만드는 방법을 알아본다. 8장에서는 이런 루프를 형성할 수 있는 각 부분들이 만들어지는 방법을 알아본다. 루프가 부분과 전체 사이에 존재하는 것처럼 이 장이 다루는 내용들은 시스템적 디자인 프로세스의 중간 과정에 해당한다. 이 책 역시 선형적인 구조이므로 7장은 6장 및 8장의 내용과 깊은 관련이 있다. 이 역시 루프를 통해 하나의 시스템을 만드는 구조와 유사하다.

플레이어에게 바람직한 전체적인 경험을 제공하고자 상호작용하는 부분들로 효과적인 루프를 만들어내는 과정을 게임 개발에서는 '시스템 디자인'이라는 단어로 설명한다. 시스템을 만드는 것은 단순히 전투 시스템, 아이템 제작 시스템을 만드는 것이 아니라 그 이상의 무엇을 포함하는 것이다. 게임 디자인 과정을 주도하고 플레이어의 경험에 실제로 영향을 미치는 것은 이런 개별 시스템들이다. 시스템적인 시각에 충실하게 게임 디자인에 접근한다면 좀 더 나은 시스템과 몰입할 수 있는 게임을 만들어낼 수 있을 것이다.

루프의 개요

2장에서 살펴봤듯이 부분의 합은 간단하거나 복잡할 수도 있고 더러는 혼잡할 수도 있다. 그릇 안에 함께 담겨있는 과일처럼 서로 밀접하게 붙어있다는 것만으로는 중요한 영향을 주지 않을 수도 있다. 선형적인 프로세스는 오히려 구조가 혼잡할 수도 있다(그림 2.5 참고). 또한 스스로 루프를 다시 형성하는 부분 간의 상호작용을 통해 복잡계를 만들어낼 수도 있다(그림 2.6 참고). 루프를 형성하는 부분들의 이런 특징이 야말로 창발 효과를 만들어내는 원인이며 재미있는 게임 플레이를 만들어내는 근본적인 원인이기도 하다.

강화 루프와 균형 루프

루프는 크게 2가지로 분류될 수 있다. 첫 번째는 상호작용을 통해 루프를 구성하는 각 부분의 상태를 강화하는 강화 루프다. 앞서 은행 계좌와 이자를 그 예로 살펴봤다(그림 2.7 참고). 대중에게 전염병이 퍼지는 것과 같이 부정적인 효과가 강화되기도 한다. 강화 루프는 '긍정적 피드백' 루프로 불리기도 한다. 강화 루프는 루프를 통해 부분의 상태와 특성이 강화된다. 그 최종 결과는 긍정적일 수도 있고 부정적일 수도 있다.

두 번째 루프는 균형 루프다. 이 루프에서는 하나의 부분이 다른 부분에 영향을 미쳐 결과적으로 모든 부분이 균형을 잡게 된다. 온도 조절 장치나 오븐이 일반적인 예라고 할 수 있다. 오븐의 경우 현재의 온도와 설정한 온도의 차이로 인해 계속 가열되지만 시간이 지날수록 가해지는 열의 양은 줄어든다. 현재 온도와 설정한 온도의 차이가 0이 되면 더 이상 가열이 필요 없게 된다(그림 2.8 참고). 생태계에서 보이는 맹수와 먹잇감의 사례, RPG 게임에서 새로운 레벨에 도달하고자 필요한 포인트의 경우에도 이를 확인할 수 있다.

대부분의 균형 루프, 특히 게임에서 보이는 균형 루프는 결과적으로 정적 균형이 아닌 동적 균형을 이끌어낸다. 1장(그림 1.7 참고)과 2장(그림 2.4 참고)에서 살펴봤던 원심 조속기는 물리적인 동적 균형 루프를 보여주는 대표적인 사례. 쓰로틀이 열리면서 엔진이 더 빨리 회전하고 이로 인해 무게 추는 더 넓게 회전하게 된다. 무게 추의 회전에 따라 쓰로틀은 다시 닫히게 되고 엔진의 회전이 느려지며 무게 추는 떨어지게 된다. 무게 추가 떨어지면 쓰로틀은 다시 열린다. 엔진이 동작할 때 쓰로틀은 열리고 닫히기를 반복하고, 무게 추는 올라갔다 떨어지는 동작을 반복한다. 이런 동작을 통해 엔진은 수용 가능한 범위(너무 빠르지도 너무 느리지도 않은 범위) 안에서 동적인 균형을 유지한다.

게임 디자인에서 루프 사용

게임 디자인에서 강화 루프와 균형 루프는 완전히 다른 효과를 가져온다. 강화 루프는 승자에게 더 높이 올라갈 수 있는 기회, 혹은 '부자가 더욱 부자가 될 수 있는' 상황을 제공해준다. 모노폴리에서 더 많은 돈을 갖고 있으면 더 많은 부동산을 살 수 있고, 이는 돈을 더 많이 벌 수 있는 또 다른 기회를 제공한다. 게임의 승패를 갈라놓는 분기로도 작용할 수 있으며, 그 결과 이기고 있는 플레이어나 지고 있는 플레이어 모두 게임에 흥미를 잃을 수 있다. 이기고 있는 사람의 경우에는 본인이 보유한 돈과 지고 있는 상대방이 보유한 돈의 차이가 점점 더 벌어지면 게임에 적극적으로 참여하지 않게 되고, 이전보다 신경을 좀 덜 쓰더라도 승기를 유지할 수 있을 것이다. 지고 있는 플레이어는 그들이 승리할 수 있는 가능성과 활용할 수 있는 선택지가 점점 더 줄어들 것이다. 양쪽 모두 플레이어가 선택할 수 있는 옵션이 적어지고 이로 인해 게임 플레이 공간이 줄어들게 된다. 또한 선택지가 줄어들면서 게임의 상태에 중요한 영향을 미칠 수 있다. 결과적으로 게임에 대한 몰입감이 떨어지며 게임에서 재미를 느끼지 못하게 되는 것이다.

반면 균형 루프는 플레이어 간의 차이를 줄여준다. 경쟁 구도를 유지하고자 패자에게 이득을 주거나 승자에게 엄격한 패널티를 부여한다. 이 두 가지를 동시에 수행하기도 한다. 여러 게임에서 개별 플레이어 혹은 팀에게 상대방의 득점에 따른 어드밴티지를 적용해준다. 축구나 농구에서는 한 팀이 득점을 하면 다른 팀에게 공에 대한 소유권을 넘겨준다. <파워그리드>에서는 한 플레이어가 가장 좋은 위치를 점유하면 다른 플레이어들은 그 플레이어에 비해 상대적으로 더 쉽게 돈과 발전소, 도시를 얻게 된다. 이는 게임에 내재한 동적인 균형 루프가 반작용을 만들어내는 것으로, 가장 좋은 위치를 점유하지 못한 다른 플레이어에게는 강화 루프로 적용된다.

루프를 구성하는 부분

2장에서도 살펴봤듯이 루프를 구성하는 부분들은 행위를 통해 어떤 것을 전달하느냐에 따라 다른 역할을 수행한다. 이 개념을 인지하고 이를 기반으로 루프를 만들어야 한다. 게임 시스템 역시 동일한 기반으로 만들어진다.

일반적으로 말하는 리소스는 루프를 통해 부분이 전달하는 오브젝트를 의미한다. 3장에서 살펴봤던 게임의 토큰도 여기에 포함된다. 게임에서 주로 사용되는 오브젝트는 '명사'로 통칭된다. 리소스는 물건을 판매한 플레이어에게 지불하는 골드, 어떤 속성을 얻고자 지불해야 하는 돈, 주문을 시전하고자 필요한 마나^{mana} 포인트, 혹은 욕조에 채워진 물과 같은 것들이다. 일반적으로 게임 안에서 셀 수 있는 모든 것은 리소스의 범주에 들어간다고 할 수 있다. 게임 안에서 생성되고, 파괴되고, 저장되거나 교환 가능한 대부분의 것은 리소스로 간주된다. 8장에서 이 부분을 좀 더 자세히 짚어볼 것이다.

리소스는 통상적으로 간단한 형태를 갖고 있지만 복잡한 형태인 경우도 있다. 골드나 목재, 마나 같이 간단한 형태의 리소스는 게임에서 가장 기본적인 아이템이며 손쉽게 상품화할 수 있다. 골드는 더 작은 형태로 쪼개지지 않으며 하나의 골드는 다른 골드와 동일한 가치를 지닌다. 복잡한 리소스는 간단한 리소스가 결합한 형태이거나 아예 완전히 다른 속성(창발적으로 속성이 부여되기보다는 게임에서 이를 지정하는 경우가 많다)을 지니고 있다. 목재와 금속을 조합해 한 자루의 검을 제작할 수 있다. 제작된 검은 게임 안에서 사용할 수 있고, 판매하거나 저장할 수 있다. 이렇게 제작된 검은 다른 종류의 검과 다른 속성을 가질 수도 있다.

리소스를 활용한 생산 라인을 만드는 것도 가능하다. 목재와 금속을 사용해 검과 갑옷을 만들 수 있고, 이를 한 무리의 유닛에 지급하면 군대와 같은 복잡한 형태의 리소스를 만들 수 있게 된다. <테라리아^{Terraria}>나 <배니시드^{Banished}>와 같은 게임은 다양한 리소스를 조합해 더 많은 기능을 보유한 강력한 오브젝트를 만들어내는 시스템적 깊이를 제공한다.

통화는 루프를 통해 각각의 부분을 오가는 가장 대표적인 형태의 리소스다. 통화가 아닌 리소스는 형태가 변하거나 거래를 통해 소모된다. 제작 시스템을 통해 목재나 금속으로 무기를 만들면 목재와 금속은 소모된다(혹은 다른 형태로 변형된다). 통화 리소스는 교환은 가능하지만 소모되지 않는다. 플레이어가 무기를 구매하면서 골드를 지불할 때 골드가 무기로 변형되는 것이 아니다. 구매한 무기를 판 사람은 그 대금을 활용해 자신이 필요한 다른 무언가를 구매할 것이다. 대부분의 게임 경제에서 골드는 그림 2.3에서 살펴봤듯이 배수구로 향하게 된다. 이 장의 뒷부분에서 더 자세히 살펴보겠지만 이 과정을 시뮬레이션해보면 뭔가 다른 것에 골드가 소모되는 것을 추정할 수 있다.

소스는 리소스가 발생하는 곳으로, 게임 안에 존재하는 특정한 장소나 부분이 될 수 있다. 일반적으로 골드의 소스는 금광이다. 몬스터를 처치하고 경험치를 얻을 수 있으므로 경험치의 소스 중 하나는 몬스터를 처치했을 때가 된다. 이 경우는 앞서 금광보다 좀 더 추상적인 형태의 소스라고 할 수 있다. 대부분의 게임에서 소스는 '무의 상태$^{ex\ nihilo}$'에서 리소스를 만들어낸다. 땅에 얼마나 많은 금이 매장돼 있는지, 이를 모두 채굴하려면 얼마나 많은 시간이 소모되는지 설정할 수는 있다. 하지만 이런 요소들이 게임의 핵심적인 요소가 아닌 이상 플레이어에게 큰 즐거움을 주지 못하고 오히려 인지 부하만 늘려 주는 요소가 될 것이다.

스톡^{stock}은 리소스를 저장하는 곳이다.[1] 리소스는 소스에서 스톡으로 한계에 다다를 때까지 일정한 비율로 흘러 들어온다(그림 2.2 참고). 스톡의 상태는 그 안에 저장하고 있는 리소스의 양으로 결정되며, 스톡의 행위는 스톡에서 다른 부분으로 일정 비율에 맞게 리소스를 흘려보내는 것이다. 은행 계좌에 예치된 현금이나 캐릭터의 포인트, 마을의 주민(인구) 역시 스톡에 저장된 리소스로 볼 수 있다. 욕조 안의 물처럼 한계치를 갖는 스톡도 존재하며 은행 계좌의 예치금처럼 한계가 존재하지 않는 것들도 있다.

---

1. 리소스의 저장소로 '스톡'이라는 개념을 사용하는 것이 낯설 수도 있다. 이 개념은 시스템적 사고의 초창기 무렵부터 실무 현장에서 계속 유지돼 온 개념이다. 양식장 안의 물고기나 목초지의 동물들, 주식 시장의 주식 역시 이런 개념에 포함된다. 스톡이라는 표현 대신 풀(pool)이라는 단어를 사용하기도 한다.

변환자^{converter}는 리소스를 다른 종류의 리소스나 오브젝트로 바꿔주는 게임 내 오브젝트나 프로세스를 의미한다. 변환의 결과로 원래의 리소스는 사라지고 새로운 리소스가 생성된다. 변환자는 게임 구조에서 가장 기본적인 형태의 '동사'라고 할 수 있다. 하나의 사물이 어떻게 다른 것으로 바뀌는지 잘 보여주는 과정이다.

변환자는 마법 상자처럼 간단하고 추상적이다. 한쪽으로 철을 넣으면 가공된 강철(간단한 리소스 형태)이나 검(복잡한 리소스 형태)이 다른 쪽으로 나온다. 실제 게임 안에 등장하는 변환 프로세스는 이보다 좀 더 복잡하고 좀 더 다양한 입력값과 출력값을 지닐 것이다. 한 자루의 검을 만들려면 일정량의 금속과 목재, 도구, 스킬과 시간이 필요하다. 이 모든 것이 게임 안의 리소스로 충당할 수 있다. 이런 과정을 통해 한 자루의 검과 그 과정에서 소모되는 것들(금속 산화물과 열 같은 것)이 만들어진다. 다양한 게임 플레이를 제공한다는 측면에서 복잡하고 자세한 변환 프로세스(예를 들어 플레이어가 대장간 주변에 쌓인 폐기물을 처리하게 만드는 것)를 만들어낼 수도 있다. 하지만 이런 과정이 단순히 플레이어의 인지 부하만 가중하고 게임 플레이의 가치를 더할 수 없다면 불필요한 디테일에 불과하다. 시스템과 게임을 디자인할 때 이런 부분들이 유연하게 고려되고 결정돼야 한다.

결정자^{decider} 혹은 결정 포인트는 시스템에서 논리적 분기가 발생하는 지점으로, 내부의 로직과 주어진 리소스의 양, 혹은 외부 조건 등에 따라 한 방향이나 다른 방향으로 플로우가 갈라지는 지점을 의미한다. 결정자에 영향을 미치는 조건은 구조적으로 동일한 레벨에 존재하는 것이 좋다. 시스템 계층 구조에서 한 단계 높거나 낮은 구조에 위치하는 조건이 결정자에 영향을 미치는 것이 불가능한 것은 아니다. 다만 좀 더 튼튼한 시스템 구조를 만들려면 너무 높은 단계나 낮은 단계에 존재하는 조건들이 결정자에 영향을 미치는 않는 것을 권장한다. 이 부분은 이 장의 뒷부분에서 더 자세히 다룬다.

싱크^{sink}는 소스와 반대되는 개념이다. 리소스는 이곳으로 흘러 들어간다. 욕조에 비유하면 소스를 수도꼭지로, 싱크는 배수구로 볼 수 있다. 리소스가 수도꼭지를 통해 들어온다고 가정하면 굳이 리소스(예를 들어 물)가 그 전에 어디서 생성돼 수도꼭지로 들어오는지는 더 고려하지 않아도 된다. 마찬가지로 배수구로 흘러가는 이상 이것이 배수구를 거쳐 어디로 향하는지 고민할 필요는 없다.[2]

도형으로 표시하기

소스, 스톡, 변환자, 결정자, 싱크와 같이 루프 시스템을 구성하는 컴포넌트들은 그림 7.1처럼 마치 중세의 연금술을 연상하게 하는 도형으로 표현할 수 있다. 소스는 꼭짓점이 위를 향하는 일반적인 삼각형으로, 스톡은 원으로, 변환자는 중간을 가로지르는 선이 있는 삼각형으로, 결정자는 다이아몬드 모양으로, 싱크는 꼭짓점이 아래를 향하는 삼각형으로 표시할 수 있다. 스톡 안에 얼마나 많은 리소스가 채워져 있는지에 따라 스톡의 양을 측정할 수 있다. 이런 도형화 기법은 온라인 시스템 다이어그램 툴인 머시네이션Machinations을 고안한 요리스 도르만스Joris Dormans에 의해 정형화됐다(Adams and Dormans 2012). 도르만스가 제안한 도형과 기능은 이 그림보다 좀 더 복잡하다. 시스템 다이어그램을 만들고자 이 모든 것을 배울 필요는 없다. 다음의 그림과 도형이 모든 경우에 통용되는 규칙은 아니지만(그림 2.4에서 사용된 변환자 아이콘은 이와 다르다는 것에 유의하자) 충분히 유용하게 활용할 수 있을 것이다.

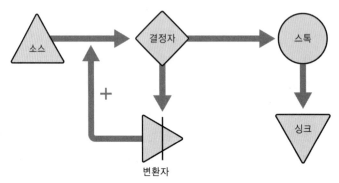

그림 7.1 소스와 스톡, 변환자와 결정자, 싱크와 이들을 연결해 주는 플로우를 보여주는 도형들. 이 다이어그램이 갖고 있는 기능적인 의미를 이 장에서 자세히 살펴볼 것이다.

---

2. 실제 세계와 생태계가 이런 시스템과 맞아 떨어지지 않는다고 걱정할 필요 없다. 게임 시스템을 만들 때 소스나 싱크의 이전 혹은 이후 단계를 고려하지 않아도 충분히 이를 유용하게 사용할 수 있다. 이보다 더 큰 시스템의 역학 관계에 대해서도 고민할 필요가 없다.

4개의 주요 루프

강화 루프와 균형 루프를 기반으로 4개의 주요한 루프가 존재한다.

- 게임 모델 루프

- 플레이어 멘탈 루프

- 상호작용 루프

- 디자이너 루프

이전의 장들에서 이미 이들 4가지 루프를 간략하게 살펴봤다. 이 장에서는 게임 디자인이라는 측면에서 좀 더 깊게 살펴본다.

게임 모델 루프

이미 여러 번 살펴봤듯이 게임 월드에는 내부 모델이 존재한다. 이 모델은 필연적으로 동적이며 루프를 수행한다. 게임은 이런 동적인 루프를 통해 플레이어와 상호작용을 수행하는 것이다. 이 모델이 정적이고 선형적으로 구성돼 있다면 어떤 상호작용도 발생하지 않고 게임 플레이라고 부를 만한 것도 없을 것이다. 게임의 동적 모델은 플레이어가 경험하는 게임 월드, 즉 게임 플레이가 수행되는 공간을 만들어내는 것이다. 게임 월드를 가로지르는 경로가 한정된다면 게임에서 제공하는 공간 역시 협소해 질 수밖에 없다. 이는 곧 플레이어가 의미 있는 결정을 내릴 수 있는 선택지역시 적어진다는 것을 의미한다. 이 경우 궁극적으로는 게임 플레이가 원활하게 진행될 수 없고 플레이어는 게임에 몰입하기 힘들 것이며 결과적으로 게임의 재미는 떨어질 것이다. 이원적 디자인을 통해 게임 모델을 개발한다면 플레이어가 탐험할수 있는 충분한 공간을 제공하게 되고 이를 통해 몰입과 재미를 전달할 수 있게 된다.

게임 월드 모델은 디자이너가 만들어낸 모든 게임 시스템의 조합으로 이뤄진다. 이모델을 만들어내는 다양한 시스템들을 추후 더욱 자세히 살펴볼 것이다. 이들 시스템은 크게 엔진과 경제, 생태계로 분류될 수 있다. 우선 이들 시스템을 알아보고 이어서 전투와 스킬, 퀘스트와 같이 대부분의 게임에 공통적으로 등장하는 시스템도 살펴본다.

플레이어 멘탈 루프

4장에서 플레이어의 멘탈 루프에 대해 간단히 알아봤다. 플레이어의 멘탈 루프는 플레이어가 게임의 내부 모델을 이해할 때 만들어지는 멘탈 루프 구조에서 창발되는 것이다. 멘탈 루프는 앞서 살펴본 게임 모델과 마찬가지로 동적으로 루프를 수행한다. 멘탈 루프 역시 정적이거나 선형적인 것이 아니다.

이 모델은 플레이어가 게임을 경험할 때(플레이어가 게임에 몰입하고 있는 동안) 플레이어에 의해 만들어지는 것이며, 게임의 내부 모델과 밀접한 연관이 있다. 게임 안에서 수행된 플레이어의 행동으로 인해 기대하지 않았던 (임의적이거나, 혹은 상황을 더 악화시키는) 효과가 발생한다면 제대로 된 멘탈 모델을 만들기도 힘들고 플레이어가 만든 멘탈 모델을 검증할 수도 없게 된다. 이런 상황이 되면 플레이어는 게임 자체를 자신의 상식에 맞지 않는 것으로 받아들이게 되고 게임에 대한 몰입감도 떨어지게 된다.

플레이어의 멘탈 모델에는 게임이 설정한 명시적인 목표와 플레이어 스스로 설정한 내재적인 목표가 모두 포함된다. 목표를 달성해 플레이어가 성장한다고 느끼는 경우는 대부분 게임 안에 내재하는 시스템을 통해 성장하는 것을 실감할 수 있다. 이는 플레이어가 멘탈 모델을 만들 때 가장 핵심적인 부분이며 플레이어의 몰입감과 성취감에도 큰 기여를 하는 부분이다.

상호작용 루프

4장에서 게임과 플레이어 사이에 존재하는 상호작용 루프에 대해 알아봤다. 요약하자면 상호작용 루프는 플레이어가 게임 안에서 어떤 행동을 취하고 이 행동으로 촉발되는 게임의 피드백을 통해 게임을 학습하는 과정이다. 이 루프에는 앞서 살펴본 게임의 내부 모델과 플레이어의 멘탈 모델이 모두 포함돼 있다. 이들 각각은 상호작용 루프 시스템을 구성하는 서브시스템으로 존재한다. 플레이어의 액션이 게임 루프의 입력값이 되고, 이어지는 게임 모델의 상태 변화가 플레이어에게 전달된다. 이 과정이 다시 플레이어가 가진 모델과 상태에 대한 입력값이 되는 것이다.

게임 시스템 자체는 어떤 플레이어 경험도 만들어내지 못한다. 플레이어가 게임과 성공적으로 상호작용을 수행해야만 이런 경험이 만들어진다. 이 상호작용 루프가 동작하는 기간 동안 플레이어가 게임 월드와 성공적으로 상호작용을 수행한다면 플레이어의 만족감도 높아질 것이며 동시에 게임 디자이너들에게도 마법 같은 경험을 가져다 줄 것이다. 이런 루프가 존재한다면 플레이어는 의미 있는 결정을 내리고 그에 따라 행동하며, 게임에서 긍정적인 피드백을 받는 경험을 지속할 수 있을 것이다. 플레이어의 멘탈 모델 역시 긍정적인 방향으로 발전할 수 있다. 이런 과정은 게임과 플레이어가 만들어내는 전체적인 시스템을 통해 게임 디자이너가 의도했던 게임 경험이 훌륭하게 전달될 수 있다는 것을 보여주는 첫 번째 예시가 될 것이다(이후의 '디자이너 루프'에서 더 자세히 다룬다).

지금까지 살펴본 상호작용 루프는 한 사람의 플레이어와 게임 사이에서 수행되는 것처럼 묘사됐다(그림 4.2와 4.4 참고). 실제로는 하나의 게임을 플레이하면서 상호작용을 수행하는 수많은 플레이어와 플레이어들 각각에 이르기까지 이 루프가 확대 적용될 수 있다. 플레이어는 매직 서클에서 결정자 역할을 수행하며 이 결정을 통해 그들의 현재 상태와 목표에 대해 커뮤니케이션을 수행하는 것이다.

게임 안에서 플레이어들 간의 상호작용은 토큰과 규칙을 통해 수행된다. 한 사람의 플레이어 입장에서 본 게임은 게임 자체의 내부 모델과 이와 상호작용하는 다른 플레이어들의 멘탈 모델이 합쳐진 것으로 보인다. 게임 자체에 각 플레이어들의 계획과 의도가 반영돼 있는 것은 아니지만, 플레이어들이 게임의 구조로 계획과 의도를 어떻게 표현하는지 보여줄 수 있다. 플레이어들은 게임 자체가 향후 무엇을 수행할지 뿐만 아니라, 다른 플레이어들이 목표를 수행하면서 어떤 일을 수행할지 예측하는 자신만의 모델을 만들 수 있는 것이다.

핵심 루프

4장에서도 살펴봤듯이 게임의 핵심 루프는 게임과 플레이어 간의 상호작용이며 이는 플레이어의 주된 관심, 즉 플레이어가 가장 많은 주의를 기울이는 행동(그림 4.4와 4.11 참고)으로 표현된다. 상호작용 루프와 마찬가지로 핵심 루프를 통해 플레이어의 의도가 투영되고 이를 게임 안에서 실행하게 된다. 이를 통해 게임의 내부 모델이 변경된다. 이런 변경은 플레이어의 능력을 높이거나 다양한 정보를 전달하는 것과 같은 형태로 다시 플레이어에게 전달된다. 이렇게 전달된 정보를 통해 플레이어는 자신의 멘탈 모델을 수정하고 게임에 대해 학습한다(이를 통해 게임 내의 스킬도 발전시킬 수 있다). 이 과정이 끝나면 다음 의도와 행동을 위한 새로운 루프가 수행된다.

게임은 최소한 하나 이상의 핵심 루프를 통해 플레이어와 상호작용을 수행한다. 서로 다른 시간에 서로 다른 시간 척도를 가진 여러 개의 핵심 루프가 동시에 존재할수도 있다(그림 4.6과 7.2 참고). 예를 들어 롤플레잉 게임에서는 빠르게 전개되는 전투가 가장 중요한 첫 번째 핵심 루프로 동작하고, 좀 더 장기적인 관점에서 진행되는 캐릭터의 스킬 관리와 전략이 첫 번째 루프의 외부 루프로 동작한다. 전투를 수행할 때는 최적의 공격을 수행하고자 액션/피드백과 단기 인지 상호작용을 주로 사용한다. 게임은 적의 상태를 변경하고 특정한 액션을 취해 다시 플레이어가 반응하도록 피드백을 제공한다. 플레이어가 이런 핵심적인 전투 루프에 성공적으로 반응한다면 재화와 전리품을 얻고 스킬 레벨이 증가할 것이다. 어떻게 게임을 더 잘 플레이할수 있는지 알게 되고 게임의 마스터가 돼 간다는 성취감을 느끼게 되는 것이다. 플레이어는 이제 좀 더 강력한 적과 맞서 싸우는 더 큰 도전도 과감하게 받아들이게 된다. 플레이어가 게임 안에서 빠르게 진행되는 콘텐츠에 주의를 기울이다가 더 느린속도로 진행되는 콘텐츠에 주의를 기울이면 게임의 핵심 루프 역시 바뀌게 된다.

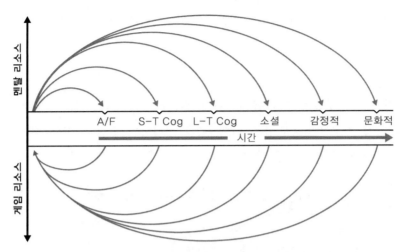

그림 7.2 각각의 시간 척도를 갖고 있는 다양한 상호작용 루프(4장 참고)

대부분의 전략 게임에서 플레이어는 건물을 짓고, 유닛을 만들고, 전투를 수행하고, 새로운 빌딩과 유닛을 연구하고 개발한다. 핵심 루프 자체는 좀 더 짧고 작은 핵심 루프가 모여 만들어진다. 이를 '(짧고 빠른) 내부 루프'와 '(더 오래 걸리는) 외부 루프'로 구분하기도 한다. '핵심'이라는 측면에서 본다면 어느 루프가 더 빠른지, 어느 루프가 더 안쪽에 위치하는지는 중요하지 않다. 플레이어의 경험 측면에서 가장 중요한 루프가 어떤 것인지 알아내는 것이 필요할 뿐이다.[3]

핵심 루프의 예제

큰 성공을 거둔 액션/전략 게임인 <클래시 오브 클랜^{Clash of Clans}>을 예로 들어보자. 그림 7.3에서 이 게임의 핵심 루프를 확인할 수 있다. 기지 안에서 자원을 모으고, 건물을 짓고(업그레이드가 가능하다), 유닛을 훈련시킨 후 일반적으로 다른 플레이어가 소유한 기지로 유닛을 보내 전투를 수행한다. 이 모든 플레이어의 행동이 하나로 모여 게임의 핵심 루프를 만들어낸다. 클랜에 속한 다른 플레이어를 도와주거나 레벨을 올리는 것과 같은 중요한 외부 루프가 존재한다. 게임을 성공적으로 오랫동안

---

3. 플레이어가 가장 많은 시간을 할애하는 부분이 어떤 것인지, 혹은 게임 디자이너가 가장 심혈을 기울여 핵심적인 가치를 부여한 부분이 어디인지를 파악하는 것이 중요하다. 항상 일관적인 기준으로 핵심 루프를 설정할 수는 없다.

즐기는 데 필요한 '자원을 모으고', '전투를 수행하고', '건물을 짓고 유닛을 훈련시키는' 것이야말로 이 게임의 핵심이라고 할 수 있다(좀 더 충분한 이해를 위해 이런 단어들을 사용했지만 실제 게임에서는 이런 단어들이 등장하지 않을 수도 있다).

이렇게 형성된 두 개의 루프 중 플레이어가 대부분의 시간을 할애하는 부분이 가장 안쪽, 즉 '가장 핵심'인 루프로 볼 수 있다. 그림 7.3에서는 '수집'과 '전투' 루프가 가장 안쪽에 위치하면서 가장 짧은 시간 안에 상호작용을 수행한다.

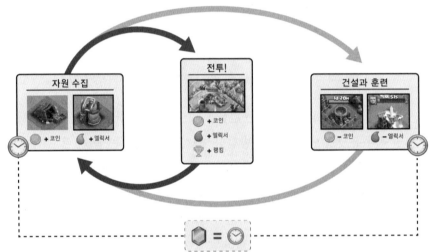

젬(보석)은 미션을 달성해 얻거나 실제 통화로 구매할 수 있다.
젬을 통해 시간을 절약할 수 있다.

그림 7.3 〈클래시 오브 클랜〉의 핵심 루프. 플레이어는 게임을 구성하는 3개의 축인 수집과 전투, 건설을 지속적으로 수행한다. 자원 수집과 건설에 들이는 시간은 재화 구매를 통해 절약할 수 있다. 전투와 건설만 포함하거나 각각의 행위 안에서 수행되는 특별한 액션 루프를 보여주는 핵심 루프 다이어그램을 그릴 수 있다. 다이어그램의 디테일은 이 다이어그램을 보는 사람, 즉 개발자, 비즈니스 이해관계자, 플레이어에게 충실하게 정보를 전달할 수 있는 수준에서 결정돼야 한다.

플레이어는 자원(리소스)을 클릭해 이를 '수집'하고 컨테이너 빌딩(스톡)으로 모아 바로 활용하거나 저장해놓고 이후에 이를 활용한다. 오히려 전투가 수행되는 동안 상호작용이 많이 수행되지는 않는다(이 장르의 모바일 게임 대부분이 동일하다). 하지만 플레이어는 빠르게 수행되는 액션/피드백과 단기 인지 상호작용을 조합해 언제 어느 곳에 부대를 배치해야 할지 결정해야 한다(방어하는 입장에서는 버텨낼 수 있기를 바라며 지켜보는 것밖에는 할 수 있는 것이 없다. 그들의 기지가 공격을 받을 때 플레이어가 지켜보고 있을 필요도 없다).

전투는 게임에서 가장 동적이면서 긴장감을 고조시키는 부분이다. 플레이어는 자신의 부대로 다른 플레이어의 기지를 공격해 게임의 가장 주요한 재화인 코인과 엘릭서를 얻는다. 또한 외부 루프의 한 부분인 랭킹을 올릴 수도 있다. 물론 패배할 수도 있다. 이 경우에는 보냈던 부대를 모두 잃고 부대를 다시 생성해야 한다.

패배한 플레이어는 허탈하고 의욕이 떨어지기 마련이다. 결국 패배한 이들은 좀 더 긴 시간이 필요한 '건설과 훈련'을 다시 수행해야 한다. 기지를 방어하고자 새 부대를 훈련시키고 골드와 엘릭서를 모아 새로운 건물을 지어야 한다. 금광이나 엘릭서 정제소와 같은 건물들은 자체가 골드와 엘릭서를 공급하는 소스가 된다. 이 건물들은 한 번 건설되면 자동으로 자원(리소스)을 만들어낸다. 다른 건물들은 자원을 활용해 공격과 수비에 필요한 유닛을 만들어낸다. 또 다른 건물들은 모은 자원을 활용해 부대를 훈련하는 컨테이너(스톡)로 활용된다.

각 건물의 기능에는 한계가 있다. 소스는 일정 비율로 자원을 생산해낸다. 저장 목적의 건물은 골드나 엘릭서를 보관한다. 또한 수많은 부대가 건물에서 훈련된다. 자원의 생산량과 저장량을 늘이거나 훈련 받는 부대의 수를 늘리려면 건물을 업그레이드해야 한다. 건물의 업그레이드에도 한계가 있지만 기지의 마을회관을 업그레이드하면 이 한계를 늘릴 수 있다.

건물을 짓거나 부대를 훈련할 때 그에 맞는 시간이 소모된다. 여기가 <클래시 오브 클랜>과 같은 F2P 게임에 플레이어가 돈을 지불하게 되는 지점이다. 게임 내 재화를 구매하는 데 필요한 젬을 현실의 통화로 구매하게 되는 것이다. 그림 7.3에서 보이는 것처럼 젬을 사용해 건물의 건설 속도와 부대의 훈련 속도를 올릴 수 있고, 골드와 엘릭서도 추가로 구매할 수 있다. 결과적으로 시간을 돈으로 구매하는 것이며 플레이어들이 돈을 지불할 의사가 있다면 게임의 속도는 얼마든지 빨라질 수 있는 것이다. 이것이 일반적인 F2P 게임의 비즈니스 모델이다.

이 정도 수준의 핵심 루프에 대한 설명을 이해할 수 있다면 계층 구조상에서 더 낮은 레벨, 혹은 더 특수한 부분에 대한 상호작용 루프가 어떤 모습일지 짐작할 수 있을 것이다. 가장 주요한 '건설과 훈련' 핵심 루프 안에서 플레이어는 건물과 부대를 업그레이드하고자 수집된 자원을 사용한다. '전투' 루프에서는 어떤 부대를 훈련시키고, 업그레이드하고, 전투에 사용할지 결정해야 한다. 이런 각각의 결정이 강화 루프(전투 유닛을 강화하거나 늘림)와 균형 루프(한 번 사용된 자원을 다른 결정에 사용할 수 없음)로 동작하게 된다. 이 강화 루프와 균형 루프의 조합 이야말로 핵심 루프의 전형이다. 이 루프의 조합을 통해 플레이어는 의미 있는 결정을 내릴 수 있게 된다.

이런 루프들을 통해 플레이어는 기지가 어떻게 발전하는지, 그들이 설정한 목표를 어떻게 달성할 수 있는지에 대한 계층 구조적인 멘탈 모델을 만들 수 있다. "골드 저장소를 업그레이드해서 마을회관을 업그레이드하고, 그다음 성벽을 업그레이드해야지"와 같은 목표를 세울 수 있게 되는 것이다. 이렇게 서로 연결되는 구조(부분)와 기능(행위)은 동적인 멘탈 모델을 만들어내고 이를 통해 액션/피드백, 단기 인지 및 장기 인지 상호작용이 강화된다. 클랜에 가입하고 활동하는 것과 같은 외부 루프(클랜원들끼리 서로 도와주기)를 통해 게임에 사회적 상호작용 레이어를 추가할 수도 있다. 이들이 한데 어우러져 깊이 몰입할 수 있는 상호작용을 만들어내는 것이다. 이 게임이 오랫동안 인기를 끌고 있는 이유이기도 하다.

높은 긴장감을 요구하는 액션 중심의 전투나 퍼즐, 혹은 이와 비슷한 수준의 상호작용 루프와 좀 더 낮은 집중도를 가진 건설, 제작, 훈련 등의 루프와 결합하는 형태가 대다수 게임에서 사용되는 전형적인 핵심 루프 조합이다. 앞서 언급한 루프들은 빠르게 진행되는 액션/피드백과 단기 인지 상호작용에 의존하고 그다음 언급한 루프들은 상대적으로 느리고 오랜 시간이 걸리는 장기 인지, 감정적 및 사회적 상호작용에 의존한다.[4]

---

4. 이런 방식의 루프 조합이 대부분의 게임에서 활용되는 이유는 인류의 '생물학적인 유산'과도 관계가 있다. 인류를 비롯한 영장류에게 빠른 리액션은 신경계가 관장해 '싸우거나 혹은 도망치거나'를 결정하는 것과 관련이 있다. 반면 상대적으로 느리고 오랜 시간이 걸리는 부교감 신경계는 '휴식과 소화' 기능을 담당한다. 앞서 언급한 부분들은 전투를 수행하게 만들고 뒷부분에 언급한 부교감 신경계는 우리 신체의 균형을 유지하는 데 도움을 준다.

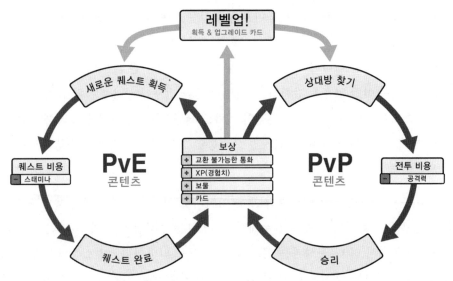

그림 7.4 〈마블 워 오브 히어로즈〉의 핵심 루프. 플레이어는 2개의 강화 루프인 PvE와 PvP 루프 중 하나를 선택한다. 이 2개의 루프는 유사해 보이지만 내부를 구성하는 부분이 다르며(퀘스트와 상대방) 각기 다른 내부 밸런싱 요소(스태미나와 공격력)를 가진다. 스태미나와 공격력의 한계로 인해 플레이어가 중단없이 루프를 반복할 수 있는 횟수에도 한계가 존재한다(구매를 통해 스태미나와 공격력을 채울 수 있다). 일반적으로 게임 초기에는 PvE를 선택하고 시간이 지날수록 PvP를 많이 수행하게 된다. 물론 여기에서 표현하지 않은 주요한 외부 루프도 존재한다.

〈마블 워 오브 히어로즈^Marvel War of Heroes〉의 예를 한 번 더 살펴보자. 이 게임은 모바일 기반의 카드 배틀 게임으로, 플레이어가 마블 유니버스에 속한 영웅들의 카드로 덱을 짜고 상대방과 실력을 겨루는 게임이다. 그림 7.4에서도 보이듯이 플레이어는 게임 안에 등장하는 악당들에 대항하고자 새로운 퀘스트나 미션을 선택할 수도 있고 다른 플레이어와 실력을 겨뤄볼 수도 있다(이 부분은 좀 더 어려운 과제다). 두 경우 모두 플레이어는 게임에 필요한 능력(경험치, 새로운 카드, 보물 등)을 강화하거나 게임 플레이를 이어가는 데 필요한 스태미나와 공격력 같은 요소들을 더욱 강화할 수 있다. 추가 구매 없이도 스태미나와 공격력 같은 리소스를 빠르게 채울 수 있게 된다.

동일한 장르의 다른 게임 대부분이 그렇듯 이 게임에도 플레이어가 보유한 영웅을 조합하고 강화하는 외부 루프가 존재한다. 일반적으로 이런 상호작용은 액션/피드백과 장기 인지 상호작용이라는 흥미로운 조합을 사용한다. 플레이어는 두 명의 영웅을 조합하거나 강화해 더 강력한 하나의 영웅을 만들고 이에 대한 보상을 받는다. 이 과정에서 세련된 애니메이션과 특수 효과, 사운드와 같은 피드백이 출력된다. 또한 플레이어는 어떤 영웅을 강화하고, 어떤 영웅을 전투에 사용할지와 같이 게임 플레이에 중요한 영향을 미치는 장기적인 전략도 세워야 한다. 이런 장르의 게임은 빠르고 즉각적인 전투도 즐길 수 있지만 오랫동안 효과적으로 전투를 수행하도록 계획을 잘 짜는 것도 중요하다.

이 외부 루프는 강화 루프 안에서 전투를 이어가고 싶다는 플레이어의 욕망을 채워준다. 영웅을 강화한다는 것은 전투에서 좀 더 나은 성과를 얻을 수 있다는 것을 의미하고 전투에서 더 나은 성과는 곧 더 많은 보상을 의미한다. 이 보상의 일부는 다시 영웅을 강화하는 데 사용될 수 있다. 플레이어가 빠르게 게임 경험을 얻게 도와주는 핵심 루프는 아니지만 플레이어가 게임에 몰입하는 데 중요한 역할을 수행한다. 이런 장르의 게임이 상업적인 성공을 거두는 데에도 핵심적인 요소로 작용한다.

핵심 루프 요약

게임의 핵심 루프는 게임에서 가장 중요한 상호작용 시스템이다. 4장에서 살펴본 것과 같이 서로 다른 시간 척도를 갖는 상호작용을 지원한다면 단기간뿐만 아니라 장기적으로도 몰입할 수 있는 게임을 만들 수 있을 것이다. 플레이어는 핵심 루프를 통해 현재의 액션과 장기적인 목표를 포함해 게임에 대한 적절한 멘탈 모델을 만들 수 있다. 또한 게임에 대한 이해도를 지속적으로 높이고 필요한 스킬도 강화할 수 있게 된다. 간단한 장르의 게임은 단 하나의 핵심 루프를 갖는 경우가 대부분이다. 이런 게임은 플레이 시간이 짧은 편이다. <붐샤인Boomshine>의 플레이어 핵심 루프는 한 레벨에 오직 한 번 허용되는 클릭과 그 결과를 지켜보는 것이다. 한 스테이지는 길어도 몇 분 안에 끝난다. 플레이어는 게임을 계속 반복하면서 스킬을 강화해 나간다. 플레이어는 스킬을 연마하고 테스트하고자 게임을 반복해서 수행하면서 스스로 게임의 반복이라는 외부 루프를 만들어가는 것이다.

게임 메카닉스

상호작용을 수행하는 게임 루프를 이해한다면 게임 메카닉스 역시 쉽게 이해할 수 있을 것이다. 게임 메카닉스라는 용어는 게임 디자인에서 반복되는 게임 플레이나 패턴과 관련해 광범위하게 사용되고 있다. 발판(플랫폼)을 밟으면서 점프를 하는 게임, 자원의 관리, 주사위를 굴리는 것, 운에 의존하는 것들은 가장 널리 사용되는 게임 메카닉스다. 이런 게임 메카닉스는 아주 간단한 것(카드를 돌리는 것)에서부터 오랜 기간이 걸리고 복잡한 것(제국을 건설하는 것)까지 범위와 종류가 무척 다양하다. 게임 메카닉스의 특성을 하나로 정의하는 것은 쉽지 않다.

모든 게임 메카닉스는 공통적으로 시스템적인 특성을 가진다. 게임 메카닉스는 플레이어와 게임 사이의 상호작용 루프를 형성한다. 이 루프는 독립적이며 자체적인 시스템을 갖고 있어 게임의 맥락에 좌우되지 않는다. 장르나 게임의 주제와 상관없이 카드를 돌리거나 영지를 관리하는 것과 같은 게임 메카닉스를 활용할 수 있는 것이다. 게임 메카닉스 자체는 안에 존재하는 서브시스템 없이 빠르고 간단하게 동작할 수도 있고, 수많은 서브시스템을 갖고 오랫동안 동작할 수도 있다.

플레이어가 게임을 진행하면서 반복적으로 마주치게 되는 게임 메카닉스를 '핵심 게임 플레이' 혹은 '핵심 메카닉'이라고 부른다. 이들은 게임 메카닉과 핵심 루프의 성격을 모두 갖고 있다. 게임 메카닉이 다양한 게임에서 조금씩 다른 형태로 보여진다면 이를 통해 하나의 게임 장르가 형성되는 것이다. 예를 들어 플랫포머 장르[5]에서는 점프가 핵심 메카닉이며 그 외에 더블 점프, 움직이는 발판을 밟고 점프하는 것, 벽 점프 등을 통해 하나의 장르가 완성된다. 롤플레잉 게임에서 핵심 메카닉을 전투라고 한다면 아이템을 루팅하는 것, 공격력을 강화하는 것 등은 부수적인 메카닉이될 수 있다. 각각의 장르에서 게임은 다양한 메카닉을 플레이어에게 제공하며 플레이어는 이를 통해 게임 안에서 다양한 상호작용을 인지하고 경험한다. 서로 다른 장르에서도 비슷한 상호작용 루프가 발견될 수 있으므로 플레이어는 이를 활용해 좀

---

5. 슈퍼마리오와 같이 발판을 밟거나 점프를 통해 진행되는 게임들 – 옮긴이

더 쉽게 게임에 대한 멘탈 모델을 만들 수 있게 된다.

이 장에서는 일반적인 게임 메카닉을 나열하는 것이 아니라 가장 주요한 3가지 게임 플레이 루프(엔진, 경제, 생태계)와 이들을 조합해 다양한 메카닉스를 만들어내는 방법을 알아볼 것이다.

디자이너 루프

이 책에서도 여러 번 언급했듯이 가장 바깥쪽에 위치하는 루프는 디자이너 루프다 (그림 1.3과 4.3, 7.5 참고). 게임 디자이너야말로 서브시스템을 갖고 있는 게임+플레이어 시스템을 통합된 하나의 시스템으로 살펴볼 수 있어야 한다. 게임 디자이너는 플레이어의 게임 경험을 살펴보고 더 나은 몰입을 제공할 목적으로 게임 모델을 조정함으로써 시스템과 상호작용을 수행한다. 이런 디자인 프로세스는 균형 루프로 볼 수 있다. 디자이너가 만들어낸 것을 플레이어가 경험하며 플레이어는 다시 게임 디자이너에게 피드백을 제공한다. 이런 피드백은 디자이너가 의도했던 사용자 경험과 다를 수 있다. 이런 경우 게임 디자이너는 디자인을 변경해서 반영하고 다시 루프가 시작된다.

게임 내부의 모델과 시스템을 만들고 테스트하며 이를 수정하는 과정이야말로 게임 디자인의 핵심이라고 할 수 있다. 게임 디자이너가 게임과 상호작용을 수행하는 플레이어와 상호작용을 수행하기 전까지는 진정한 의미의 게임이 존재하지 않는 것이다. 수많은 규칙이 존재한다고 저절로 게임이 만들어지는 것이 아니다. 시뮬레이션(스스로 수행되는 게임 모델)도 자체는 아직 게임이라고 볼 수 없다. 게임이 진정한 실체를 가지려면 상호작용을 수행하는 게임+플레이어 시스템이 제대로 자리잡아야 한다. 디자이너 루프도 이 시점에서야 실체를 가질 수 있다. 게임 디자인이라는 측면에서도 이런 실체를 만들 수 있다면 상당한 진전을 이뤄낸 것이다. 이 부분은 12장에서 프로토타이핑과 플레이테스트에 대해 살펴보면서 더 깊이 다룬다.

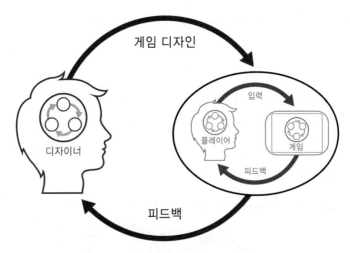

그림 7.5 디자이너 루프. 게임 디자이너들은 게임+플레이어 시스템을 통해 플레이어 경험을 만들어낸다.

레벨과 계층 구조

앞서 게임의 다양한 기본 루프를 살펴보면서 시스템이 필수적으로 계층 구조를 띨 수밖에 없다는 것을 살펴봤다. 상호작용 루프 안에는 게임과 플레이어 루프가 포함된다. 또한 상호작용 루프는 '디자이너의 계획과 목표'라는 부분과 함께 디자이너 루프를 구성한다.

시스템은 일반적으로 안에 또 다른 시스템을 내포하고 있으며 내포된 시스템은 루프를 형성하고 이를 통해 더 높은 수준의 시스템을 만들어낸다. 계층 구조적인 시스템상에서 지금 어떤 레벨의 작업을 수행하고 있는지 확실하게 인지하면서 시스템으로 구성되는 시스템(루프로 구성되는 루프)을 만들고 동시에 전체를 통해 하나의 경험을 도출해 내는 것이야말로 게임 디자이너가 보유해야 하는 핵심적인 스킬이다(그림 5.2 참고). 게임 디자이너들이 시스템적인 사고방식을 가져야 하는 이유이기도 하다.

2장에서 살펴본 늑대와 사슴의 생태계는 이런 구조를 보여주는 훌륭한 사례다. 그림 7.6에서도 보이듯이 사슴들은 강화 루프가 주를 이루는 작은 시스템을 형성한다. 외부의 이벤트를 고려하지 않는다면 충분한 먹이를 갖고 있는 한, 사슴의 개체수는 계속 증가한다. 하지만 사슴이 늘어날수록 먹이는 줄어든다. 사슴이 먹이를 소비하는 양이 자연에서 제공되는 먹이의 양을 넘어서면 새로 태어나는 사슴의 수가 줄어든다. 다 자란 사슴들의 기아 상태(먹이가 떨어짐)는 이 그림에서 명확하게 보이지 않는다. 대신 다른 행위(죽음)를 통해 시스템에서 제외된다. 그림 7.6에서 이 시스템의 경계는 점선으로 표시된다. 먹이는 간단한 소스의 형태로 외부에서 공급된다. 죽음은 싱크에 해당되고 이를 통해 사슴은 시스템에서 제외된다.

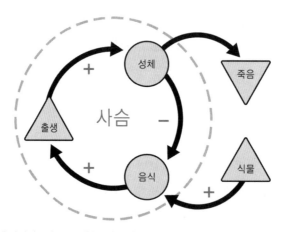

그림 7.6 시스템 다이어그램으로 표현된 사슴 개체수 강화 루프. 균형을 맞추는 부분이 포함돼 있다.

사슴은 늑대의 먹이가 되므로 늑대와 식물을 포함해 그림 7.7과 같이 유사한 구조의 다이어그램을 그릴 수 있다. 이 그림은 이전 그림보다 한 단계 업그레이드된 구조(한 단계 더 추상적인 구조)를 보여준다. 그림 7.7에서 '사슴'이라는 레이블이 붙은 서클(스톡)은 그림 7.6에서 점선으로 표시된 시스템 전체를 포함하고 있다. 이 시스템이 이제는 더 큰 시스템의 일부를 구성하는 것이다.

그림 7.7에서 사슴이 많을수록 늑대도 늘어난다는 것을 알 수 있다. 결과적으로 사슴의 수는 다시 줄어들게 된다(2개의 화살표가 서로 오간다). 이를 통해 작은 균형 루프가 만들어지며 이는 더 작은 규모인 사슴 루프의 관점에서 본다면 하나의 외부적인 효과에 해당한다(늑대가 강제하는 사슴의 '죽음'은 예외로 한다). 사슴과 그들의 먹이가 되

는 식물 역시 이와 유사한 균형 관계를 형성한다. 이를 통해 식물은 단순한 외부 소스가 아닌 시스템의 한 부분이 된다. 사슴과 늑대 모두 죽게 되면 식물 성장의 근간이 되는 토양으로 돌아간다.

식물과 사슴, 늑대의 성장 비율이 모두 다르지만 이를 통해 시스템이 균형을 잡는다는 것을 유념해야 한다. 앞서 언급한 균형 루프 외에도 사슴과 토양, 식물이 강화 루프를 형성해 사슴과 식물의 개체가 서로 증가한다는 것도 눈여겨볼 필요가 있다. 이 루프는 사슴이 식물을 먹음으로써(이를 통해 식물의 개체수가 늘어나지 않게 한다) 균형을 잡을 수 있다. 이 작은 생태계 역시 점선으로 경계를 나타낼 수 있으며 더 높은 수준의 시스템을 구성하는 한 부분이 된다.

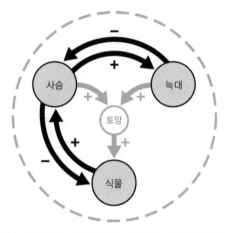

그림 7.7 좀 더 높은 수준의 사슴/늑대 생태계. 그림 7.6에서 살펴봤던 시스템은 이 시스템의 서브시스템이 되며 외부의 소스와 싱크는 스톡으로 대체된다. 이 시스템을 구성하는 각 부분들은 안에 또 하나의 시스템을 가진다.

3가지 게임 플레이 루프

앞서 살펴본 사슴/늑대 생태계처럼 게임 시스템 역시 복잡한 루프 구조를 가진다. 게임 시스템에는 사슴/늑대 시스템에서는 보이지 않는 플레이어와의 상호작용도 포함된다. 사실 이 루프 구조야말로 게임을 게임답게 만들어주는 것이다. 이 루프가 게임 모델의 구조적 기반을 만들어내는 것이며, 이 루프가 동작하면서 게임의 기능들이 실제로 동작하게 되는 것이다. 플레이어가 상호작용을 수행하면서 게임 플레이를 만들어내는 복잡하고 동적인 모델이 바로 여기에서 비롯된다.

3장에서도 살펴봤듯이 이들 각각의 기능적인 시스템 요소들은 'X를 수행하는 머신'이라고 볼 수 있다. 즉 '사슴을 만들어내는 머신'을 만든다고 이야기하는 것은 '사슴과 늑대로 만들어지는 생태계'를 만든다고 이야기하는 것과 동일하다. 각각의 부분으로 구성돼 있으면서 '어떤 일을 수행하는' 게임 시스템은 자신이 시스템적인 루프 구조를 형성하는 하나의 부분(이 부분 자체가 앞서 살펴본 것처럼 하나의 시스템이 되기도 한다)으로 상호작용을 수행한다.

이런 시스템들은 대부분 강화 루프와 균형 루프가 혼합돼 있으며 이런 복합적인 형태를 통해 시스템의 목적을 달성한다. 대부분의 게임에서 강화 루프가 균형 루프보다 강세를 보인다. 이를 통해 플레이어가 무언가 획득하고 성취하게 만들고, 플레이어의 대리자인 캐릭터가 게임을 할수록 더 강해지게 만든다.

각각의 시스템은 리소스를 통해 움직인다. 리소스의 증가와 감소, 플로우, 리소스의 변환이나 교환 등을 통해 부분이 수행하는 행위가 달라진다. 이런 행위를 통해 시스템적인 루프가 형성된다. 루프는 독립적으로 동작할 수도 있고 루프의 다른 부분과 리소스를 교환하거나 변환할 수도 있다. 강화 시스템의 경우 시간이 지날수록 리소스가 증가하고, 균형 시스템에서는 사전에 정의된 수준으로 맞추거나 동적인 밸런스를 유지하고자 리소스가 줄어든다. 따라서 강화 루프는 특정 리소스나 리소스 조합의 '획득'과 관련이 있으며 균형 루프는 '유지'와 관련이 있다.

이 2가지 조건의 조합(강화와 균형, 동일한 리소스를 사용하는지 혹은 리소스가 교환되는지)을 통해 앞으로 살펴볼 3가지 형태의 게임 플레이 루프가 정의된다. 이들 각각은 게임 디자인에서 핵심적인 역할을 수행한다. 다음 절에서 이들 각각을 더욱 자세히 다룬다.

- **엔진**Engine: 동일한 리소스를 통해 수행되는 강화 혹은 균형

- **경제**Economies: 리소스 교환을 통해 수행되는 강화

- **생태계**Ecologies: 리소스 교환을 통해 수행되는 균형

엔진

시스템적 머신의 첫 번째 유형은 엔진이다. 엔진이라는 단어는 여러 가지 의미를 갖고 있으며 이는 게임에서도 마찬가지다. 예를 들어 게임 개발에 사용되는 엔진은 지루하고 반복적인 대량의 업무를 쉽게 처리해 게임을 좀 더 쉽게 만들도록 도와주는 도구를 의미한다.

게임 디자인의 측면에서 엔진이라는 단어는 부스팅(강화)과 브레이킹(균형)을 의미한다. 부스팅은 게임의 리소스를 증가시키고 브레이킹은 리소스를 고갈시킨다.

부스팅 엔진

부스팅 엔진은 플레이어가 게임에서 리소스를 사용해 바로 어떤 행동을 취할지, 아니면 미래에 더 많은 리소스를 얻고자 이를 투자할지 결정하게 만들어 게임 안에 리소스를 추가하는 시스템을 의미한다. 어니스트 아담스Ernest W. Adams 와 요리스 도르만스Joris Dormnas는 간단한 소스를 활용하는 정적 엔진static engine에 반대되는 개념으로 이를 동적 엔진dynamic engine이라고 불렀다. 부스팅 엔진은 전형적인 강화 루프의 하나로 리소스를 만들어 플로우를 시작하는 소스를 포함한다. 강철, 행동력, 군대 유닛, 마법력 같이 정량적으로 측정될 수 있는 게임 안의 리소스들이 여기에 속한다(그림 7.8 참고). 플레이어는 이들 리소스를 사용해 게임 안에서 즉각적인 행동을 취할지, 혹은 미래에 더 많은 리소스 플로우를 얻고자 이들을 투자할지 결정한다.

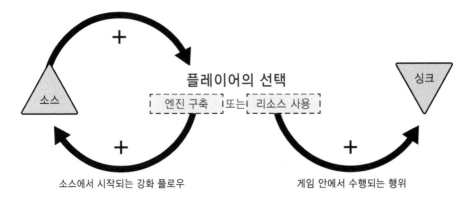

그림 7.8 부스팅 엔진 시스템의 주요 강화 루프. 그림 7.1에서 살펴봤던 도형과 기능적으로 동일하다는 것에 유의하자. 이 그림에서는 플레이의 선택이 그림 7.1의 결정 부분과 동일하다.

흔히 엔진 빌딩 게임^{engine-building game}이라고 부르는 게임들에서 부스팅 엔진을 사용해 플레이어가 힘과 능력을 키워가게 만든다. 플레이어는 리소스를 축적해 게임에서 사용할 수 있는 능력을 증가시키거나, 리소스를 즉각 사용해 게임 안에서 어떤 액션을 취한다. 일반적으로 게임 안에서 어떤 행동을 취하게 되면 소모된 리소스의 비용에 따라 단기적인 보상이 주어진다. 하지만 게임 진행의 동력이 되는 엔진을 만들려면 반드시 어느 정도 미래에 대한 투자가 이뤄져야 한다(이를 통해 강화 루프가 완성된다). 언제 바로 액션을 취하고, 언제 투자를 할지 균형을 맞추는 것이 게임에서 가장 중요한 결정의 순간이 된다. 결과적으로 이런 엔진 빌딩 게임들은 장기 인지(전략적) 상호작용을 게임의 핵심 루프로 사용하는 경우가 많다. 플레이어가 전략적으로 사고하고 게임을 진행하지 못하면 결과적으로 패배하게 된다. 또한 너무 전략적인 것에만 치중해도(자원을 바로 사용하는 것보다 투자에만 집중하는 것) 쉽게 승리할 수 없게 된다.

예제

다양한 보드 게임이 부스팅 엔진을 게임 플레이의 핵심으로 사용하고 있다. <모노폴리>와 같이 오래 전에 등장한 게임에서도 이런 예를 찾아볼 수 있다. 플레이어는

1,500달러를 갖고 게임을 시작하며 보드를 한 번 돌 때마다 은행(소스)에서 200달러를 지급받는다. 플레이어가 이 돈을 사용해 부동산에 투자한다면 다른 사람들이 그 칸에 걸렸을 때 더 많은 돈을 벌 수 있다. 플레이어가 같은 색깔의 집과 호텔을 모은다면 더 많은 돈을 모을 수 있는 2차적인 엔진 빌딩 루프도 존재한다. 플레이어가 부동산에 바로 투자하지 않는 이유는 갖고 싶은 부동산을 매입할 기회를 기다리기 때문이다. 기회를 기다리는 중에도 다른 플레이어가 구입한 칸에 걸리면 비용을 지불해야 한다. 이런 비용을 충당할 만큼 충분한 돈을 보유해 파산도 막아야 한다.

<도미니온>, <파워그리드>, <스플렌더>와 같은 게임에서도 이와 유사한 경우를 찾아볼 수 있다. <스플렌더>의 경우에는 리소스를 획득하는 것과 액션이 동시에 진행된다. 플레이어는 보석으로 카드를 구매하고 이 카드를 통해 각 턴(소스에서 플로우를 통해 리소스를 증가시키는 과정)에서 필요한 추가 보석을 구매할 수 있다. 이 게임은 승리에 필요한 점수도 리소스의 형태로 존재한다. 이 리소스 역시 플레이어의 결정에 영향을 미친다. 플레이어는 보석과 같은 추가적인 리소스를 얻으려고 노력함과 동시에 미래에 더 많은 리소스를 얻고자 이를 투자할지, 아니면 이들을 소모해 더 많은 승리 포인트를 확보할지도 함께 고려해야 한다. 이는 앞서 설명했던 균형을 잡는 결정과 동일한 것으로, 플레이어는 획득한 능력을 즉각 사용할지, 아니면 승리 포인트와 같은 형태로 향후에 얻게 될 잠재적인 이득에 투자할지 결정해야 하는 것이다.

보드 게임뿐만 아니라 컴퓨터 기반의 전략 게임들도 대부분 이런 엔진 빌딩 시스템을 갖고 있다. 리소스를 사용해 전투에 사용할 유닛을 만들어낼지, 이를 투자해 더 나은 전투 유닛을 생산할 수 있는 건물을 지을지 결정하는 것은 보드 게임과 유사하다. 주요 엔진 시스템의 최상위에 건설되는 외부 강화 루프의 한 형태로 이렇게 생산된 전투 유닛을 상대방에게 보내 필요한 리소스를 빼앗아올 수도 있다. 하지만 이 과정에서 일부 유닛을 잃게 되는 위험도 감수해야 한다.

엔진의 문제

엔진은 자체로 훌륭한 게임의 핵심 루프가 될 수 있다. 하지만 부스팅 엔진은 문제도 쉽게 만들어낼 수 있다. 이들은 근본적으로 강화 루프이기 때문에 적절한 균형 루프가 동작하지 않는다면 빈익빈 부익부 현상이 두드러질 수밖에 없다. 1990년대의 아케이드 게임인 <램파트^{Rampart}>를 예로 들어보자. 이 게임에서 플레이어는 성을 짓고 안에서 대포를 발사한다. 한 라운드가 끝나면 앞선 라운드의 성적을 기반으로 더 많은 성벽과 대포를 배치할 수 있게 된다. 이 과정에서 강력한 엔진 빌딩 강화 루프가 동작한다. 여기서 문제도 동시에 발생한다. 한 번 이기기 시작한 플레이어를 다른 플레이어가 따라잡기 힘들거나 거의 불가능해지는 것이다. 이 문제를 해결하도록 게임 안에서 균형을 잡아주는 메커니즘은 존재하지 않았다. 가장 중요한 균형 루프는 플레이를 이어가려면 동전을 넣어야 한다는 것이었으므로 결국은 상대방을 이기고자 계속 동전을 넣을 수밖에 없었다. 동전을 투입할 필요가 없는 비디오 게임으로 이식되면서 이런 증상은 더욱 명확하게 드러났다.

부스팅 엔진에 기반을 둔 게임들은 플레이어가 플레이를 이어갈 정도로 충분한 리소스를 갖고 있지 않다면 동력을 잃어버리게 된다. <모노폴리>를 시작할 때 1,500달러가 아닌 500달러를 갖고 시작한다고 가정해보자. 부동산 몇 개를 사고 나면 남는 돈이 없게 되고 쉽게 부도를 맞게 된다. 이렇게 되면 자연스럽게 게임에 대한 흥미도 떨어질 것이다. 어떤 판타지 게임에서 무기를 살 때 필요한 소스인 골드를 특정한 몬스터를 죽였을 때만 얻을 수 있다고 한다면 게임을 진행하는 것 자체가 어려울 것이다. 루프가 시작되기도 전에 이미 종료된 이런 상황을 데드락^{deadlock}이라고 부른다. 대부분의 경우 루프를 시작하고자 필요한 리소스가 루프를 수행하면서 얻어지기 때문에 이런 상황이 발생한다.

강화 루프와 균형 루프를 적절하게 사용해야 제대로 된 부스팅 엔진을 만들 수 있는 것이다. 얼마나 많은 리소스가 생산되는지, 플로우를 통해 얼마나 많은 리소스가 증가되는지, 전투 대신 연구에 투자하는 것과 같이 균형을 상쇄시키는 요소들은 어떤 것이 있는지 세심하게 고려해야 한다. 전략 게임에서 가장 기본적인 건설 유닛이 값싸고 절대 죽지 않는다면 플레이어는 아무런 걱정 없이 이 유닛을 최대한 많이 생산할 것이다. 그런 다음 자신의 리소스를 더 나은 유닛을 생산하는 데 투자할 수 있을 것이다. 이렇게 되면 한 사람의 플레이어가 게임을 지배하게 되거나, 모든 플레이어가 유닛을 빠르게 생산하는 폭주 상황이 벌어질 수 있다. 후자의 경우 플레이어들이 서로의 진행 상황에 맞게 균형을 맞출 수 있다면 더욱 흥미로운 상황이 될 것이다. 모바일 플랫폼에서 구동되는 대부분의 전략 게임에서 이런 상황이 벌어진다. 결국 현존하는 모든 유닛을 사용하거나 더 이상 게임 진행이 어려운 상황이 되면 새로운 콘텐츠를 갈망할 수밖에 없게 된다. 비용의 기하급수적 증가를 균형 루프로 수정하고 지연시킬 수는 있지만 콘텐츠 소모라는 근본적인 문제를 막을 수는 없다(지수 곡선을 사용해 균형을 잡는 것은 10장에서 더 자세히 살펴본다).

부스팅 엔진의 또 다른 문제는 게임의 균형을 잡는 행위 자체에서 유발될 수 있다. 플레이어들은 게임에서 승리하고자 가능한 한 빨리 자신에게 적합하고 강력한 엔진을 찾으려고 노력한다. 이는 바로 어떤 액션을 취하려는 욕구에 반해 어느 정도 향후에 더 강력한 힘을 얻고자 투자를 하는 것에 가깝다. 다양한 루프들이 너무 세심하게 균형을 맞추게 되면 게임 공간의 잠재적인 경로를 무너뜨릴 수도 있다. 합리적으로 보이는 오직 하나만 존재하는 경로만 남을 수 있기 때문이다. 게임 이론에서는 이를 지배적 전략^{dominant strategy}이라고 부른다. 누가 보아도 유리한 하나의 경로가 존재하며 이를 선택한 플레이어가 승리할 가능성이 무척 높아지는 것이다.

판타지 게임에서 다른 모든 플레이어를 물리칠 수 있는 무기와 갑옷이 존재한다고 가정해보자. 혹은 전략 게임에서 구입할 수 있는 유닛이 단 하나로 한정돼 있고 이 유닛이 다른 모든 유닛을 압도할 수 있다고 생각해보자. 플레이어는 무슨 수를 써서라도 이런 무기나 유닛을 빠르게 얻으려 할 것이다. 이런 상황에서도 디자이너는 플레이어들이 활용할 수 있는 몇 가지 옵션을 제공해야 한다. 일찍부터 이런 지배적 전략을 아는 플레이어들은 서둘러 이를 사용하려 할 것이다. 또 어떤 플레이어들은 지배적 전략이 존재한다는 사실을 알고 이를 수행하는 데 필요한 것을 얻고자 게임 안을 헤매고 다닐 것이다. 다른 사람들도 지배적 전략을 알고 있다는 것을 뒤늦게 깨닫는다면 큰 실망에 빠질 수도 있다. 의미 있는 결정을 할 수 없는 이런 경우가 발생하면 플레이어는 금방 게임에서 흥미를 잃어버릴 것이다.

브레이킹 엔진

부스팅 엔진의 반대되는 개념인 브레이킹 엔진은 균형 루프가 주를 이룬다. 브레이킹 엔진은 다양한 면에서 부스팅 엔진과 대조를 이룬다. 루프의 소스가 리소스를 만들어내며 루프가 수행되면서 리소스의 양은 줄어들고 때로는 미래에 얻게 되는 리소스의 전체 양(혹은 리소스를 얻을 수 있는 빈도)도 줄어든다. 실생활에서 찾아볼 수 있는 브레이킹 엔진의 예로 자동차의 브레이크를 들 수 있다. 자동차의 브레이크는 자동차 바퀴의 속도를 일정하게 줄이며 결국은 자동차를 멈춰 세운다. 그림 1.7에서 살펴봤던 엔진에 붙어있는 회전하는 추를 통해 속도를 제어하는 조속기도 또 다른 예라고 할 수 있다. 이런 루프들은 마찰 구조라고도 부르며 게임 안에서는 액션을 느리게 만들거나 획득할 수 있는 리소스의 양을 줄여주는 역할을 수행한다.

게임에서 브레이킹 엔진은 독립적으로 존재하기보다는 다른 루프를 구성하는 하나의 부분으로 존재하는 경우가 많다. 앞선 예제들을 다시 한 번 살펴본다면 플레이어의 게임 진행을 멈출 수 있는 레귤레이터나 브레이크를 설치하는 것이 게임에서 얼마나 중요한지 알 수 있을 것이다. <마블 워 오브 히어로즈>와 같은 카드 배틀 게임에서 능력에 대한 제약과 감소가 없다면 플레이어는 제한 없이 플레이를 이어갈 수 있을 것이다. 이 게임에서는 스태미나와 공격력이 이런 목적을 위해 존재한다. 다른 게임에서도 이와 유사하게 플레이어들이 반드시 참가해야 하거나 전체적인 진행에서 리소스를 다른 곳으로 돌리게 되는 마찰 구조 혹은 브레이킹 조건이 존재한다. 모노폴리의 '건물 수리' 카드는 플레이어가 보유한 집과 호텔의 양에 비례하는 금액을 납부하는 것으로 브레이킹 엔진의 적절한 예라고 할 수 있다. 플레이어의 리소스를 조절하고자 이를 소모하는 무작위 이벤트인 것이다. 이 카드는 더 많은 부동산을 보유하고 게임의 승기를 잡은 플레이어에 비해 그렇지 않은 플레이어에게 상대적으로 영향을 덜 미치는 '러버밴딩rubberbanding·6 효과를 보여준다.

멈출 때까지 느려지게 만들기

브레이킹 엔진 역시 게임이라는 맥락 안에서 주의해 사용해야 한다. 플레이어가 리소스를 확보하는 데 제약이 필요하지만 이 제약으로 인해 경제 시스템이나 부스팅 엔진의 주요 강화 루프가 제대로 동작하지 못한다면 플레이어는 게임 안에서 충분한 리소스를 획득하기 힘들 것이다. 이로 인해 게임 안의 경제가 침체되면 결국 게임의 생명도 짧아진다. 앞에서 예로 들었던 모노폴리의 건물 수리 카드가 빈번하게 출현하거나 비용이 너무 높게 책정돼 있다면 플레이어의 행동을 제약하는 수준을 넘어서게 될 것이다. 브레이크를 오래 밟고 있는 자동차에 마찰이 더욱 심해지는 것과 마찬가지로 너무 많은 에너지를 소모하게 만들어 결국 게임을 멈춰 세우게 되는 것이다.

경제

시스템 머신의 두 번째 유형은 경제economies라고 부른다. '엔진 시스템'이라는 용어와 마찬가지로 이 단어 역시 일반적인 의미와는 다르게 사용된다. 게임 디자인에서 언급되는 경제는 부스팅 엔진처럼 투자에 의해 리소스나 가치가 증가하는 것이 아니라 하나의 리소스를 다른 리소스로 교환하거나 혹은 하나의 리소스가 다른 형태로 변경되면서 가치가 커지는 것을 의미한다. 게임 디자이너인 브라이언 자이메Brian Giaime는 "게임 경제는 다양한 시스템과 속성 사이에서 동적으로 수행되는 리소스와 시간, 파워의 교환 과정을 의미한다."고 말했다. 플레이어는 교환을 통해 가치가 상승한다는 것을 인지하고 있기 때문에 이런 교환이 발생하게 되는 것이다.

좀 더 자세히 살펴보자. 앞서 언급했던 부스팅 엔진에서는 플레이어가 리소스를 바

---

6. 앞선 플레이어와 뒤처진 플레이어를 고무줄로 연결한 것처럼 너무 거리가 벌어지면 고무줄의 탄성으로 인해 다시 거리가 줄어드는 것처럼 만드는 효과를 말한다. – 옮긴이

로 활용할지, 아니면 미래에 획득할 리소스를 증가시키고자 이를 투자할지 결정할 수 있었다. 경제라는 개념에서 플레이어는 리소스를 사용해 게임에서 필요한 행동을 취할 수 있다. 예를 들어 나무라는 리소스를 사용해 건물을 지을 수 있다. 혹은 나무를 빵으로 교환해 일꾼에게 식량으로 지급할 수도 있다. 그럼 일꾼들은 다시 나무를 하러 간다. 이 경우 플레이어는 하나의 리소스를 다른 것으로 교환한 것이며 이를 통해 처음 갖고 있던 리소스보다 더 많은 리소스를 획득할 수 있게 된다. 이 과정에서 어느 정도 지연을 발생시켜 강화 루프를 폭발적으로 사용하지 못하게 한다.

나무-빵 사례에서 플레이어는 나무를 목재로 바꾼 다음 이를 더 많은 빵과 교환할 수도 있다. 플레이어가 일꾼을 제어할 수 있고 일꾼들에게 빵을 하나 지급하면 나무 한 그루를 잘라낸다고 가정해보자. 나무 한 그루를 2개의 빵으로 교환할 수 있다면 곧 2배의 나무를 획득해 나무 보유량을 빠르게 늘릴 수 있을 것이다(턴제 게임이라면 플레이어의 다음 턴이 올 때까지와 같은 일정 시간의 딜레이가 있을 수 있다). 이것이 경제적 강화 루프의 핵심이라고 할 수 있다. 그림 7.9를 참고하자.

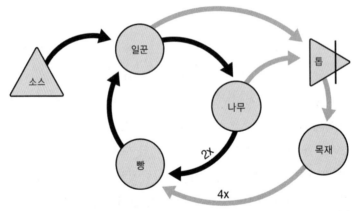

그림 7.9 나무를 빵과 교환해 더 많은 나무를 획득할 수 있게 해주는 내부 루프와 제재소를 건설해 나무를 목재로 바꾼 다음 더 많은 것을 교환할 수 있게 하는 외부 루프로 구성되는 경제 시스템

여기서 좀 더 나아가 플레이어가 제재소를 갖고 있다고 가정해보자. 제재소에서는 한 사람의 일꾼이 나무 하나를 목재 하나로 바꾼다. 그리고 하나의 목재는 4개의 빵으로 교환할 수 있다. 이 과정을 통해 가치가 비약적으로 증가하고 아울러 이를 통해

경제적 가치가 발생한다. 나무를 빵으로 교환하던 플레이어가 목재를 빵으로 바꾸려면 다음과 같은 과정을 거쳐야 한다.

- 제재소를 지을 만큼 충분한 나무를 보유해야 한다(부스팅 엔진에 대한 투자).

- 나무를 목재로 변환하고자 한 사람의 일꾼을(게임 초반에는 한 사람의 일꾼이 아쉬운 상태에서) 할당해야 한다. 일꾼의 숫자만큼 나무를 덜 잘라낼 수밖에 없다.

- 나무를 목재로 변환하는 데 필요한 시간을 감내해야 한다.

- 제재소를 건설하지 않고 나무를 바로 빵으로 교환했을 때의 비용을 상쇄시키고 제재소 건설에 소모됐던 시간과 나무에 대한 투자 가치를 회수할 수 있어야 한다.

이런 시나리오와 비용, 이득을 고려해 플레이어는 시간과 자원을 어디에 어떤 식으로 투자할지 결정해야 한다. 이는 경제적 게임 플레이의 핵심이기도 하다. 플레이어는 게임 안에서 하나의 리소스를 다른 리소스와 교환하거나 이를 변형시켜 능력과 힘을 얻게 된다.

복잡한 과정 풀어보기

경제와 관련된 게임 플레이의 장점 중 하나는 게임 서비스가 진행되는 와중에도 새로운 리소스와 통화, 새로운 오브젝트와 능력을 쉽게 추가할 수 있다는 것이다. 앞선 예제에서 플레이어는 처음에는 빵과 나무만 인지하고 있었을 것이다. 이들이 빵과 나무라는 제한된 경제에 숙달되면 게임은 다시 제재소라는 새로운 오브젝트와 목재라는 새로운 리소스를 추가로 도입한다. 이를 통해 새로운 루프가 형성되고, 플레이어들이 내려야 하는 결정(제재소를 짓고 나서 얼마나 많은 일꾼을 바로 나무를 벌목하는 대신 제재소에 투입할 것인지와 같은)이 더 많아질 뿐만 아니라 이를 통해 플레이어의 멘탈 모델도 확장된다. 각각의 오브젝트와 리소스 역시 새로운 가능성을 갖게 된다.

경제 루프를 가진 대부분의 게임에서 생산 체인이라는 개념을 활용한다. 나무를 목재로 변환하는 것은 단기 체인이라고 할 수 있다. 같은 게임 안에서 광석을 채굴하는 일꾼이 있을 수 있고, 광석을 철로 변환하며, 변환된 철은 다시 강철로, 강철은 다시 도구나 무기로 변환될 수 있다. 이들 각각의 과정에는 별도의 시설과 일꾼, 지식과 스킬이 필요하다. 대장장이(일꾼에서 변형된 다른 형태의 일꾼)를 만들고자 아카데미를 지어야 할 수도 있다. 이들이 있어야 강철을 사용해 무기를 만들어낼 수 있다(그림 7.10 참고).

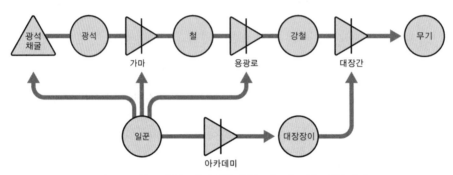

그림 7.10 리소스와 일꾼의 다양한 변화를 내포하고 있는 생산 체인

이런 생산 체인을 만들고 관리하는 것을 즐기는 플레이어라면 이를 통해 게임 플레이에 몰입할 수 있을 것이다. 이 과정이 한 사람의 플레이어에 의해 수행될 수도 있지만 경제적 게임 플레이를 흥미롭게 만드는 점의 하나는 플레이어가 특정한 역할을 수행해 하나의 리소스를 만들면 이를 거래할 수 있다는 것이다. 광물을 공급받을 수 없는 플레이어라면 스스로 무기를 만들 수 없을 것이다. 광석을 철로 단련하는 가마를 건설하려면 특별한 재료도 필요하다. 이런 구매와 거래는 다른 플레이어나 NPC를 통해 수행될 수 있다. 두 경우 모두 리소스와 통화가 변경되고 교환되는, 즉 경제-시스템 게임 플레이의 핵심이라고 할 수 있다.

경제-시스템 게임은 간단한 형태에서 시작해 새로운 단계와 루프가 추가되면서 점점 더 크고 복잡해진다. 광석을 채굴하고 판매하는 아주 간단한 형태부터 시작해서 광석을 철로 제련하고 이를 팔면 제련 과정의 비용과 추가 단계를 충당할 정도로 이득이 된다는 것을 알게 된다. 무기와 갑옷처럼 생산되는 모든 물건이 다양한 리소스를 기반으로 이와 유사한 과정을 거친다.

이렇게 지속되고 추가가 가능한 시스템은 플레이어가 게임 안에서 멘탈 모델을 성장시키고 더 많을 것을 할 수 있다는 성취감과 함께 탐험과 숙달과 같은 감정을 가질 수 있게 해준다. 게임이 점점 더 복잡해질수록, 플레이어는 더욱 다양하게 연계돼 있는 시스템 루프를 통해 셀 수 없이 많은 결정을 내릴 수 있는 플레이 공간을 넓혀가는 것이다. 이를 통해 오랫동안 게임에 몰입할 수 있으며 게임이 제공하는 깊이 있는 재미를 느끼게 되는 것이다.

통화

경제는 촉매제로 통화를 사용한다. 엄밀히 말하면 통화는 교환에 사용되는 도구일 뿐, 자체가 소모되지는 않고 지속적으로 어떤 것과 교환될 뿐이다. 앞서 살펴본 예제에서 일꾼을 사용해 나무를 벌목하던 플레이어가 빵을 살 때 실버를 사용할 수 있었다면, 그리고 빵을 만드는 플레이어가 동일한 실버를 사용해 빵을 만들 밀을 살 수 있다면 실버는 교환을 통해 변경되는 리소스가 아닌 양쪽이 모두 사용할 수 있는 통화로 자리 잡는 것이다. 화학적인 촉매와 동일하게 통화는 교환할 수 있지만 그 자체는 이 과정에 직접 참여하지 않고 소비되지도 않는다. 하지만 수많은 게임 경제에서 통화는 리소스가 그러하듯 다른 형태의 오브젝트로 전환되지 않으면서도 효과적으로 소멸된다(그림 2.3에서 설명한 것처럼 싱크를 통해 소멸되는 것이다).

통화는 거의 모든 교환의 형태에 사용할 수 있다. 이는 통화가 갖는 주요한 속성 중의 하나다. RPG 게임을 즐기는 플레이어가 1,000 골드를 찾아냈다면 이를 활용해 훈련을 하거나 더 나은 무기나 갑옷을 구매할 수도 있고, 더 고급 정보를 획득하는 데 사용할 수도 있으며 나중에 활용하고자 저장할 수도 있다. 이런 과정은 플레이어에게 다양한 선택을 할 수 있는 기회를 부여해 원하는 곳에 이를 활용해 가치 있는 보상을 받는다는 느낌을 제공할 수 있다.

하지만 이와 동시에 통화는 인플레이션과 경기 침체를 유발하는 원인이 되기도 한다(이 부분은 이 장의 뒷부분에서 더 자세히 다룬다). 플레이어는 통화를 적절한 가치가 부여된 교환의 수단으로 인지해야 한다. 그렇지 않다면 통화 자체를 귀찮게 여기거나 무시할 수도 있다. 게임 내 통화의 가치를 적절하게 유지해 너무 귀한 것으로 만들지 않으면서도 일정한 가치를 계속 유지하게 만드는 것은 쉽지 않은 문제다. 경제를 단순히 시스템을 구성하는 한 부분이 아닌, 하나의 전체적인 시스템 수준에서 살펴봐야 하는 이유이기도 하다. 안정적이면서도 동적인 경제를 구성하려면 수많은 디자인을 반복하면서 다양한 경제적 가치(리소스 생성 비율, 가격 등)를 조정해야 한다.

엔진이 추가된 경제

경제의 하부 시스템으로 엔진이 포함돼 있는 것이 일반적이다. 앞서 살펴본 예제의 경우 그림 7.9와 같이 나무를 벌목한 플레이어는 이를 팔아 빵을 살지, 아니면 추후 더 많은 빵을 얻고자 제재소를 만들지 결정해야 한다. 투자에 사용하거나 다른 리소스와 교환할 수 있는 리소스를 생산하는 소스는 게임의 매력을 더해주는 핵심적인 요소다. 플레이어는 어떤 것을 교환할지 결정하고 장기적으로 얻고자 하는 것과 단기적으로 필요한 것의 밸런스를 맞출 수 있어야 한다.

예제로 살펴보는 경제

경제는 매우 다양한 형태로 표현되며 그중에는 얼핏 봐서는 경제 시스템과 관련이 없어 보이는 것들도 있다. 일반적인 롤플레잉 게임에서 경제는 핵심 루프 중 하나다. 이를 간단하게 "몬스터를 처치하고 루팅을 통해 아이템/재화를 획득한 다음, 이를 활용해 물건을 산다."고 설명할 수 있다. 플레이어가 루팅을 시도하는 동안 교환되는 것은 그들의 시간과 캐릭터의 체력이다(또한 무기와 갑옷 같은 장비의 내구도가 떨어질 수도 있다). 이를 경제적인 관점에서 설명하면 "플레이어로서의 내 시간과 캐릭터의 체력을 소모하면서 몬스터가 내게 제공하는 보상을 얻고자 루팅을 시도한다."로 정리할 수 있다(이 장의 뒷부분에서도 설명하겠지만 이 과정에서 수행되는 전투는 전체적인 경제 시스템의 서브시스템으로 존재하는 것이다).

플레이어가 시간과 체력을 들여 루팅을 수행하면 캐릭터는 경험치(혹은 새로운 스킬)를 획득해 새로운 능력을 얻게 되고, 이를 통해 더 나은 무기와 갑옷을 장착할 수 있게 된다. 또한 새로운 무기와 갑옷을 구매하거나 기존 장비를 수리할 때 사용되는 골드도 얻을 수 있다. 대부분의 몬스터가 이와 비슷한 보상을 제공하지만 언제 어떤 것이 획득되는지 보장은 되지 않는다. 보상은 일정한 범위 안에서 제공되며 이는 게임 플레이를 이어가게 만드는 강력한 도구가 된다. 이를 심리학에서 차용한 용어인 변동(간격) 계획$^{variable (interval) schedule}$이라고 표현하기도 하는데, 특정한 행동을 통해 여러 번 보상을 받을 수 있지만 다음 보상이 언제 주어질지는 정확하게 알지 못하는 경우에 사용한다. 일정 기간을 두고 보상이 주어진다면 더 게임에 몰입할 수 있고 이를 통해 너 나은 성과를 기저오리라 생각할 수 있다. 하지만 현실은 이와 다르다. 변동 계획을 통해 제공되는 불규칙한 보상이 오히려 더 강한 몰입(일관적이고 집중된 행위)을 제공하며 보상을 획득할 때마다 더 많은 도파민을 분비하게 만들어준다. 이는 빠르게 진행되는 액션/피드백 상호작용과 함께 사용될 때 특히 유용하다(Zald et al. 2004). 이렇게 예상할 수 없는 보상과 그 결과로 나타나는 몰입은 게임 플레이를 이어가는 중요한 이유가 된다.

전통적인 방식의 무역 경제도 다양한 게임에서 관찰된다. 물물 교환 혹은 통화를 매개로 한 교환의 형태로 한 유형의 리소스를 다른 유형의 리소스로 교환하는 것이다. 나무 1개를 빵 1개로 교환했던 앞서의 예와 같이 각각의 리소스는 교환의 척도로 사용되는 각자의 가치를 갖고 있다. 모든 경제에서 구매자는 구매하는 물품을 통해 기본적인 욕구(먹고 휴식을 취하는 것)를 충족하거나, 구매한 물건을 통해 스스로의 가치를 높이려고 한다. 시간과 스킬을 사용해야 하는 대장장이에게 금속 주괴를 맡겨 이를 무기와 갑옷, 혹은 다른 유용한 물건으로 바꾸는 것이 좋은 예라고 할 수 있다. 이렇게 가치를 증대시키는 것이야말로 모든 경제의 핵심이며 전체적인 게임 루프를 강화 루프로 유지하게 해주는 주요한 요소다.

단일 리소스 경제에서 여러 리소스를 사용하는 경제로 발전하면 시스템 전체가 더 유동적이고 예측 불가능한 것이 된다. 시장에 여러 명의 구매자와 판매자가(사람이든 혹은 NPC든) 존재한다면 리소스는 다양한 요구 사항과 예산에 따라 상대적인 가치를 가지게 될 것이다. 가격이 동적으로 변경된다는 것만 고려한다면 수많은 거래를 통해 리소스의 가격은 점차 일정 범위 안에서 안정화되는 경향을 보일 것이다. 반면 특정한 리소스의 거래가 빈번하게 발생하지 않는다면 특히 특정 기간 동안의 가격 변경에 대한 기록이 존재하지 않거나 앞서 발생했던 사례를 참조할 수 없다면 가격이 눈에 띄게 등락을 거듭할 수 있다(이 시점에서 우리가 논의하는 대부분의 내용을 미시경제학의 힘을 빌어 분석하고 그 원리를 차용할 수 있지만, 미시경제학은 이 책에서 다루는 분야가 아니다).

일반적으로 여러 사람이 하나의 리소스에 흥미를 갖게 되면 리소스의 가격은 상승한다. 리소스의 양이 줄어들지만 여전히 잠재적인 고객이 동일한 수준으로 유지되는 경우에도 동일한 증상이 발생한다. 이것이 전통적인 수요와 공급의 법칙이다. 어떤 물건을 시장에서 손쉽게 구할 수 있다면 가격은 내려가게 될 것이다. 물건이 귀해지고 여전히 많은 사람이 물건을 원한다면 가격은 상승할 것이다. 구매자와 판매자 모두 적절한 가격으로 물건을 판매하고 구매하려는 의지가 있어야만 이런 경제적 상황이 발생하게 된다.

이 지점에서 흔히 볼 수 있는 몇 가지 관행이 발생한다. 디자이너들은 게임 안에서 리소스나 물건에 대해 수요 공급 법칙에 의거해 가격이 변경되는 것보다는 항상 일정한 가격을 매겨놓기를 원한다. 플레이어는 일관적인 경험을 갖기를 원하며 어느 날 갑자기 필드에서 힘들여 사냥해서 가져온 도마뱀 가죽의 가격이 급락한 것을 보고 싶어 하지 않는다는 점에서 어느 정도는 합리적인 것처럼 보인다. 그와 동시에 가격을 결정하는 다양한 가변적 요소가 존재하는 상황에서 가격을 고정한다는 것은 곧 경제의 역동성과 생명을 제거하는 것이나 다름없다. 플레이어가 판매하려는 물건에 가장 높은 가격을 제시할 장소를 굳이 찾을 필요가 없으므로 그들이 결정해야 하는 일도 줄어든다. 도마뱀 가죽을 언제 어디서나 게임에서 설정한 동일한 가격으로 판매할 수 있다면 굳이 특정한 장소에서 그 물건을 팔지 않아도 될 것이다. 이런 방식은 경제를 단순한 기계 운동에 불과한 것으로 만들어버린다. 게임에 따라 가격이 고정되거나 변동될 수 있을 것이다. 플레이어가 경제적인 결정을 내릴 기회를 갖기 바란다면 가격에 가변성을 부여하는 것이 좋다. 하지만 플레이어가 가격을 정하는 것보다 그것을 판매해 보상을 얻는 경험이 더 중요하다고 판단한다면 가격에 가변성을 부여하는 것이 플레이어에게는 정신적인 부하로 작용하게 되고 상호작용 예산을 비효율적으로 소비하는 것이 될 수도 있다.

수많은 게임에서 무한한 재력(혹은 거래할 리소스), 무한한 상품, 플레이어가 무엇을 팔아도 그것을 구매할 무한한 의지를 가진 상인들이 등장한다. 상인 NPC가 10개의 도마뱀 가죽을 1골드에 구매한다면 그다음 10장도, 혹은 100장이나 1,000장의 가죽도 동일한 가격에 매입할 것이다. 고정된 가격을 사용한다면 플레이어에게 일관된 게임 경험을 전달할 수 있다. 하지만 그로 인해 상대적으로 판매와 관련된 상호작용은 역동적이지 못한 것으로 남게 되고, 도전적이거나 의미 있는 의사 결정도 수행할 수 없게 된다는 것도 유념해야 한다.

플레이어와 플레이어 간 수행되는 경제는 더 역동적일 수밖에 없다. 플레이어들 스스로 자신이 교역 가능한 모든 물품에 가격을 매기기 때문이다. 플레이어 간 거래를 통해 방대한 규모의 경제적인 게임 플레이가 발생할 수 있으며 여기에도 심각한 문제가 수반될 수도 있다. 이 문제는 다음 절에서 자세히 다룬다.

경제적인 문제

부스팅 엔진에서 발생할 수 있는 동일한 문제가 경제 시스템에서 발생할 수 있다. 첫 번째 문제는 한 사람의 플레이어가 이 강화 루프를 독점해 대부분의 이득을 챙길 수 있다는 것이다. 이런 경우 한 사람이 아주 빠르게 부를 축적할 수 있게 된다. 이 부분이 보완되지 않는다면 한 명의 플레이어 혹은 소수의 플레이어가 게임 안의 부를 독점하게 된다. 결과적으로 이기는 사람은 늘 이기고 지는 사람은 늘 질수밖에 없다. 다른 플레이어의 즐거움을 빼앗는 것이며 결국 그들은 게임에 적극적으로 참여하지 않을 것이다. 전통적인 보드 게임인 <모노폴리>나 <리스크^{Risk}>는 마지막 한 사람이 남을 때까지 플레이어를 하나씩 제거하면서 게임을 진행한다. 이는 경제적인 관점에서 본다면 모든 부와 가치가 결국 한 명의 플레이어에게 집중되는 전통적인 제로썸(내가 이기면 상대방은 지는) 규칙이 적용된 것이다. 플레이어들이 패배할 수 있다는 스릴을 게임의 매력으로 받아들이지 않는 한, 그리고 경쟁 자체가 목적인 게임을 만드는 것이 아닌 이상 이런 상황에서 대부분의 사람들은 게임을 즐기지 못하게 된다. 한 사람이 부를 독점하게 만드는 시나리오를 통해 건강하고 몰입할 수 있는 게임을 만들 수는 없을 것이다.

한 사람이 부와 가치를 독점하거나 폭발적으로 부가 증대되는 형태의 강화 루프를 보완할 수 있는 다양한 방법이 있다. 이 장의 앞부분에서도 언급했듯이(그리고 이 장의 뒷부분에서 더 자세히 살펴본다) 균형 루프를 사용해 뒤떨어진 사람을 돕거나 너무 앞서가는 사람을 느리게 만들 수 있다. 러버밴딩 기법이라고 부르는 이 기법은 앞서가는 플레이어를 지체시키고 뒤처지는 플레이어를 앞으로 보내 이들을 하나의 탄력 있는 고무줄로 연결한 것처럼 너무 거리가 멀어지면 이들을 다시 가깝게 만들어주는 것을 의미한다.

정확하게만 수행된다면 밸런스를 잡는 것은 한 번의 행동으로도 족하다. <마리오 카트>에서는 가시돌이 등껍질('파란 등껍질'로 더 많이 알려져 있다) 아이템을 사용해 1등으로 달리는 플레이어를 몇 초 동안 멈춰 세울 수 있다. <카탄의 개척자The settlers of Catan>에서는 '도둑'이 이와 유사한 장치로 사용된다. 승기를 잡은 플레이어에게 자동으로 사용되는 것은 아니지만 게임을 앞서가는 한 명 혹은 그 이상의 플레이어들이 특정 지역에서 가치 있는 자원을 더 많이 획득하는 것을 막고자 도둑을 활용할 수 있다. <파워 그리드>에서 턴 순서를 정할 때 사용되는 게임 기능도 이와 유사한 기능을 수행한다. 이 기능을 통해 게임 내의 경제를 휘어잡는 플레이어가 일방적으로 승리하는 것을 막을 수 있으며 게임에 참여한 모든 플레이어가 지속적으로 게임에 몰입하고 재미를 느끼게 만들어줄 수 있다.

인플레이션

게임 안의 경제에서 문제가 발생하고 결국 파국으로 치닫는 것은 크게 2가지 경우다. 첫 번째는 앞에서도 살펴봤듯이 주요한 강화 루프가 너무 강력할 때 발생한다. 엔진에서도 이와 유사한 문제가 흔하게 발생한다. 리소스의 교환이나 변환이 너무 쉽거나, 그로 인해 얻게 되는 이익이 아주 높게 설정돼 있다면 플레이어는 너무 많은 리소스를 교환하려 할 것이고 상대적으로 이를 효과적으로 소비하지 않게 될 것이다. 현실 경제에서 인플레이션이 발생하는 원인과 다를 바가 없다. 이런 문제는 '배수구보다 더 많은 수도꼭지'라고도 표현할 수 있다. 게임 안에 리소스가 과도하게 공급되는 반면 이를 소비하는 방법이 많지 않는 경우 이런 표현이 적절하다.

인플레이션을 잘 활용한다면 단기간이라 할지라도 플레이어의 몰입을 유도할 수 있다. 플레이어가 기대했던 것보다 훨씬 더 많은 통화를 획득한 다음 의미 있는 아이템을 구매할 수 있다면 플레이어 스스로 더 강해졌다는 느낌을 받을 수 있을 것이다. 처음에 동전 두 개만을 갖고 있던 캐릭터가 성을 살 수 있거나 추가적인 생명을 얻을 정도로 막대한 부를 소유하게 된다면 그들이 느끼는 성취감은 어마어마할 것이다. 하지만 이런 효과도 게임 안에서 사용할 수 있는 한도 안에서만 가능하다. 방치형 게임인 <어드벤처 캐피털리스트>에서 플레이어는 처음에 레모네이드를 팔아 몇 달러를 버는 장사꾼에서 시작한다. 하지만 꾸준히 게임을 이어가면 마침내 영화 스튜디오와 은행, 석유 회사 등을 구매하고 업그레이드할 수 있을 정도의 부를 쌓을 수 있게 된다.[7]

어느 정도의 금액이 플레이어에게 의미가 있는지는 별개의 문제다. 일반적으로 게임 플레이는 반복적이고 그때마다 의미 있는 결정을 내리는 것은 쉽지 않은 일이다. 또한 오랫동안 플레이를 이어가는 플레이어 역시 소수에 지나지 않는다. 대다수의 방치형 게임에서 이런 문제를 풀고자 고급 루프prestige loop라고 부르는 또 다른 외부의 부스팅 엔진을 설정한다. 플레이어가 게임을 진행할수록 고급 리소스가 축적되는 것이다. 앞서 살펴본 <어드벤처 캐피털리스트>에는 엔젤 투자자가 여기에 속한다. 다른 부스팅 엔진과 마찬가지로 플레이어는 게임에서 이 리소스를 바로 활용할 수도 있고 미래를 위해 투자할 수도 있다. 단기간에 의미 있는 수익을 올리기에 어렵다고 생각되면 고급 리소스만 이월하고 모든 것을 리셋해서 게임을 다시 시작할 수도 있다. 이 경우 고급 리소스는 주요한 리소스(<어드벤처 캐피털리스트>의 경우 캐시)를 배로 늘려주는 승수의 역할을 수행한다. 이를 통해 플레이어는 지루한 낮은 레벨을 빠

---

7. 기술적으로는 179달러 언센틸리언(uncentillion), 즉 1.79달러 × 10^{308}까지 혹은 정수 오버플로우가 발생하기 직전까지 돈을 버는 것이 가능하다. 이 지점을 지나면 다시 0으로 리셋된다.

르게 통과하고 이전 판보다 더 빠르게 게임을 진행할 수 있게 된다. 물론 고급 리소스를 계속 축적해 다시 게임이 지루해질 때 한 번 더 이 루프를 사용할 수도 있다. 고급 리소스를 활용한 루프를 통해 게임의 생명을 연장할 수 있는 것이다. 이는 부스팅 엔진 구조를 사용해 인플레이션까지도 게임 플레이의 한 부분으로 동작하게 만든 사례라고 할 수 있다.

게임 안의 경제에서 인플레이션이 발생한 또 다른 예로 <디아블로2>를 들 수 있다. 이 환상적인 RPG에서는 몬스터를 처치할 때마다 골드를 획득할 수 있고 더러는 마법 아이템도 획득할 수 있었다. 골드를 활용해 게임 안에서 아이템을 구매할 수는 있지만 플레이어들은 금세 골드를 활용할 곳이 그리 많지 않다는 것을 깨달았다(배수구보다 더 많은 수도꼭지).

플레이어 간의 거래에서도 골드는 더 이상 큰 가치를 갖지 못했다. 가장 전통적인 개념의 인플레이션 시나리오가 진행된 것이다. 플레이어들은 게임 안에 등장하는 다양한 보석을 그다음 유용한 통화로 활용했지만, 보석 역시 루팅을 통해 많은 양이 공급되므로(일부는 치팅을 통해 복사될 수도 있었다) 보석 역시 빠르게 가치가 하락할 수밖에 없었다. 플레이어들이 그다음 순서로 주목한 것은 '스톤 오브 조던$^{SOJ, Stone Of Jordan}$'이었다. 작고, 비싸고, 게임 안에서 활용도가 상대적으로 높았기 때문에 플레이어들은 이 아이템을 선호했다. 하지만 결국 SOJ도 빠르게 가치를 상실하게 되고 플레이어들은 '고급 룬$^{high runes}$'을 대체제로 주목했다. 이 아이템 역시 작고(그래서 쉽게 운반이 가능했다) 비싸며 유용했다. 반면 고급 룬은 SOJ와 다르게 각기 다른 특성을 지니고 있었고 그로 인해 각기 다른 가치를 갖고 있었다. 현실에서도 게임 아이템을 사고팔 때 고급 룬들은 각각의 특성에 따라 가격이 달라졌다.

이런 모든 과정은 결국 인플레이션, 골드와 다른 통화 수단을 과도하게 공급한 강력한 강화 루프, 플레이어를 만족시키지 못하는 콘텐츠가 조합돼 발생한 것이다. 플레이어들은 게임 경제 안에서 어떤 의미 있는 결정도 내리지 못하고 스스로도 목표를 세우지 못하게 된 것이다. 경제 시스템을 가진 대부분의 게임이 마주할 수 있는 문제다. 시간이 지나도 플레이어가 반복적인 플레이를 하지 않으면서 더 많은 콘텐츠를 즐기게 만들어야 한다. 그 과정에서 이런 문제를 겪지 않는 것은 쉽지 않다.

경기 침체

경기 침체 역시 경제에서 자주 발생하는 현상이다. 경기 침체는 리소스나 통화(화폐나 루팅과 같은 것들)의 공급이 극히 제한될 때 혹은 게임 안에 남아있는 재화들의 가치가 너무 높을 때 나타난다. 이 두 경우 모두 플레이어들은 자신이 보유한 재화를 바로 소모하는 것보다 계속 보유하는 것이 최선이라고 생각한다. 하지만 이들은 현 상태를 유지하기 위해서라도 일정 규모의 재화를 소모해야 한다. 그렇지 않다면 플레이어가 게임 안에서 보유한 캐릭터, 군대, 국가를 유지하기에도 벅찬 상황이 전개될 것이다. 경기 침체를 일으키는 원인을 밝히는 것도 쉽지는 않은 일인데, 이런 증상이 벌어질 경우 거의 대부분의 플레이어가 게임을 그만 두기 때문이다. 플레이어를 잡아둘 것이 아무것도 없다면 플레이어들은 게임을 떠나게 되고 자연스럽게 게임 안의 경제도 파국으로 치닫게 된다. 이런 상황에서 원인을 밝히는 것은 더 어려운 일이다.

게임 디자이너가 게임 경제의 균형을 맞추려는 과정에서도 경기 침체가 발생할 수 있다. 특히 강화 루프를 사용하지 않고 자연스럽게 경제를 성장시키려고 하는 경우 경기 침체가 발생할 가능성이 상대적으로 높다. 강화 루프의 사용을 자제함으로써 인플레이션을 방지할 수 있지만 동시에 경제 상승을 견인할 수 있는 유용한 도구도 사라지는 것이다. 어느 누구도 교역에 흥미를 갖지 않는다면 무역도 발생할 수 없고, 결국은 경제도 얼어붙게 된다. 각 부분의 상호작용을 통해 시스템 루프가 발생한다는 것을 다시 한 번 상기해보자. 경제 시스템에서 2개의 리소스를 교환하거나 변환하는 일이 발생하지 않는다면 시스템도 존재할 수 없게 된다. 더군다나 이 루프가 게임의 핵심 루프라면 게임의 의미도 사라지게 될 것이다.

생태계

브레이킹 엔진과 마찬가지로 생태계^{ecology} 역시 주요한 균형 루프 혹은 균형 루프를 이루는 하나의 부분이라고 볼 수 있다. 결과적으로 생태계는 강화 루프보다는 균형 루프에 가깝다. 이 균형 루프 안에서 리소스는 경제의 한 부분으로 교환되지만, 결과적으로 이들은 이런 교환을 통해 강화되기보다는 균형을 맞춰 간다. 전체적으로 봤을 때 균형 루프의 모습을 갖추고 있지만 강화 루프를 서브시스템으로 포함하는 경우가 많다(그림 7.6과 7.7 참고). 하지만 강화 루프가 시스템 구조를 이끌어가는 주요한 동력은 아니다.

생태계는 근본적으로 제약 없는 성장보다는 균형에 초점이 맞춰져 있지만 그렇다고 이 시스템이 경기 침체 상태에 가깝다는 것은 아니다. 1장과 2장에서도 살펴봤듯이 건강한 생태계는 메타안정적인 상태를 유지한다. 이런 상태를 내적 평형^{internal equilibrium} 혹은 동적 균형^{dynamic balance}이라고 부른다. 생태계 시스템 안에 포함돼 있는 부분들은 끊임없이 변화하지만 전체적인 시각에서 보면 시스템은 항상 균형을 유지한다. 2장에서 살펴봤던 사슴과 늑대, 스라소니와 토끼의 예로 살펴본 포식자-피식자의 관계(그림 2.10 참고), 옐로스톤 국립 공원의 늑대로 인해 발생한 '영양 종속'(그림 2.22 참고)에서 이런 현상을 관찰할 수 있다.

간단하게 그림 7.7과 같이 표현할 수도 있다. 식물이 자라고, 사슴이 이를 먹고, 이로 인해 사슴의 개체가 늘어난다. 늑대가 사슴을 사냥하고, 이로 인해 늑대의 개체도 증가한다. 늑대와 사슴이 죽고 시신이 부패하면 식물이 자라기 좋은 기름진 땅을 만들어준다. 이런 과정이 반복되면서 각각의 부분들, 즉 식물, 사슴, 늑대는 그들의 개체수를 늘리려고 하지만(그림 7.6에서 본 것처럼 이들 각각은 내부 루프를 갖고 있는 하나의 서브시스템이다) 결국 이들의 행위를 통해 균형이 맞춰진다. 이들이 서로에게 브레이킹 엔진의 역할을 수행하는 것이다. 사슴이 풀을 먹음으로써 풀의 성장에 대한 균형을 맞추고, 늑대가 사슴을 사냥함으로써 사슴의 개체수 증가에 대한 균형을 맞춘다. 늑대는 '최상위 포식자'인데, 이는 직접적인 경쟁자나 이들을 먹이로 삼는 포식자가 거의 존재하지 않는다는 것을 의미한다. 최상위 포식자로 분류되는 동물들은 개체수가 많지 않은데, 이는 이들에 대한 생물학적인 필요와 이들 자체가 갖고 있는 개체수 성장의 한계 때문이다. 이런 균형적인 요소로 인해 개체수가 자연스럽게 조정된다. 한 군집의 성장은 그들을 사냥하는 개체뿐만 아니라 그들의 먹이가 되는 개체들의 희소성에도 영향을 받는다.

다른 종류의 생태계

생태계라고 불린다고 해서 항상 생물과 관련된 것은 아니다. 균형 루프가 존재하고
리소스의 교환이 가능한 대부분의 시스템은 생태계로 분류될 수 있다. 예를 들어
RPG 게임에서 흔하게 찾아볼 수 있는 인벤토리 시스템도 간단한 생태계 시스템으로
분류할 수 있다. 더 많은 물건을 캐릭터의 인벤토리에 채워 넣으면 더 적은 공간만
사용할 수 있게 된다('물건'과 '공간'이라는 리소스가 서로 교환되며 이들이 서로의 균형을 맞춘
다). <디아블로2>에서는 특정한 설정에 맞게 인벤토리 공간을 채울 수 있어서 이런
현상이 더욱 극명하게 나타났다.[8]

전투 역시 하나의 생태계로 볼 수 있다. 전투는 2개 혹은 그 이상의 진영(예를 들어 플
레이어와 몬스터)에서 상대방을 죽이거나 제거하려는 목적의 행동이다. 이를 좀 더 고
상하게 표현하면 이들은 행동을 통해 서로 '균형'을 맞추려고 하는 것이다. 플레이어
캐릭터가 승리하면(즉, 생존한 서브시스템이 된다면) 보상을 얻고 이는 다시 전체 경제
루프에 피드백된다.

다양한 게임이 사회적 생태계를 갖고 있다. MMO 게임인 <다크 에이지 오브 카멜
롯>에서는 서로 다른 진영 간의 전투인 '진영 대 진영Realm vs. Realm' 전투가 존재한다.
게임에는 알비온, 하이버니아, 미드가드의 세 진영이 등장한다. 이 진영에 속하는 플
레이어들은 자신의 진영을 위해 싸운다. 흥미로운 점은 세 진영의 싸움을 통해 전체
진영 시스템이 메타안정적인 동적 균형 상태를 유지한다는 것이다. 한 진영이 너무
강력해지면 나머지 두 진영이 단기적으로 동맹을 맺고 이를 막는다. 이를 통해 게임
이 정체되는 것을 막고 균형을 유지하는 것이다. 결과적으로 진영과 상관없이 모든
플레이어가 게임에 대해 높은 만족감을 유지할 수 있게 된다. 게임에 2개의 진영만
존재했다면 한 진영이 강해지는 것을 막고자 다른 한 진영을 의도적으로 강화해야

---

8. <디아블로2>의 인벤토리에서 특정 종류의 아이템은 4 × 4 크기 혹은 2 × 2 크기의 공간을 차지하고, 인벤토리가
캐릭터의 무기/갑옷과 직접적인 연관을 갖고 있어서 전략적으로 사용돼야 했다. - 옮긴이

했을 것이다. 한 진영이 강해지면 사람들이 그 진영으로 몰리게 되고 이를 통해 빈익
빈 부익부 시나리오가 전개되며 다른 한 진영은 상대방 진영을 따라잡기 힘들게 될
것이다. 초기 <월드 오브 워크래프트> 서버에도 이런 증상이 흔하게 나타났다. 연맹
의 캐릭터가 좀 더 인간의 형태에 가깝고, 그래서 더 매력적으로 보였을 수도 있다.
그래서인지 게임 서비스 초기에는 연맹 진영의 플레이어들이 호드 진영보다 많았
다. 그러다보니 PvP가 허용된 서버에서는 항상 연맹이 우세를 점했다. 이를 보완하
고자 다양한 캐릭터 유형과 보상 등에 대한 수정이 뒤따랐지만 완벽하게 수정이 됐
다고 보기 힘들다. 2개의 진영만으로 <다크 에이지 카멜롯>과 같이 유기적이고 동
적인 균형을 맞추는 것은 결코 쉬운 일이 아니다.

생태계 불균형

균형 루프에 의해 제어되는 교환 시스템은 너무 정적이어서 플레이어들이 게임을
지겹다고 느끼기 쉽다. 또한 균형을 제어할 수 없다면 전체적인 시스템이 무너질 수
있다는 리스크도 존재한다.

균형 시스템은 앞서도 언급했던 것처럼 자체가 회복력이 있고 불안정한 존재다. 생
태계는 일정 범위 안에서 스스로 균형을 잡는다. 그러나 어느 순간 스스로 조정이
불가능한 지점에 다다르게 된다. 사람의 생리 시스템 역시 일종의 작은 생태계라고
볼 수 있다. 생리 시스템은 외부에서 영향을 받을 때 내적으로는 동적인 균형 상태를
찾으려는 향상성을 가진다. 외부의 공기가 체온보다 높거나 낮은 경우 신체 내부가
분주하게 움직여 체온을 일정 범위 안으로 유지한다. 몸이 체온을 유지하는 한 외부
의 변화에 대해 회복력을 갖게 된다. 하지만 어느 정도 수준에 이르게 되면 몸의 회
복력과 균형을 잡는 능력이 붕괴된다. 이 경우 몸에서 열이 나거나 체온이 내려가게
된다. 이 증상이 지속되면 몸은 기능을 상실하게 되고 회복이 불가능해진다. 즉, 몸
이라는 시스템에서 회복력이 사라지고 불안정한 존재가 돼 버리는 것이다. 시스템
역시 균형을 잡을 수 없는 회복이 불가능한 지점이 존재한다.

문제는 게임 시스템을 만들 때 언제 생태계 시스템이 무너질지 알기 힘들다는 것이

다. 게임 안에 스라소니와 토끼로 구성된 생태계가 존재하고 토끼의 개체수가 급감한다면 시스템이 곧 취약해지고 모든 것이 죽어나갈 것이라고 예상할 수 있을 것이다. 한 번이라도 이런 사이클을 경험했다면 시스템을 복구할 가능성이 없는 상태까지 내버려 두지는 않을 것이다. 데이터를 충분히 쌓을 만큼 규모가 있는 생태계라면 시스템이 '제어할 수 있는' 범위에 있는지, 혹은 '제어할 수 없는' 범위에 속하는지 증명할 수 있는 수학적 모델을 만들 수 있을 것이다. 이 방법은 통계적으로 프로세스를 제어할 때도 사용한다.

리소스의 상태가 기존에 증명됐던 표준 편차를 크게 벗어난다면 프로세스를 제어하기 힘든 상황이며, 시스템 역시 붕괴 직전의 심각한 상황에 직면해 있다고 볼 수 있다. 불행하게도 동적으로 균형을 맞추는 시스템에서 이렇게 제어가 되지 않는 상황이 관측된다면 상황을 개선하기에 너무 늦은 것일 수도 있다. 게임의 경우 리소스의 가치가 변경되면 어떤 일이 발생하는지에 대한 충분한 데이터 확보도 어려울 것이다.

생태계 시스템을 적절하게 제어하는 것이 중요하지만 또한 너무 과하게 수행되지 않도록 신경 써야 한다. 동적인 균형을 발생시키는 대신 생태계를 너무 과도하게 조정하면 또 다른 종류의 시스템 붕괴가 발생하거나 과하게 정적인 상태를 강제하게 된다. 예를 들어 어떤 전략 게임에서 한 유닛이 비용에 비해 너무 막강한 것으로 판단되면 플레이어들은 빠르게 이를 알아채고 이 유닛을 최대한 많이 생산할 것이다. 이런 불균형은 마치 현실 세계에서 세균이 퍼지듯이 게임의 전투 생태계에 광범위한 영향을 미친다. 이 문제가 빠르게 수정되지 않는다면 플레이어는 한 가지 유닛만 생산하게 되고 이로 인해 게임 공간이 무너지며(플레이어가 어떤 결정도 할 수 없게 된다) 게임 플레이와 흥미도 반감된다. 이를 수정할 수 있는 방법 중의 하나는 앞서 언급한 강력한 유닛의 카운터가 되는 새로운 유닛을 도입하는 것이다. 여기서 문제는 새롭게 도입한 이 유닛 역시 너무 강력하다면(흔히 'OP^OverPowered'라고 부른다), 플레이어는 앞선 유닛 대신 이 두 번째 유닛 만을 사용하게 될 것이다. 이럴 경우 두 번째 유닛에 대항할 세 번째 유닛을 도입할 가능성이 커진다. 이는 마치 파리를 삼킨 할머니가

파리를 잡으려고 거미를, 거미를 잡으려고 새를 먹는 우화를 연상케 한다.[9]

어떤 게임 디자이너들은 정적인 방법에 의존해 모든 불확실성을 통제하고 시스템을 완벽하게 균형 잡힌 상태로 유지하려고 한다. 이들은 플레이어에게 영속적인 경험을 제공한다는 명목으로 이런 방법을 시도한다. 하지만 이런 시도는 플레이어들이 쉽게 지겨워하거나 빠르게 재미를 잃어버리는 결과로 나타나기 십상이다. 플레이어들이 만들어야 하는 멘탈 모델도, 그들이 내려야 하는 의미 있는 결정도 존재하지 않기 때문이다. 시스템적인 관점에서 본다면 시스템이 자체로 동적인 균형을 맞추지 못하고 외부의 영향에 대해서도 효과적으로 반응할 수 없기 때문에 다양한 형태의 시스템 붕괴를 유발할 수 있다. 다시 항상성과 체온의 예로 돌아가 보자. 체온이 37°로 고정돼 있다면 당신의 몸은 차가운 바람이나 뜨거운 햇살에 효과적으로 반응할 수 없을 것이다. 외부 조건이 살짝만 변경돼도 고정된 체온을 유지하고자 에너지가 과도하게 사용돼야 하고 결과적으로 생리 시스템이 빠르게 붕괴될 것이다.

루프를 한데 묶기

주요한 시스템 루프 유형으로 엔진과 경제, 생태계를 살펴봤다. 좀 더 상세한 패턴(게임 메카닉스)이 이들을 기반으로 형성된다. 패턴이나 메카닉스의 유형을 분류하고 정리하려는 다양한 시도가 있었다. 스테판 비요크Staffan Bjork와 주시 홀로파이넨Jussi Holopainen, 어니스트 아담스와 요리스 도르만스의 연구는 특히 유용한 결과를 도출해 냈다. 하지만 여전히 많은 디자이너가 제한적으로 사용할 수 있는 패턴과 메카닉스 목록을 만드는 것보다 계층 구조적인 블록을 사용해 특정 게임 플레이 시스템을 만드는 것을 선호한다.

---

9. 시스템적인 문제에 시스템적이지 않은 분석과 해결책으로 접근하는 것은 현실 세계도 마찬가지다. 1962년, 〈뉴욕 타임즈〉의 기사에는 베트남의 과도한 살충제 사용에 대한 기사가 실렸다. "미군의 DDT 스프레이가 고양이를 죽여 벼를 먹는 쥐의 수가 급증하고 있다."(Bigart 1962)

단 한 개의 시스템 혹은 게임 메카닉으로 구성된 게임은 드물다. 대부분 하나의 시스템이 더 큰 시스템의 부분이 되며 각기 다른 계층 구조 레벨을 가진 여러 개의 시스템으로 구성된다.

롤플레잉 게임에서는 플레이어 캐릭터의 성장에 초점이 맞춰져 강화 경제가 사용된다. 플레이어 캐릭터는 시간을 교환해 경험치를 얻으면서 갈수록 강해지며 루팅을 통해 포인트와 스킬, 더 좋은 아이템을 얻게 된다(그림 7.11 참고). 간단한 설명이지만 사실 이 안에는 훨씬 다양한 시스템이 내포돼 있다. 플레이어가 언제 어떻게 포인트를 투자해야 할지 결정해야 하는 경험 혹은 스킬 부스팅 엔진[10], 아이템 제작과 교환에 관련된 경제 시스템, 생태계의 일종인 인벤토리 시스템 등이 여기에 포함된다. 파티에 참가하는 다양한 멤버가 서로 가진 것을 교환하면서 상대방을 강화해주는 경제 시스템도 존재할 수 있다. 예를 들어 원거리 딜러가 상대방에게 딜을 넣는 동안 탱커는 상대방이 주는 대미지를 흡수한다. 힐러는 탱커가 계속 대미지를 흡수할 수 있게 힐을 수행한다. 플레이어 캐릭터와 관련된 경제 시스템 안에 전투와 관련된 생태계 시스템이 존재하고 있는 것이다. 또한 하나 혹은 그 이상의 균형 시스템(브레이킹 엔진)이 있어 플레이어가 너무 빠르게 성장하는 것을 막아준다. 이런 균형 시스템은 자체가 더 큰 시스템의 한 부분을 이룬다. 다수의 부분 유료화 게임에서 에너지나 스태미나의 손실이 전투 시스템의 일부를 구성하는 것과 같다. 이 모든 것을 고려한다면 RPG 게임을 디자인하는 것이 왜 그렇게 어려운 일인지, 왜 플레이를 하면서 자연스럽게 몰입하게 되는지 알 수 있을 것이다. 다양한 시스템이 동시에 동작하며 플레이어는 계층 구조 형태로 각기 다른 레벨에 속하는 것들을 최대한 활용하려고 노력하기 때문이다.

---

10. 드물기는 하지만 일부 RPG 게임에서는 경험치를 쌓아 레벨을 올리는 것보다 이를 바로 소비하는 경우도 있다. 〈어드밴스드 던전 앤 드래곤(Advanced Dungeons and Dragons)〉 버전 3.5에서는 주문을 시전하거나 스크롤 혹은 마법 아이템을 만들 때 경험치를 소모한다. 새로운 스킬이나 레벨을 얻기 위해서가 아니라 난이도가 있는 특정한 행위를 수행하고자 경험치 포인트나 스킬 포인트를 소모하는 다른 RPG 게임이 있는지 잘 모르겠다(〈데드랜드(Deadlands)〉나 〈Torg〉가 이에 가까운 것 같다). 하지만 이들은 분명 게임에 추가될 정도로 충분히 흥미로운 요소임에는 틀림없다. 스킬 획득 시스템을 하나의 엔진으로 보는 경우 명백하게 드러나는 메커니즘의 하나일 것이다.

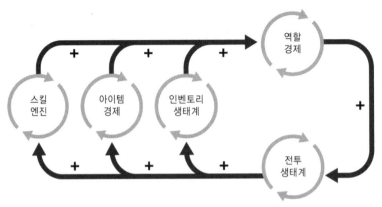

그림 7.11 스킬과 아이템을 통해 캐릭터의 파워가 증가되는 일반적인 롤플레잉 게임의 강화/경제 시스템. 전체 시스템은 엔진, 경제, 생태계 서브시스템으로 구성된다. 각 서브시스템 간에 일어나는 다양한 상호작용이 모두 표시된 것은 아니라는 것에 유의하자. 예를 들어 인벤토리 생태계와 아이템 경제 간에 발생하는 상호작용은 이 그림에서 표시되지 않았다.

그림 7.11의 서브시스템 상호작용에서도 보듯이 이들은 전체 경제 안에서 서로를 강화하고 있다. 플레이어의 스킬이 강화되고 인벤토리가 늘어날수록, 파티에 참여하는 캐릭터가 늘어날수록 물리칠 수 있는 몬스터의 수도 증가한다. 물리친 몬스터가 많아질수록 더 많은 경험치를 얻을 수 있고 더 많은 루팅을 수행할 수 있다. 전투 자체가 갖는 균형적인 속성(캐릭터의 체력을 감소시켜 균형을 맞추고 이를 통해 전체적인 진행 상황을 고르게 조절하는 것)과 인벤토리 생태계 시스템으로 인해 각각의 캐릭터는 서로 다른 결정을 내리게 된다. 예를 들어 무엇을 버리고 무엇을 획득할지에 따라 캐릭터가 달라지는 것이다. 이런 결정을 통해 캐릭터의 강화 루프가 빠르게 진행되는 것을 막을 수 있다. 하지만 전체적으로 봤을 때는 캐릭터의 파워가 강화되는 효과를 얻게 된다.

모든 시스템을 하나로 합치기

롤플레잉 게임의 계층 구조적인 시스템 디자인을 통해 더 넓고 깊은 플레이 경험을 만들어내는 것을 알 수 있다. 플레이어의 관심이 하나의 시스템에서 다른 시스템으로 옮겨갈 때 혹은 구조적으로 더 높은 곳에 위치한 시스템 루프로 옮겨갈 때 게임의 핵심 루프 역시 이에 따라 바뀌게 된다. 병렬 구조로 동작하는 다양한 시스템을 통해 플레이어는 다양한 결정을 내릴 수 있으며 게임의 폭도 더 넓어지게 된다. 필요하다면 플레이어가 낮은 레벨의 서브시스템에 집중했다가 다시 더 높은 레벨의 시스템에 집중할 수 있는 중첩된 시스템을 디자인함으로써(그림 7.6과 7.11 참고) 게임의 복잡도와 깊이를 적절한 수준으로 제공할 수 있다. 이것이 바로 시스템과 서브시스템 안에서 플레이어가 다양한 목표를 수립하고 결정을 내릴 수 있는 플레이 공간을 만들어주는 것이며, 이원적 디자인의 핵심이라고 할 수 있다. 시스템의 복잡도를 조심스럽게 여러 번 반복해서 드러냄으로써 플레이어가 몰입을 유지하면서 멘탈 모델을 만들 수 있게 해주는 것이다. 계층 구조에 새로운 시스템이 추가될 때마다 플레이어는 새로운 지식을 얻고 새로운 결정을 내리게 된다. 결과적으로 이런 요소들을 통해 새로운 성취감도 얻게 된다.

게임 시스템 예제

이 장의 앞부분에서도 살펴봤듯이 엔진, 경제, 생태계로 분류되는 시스템들이 한데 모여 계층 구조적인 시스템을 구성한다면 거의 모든 종류의 시스템을 설명할 수 있다. 조합을 이룰 수 있는 모든 경우를 설명하는 것은 불가능하다(그리고 이런 조합의 목록을 만드는 것 자체가 시스템적이지 않다). 하지만 주요 루프와 그 안에 포함돼 있는 하부 시스템들이 어떻게 다른 시스템들과 함께 동작하면서 일관적인 게임 경험을 만들어내는지 살펴볼 수 있을 것이다.

성장 시스템

대부분의 게임에서 플레이어는 어떤 방식으로든 성장을 경험한다. 캐릭터의 능력이나 파워, 리소스, 지식과 관련한 성장이 이뤄지는 것이다. 게임 안에서 능력이나 파워가 증가한다면 이는 곧 플레이어가 갖는 게임에 대한 지식이 늘어나는 것이라고 볼 수 있다. 게임 월드에 대한 지식이 늘어나면(지식을 게임 안의 리소스로 활용하면) 플레이어는 더 많은 것을 할 수 있고 더 잘 할 수 있게 된다. 플레이어가 게임에 대한 멘탈 모델을 만들면 게임 시스템을 효과적으로 탐험할 수 있는 능력이 생기고, 게임 안에 존재하는 툴과 스킬을 더욱 잘 활용할 수 있게 된다. 플레이어가 할 수 있는 일이 더 많아지는 형태(병렬적인 시스템과 계층 구조상 더 깊은 곳에 존재하는 시스템을 인지하고 활용하게 되는 것)로 성장을 디자인하는 것은 플레이어가 효과적인 멘탈 모델을 가질 수 있게 해주는 좋은 방법이다. 이 방법을 통해 게임의 컨셉을 점진적으로 플레이어에게 전달할 수 있고 플레이어는 동시에 게임을 마스터해간다는 느낌을 가질 수 있다.

성장 루프는 가장 일반적으로 사용되는 루프로 플레이어도 쉽게 보상을 받을 수 있기 때문에 많은 게임에서 핵심 루프로 사용되며 플레이어는 긍정적인 피드백과 보상을 받을 수 있다. 이는 자연스럽게 플레이어가 새로운 선택과 액션을 취하게 유도해 준다. "플레이어가 무엇을 해야 하는가?"라는 질문은 "플레이어가 어떻게 성장해야 하는가?"라는 질문으로 대치될 수 있다. 어떤 것을 강화한다는 루프의 속성을 고려해볼 때 경제 혹은 엔진으로 분류될 수 있다. 성장 시스템 역시 내부에 다양한 서브시스템을 가진다.

어떤 식으로든 플레이어가 성장한다는 것, 즉 게임 안에서 그들의 능력이 강화돼 간다는 것은 게임 안에서 즐길 거리가 더 늘어난다는 것과 같은 의미다. 앞서 3장에서 목표가 명확하지 않은 게임은 장난감과 같다는 것을 살펴봤다. 일부 디자이너들(5장에서 살펴봤던 장난감 제작자 혹은 발명가 스타일의 디자이너들)은 게임 초기에 매력적인 게임 시스템이나 메커니즘을 너무 적게 만들어 플레이어의 관심을 끌지 못하는 경우도 있다. 이런 게임에 대해 플레이어들은 "깔끔하기는 한데 뭘 더 해야 하지?"라는 질문을 던지기 십상이다. 장난감은 자체로 훌륭한 놀이 도구일 수는 있다. 하지만 여기에 더 명백한 목표, 즉 성장 시스템을 추가한다면 게임을 장난감보다 더 즐길 수 있는 거리로 만들어 줄 것이며 플레이어가 더 오랫동안 몰입할 수 있을 것이다.

성장 시스템은 또한 단위 시간마다 제공되는 보상이나 리소스의 획득으로도 설명될 수 있다. 경험치나 골드, 생산되는 부대의 수가 이런 보상에 포함되며 게임에 따라 포함되는 내용은 달라진다. 더러는 정량화할 수 없는 것들도 포함되며 여기에는 플레이어가 게임 시스템을 좀 더 유용하게 사용할 수 있는 인지적 툴과 플레이어의 멘탈 모델을 좀 더 쉽고 빠르게 만들 수 있게 도와주는 것도 포함된다. 이후 10장에서도 논의하겠지만 성장의 범위를 결정하는 것은 게임 디자인을 토큰화한다는 면에서도 아주 중요하다. 플레이어가 획득할 수 있는 체력, 마법, 지식, 아이템과 같은 리소스들은 다른 부분의 상태를 보여주는 것들이므로 이 역시 상세하게 기록돼야 한다.

플레이어의 성장에 따라 게임을 즐길 수 있는 범위가 달라지므로 성장의 비율이 상세하게 정의돼야 한다. 게임을 진행하면 성장에 필요한 리소스도 증가하지만 얻게 되는 리소스의 비율도 증가한다. 양과 비율을 적절하게 조절해 보상에 대한 기대를 유지해야 한다. 또한 보상의 가치가 빛바래져 '습관적 피로'라고 알려진 부정적인 경험을 하지 않게 해줘야 한다. 이 부분은 바로 다음 절에서 더 자세히 알아본다.

습관화와 효용

보상이 늘어나면 플레이어는 목표 달성에 대한 동기 부여를 얻게 된다. 플레이어가 지금은 보상으로 10포인트를 얻을 수 있지만 이후에는 50 혹은 100포인트를 얻을 수 있다는 것을 알게 됐다고 가정해보자. 그들이 달성하고자 하는 목표가 여전히 의미 있고 목표를 달성햇을 때 받게 되는 보상이 중요하다고 인지하고 있다면 아직 충족되지 못한 목표가 남아있다는 사실은 그들의 행동에 영향을 줄 것이다. 여기서 핵심은 '소유하는 것'보다 '원하는 것'이 더 우리의 관심과 행동, 게임에 대한 몰입을 주도한다는 것이다. 이는 자연스러운 인간의 본성이기도 하다. 높은 목표를 갖는 것, 심지어 그것이 우스꽝스러워 보일지라도 이런 목표를 갖는 것은 플레이어의 몰입을 유지하는 데 분명 도움이 된다. 플레이어가 그들이 할 수 있는 모든 것, 즉 최고 난이도를 자랑하는 몬스터를 잡고 가장 얻기 힘든 보물을 차지했다고 느낀 순간 게임에 대한 몰입은 빠르게 사라질 수밖에 없다.

보상을 중요하지 않게 생각한다면 몰입 역시 빠르게 상실된다. 지금은 보상이 좋아 보여도 빠르게 그 보상에 싫증을 느끼게 된다. 앞서도 살펴봤듯이 이런 증상을 '습관적 피로hedonic fatigue'라고 부른다(혹은 습관적 적응hedonic adaptation 혹은 포만감satiation이라고도 부른다). 경제학에서는 이런 현상을 '한계 효용$^{marginal\ utility}$'으로 부르며 어떤 가치를 더 많이 획득하면서 가치가 변경되는 과정을 설명해준다. 아이스크림을 처음 한 입 베어 물었을 때의 맛은 환상적이다. 세 번째까지도 훌륭하다. 하지만 20번쯤 베어 물었을 때는 더 이상 그 맛이 처음과 같지 않을 것이다. 20번 베어 물었다고 해서, 첫 번째 베어 물었을 때의 느낌을 20번 곱한 결과가 나오는 것이 아니다. 아이스크림을 먹어야 한다고 강요받는다면 그때마다 한 입의 가치는 0보다 아래로 떨어질 수도 있고 더 이상 먹고 싶다는 생각도 들지 않을 것이다(누구나 쉽게 경험을 통해 인지할 수 있게 아이스크림을 예로 든 것이며 다른 것을 예로 들어도 동일한 결과를 확인할 수 있을 것이다. 원한 다면 직접 이 효과를 확인해 볼 수도 있을 것이다[Mackenzie 2002]).[11]

처음 받은 보상이 훌륭하다고 느꼈더라도 두 번째 받은 보상이 첫 번째 보상과 동일 하다면 가치는 떨어질 수밖에 없다. 세 번째도 동일한 보상을 받는다면 더 이상 보 상이라고 생각하기 힘들 것이다. 사람인 이상 우리에게 주어지는 보상을 객관적으 로 판단하기는 힘들다. 어떤 것을 보유하고 있는지에 기반을 두고 새로 받는 보상 은 상대적인 가치를 가질 수밖에 없다. 게임에서 플레이어가 더 이상 유의미한 보 상을 받지 못한다고 느끼면 더 이상 게임에 몰입할 수 없게 되고 결국은 그림 4.8에 서 보여주는 '지루함의 바닥'으로 떨어질 수밖에 없다. 결과적으로 골드와 경험치, 명성과 같은 보상은 시간이 지날수록 점점 더 커질 수밖에 없다. 게임 안에서 보상 을 통해 공급되는 리소스의 양은 시간이 지날수록 기하급수적인 그래프를 그릴 수 밖에 없다.

플레이어가 성장할수록 리소스의 증가율도 커지므로 더 많은 리소스가 게임 안에 공급돼야 한다. 싱크를 통해 사라지는 게임의 리소스 양도 증가하므로 결국 다시 리 소스는 증가하고, 이는 결과적으로 게임 경제의 인플레이션을 불러일으킨다. 게임 에 몰입하는 데 습관화가 방해가 된다는 것은 명백하다. 다양한 게임에서 다음과 같

---

11. 한계 효용은 다른 방식으로도 동작한다. 네트워크 효과(network effect)라고 부르는 것으로, 레고 블록이나 휴대폰, 네트워크 컴퓨터와 같은 소비재가 어느 지점까지는 조금씩 가치가 상승하다가 그 지점을 지나면 각각의 소비재 하나 가 이전보다 더 많은 가치를 갖게 되면서 희소가치가 상승하게 되는 것을 의미한다. 이런 현상 역시 어느 정도 이어지 다가 한계 효용이 다시 둔화된다.

은 방법을 사용해 이를 미연에 방지한다.

- **소스의 제한:** 다양한 게임에서 소스를 줄여 게임 안의 리소스를 제한한다. 소스에서 생산되는 리소스의 비율을 줄이거나, 생산 비용 혹은 생산 난이도를 높이는 것이다. 롤플레잉 게임에서는 더 나은 무기를 아주 어렵게 얻게 되거나, 완성하면 효과가 비선형적으로 증가하게 되는 방어구 세트의 마지막 부분이 얻기 힘들다거나, 다음 레벨로 업데이트할 때 필요한 경험치를 더 얻기 힘들게 하는 것이 여기에 속한다(9장과 10장에서 더 상세한 내용을 다룬다).

- **스톡의 제한:** <월드 오브 워크래프트>와 <디아블로> 시리즈 같은 게임에서는 '옮길 수 있는 물건'과 '남겨야 할 공간'으로 균형적인 생태계를 만들어낸다. 즉, 인벤토리 스톡에 제한을 설정해 플레이어가 옮길 수 있는 물건의 양을 제한함으로써 인플레이션을 방지한다(아예 없앨 수는 없다). 옮길 수 있는 물건의 양을 어떻게 늘릴 수 있을지 플레이어가 결정하게 함으로써 또 다른 성장을 이끌어 낼 수 있다.

- **싱크의 증가:** 많은 게임에서 리소스가 소모되는 경우의 수를 늘리고 있는 추세다. <젤다의 전설: 야생의 숨결>에서는 무기가 파괴될 수 있다. 이는 더 이상 게임 안에서 그 무기를 사용할 수 없다는 것을 의미한다. 결과적으로 플레이어들은 어느 정도 상대적으로 높은 가치를 가진 무기를 더 소중하게 다루게 된다(그 효용 가치가 유지되는 것이다). 다른 무기가 파괴됐을 때 이 무기가 도움이 될지도 모르기 때문이다.

인플레이션과 습관적 피로는 대개 동시에 일어난다. 이들을 완벽하게 사전에 방지하는 것은 쉬운 일이 아니다. 이는 시스템적 관점에서 게임 디자인에 접근해야 하는 주요한 이유이기도 하다. 게임 안에 존재하는 다양한 계층 구조 시스템을 통해 플레이어가 지속적으로 게임에 몰입할 수 있게 해줘야 한다. 콘텐츠와 성장에 의존하는 게임은 결국 끝이 존재하기 마련이다. 도전과 보상의 기하급수적인 곡선을 만족시키고자 콘텐츠를 추가하고 이를 유지하는 것은 점점 더 많은 비용을 필요로 한다. 강력한 생태계와 균형 컴포넌트(예를 들어 앞서 설명했던 '진영 대 진영' 전투)로 구성된 시스템을 효과적으로 활용할 수 있는 게임이라면 플레이어의 몰입을 더 오래 유지할 수 있을 것이다.

전투 시스템

전투 시스템은 생태계로 분류될 수 있는 전형적인 시스템이다. 두 명(혹은 진영) 이상이 상대방으로 존재하고 자신의 행동을 통해 상호 균형을 맞추며 궁극적으로는 상대방을 제거하는 것을 목표로 하는 시스템이다. 시간 척도와 상호작용이라는 측면에서 본다면 전투 시스템은 액션/피드백에 집중하는 단기 인지 상호작용이라 할 수 있다. 전투는 게임의 핵심 루프며 일반적으로 다른 강화 루프, 특히 성장 시스템과 함께 사용돼 장기간의 목표를 제공해 전투 시스템이 갖고 있는 균형적 속성을 상쇄한다. 일부 게임(특히 모바일 게임)의 전투 시스템은 플레이어가 결정할 수 있는 것이 많지 않다. 대부분의 게임이 핵심 루프와 함께 다양한 강화 루프를 활용해 플레이를 이어가지만 전투에서 빠르게 진행되는 액션/피드백 상호작용이 존재하지 않는다면 플레이어의 몰입은 떨어질 수밖에 없고 게임의 생명도 오래가지 않을 것이다. 아무리 핵심 루프가 강력하다고 하더라도 순간적인 결정과 상호작용은 여전히 성공적인 게임을 만드는 데 있어 필수적인 요소라고 할 수 있다.

수많은 게임이 전투를 다른 시스템과 상호작용하는 균형 시스템으로 활용한다. 카드 게임인 <스타 렐름Star Realms>은 엔진 빌딩에 기반을 둔 핵심 루프를 갖고 있다. 전투는 상대방의 성장을 늦춰 서로의 균형을 맞추기 위한 도구로 활용된다. 이런 게임에는 엔진 빌딩을 위한 효과적인 의사 결정이 매우 중요하다. 플레이어는 바로 얻을 수 있는 전함을 만들 것인지, 장기적인 관점에서 투자를 수행할지 결정해야 한다. 플레이어가 어떤 결정을 내려도 상대방은 지속적으로 도전해올 것이다.

건설 시스템

빌딩 시스템, 즉 건물을 짓는 시스템을 갖춘 게임에서 플레이어는 게임 월드 안에 원래 존재하던 건물들에 더해 다양한 건물을 추가할 수 있다. 제작과 파밍farming, 펫이나 동물을 키우는 것, 건물을 짓는 것, 차량이나 빌딩, 롤플레잉 게임에서 캐릭터를 꾸미고 변경하는 것도 모두 이 범주에 속한다. 이들 시스템에는 엔진과 경제(일반적으로 오랜 시간이 필요한 생산 체인을 포함)가 포함돼 있다. 엔진 시스템을 통해 과거에 획득한 리소스를 미래에 투자하기도 하고, 즉시 가치를 획득하고자 리소스를 바로 교환하기도 한다. 이런 행동은 단기 및 장기 인지 상호작용에 기반을 두고 수행되며 아주 디테일한 건설 시스템의 경우는 액션/피드백 컴포넌트의 영향을 받기도 한다.

건설 시스템은 더 큰 성장 루프 안에서 다른 서브시스템의 지원을 받는다. 롤플레잉 게임에서 플레이어는 스킬과 무기, 갑옷, 월드에 대한 지식, 종종 소셜 요소들(파티와 길드 멤버십)을 성장의 한 부분으로 인지하고 이를 더 강화하고 발전시키고자 노력한다. 전략 게임의 경우 플레이어는 연구를 거듭해 새로운 건물을 짓고 이를 통해 더 강력한 유닛을 훈련하며, 전투에서 이겨 많은 명성을 쌓고 루팅의 기회를 늘려 나간다. 엔진과 경제의 루프가 멋지게 중첩돼 진행되는 것이다.

스킬과 기술 시스템

많은 게임에서 오랜 시간을 소모해 새로운 스킬과 기술을 발명하는 시스템이 포함돼 있다. 이를 통해 플레이어(그들의 캐릭터나 제국)에게 새로운 능력을 제공할 수 있다. 일반적으로 제한된 강화 루프 엔진 시스템이 여기에 사용된다. 스킬과 기술은 종종 트리 구조로 표현된다. 즉, 하나의 스킬이 다른 두 개 혹은 세 개 이상의 스킬로 발전할 수 있고 플레이어는 이런 트리 구조의 스킬과 기술을 활용해 캐릭터나 문명을 발전시키는 것이다. 앞서 여러 번 살펴본 것처럼 플레이어는 획득한 경험치나 연구 포인트를 투자해 새로운 스킬과 기술을 획득할 수 있다. 플레이어가 이런 포인트를 투자가 아닌 영역에 사용할 수 있는 게임도 더러 있다. 이 부분은 게임 디자인에서 여전히 아직 개척되지 않은 분야의 하나로 남아있다.

소셜과 정치 시스템

NPC나 다른 플레이어들과 교류할 수 있는 게임에는 이와 관련된 소셜 플레이 시스템이 존재한다. 이런 시스템들은 사회적 생태계로 분류될 수 있다. 앞서 살펴본 늑대와 사슴 무리의 관계나 다양한 인간 군집이 만들어내는 관계와 크게 다르지 않다. 경쟁 관계에 있는 파벌이나 조직, 정치적 집단은 생태계를 형성하며 지배력을 강화하고자 분투하면서 균형을 맞춘다. 이들 간의 상호작용은 장기간에 걸쳐 발생하고 소셜의 형태를 띤다. 여타의 생태계와 마찬가지로 한 쪽이 자기 강화를 수행할 수 있는 위치에 도달해 늘 효과적인 승리를 거둘 수 있게 된다면 상대방을 크게 앞지르게 되고 결국 어떤 도전도 존재할 수 없게 될 것이다. 이렇게 되면 시스템은 망가지고 더 이상의 의미 있는 게임 플레이가 불가능해진다.

시스템의 루프와 목표 정의

시스템 디자인은 시스템이 어떤 목표를 갖는지 설정하는 것부터 시작한다. 시스템은 게임 안에서 어떤 의도를 갖고 동작하는가? 이 질문에 답하려면 다음과 같은 과정을 거쳐야 한다.

- 당신이 만들고자 하는 게임 플레이와 플레이어 경험을 지원할 수 있는 시스템 루프 형태를 만들어야 한다.

- 이 시스템을 게임 안에 구현함으로써 가능해지는 플레이어의 상호작용, 목표, 행위들을 의도적이고 세심하게 고려해야 한다.

- 게임 안에서 만들려는 시스템 및 시스템과 상호작용을 수행하는 다른 시스템, 그리고 시스템 안에 존재하는 부분과 그들의 상호작용을 명확하게 정의해야 한다.

시스템의 목적은 계층 구조 안의 높고 낮은 레벨과 관련돼 표현될 수 있어야 한다.

우선 목표 자체도 더 높은 레벨의 시스템을 구성하는 한 부분이라는 것을 감안하고 고려돼야 한다. 가장 높은 수준의 시스템 레벨은 사용자 경험이 돼야 하며 이는 게임 +플레이어 시스템에서 비롯돼야 한다. 이 안에는 플레이어가 게임과 상호작용하는 방법(느리거나 혹은 빠르거나, 인지하거나, 지각하거나, 감정적이거나 혹은 사회적인), 시스템 적인 게임 모델에 대응하고자 멘탈 모델을 만드는 방법 등이 포함돼야 한다.

지금부터 계층 구조적 서브시스템을 자세히 살펴보자. 그림 7.6과 7.7에서 보이는 계층 구조적인 시스템과 같이 높은 수준의 시스템 안에 새로운 시스템을 추가할 수 있다. 이런 경우 추가하고자 하는 시스템이 갖고 있는 맥락(대상이 되는 시스템이 강화 시스템인지 혹은 균형 시스템인지, 이들이 다른 하위 레벨 시스템(더 높은 수준의 시스템 아래의 다른 부분들)과 어떻게 상호작용을 수행하는지)을 먼저 살펴봐야 한다.

루프 구조 정의

시스템을 디자인하기 전에 어떤 종류의 루프 구조를 가져야 하는지 먼저 결정해야 한다. 간단한 강화 혹은 균형 루프를 만들 것인가? 아니면 엔진, 혹은 경제나 생태계, 그도 아니면 이들을 혼합한 하이브리드 형태를 만들 것인가? 그 안에 서브시스템을 가질 것인가? 주요 루프(이 장의 뒷부분에서 더 자세히 다룬다)를 대략으로라도 그려본다 면 시스템의 동적인 행위와 이들이 어떻게 사용자 경험에 도움을 줄 수 있는지 쉽게 파악할 수 있을 것이다. 뿐만 아니라 이와 함께 상호작용하면서 루프를 형성하게 되 는 다른 서브시스템과 리소스에 대해서도 쉽게 이해할 수 있게 된다. 시스템 루프를 그려보는 것은 시스템이 게임 안의 어느 부분에 위치하는 것이 가장 효과적일지, 왜 그것이 필요한지에 대해서도 좀 더 명확하게 이해할 수 있게 도와준다. 시스템의 구 조와 관계를 정의했다가 다시 정의하기를 수없이 반복해야 할 수도 있다. 이런 반복 을 통해 좀 더 정교한 플레이어 경험과 시스템을 정의할 수 있을 것이다. 어떤 게임 오브젝트가 시스템의 부분을 형성해야 하는지도 파악할 수 있게 된다.

이 모든 과정을 거쳤지만 이 시스템이 필요하지 않다는 결론에 다다를 수도 있다. 플레이어의 경험에 크게 도움이 되지 않을 것이라고 결론짓는 것도 충분히 가능한 일이다. 게임의 다른 부분과 어울리지 않는 것들을 시스템 안에 남겨두지 않는 것이 중요하다. 예를 들어 사회적 관계와 관련된 아이템 제작 시스템이 효과적으로 사용될 수 있는 곳은 거의 없다. 그저 당신이 좋아한다거나 열심히 작업한 소중한 결과라는 이유만으로 도움이 되지 않는 시스템을 게임 안에 남겨놓지 말아야 한다. 지금 당장은 한쪽으로 치워놓고 나중에 이를 활용할 방법을 찾거나 이를 다른 시스템에서 활용할 수 있는 방법을 찾는 것이 좋다.

루프 구조에 더해 그 안의 부분들을 어떻게 구성할지, 이들이 어떻게 상호작용을 수행할지, 이들이 당신이 원하는 게임 플레이를 어떻게 지원할 수 있는지도 고려해야 한다. 이 과정은 결국 게임 밸런스와 "시스템을 통해 플레이어가 의미 있는 결정을 내릴 수 있는가?"라는 문제에 도달하게 된다(부분을 디자인하고 이들의 균형을 잡는 일은 8장, 9장, 10장에서 더 자세히 다룬다).

부분과 루프, 전체, 이 모든 레벨에서 동시에 작업을 수행(혹은 최소한 앞뒤로 자유롭게 초점을 옮길 수 있는 것, 그림 5.2 참고)할 수 있다면 게임 디자인은 정적인 콘텐츠가 아니라 플레이어가 즐길 수 있는 공간을 만들어내는 동적인 머신이 되는 것이다.

플레이어 경험과 시스템 디자인 연결

게임 시스템을 디자인할 때 시스템이 플레이어의 경험에 부합하며 이를 지원하는지 반드시 고민해야 한다. 전투 시스템을 디자인한다면 플레이어가 유닛의 배치를 결정하는 부대 전투 위주로 디자인할 것인지, 병사 각각의 미묘한 움직임을 제어하고 이를 조합하는 각개 전투 위주로 디자인할지 결정해야 한다. 각각의 방식은 모두 생태계로 분류될 수 있지만 플레이어와 게임이 상호작용하는 방식은 다를 수밖에 없다. 따라서 시스템을 만들 때 필요한 부분과 이를 통해 얻게 되는 게임 플레이 경험도 달라진다. 시스템의 목적은 시스템을 통해 플레이어가 어떤 상호작용을 수행하고 어떤 경험을 얻게 되는지에 따라 달라진다. 시스템의 목표가 명확해지면 시스템을 구성하는 부분, 속성과 행위를 손쉽게 정의할 수 있고 이를 통해 더욱 시스템 구조를 명확하게 파악할 수 있게 된다.

성장 시스템을 디자인한다면 플레이어가 얼마나 빠르게 성장할 수 있는지를 세심하게 결정해야 한다. 신속하게 수행되는 상호작용 루프를 통해 플레이어가 게임 초반부터 게임을 마스터하고 있다는 느낌을 갖게 해서 게임에 대한 흥미를 유발하고 이를 지속적으로 유지할 수 있는 방법을 찾아야 한다. 플레이어가 게임 초반에 게임으로부터 긍정적인 피드백을 받지 못한다면 멘탈 모델을 만드는 데 어려움을 겪게 되고 게임에 몰입할 수 없게 된다. 핵심 루프를 통해 처음 몇 분 안에 '성공적인 경험(해냈다!)'이라는 긍정적인 피드백을 주면 플레이어는 그들의 멘탈 모델을 쉽게 만들게 되고 이를 통해 이들을 게임에 묶어둘 수 있다. 아무리 긍정적인 피드백과 보상이라도 늘 동일한 보상이 주어진다면 감정적인 피로만 쌓이게 된다. 반면 보상이 너무 과하거나 성장이 너무 빠르면 게임이 일찍 끝나거나 플레이어가 지루함을 느끼게 된다. 플레이어의 성장이 너무 느리거나 성장 자체가 본질적으로 보상의 성격이 아니라면 게임은 스스로를 '갈아 넣게 되고'[12] 플레이어는 그들이 바라는 보상을 나중에 받을 수 있을 것이라는 기대 하나로 버티게 된다. 이마저도 없다면 플레이어들은 즉시 게임을 그만두게 될 것이다.

---

12. '갈아 넣는다'라는 표현은 RPG와 MMO 장르의 게임에서 흔하게 찾아볼 수 있다. 레벨업을 위해 흥미를 느끼지 못하는 퀘스트나 사냥, 이벤트를 반복적으로 수도 없이 진행하는 것을 말한다. 플레이어가 더 높은 레벨이나 능력을 얻고자 치러야 하는 대가로 인식해 더 높은 레벨을 얻으려면 더 많은 시간과 노력을 갈아 넣어야 한다고 생각하는 것이다. 갈아 넣는 플레이 자체가 재미있거나 몰입이 되는 것은 아니지만 플레이어나 디자이너 모두 이를 게임의 자연스러운 부분으로 받아들이는 경향이 있다. 좀 더 시스템적으로 플레이어의 경험과 상호작용에 접근할 수 있다면 재미없고 반복적인 작업 대신 시스템을 통해 마스터가 돼간다는 느낌을 제공할 수 있을 것이다.

게임 시스템 디자인에 활용할 수 있는 툴

게임 시스템을 디자인한다고 아주 특이한 툴을 사용하는 것은 아니다. 종이와 화이트보드, 간단한 툴을 사용해도 탁월한 결과물을 얻을 수 있다. 디자인 작업 자체는 매우 반복적일 수밖에 없다. 당신이 원하는 시스템에 정확하게 부합되는 시스템을 얻으려면 루프 구조를 수백 번 그려야 할 것이다. 시스템의 루프 다이어그램을 그려보는 것만으로도 시스템이 게임의 일부로 동작하는 방법을 좀 더 명확하게 파악할 수 있을 것이다. 구조와 다이어그램에 대한 개념이 자리를 잡으면 프로토타입을 만들어 실제로 제대로 동작하는지, 당신이 원하는 목적에 부합하는지 검증해야 한다.

빠른 프로토타이핑을 도와주는 툴

화이트보드는 게임 디자이너들이 가장 널리 사용하는 도구 중 하나다. 이 툴은 완전히 '아날로그' 방식(전자기기가 포함되지 않은)이다. 화이트보드에 그림을 그렸다가 지우고 다시 다른 색깔로 그리기를 반복할 수 있다. 화이트보드 앞에서 다양한 시스템 다이어그램을 그리고, 이를 통해 만들고자 하는 게임 플레이를 고민하는 모습을 쉽게 연상할 수 있을 것이다.

디지털 방식의 툴을 사용해 시스템을 정의할 수도 있다. 닉키 케이스Nicky Case가 고안한 '루피Loopy'는 프리웨어로, 쉽게 강화 혹은 균형 루프를 고안하게 도와준다. 기능은 제한적이지만 다양한 종류의 루프 다이어그램을 명확하고 심미적으로 표현해주며 실제로 움직이는 것을 확인할 수 있다. 요리스 도르만스의 '머시네이션Machinations'도 이와 유사한 기능을 수행하는 툴이다. 이 툴은 실제로 동작하는 루프 다이어그램과 게임 전체(게임과 유사한 인터페이스로 표현되는 것이 아니라 기본적인 뼈대를 보여주는)를 고안하는 데 필요한 복잡하고 다양한 기능을 제공해준다. 아쉽게도 현재 이 툴은 유지보수가 어려운 상태다. '넷로고Netlogo'와 같은 툴도 있지만 이 툴은 게임 디자인보다는 좀 더 전문적인 시뮬레이션을 고안하는 데 더 적합하다.

이외에도 프로토타이핑을 도와주는 다양한 프로그램이 있다. 자바스크립트, 파이

썬 혹은 좀 더 넓은 범위의 게임 개발 툴이라고 할 수 있는 유니티를 사용해 시스템 디자인을 테스트할 수 있는 프로토타입을 만들어낼 수 있다. 이런 툴들은 목적을 달성하기 위한 수단이라는 것을 잊지 말아야 한다. 머릿속으로 그려본 루프 시스템 다이어그램을 빠르게 실체화시키고 이를 동작하는 프로토타입으로 만든 다음 면밀히 살펴보고, 테스트하고 다시 정의하는 과정을 신속하게 수행해야 한다. 툴은 이 과정을 도와주는 하나의 도구일 뿐이다.

해결해야 하는 과제

툴을 사용할 때 크게 2가지 이슈를 고려해야 한다. 첫 번째는 툴을 통해 얼마나 복잡하고 완벽한 상호작용 시스템을 만들 수 있을 것인가라는 것이고, 두 번째는 이 툴들을 배우고 사용하기까지 상당한 시간이 걸린다는 것이다.

화이트보드는 사용하기 쉽고 원하는 어떤 것이라도 그릴 수 있다. 반면 이를 현실로 구현하고자 필요한 대부분의 과정을 사람의 머리에만 의존해야 한다. 하지만 시스템이 수행하는 동적인 행위를 정확하게 표현하기에는 사람은 너무나 많은 실수를 저지른다. 머시네이션과 루피는 둘 다 쉽게 배우고 사용할 수 있는 툴이지만 서브시스템을 만들 수 없다(루피와 머시네이션은 어느 정도의 호환성을 제공한다). 넷로고는 기능적인 측면에서 앞서 살펴본 2개의 툴보다 진보해 있다. 간단한 게임에서부터 아주 복잡한 게임 시스템에 이르기까지 다양하게 사용할 수 있지만 배우는 데 시간이 오래 걸리고 간단한 툴을 사용한 반복적인 프로토타이핑에는 적합하지 않다.

앞서 살펴본 툴이나 프로그램 모두 어떤 스타일의 디자인을 구현하는 것인지, 사용자인 디자이너가 얼마나 이 툴을 잘 알고 있는지에 따라 표현할 수 있는 깊이나 프로토타이핑의 속도가 달라진다. 흔히 말하듯 최고의 툴은 존재하지 않는다. 상황에 맞게 적절한 툴을 잘 골라서 사용하는 것이 최선이다.

스프레드시트

시스템 디자인 프로세스에서 가장 중요한 도구는 바로 스프레드시트다. 게임 산업 전반에서 마이크로소프트 엑셀만큼 인기 있고 오랜 역사를 자랑하며 다양한 기능을 제공하는 툴도 없을 것이다. 최근에는 구글 독스와 아파치 오픈오피스 등이 나름의 세력을 구축하고 있다. 어떤 툴이라도 이를 사용해 게임 데이터를 시각화하고 비교하려면 툴을 상세하게 공부할 필요가 있다. 원활하게 툴을 다룰 수 있다면 시스템의 각 부분을 정의하고 루프 시스템을 설계하는 데 큰 도움을 받을 수 있다(스프레드시트의 구체적인 활용법은 추후 8장과 10장에서 더 자세히 다룬다).

시스템 디자인 문서화

게임 컨셉 문서와 마찬가지로 게임 시스템을 디자인할 때도 적절한 형태로 문서화하고 해당 문서가 개발 기간 내내 쉽게 이해할 수 있는 수준을 유지해야 한다. 개발과 관계된 어떤 사람이 보더라도 다음의 내용들을 쉽게 이해할 수 있게 문서가 작성돼야 한다.

- 시스템이 왜 이런 모양으로 디자인됐는지?
- 시스템이 게임 컨셉과 플레이어 경험을 어떻게 지원해줄 수 있는지?
- 게임 안의 오브젝트를 통해 시스템이 어떻게 구현되는지?

시스템 디자인 문서

시스템을 디자인할 때 가장 중요한 문서는 시스템의 목적을 전후 맥락과 함께 설명하고 시스템이 어떻게 동작하는지 설명하는 문서다. 디자인이 가다듬어지고 좀 더 안정화되면 이 문서는 주로 프로그래머들이 사용하게 된다. 이렇게 정련된 시스템을 게임에 직접 구현해야 하기 때문이다.

다른 게임 디자인 문서와 마찬가지로 디자인 프로세스에 맞춰 산출물[13]을 항상 최신 상태로 유지하는 것이 중요하다. 이 문서들은 절대 한 번 쓰고 저장되는 문서들이 아니며 시스템 디자인이 반복해서 수행되는 것에 맞춰 업데이트돼야 한다. 문서화 작업을 꺼리거나 피하려는 경향이 많은데, 문서화가 제대로 수행되지 않은 게임이라면 디자인에 대한 추적이 어려워지고 이로 인해 잘못된 결정을 내릴 가능성이 커진다. 시스템 디자인은 명확하게 효과를 보장하지 못하는 복잡한 결정들이 수없이 수행돼야 하므로 이런 경향이 더욱 두드러진다. 문서화를 통해 명확하게 기록하고, 이를 통해 시스템의 핵심이 유지되게 해야 한다.

시스템 디자인 문서

게임 시스템의 디자인 문서에는 다음과 같은 내용들이 포함된다.

- 시스템의 이름과 간단한 설명

- 플레이어의 경험이라는 관점에서 설명한 시스템의 목적. 이 시스템을 통해 어떻게 게임 플레이가 만들어지는지 설명한다. 이 설명은 정성적이며 시스템의 경험적인 측면에 의존하는 바가 크다. 플레이어가 이 시스템과 상호작용을 수행할 때 어떤 감정을 느끼는지 설명한다.

- 중요한 서브시스템과 부분, 행위를 그래픽으로 설명한 부분. 이 책에서 폭넓게 사용하는 루프 다이어그램과 같은 형태가 널리 사용된다. 일반적인 다이어그램은 그림 7.11과 같은 형태다.

- 시스템에 필요하거나 시스템을 통해 가능한 플레이어의 상호작용

- 서브시스템, 주변의 동료 시스템, 그 상위 시스템(게임+플레이어 시스템의 최상위 레벨)에 대한 설명 목록(혹은 링크 제공)

---

13. 산출물(deliverable)은 만들고 있는 게임의 이해 당사자들에게 제공할 수 있는 모든 것을 의미한다. 디자인 프로세스를 진행하면서 이 과정을 왜 진행하는지 목적을 오랫동안 잊고 있었다면 당신 스스로를 이런 산출물을 제공받는 대상자에 포함시켜야 한다.

- 시스템의 목적과 구현을 충분히 이해하는 데 필요한 그 밖의 다른 문서와 정보들

모든 시스템에 대해 아주 간단하게라도 디자인 문서를 만들어야 한다. 또한 작성한 문서들을 방치할 게 아니라 가능한 한 명확하고 간결하게 유지해야 한다. 방대한 규모의 문서 하나를 만드는 것이 아니라 개별 시스템에 대한 별도의 문서를 만들어야 한다. 각자 독립돼 있지만 링크를 통해 서로 연결된 문서(웹 페이지, 구글 독스의 문서, 위키, ...)의 형태가 가장 적합하다. 점점 방치되기 십상인 '디자인 바이블'과 같은 거대한 문서가 아니라 필요할 때마다 이를 편집할 수 있는 형태가 권장된다.

시스템 테크니컬 디자인 문서

시스템 디자인 문서를 작성하는 것 외에도 기술적인 부분에 초점을 맞춰 시스템이 어떻게 구현돼야 하는지 설명하는 문서도 필요하다. 두 문서는 서로 보조를 맞춰야 한다. 하지만 이들을 분리함으로써 디자이너는 플레이어의 경험과 느낌에 집중하고, 엔지니어들은 어떻게 이를 구현할 수 있을지에 더 관심을 기울일 수 있게 된다. 즉, 간단하게 말하면 시스템 디자인 문서는 게임 디자이너를 위해, 테크니컬 디자인 문서는 주로 게임 프로그래머를 위해 작성되는 것이다. 모든 경우에 이 두 문서가 반드시 필요한 것은 아니다. 디자이너와 프로그래머가 동일한 사람이라고 하더라도 두 문서는 분리되는 것이 좋다. 디자이너와 프로그래머는 상호보완적인 존재임과 동시에 서로 다른 관점의 의견을 제시할 수 있기 때문이다.

테크니컬 문서에는 특정한 시스템의 속성과 행위에 대해 구현 가능한 수준의 설명이 포함돼야 한다. 즉, 부분과 상호작용에 대한 코드 수준의 정의를 포함하는 것이다. 디자인 프로세스가 어느 정도 진행돼 안정화되는 시점에 테크니컬 디자인 문서가 작성된다. 문서 안에는 구현할 때 사용할 속성들의 타입(예를 들어 문자열이나 정수형), 허용되는 값의 범위, 디자인 문서에 설명돼 있는 효과를 만들고자 필요한 구문과 공식, 시스템이 기대한 결과대로 동작하고 있다는 것을 확인할 때 필요한 테스트와 결과에 대한 설명이 포함돼야 한다. 데이터 파일의 포맷에 대한 설명과 링크도 포함될 수 있다. 필요하다면 함수 클래스에 대한 설명과 같은 소프트웨어 구조적인 요소

들도 포함된다(오랜 기간 프로젝트를 수행하는 대규모 팀의 경우에는 이보다 더 많은 것이 필요할 수도 있다).

목업과 프로토타입

이런 문서들에 더해 목업mockup과 프로토타입을 활용해 시스템의 목적과 행위에 대해 커뮤니케이션할 수 있다. 목업과 프로토타입을 적절하게 활용한다면 디자이너와 다른 이해당사자들이 시스템의 목적과 디자인, 기능에 대한 상호 이해의 폭을 넓힐 수 있을 것이다. 목업과 프로토타입을 통해 시스템이 어떻게 동작하는지, 의도대로 구현된 플레이어 경험이 실제로 어떻게 보이는지 살펴볼 수 있다. 하지만 이들을 통해 기술적인 구현 방법은 알 수 없다는 것에 유의해야 한다. 다양한 임시방편으로 프로토타입을 만들 수 있지만 이런 방법들은 최종적으로 실제 게임 안에 존재하는 시스템과 디자인을 구현하기에는 적합하지 않을 수 있다.

목업은 텍스트를 사용하는 동작하지 않는 다이어그램을 의미한다. 목업은 시스템이 어떻게 동작하는지 보여주고자 플레이어가 마주할 수 있는 그림들, 스토리보드나 서술(다이어그램이 많고 텍스트가 적은 쪽이 낫다)을 포함한다. 예를 들어 전투 시스템의 목업이라면 유저 인터페이스에 표현되는 플레이어의 선택, 전투의 진행 방법을 보여주는 다이어그램과 간단한 서술 등이 포함될 수 있다. 이를 통해 플레이어의 선택이 어떤 영향을 미치는지, 시스템의 내부 기능과 어떻게 상호작용을 수행하는지 알 수 있게 된다.

목업이 기능하지 않는 반면 프로토타입은 실제로 동작하는 디지털 게임의 형태를 지니고 있다. 프로토타입은 목업보다 좀 더 긴 시간을 두고 시스템을 설명할 수 있도록 빠르게 부분들을 한데 모아 동작하게 만든 것이다. 따라서 기능이 제한적이고 심지어는 보여주고자 하는 시스템 기능과 관련이 없다면 게임의 핵심적인 기능조차도 동작하지 않을 수 있다. 사용되는 아트도 최종적인 버전이 아니며 최대한 간단한 형태로 대체하기도 한다. 프로토타입에 사용될 아트를 만들고 가다듬는 것보다 시스템을 표현하는 것에 더 집중해야 한다. 프로토타입은 빠르게 만들어지고 동작은 하더라도 멋지게 보이지 않을 수 있다. 이런 경우에도 프로토타입의 목적에만 충실하다면 프로토타입을 제대로 만들었다고 평가할 수 있다.

프로토타입은 앞서 설명했던 다양한 툴, 즉 스프레드시트와 같은 간단한 툴부터 프로그래밍 언어로 만들어진 훨씬 복잡한 툴도 작성할 수 있다. 프로토타입은 어떤 것도 최종 제품에 반영될 수 없는 하나의 격리된 영역으로 다뤄져야 한다. 프로토타입을 빠르고 반복적으로 수행함과 동시에 가다듬지 않은 상태로 유지해야 하며 대신 프로토타입을 통해 배운 교훈과 통찰을 제품에 반영해야 한다. 프로토타입의 코드를 조금만 복사해서 붙여 넣고 싶다는 유혹이 있을 수 있지만 결론적으로 이 유혹에 빠지지 않는 것이 향후 더 많은 시간과 감정을 아끼는 방법임을 잊지 말아야 한다.

제대로 동작하는 프로토타입을 통해 시스템의 구조보다는 기능을 좀 더 쉽게 이해할 수 있을 것이며, 시스템의 목적에 맞게 시스템이 잘 디자인됐는지 확인할 수 있을 것이다. 그렇다고 게임 안에 존재하는 모든 시스템에 대해 프로토타입을 만들어야 한다는 것은 아니다. 게임의 핵심 루프를 구성하는 시스템들은 비용과 시간이 허용하는 한 프로토타입을 만들어보는 것을 추천한다. 게임이 출시된 이후 핵심 루프나 주요 시스템이 제대로 동작하지 않는다는 것을 알게 되면 개발 초기에 프로토타입을 활용해 문제를 수정하는 비용보다 훨씬 더 비싼 값을 치러야 한다.

12장에서 프로토타입을 좀 더 효과적으로 활용하는 방법을 알아볼 것이다.

게임 루프와 관련된 질문

게임의 컨셉과 전체적인 플레이어 경험을 서술할 때처럼 게임 시스템 디자인을 리뷰할 때 다음과 같은 질문들을 던질 수 있을 것이다.

- 시스템의 목적은 명확한가? 디자인과 관련이 없는 사람들(우선적으로는 팀의 다른 사람들, 궁극적으로는 플레이어들)도 명확하게 이해할 수 있는가? 동작하는 프로토타입과 이를 활용한 플레이테스트를 통해 이 질문에 답할 수 있을 것이다. 12장에서 이 내용을 좀 더 자세히 다룬다.

- 시스템의 내부 리소스, 통화, 서브시스템들을 명확하게 이해했는가?

- 게임 안에서 시스템이 어디에 위치할 것인가? 더 높은 상위 레벨 시스템의 부분이 되는 것인가? 그 상위 레벨 시스템 안에 다른 시스템이 존재하는가? 플레이어의 핵심 루프라고 볼 수 있는가?

- 시스템이 사전에 정의된 루프를 갖고 있는가? 시스템 안에 존재하는 부분 간에 충분한 상호작용과 피드백이 수행되는가? 이 루프는 강화 루프인가 균형 루프인가?

- 시스템이 내부 혹은 외부 변경에 대한 회복력이 있는가? 시스템이 붕괴되거나 실패했을 때 어떤 상황이 발생하는가? 시스템 안의 다른 모든 부분에 영향을 미치는 부분이 존재하는가? 혹은 하나의 부분이나 서브시스템이 실패했을 때 전체 시스템의 동작이 멈추는가?

- 시스템이 플레이어에게 의미 있는 결정을 내릴 기회를 제공하는가? 그런 결정이 필요한 시스템인가? 시스템이 플레이어에게 획일화된 전략을 강요하지는 않는가? 필요한 게임 플레이 경험을 충분히 제공할 정도로 자주 상호작용을 수행하는가? 시스템이 플레이어로 하여금 너무 많은 결정을 내리게 하지는 않는가?

- 플레이어가 효과적으로 멘탈 모델을 만들 수 있도록 시스템 내부에서 일어나는 동작에 대해 충분한 피드백을 제공하는가?

- 플레이어의 이해도가 높아지면 적용되는 시스템의 수도 더 많아지는가? 플레이어가 시스템을 학습할수록 정보와 상호작용이 더 추가되는가?

- 시스템이 창발적인 게임 플레이를 만들어내는가? 시스템 안의 부분과 서브시스

템이 어우러져 어디에도 존재하지 않는 새로운 효과를 만들어내는가? 플레이어
는 이를 놀랍고 흥미로운 것으로 받아들이는가?

- 동작하는 프로토타입을 통해 시스템의 기능을 보여줄 수 있는가?

- 시스템이 디자인의 측면에서 ,그리고 이를 구현하는 입장에서 모두 적절하고 명
확하게 문서화됐는가?

요약

루프 시스템은 게임과 플레이어 경험의 핵심이다. 시스템적인 게임 디자이너라면
게임 시스템을 찾아내고 분석하며, 반복해서 만들고 다시 이를 구성하는 요소들로
분해할 수 있어야 한다.

시스템적으로 게임을 디자인하려면 강화 루프와 균형 루프뿐만 아니라 시스템을 구
성하는 각 부분 사이로 리소스와 통화가 어떻게 흘러가는지 이해해야 한다. 시스템
적인 관점에서 게임 디자인을 분석한다면 그 안에 포함돼 있는 각기 다른 주요한 루
프들을 찾아낼 수 있다. 게임 모델, 플레이어의 멘탈 모델, 상호작용 루프(주요한 모든
핵심 루프 포함), 이 모든 것을 감싸는 게임 디자이너의 루프가 여기에 속한다. 또한
다양한 종류의 게임 플레이 루프와 이들이 결합한 게임 플레이를 통해 원하는 플레
이어의 경험을 만드는 것도 확인할 수 있다. 게임 시스템을 이해하고 구축하려면 적
합한 툴을 사용하고 목업, 프로토타입, 디자인 문서를 잘 활용하는 것도 중요하다.

CHAPTER 8

게임 부분 정의

2장에서도 살펴봤듯이 시스템은 부분으로 구성된다. 게임을 디자인할 때 이 '부분'들을 세심하게 정의할 필요가 있다.

8장에서는 게임을 구성하는 각 부분과 이들을 정의하는 방법, 이들 각 부분의 속성과 값, 행위에 따라 이들을 문서화하는 방법을 살펴본다. 이 과정을 거쳐 루프 시스템을 만들고 이 시스템이 반영된 게임을 통해 플레이어에게 전체적인 경험을 전달할 수 있게 된다.

부분으로 내려가기

2장에서 시스템이 부분으로 구성된다는 것을 살펴봤다. 각 부분은 자신만의 행위를 통해 루프를 만들어낸다. 숫자와 기능으로 부분을 정의할 수 있으며 게임 디자인을 통해 이들을 구현할 수 있다.

7장에서도 살펴봤지만 게임 안에 존재하는 다양한 부분들은 루프 상호작용을 통해 하나의 시스템을 만들어낸다. 1장, 2장, 7장에서 살펴본 것처럼 시스템에 속하는 일부 혹은 모든 부분은 서브시스템 형태로 존재한다. 모든 게임이 양성자와 쿼크 수준까지 내려갈 수 있는 계층 구조 시스템을 가진 것은 아니지만 일정 수준으로 시스템 하위에 속하는 부분들을 설정한다면 게임의 기반을 다질 수 있을 것이다. 여기서 논하는 '부분'은 이보다 더 작은 것으로 나눌 수 없을 정도로 아주 간단한 구조를 가진 원자와 같은 존재라고 할 수 있다. 이 '부분'을 논할 때만큼은 루프보다는 내부 구조와 행위에 집중해야 한다.

부분은 게임의 '명사'와 '동사'를 만들어낸다. 각 부분은 속성을 통해 상태(명사)와 행위(동사)를 결정한다. 속성에는 값이 부여되며 이 값을 통해 리소스를 정의한다. 행위는 다른 부분과의 상호작용을 정의하고 부분 간에 리소스를 흐르게 한다. 행위를 통해 루프와 시스템이 형성되는 것이다.

부분을 살펴봄으로써 게임에서 어떤 상호작용이 발생하는지 알 수 있다. 여기에는 플레이어가 의미 있는 결정을 내리게 해주는 피드백도 포함된다. 게임과 플레이어 사이에 형성되는 의사결정과 상호작용 루프는 디자이너가 플레이어에게 전달하려는 게임 플레이 경험을 만들어낸다. 7장의 '디자이너 루프' 절에서도 살펴봤듯이 게임을 디자인할 때 계층 구조의 상위와 하위 레벨을 오가는 과정이 필요하다. 전체적인 경험을 디자인한다는 측면에서 아주 미세한 원자 수준부터 시스템적인 루프에 이르기까지 디자인의 초점을 자유롭게 이동할 수 있어야 한다. 이런 자유로운 이동이 가능해야 낮은 레벨에서 정의된 내용들이 가장 높은 레벨에서 디자이너가 원하는 경험을 만들어낼 수 있다.

이 장에서는 게임 안에서 각각의 부분을 만드는 과정을 자세히 살펴볼 것이다. 각 부분이 어떤 모습이어야 하는지, 어떤 것을 포함해야 하는지, 그들이 어떤 일을 수행하는지 알아볼 것이다. 이 부분은 게임 디자인 프로세스 중에서도 가장 기본적인 과정들이다. 문자열과 숫자, 수학적이고 논리적인 기능을 통해 게임의 미묘하고 다루기 힘든 부분들을 좀 더 현실적인 것으로 구체화하는 과정이다.

부분 정의

게임의 부분을 만들려면 우선 '전체'와 '루프'라는 상위 레벨에서 앞서 우리가 스프레드시트 수준으로 불렀던 레벨로 내려와야 한다. 각각의 부분이 상세히 정의돼야 하고, 내부 상태 역시 애매모호함 없이 정확하게 기술돼야 한다. 궁극적으로 모든 부분이 3장(7장에서도 다뤘다)에서 설명했던 구조적 토큰과 이 구조를 기반으로 수행되는 행위의 수준까지 해체돼야 한다. 이 토큰과 행위를 통해 게임의 기능적인 부분이 만들어지고 결과적으로 게임 시스템을 구성하는 루프를 만들어낸다.

부분의 유형

게임 안의 부분을 통해 게임이라는 우주 안에서 발생하는 모든 사건과 행동을 표현할 수 있다. 부분은 캐릭터, 군대, 나무와 같은 물리적인 오브젝트일 수도 있고, 제어 가능한 영역이나 감정, 심지어는 시간처럼 물리적이지 않은 개념일 수도 있다. 또한 부분은 게임의 규칙과 관련된 것일 수도 있다. 예를 들어 카드 게임에서 한 번의 핸드에 가질 수 있는 최대 카드 수, 유저 인터페이스를 통해 보여주거나 제어되는 카드, 게임의 턴이 언제 돌아오는지와 같은 것도 부분에 속할 수 있다. 이들 각각은 상태와 행위를 갖고 있으며(이 장의 뒷부분에서 더 자세히 설명한다) 이 상태와 행위는 게임에서 정한 속성과 값에 의해 만들어진다.

당신이 만드는 게임의 부분

게임 루프를 고안했다면(앞서 7장에서 다룬 것처럼 상호작용 루프의 부분이 되는 게임 내부 모델과 시스템) 그 안에서 부분과 속성을 관찰할 수 있을 것이다. 리소스와 통화, 게임 월드 안에 존재하는 다양한 값이 여기에 속하며, 이런 요소들을 통해 게임의 핵심을 만들어낼 수 있다. 부분에 대한 정의는 여기서부터 시작한다. 대부분의 게임에서 플레이어가 관심을 갖고 상호작용을 수행하는 부분은 그리 많지 않다. 이들은 대부분 게임의 핵심 루프 안에 존재한다. 롤플레잉 게임이라면 게임의 캐릭터와 그 적들이며, 전략 게임이라면 군대와 플레이어가 제어할 수 있는 영역일 것이다.

이런 부분들은 다른 부분과 계층 구조적으로 연결돼 있다. 플레이어 캐릭터는 무기와 갑옷, 마법을 사용하고 펫이나 말을 타고 다닐 것이다. 전략 게임에서 군대는 보병이나 궁수와 같은 다양한 유닛으로 구성되며 플레이어가 제어할 수 있는 영역은 기지와 인접한 지역, 혹은 자원을 채취할 수 있는 지역으로 구별된다. 이런 요소들을 정리해 각각의 부분을 정의하고 이를 계층 구조적으로 나열할 수 있을 것이다. 루프 레벨에서 시스템을 정의한다면 어느 부분이 더 이상 나눌 수 없는 부분인지, 어느 부분이 서브시스템으로 구성돼 더 깊이 살펴봐야 할 부분인지 알 수 있을 것이다.

부분을 나열하는 작업을 할 때 게임 안에 등장하는 다양한 오브젝트 유형을 고려해야 한다. 오브젝트는 물리적이거나 물리적이지 않은 것, 혹은 추상적인 것과 같이 분류할 수 있다. 오브젝트는 내부 데이터를 통해 상태를 정의할 수 있고 게임의 다른 부분 혹은 플레이어와 상호작용을 수행한다. 플레이어 캐릭터부터 시작해본다면 그다음으로 캐릭터가 들고 다니는 무기, 그다음은 인벤토리 시스템을 구성하는 추상적인 사용자 인터페이스 순으로 오브젝트를 확인할 수 있다.

아주 작은 규모의 게임이 아닌 이상 이 목록은 금세 길어질 것이다. 부분을 정의하는 이 순간이 게임 스코프를 마주하게 되는 첫 번째 순간이 될 것이다. 이를 통해 향후 얼마나 많은 아트, 애니메이션, 프로그래밍 작업이 수행돼야 하는지도 예측할 수 있다. 각각의 유형별로 다른 스프레드시트를 사용해 구별해놓는 것이 좋다. 동일한 속성을 공유하는 부분끼리 그룹을 만들어 구분한다. 이런 방식을 통해 환경을 구성하는 오브젝트가 적 NPC나 플레이어가 들고 있는 카드 같은 오브젝트와 혼재되는 것을 막을 수 있을 것이다. 또한 게임에 필요한 주요한 부분을 빠지지 않고 챙길 수 있을 것이며, 동일한 유형에 속하는 오브젝트들이 다수의 공통된 속성과 행위를 가진다는 것을 알게 될 것이다.

당연히 게임 월드에는 배경이 되는 오브젝트들도 있다. 사용자 인터페이스의 장식적인 요소들도 여기에 포함된다. 이들에게는 내부 상태나 행위가 존재하지 않는다. 따라서 이들은 아트 항목이나 사용자 인터페이스 항목에서 설명돼야 하며 게임 안에 존재하는 어떤 시스템에서도 별도의 부분을 형성하지 않는다.

내부 상태

시스템 안에 존재하는 모든 부분은 내부 상태를 가진다. 간단하고 더 이상 쪼갤 수 없는 수준이라면 내부 상태는 각 속성의 현재 값들과 (컴퓨터 용어에서) 부분 안에 포함되는 변수를 의미한다. 현재의 체력(hitPoints = 5), 보유한 재화(gold = 10)와 같이 부분이 포함하는 리소스로 표현될 수 있다. 유형(class = Ranger), 문자열(secretName = 'Steve')과 같이 이름이나 값으로 정의되는 특성도 있다. 이런 속성들은 현실 세계를 효과적으로 대체해 보여준다. 캐릭터의 체력을 표시할 때 캐릭터의 신진대사와 관련된 시스템 모두를 고려하는 것이 아니라 단순히 "캐릭터가 5개의 히트 포인트를 갖고 있다."와 같이 하나의 속성으로 이를 정의하는 것이다.

'이름-값 페어'('속성-값 페어' 혹은 '키-값 페어'라고도 부른다)는 컴퓨터 프로그래밍과 데이터 구조 분야에서는 일반적인 개념이다. 이 개념을 통해 프로그램이 구동되는 동안 변경이 가능한 데이터를 만들 수 있다. 수로 표시되는 데이터(군대를 구성하는 유닛의 수, 계좌에 보유한 달러 등)는 시스템적 관점에서 스톡이라고 할 수 있다. 일반적으로 시스템 안에 존재하는 부분은 하나 혹은 그 이상의 속성을 가지며 각각의 속성은 특정 시점에 특정한 값으로 표현될 수 있다. 이런 각 속성과 값들이 부분의 상태를 만들어낸다.

객체지향 프로그래밍의 관점에서 본다면 부분은 클래스의 인스턴스에 해당한다. 데이터 멤버(값을 갖는 속성)와 행위를 수행하는 메서드 혹은 함수를 가진 것이라고 할 수 있다. 객체지향(그리고 컴포넌트 기반) 프로그래밍 스키마는 부분, 루프, 전체로서의 시스템을 만드는 작업에서도 유용하게 사용할 수 있다.

속성 결정

게임에 필요한 부분을 만들려면 우선 각 부분의 내부 상태를 결정하는 속성과 행위를 정의해야 한다. 부분을 통합해 시스템 루프를 만들고 원하는 게임 플레이 경험을 전달하려면 반드시 필요한 기반 작업이다.

부분을 정의하기 이전에 먼저 속성을 결정해야 한다. 속성은 가능한 한 적게 설정하는 것이 좋다. 속성이 필요 이상으로 많아지면 게임의 규칙과 코드가 더 복잡해지고 게임의 불균형을 초래할 수 있다. 최소한의 속성에서 시작해 디자인 프로세스를 반복하면서 필요한 만큼 추가하는 방식을 추천한다. 유사한 2개의 속성은 하나로 통일한다. 하나의 속성으로도 충분한데 굳이 2개의 속성을 만들 필요는 없다.

플레이어가 가장 많이 수행하는 상호작용과 관련된 속성들, 즉 플레이어가 의미 있는 결정을 할 수 있게 도와주는 속성부터 정의한다. 예를 들어 돌격과 찌르기 2가지의 공격 유형이 존재하지만 플레이어가 이 둘을 모두 많이 사용하지 않는다면 아주 세세한 설정을 가진 격투 게임이 아닌 이상 하나의 공격 속성으로 설정해도 충분할 것이다(하나의 속성으로 부족하다고 생각되면 이후에 추가하면 그만이다). 가장 필요한 속성을 추려내는 또 다른 방법은 플레이어에게 2개의 다른 속성이 어떻게 다르고, 이 2개의 속성이 왜 모두 중요한지 설명할 수 있는지 판단하는 것이다. 충분한 설명을 할 수 없다고 판단되면 하나의 속성을 제거하거나 이 둘을 하나로 통합하는 것이 좋다.

또한 속성은 다양한 부분에 광범위하게 적용될 수 있어야 한다. 한두 개 정도의 부분에만 적용될 수 있는 속성은 피하는 것이 좋다. 예를 들어 위장이나 은폐와 관련돼 '가시성'이라는 속성을 만든다면 게임 안의 다른 부분들도 위장이나 은폐가 가능한지 고려하는 것이 좋다. 게임 안에서 오직 하나의 오브젝트만 이런 능력을 갖고 있다면 이 속성을 설정하는 것이 효과적일지, 그렇지 않다면 이 속성을 다른 부분에도 적용할 수 있는지 고민해야 한다. 1개의 부분에만 적용할 수 있는 속성이 많을수록 게임은 복잡해지며(그만큼 몰입하기 쉽지 않다), 이를 구현하기 위한 프로그래밍 작업도 만만치 않게 된다. 게임 안에서 플레이어를 대리하는 것들(플레이어의 캐릭터, 플레이어가 경영하는 국가)은 예외가 될 수 있다. 이들이 게임 안에서 플레이어와 갖는 특별한 관계를 고려한다면 여러 개의 고유한 속성을 갖는 것도 가능하다.

리소스의 양과 비율에 관련된 속성도 고려해야 한다. 예를 들어 은행 계좌의 경우 잔고를 표현할 수 있는 속성을 갖는 것이 좋다(골드 = 100). 이를 통해 스톡(계좌) 안에 남아있는 리소스의 양을 확인할 수 있다. 이자나 부채처럼 리소스가 변경되는 비율과 관련된 속성을 추가할 수도 있다. 수입 = 10, 부채 = 3인 비율로 설정한다면 매 턴마다 남는 잔고는 7이 될 것이다(다음 수입이 발생할 때까지의 간격은 또 다른 속성이다. 이 속성은 턴 혹은 분 단위로 설정될 수 있다).

리소스의 양과 관련된 속성을 1차 속성$^{\text{first-order attributes}}$이라고 부르며, 변경되는 비율과 관련된 속성을 2차 속성$^{\text{second-order attributes}}$이라고 부른다. 물론 3차 속성도 만들 수 있다. 앞서 살펴본 은행의 경우라면 천천히 증가하는 잔고를 3차 속성$^{\text{third-order attributes}}$으로 볼 수 있을 것이다. RPG에서 '다음 레벨에 도달하기까지 얼마나 오랜 시간이 걸리는지'와 같은 속성도 3차 속성이 될 수 있다. 이 경우 캐릭터의 경험치가 1차 속성이 된다. 캐릭터가 얻게 되는 경험치의 비율(대부분의 게임에서 이 비율은 고정돼 있다)이 2차 속성이 된다. 한 레벨에 필요한 경험치가 증가할수록 각 레벨마다 얻게 되는 경험치의 비율도 따라서 올라간다. 다음 레벨에서 얻게 되는 경험치의 양과 해당 레벨에서 얻게 되는 새로운 경험치 비율이 모두 3차 속성이 될 수 있다.

2차와 3차 속성을 설정할지, 혹은 이런 속성을 행위와 관련된 기능 안에 구현할지 결정하는 것 자체가 게임 디자인과 관련돼 있다. 간단한 속성은 숫자로 이를 표현할 수 있지만 특정한 로직을 거쳐서 값이 결정된다면 이 값은 특정한 행위의 결과로 간주돼야 한다(그리고 이 자체가 시스템의 한 부분이 된다).

속성의 범위

부분의 속성에 숫자를 부여했다면 유효한 값의 범위를 설정해야 한다. 이 범위에는 다양한 요구 사항이 반영돼야 한다. 첫째, 게임 디자이너인 당신 스스로가 직관적으로 이해할 수 있고 이를 플레이어에게 명확하게 전달할 수 있어야 한다. 이 속성을 사용하는 다른 부분에서도 원활하게 이 범위가 적용될 수 있어야 하며 그러면서도 각각의 값들은 차별성을 갖고 있어야 한다. 범위를 너무 넓게 설정하면 어떤 값이 의미하는 바를 제대로 파악하지 못하는 경우도 발생한다.

예를 들어 공격력의 범위를 0 ~ 10 사이로 설정한다고 가정해보자. 이 경우 5와 6의 값이 갖는 차이를 직관적으로 이해하고 플레이어가 납득할 수 있게 설명할 수 있어야 한다. 그 사이에 5.5와 같은 값을 설정하지 않을 정도로 2개의 값이 충분히 구별돼야 하는 것이다. 이 정도 범위로 설정이 어렵다고 판단되면 그 범위를 0 ~ 100으로 설정하는 것도 고려해야 한다. 0 ~ 1,000 정도로 설정하는 것은 큰 의미가 없다. 556과 557의 차이를 설명하는 것이 거의 불가능하기 때문이다. 프로그래밍의 관점에서 본다면 바이트 값과 일치하는 0 ~ 128 혹은 0 ~ 255로 설정하는 것도 효과적이겠지만 이를 플레이어가 쉽게 이해할 수 있게 0 ~ 10 혹은 0 ~ 100으로 재설정하는 작업이 필요할 수도 있다. 절대 일반적인 플레이어가 2진법이나 16진법에 익숙하다고 생각해서는 안 된다.

숫자로 표시되는 속성의 대부분은 정수로 표시된다. 누구나 이해하기 쉽고 정수 연산은 실수나 부동소수점 연산보다 더 빠르게 수행되기 때문이다. 확률과 같은 속성을 정할 땐 0.0 ~ 1.0 사이의 값을 정한다. 수학적으로는 이 범위가 계산하기 쉽지만 게임 디자이너와 플레이어 역시 이 값들이 의미하는 바를 직관적이고 정확하게 인지할 수 있어야 한다. 확률의 경우, 대부분의 사람들이 0.5와 0.05의 차이를 인지하기 힘들다. 일부 디자이너들은 이런 경우 오히려 0 ~ 10,000 사이의 값을 설정해 이 범위를 0.0 ~ 1.0 사이의 값과 매칭하기도 한다(수학적으로 이 과정을 정규화^{normalization}라고 부른다). 플레이어와의 원활한 커뮤니케이션을 위해 숫자는 맥락을 가장 잘 표현할 수 있는 형태로 표현돼야 한다. 때로는 정수의 형태로, 때로는 이들 숫자를 대변하는 텍스트 레이블('끔찍한', '놀라운'과 같은 표현들이 특정한 숫자 구간에 대입될 수 있다)로 표시되기도 한다.

이 책에서 확률에 관한 내용을 다루지는 않는다. 하지만 선형적으로 증감하는 숫자와 정규분포와 같이 종 모양을 이루는 구간의 차이, 그리고 이들이 각각 게임 디자인과 게임 플레이에 어떤 영향을 미치는지 충분히 이해하고 있어야 한다. 이 부분은 9장에서 좀 더 자세히 알아볼 것이다. 지금은 우선 확률을 나타내는 범위가 일반적으로 1 ~ 100 사이이며 플레이어는 이 범위에 존재하는 어떤 값도 결국 비슷하게 인지한다는 것만 기억하자. 즉, 플레이어에게는 확률 값 99와 37이 설정된 아이템 모두 동일한 확률을 가진 것으로 비춰질 수 있다. 확률 범위를 조정하는 것은 결국 2개의 주사위를 굴리는 것과 같다. 2개의 주사위를 굴리면 2에서 12 사이의 값을 얻을 수 있다. 하지만 이 범위 안의 숫자들이 같은 확률로 등장하지 않는다(그림 9.1 참고). 2개의 주사위를 굴렸을 때 그 합이 2가 될 확률은 겨우 3%에 지나지 않는다. 12를 얻을 확률도 이와 거의 동일하다. 2개의 주사위를 굴렸을 때 가장 많이 얻을 수 있는 값은 17%의 확률을 갖는 6이다. 결과적으로 6을 만들어내는 조합(5+1, 4+2, 3+3, 2+4, 1+5)이 상대적으로 많기 때문이다.

속성에 범위를 부여할 때 이 속성이 어떻게 결정되는지도 이해해야 한다. 같은 10이라 하더라도 1부터 10까지의 선형적인 확률상에서의 값 10과, 앞서 살펴본 2개의 주사위에서 얻을 수 있는 종 모양의 정규분포 상에서의 값 10은 분명한 차이가 있으며 이는 게임 디자이너와 플레이어 모두에게 각기 다른 영향을 미칠 수 있다.

해상 전투 게임 예제

실제 게임에서 부분과 속성을 어떻게 설정하는지 살펴본다면 이 과정을 좀 더 쉽게 이해할 수 있을 것이다. 또한 이 과정을 통해 어떻게 전체적인 게임 플레이와 루프 시스템이 만들어지는지도 구체적으로 알게 될 것이다.

대항해 시대의 함선 게임, 즉 함포를 발사하고 바람에 맞춰 돛의 방향을 조절하며, 함선과 함선이 부딪힌 다음 승무원들이 서로의 배에 올라타서 전투를 수행하는 게임을 만든다고 가정해보자. 우선 함선 간의 전투는 사실 그다지 많은 액션이 수행되지 않으므로 빠르게 수행되는 액션보다는 전략적이고 전술적인 결정을 내리는 데 초점을 맞춰야 할 것 같다. 이런 결론을 통해 게임 안에서 어떤 상호작용이 주로 수행돼야 하며 어떻게 플레이어의 상호작용 예산을 소모할지 결정할 수 있다.

초기 컨셉은 늘 바뀌고 개선되기 마련이다. 바다에 사는 요정이나 용 같은 캐릭터를 게임에 추가할 수도 있다. 게임 안의 요소를 추가하고 변경할 때는 원래의 핵심 컨셉에 영향을 미치지 않는지, 그리고 범위를 너무 확대해 원래의 장르가 아닌 다른 장르의 게임이 되지는 않는지 세심하게 신경 써야 한다. 소형 범선에 의한 해적의 기습보다는 거대 함선들이 전열을 이뤄 벌이는 대규모 전투에 더 흥미를 가질 수도 있다. 플레이어가 게임 안에 등장하는 NPC와 싸우고자 함선을 만들고 전투를 수행하는 컨셉으로 변경될 수도 있다.

이 과정에서 수행되는 모든 선택이 게임의 컨셉과 관련이 있다. 또한 동시에 컨셉에 적합한 시스템들이 어떤 것인지 구별해야 한다. 플레이어의 최종 목적이 선단을 보호하는 강력한 해군의 건설이라면 경제 루프가 포함되는 발전 시스템을 게임의 주요한 시스템으로 설정할 수 있을 것이다. 플레이어가 그들의 항구를 성공적으로 방어하고 해당 항구에서 무역이 발생한다면 플레이어는 상당한 돈을 보상으로 받아 배를 건설하고 수리하는 도크를 지을 수 있고, 채용하도록 만들 수 있다. 게임에 무역 상인들이 등장한다면 또 다른 경제적 서브시스템도 필요할 것이다. 플레이어가 직접 이들과 상호작용을 수행하지 않을 수 있지만 이들을 시스템의 일부로 받아들여야 하는 것이다.

적의 배가 아군의 상선을 너무 많이 격침시키거나 항구를 빼앗게 되면 플레이어는 자금을 확보할 수단을 잃게 되고 이를 만회하는 것이 어려워질 수도 있다. 여기가 빈익빈 부익부 현상을 유발할 수 있는 잠재적인 지점이 되는 것이다. 한 번 패배하게 되면 다시 승기를 잡기 어렵기 때문에 이를 보완할 균형 루프를 도입할 필요가 있다. 예를 들어 잃어버린 항구를 탈환하기 위한 왕의 전폭적인 지원 같은 시스템을 도입할 수 있을 것이다.

게임의 핵심 루프는 플레이어가 함대 전체를 지휘하는 것이 될 것이다. 외부 루프로 함대를 건설하고 수리하는 행위와 선원의 채용 등이 포함될 수 있다. 여기에 적 함대의 정보를 입수하는 부분들도 추가될 수 있다.

핵심 부분 찾기

함선이 이 게임의 핵심이라는 것은 쉽게 눈치 챌 수 있을 것이다. 함선은 이 게임의 핵심 루프와 플레이어의 성장 루프에서 가장 중요한 위치를 차지한다. 또한 함선은 이동이 가능해야 하므로 항해 시스템도 포함돼야 한다. 전체적인 게임 테마와 어울리게 함선이 바람을 타고 이동해야 할 것이다. 적 함선과 전투를 벌여야 하므로 전투 시스템도 필요하다(다양한 함선이 서로 싸우기 위해 생태계 균형 루프가 필요하다). 플레이어의 해군에는 다양한 종류의 함선이 존재하고 이들 각각은 고유한 속성과 행위를 가질 것이다. 이런 속성과 행위를 통해 함대의 항해와 전투가 수행되고, 플레이어가 흥미로운 결정을 하게 만들어줄 것이다. 또한 아군끼리의 오인 사격을 방지하고자 각각의 함선은 어느 쪽에 소속돼 있는지 인지하고 있어야 한다.

함선을 정의하는 방법은 셀 수 없을 정도로 많다. 이름-값 페어(다양한 리소스의 양을 표시하는)를 통해 더 이상 나눌 수 없는 가장 작은 부분으로 설정할 수도 있고, 그 안에 서브시스템을 설정할 수도 있다. 함선에는 선원이 필요하다. 이런 경우 '선원 = 100'

과 같이 단순히 숫자로 구성된 이름-값 페어로만 설정할 것인지, 아니면 함선에서 선원들을 훈련하고 선원들의 사기가 함대의 전투력에 영향을 주는 것과 같은 서브 시스템을 설정할 것인지 결정해야 한다.

게임 디자이너가 부분을 정의할 때 결정해야 하는 항목들이 바로 이런 것들이다. 디자이너로서 당신이 만들려고 하는 경험, 또한 당신이 정의한 루프 시스템을 따라 소모되는 플레이어의 상호작용 예산 등을 적절히 고려해야 한다. 어느 정도가 가장 적절하다는 정답은 존재하지 않는다. 선원을 단순히 배의 이동력과 전투력을 올려주는 수단으로 설정하는 것과, 장교와 일반 선원을 구분해 훈련 수준을 나누고(플레이어가 비용을 투자해 훈련 수준을 올릴 수 있다) 전투가 수행되는 동안 사기가 진작되고 저하되는 설정을 추가하는 것 중 어떤 것이 옳다고 말할 수 없는 것이다. 더 자세한 설정을 할수록 플레이어가 더 많은 의미 있는 결정을 할 수 있지만 과하게 디테일에 치중하지 않도록 유의해야 한다. 플레이어가 2~3척의 배만 소유할 수 있다면 디테일의 수준이 좀 더 높아도 상관없다. 하지만 함대에 200척이 넘는 배가 있다면 <대항해 시대> 시리즈의 열성적인 팬이 아닌 이상 배 한 척마다 설정을 변경하는 것은 너무 번거로운 일이 될 수밖에 없다.

초기 디자인과 이를 확인하기 위한 플레이테스트에서 각기 다른 설정이 나올 수 있다는 가능성을 항상 염두에 둬야 한다(12장에서 플레이테스트에 대해 좀 더 자세히 알아본다).

속성 정의

이제 선원과 관련된 속성을 부여해보자. crewNumber, crewTraning, crewMorale로 속성의 이름을 부여한다. 이들 각각은 정수 값을 가지며 함선이라는 부분이 수행하는 행위의 입력값이 된다. 이후에 이들을 함선에 포함되는 서브시스템으로 만들 수도 있다. 이런 변경은 디자인 프로세스가 진행되는 도중에 흔하게 수행된다. 시작은 간단해도 충분하다. 각 함선이 소속된 국가나 진영을 구별할 필요가 있다면 shipNation이나 shipName과 같이 숫자가 아닌 속성을 부여할 수도 있다.

항해나 전투와 관련된 함선의 속성도 이와 유사하게 부여할 수 있다. 예를 들어 함선은 maxSpeed와 같은 속성을 가질 수 있다. 얼마나 빠르게 선회할 수 있는지, 얼마나 많은 선원을 태울 수 있는지, 현재 몇 명의 선원이 탑승하고 있는지와 같은 속성도 설정할 수 있다. 다양한 항목의 설정이 가능하며 이들을 새로운 서브시스템으로 바꿀 수도 있다. 하위에 서브시스템을 구성할지는 플레이어와의 커뮤니케이션과 얼마나 많은 디테일을 게임 안에 설정할지에 따라 달라진다. 이 모든 것이 게임 디자이너가 결정해야 하는 것들이다.

함선의 공격력을 결정하려면 함선이 얼마나 많은 대포를 보유하는지도 고려해야 한다. 대포를 얼마나 빠르고 정확하게 사격하는지는 선원들의 훈련 정도에 따라 달라진다. 선장과 선원을 구분해 게임에 좀 더 풍부한 맥락을 제공할 수도 있다. 그렇다면 플레이어는 넬슨 제독이나 알렉산더 코크레인, 잭 에이버리[1]와 같은 영웅적인 선장들을 플레이할 수 있을 것이다. 어떤 선장은 다른 선장에 비해 항해력이나 전투력이 더 높을 것이다. 이들을 어떤 배에 배치하는가에 따라 플레이어는 게임 안에서 의미 있는 결정을 더 많이 내릴 수 있게 된다. 선장 역시 스스로 부분을 만들거나 정의해야 할 속성이 필요할 수도 있다. 함선에 속하는 하나의 부분이며 동시에 자체적인 속성과 행위를 갖는 '선장'을 만들 수 있는 것이다.

상세 디자인 프로세스

지금까지 게임 토큰을 만들고자 필요한 모든 부분을 설명한 것은 아니지만 어떻게 그 과정을 시작하고 진행할 수 있는지에 대한 아이디어는 충분히 얻을 수 있었을 것이다. 앞서 살펴본 것처럼 게임의 컨셉을 잡는 과정 그 자체도 충분히 흥미롭다. 하지만 실제로 게임을 만들려면 더 다양한 부분을 정의하고 속성을 설정해야 한다. 어떤 부분은 아주 간단해서 더 나눌 수 없는 수준이지만 그 자체가 하나의 시스템이 되는 부분도 있을 것이다. 모든 부분은 행위를 수행하고 이들 대부분이 플레이어의 결정에 영향을 미친다. 시스템의 모든 부분은 플레이어 혹은 다른 부분과 상호작용

---

1. 영국의 전설적인 해적 선장으로 헨리 에이버리, 존 에이버리라고도 알려져 있다. – 옮긴이

을 수행하면서 궁극적으로는 플레이어의 경험을 도와주는 역할을 수행한다.

사실 게임 디자이너의 입장에서는 게임 안에 존재하는 시스템과 부분, 속성을 과하게 설정하지 않는 것이 좋다고 생각할 수 있다. 하지만 설정이 충분하지 않다면 플레이어가 수행할 수 있는 상호작용이 줄어들 수 있다는 것도 함께 고려해야 한다. 무역 시스템은 플레이어가 무역 상단을 얼마나 잘 보호하느냐에 따라 보상이 달라진다. 이는 플레이어가 많은 관심을 두지 않아도 되고 상호작용 역시 많이 수행하지 않아도 동작하는 시스템의 일례를 보여준다. 이런 경우가 많지는 않다. 시스템 안에 존재하는 부분의 균형을 맞추는 것은 매우 복잡하고 어려운 일이며 반복적인 일이다. 시스템과 그 안의 부분들이 플레이어와 상호작용하지 않게 되고 이로 인해 플레이어가 어떤 결정도 내리지 않는다면 이런 시스템들은 최대한 간단하게 만들고 플레이어가 즐기는 다른 부분을 더 신경 쓰는 것이 효과적이다.

물리적인 오브젝트와 게임의 규칙, 사용자 인터페이스와 같은 비물리적인 대상들, 플레이어의 대리자 역할(예를 들어 국적이나 배의 이름)을 하는 오브젝트를 활용하는 방법을 앞서 살펴봤다. 하지만 그래도 어딘가 비어있다는 생각이 들 것이다. 이 게임에서는 바람이 아주 중요한 역할을 수행하는데, 아직까지 이에 대한 언급이 없었다. 바람은 방향이나 세기 등의 속성을 가질 수 있다. 그리고 얼마나 자주 방향을 바꾸는가에 관한 속성도 있을 것이다. 바람은 서브시스템을 갖는 복잡한 부분으로 게임 안에 등장하는 함선과 상호작용을 수행한다. 잘 훈련된 선원들이 승선하면 배는 더 빠르게 이동할 것이다. 앞서 이와 관련된 선원의 속성(훈련)을 설정해 놓았으므로 이런 설정을 추가하는 데 많은 리소스가 필요하지 않을 것이다.

부분과 속성, 서브시스템을 정의하는 과정(그리고 이어서 다른 부분을 다시 정의하는 과정도 마찬가지)은 한 번에 완성될 수 없다. 디자이너 루프의 한 부분으로 이 과정을 인식해야 한다. 우선 게임의 핵심 루프와 전달하고자 하는 게임 플레이 경험을 위해 어떤 부분과 속성이 필요한지 명확하게 정의해야 한다. 그런 다음 각 부분의 행위에 초점을 맞춰 이 부분들을 정의한다. 이 과정에서 루프 안에 존재하는 각각의 행위들이 어떻게 매칭되는지 잘 살펴봐야 한다. 마지막으로 목업과 프로토타입을 만들어 이 과정을 반복하면서 테스트를 진행하고 아이디어를 가다듬는다(12장 참고). 모든 핵심 루프에 엉성한 프로토타입이라도 만들어 적용해보는 것은 게임 자체가 가치가 있을 것인지 판단하는 첫걸음이 될 것이다.

부분의 행위 명세

부분은 상태(속성과 그 값)를 가짐과 동시에 행위도 수행한다. 행위는 속성이 구조적으로 만들어낸 부분을 기능적으로 보완하는 것이다. 행위는 각 부분이 루프 시스템과 상호작용을 수행하는 형태로 표현되며, 이를 통해 게임 플레이를 만들어낸다. 이 과정에서 엔진, 경제, 생태계가 만들어진다. 이런 행위를 통해 게임의 다른 부분과도 상호작용을 수행하며 플레이어에게 피드백을 제공한다.

부분이 수행하는 행위를 제대로 이해하려면 우선 부분의 기능과 상호작용을 먼저 이해해야 한다. 부분이 생성하고, 소모하고, 교환하는 리소스는 어떤 것인가? 부분과 리소스는 물리적이거나 비물리적인 것, 혹은 어떤 것을 대표하는 성격의 것이다. 부분이 수행하는 기능을 통해 이동력이나 시간, 경험치, 내구도와 같은 것이 만들어지고 소모되기도 한다. 여기에는 좀 더 명확하게 인지할 수 있는 체력, 재화, 광석들도 포함된다.

플레이어 역시 게임을 진행하면서 다양한 부분 및 리소스와 상호작용을 수행한다. 나중에 활용할 목적으로 모으는 리소스도 있는 반면, 바로 소모해야 하거나 보유량을 최소화해야 하는 리소스도 있을 것이다. 속성과 리소스를 포함하고 있는 부분은 행위를 통해 플레이어를 돕기도 하고, 일부는 행위를 통해 플레이어에게 손해를 끼치거나 플레이어가 달성하려는 목표를 방해하기도 한다.

행위를 만드는 원리

두 개의 부분 사이, 혹은 플레이어와 게임 사이에서 리소스가 변경되거나 상호작용이 발생할 때는 반드시 어떤 행위가 수반된다. 행위를 정의하는 것 자체가 쉽지 않은 일이다. 특히 만들고자 하는 시스템과 게임 플레이를 염두에 두면서 이에 적합한 행위를 만드는 것은 더욱 쉽지 않다. 게임마다 이 과정이 모두 다르지만 광범위하게 적용될 수 있는 몇 가지 원리를 추려봤다.

한정된 영역에서 수행되는 행위 만들기

한정된 영역에서 수행되는 행위를 만드는 것이 무엇보다 중요하다. 즉, 계층 구조에서 동일한 맥락을 공유하는 공통 레벨의 다른 부분에만 한정되는 상호작용을 수행해야 한다. 앞서 해상 전투 게임의 예제에서 함선에 배치된 대포를 활용하는 행위를 한 번 살펴보자. 대포를 운용하는 행위는 선원들에게 영향을 미치고(예를 들어 선원들의 피로도를 증가시키거나), 또 다른 함선에 피해를 안길 수도 있다. 이런 행위들은 모두 구조상 동일한 레벨에서 수행되거나 동일한 맥락에서 운영될 수 있는 것들이다. 하지만 대포 보유량이 무역량에 영향을 미친다면 이는 한정된 영역에만 영향을 미치는 행위라고 볼 수 없다. 실제 게임 모델에서 항구와 무역량은 완전히 다른 레벨에 속하는 오브젝트다. 운영적인 측면에서도 대포는 무역 혹은 항구와는 직접적인 연관이 없어 보인다.

부분의 행위를 통해 특정한 효과가 발생하지만(예를 들어 리소스의 변경) 다른 부분이 이 행위에 대해 어떻게 반응할지 결정하지 않아야 한다. 대포의 사격을 예로 들어보자. 함선이 대포를 발사해 다른 배에 20포인트만큼의 대미지를 가한다. 하지만 이 피해가 상대방에게 정확하게 어떤 영향을 미치는지에 대해서는 결정된 바가 없다. 상대방 배의 선원들이 사망할 수도 있고, 대포나 돛에 피해가 갈 수 있으며 심지어는 배가 침몰할 수도 있다. 어떤 부분이 어떻게 피해를 받는지 결정하는 것은 대포를 사격하는 행위의 다른 부분이 되는 것이다. 시스템적 사고라는 측면에서 본다면 하나의 부분이 다른 부분의 상태를 흔들어놓을 수는 있지만, 그 부분의 상태를 결정하지는 않는 것이다. 객체지향 프로그래밍에서는 캡슐화encapsulation 원리로 대체될 수 있다. 즉, 하나의 오브젝트가 다른 오브젝트의 속성 값을 변경시키고자 내부에 접근할 수 없다는 것을 의미한다.

일반적이고 모듈화된 행위 만들기

모든 행위는 누구나 쉽게 인지할 수 있어야 하며 모듈화가 가능해 어떤 상황에도 적용될 수 있어야 한다. 또한 행위는 최대한 간단명료해야 하며 맥락이나 배경에 따라 달라져서는 안 된다. 또한 다양한 상황에 활용할 수 있게 범용적이어야 한다. 함선에서 대포를 발사하면 상대편 배에 피해를 입혀야 한다. 이 행위는 한정돼 있으면서도 간단하고 모듈화하기 쉬우며 어떤 맥락이니 배경에 따라 영향을 받지 않는다. 대포는 상대편이 적인지 아군인지, 이미 얼마나 많은 피해를 입었는지 따위는 고려하지 않는다. 이 행위가 수행될지 아닐지는 다른 행위에 의해 조정된다(예를 들어 플레이어나 NPC 선장이 대포의 발포를 결정한다).

아주 명백해 보이는 행위일지라도 주변의 맥락이 행위에 쉽게 영향을 미칠 수 있다. 맥락에 많은 영향을 받을 수밖에 없는 좀 더 상세한 수준의 행위에서 이런 증상이 자주 발생한다. 결국 힘들여 만든 행위를 사용할 수 있는 곳이 지극히 제한되기도 한다. 건물 안을 돌아다니는 NPC를 만들고 방에서 방으로 NPC가 이동하는 과정의 한 부분으로 문을 여는 동작을 만든다고 가정해보자. 왜 NPC가 방과 방 사이를 돌아다니는지 알 필요도 없고 어떻게 문을 열고 닫는지도 알 필요가 없다. 다른 동작들이 이런 상황을 처리할 것이기 때문이다. 마찬가지로 자물쇠를 푸는 동작 역시 그 일만 수행하면 된다. 자물쇠를 푸는 동작을 수행할 때 문을 열 필요도 없고 이 문이 왜 열려야 하는지 고려할 필요도 없다. 이 정도 수준의 모듈화는 각 행위의 목적과 영역(자물쇠 풀기, 대포 발사와 같은 영역)을 유지할 수 있게 도와주지만 그 외의 정보가 추가되면 모듈 형태를 유지하기 힘들고 이 행위를 적용할 수 있는 범위 역시 좁아질 수밖에 없다. '문을 여는' 동작에 'NPC를 임의의 영역에서 커맨드 센터로 보내는 것'이라는 목적을 부여한다고 가정해보자. 이 동작은 더 복잡해지고 상황에 더 민감하게 의존하게 될 것이다. 어떤 영역에 NPC가 존재하고 있을 때만 사용할 수 있으며, 그들의 목적지가 커맨드 센터일 때만 이 동작을 사용할 수 있게 된다. 많은 노력을 기울여 만든 동작을 활용할 수 있는 기회가 적어지고 예상 밖의 일이 발생할 가능성을 원천 적으로 차단하게 된다. 게임 안에서 스크립트로 구성되는 다양한 씬과 행위들이 거 의 이런 방식으로 만들어진다. 이렇게 만들어진 행위들은 활용할 수 있는 범위가 좁 고 내구성이 약하므로 일반적인 NPC의 행위로 사용하기도 쉽지 않을 것이다.

창발적인 효과 만들기

한정된 영역과 시스템 구조의 특정 레벨에서만 행위가 수행되고, 동시에 이를 모듈 화 해 일반적으로 사용 가능한 수준으로 만들게 되면 예상하지 못했던 효과, 즉 창발 효과emergence effect를 일으킨다. 창발적인 효과는 다양한 변수를 만들어내고 플레이어 는 이런 예상외의 변수에 관심을 가진다. 상황에 민감하게 반응하는 스크립트를 만 드는 것보다 훨씬 효과적으로 플레이어의 몰입을 연장하고 심지어 더 나은 몰입을 제공할 수 있는 것이다.

새들이 무리 지어 나는 알고리듬을 다시 상기해보자. 각각의 새는 다음과 같이 한정 적이며 모듈화돼 있고, 일반적인 3가지 행위를 수행한다.

1. 각각의 새는 이웃한 새에 부딪히려 하지 않는다.

2. 각각의 새는 이웃한 새와 한 방향으로 움직이려 하며 이웃한 새와 동일한 속도로 움직이려 한다.

3. 각각의 새는 볼 수 있는 범위 안에서 무리의 중심으로 이동하려고 한다.

이 3가지 규칙은 각각의 새들이 움직이는 기준이 되며 이를 통해 전체 시스템의 한 부분을 형성한다. 이런 행위가 동시 다발적으로 수행돼 동적이고 예측할 수 없는 새 떼의 움직임이 발현되는 것이다.

존 호튼 콘웨이John Horton Conway 박사가 만든 <게임 오브 라이프>[2]는 2D 그래픽의 격자

---

2. playgameoflife.com에서 게임을 직접 확인할 수 있다.

로 이뤄진 셀이 켜지거나(검은 색) 꺼지는(흰색) 단순한 동작을 수행한다. 셀 자체는 아주 간단하고 한정적이며 모듈화된 동작을 수행한다. 어떤 셀이 켜지고 꺼지는지는 다음의 규칙을 따른다.

1. 인접한 셀 중 2개 미만이 켜져 있다면 그 셀은 꺼진다.

2. 인접한 셀 중 2개 혹은 3개의 켜진 셀이 있다면 그 셀은 켜진다.

3. 인접한 셀 중 켜진 셀이 3개보다 많으면 그 셀은 꺼진다.

4. 해당 셀이 꺼져 있고 인접한 셀 중 정확하게 3개의 셀이 켜져 있으면 이 셀은 켜진다.

이 규칙들이 셀의 움직임만 관장한다는 것에 유의해야 한다(하나의 셀에는 모두 8개의 인접한 셀이 존재한다). 이 간단한 규칙을 통해 아주 놀랍고 흥미로운 효과가 만들어진다.

게임과 시뮬레이션에서도 일반적으로 사용되는 규칙에서 강력한 창발 효과가 만들어진다. 니키 케이스[Nicky Case]의 <패러블 오브 폴리곤[Parable of the Polygons]>[3]은 플레이어와 상호작용을 수행하는 삼각형과 사각형으로 구성되는 게임이다. 이 도형들은 '행복'의 상태를 결정하는 조건에 따라 움직인다.

1. 주변에 동일한 모양의 도형이 2개 존재한다면 이 도형은 '행복'한 상태다.

2. 주변이 모두 나를 좋아하면(모두가 같은 모양이면) 행복하지도 불행하지도 않는 '별로'인 상태를 유지한다.

3. 주변에서 하나의 도형만 나를 좋아하면(하나의 도형만 같은 모양이면) 불행하다. 오직 불행한 도형만 움직일 수 있다.

플레이어의 목적은 가능한 한 많은 도형을 행복하게 만들거나 최소한 어떤 도형도

---

3. https://ncase.me/polygons/

불행한 상태를 유지하지 않게 하는 것이다. 여기서 발생하는 움직임은 플레이어와의 상호작용을 통해 발생하는 것이지 도형 스스로가 움직이는 것은 아니다.

이 게임은 경제학자인 토마스 셸링^{Thomas Schelling}이 주장한 "대다수의 사람들이 인종 분리가 일어나기를 바라지 않더라도 결국은 높은 수준의 인종 분리가 발생한다."는 것을 증명하고 있다. <패러블 오브 폴리곤>이 보여주듯이 창발적으로 발생한 인종 분리는 지엽적이며 일반적인 행위들이 모여 만들어낸 결과다. 전체 게임 시스템의 한 부분으로 동작하는 규칙에 기반을 두고 삼각형과 사각형을 움직여 이들을 행복한 상태로 만들다보면 플레이어는 결국 대부분 삼각형이나 사각형 중 하나만으로 구성된 영역을 분리해 만들 수밖에 없게 된다(그림 8.1 참고).

2016년 출시된 게임인 <슬라임 랜처^{Slime Rancher}>에는 작고 귀여운 젤리 슬라임들이 각자 고유하고 한정적이며 상황에 의존하지 않는 행동을 수행한다. 이런 행동들을 기반으로 기발하고 창조적인 게임 플레이가 가능해진다. 2개의 규칙으로 다양한 슬라임들이 게임 안에서 어떻게 행동하는지 파악할 수 있다.

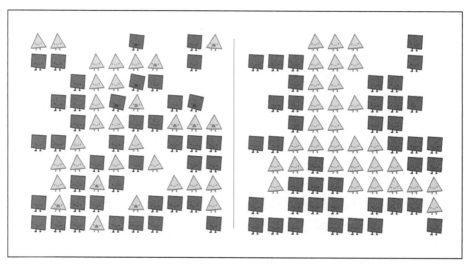

그림 8.1 〈패러블 오브 폴리곤〉 게임 화면. 왼쪽은 게임을 시작하기 전의 화면으로 행복하지 않은 다수의 도형(입을 벌리고 있는 도형들)을 확인할 수 있다. 오른쪽은 게임 플레이 이후의 화면이며 행복하지 않은 도형은 찾아볼 수 없다. 하지만 이들은 이전에 비해 서로 다른 모양끼리 분리돼 있는 것을 확인할 수 있다.

우선 슬라임들은 붙어 있을 때 서로 뭉치려는 습성이 있다. 이런 행동에 어떤 거창한 목적이 있는 것은 아니다. 한정적이고 일반적인 행위이며 뭔가 더 큰 일을 위해 의도된 행위는 더욱 아니다. 슬라이임이 어떤 목적을 갖고 이런 행동을 취하는 것처럼 보일 수 있지만, 의도가 내재된 행동은 아닌 것이다. 슬라임들이 서로 뭉치는 것은 지엽적이며 단순한 기능에 가깝다. 인접한 슬라임에게만 영향을 미칠 뿐 게임 안에 등장하는 다른 어떤 캐릭터에도 영향을 미치지 않는다. 하지만 이 단순한 행위는 효과적으로 다른 행위를 유발한다. 예를 들어 울타리로 만든 사육 시설에 슬라임들을 가둬놓았다고 가정하자. 슬라임들이 울타리 근처에 먹을 수 있는 음식이 있다는 것을 알게 되면 그들끼리 뭉치고 쌓이는 습성으로 인해 그중 일부가 쌓인 슬라임들을 밟고 울타리를 넘어가 음식에 도달하게 된다. 그 어떤 슬라임도 이를 의도하지 않았다. 이는 2개의 지엽적인 행위('뭉치고 쌓이는 것'과 '음식을 찾는 것')가 모여 만든 창발적인 결과에 해당한다. 플레이어에게는 이런 행위들이 놀랍고 재미있는 것으로 다가올 것이다.

슬라임이 먹을 수 있는 음식이 이동 가능한 것도 창발을 만들어내는 또 다른 요소다. '냥이 슬라임tabby slimes'과 같은 일부 슬라임은 자신이 먹을 수 없는 음식을 발견하면 다른 음식이 있는 곳으로 옮겨오는 습성이 있다. 이 행위 역시 지엽적이며 상황에 따라 행위가 발생한다(음식이 있어야만 수행 가능한 행위다). 이런 행위는 냥이 슬라임들이 음식을 '훔치거나', 다른 슬라임에게 음식을 선물하는 것처럼 인식될 수 있다. 이런 인식은 플레이어가 냥이 슬라임이 음식을 집는 장면을 보는지 혹은 그 음식을 주변의 다른 슬라임이 먹이를 먹고 있는 곳에 가져다놓는 장면을 보는지에 따라 달라진다. 게임 안에서 음식을 분산해주는 효과도 가져오며 이를 통해 다른 슬라임의 행위에도 잠재적인 영향을 미치게 된다. 게임 안에서 의도하지 않았지만 연쇄적이고 창발적인 효과를 불러일으키며 플레이어들은 이런 것에 재미를 느끼기도 한다.

피드백 전달

부분의 행위가 중요한 이유 중의 하나는 플레이어에게 이 행위를 통해 변경된 게임의 상태를 전달하기 때문이다. 이 과정을 통해 플레이어와 게임 사이의 상호작용 루프를 완성한다는 점에서 그 가치는 다른 어떤 것보다 중요하다. 플레이어가 게임에 반응하고 게임의 내부 상태를 변경시킨다(앞서 언급한 것처럼 동요하게 만들지만 결정하지는 않는다). 그러면 게임은 부분의 행위를 사용해 반응하고 플레이어에게 피드백을 제공해 루프를 완성한다. 하지만 항상 예외는 존재한다. 게임 안의 모든 행위가 플레이어에게 피드백을 제공하는 것은 아니다. 어떤 부분에 행위가 존재하지 않거나 행위를 수행했음에도 피드백이 전달되지 않는다면 이 부분이 존재해야 하는 이유를 다시 한 번 고민해봐야 한다.

게임에서 받는 피드백을 통해 플레이어는 게임에 대한 멘탈 모델을 만들어나간다. 배우고, 확인하고, 예측하고, 어떤 것들이 효과적으로 작용하는지 살펴보고, 이런 과정을 통해 그들의 역량이 게임 안에서 커간다는 것을 알게 된다. 멘탈 루프를 형성하면서 플레이어는 게임이 제공하는 피드백과 멘탈 모델에 기반을 두고 갖고 있던 기대를 비교하고 그 결과에 따라 자신의 멘탈 모델을 가다듬는다. 이 피드백을 통해 플레이어는 게임에 몰입할 수 있게 된다.

피드백과 플레이어의 기대

게임의 피드백이 플레이어의 기대와 일치한다면 게임에 더 깊이 몰입할 수 있을 것이다. 이는 결과적으로 플레이어의 멘탈 모델을 강화해주는 긍정적인 경험이 될 것이다. 피드백이 놀랍지만 플레이어가 기존에 갖고 있던 멘탈 모델에 부합하지 않는다면 플레이어는 이 피드백에 맞게 멘탈 모델을 수정할 것이다. 이는 가치 있는 학습이 될 것이며 이 또한 긍정적인 결과라고 할 수 있다. 하지만 피드백이 없거나, 왜곡되거나, 혹은 기대하지 않은 것들이어서 플레이어의 멘탈 모델 측면에서 받아들이기 힘든 상황이라면 피드백에 맞게 멘탈 모델을 빠르게 수정하는 것이 어려워진다. 이런 경우는 거의 대부분 부정적인 경험으로 이어진다. 이렇게 정이 안 가는 경험이 쌓이면 플레이어의 몰입감이 떨어지고 게임을 이어가고자 하는 욕망도 낮아진다.

플레이어에게 전달되는 피드백은 자신이 게임 안에서 취한 액션의 효과와 그로 인해 게임 안에서 유발되는 게임의 상태 변화를 전달해주는 것이다. 이런 변경은 플레이어가 가장 최근에 행한 액션의 결과일 수도 있고, 일정 기간 동안 진행된 프로세스의 일부일 수도 있다. 음식을 요리하고자 스토브에 불을 붙이는 과정을 연상해보자. 스토브를 켜자마자 즉각 버너가 가열되고 있다는 것을 알 수 있을 것이다. 주전자를 스토브에 올린다면 시간이 조금 지나고 프로세스가 경과되면서 물의 상태(온도)가 바뀌고 있다는 것을 알 수 있을 것이다.

피드백의 종류

게임에서 플레이어에게 전달되는 피드백은 주로 시각과 청각, 텍스트와 기호와 같은 정보로 구성된다. 오브젝트의 색깔, 크기, 애니메이션 혹은 특수 효과(발광, 폭발 등)는 모두 시각적인 신호로 분류되며 이를 통해 플레이어의 주의를 환기시킨다. 대부분의 시각적 요소는 청각적인 요소를 동반한다. 일반적으로 배경음악이나 사운드 효과 등이 수반되는 것이다. 대부분의 게임에서 청각적인 요소보다 시각적인 요소에 더 집중하는 편이다. 이는 사운드가 전달할 수 있는 정보보다 시각을 통해 전달되는 정보들이 플레이어에게 더 구체적으로 다가가기 때문이다. 사운드가 중요하지 않다는 이야기가 아니다. 아직도 다수의 게임들이 제한된 범위에서만 사운드를 활용하고 있다.

앞서도 살펴봤듯이 게임의 상태가 변경되면 (부분 안의 행위들이 어떤 액션을 취할 때마다) 플레이어에게 일정한 피드백 알람이 전달된다. 변경된 부분이 플레이어에게 큰 효과가 없어서 굳이 알릴 필요가 없다면 이런 변경이 과연 게임에 필요한지 다시 진단해봐야 한다. 플레이어가 멘탈 모델을 개선하려면 부분의 상태(그리고 상태의 변화)를 인지해야 할 것이다. 온도계의 눈금이 움직이는 것처럼 어떤 피드백들은 느리고 명확하게 구별하기 힘들다. 빌딩의 건설이 완료돼 사용 가능한 상태가 되는 것처럼 완벽하게 상태가 바뀌는 경우에는 좀 더 인지하기 쉬운 알람이 필요하다. 군대의 훈련이 완료됐거나 물이 끓기 시작했다는 것을 미처 인지하지 못했다면 플레이어들은 당혹스러울 것이다. 그리고 이런 알람을 놓치지 않고자 게임 자체보다는 이를 알려주는 사용자 인터페이스에 더 많은 신경을 쓰게 될 것이다. 결국 이 역시 게임의 흥미를 반감시킨다.

피드백의 양과 타이밍, 이해도

플레이어가 너무 많은 피드백으로 인해 시각적이고 청각적인 혼돈에 빠지지는 않을까 염려된다면 게임 안에서 얼마나 많은 변경이 발생하는지, 이런 변경과 피드백이 플레이어의 상호작용 예산을 얼마나 소모하는지 다시 한 번 고민해봐야 한다. 빠르게 진행되는 액션 게임에서 액션/피드백 상호작용만 수행된다면 좀 더 적극적으로 플레이어에게 다양한 피드백을 제공해야 한다. 다양한 형태의 피드백을 제공하지 못한다는 문제는 빠른 템포의 액션 게임들이 가진 전통적인 숙제 중의 하나다. 제작 중인 게임이 전략이나 소셜, 사회적 관계에 집중한다면 부분과 행위의 양을 더 줄일 수 있는지, 이를 통해 플레이어가 당신이 원하는 부분에 집중해서 상호작용을 수행할 수 있는지 살펴봐야 한다.

피드백의 양 못지않게 피드백의 타이밍도 중요하다. 일반적으로 피드백은 그 즉시 제공돼야 한다. 4장에서도 살펴봤듯이 '즉시' 피드백을 제공한다는 것은 어떤 변경이 발생한 다음 100 ~ 250밀리초 사이에 플레이어에게 피드백이 전달되는 것을 의미한다. 250밀리초에서 1초 범위 안에 피드백이 제공된다면 플레이어는 이미 지연이 발생하고 있다고 느낄 것이다(이 또한 몰입을 방해하는 요소가 된다). 게임 안에 어떤 변경이 발생한 다음 1초가 지나 피드백이 제공된다면 플레이어가 방금 전달받은 피드백이 바로 직전에 발생한 변경에서 발생된 것이라고 생각하지 못할 수도 있다.

피드백은 즉시 수행돼야 하며 동시에 상태 변경을 바로 인지할 수 있을 정도로 이해하기 쉬워야 한다. 의미가 불명확한 상징을 조합해 피드백을 전달하면서 플레이어가 의미를 정확하게 받아 들일거라 기대해서는 안 된다. 화면의 왼쪽 상단에 위치하는 파란색 불꽃을 통해 플레이어가 보유한 물이 끓는 것을 표현한다고 가정해보자. 일반적으로 사람들은 파란색을 물과 관련된 것, 붉은색을 불과 관련된 것으로 연관지어 생각하니 파란색 불꽃이 물이 끓는다고 생각할 것이라고 가정해서는 안 된다. 이런 가정 자체가 너무 불명확한데다가 플레이어에게 너무 많은 생각을 하도록 강요하는 것이다. 플레이어는 게임을 플레이하는 것이지 사용자 인터페이스나 게임의 규칙을 갖고 노는 것이 아니다. 게임 디자이너는 게임 플레이어가 사용자 인터페이스가 아닌 게임을 즐기게 만들어야 한다.

일반적으로 피드백은 "이 부분의 상태가 이렇게 바뀌었다."라는 것을 즉시 인지할 수 있을 정도로 표현하면 충분하다. 텍스트는 가장 적합하지 않은 형태의 피드백이다. 플레이어는 사용자 인터페이스가 아닌 게임에 집중하고 싶어 한다. "사람들은 읽지 않는다."라는 문구를 항상 기억해야 한다. 약간 과장되게 들리기도 하지만 이문장의 내용은 사실에 기반을 둔 것이다. 플레이어가 게임에 몰입한 상태라면 아무리 게임 디자이너의 입장에서 명확한 메시지를 전달하는 텍스트라고 해도 이를 읽지 못할 것이다(의식적으로 읽으려 하지 않을 수도 있다). 최근에는 캐릭터가 받는 대미지를 머리 위에 표시하면서 가장 중요한 정보인 숫자보다 오히려 텍스트의 컬러와 모션에 치중하는 게임들이 많다. 플레이어의 집중이 필요하고 고민이 필요한 부분은 대화상자나 분리된 윈도우와 같이 별도의 섹션을 구성하는 것이 좋다. 이를 통해 플레이어는 게임과 분리된 공간에서 이에 대한 고민을 수행할 수 있게 된다. 디자이너가 전달하려는 복잡한 정보를 플레이어가 온전히 흡수할 수 있을 때까지 잠시 게임을 멈출 수도 있다.

오해를 살 수 있는 피드백이나 터무니없는 피드백은 최대한 피해야 한다. 게임 안에서 불꽃놀이가 수행된다면 아무 의미 없는 행위가 아니라 특정한 무엇을 의미하게 만들어야 한다. 이런 효과가 임의로 발생하거나 각기 다른 상황에서 다른 상태의 변화를 가리켜서는 안 된다. 이런 종류의 피드백은 게임 디자이너가 원하는 행위가 발생했을 때 명확하고 즉각적이면서도 일관적인 의미를 가질 수 있는 피드백으로 사용돼야 한다. 게임 안에서 생동감을 불어넣고자 애니메이션이나 사운드를 사용할 때도 이런 효과들이 아무리 사소한 것일지라도 게임 안의 상태 변화를 의미하게 해야 한다. 플레이어는 모든 시각적이고 청각적인 피드백에 어떤 의미가 담겨 있을 것이라 생각하고 그 의미를 찾아 자신의 멘탈 모델을 수정하려 할 것이다. 어떤 변경이 발생했는데도 피드백을 제공하지 않거나 피드백에 특별한 의미가 없다면 이 역시 플레이어의 몰입을 방해하게 될 것이다.

해상 전투 게임으로 돌아오기

앞서 대항해 시대의 해상 전투 게임에서 함선과 선원, 선장과 같은 부분의 속성을 살펴봤다. 이제 각 부분의 행위를 디자인해야 한다. 함선은 이동하고 다른 배를 공격하면서 동시에 다른 배로부터 대미지를 받는다. 함선이 수행해야 하는 다른 행위는 없을까? 행위를 결정하는 것은 디자인 초기에 수행돼야 한다. 빠르게 플레이테스트를 수행한다면 미처 살펴보지 못한 다양한 관점에서 행위들을 살펴보고 수정할 수 있을 것이다.

앞서 설정에서 선장과 선원들이 함선의 이동 속도와 전투력에 영향을 미친다고 결정했다. 이것이 선장과 선원의 행위를 결정하는 기반이 될 수 있다. 이들은 함선과 상호작용을 수행하며, 이를 통해 항해와 전투 시스템을 만든다. 디자인 프로세스가 점점 더 진행되면서 선장이나 선원들이 좀 더 많은 행위를 수행할 수 있을 것이다. 우선은 가장 간단하고 기본적인 것부터 시작한다.

행위를 명세하는 과정에는 행위를 결정하는 공식이나 로직을 작성하고 이를 반복적으로 수행하면서 제대로 동작하게 만드는 과정까지 포함된다. 여기서 말하는 로직이 곧 게임의 규칙이 되는 것이다. 보드 게임에서는 플레이어인 사람이 계산할 수 있는 수준으로, 디지털 게임이라면 컴퓨터가 인지하는 코드로 작성된다.

함선의 공격 행위를 정의해보자. 각각의 행위는 함선이 갖고 있는 공격 속성(여기서는 활용 가능한 대포의 숫자만 고려하자)에 기반을 두며 이는 선원에 의해 조정될 수 있다. 또한 앞서 선장이 함선의 공격력에 영향을 미치도록 설정해놨지만 공격력에 직접적인 영향을 주지 않을 수도 있다. 선장의 행위가 선원들의 사기에 보너스를 추가(혹은 감소)하는 것으로 설정해보자. 이 행위는 선장의 리더십 속성에 기반을 둔다. 선원 부분에 다양한 속성의 조합으로 구성되는 '전투'라는 행위를 만든다. 얼마나 많은 선원이 있는지, 그들의 현재 사기(선장의 리더십에 영향을 받는), 그들의 훈련 정도(앞서 플레이어가 소모한 재화에 따라 결정됨) 등이 전투라는 행위에 영향을 미치는 값들이며 이를 통해 함선의 공격 행위가 수정된다(그림 8.2 참고). 복잡하게 보이지만 이 과정이 원활하게 수행된다면 플레이어의 멘탈 모델을 좀 더 탄탄하게 만들어줄 수 있다.

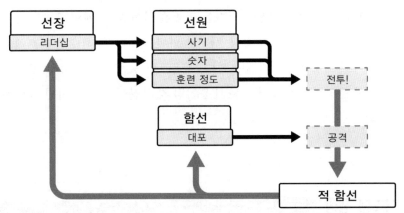

그림 8.2 선장의 리더십이 선원에게 영향을 미치고 이는 결국 함선의 전투력에 영향을 미치게 된다. 또한 이는 선장의 리더십을 향상시킨다.

최종적인 함선의 공격력 수치를 만들려면 여기에 추가적인 계산이 필요하다. 함선에 대포는 많지만 이를 다룰 선원이 부족하다면 함선의 공격력은 낮게 책정된다. 선원의 사기나 훈련 정도가 떨어질 때도 마찬가지다. 훌륭한 선장과 사기충천한 선원들이 있더라도 대포가 없다면 역시 결과는 마찬가지다.

반대로 강력한 선장과 충분한 숫자의 원기 왕성한 선원들, 충분한 대포가 구비돼 있다면 함선의 공격력은 막강할 것이다. 각각의 항목이 함선의 공격력에 어느 정도의 영향력을 미치는지, 플레이어가 어떻게 이들과 상호작용을 수행할지, 전투 시스템 안에서 이 항목들로 인해 수정될 수 있는 값의 범위는 어느 정도인지 결정하려면 별도의 공식이나 로직이 필요하다. 함선의 하위 속성이 필요할지도 모른다. 대포와 선원, 선장이 서로에게 어떤 가중치로 영향을 미치는지 결정할 수 있는 계수가 필요할수도 있다. 반복적인 플레이를 통해 이 값을 조정하면서 게임의 밸런스를 맞추는 과정은 9장에서 자세히 다룬다.

함선의 항해 시스템 역시 이와 비슷하게 정의될 수 있다. 여기에는 외부적인 요소인 '바람'이 고려될 수 있다. 앞서 살펴본 부분의 목록에도 바람이 존재했다. 바람은 풍향과 풍속을 속성으로 가진다. 이 정도 속성으로 게임 안에서 항해 부분을 충분히 구성할 수 있을까? 게임 플레이 경험에 어떤 영향을 미칠 수 있느냐에 따라 답은 달라질 수 있다.

지금까지는 토큰으로 게임 컨셉을 만드는 방법을 알아봤다. 게임 플레이의 컨셉을 특정 시스템을 구성하는 부분과 속성, 행위로 나눠본 것이다. 최대한 빠르게 프로토타입을 만들어 테스트하고 수정해야 한다. 처음부터 모든 부분과 속성, 행위가 정확할 수 없다. 이 장의 후반부에서 다룰 내용처럼 각 부분에 대한 디자인은 모두 문서화돼야 한다.

루프 시스템 생성

해상 전투 게임의 예제에서 각 부분은 한정된 영역에서 수행되는 행위를 통해 다른 부분에 영향을 미친다. 또한 다른 부분과 포괄적으로 연결돼 플레이어에게 피드백을 제공한다. 부품들이 순차적으로 동작해서 시스템적인 효과가 만들어지는 것이 아니다. 시스템적 효과를 형성하는 마지막 요소는 피드백 루프를 형성하는 행위다. 각 부분들이 서로 영향을 미치며 또한 영향을 받는 것이다.

해상 전투 게임의 예제에서 각 함선이 활용할 수 있는 대포의 숫자, 선원의 수와 훈련 정도, 선장의 리더십에 기반을 두고 산정된 공격력을 바탕으로 전투를 수행한다고 설정했다. 함선이 공격을 받게 되면 대포와 선원 일부를 잃고, 남은 선원들의 사기가 떨어지게 된다. 이는 다시 함선의 공격력에 영향을 미쳐 이전만큼 강력한 공격을 하지 못하게 되는 것이다. 두 척의 배가 서로 균형을 잡는 생태계 루프를 수행하고 있는 것이다('대미지' 리소스를 서로 교환하는 것이며 이를 통해 선원과 대포를 필요한 만큼 줄인다).

함선의 전투력에 선장이 공헌하는 바는 단 방향으로만 연결돼 있다. 충분히 원활하게 동작할 수 있지만 자체가 동적인 시스템을 만들어내는 것은 아니다. 선원이 직접적이든 간접적이든 선장에게 영향을 미칠 수 있다면 루프가 형성되고, 이를 통해 게임은 플레이어에게 더욱 흥미로운 것이 될 것이다. 전투가 끝났을 때도 선원들의 사기가 높은 상태로 유지된다면 선장이 추가적인 리더십을 얻어 경제적인 강화 루프(사기와 리더십을 교환하는 형태)를 형성하는 것도 고려해볼 만하다. 정해진 숫자만큼의 승리를 거둬야 선장의 리더십이 강화되는 것과 같이 좀 더 장기적인 시간 척도를 가진 루프도 만들 수 있다. 선장이 이런 보상을 계속 받을 수 있다면 시간이 지날수록 점점 더 강력해질 것이다. 가장 전형적인 성장 시스템이 되는 것이다.

게임에서 루프가 가진 가능성은 무궁무진하다. 게임 디자이너는 하나의 부분이 다른 부분에 영향을 미쳐 루프를 형성하게 만들고 부분의 행위를 통해 플레이어와 상호작용하는 루프를 만든다. 게임의 핵심적인 부분이 다른 부분이나 플레이어와의 상호작용을 통해 게임의 핵심 루프가 원활하게 동작하도록 도와준다. 이 원리가 잘 구현되면 전투가 수행되는 기간 동안 플레이어의 순간적인 선택이 즉시 선장과 선원, 배에 영향을 미치게 된다. 또한 어느 배에 어떤 선장을 배치하는지, 얼마나 많은 선원을 배치하는지, 대포를 구입하고 유지하고자 얼마나 많은 돈을 소모하는지에 따라 전투의 결과가 바뀌게 되며 장기적인 관점에서 선장과 선원들에게도 영향을 미친다.

게임에서 부분을 정의할 때 각 부분이 다른 부분과 상호 주고받는 영향을 면밀히 살펴야 한다는 것은 여러 번 강조해도 부족하지 않다. 한 부분이 다른 모든 부분에 영향을 미칠 필요는 없으며 한 부분이 다른 모든 부분으로부터 영향을 받을 필요도 없다. 게임 안에 존재하는 모든 부분이 서로 영향을 미치는 게임 모델이 존재한다고 해도 플레이어가 게임에 대한 멘탈 모델을 만드는 것은 거의 불가능할 것이다. 하지만 모든 부분이 일부 다른 부분에 영향을 미치고 다른 부분에 의해 영향을 받는다면 (조직 구조상에서 동일한 레벨에 속한, 즉 한정적인 영역에서) 게임 안의 루프 시스템을 만들기 위한 기초를 잘 다져놓은 것이다. 7장에서 살펴봤던 엔진, 경제, 생태계의 템플릿을 사용하면 루프를 좀 더 쉽게 설계할 수 있을 것이다. 각 부분이 더 이상 쪼갤 수 없을 정도의 간단한 수준일 수도 있고 하위에 또 다른 시스템 루프를 가질 수 있다는 것을 명심하자. 이를 통해 게임의 깊이와 계층 구조를 만들 수 있으며 결과적으로 플레이어가 게임에 더 몰입할 수 있게 만들 수 있다.

숲 속이나 구름 안에서 길을 잃지 마라

부분과 속성, 그 값들과 행위를 결정할 경우 때론 한 발 뒤로 물러서서 전체적인 관점에서 바라볼 필요가 있다. 서로 다른 유형의 디자이너들(스토리텔러, 발명가, 장난감 제작자)은 각자 디자인 프로세스의 다른 부분에서 편안함을 느낀다. 디자이너로서 당신이 어떤 과정을 선호하더라도 늘 전체적인 시각을 유지하면서 상위 수준의 게임 컨셉에서부터 구체적인 속성의 숫자 값에 이르기까지 계층 구조를 위아래로 자유롭게 오고 갈 수 있어야 한다. 다른 부분에 대한 감을 잃지 않으면서 한 부분에 집중하는 것 자체가 쉽지 않은 일이다. 특히 게임 디자이너의 유형에 따라 불편하게 느끼는 영역에서 이런 작업을 수행하는 것은 더욱 쉽지 않은 일이다.

스토리텔러에 가까운 게임 디자이너라면 부분의 속성과 행위를 결정하는 작업이 단조롭다고 생각할 수 있다. 하지만 이 과정을 게임 디자인의 일부분으로, 그리고 게임 제작에 필요한 현실로 받아들여야 한다. 반면 속성과 행위에 대한 명쾌한 아이디어가 있고 이를 설정하는 작업이 편하게 느껴지는 게임 디자이너라면 게임의 기본적인 컨셉을 가다듬는 작업이 불필요하고 애매모호한 과정처럼 보일 수도 있다. 현실에 가까울 정도의 디테일은 일단 한켠으로 미뤄두고 필요한 수준의 모든 사항을 조립해 즐길 수 있는 무언가를 만들어야 한다. 게임은 일관된 컨셉을 갖고 있어야 하며 단순히 수많은 부분을 한데 모아놓고 뭔가 재미있는 것이 있을 거라는 막연한 기대를 해서는 안 된다. 모든 게임이 현실적이어야 하거나 다양한 부분으로 구성돼야 하는 것은 아니다. 전략 게임에서 투석기는 한 가지면 충분하다. 다른 게임에 등장하는 꽃이나 헤어스타일, 혹은 깃발 따위도 3가지면 충분할 수 있다. 부분을 정의하는 작업이 즐겁다고 해서 이를 과도하게 수행할 필요는 없다. 플레이어에게 일관된 경험을 전달할 수 있을 정도면 충분하다.

게임 안에 충분히 잘 정의된 부분과 속성, 행위가 존재해야 하는 것은 자명한 사실이다. 이런 것들이 존재하지 않는다면 어떤 게임도 제대로 동작하지 않는다. 부분과 속성, 행위는 루프를 생성해 플레이어가 수행하는 개념적, 인지적, 사회적, 감정적, 문화적인 상호작용을 지원하며 이를 통해 게임 디자이너가 전달하고자 하는 게임 경험을 만들어낸다. 게임 자체가 부분은 아니지만 게임은 부분과 부분, 부분과 플레이어가 상호작용하는 과정에서 창발돼 나타난다. 스프레드시트 수준으로 각 부분을 정의하고 반복적으로 테스트하지 않는다면 이런 상호작용을 완벽하게 파악할 수 없다. 부분만 갖고 있다고 해서 게임을 만들 수 있는 것이 아니기 때문이다.

시스템적인 특성을 갖고 있는 다른 모든 것과 마찬가지로 전체와 부분을 동시에 볼 수 있어야 한다. 한정된 영역에 존재하는 부분을 작업할 때도 전체적인 시각을 염두에 두고 있어야 한다. 추상화된 시스템 수준을 확인할 수 있도록 계층 구조의 윗 단계와 아래 단계를 자유롭게 이동할 수 있어야 한다. 이를 통해 게임 컨셉을 더욱 명확하게 만들면서 부분 하나하나가 흥미롭고, 이들 부분을 통해 플레이어가 의미 있는 결정을 내리고 성장할 수 있게 만들어야 한다. 이런 과정들이 디자이너 루프를 구성하는 것들이다.

상세 디자인 문서화

앞서 게임의 컨셉과 시스템 디자인을 문서화하는 방법을 간략하게 알아봤다. 게임의 상세 디자인, 즉 부분, 속성, 값과 행위에 대한 설명 역시 상세하게 기록돼야 한다. 이 역시 앞에서 다룬 컨셉과 디자인을 문서화하는 것만큼이나 중요하다. 이 문서를 통해 만들고 있는 게임이 어떠해야 하는지, 왜 그래야 하는지, 어떤 식으로 구현될 수 있는지 알 수 있기 때문이다.

전체 구조로 시작

부분과 속성을 정의했다면 화이트보드나 문서에 표현할 수 있을 것이다. 어떤 형식으로든 부분과 속성을 정의한 내용을 표현하고 보존할 필요가 있다. 부분과 속성, 값을 정의하는 작업을 진행하면서 이들을 텍스트로 구성된 디자인 문서 혹은 스프레드시트로 옮길 수 있다.

문서는 게임 디자이너의 의도를 프로그래밍이나 보드 게임의 룰로 구현할 수 있을 정도로 상세하게 작성돼야 한다. 스프레드시트는 특히 숫자로 구성된 속성이나 값을 기록하는 데 유용하다. 특정한 디자인을 구체화시켜 표현하는 것 외에도 스프레드시트 문서를 사용해 게임을 빠르게 반복해서 테스트할 수도 있다. 이 부분은 바로 다음 절에서 자세히 살펴본다.

상세 디자인 문서

부분과 속성, 값과 행위의 수준에서 게임을 상세하게 설명하려면 다양한 디자인 문서들이 작성돼야 한다. 여기에는 디자인에 대한 근거와 함께 코드나 규칙으로 변환돼야 하는 행위의 상세한 기록도 포함된다. 또한 이 문서에는 이들이 구현될 때 필요한 기술적인 정의도 포함돼야 한다.

그림이나 다이어그램, 플로우차트, 목업과 같이 다양한 형태를 함께 사용하는 것이 효과적이다. 목업과 프로토타입에 대한 링크를 제공한다면 게임이 동작하는 방법을 좀 더 상세히 파악할 수 있을 것이다.

적극적이고 자세히 작성하라

상세 디자인 문서는 청사진과 같다. 디자인의 모든 측면을 상세하게 기록하고 또한 애매모호한 서술 대신 디자인의 현재 상태를 정확하게 기술해야 한다("게임이 이런 방식으로 동작할 것이다."가 아니라 "게임은 이런 방식으로 동작한다."고 기술해야 한다). "게임이 그런 방식으로 수행될 수도 있다."와 같이 모호한 표현도 피해야 한다. 상세 디자인 문서는 명확한 용어를 통해 게임의 상태를 반영하는 문서다(필요하다면 언제든지 문서를 수정할 수 있다). 상위 수준으로 디자인을 설명하는 경우를 제외하고는 "적이 빨리 움직인다."라거나 "그 결과 큰 폭발이 일어난다.", "이 포탑은 좌우로 움직인다."와 같은 정성적인 표현은 사용하지 않는 것이 좋다.

그 대신 얼마나 빨리? 얼마나 크게? 좌우로 얼마나? 이런 질문에 답할 수 있는 정량적인 수치를 사용해야 한다. 스킬이나 레벨을 표시하는 숫자, 대미지의 양, 범위 등을 구체적으로 기술해야 한다. 필요하다면 스프레드시트나 문서에 이런 숫자를 계산하는 방정식이나 공식을 제공한다. 특정한 숫자나 범위가 아직 결정되지 않았다면 이런 사실도 명시하고 추후에 이 부분을 추가한다. 문서를 상세하게 작성함으로써 머릿속에 있는 애매모호한 부분도 제거될 수 있다. 아이디어보다는 문서로 구체화된 내용에서 비어있는 부분을 찾는 것이 훨씬 효과적이다.

그러면서도 과하지 않아야 한다

디자인 문서를 너무 상세히 작성하는 것은 이를 너무 성의 없이 작성하는 것만큼이나 부정적인 효과가 크다. 게임의 각 부분을 상세히 파악하고 있다면 이를 다이어그램이나 목업, 텍스트와 같은 수단을 활용해 표현할 수 있다. 각 부분에 대해 아직 확실하게 정해진 것이 없다면 만들려고 하는 것, 당신이 생각하는 최고의 아이디어, 제거해도 무방하다고 생각되는 것들을 문서화하고 프로토타입을 만들어 이 아이디어를 테스트하면 된다. 선택할 수 있는 모든 옵션을 문서화하려고 하거나 이에 대해 논쟁을 벌이면서 시간을 낭비할 필요가 없다. 불명확한 영역을 찾아내고 프로토타이핑을 통해 이를 검증하면 그만이다. 하나의 경로가 명확해지면 왜 이 경로를 선택하게 됐는지 문서화하면 된다.

다른 디자인 문서와 마찬가지로 상세 디자인 문서도 온라인 포맷을 권장한다. 링크를 통해 쉽게 공유할 수 있고 편집과 댓글을 추가하는 것이 자유롭기 때문이다(문서 추적이 가능하므로 누가 어떤 내용을 변경했는지 알 수 있고 쉽게 롤백할 수도 있다). 세부 디자인 문서들은 필요하다면 서로 링크로 연결되고 시스템이나 컨셉 문서와도 연결돼야 한다. 이런 연결을 통해 디자인의 일관성을 유지할 수 있다. 크고 눈에 잘 띄는 다이어그램을 만들어 다른 팀의 구성원들이 이를 쉽게 볼 수 있게 하는 것도 좋은 방법이다. 이런 과정들이 자연스럽게 디자인 프로세스의 일부로 받아들여질 것이다. 단조로운 '디자인 바이블'을 만드는 것이 아니라 디자이너와 아티스트, 프로그래머 같이 다양한 팀원들이 쉽게 이해할 수 있는 참고 자료를 만들어 이를 구현하고 테스트할 때 활용할 수 있을 정도의 문서를 만들어야 한다.

문서를 항상 최신화하라

디자인 문서는 가장 최근의 것만 의미가 있다. 게임 디자인은 가끔 살아있는 것으로 비유된다. 게임 개발이 진행되면서 디자인이 수시로 변경되기 때문이다. 개발이 진행되는 동안 디자인을 끊임없이 업데이트해야 한다는 것을 염두에 두고 계획을 수립해야 한다. 수시로 새로운 아이디어가 떠오를 것이며, 늘 새로운 문제를 해결해야 하고, 게임을 만들면서 전체 영역을 가다듬어야 하기 때문이다. 이 과정을 소홀히 하면 아이디어와 이것이 구현된 게임이 달라지고 문서는 오래된 상태로 남아 불필요한 오해를 불러일으킬 것이다. 결국은 아무런 효용도 없는 문서가 돼버리는 것이다.

스프레드시트 수준 디테일

각 부분과 속성 값을 스프레드시트에 입력할 때 통상적으로 스프레드시트의 행에는 각 부분을, 열에는 속성을 배치한다(그림 8.3 참고). 각 행과 열에 적절한 값을 배치함으로써 부분의 상태가 정의되는 것이다.

	A	B	C	D
1	이름	공격력	데미지	속도
2	단도	0	2	5
3	단검	2	3	5
4	커틀러스	4	5	1
5	브로드 소드	3	4	4
6	레이피어	3	3	5
7	롱 소드	5	6	2
8	그레이트 소드	8	8	0

그림 8.3 스프레드시트 예제 일부. 각 부분의 이름이 A열에, 나머지 속성과 값들이 B ~ D열에 배치돼 있다.

무기나 꽃, 자동차, 스포츠 팀처럼 여러 부분이 완전히 다른 속성을 가졌다면 이들 각각이 별도의 그룹으로 정리돼 각기 다른 스프레드시트에 기록돼야 한다. 동일한 종류로 분류되는 것들은 하나의 스프레드시트에 기록해도 무방하다. 그림 8.3의 표에는 '근접전 무기'로 분류되는 다양한 무기가 정리돼 있다. 이들 각각의 이름이 첫 번째 열에 순서대로 기록되고 속성들이 이어지는 열에 배치돼 있다. 각 무기의 속성(공격력, 대미지, 속도)은 시트에 기입된 숫자로 표현된다. 광역 대미지를 입히는 무기의 속성이나 마법의 속성이 근접전 무기의 속성과 동일하거나 중복되는 부분이 많다면 동일한 시트에 분류할 수 있다. 완전히 별개의 속성을 가진다고 판단되면 다른 스프레드시트에 별도로 기록돼야 한다.

수학식을 사용해 각 부분의 행위가 미치는 영향을 스프레드시트에 기록할 수 있다. 관련된 부분과 속성, 행위에 대한 텍스트나 다이어그램을 쉽게 참조할 수 있도록 링크를 포함시키는 것이 좋다.

속성과 값 이상의 것

스프레드시트를 사용할 때 부분의 이름과 관련된 문제가 종종 발생한다. 게임 안에 존재하는 하나의 부분이 여러 가지 이름을 가질 수 있기 때문이다. 화면상에 표시되는 이름, 코드 내부에서 갖는 레퍼런스로 존재할 때의 이름, 아트나 사운드와 같은 콘텐츠에 따라 파일이나 디렉터리에 붙이는 이름이 모두 다를 수 있다. 상세하게 작성한 스프레드시트를 통해 손쉽게 정리할 수 있다. 용도별로 이름을 정리하는 것은 추후 수행할 로컬라이제이션 작업에도 많은 도움이 된다. 코드나 파일 이름을 변경하지 않고 화면상에 표시되는 이름만 다른 언어로 바꿀 수 있다. 또한 프로그래밍과 관련된 네이밍 룰도 이 문서에서 관리할 수 있다. 개발 초반부터 이런 작업들이 세심하게 고려될 필요는 없지만 다양한 파일의 이름을 관리하는 방법을 미리 스프레드시트에 기록한다면 이후 골치 아픈 일들이 많이 줄어들 것이다. 프로그래머, 디자이너, 아티스트들이 자기 마음대로 파일의 이름을 짓는 것은 재앙의 전조라 할 수 있다. 파일의 이름을 왜 이렇게 지었는지 아무도 이유를 알 수 없을 때부터 재앙은 시작된다.

컬러를 사용해 문서의 가독성을 높이는 것도 좋다. 부분의 이름, 전역 계수, 숫자를 구별하고자 셀 배경색이나 글자의 색깔을 바꿀 수 있다. 방대한 규모의 스프레드시트 구조를 좀 더 쉽게 이해하도록 만들 수 있는 모든 방법을 활용해야 한다.

이름이나 값을 부여하는 이유를 메모로 남기는 것도 좋은 방법이다. 테스트 목적의 임시 지정 값인지, 테스트가 완료돼 더 이상 변경이 없는 고정 값인지와 같은 내용을 메모로 남긴다면 다른 사람들이 쉽게 이를 참조할 수 있을 것이다. 메모 역시 다른 문서와 마찬가지로 모두 최신으로 유지돼야 한다. 조금만 업데이트를 게을리하면 이런 내용들은 모호한 상태로 남게 된다.

데이터 주도 디자인

마지막으로 부분과 속성, 값을 스프레드시트에 입력할 때 이들을 바로 게임에서 사용할 수 있어야 한다는 것을 잊지 말아야 한다.[4] 이 값들은 CSV, JSON, XML 형태로 변환돼 게임에서 바로 읽어 들일 수 있으며, 이를 통해 효과적으로 시간을 절약할 수 있게 된다. 코드의 게임 오브젝트들은 기본값을 갖고 있으며 읽어 들인 값으로 이 값이 치환된다. 이런 방식을 통해 데이터 주도 디자인을 구현할 수 있으며, 디자인에 필요한 데이터와 코드 기반의 데이터 구조를 독립적으로 유지할 수 있다. 스프레드시트와 디자인 문서는 디자인에 사용되는 부분과 속성을 코드와 매칭시켜 유지할 수 있고, 디자이너는 코드의 변경 없이도 새로운 값을 손쉽게 테스트해볼 수 있게 된다. 이런 방식을 제대로 구현할 수 있다면 반복적인 디자인과 테스트에 소모되는 시간을 획기적으로 단축할 수 있을 것이다.

한 단계 더 나아가 스프레드시트의 데이터가 변경됐을 때 실시간으로 읽어올 수도 있다. 게임이 구동되는 도중에도 게임 데이터를 변경할 수 있다. 각기 다른 부분의 속성 값을 실시간으로 테스트할 때 이 기능을 효과적으로 활용할 수 있다. 디자인과 테스트를 반복하는 과정에서 이런 팁을 통해 시간을 절약할 수 있다면 더 많은 옵션

---

4. 보드 게임과 같은 아날로그 방식의 게임에서도 이런 기법은 유용하다. 보드 게임에서 사용되는 카드의 값을 미리 설정하고 이를 레이아웃 프로그램으로 읽어 들여 테스트와 디자인을 반복할 때 걸리는 시간을 극적으로 단축할 수 있다.

을 시험해보고 더 적합한 값을 얻을 수 있을 것이다.

상세 디자인과 관련된 질문

게임 컨셉이나 시스템과 마찬가지로 부분과 속성, 값과 행위를 정의할 때 유용한 몇 가지 질문이 있다.

- 게임 핵심 루프를 만들 수 있을 정도로 충분히 게임 부분들이 정의됐는가? 각 부분에 적절한 속성과 값, 값의 범위, 행위가 설정돼 있는가?

- 모든 부분이 다른 부분, 플레이어와 상호작용을 수행하는가? 다른 부분에 영향을 미치고 또 영향을 받는가?

- 물리적, 비물리적, 추상적인 유형과 같이 부분의 종류는 다양한가?

- 루프를 만들고자 필요한 최소한의 상태와 행위는 어느 정도인가? 이를 통해 어떤 효과를 얻을 수 있는가? 이들이 당신이 원하는 상호작용과 플레이어의 성장 경로를 지원하는가?

- 주요한 부분들이 구현 가능할 정도로 충분히 설명됐는가? 스프레드시트 수준으로 상세히 기록됐는가?

- 부분의 행위는 플레이어가 상태가 변경됐다는 것을 인지하고 이를 통해 그들의 멘탈 모델을 만들 수 있을 정도로 충분한 정보와 피드백을 제공하는가?

- 플레이어는 충분한 상호작용을 수행하는가? 플레이어가 의미 있는 결정을 내릴 수 있게 게임의 부분이 도와주는가? 플레이어가 게임의 내부 모델을 조절할 수 있도록 충분한 '손잡이와 다이얼'을 제공하는가?

- 부분의 행위로 인해 발생하는 효과가 지엽적이며 동시에 다른 부분에도 일반적으로 적용될 수 있는 수준인가? 광범위한 효과를 보여주거나 한 번만 사용되거나

불명확하거나 다른 행위를 압도할 정도의 행위는 존재하지 않는가?

- 모든 부분과 속성, 행위가 적절하게 문서화됐는가? 부분-속성 데이터를 갖고 있는 스프레드시트와 링크돼 있는 텍스트 혹은 다이어그램 디자인 문서를 갖고 있는가? 게임에서 이 데이터를 읽어 들여 반복적인 테스트에 소모되는 시간을 효과적으로 절약할 수 있는가?

요약

게임의 부분과 속성, 값과 행위를 설명해야 한다면 이미 게임 디자인의 깊은 곳까지 도달한 것이다. 동시에 이런 과정은 가장 기본이기도 하다. 게임의 부분을 효과적으로 디자인한다면 시스템과 게임을 통해 전달하려는 플레이어 경험을 충분히 잘 전달할 수 있다. 이들을 텍스트와 스프레드시트의 숫자를 통해 상세하게 문서화할 수 있다면 충분히 게임에 구현할 수 있다는 것을 확신할 수 있을 것이며, 전체적인 디자인 목표 역시 좀 더 명확하게 만들 수 있다.

9장에서는 부분의 값과 행위의 효과를 통해 균형 잡힌 플레이어 경험을 만드는 방법을 알아본다.

PART 3

실습

CHAPTER 9

게임 밸런스 설정

탁월한 게임 컨셉과 원활하게 동작하는 시스템이 있어도 그것만으로 제대로 된 게임을 만들 수 없다. 이 모든 것을 하나로 아우르는 동적인 밸런스가 유지돼야 한다.

9장에서는 직관적인 방법과 정량적인 방법을 통해 게임의 밸런스를 잡는 방법, 전이 시스템과 비전이 시스템을 활용하는 게임에 이런 기법을 적용해 밸런스를 잡는 방법을 살펴본다.

게임에서 밸런스 잡기

'게임 밸런스'라는 말은 게임이 얼마나 원활하게 플레이되는지 표현할 때 자주 사용된다. 여기서 말하는 밸런스는 게임 안에 존재하는 다양한 부분의 관계를 말하는 것이다. 8장에서 살펴봤듯이 이런 관계에는 각 부분에 속해 있는 속성과 값, 다른 부분에 영향을 미치고자 수행하는 행위까지 포함된다. 이들 모두가 한데 모여 각 부분과 시스템을 형성하는 것이다.

게임 밸런스의 근본적인 원인이 숫자(속성의 값)라는 것은 부정할 수 없는 사실이지만 재미와 같이 게임에 적용되는 다른 컨셉들처럼 밸런스 역시 정확한 정의를 내리기 어렵다. 밸런스라는 개념에는 플레이어의 성장이라는 측면뿐만 아니라 게임의 성장이라는 측면도 함께 포함된다. 플레이어가 너무 쉽고 빠르게 성장하는 것은 아닌지, 너무 많은 장애물이 놓여있어 너무 느리게 성장하는 것은 아닌지, 모든 플레이어가 발맞춰 걸어 나가듯이 똑같은 비율로 성장하는 것은 아닌지 고민해야 한다. 밸런스는 게임+플레이어 시스템을 구성하는 하나의 요소다. 따라서 플레이어의 멘탈 모델과 게임 모델도 고려해야 하며 심리적 요소와 다양한 게임 시스템과도 영향을 주고받는다. 여기에는 밸런스를 측정하고 평가하는 수학적 모델이나 툴도 포함된다.

밸런스가 잘 잡힌 게임에는 절대적인 우승 비법이나 전략이 존재하지 않을 것이다. 이런 게임에서는 다른 플레이어가 극복할 수 없을 정도로 한 명의 플레이어가 절대적인 이득을 얻지 못한다. 또한 밸런스가 잘 잡힌 게임이라면 플레이어가 스스로 의미 있는 결정을 내릴 수 있는 공간에서 다양한 탐험을 즐기고 여러 가지 방향으로 게임을 진행하면서 멘탈 모델을 만들게 해줄 것이다. 지배적인 전략이 존재하지 않고 승리의 가능성을 제한하지 않으며, 게임을 돌아봤을 때 쉽게 이길 수 있는 방법이 하나도 없는 상황을 만들 수 있는 것이다.

반대로 밸런스가 잡히지 않은 게임이라면 플레이어가 결정을 내릴 수 있는 공간이 좁아지고 소수의 지배적인 전략이 존재할 것이다. 플레이어의 몰입감은 떨어지고 피로감은 점점 더해진다. 승리의 비법을 알게 되면 게임을 더 플레이할 이유가 있을까? 모든 플레이어가 동등하게 승리할 기회를 가져야 공평한 게임이 될 수 있다. 한 사람의 플레이어 혹은 다수가 좀 더 능숙한 스킬을 보유할 수도 있고 상대적으로 운이 좋을 수도 있다. 플레이어 스스로 다른 방법을 사용했다면 이길 가능성이 더 높았을 거라고 생각하고, 자신을 물리친 상대방이 게임의 불완전한 부분을 악용했다고 느끼지 않는다면 다시 한 번 승리에 도전할 것이다.

플레이어의 시각에서 밸런스가 잡힌 게임은 리스크를 보완할 기회가 지속적으로 제공되고 게임의 결과가 정해져 있지 않다는 것을 의미한다. 플레이어는 4장에서 다뤘던 플로우 채널 안에 머물며 계속 게임에 몰입하게 된다. 게임 안의 도전에 능동적으로 대응하고 쉽게 지겨워하지 않으며 너무 실망스러워하지 않는 상태가 유지되는 것이다.

밸런스가 잡힌 게임은 자전거를 타는 것과 같다. 밸런스는 정적인 것이 아니라 동적인 것이기 때문이다. 자전거를 탄 사람이 장애물을 피하면서 코스에 따라 자전거를 움직이는 것과 같은 것이다. 플레이어가 복구하기 어려울 정도로 실패하거나 초반에는 밸런스가 잡힌 것처럼 보이지만 후반부에 갈수록 밸런스가 붕괴되는 것은 자전거를 탄 사람이 균형을 잃고 쓰러지는 것과 같다. 밸런스를 잃고 실패하는 것은 게임에도 자전거를 탄 사람에게도 전혀 도움이 될 만한 상황이 아니다.

게임을 개발하는 동안 처음부터 밸런스가 적절하게 잡혀 시작하는 경우는 드물다. 디자이너의 루프를 통해 적절한 밸런스를 잡아가야 한다. 디자인과 테스트를 반복하면서 복잡한 밸런스가 잡히고 조금씩 더 만족할 수 있는 게임을 만들 수 있는 것이다. 상호 연결돼 있는 시스템을 기반으로 게임을 계층 구조적으로 설계하고 더 큰 상위 시스템의 하위 구조로 각 시스템의 자체적인 밸런스를 잡는 것이 전체 시스템을 한 개의 블록으로 보고 밸런스를 잡는 것보다 효과적이다.

게임 밸런스를 상세하게 논하는 것 자체가 결코 쉬운 일은 아니다. 하지만 지금까지 살펴본 게임 디자인과 시스템을 잘 이해하고 있다면 밸런스를 잡는 데 큰 도움이 될 것이다. 시스템 안에 존재하는 부분과 루프를 어떻게 조작하느냐에 따라 밸런스가 달라진다는 관점으로 게임 밸런스에 접근한다면 게임에서 의도하는 효과(균형 잡힌 게임 플레이 경험)를 좀 더 쉽게 플레이어에게 전달할 수 있을 것이다.

기법과 툴 개요

다양한 기법을 활용해 게임 밸런스를 잡을 수 있다. 이 기법들은 정성적이며 직관에 기반을 둔 기법과 정량적이고 수학적인 것에 기반을 둔 기법으로 분류할 수 있다. 게임 디자이너들은 전통적으로 첫 번째 방법에 많이 의존해왔다. 하지만 최근에는 후자의 방법들이 좀 더 호응을 얻고 있는 추세다. 각 기법마다 장단점이 있으므로 두 기법을 상호 보완할 수 있어야 한다.

디자이너 기반 밸런싱

처음으로 다룰 게임 밸런싱 기법은 게임 디자이너의 직관을 활용하는 것이다. 지금까지 업계에서 훌륭한 디자이너라고 알려진 사람들의 핵심적인 역량이기도 했다. 게임이 언제 "잘되고 있다."고 할 수 있을까? 영화나 책 같은 다른 미디어와 마찬가지로 게임에서도 수많은 디자이너가 게임 디자인과 밸런스에 대해 다양한 의견을 제시해왔다. 게임 디자이너라도 게임을 즐기지 않은 사람도 있을 수 있다. 또한 그들이 만들려는 게임이 사실 본인이 원하는 장르가 아닐 수도 있다. 하지만 이런 것들이 게임을 제대로 만들지 못하고 밸런스가 잡히지 않은 상태에 대한 정당한 변명이 될 수는 없다. <다크 소울>이나 <슈퍼 미트 보이>와 같은 게임은 난이도나 취향이 결코 일반적이라고 할 수 없다. 게임 디자이너들은 플레이어가 즐길 수 있는 것을 만들고자 경험적이고 직관적인 디자인을 수행할 필요가 있다. 최소한 디자인 프로세스의 초기에는 이런 판단에 의존하는 일이 더러 발생할 것이다.

디자이너의 직감에 대한 주의 사항

게임 디자인과 밸런스에 탁월한 감각이 있다고 하더라도 가끔은 엄청난 실패를 경험할 수 있다. 게임 디자이너가 일부 시스템이나 게임 전체를 디자인할 때 중간에 큰 변화 없이 처음부터 완벽하게 디자인을 수행하는 것은 거의 불가능하다. 디자이너인 당신이 보기에 아름다웠던 게임이 시간이 지나면서 밸런스가 완전히 붕괴되고 동작하지 않는 일이 발생하더라도 너무 상심할 필요는 없다. 이는 모든 게임과 모든 게임 디자이너에게 발생하는 일이다. 당신이 디자인한 게임의 일정 부분에서 가치를 찾지 못했더라도 실망할 필요 없다. 지금까지 경험 기반의 디자인을 수행했던 것 뿐이다.

개인적인 직관에만 의존해 혼돈에 빠지는 것보다 팀 안에서 디자인이 어느 방향으로 가야 할지 결정하려고 서로 경쟁하고 이로 인해 누군가의 작업이 중단되며, 팀 안에 이런 배타적이고 경쟁적인 분위기가 팽배하는 것을 훨씬 더 경계해야 한다. 빠르게 프로토타입을 만들어 테스트를 수행하면 훨씬 짧은 시간 안에 해결할 수 있는 일을 몇 날 며칠이고 서로 논쟁만 벌인다면 불행한 일이 아닐 수 없다. 특히 디자인의 특정한 부분에 너무 과도하게 집중했을 때 이런 함정에 쉽게 빠질 수 있다. 이런 문제를 해결할 수 있는 툴을 사용해 논쟁을 피하는 것도 한 방법이다.

경험과 직관에 기반을 둔 게임 디자인이 가치가 없는 것이 아니다. 게임 디자인에 탁월한 감각을 갖고 있다는 것은 다양한 속성이나 부분의 관계를 파악해 원하는 게임 플레이 경험을 만들 수 있다는 것을 의미한다. 경험과 직관에 기반을 둔 게임 디자인의 진정한 가치는 바로 이런 것이라고 할 수 있다. 또한 어느 정도까지 특정한 경로를 살펴봐야 할지, 지금까지 시도한 작업을 그만두고 다른 방법을 찾아야 할지 결정할 때도 도움을 줄 수 있다. 게임 디자이너의 경험과 직관은 몇 해에 걸쳐 다양한 게임을 개발하면서 얻을 수 있는 것이다. 하지만 현명한 디자이너라면 스스로 이런 경험과 직관에만 의존하지는 않을 것이다. 디자이너의 시각에만 의존하지 않고 더 나은 기법과 툴을 찾아야 하는 이유이기도 하다.

플레이어 기반 밸런싱

직관적인 밸런싱 기법 중에는 게임 디자이너가 아닌 플레이어와 관련을 가진 기법도 있다. 이 기법은 앞서 살펴본 디자이너 루프에도 부합한다. 플레이어가 게임과 상호작용을 수행하고 그런 다음 디자이너가 게임에서 변경된 결과와 상호작용을 수행한다.

플레이테스트가 이 기법의 핵심이다. 디자인을 수행하는 도중에 계속 플레이어에게 게임을 플레이하게 만들고 경험에 대한 피드백을 받는다. 플레이테스트는 게임 디자인을 탄탄하게 만들고 효과적으로 게임 플레이의 밸런스를 잡으려고 사용하는 가장 중요한 기법 중 하나다. 따라서 이를 자유자재로 활용할 수 있어야 한다(12장에서 플레이테스트를 더 자세히 다룬다).

플레이어 직감에 대한 주의 사항

플레이테스트는 자체로도 충분히 가치가 있고 모든 게임 디자이너가 이를 잘 활용해야 하지만 그렇다고 만병통치약은 아니다. 일부 게임 디자이너들(혹은 게임 회사의 임직원들도 포함)은 플레이테스트의 결과를 게임에 충실하게 반영하면 모든 것이 해결된다고 생각한다. 플레이어가 게임 디자이너의 역할을 충분히 수행할 수 있다고 믿는 것이다. 플레이어에게 게임에서 무엇을 원하는지, 원하는 그것을 직접 디자인 해보라고 요청하는 것이 가능할까?

요컨대 플레이어는 게임 디자이너가 아니다. 영화를 즐기는 사람들이 감독이 아니며, 맛있는 음식을 즐기는 사람들이 요리사가 아닌 것과 마찬가지다. 플레이어로부터 적합하고 정확한 피드백을 받는 것도 중요하지만 그것이 플레이어의 피드백 그 이상도 이하도 아니라는 것을 기억해야 한다. 플레이어들은 어떤 것이 마음에 들지 않는다고 쉽게 말하지만 그에 대한 해결책은 제시해주지 않는다. 해결책을 찾는 것은 결국 게임 디자이너의 몫이다.

분석적 기법

직관적으로 게임 밸런싱을 잡는 기법과 달리 정량적인 기법도 있다. 이 기법은 숫자의 힘을 빌린다. 숫자에 기반을 둔 데이터를 분석함으로써 다양한 의견을 정제하고 왜곡된 데이터를 대체할 수 있을 것이다.

분석적 기법이라는 단어에는 게임이 플레이되는 동안 축적되는 데이터를 분석한다는 의미가 포함돼 있다. 데이터를 축적한다는 것은 곧 충분히 많은 사람이 게임을 플레이해야 한다는 것을 의미하므로 생각보다 유용하지 않은 기법일 수도 있다. 게임 개발이 진행되면서 점점 더 많은 사람이 게임을 플레이할 기회를 얻게 되고, 이를 통해 충분한 데이터를 모을 수 있다면 유용하게 활용할 수 있는 데이터 패턴을 찾아낼 수 있을 것이다.

다양한 분석 기법을 사용해 게임의 전반적인 상태를 평가할 수 있다(10장에서 더 자세히 살펴본다). 이 기법을 활용하려면 우선 일정 기간 동안 수많은 사람이 게임을 플레이해야 한다. 이 기간 동안 플레이어들이 게임을 플레이하면서 어떤 행동을 취하는지 세심하게 관찰해야 한다. 플레이어들이 주어진 경로만 따라가는가? 일부 퀘스트만 반복적으로 수행하고 다른 퀘스트는 수행하지 않는가? 플레이어가 중요한 결정을 내리는 지점마다 자신의 결정을 기록한다면 플레이어들의 게임 진행 방식을 배울 수 있는 좋은 기회가 될 것이다. 또한 플레이어들이 이런 결정을 내리는 데 얼마나 오랜 시간이 걸리는지도 파악할 수 있다.

전략 게임에서 특정 진영이 얼마나 많은 승리를 거뒀는지 확인한다고 가정해보자. 한 진영의 승률이 눈에 띄게 높다면 밸런스와 관련된 문제가 숨어있을 가능성이 높다. 마찬가지로 롤플레잉 게임에서 플레이어들이 어떤 유형의 캐릭터를 많이 선택하는지 살펴보는 것도 의미가 있다. 플레이어들이 캐릭터를 선택하기 전에 사전 설명을 읽어보는가? 튜토리얼을 완성하는가? 아니면 튜토리얼을 중간에 포기하는가?

각각의 캐릭터 유형이 특정한 레벨까지 도달하는 데 시간이 얼마나 걸리는지 분석하는 것도 도움이 된다. 도적이 다른 클래스보다 항상 더 빨리 레벨업된다면 이는 다른 클래스와 수준을 맞춰야 하는 도적 클래스만의 고유한 장점이 있다는 것을 의미한다. 또한 이는 다른 플레이어보다 게임을 더 잘 파악하고 앞서가는 플레이어들이 도적을 주로 플레이하고 새로 시작하는 플레이어들에 비해 훨씬 빠르게 성장할 수 있다는 것을 의미하기도 한다. 1차적인 데이터(어떤 클래스가 더 빨리 레벨업하는지)뿐만 아니라 다른 요소들(플레이어가 얼마나 오래 플레이를 지속하는지)과 잠재적으로 영향을 미칠 수 있는 요소들(플레이 세션의 길이, 다른 캐릭터를 선택하는 경우 얼마나 오래 플레이하는지 같은 것들)을 관찰해 각각의 상호관계를 파악할 수 있다. 결과적으로 도적 클래스가 빠르게 레벨업을 수행하고 상대적으로 오랫동안 게임을 즐겨온 플레이어들이 주로 이 캐릭터를 선택한다면 더 어렵고 다양한 도전 과제를 추가해 플레이어들의 흥미를 유지할 수 있을 것이다.

텀블시드의 사례

플레이어가 게임 안에서 어떻게 성장하는지 살펴보면 플레이어의 행위를 평가할 수 있다. <텀블시드^{Tumbleseed}>의 개발자들은 게임을 서비스하면서 어떤 것이 좋았고 어떤 것이 잘못됐는지 포스트모템을 수행하고 그 내용을 블로그에 올려 다른 개발자들에게도 제공했다(Wohlwend 2017). 이 블로그에서 개발자는 얼마나 많은 사람이 미디어에서 게임을 '너무 어렵다'고 표현했는지 설명했다. 이는 플레이어들이 게임을 '불공평하고 힘든 것'으로 느끼고 있다는 반증이었기 때문이다. 게임이 어렵고 힘들다는 것이 모든 게임에서 문제가 되는 것은 아니지만 <텀블시드>의 경우에는 너무 어려운 난이도로 인해 게임의 수익과 상업적인 성공에 제약이 있을 정도였다. 블로그 포스트에서 개발자들이 설명했듯이 게임의 어려운 난이도에 비해 전혀 어울리지 않는 밝고 캐주얼한 그래픽도 사용자들의 비판을 받는 데 한몫을 했다. 팀은 게임 개발 비용을 온전히 회수할 수 있을지 의문을 가졌다. 개발자들이 포스트모템을 통해 밝힌 사용자들의 게임 진행 데이터는 다음과 같다.

- 41%의 플레이어가 정글에 도달함

- 8.3%의 플레이어가 사막에 도달함

- 1.8%의 플레이어가 설원에 도달함

- 0.8%의 플레이어가 산꼭대기에 도달함

- 0.2%의 플레이어가 게임을 완주함

게임에 대해 잘 알지 못한다면 이 수치에 대해 다양한 의견이 분분할 것이다. 59%에 달하는 플레이어들이 게임을 시작했지만 첫 번째 체크포인트에도 도달하지 못했고, 그다음 2개의 체크포인트를 거치는 동안 각 단계마다 80%에 달하는 플레이어들이 떨어져 나가고 있다. 이는 게임을 진행하는 데 큰 문제가 있다는 것을 말해준다. 즉, 이 통계 수치는 난이도와 밸런스에 존재하는 문제를 있는 그대로 보여주는 것이다.

개발 팀은 이 숫자들이 의미하는 바를 금세 알아차렸다. 플레이어들이 다음과 같은 요소들을 동시에 처리할 수 있어야 게임을 성공적으로 수행할 수 있었다.

- 새로운 컨트롤 구조를 마스터해야 함

- 새로운 게임 시스템과 규칙을 학습해야 함

- 새로운 지형을 파악해야 함(매번 임의의 지형이 생성됨)

- 새로운 적을 학습해야 함(때로는 여러 명의 적이 등장함)

- 새로운 아이템을 잘 활용해야 함(일부 아이템은 플레이어에게도 위험함)

개발 팀에서 플레이어들이 무척 당혹스러웠을 거라고 결론을 내린 것은 놀랄 일이 아니었다. 게임 디자인은 너무 과하게 설정돼 있어 사용자의 상호작용 예산을 초과했고, 액션/피드백, 단기 인지, 장기 인지 상호작용이 동시에 발생하면서 이들 모두를 한꺼번에 받아들이기 힘들었던 것이다. 플레이어는 빠르게 멘탈 모델을 만들어 나감과 동시에 다양한 레벨에 대한 새로운 상호작용을 학습해야 했던 것이다. 그렇게 많은 플레이어가 게임 진행을 포기한 것이 전혀 놀랍지 않은 일이었다.

게임 밸런스 문제가 아닌 것처럼 보일지라도 게임이 너무 어려워서 몰입이 힘들고, 결국 플레이를 이어 나가지도 못할 정도로 재미가 없다는 것은 명백한 문제다. 단순히 하나의 클래스를 더 강하게 만들거나, 약하게 만들거나, 한 레벨을 더 쉽게 끝낼 수 있게 만드는 것과 같은 간단한 방법으로 해결될 수 있는 문제가 아니다. 플레이테스트와 같은 기법을 사용해 게임 개발 초기부터 발견되고 개선됐어야 하는 문제들이었다. 그나마 다행인 것은 개발 팀이 플레이어의 게임 진행 상황을 추적하고 분석할 수 있게 게임을 설정해놨던 것이다. 그렇지 않았다면 개발 팀은 플레이어들이 왜 이렇게 게임을 어렵게 생각하는지 파악할 수 있는 근거조차 찾지 못했을 것이다.[1]

<텀블시드>의 예와 같이 플레이어의 행동 데이터를 분석하려면 게임 안에서 데이터를 수집해야 한다. 디자이너가 수집해야 하는 데이터를 메모리나 파일에 기록하고 이를 정기적으로 전송할 수 있어야 한다는 것을 의미한다. 모바일 게임이나 온라인 게임에서 이런 기능을 구현하는 것은 그리 어려운 일이 아니다. 로그인에 필요한 인증 정보와 게임을 진행하면서 수시로 쌓이는 로그 데이터를 큰 무리 없이 서버로 전송할 수 있다. 반면 완전히 오프라인 환경에서 구동되는 게임이라면 이는 쉽지 않은 문제다. 게임이 스스로 로그 파일을 작성하고 플레이어가 수락한다는 전제하에 이를 서버로 보내는 방식을 활용할 수 있을 것이다. 보드 게임 역시 플레이테스트를 통해 분석 자료를 모을 수 있다. 게임을 얼마나 오래 수행하는지, 한 개인의 턴이 종료될 때까지 어느 정도의 시간이 걸리는지, 어떤 전략을 사용하는지 등의 항목들이 플레이테스트 동안 정량적으로 측정될 수 있다.

분석적 기법의 주의 사항

분석적 기법을 사용해 게임 밸런싱을 잡을 때 데이터만 충분하다면 게임 디자인의 모든 리스크를 제거할 수 있다고 믿는 것은 위험한 일이다. 일부 게임 개발자는 게임 장르와 관련된 항목들, 게임 메카닉스, 아트 스타일 등과 관련된 방대한 양의 데이터를 수집해 이를 잘 가공하는 것이 성공의 지름길이라고 생각한다. 하지만 불행히도 이런 기법은 제대로 동작하지 않는다. 이들은 장르와 아트 스타일, 게임 플레이와 그 밖의 기대하지 못했던 요소들이 함께 상호작용을 수행해 만들어내는 시스템적이고 창발적인 효과들을 고려하지 못했기 때문이다. 플레이어가 말하지 않는 것은 데이터도 말하지 못한다. 플레이어는 그들이 상상할 수 없는 것이 아니라 볼 수 있는

---

1. 다른 게임에서도 손쉽게 이런 난이도와 관련된 문제를 찾아볼 수 있지만 그때마다 게임 디자이너들은 '플레이하는 것을 학습'해야 한다는 말 뒤로 숨어 버리기 십상이다. 이런 자세는 플레이어에게도 전혀 도움이 되지 않는다. 오히려 플레이어에게 몰입할 수 있는 경험을 전달해줘야 한다는 게임 디자이너의 역할을 이해하지 못하고 있는 것으로 보일 수 있다.

것 중에서 원하는 것을 요구한다. 헨리 포드가 사람들에게 "원하는 것이 무엇이냐?"고 물었을 때 '더 빠른 말'이라고 대답한 것을 연상시킨다.

데이터 분석이 유용하지 않다는 이야기가 아니다. 이런 기법을 통해 플레이어들이 어느 부분에 흥미를 느끼는지, 게임 시장에서 어느 부분이 각광을 받고 있는지 쉽게 이해할 수 있다. 다만 우리가 분석 주도 디자인^{analytics-driven design}이라고 부르는 것과 분석 기반 디자인^{analytics-informed design}이라고 부르는 것에는 큰 차이가 있다는 것을 알아야 한다. 다른 종류의 피드백과 마찬가지로 게임 디자이너들은 데이터가 주는 피드백을 해석하고 그 맥락을 충분히 이해할 필요가 있다. 하지만 데이터가 다른 모든 것보다 우위에 있어서는 안 된다.

샘플의 크기와 정보 왜곡

데이터를 해석할 때 샘플의 크기에 유의해야 한다. 방대한 규모의 플레이어 데이터를 수집해봤더니 그중 상당수가 특정한 건물을 짓지 않거나 특정한 캐릭터를 플레이하지 않는다고 판명됐다면 이는 분명히 이유를 살펴봐야 하는 가치 있는 정보라고 할 수 있다. 하지만 이런 대규모의 객관적인 데이터를 얻는 것 자체가 쉽지 않다. 개발자들은 흔히 그들의 친구나 소규모 포커스 그룹, 플레이어 커뮤니티의 일부 플레이어가 어떤 것은 동작하고 어떤 것은 동작하지 않는다고 전해주는 의견에만 의존한다. 이런 경우 소수 인원이 전체를 대표하지 못한다는 리스크가 남게 된다. 팀장의 조카가 이런 방식의 플레이를 좋아하지 않는다는 이유만으로 제품 변경을 논해야 하는 최악의 상황이 벌어질 수 있는 것이다.

분석에 필요한 충분한 정보를 확보할 수 있고 게임을 사랑해주는 커뮤니티가 있다는 것은 커다란 혜택이다. 하지만 그에 상응하는 대가를 치러야 한다. 게임을 사랑하는 플레이어들 대부분이 소리 높여 불만을 말하는 사람들이다. 그리고 어떤 변경에는 가장 크게 저항하는 사람들이기도 하다. 특정한 종류의 탈 것이 너무 과하게 좋은 편이어서 최고 속도를 줄여야 한다거나, 게임 안의 어떤 아이템을 제거해야 하는 충분한 근거가 있는 상태라고 가정해보자. 게임을 망치지 않고자 팀은 열심히 이런 내용들을 수정했다.

하지만 이런 변경의 결과로 인해 일부 사람은 화를 내고 목소리를 높이기 마련이다. 냉정하게 판단하지 않는다면 모든 플레이어의 행위에서 비롯된 확실한 데이터보다 이들의 목소리를 더 우선하게 된다.

나는 매일 10만 명에 달하는 플레이어들이 즐기는 게임에 중요한 변경을 수행하는 팀의 리더였던 적이 있다. 우리는 세심하게 변경 내용을 계획하고 플레이테스트를 수행한 다음 게임에 이 내용을 반영했다. 우리 게임의 게시판은 바로 폭파될 지경이었다. 수많은 사람이 화를 냈다. 일부 팀원은 우리가 큰 실수를 저질렀고 롤백을 통해 빨리 실수를 만회해야 한다고 주장했다. 플레이어들의 분노가 우리를 향하고 있다고 생각했다. 하지만 이 상황을 좀 더 신중하고 분석적으로 바라볼 필요가 있었다. 우리는 플레이어들이 게임을 플레이하는 방식이 조금씩 더 나아지고 있다는 것을 보여주는 지표들을 발견할 수 있었다. 그리고 과격하게 불평을 토로하는 사람들은 몇 사람에 지나지 않았다는 것도 알 수 있었다. 게시판은 밀폐된 방과 같아서 이들의 목소리가 훨씬 더 크게 울릴 수밖에 없었다. 이들의 목소리가 더 크게 울리고 불행하게도 게임 커뮤니티에서 흔하게 발생하는 일이지만 일부 플레이어가 우리보다 게임에 대해 더 많이 알고 있는 것처럼 보였다. 하지만 이렇게 화난 목소리로 모든 플레이어를 대표하는 것처럼 보이던 사람들은 지극히 소수였다. 이들은 전체 플레이어의 0.05%에도 미치지 못했다. 물론 이들이 가장 헌신적인 플레이어라는 것은 변하지 않는 사실이다. 하지만 우리는 분석적 기법을 활용해 나머지 99.95%의 플레이어들을 위한 개선 작업을 이어 나갔다. 곧 모든 플레이어가 변경된 사항에 익숙해져 갔다. 불만은 다른 곳으로 옮아갔다.

때론 이렇게 목소리를 높이는 플레이어들이 다른 모든 플레이어를 대변하는 리더가 되기도 한다. 하지만 소수의 사람들이 전체를 대변하지 못하는 경우가 더 많이 발생한다. 데이터를 통해 상황을 신중하고 분석적으로 바라본다면 이를 충분히 구별해 낼 수 있을 것이다.

수학적 기법

게임 밸런스를 잡는 정량적인 방법 중 마지막으로 살펴볼 것은 수학적 기법이다. 앞서 살펴본 분석적 방법 역시 수학을 사용하지만 행동과 관련된 데이터를 활용해 과거에 일어난 일을 분석하는 데 집중돼 있는 반면, 이제 살펴볼 수학적 기법은 모델을 만들어 향후 게임이 어떻게 동작할지 예측하는 데 집중돼 있다.

수학적 모델은 새로운 게임을 만들 때 가장 유용하게 사용될 수 있다. 특히 다양한 형태로 경쟁하고 성장할 수 있는 게임이라면 더더욱 활용도가 높다. 수학적 기법을 사용하면 게임 오브젝트 간의 특정한 관계를 좀 더 쉽게 정의할 수 있고, 이를 통해 게임 밸런스를 더 효율적으로 잡을 수 있게 된다. 수학적 모델은 수학, 확률, 통계에 대한 지식을 필요로 하므로 다른 기법들에 비해 더 복잡할 수 있다. 가장 널리 적용되는 수학적 기법은 10장에서도 살펴볼 것이다. 특정 게임에서 이 기법을 더욱 잘 활용할 수 있다.

8장에서는 스프레드시트에 게임의 부분을 형성하는 오브젝트의 속성 값을 저장하는 방법을 간단하게 살펴봤다. 행에는 각기 다른 오브젝트를, 열에는 이들이 공유하는 속성을 표시하고 교차되는 셀에는 각 오브젝트에 해당하는 값을 저장했다. 컬러 포맷과 코멘트를 활용해 좀 더 효과적으로 데이터를 유지하는 방법도 함께 살펴봤다. 게임 디자인 데이터를 유기적으로 관리하려면 이 모든 것이 필요하다. 수학적 모델링 기법을 게임에 적용할 때도 동일한 내용을 염두에 두고 있어야 한다.

10장에서는 스프레드시트에 디자인 데이터를 저장해 다양한 오브젝트 간의 관계를 시각화해서 보여주는 방법과 추가적인 계산을 위해 필요한 수학적 모델과 공식을 만드는 방법을 알아볼 것이다. 수학적인 툴을 사용해 데이터를 활용한다면 다음과 같은 효과를 얻을 수 있다.

- 다양한 오브젝트를 사용할 때 발생하는 비용과 이익이 균형을 이룰 수 있다.

- 하나의 오브젝트가 다른 모든 것을 제압하거나 압도되는 것을 막을 수 있다.

- 특정한 오브젝트의 성장, 비용과 보상의 성장이 동일한 비율로 수행될 수 있다. 플레이어가 공평하다고 생각해 게임에 몰입할 수 있는 흐름과 디자이너가 생각하는 게임의 흐름을 맞출 수 있게 된다.

수학적 모델링에 대한 주의 사항

수학적 모델링이 게임 밸런스를 잡는 데 매우 중요한 것임에도 불구하고 자체만으로는 절대적인 도구가 될 수 없음을 항상 염두에 두고 있어야 한다. 수학적인 툴을 사용하면 게임의 밸런스를 바로 정확하게 잡을 수 있을 것이라는 환상에서 벗어나야 한다. 아무리 간단한 게임이라도 한 번에 정확한 밸런스를 잡는 것은 거의 불가능하며 오랜 시간을 투자해도 정답을 찾는 것은 쉽지 않은 일이다. 게임 안에서 가장 밸런스가 좋지 않은 부분을 찾는 데는 도움이 되겠지만 게임의 완성도나 정교함을 향상시키지는 못한다(이런 일이 가능하다고 해도 게임의 다른 부분을 개발하는 데 드는 시간과 노력보다 훨씬 많은 시간과 노력이 소모될 것이다).

수학적 모델과 툴은 심미적인 결정에는 큰 도움을 주지 못한다. 게임 안에 등장하는 특정한 탈 것이 다른 탈 것들에 비해 상대적으로 조금 빠르다거나 좀 더 화려해 보이지만 이를 획득하는 데 비용이 더 많이 들지 않는 것과 같이 전체적인 밸런스를 해치지 않는 범위 안에서 문제를 수정할 수 있는 방법을 찾을 때 유용하게 사용할 수 있다. 추가로 비용이 더 들게 만들거나(빠르고 화려한 탈 것이라면 유지 보수 비용을 좀 더 높게 책정하거나 제어하는 것을 어렵게 만들 수 있을 것이다) 그 밖의 다른 시스템이나 속성을 사용해 밸런스를 조정할 수 있을 것이다. 이런 장점을 상쇄시키는 새로운 탈 것을 만드는 것도 하나의 방법이 될 수 있다.

수학적 모델링 기법이 앞서 살펴본 다른 기법들과 마찬가지로 유용하게 사용될 수 있지만 게임 디자이너의 판단을 대체할 수는 없다. 어떤 경험을 플레이어에게 전달할지, 게임을 만들고자 어떤 툴이 가장 적합할지 판단을 내리는 것은 다름 아닌 게임 디자이너들이다.

확률로 게임 밸런스 잡기

확률을 설정하는 것도 정량적인 게임 밸런싱에서 중요하다. 이 책에서 확률과 통계 자체를 자세히 논의하려는 것은 아니다. 다음 절에서는 게임 디자인과 밸런싱에 필요한 확률과 통계의 개념을 알아볼 것이다.

게임 확률 살펴보기

확률은 어떤 일이 일어날 가능성을 말한다. "내일 해가 뜬다."와 같이 앞으로 발생할 어떤 일에 대한 확신이 있다면 그 일은 100%의 가능성을 갖고 있다고 말할 수 있다. 하지만 내일 비가 오는지 예측해야 한다면 확신을 갖기 쉽지 않다. 이런 경우는 50%의 확률을 가진다고 말할 수 있을 것이다. 일반적으로 확률을 %로 표시하는데 이를 0과 1 사이의 숫자로 표시하는 것이 좀 더 효과적이다. 즉, 100% = 1.0, 50% = .0.5와 같이 표시하는 것이다. 이를 통해 확률을 좀 더 쉽게 다룰 수 있다.

게임에서 확률은 아직 구현되지 않은 시스템을 시뮬레이션해볼 때 많이 사용된다. 8장에서도 살펴봤듯이 게임 디자이너들은 시스템의 계층 구조에서 어디가 가장 밑바닥에 해당하는지 결정해야 한다. 즉, 새로운 서브시스템을 만들 수 없는 곳, 각각의 속성에 맞게 이름-값 페어를 할당해야 하는 곳을 찾아야 한다. 내부 구성이 너무 난해하거나 새로운 시스템을 만들어내기 힘든 곳에는 확률을 부여해 이를 대체하기도 한다. 확률을 부여하지 않는다면 모든 무기의 칼날에서 어떤 일이 발생하는지, 몬스터들이 왜 숨었다가 나타나는지에 대한 심리적이고 생화학적인 상호작용의 모든 측면을 파악하고 있어야 한다. 게임 디자인은 어느 정도는 단순해야 한다. 앞서와 같은 상황에는 확률을 설정하고 랜덤 값을 부여한 다음, 어떤 일이 발생하는지 관찰하기만 해도 무방하다.

무작위 추출

무작위 선택을 수행할 수 있는 디바이스는 다양하다. 보드 게임의 경우 주사위, 카드, 카운터 등을 활용해 무작위 값을 추출한다. 디지털 게임에서는 코드로 난수 발생기를 만들어 동일한 기능을 수행한다. 디지털 솔리테어를 즐긴다면 코드에서 1부터 52 사이의 무작위 값을 생성해 그다음 카드를 보여줄 것이다.

무작위라는 단어를 사용하는 것에 주목할 필요가 있다. 이 단어는 명백하게 임의로 선택된다는 것 외에는 어떤 다른 요구 사항도 존재하지 않는 것을 의미한다. 정밀한 무작위 값을 얻고자 원자핵의 붕괴 같은 극단적인 방법을 사용하지는 않을 것이다. 임의의 기능처럼 보이지만 실제로는 결과가 의도되거나 왜곡되지 않는 이상, 그리고 난수 발생기의 주기가 식별될 수 있는 이상 일반적인 난수 발생기라 하더라도 모든 게임에서 충분히 원활하게 동작할 것이다. 게임에서 문제가 되는 것은 무작위 값 자체가 아니라 기능적인 측면에서 어느 정도의 무작위성이 허용돼야 하는가 하는 것이다.

분리되고 연결된 이벤트

우선 확률과 무작위 값이 적용되는 이벤트가 어떻게 동작하는지 이해할 필요가 있다. 가장 먼저 살펴볼 부분은 어떻게 이벤트가 확률을 만들어내느냐 하는 것이다. 동전을 던질 경우 50%의 기회, 즉 0.5의 확률을 가지며 이에 따라 앞면이나 뒷면이 나올 것이다. 동전은 앞뒷면을 갖고 있고 둘 중 한 면만 표시될 것이기 때문에 2분의 1, 즉 1/2 = 0.5로 계산할 수 있다. 확률의 합이 1이 돼야 한다는 것에 유의하자. 이는 불변의 법칙이다. 가능한 한 모든 경우의 확률을 합하면 반드시 1.0이 돼야 한다.

동전을 던지기 전까지는 어떤 면이 나올지 알 수 없다. 따라서 이는 무작위 이벤트라고 할 수 있다. 동전을 한 번 던졌는데 앞면이 나왔다고 가정해보자. 한 번 더 동전을 던질 경우 다시 앞면이 나올 확률은 얼마일까? 앞서의 경우가 두 번째 동전을 던졌을 때의 확률에 영향을 미치는가? 아니다. 그렇지 않다. 이 둘은 완전히 분리된 이벤트라고 할 수 있다. 100번 연속으로 동전을 던진다고 해도 늘 확률은 동일하게 0.5를 유지한다. 이와 같이 동전을 던지는 이벤트는 각각 완전히 분리돼 있다.

반면 여러 개의 이벤트를 동시에 수행해 확률을 미리 예측해본다고 가정해보자. 예를 들어 3개의 동전을 던져(3번을 이어서 던져도 되고 3개를 한꺼번에 던져도 된다) 모두 앞면이 나오는 경우의 확률을 살펴보자. 각각의 이벤트가 서로 연관을 갖게 될 것이다. 최종 조건은 각각의 동전이 모두 조건을 만족시키지 않는다면 달성될 수 없다. 이 경우 연속으로 동전을 던진다고 해도 각각의 조건을 달성할 확률이 0.5가 되는 것이 아니다. 동전을 동시에 던진다면 각각의 확률을 곱해야 한다. 즉, $0.5 \times 0.5 \times 0.5 = 1/2 \times 1/2 \times 1/2 = 1/8$, 12.5%가 되는 것이다. 12.5%가 25%의 반에 해당하며, 25%는 50%의 절반에 해당한다는 것에 유의하자. 동전을 던지면 가능한 결과가 2가지이므로 매번 전체 확률을 절반으로 줄이게 되는 것이다.

주사위를 던질 때도 마찬가지의 규칙이 적용된다. 정육면체 주사위에서 6의 값을 얻을 확률은 1/6, 0.167에 해당한다. 하지만 2개의 주사위를 굴려 모두 6의 값을 얻을 확률은(연결된 이벤트의 경우) $1/6 \times 1/6$ 혹은 0.028, 즉 2.8%의 확률을 갖게 된다.

확률 분포

2개의 주사위를 던졌을 때 얻을 수 있는 값의 확률이 모두 동일한 것은 아니다. 각각의 수를 이루는 조합이 달라지기 때문이다. 하나의 값을 얻을 확률은 1/6이 되며, 나머지 값을 얻을 확률이 이 값에 곱해져야 한다. 2개의 주사위를 동시에 굴렸을 때(종종 2d6으로 표현하기도 한다) 분모는 항상 $6 \times 6 = 36$이 된다. 2개의 주사위를 굴려 얻을 수 있는 값의 합을 구할 땐 우선 더해진 값을 얻을 수 있는 경우가 몇 가지인지를 구하고, 이를 36으로 나눠 최종적인 확률을 표현할 수 있다. 따라서 2개의 주사위를 굴려 5를 얻는 경우를 계산한다면 우선 두 값의 합이 5가 되는 경우를 먼저 찾아야 한다. 1 + 4, 2 + 3, 3 + 2, 4 + 1과 같이 모두 4개의 조합이 산출되며 이를 36으로 나눈 값인 11.1%가 최종적인 확률이 되는 것이다.

2개의 주사위를 굴려 얻을 수 있는 값의 합은 2에서 12 사이가 될 것이며 확률을 그래프로 표현하면 마치 언덕을 올라가고 내려가는 것처럼 보일 것이다. 앞서 다뤘던 종 모양(그림 9.1 참고)과도 비슷하다. 이런 확률의 분포를 정규분포^{normal}

distribution 혹은 가우시안 분포^{Gaussian distribution}라고 한다. 이 독특한 모양은 독립적인 확률을 가진 여러 이벤트가 한 번에 수행될 때(이 경우는 2개의 주사위를 굴릴 때) 자주 찾아볼 수 있다.

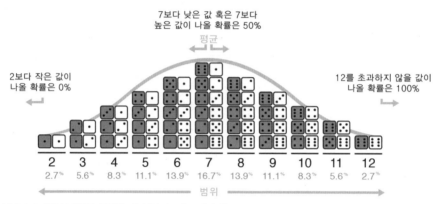

그림 9.1 2개의 주사위를 굴렸을 때 얻을 수 있는 값과 확률 분포. 최종적인 값은 각 값의 조합으로 만들어진다.

그림 9.1에서도 보이듯이 곡선의 중간에 위치하는 값을 평균이라고 부른다. 곡선 아래의 모든 데이터를 더하고 이를 데이터의 개수로 나누면 얻을 수 있는 값이다. 곡선의 가장 높은 부분, 꼭대기를 최빈수라고 부르며, 이는 가장 높은 확률을 가진 값이다. 이 경우 꼭대기가 곡선의 중간 부분에 위치하지만 모든 경우에 그래야 하는 것은 아니다. 분포 곡선의 정중앙에 위치하며 그 아래 위치한 값의 개수와 그 위에 위치한 값의 개수가 동일한 경우 이 값을 중앙값이라고 칭한다. 마지막으로 범위는 분포를 통해 표시되는 값의 폭을 의미한다. 2개의 주사위를 굴리는 경우에는 2 ~ 12가 범위가 된다. 1과 13은 범위 밖의 값이 된다.

그림 9.1과 같이 좌우 대칭을 이루는 분포에서는 평균과 최빈수, 중앙값이 모두 동일하다. 하지만 확률이 좌우대칭으로 분포하지 않는 경우에는 이들 모두가 달라질 수 있다. 중앙값과 최빈수가 평균보다 높은 곳에 위치한다면 곡선의 '불룩한 부분'이 오른쪽으로 치우친 상태일 것이다. 반대로 최빈수와 중앙값이 평균보다 낮다면 분산이 왼쪽으로 치우쳐 있을 것이다. 롤플레잉 게임에서 각 캐릭터의 체력 값을 표시한다면 일부 캐릭터의 체력이 다른 캐릭터보다 높게 나타날 것이다. 따라서 그 분

포가 정규분포의 형태를 보이지 않는다. 체력 값의 범위가 1에서 100까지라면 평균은 50 언저리에서 형성되겠지만 플레이어들은 항상 '평균' 이상의 캐릭터를 선호할 것이다.

확률 변경

확률을 변경하는 것도 게임 디자인에서 유용하게 사용할 수 있는 기법 중 하나다. 카드 덱에서 특정 카드를 찾고 싶을 때, 예를 들어 하트 퀸 카드를 찾는다고 가정해보자. 선택된 카드는 계속 펼쳐놓고 원하는 카드가 나올 때까지 드로를 수행한다. 첫 번째 드로에서 원하는 카드를 얻을 수 있는 확률은 1/52, 즉 0.02에 지나지 않는다. 이후 원하는 카드를 얻을 때까지 앞서 드로된 카드는 펼쳐놓고 이어서 드로를 수행한다면 원하는 카드를 얻을 확률은 점점 더 높아질 것이다. 32장의 카드를 펼쳐놓을 때까지 드로를 계속했지만 아직 원하는 카드를 찾지 못했다면 다음 드로에서 원하는 카드를 얻을 확률은 1/20이 될 것이다. 남아있는 카드 20장 안에 하트 퀸이 포함돼 있기 때문이다. 계속 진행하면 그다음 드로에서 원하는 카드가 나올 확률이 점점 높아진다. 결국 마지막까지 원하는 카드를 뽑지 못했다면 마지막 드로의 가능성은 1/1, 100%가 된다.

플레이어의 스킬에 기반을 두고 달성할 수 있는 목표가 아닌 확률에만 기반을 둔 목표를 부여하는 경우 플레이어가 이 목표에 조금씩 다가가고 있다는 느낌을 주고자 이런 식으로 확률이 설정될 수 있다. 일부 게임에서는 (물리적이건 혹은 가상의 세계에서건) 상자를 구매했을 때 어떤 보상을 받을지 알 수 없으므로 이를 '블라인드 박스'라고 부른다. 여기에 1%의 당첨 확률을 부여했다고 가정해보자. 블라인드 박스를 열면 이벤트는 분산돼 존재하므로 상자에서 레어 아이템을 얻을 확률은 1%가 된다. 일부 디지털 게임에서는 이를 변경해 플레이어가 좀 더 게임에 몰입할 수 있도록 설정한다. 첫 번째 블라인드 박스에서 원하는 아이템을 얻지 못했다면 이후 원하는 카드를 얻고자 드로를 계속하는 것과 유사한 과정을 보여주는 것이다. 한 번 더 상자를 열게 되면 그때는 확률이 좀 더 증가한다. 플레이어가 조금씩 확률이 올라간다는 것을 인지해 계속 구매를 시도하도록 유도하는 것이다. 하지만 이 상자를 통해 얻을 수 있는 아이템의 범위가 수천 수만 가지에 달한다면 결국 플레이어가 원하는 아이템을 얻을 수 있는 확률은 무척이나 낮아진다. 플레이어가 원하는 아이템을 얻으려면 다양한 이벤트(여러 번 연속 구매가 가능한 블라인드 박스)를 수행해야 하는 것이다.

인지 왜곡과 3개의 문

블라인드 박스는 게임에서 확률을 사용할 때 발생할 수 있는 중요한 이슈에 대한 논란을 불러일으킨다. 첫 번째는 일반적으로 사람들이 확률에 대해 잘 알지 못한다는 것이다. 1등 상품의 가치가 올라갈수록 복권 판매가 잘된다는 것만 봐도 일반 대중들이 확률을 잘 이해하지 못하고 있다는 사실을 알 수 있다. 복권 1등에 당첨될 확률은 실생활에서 벼락에 맞거나, 떨어지는 혜성에 맞거나, 상어에게 공격 당할 확률보다도 낮다.

확률을 쉽게 이해하기 어렵다는 것을 잘 보여주는 또 다른 예제는 '3개의 문'이라고 알려진 것이다.[2] 문제는 다음과 같다. 진행자가 3개의 문을 보여준다. 하나의 문 뒤에는 값진 보상이 있고 다른 2개의 문에는 염소가 있다. 당신이 첫 번째 문을 선택했다고 가정해보자. 선택한 문(#1)을 열기 전에 진행자(진행자는 상품이 어디에 있는지 알고 있다)가 염소가 있는 다른 문을 하나 연다. 그런 다음 진행자가 당신에게 처음 선택했던 문 대신 다른 문을 선택할 것인지, 아니면 원래의 선택을 유지할 것인지 묻는다. 확률의 관점에서 본다면 어떤 선택을 하는 것이 좋을까?

대부분의 사람이 이 문제를 들었을 때 상품을 얻을 확률이 이전과 동일하다고 생각할 것이다. 하지만 실제는 다르다. 선택을 바꾸는 것이 상품을 받을 확률이 더 높아진다. 이전 선택을 유지한다면 1/3 확률이 유지되는 것이지만 다른 문을 선택한다면 확률이 2/3로 높아지게 된다.

---

2. 몬티 홀(Monty Hall)의 TV쇼인 '렛츠 메이크 어 딜(Let's make a deal)'에서 자동차를 보상으로 걸고 나왔던 문제로 '몬티 홀' 문제라고도 알려져 있다(Selvin 1975).

여기서 우리가 확률을 오해하고 있는 것, 즉 인지 왜곡과 확률의 이슈가 불거지는 것이다. 속임수처럼 보이지만 사람들이 확률에 대해 오해하고 있는 것은 게임에서도 마찬가지다. 앞서 살펴본 '3개의 문' 이슈에서 속임수처럼 보이는 것은 진행자가 상품이 어디에 있는지 알고 있다는 것이다. 진행자는 임의의 문을 선택하는 것이 아니라 염소가 있는 2개의 문 중 하나를 선택하는 것이다.

당신이 첫 번째 문을 선택했다면 상품을 선택할 가능성은 1/3이 된다. 상품이 어디에 있는지 알 수 없기 때문에 0.33의 확률을 갖게 된다. 상품은 단지 하나의 문 뒤에 있을 뿐 임의로 움직이지 않는다. 당신이 선택한 문의 확률이 0.33이므로 이는 다른 2개의 문에 상품이 있을 확률은 0.67이 된다는 것을 의미한다.

진행자가 상품이 어디 있는지 알고 있다는 사실을 다시 한 번 상기하자. 따라서 그가 실수로 상품이 있는 문을 열지는 않을 것이다. 진행자가 3번 문을 열었다면 그곳에 염소가 있다는 것을 미리 알고 있었다는 것을 의미한다. 아직 0.33과 0.67의 확률은 변경되지 않은 상태다. 열린 문이 임의로 선택된 것이 아니기 때문이다. 아직 당신의 첫 번째 선택은 0.33의 확률을 갖고 있는 것이며(처음에 정확한 선택을 했을 확률), 다른 문들 역시 0.67의 확률을 갖고 있는 것이다(모든 확률의 합이 1이 돼야 한다는 것을 상기하자). 이는 첫 번째 선택이 옳았을 수도 있지만 선택을 바꾼다면 확률이 2배로 증가한다는 것을 의미한다.

이런 사례를 경험해보지 않았다면 첫 번째 문이 열린 이후에도 확률이 동일하다고 생각할 수 있다. 이 부분을 깊이 관찰해볼 필요가 있다. 확률을 이해하는 것과 이를 이해하는 과정에서 인지가 왜곡될 수 있다는 것을 이해하는 것이야말로 게임 디자이너에게 있어 중요한 스킬이 되기 때문이다.

좀 더 변형된 경우를 살펴보면 더 쉽게 이해할 수 있을 것이다. 3개의 문 대신 100개의 문이 있다고 가정해보자. 한 개의 문 뒤에는 상품이, 다른 문 하나에는 염소가, 그 외의 다른 모든 문은 텅 비어 있다. 간단하게 생각해서 당신이 첫 번째 문을 골랐다고 가정해보자. 이 경우 상품을 획득할 확률은 1/100, 즉 0.01이 되며 여기에는 의심의 여지가 없다. 나머지 99개의 문 중에 상품이 있을 확률은 99%, 즉 0.99가 된다.

앞서의 경우와 동일하게 진행자는 상품과 염소의 위치를 알고 있다. 대신 진행자는 단 하나의 문을 제외하고 나머지 98개의 문을 순서대로 연다. 당신이 선택한 첫 번째 문은 여전히 닫힌 상태다. 그 곳에 상품이 남아있을 확률은 여전히 0.01에 해당한다. 10번째 문이 열릴 때 염소가 등장했다. 진행자가 열지 않은 단 하나의 문은 58번째 문이고, 10번째 문을 제외한 나머지 모든 문은 열었을 때 그 안에 아무것도 없었다. 이제 닫혀 있는 문은 당신이 선택한 첫 번째 문과 진행자가 열지 않은 58번째 문, 2개 뿐이다. 가장 처음에 상품을 획득했을 확률, 즉 상품이 첫 번째 문 뒤에 있을 확률은 0.01로 변경되지 않았고 나머지 열리지 않은 하나의 문 뒤에 상품이 있을 확률은 0.99가 되는 것이다. 마찬가지로 모든 확률을 더하면 1이 돼야 한다. 이 경우 진행자가 끝까지 열지 않은 문은 58번 문이다. 당신이라면 첫 번째 선택한 문에서 이 문으로 선택을 바꿀 것인가? 선택을 변경하면 99%의 확률로 상품을 획득하게 되는 것이다. 이 경우 진행자가 58번 문 뒤에 상품이 있기 때문에 끝까지 이 문을 열지 않았으리라 유추할 수 있기 때문이다. 물론 당신은 아직 1%의 확률로 이길 가능성이 있다. 하지만 당신이 확률이 어떻게 동작하는지 이해한다면 선택을 변경해 1%의 패배할 확률을 갖게 될 것이다.

확률의 공정함

공정함이란 확률에 대한 인지 왜곡과 함께 과연 게임이 공정한지, 게임 밸런스가 이 공정성에 어떤 영향을 미치는지에 대한 것이다. 정육면체 주사위로 진행하는 게임에서 계속 1만 나온다면 주사위가 공정하지 않고 결국 게임 자체가 공평하지 않다고 여길 것이다. 디지털 게임의 경우 정확하게 동작하는 확률조차 공정하지 않다는 평가를 자주 접할 수 있다. 어떤 게임 안에서 1/3(0.33, 혹은 33%) 확률로 보상을 지급한다고 가정해보자. 플레이어가 3번 혹은 4번 정도의 시도를 했는데도 보상을 받지 못했다면 게임에 문제가 있다거나 확률이 조작됐다고 생각할 것이다. 0.33의 확률을 갖고 있다면 3번 정도 시도했을 때 한 번의 보상을 획득할 수 있어야 한다고 믿는 것이다. 물론 약간의 오차는 있을 수 있다. 33%의 확률을 가진 보상을 3번의 시도 안에 획득할 가능성은 70%에 달한다. 하지만 10번을 넘게 시도했음에도 불구하고 보상을 획득하지 못할 가능성도 2%에 달한다. 몇 번의 시도 끝에 성공하는 확률을 어떻게 계산하는지에 대한 이해가 필요하며 여기에는 베르누이 과정$^{\text{Bernoulli process}}$이라고 부르는 것이 함께 고찰돼야 한다. 간단하게 정리하자면 1에서 성공 확률(앞의 예제에서는 0.33)을 뺀 수는 실패할 확률을 나타낸다. 즉, 이 확률만큼의 시도 중에는 성공할 확률이 전혀 없다는 것이다. 앞서의 예제에서라면 1.0 - 0.33 = 0.67의 실패 확률을 계산할 수 있다. 시도한 횟수만큼 구해진 실패 확률은 제곱한다. 따라서 3번 시도한다면 0.67^{3}이 되는 것이며 그 결과 0.67 × 0.67 × 0.67 = 0.3 을 얻을 수 있다. 구해진 확률이 실패할 확률, 즉 전혀 성공하지 못할 확률이라는 것에 유의하자. 따라서 이를 다시 뒤집어 계산해보면 1.0 - 0.3 = 0.7, 즉 70%의 성공 확률을 얻을 수 있는 것이다.

게임 디자이너들은 확률을 정확하게 이해하고 계산할 수 있어야 하지만 사실 플레이어들은 자신의 직관에 의존해 행동한다. 33%의 성공 확률이 있는데, 5번을 시도하고도 보상을 받지 못했다면(계산상으로는 13.5%의 성공 확률이 존재한다) 결과를 불공평한 것으로 간주하거나 심지어는 게임이 자신을 속이고 있다고 생각할 수 있다.

이런 상황에 직면했을 때 게임 디자이너로서 당신이 만드는 것은 통계적으로 정확한 게임이 아니라 몰입할 수 있는 즐거운 게임이라는 것을 명심해야 한다. 때로는 플레이어가 원하는 대로 플레이어의 경험과 게임 밸런스를 망치지 않는 범위 안에서 확률을 조정할 수도 있다. 하지만 이런 방식이 게임의 창조성에 반하는 것일 수도 있다. 예를 들어 게임 안에서 아주 희귀한 확률로 생성되는 아이템이 있다고 가정해보자. 획득 확률을 10만 분의 1 로 설정했다. 플레이어는 이 아이템을 얻고자 수많은 시도를 할 것이다. 여기서 '수많은'은 과연 얼마만큼의 수를 의미하는가? 확률로만 따진다면 어떤 경우는 100번을 시도했을 때 1%의 성공 확률을 가질 수도 있고, 50%의 성공 확률을 얻고자 70,000번을 시도할 수도 있다. 한 사람이 수행하기에는 너무 많은 횟수지만 100만 명의 플레이어가 동시에 시도한다면 이 정도의 시도는 금방 수행될 수 있다.

어떤 아이템을 아주 희귀하게 만들려면 모든 것이 공정해야 하고 이 아이템을 얻으려고 하는 모든 시도에 동일한 확률이 부여돼야 하지 않을까? 이 방법이 가장 간단하면서도 윤리적으로 정당한 방법이다. 하지만 게임 플레이 경험을 고려한다면 어느 정도 변경의 여지는 남아있다. 온라인 게임에서 플레이어들이 서로 어떤 아이템을 장착하고 있는지 볼 수 있다고 가정해보자. 아주 희귀한 아이템을 장착하고 있는 플레이어는 어쩔 수 없이 다른 플레이어들의 시기와 질투를 받게 될 것이다. 이런 희귀한 아이템이 최초로 발견된 다음, 이후 몇 시간 혹은 며칠 동안은 다시 동일한 아이템을 획득하는 것이 불가능할 정도로 확률을 조정해 플레이어들을 기다리게 만들 수도 있다. 반대로 아이템의 출현 확률을 눈에 띄게 증가시키는 것도 가능하다. 단 이 방법은 한 번 정도만 가능할 것이다. 어떤 플레이어가 아주 희귀하고 강력한 아이템을 갖고 있는 것을 본다면 다른 플레이어들도 이 아이템을 얻으려는 열망이 생길 것이며, 이로 인해 게임에 더더욱 몰입하게 된다. 이 아이템이 가치를 잃을 정도로 너무 쉽게 구해져서도 안 된다. 따라서 어떤 희귀한 아이템이 높은 확률로 게임 안에서 등장한다면 바로 그 확률을 수정해야 할 필요가 있다.

예상치 못한 이벤트의 발생 가능성

앞서 살펴봤듯이 충분히 많은 플레이어가 존재한다면 아무리 희소한 이벤트라고 하더라도 발생할 가능성이 있다. 매일같이 백만 명의 플레이어가 플레이하는 게임이라면 최소한 십만 명 정도는 희소한 아이템을 얻고자 한 번은 시도해 볼 것이다. 0.00001의 확률을 가진 아이템이라고 하더라도 100,000번의 시도 안에 획득될 가능성은 63%에 달한다. 그리고 이 모든 시도가 하루 만에 수행될 것이다. 이는 '복권 로직'의 이면이라고 할 수 있다. 충분히 많은 사람이 시도하면 확률이 아주 낮더라도 누군가는 승리할 확률이 있다는 것이다. 기대하지 않았던 일이 일어나기를 바란다면 플레이어들이 동기 부여될 수 있게 확률을 좀 더 키우거나 원래의 확률로도 충분히 의도한 일이 발생할 정도로 많은 플레이어를 동원해야 한다.

확률을 조정해야 하는 또 다른 경우도 있다. 대부분의 소셜 카지노 게임에는 실제 카지노와 같은 엄격하고 공정한 룰이 적용될 필요는 없다. 소셜 카지노 게임에서 플레이어는 가상 화폐(실제 현금으로 구매할 수 있는)를 사용하며 실제 현금을 획득할 수 없으므로 법률적으로 문제가 될 만한 소지는 거의 없다. 따라서 소셜 카지노 게임을 만들 때 일반적인 사람들이 갖는 확률에 대한 오해와 인지 왜곡을 활용해도 무방하다. 그중 가장 대표적인 것이 '니어 미스near miss' 효과다. 4개의 해적선이 일렬을 이뤄야 이길 수 있는 슬롯머신 게임을 만들었다고 가정해보자. 게임의 결과는 소프트웨어가 결정하기 때문에 사실 플레이어가 레버를 당기기도 전에 게임의 결과가 결정돼 있을 것이다. 하지만 게임은 현실과 다르므로 게임이 진행되는 동안 확률을 변경해 플레이어가 더욱 게임에 몰입하게 만들 수 있을 것이다.

플레이어가 이기지 못하게 게임 소프트웨어가 이미 결정했다면 3대의 해적선만 표시되도록 설정할 수 있을 것이다. 슬롯이 돌아가면서 한 대, 두 대, 세 대의 배가 순서대로 나타나지만 마지막 네 번째 슬롯에 결국 배가 나오지 않는 것이다. 이런 것을 '니어 미스 효과'라고 부른다. 전적으로 모든 결과는 게임 소프트웨어가 결정하지만 플레이어는 아깝게 졌다고 생각하게 만드는 것이다. 화면에 표시되는 것들은 임의로 선택된 것이 아니다. 아쉬운 마음에 한 번 더 플레이를 진행한다고 해도 이 두 번의 이벤트는 각각의 확률을 기반으로 진행될 것이다. 그럼에도 플레이어는 처음에 아쉽게 이기지 못했기 때문에 한 번 더하게 되면 높은 확률로 이길 거라고 기대한다. 농구를 하면서 슛을 놓쳤을 때(특히 연달아 성공시키지 못했을 때) 사람들은 "더 던지면 분명히 하나는 들어가겠지"라고 생각하는 것과 비슷하다. 이는 확률이 동작하는 방식이 아니라 사람들의 마음이 동작하는 방식이다.

게임 디자이너들은 이런 지식을 윤리적으로 사용해야 한다. 예를 들어 게임 디자이너들은 슛을 성공시킬 확률, 몬스터를 잡을 확률을 조정해 플레이어들이 절망하지 않게 만들 수 있다. 지속적으로 게임을 모니터링하면서 슛을 성공시킬 확률을 조금씩 조정한다면 플레이어들은 이전보다 쉽게 성취감과 만족감을 느낄 것이다. 게임의 수익을 위한 측면에서도 이런 지식을 활용할 수 있다. 플레이어가 확률적으로 나타나는 아이템을 획득하고자 현금을 사용해야 한다면 니어 미스 효과를 활용해 계속 플레이를 유지하면서 동시에 아이템 구매를 유도할 수 있다. 하지만 이런 효과를 너무 과하게 사용한다면 결국 플레이어도 승산이 없다고 생각하고 게임을 그만 두게 될 것이다. 플레이어의 심리를 활용해 어떻게 게임을 만들지는 게임 디자이너인 당신의 손에 달려있는 것이다.

전이 시스템과 비전이 시스템

게임의 밸런스를 논의할 때 정량적이거나 정성적인 방법, 확률과 관련된 방법 외에도 중요한 개념 몇 가지를 더 이해해야 한다. 이안 슈라이버^{Ian Schreiber}가 설명한 오브젝트 간의 전이^{transitive} 혹은 비전이^{intransitive} 관계라는 개념도 여기에 속한다. 이 관계를 충분히 이해함으로써 전이 시스템과 비전이 시스템의 균형을 잡을 수 있을 것이다.

전이 밸런스

전이 관계로 시스템을 구성하는 부분 중 하나는 다른 하나보다 월등하지만 그 한 부분을 제외한 다른 부분보다는 열악하다. 가위바위보는 이런 관계를 보여주는 가장 보편적인 예라고 할 수 있다. 바위는 가위를 이기고, 가위는 보를 이기고, 보는 바위를 이긴다. 시스템 안의 각 부분이 다른 한 부분을 이기지만 그 외의 다른 부분에게는 패배하는 것이다. 어떤 한 부분이 다른 부분을 압도하거나 무조건 승리할 수 있는 관계가 아닌 것이다.

전이 시스템이 꼭 3개의 부분으로 구성되는 것은 아니다. 가위바위보의 경우에도 3개보다 더 많은 부분을 가질 수 있으며, 많게는 101개의 부분을 가질 수도 있다(Lovelace 1999). '가위바위보-도마뱀-스팍^{Rock-Paper-Scissors-Lizard-Spock}'은 가장 유명한 가위바위보의 변형으로 기존 가위바위보에 도마뱀 모양과 <스타트렉>에 등장하는 스팍의 손 인사 모양을 추가한 버전이다(Kass and Bryla 1995). 이 게임에서 각각의 부분은 두 부분을 이길 수 있고, 두 부분에 대해 패한다. 가위는 보(종이)를 자른다. 보(종이)는 바위를 감싼다. 바위는 도마뱀을 깔아뭉갠다. 도마뱀은 스팍을 중독시킨다. 스팍은

476 |

가위를 부순다. 가위는 도마뱀을 처단한다. 도마뱀은 보(종이)를 먹는다. 보(종이)는 스팍이 틀렸다는 것을 증명한다. 스팍은 바위를 증발시킨다. 바위는 가위를 부순다. 그림 9.2에서 보이는 것처럼 이들의 관계는 조금 복잡해보인다. 화살표를 살펴보면 각 부분이 어떤 부분을 이기고 어떤 부분에 지는지 알 수 있다.

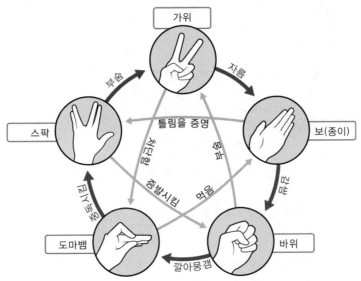

그림 9.2 전이 밸런스를 가진 시스템으로 살펴본 가위-바위-보-도마뱀-스팍

전이 관계를 가진 다양한 시스템이 존재한다. 예를 들어 중국 고대 철학에 등장하는 5개의 주요 원소(상 혹은 위상으로 부르기도 한다)도 이에 속한다. 나무, 불, 흙, 쇠, 물이 바로 그것이다. 각각이 다른 원소 하나를 촉진하고 다른 원소 하나를 제어한다. 나무는 불을 만들고 흙을 제어한다(나무뿌리를 통해 침식되는 것을 막는다). 흙은 쇠를 만들고 물을 막는다(그림 9.3 참고). 오행五行이라고 부르는 이 시스템은 고대 그리스의 4대 원소와 같은 환원주의 시스템보다 더 각 부분의 동적인 상호관계에 초점을 맞춘 고도화된 시스템이다. 중국에서는 오행 사상을 우주의 해석에서부터 연금술, 정치, 사회, 무술, 개인의 건강과 운명에까지 적용해왔다.

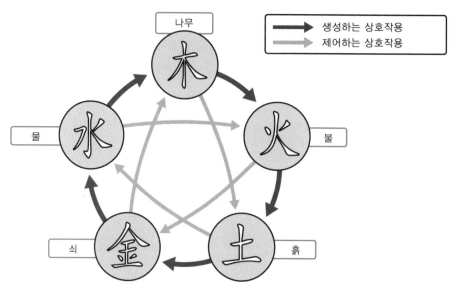

그림 9.3 전이 밸런스를 갖춘 중국의 오행 시스템

자연에서도 가위바위보와 같은 관계를 쉽게 찾아볼 수 있다. 일부 도마뱀의 번식 과정에서 이런 현상을 찾아볼 수 있다. 오렌지색의 수컷이 파란색 수컷을 이기고, 파란색 수컷은 노란색 수컷을, 노란색 수컷은 오렌지색 수컷을 이긴다. 이런 구조는 번식과 진화에도 반영됐는데, "특정한 색의 종이 다른 종을 침범하고... 하나의 색이 주류를 이루게 되면 다른 색의 종이 다시 이 종들을 침범한다."(Sinervo and Lively 1996)는 사실이 밝혀졌다.

<다크 에이지 오브 카멜롯>에서 사용하는 가위바위보 기반의 시스템 역시 이와 유사하다. 이 게임에는 '진영 대 진영' 전투가 등장한다. 게임 안에 3개의 진영이 존재하며 핵심적인 지역을 차지하고자 서로 싸운다. 각각의 진영은 서로를 정벌하면서 균형을 맞춘다. 한 진영이 너무 강해지면 나머지 두 진영이 힘을 모아 격퇴하기도 한다. 이런 과정을 통해 게임 전체의 균형을 맞춰나가는 것이다.

또 다른 가위바위보 시스템은 1975년 미육군 훈련 교범에서도 찾아볼 수 있다(그림 9.4 참고). 미육군은 여기서 각기 다른 전투 장비에 가위바위보의 관계를 적용했다. 오늘날 게임에서 이런 가위바위보 패턴의 전투 생태계는 흔하게 찾아볼 수 있다. 수

많은 게임에서 이런 RPS^{Rock-Paper-Scissors}(가위바위보) 스타일의 전투를 보여주는데, 이는 플레이어들이 이해하기 쉽고 디자이너의 입장에서도 시스템 밸런스를 잡기에 용이하기 때문이다. 올바르게 적용된 전이 밸런스 시스템은 빈익빈 부익부 현상을 방지하고 동적인 균형을 잡아주는 역할을 한다.

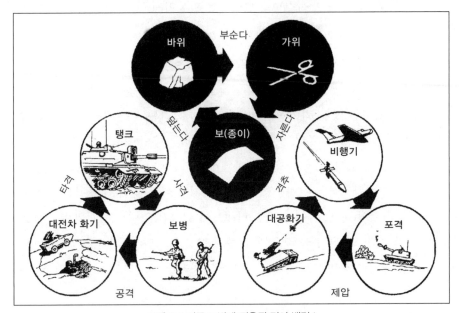

그림 9.4 미군 교범에 적용된 전이 밸런스

전이 밸런스에 필요한 부분

시스템 안에서 전이 밸런스를 구현하려면 우선 다양한 부분이 구성돼 있어야 한다. 또한 도마뱀이나 유닛, 진영과 같은 부분들은 계층 구조에서 같은 레벨에 속해 있어야 하며 상호작용을 수행해야 한다. 각각의 부분이 다른 부분의 절반을 제압하거나 반대로 제압 당한다는 조건을 충족해야 하기 때문이다. 5개의 부분으로 전이 밸런스 시스템을 구성한다면 하나의 부분은 나머지 2개의 부분을 제압하고 다른 2개의 부분으로부터 제압 당하게 된다. 한 부분이 남은 부분의 절반에 대해 확률적으로 상당한 이점을 가질 수 있지만 압도적인 관계는 발생하기 힘들다.

짝수의 부분으로 구성된 시스템은 안정적인 전이 밸런스를 유지하기 힘들다. 하나의 진영이나 부분이 결과적으로 우세해지거나 약점을 가질 수밖에 없기 때문이다. 7장에서 살펴본 <월드 오브 워크래프트>의 호드와 연맹 진영처럼 2개의 진영만 가진 게임들이 여기에 속한다. 2개의 진영만으로는 창발적으로 발생하는 전이 밸런스가 적용되기 힘들고 생태계 시스템이 한쪽으로 기울어져 결국은 디자이너들이 힘들게 처리해야 하는 작업들이 발생하게 된다.

전이 밸런스 시스템에서 각 부분은 하위에 다양한 인스턴스 혹은 하위 유형을 가질 수 있다. 이들은 모두 동일한 전이 특성을 갖고 있다. 즉, 다양한 보병, 기병, 궁병 유닛을 가질 수 있다는 것을 의미한다. 보병으로 분류되는 모든 유닛이 기병을 잡을 수 있고, 기병 그룹으로 분류되는 모든 유닛은 궁병을, 궁병 그룹으로 분류된 유닛들은 보병을 잡을 수 있다는 것을 의미한다. 5개나 7개의 더 많은 부분을 포함한 시스템에서도 전이 밸런스를 구현하는 것이 가능하지만 이를 위해 각 부분의 속성 값이 정밀하게 구성돼야 하며, 이는 상당한 난이도가 있는 작업이다. 3개의 부분으로 구성되는 전이 밸런스를 맞추는 것도 결코 쉽지 않은 일이다. 수많은 게임에 3개의 종족이나 진영이 등장하며, 대신 하위 유형을 다채롭게 구성하는 이유이기도 하다.

전이 밸런스 잡기

원활하게 동작하는 전이 게임 시스템을 만들려면 각 부분이 공유하는 속성들을 세밀하게 설정해야 한다. 보병, 기병, 궁병이 공유하는 공격, 방어, 범위, 속도라는 4개 속성에 적절한 값을 부여해보자. 설정한 각 속성의 합, 즉 표 9.1에서 보이는 포인트(+)의 합이 모두 동일하게 만듦으로써 1차적인 밸런스를 잡을 수 있다. 총합이 다른 유형보다 많은 유형이 있어서는 안 된다. 각 유형에서 +를 합한 숫자가 같아야 한다. 유닛 유형에 따라 포인트가 분산된다. 보병은 공격에 특화돼 있고 기병은 속도에, 궁병은 범위에 특화돼 있다.

표 9.1 유닛 유형에 따른 전이 밸런스

유닛 유형	공격	방어	범위	속도
보병	+++	++	+	+
기병	++	+	+	+++
궁병	+	+	+++	++

표의 내용은 다음과 같다.

- **보병이 기병을 제압한다.** 보병의 공격력(+++)이 기병의 방어력(+)보다 월등하다. 기병이 빠르게 달릴 수는 있지만 이기기는 힘들다. 보병이 기병과 맞부딪히면 기병이 패하게 된다.

- **기병은 궁병을 제압한다.** 기병의 공격력(++)이 궁병의 방어력(+)보다 월등하다. 기병의 속도(+++), 궁병의 속도(++)를 비교해보면 궁병이 기병에게서 달아날 수 없다는 것을 알 수 있다.

- **궁병은 보병을 제압한다.** 궁병의 공격 범위(+++)가 보병의 방어력(+)보다 월등하다. 보병이 높은 공격력을 보유하고 있지만 궁병은 더 빠르게 움직이므로 그들의 공격 범위 밖에서 보병을 공격할 수 있다.

이런 식으로 전투 생태계에서 한 부분이 다른 부분을 제압하고 또 다른 부분에 의해 제압 당하는 전이 밸런스를 만들어낸다. 이를 통해 플레이어가 몰입하면서 의미 있는 결정을 내릴 수 있는 게임 안의 공간이 만들어지는 것이다. 지형에 따른 이점, 유닛의 훈련, 상대방의 잠재적인 약점이나 외부에 존재하는 요소(더 높은 시스템 레벨에 속하는 요소들) 등을 고려해 어떤 유닛을 배치해야 할지 고민할 수 있는 것이다.

전투 시스템이 더 큰 시스템의 한 부분을 구성한다는 것을 알고 있다면 플레이테스트가 중요한 이유를 더욱 잘 이해할 것이다. 시스템이 너무 빡빡하게 밸런스가 잡혀 있어 외부의 영향에도 전혀 반응이 없다면 어떤 플레이어도 이득을 얻을 수 없고 게임은 단순하게 진행될 것이다. 이와 반대로 바위투성이의 지형에서 궁병이 무적이

된다면 이는 승리를 얻을 수 있는 확고한 전략으로 자리 잡게 된다. 이런 경우 플레이어의 결정이 오직 하나의 경로로 줄어들고 전이 밸런스는 승패에 더 이상 영향을 미치지 못한다. 플레이테스트를 통해 이런 다양한 조건을 시험해보고 외부 조건(지형, 날씨, 플레이 스타일)에 상관없이 전투 생태계의 밸런스가 견고하게 잡힌 것을 확인해야 한다. 동시에 게임 진행이 정적이지 않게, 즉 하나의 전략만이 우세를 점하지 않게 신경 써야 한다. 게임은 여전히 플레이어가 내리는 의미 있는 결정과 그들이 목표를 이루고자 선택하는 다양한 전략에 영향을 받는다.

비전이 밸런스

전이 밸런스 환경에서는 다른 모든 부분보다 우위에 있는 부분이란 존재하지 않는다. 각 부분은 나머지 부분의 절반보다 우위에 있고, 나머지 절반보다 열세에 있다. 2개의 부분을 선택하면 반드시 우열이 정해진다. 앞서 살펴본 예제에서는 보병이 기병을 이긴다. 이 조합에서도 우열이 분명히 구별된다. 이 조합만 따로 떼어서 본다면 이를 비전이 밸런스^{intransitive balance}라고 설명할 수 있다. 어떤 부분이 반드시 다른 부분에 비해 나은 경우가 존재하는 것이다.

비전이 밸런스는 본질적으로 균형이 맞지 않는 것처럼 보이지만, 이 방법 역시 게임과 시스템의 전체 밸런스를 맞추는 데 필요한 기법이다. 전이 밸런스 기법으로 모든 부분의 밸런스를 맞추다 보면(모든 부분이 동일한 시스템 레벨 안에 존재할 때) 비용과 이득에 따라 각 부분의 균형이 맞춰진다. 비전이 밸런스의 경우에는 그 부분에 소모된 비용과 얻을 수 있는 이득에 따라 균형이 달라진다. 어떤 부분은 상당한 이득을 얻을 수 있지만 그에 비례하는 높은 비용을 필요로 한다.

비전이 밸런스를 갖고 있는 게임 대부분은 성장 시스템을 내포하고 있다. 플레이어 경험 안에(그리고 대부분 핵심 루프의 일부분으로) 어떤 것의 증가, 달성, 성장과 같은 요소들이 포함돼 있는 것이다. 비전이 밸런스를 사용하면 플레이어의 캐릭터, 캐릭터가 사용하는 오브젝트, 군대, 수확한 작물의 수와 같은 게임 안의 핵심적인 부분을 효과적으로 '강하게' 만들어준다.

비전이 밸런스 기법은 게임 안의 오브젝트나 부분을 대상으로 직관적으로 사용할 수 있다. 플레이어는 녹슨 단검이 영원히 녹슬지 않는 아다만티움 대검보다 싸다는 것을 충분히 인지하고 있다. 게임 디자이너는 이 두 아이템의 비용 차이가 어느 정도인지, 속성은 어떻게 다른지 답할 수 있어야 한다. 동일한 시스템 안에 존재하는 각 부분의 비용과 이득을 일정 비율로 유지하려면 각 부분과 각 유형의 관계를 수학적으로 정의하는 작업이 필요하다. 또한 수많은 반복 작업을 거쳐 이렇게 설정한 밸런스가 게임의 몰입에 방해되지 않게 해야 한다.

비전이 시스템의 밸런스를 잡으려면 비용과 이득을 보여주는 파워 커브나 성장 곡선을 정의해야 한다. 10장에서 이 주제를 다룬다.

요약

게임 밸런스는 달성하기 힘든 게임 특성 중 하나며, 또한 모든 게임에는 밸런스가 필요하다. 디자이너 기반, 플레이어 기반, 분석 기반, 수학 기반과 같은 다양한 기법을 통해 게임 시스템의 밸런스를 잡을 수 있다. 언제 어느 곳에 이런 기법을 적용해야 하는지 이해하는 것이야말로 게임 디자이너의 중요한 스킬이다.

전이 시스템과 비전이 시스템의 밸런스를 이해하고 이를 설정하는 것도 못지않게 중요한 부분이다. 성장 곡선과 이를 활용해 밸런스를 잡는 방법은 10장에서 좀 더 자세히 살펴본다.

CHAPTER 10

게임 밸런스 실습

수많은 게임이 캐릭터의 성장이나 아이템의 파워 같이 밸런스 조정이 필요한 부분과 시스템을 갖고 있다. 이를 원활하게 구현하려면 게임 시스템을 비용과 이득이라는 측면에서 분석하고 이해해야 한다.

툴을 사용해 플레이어가 충분히 의미 있는 결정을 내리게 하면서 동적으로 게임 밸런스를 유지할 수 있다. 또한 다양한 분석 기능을 제공하는 툴을 활용해 플레이어의 경험에 기반을 두고 게임 밸런스를 조정할 수도 있다.

기법 적용

게임 시스템의 밸런스를 잡는 작업은 다양한 수학적 툴과 스프레드시트, 분석 모델을 활용해 수행된다. 가장 먼저 시스템의 핵심 리소스부터 식별해야 한다. 그런 다음 시스템 전체에 걸쳐 비용과 이득을 살펴보고, 이를 기반으로 부분들이 어떤 관계를 갖고 있는지 파악해야 한다. 이런 사전 지식을 갖고 커브(성장 곡선)를 이해하고 활용한다면 충분히 효과적으로 게임 시스템의 밸런스를 잡을 수 있을 것이다.

성장과 파워 커브 생성

게임 시스템의 밸런스를 잡는 데 가장 많이 사용되는 수학적 모델링 툴은 비전이적으로 증가하는 파워와 성장을 설명할 수 있는 곡선이다. 이 곡선을 사용해 무기와 같이 물리적이거나 경험치와 같이 비물리적인 오브젝트들을 균형 잡힌 상태로 유지할 수 있다.

우리가 사용할 곡선은 2개의 주요 개념에 기반을 둔다. 첫 번째는 게임에서 얻는 모든 이득에는 비용이 수반된다는 것이다. 비용이 올라가면 이득도 증가하며 반대도 마찬가지다. 이 둘은 불가분의 관계다. 플레이어가 더 많은 이득을 얻으려면 더 많은 것을 지불해야 한다. 이를 통해 게임의 페이스를 조절함과 동시에 플레이어 스스로가 발전하고 있다는 느낌을 가질 수 있다.

두 번째 개념은 게임에서 플레이어를 대리하는 캐릭터와 그들이 사용하는 오브젝트(혹은 그들이 소유하는 오브젝트)는 속성의 값이 증가하는 형태로 이득을 얻는다는 것이다. 비용과 이득이 결합된 성장 곡선을 통해 플레이어들은 자신의 역량을 발전시키고 디자이너가 의도했던 게임 페이스에 맞춰 도전을 수행하게 된다.

비용과 이득 정의

성장과 파워 커브를 만들려면 비용과 이득을 먼저 이해해야 한다. 비용을 지불하고 이를 통해 이득을 얻을 수 있다면, 그리고 이 과정들이 반복해서 순서대로 실행된다면 이를 통해 플레이어는 성장한다는 느낌을 받을 것이며 게임에도 즐겁게 몰입할 수 있을 것이다.

성장과 파워 커브에 내재된 비용과 이득의 관계는 경제와 밀접한 관련이 있다(7장에서 소개된 경제의 개념에 가깝다). 비용은 플레이어가 원하는 이득과 교환된다. 이 교환의 결과로 플레이어는 자신이 게임 안에서 보유하고 있는 힘이나 능력이 커졌다고 믿는다. 플레이어의 캐릭터 레벨이 올라가거나 추가적인 유닛을 얻었는데도 약해졌다고 생각한다면 교환된 리소스(경험치나 골드)의 가치가 상실되며 결과적으로 플레이어의 게임에 대한 몰입도 떨어질 수밖에 없다.

비용과 이득은 일반적으로 플레이어와 리소스의 속성을 통해 표현된다. 비용은 경험치(새로운 레벨 달성에 필요한)나 게임 안의 통화, 물자, 승리 횟수, 사육하는 동물의 수와 같이 게임 안의 중요한 리소스로 설정된다. 이득은 더 많은 체력이나 마법력, 카드, 영지, 행동력 등 플레이어의 성장에 필요한 리소스가 될 수 있다.

핵심 리소스

중요한 성장 혹은 파워 커브일수록 더 중요하고 의미 있는 리소스와 관련이 있다. 대부분의 게임에서 플레이가 진행되는 동안 플레이어가 늘리거나 혹은 현 상태를 유지하려고 노력하는 리소스가 존재한다. 모든 게임에서 이 리소스가 동일할 수는 없다. 클래식한 아케이드 게임이라면 더 많은 생명과 더 높은 점수가 여기에 해당할 것이다. 이들 리소스는 플레이어가 게임을 진행하면서 가장 관심을 많이 갖는 것들이며 자연스럽게 게임의 핵심 루프와도 깊은 관련을 가진 것들이다. 이런 리소스들을 '핵심 리소스'라고 부른다. 롤플레잉 게임의 체력과 경험치, 경영 게임의 재화, 전략 게임에서 플레이어가 정복하는 영지 등이 이에 속한다.

8장에서 살펴봤던 스프레드시트의 데이터를 살펴보면 핵심 리소스를 파악할 수 있다. 이 스프레드시트의 행과 열에는 각 부분과 속성들이 설명돼 있다. 플레이어가 가장 많이 활용하는 부분의 속성을 한 번 살펴보자. 플레이어가 게임을 진행하려면 반드시 필요하며, 존재하지 않는다면 게임을 더 이상 진행할 수 없는 속성이 바로 핵심 리소스라고 할 수 있다. 게임 안에 여러 개의 루프가 존재한다면 이 핵심 리소스 역시 여러 개가 존재할 수 있다. 일반적으로 성장 및 파워와 관련된 핵심 루프와 리소스가 어떤 것인지부터 파악한다.

여러 개의 리소스가 핵심 리소스로 간주된다면 그중 가장 영향력이 큰 것을 살펴봐야 한다. 이 리소스야말로 부분의 밸런스를 잡을 때 가장 핵심적으로 사용할 수 있는 리소스인 것이다. 이런 핵심 리소스는 다른 속성들과 어울려 시너지를 발휘하며 창발적인 결과를 만들어낸다. 게임 플레이를 지속하면서 필요한 리소스가 바뀌는지도 살펴봐야 한다. 예를 들어 처음에는 체력에 의지하다가 이후에는 경제에, 그다음에는 친구나 파티와 같은 사회적 관계에 의존할 수도 있다. 이 세 가지는 모두 완전히 다른 리소스지만 이들을 모두 포함하는 하나의 가상 리소스를 정의한 다음 이를 활용해 성장과 파워 커브를 만들어낼 수 있다.

주요 리소스가 하나로 명확하게 식별되지 않는다면 각 리소스의 성장 곡선을 만들어내고 플레이어가 게임을 이어나갈 동력과 몰입을 상실하지 않은 상태로 하나의 곡선에서 다른 곡선으로 이동할 수 있게 해줘야 한다. 결국 핵심이 되는 리소스를 식별해내는 것이 여러 면에서 유리하다. 이 작업을 진행하는 데 무척 오랜 시간이 걸릴 수도 있고 앞서 설정했던 속성과 값들을 다시 배치해야 하는 경우도 발생할 것이다. 하지만 이런 작업을 통해 비전이적이면서 성장이 가능한 균형을 잡을 수 있다면 충분히 가치 있는 작업이 될 것이다.

부수적 리소스

핵심 리소스를 파악할 수 있다면 게임의 핵심적인 성장과 파워 커브를 그릴 수 있다. 아울러 이를 활용한 2차적인 곡선도 설정할 수 있다. 핵심 리소스를 유지해주거나, 발전시켜주거나, 수리해주는 지원 리소스도 있다. 이들을 부수적 리소스^{subsidiary}라고 부른다. 전략 게임에서는 플레이어가 직접 제어할 수 있는 영지가 핵심 리소스라고 할 수 있다. 이 영지를 지키고자 군대를 양성하고, 방어 시설을 짓고, 기술을 개발한다. 이를 통해 얻는 이득이 결국 '획득한 영지'로 환원된다. 연애 시뮬레이션 게임에서 주인공은 특정한 캐릭터와의 관계를 최대한 늘리려고 할 것이다. 이런 장르의 게임에서는 '관계'가 핵심 리소스라고 할 수 있다. 이런 관계를 늘리려면 여러 명의 친구와 충분한 재화, 캐릭터에 대한 정보가 필요하다. 이런 리소스들이 부수적 리소스에 포함될 수 있다.

특별한 경우

비용과 이익, 핵심 리소스와 부수적 리소스를 분석하다 보면 하나의 리소스가 다른 리소스나 부분에 영향을 미치는 경우를 발견할 수 있다. 험난한 소행성대를 헤쳐 나가는 우주선을 조종하는 게임이 있다고 가정해보자. 플레이어의 목표는 광석을 수집하고 이를 활용해 우주선의 속도와 장갑을 강화하는 것이다. 광석은 하나의 핵심 리소스가 되고 속도와 장갑은 부수적인 리소스가 된다. 여기서 추가로 우주선이 속도 부스트라는 기능을 수행할 수 있다고 설정해보자. 이 기능은 오직 한 번만 사용할 수 있고 이를 사용할 경우 소량이지만 우주선에 대미지를 가하게 된다. 속도 부스트가 핵심 루프의 중요한 부분은 아니지만 때로는 게임의 승패를 결정하는 중요한 수단이 될 수 있다. 이 기능은 부수적 리소스(속도와 장갑)에도 영향을 미치지만 사실 이 것만으로는 이 기능이 얼마나 중요한 것인지 판단하기 어렵다. 이런 종류의 기능은 플레이어가 사용하기 전까지는 효용이 없지만 플레이어가 이 기능을 사용하는 시점에서 이것만큼 중요한 기능도 없다.

추가적으로 광석(비용)을 사용해 속도 부스트의 사용 시간을 늘리거나 재충전하는 시간을 줄일 수 있다고 가정해보자. 이 경우는 모두 플레이어에게 이득이라고 볼 수 있을 것이다. 선형적으로 증가하는 속성(전체 속도, 장갑, 화물 적재 공간 등)에 비례해 속도 부스트의 사용 시간이 늘어나는지, 재충전 시간이 줄어드는지 확인하는 것은 쉽지 않다. 수학에 재능이 있는 게임 디자이너라면 이 모든 것을 한 번에 해결할 수 있는 하나의 방정식을 만들고, 이를 하나의 가상 리소스와 연관 지을 수 있을 것이다. 이런 과정은 점점 가까워지지만 결국 도착할 수는 없는 목표와 비슷하다. 리소스의 소모를 설명할 수 있는 방정식을 만든다고 해도 결국은 게임이 갖고 있는 다층 구조적인 측면을 저해하고 각 속성 간의 관계를 너무 간단하고 명확한 것으로 치부해버리기 때문이다.

수학적인 툴에 의존해 빠르고 효과적으로 게임의 밸런스를 잡을 수 있지만 결국은 경험과 직관에 의존해 비용과 이득의 관계를 조정해야 할 필요도 있다. 반복적인 플레이테스트를 최대한 많이 수행하면서 변경 사항을 계속 추적해야 한다. 이를 통해 미리 예측하기 힘들었던 비용과 이득의 관계를 파악할 수 있을 것이다.

비용-이득 곡선 정의

비용과 이득이 정의됐다면 리소스를 사용해 관계를 정의하고 보여주는 곡선을 그릴 수 있다. 수학적 곡선을 사용하면 밸런스가 잡힌 게임 시스템을 표현할 수 있다. 각각의 곡선은 비용과 이득뿐만 아니라 한계치 역시 함께 보여준다. 이런 곡선은 게임 안에 존재하는 부분의 속성을 정의할 때도 활용할 수 있다. 곡선과 이를 통해 얻을 수 있는 효과를 제대로 이해할 수 있다면 게임의 균형을 유지하면서 새로운 게임의 속성을 만들어낼 수 있다.

선형 곡선

'선형 곡선'이라는 말 자체가 모순처럼 들릴 것이다. 여기서 선형^{linear}이라는 단어는 고정된 경사를 갖는 곡선, 즉 일정한 비율로 변경되는 곡선을 지칭하는 기하학적 용어로 이해하면 된다. Y = Ax + B와 같은 공식에서 얻게 되는 결괏값 Y(게임 안의 이득)는 입력값(비용) x를 A만큼 곱한 다음, 항수 B를 더해 얻게 된다. x와 y가 모두 0일 경우에는 B 역시 0이어야 한다. A 값은 곡선의 기울기, 즉 x에 따라 y가 얼마나 변하는지 보여준다.

선형 곡선은 가장 간단한 형태의 곡선이라고 할 수 있으며 게임에서도 제한적으로 사용된다. 파워와 성장 곡선에서 기울기가 커지면 곡선의 정점이 더 높아지게 된다. x의 승수 A는 양수이므로 x가 커지면 y 값도 커진다. 즉, 시간이 갈수록 더 많은 파워(적어도 수치상으로는)를 얻게 된다는 것을 의미한다. 이런 경우 x와 y의 관계를 선형적이라고 할 수 있다. A = 2(B = 0)이고 x = 1이라면 y = 2가 된다. x = 3이고 y = 6 이라면 y는 x가 1 변할 때마다 2씩 증가한다.

X가 커질수록 y도 동일한 비율로 변경된다. 하지만 y가 변경되는 양이 동일하다면 줄어드는 것처럼 보일 수도 있다. 앞서 사용했던 방정식 y = 2x를 다시 살펴보자. X가 8에서 10까지 변경됐다면(25% 증가) y 값도 동일하게 증가해야 한다. 즉, 16에서 20으로 동일한 비율로 증가해야 하며 이 값이 공격이나 방어와 관련된 수치에 반영되는 것이다. x가 98에서 100으로 증가했다면 y는 196에서 200으로 증가한다. 이 두 경우 모두 동일한 비율에 맞춰 y 값이 증가했지만 196에서 200으로 변경된 양은 전체의 2% 정도에 지나지 않을 정도로 미미하다. 심리학의 관점에서 본다면 쾌락적 피로 현상이 발생하는 것이다. 즉, 처음과 동일한 양의 보상이 계속 주어지면 심리적으로 이를 큰 보상이라고 생각하지 못하고 "그래서 어쩌라고?"와 같이 플레이어가 반응할 수 있는 것이다. 이렇듯 선형 곡선은 이해하기 쉽고 구현에도 무리가 없지만 파워와 성장 곡선에서 중요한 비중을 차지하지는 못한다.

다항 곡선

선형 곡선에서 결괏값 y는 x 곱의 결과다. 다항 곡선에서 y는 x 제곱의 결과가 된다. 즉, $y = x^n$이 된다. 제곱 값에 특정 값을 곱해 최종적인 결괏값을 얻기도 한다. $5x^2$과 같은 경우가 여기에 속한다. 이 경우도 x 값이 증가함에 따라 y 값이 증가하며 x 값에 대한 y 값의 변경 비율도 증가한다. $Y = x^2$의 경우 x = 1, 2, 3, 4, 5가 되면 y = 1, 4, 9, 16, 25가 된다. y 값의 차이가 3, 5, 7, 9만큼 증가하고 있다는 것을 알 수 있다. 변경되는 y 값의 차이가 2로 고정돼 이 변경은 선형적이라는 것을 알 수 있다. 이는 다항 방정식의 전형적인 특성이다.

크리스 베이트먼^{Chris Bateman}은 이런 y 값의 차이를 기본 성장 비율^{basic progression ratio}이라고 불렀다. 선형 곡선에서는 이 비율이 일정하게 유지된다. 다항 곡선에서는 x 값이 증가할수록 y 값의 차이를 보여주는 비율 역시 증가한다. X 값이 커질수록 y 값의 변동폭이 y 값 자체에 근접해 비율이 1.0에 다다른다. 즉, 거의 선형적인 결과를 동반하게 되는 것이다. 앞서 선형 곡선의 방정식에서 살펴봤듯이 y 값은 계속 증가하지만 전체 y 값에서 변경되는 부분의 비율은 점점 낮아진다. 이런 경우 곡선이 거의 편평한 모습을 띄게 되며 선형 곡선에서 살펴봤던 특징들이 대부분 비슷하게 나타난다. 곡선의 정점 근처에서는 변경 비율이 모두 동일해지므로 한 레벨에서 다른 레벨(혹은 y 값)로 변경되면서 수반되는 효과가 이전보다 못하게 느껴지게 된다. 즉, 지수 곡선처럼 다음 y 값이 천문학적으로 멀어지지 않는다는 것을 의미한다.

다항 곡선의 속성 중 이차 다항(고등학교 때 배운 이차방정식 $y = ax^2 + bx + c$를 기억하면 된다)은 2개의 선형 곡선을 곱한 것이다(Achterman 2011). 롤플레잉 게임에서 각 레벨마다 잡아야 하는 몬스터의 수가 선형적으로 증가하는 것을 떠올려보자. 처음에는 그 수가 1이었다가 2, 3, 4, 5로 점점 늘어난다. 이 정도 수준이라면 디자이너와 플레이어가 모두 충분히 이해할 수 있을 것이다. 몬스터로부터 획득하는 골드의 양도 10, 20, 30, 40, 50과 같이 선형적으로 증가한다고 가정하면 이 역시 플레이어도 손쉽게 이해하고 멘탈 모델을 쉽게 만들 수 있을 것이다. 이 조건들을 모두 하나로 아우른다면 각 레벨에서 얻을 수 있는 골드의 양이 선형적으로 증가하는 것이 아니라 2차원적으로 증가한다는 것을 알 수 있다. 몬스터의 수가 증가하면서 각 몬스터로부터 획득할 수 있는 골드의 양도 함께 증가하기 때문이다. 각 레벨에서 얻을 수 있는 골드의 양은 10, 40, 90, 160, 250으로 가파르게 상승한다. 각 부분이 상호작용하면서 부분의 합보다 더 큰 무엇을 얻게 되는 좋은 사례라고 할 수 있다.

지수 곡선

선형 곡선에서 y는 x를 곱한 결과다. 다항 곡선에서 y는 x 제곱의 결과다. 지수 곡선에서는 x 자체가 지수가 된다. $y = A^x$(혹은 $y = B \times A^x$), 즉 y는 지수 x만큼의 거듭제곱 값 혹은 거듭제곱 값의 곱이 된다. 다항 곡선에서 x 값의 변경에 따른 y 값의 차이는 x 값이 증가할수록 점점 더 커진다. 다항 방정식과 달리 지수 곡선은 정점에 이르러 기울기가 평평해지는 것이 아니라 계속 상승세를 유지한다.

이런 상승세를 유지한다면 마지막이 얼마나 큰 값이 될지 상상하기 힘들다. 기본이 되는 값 A의 크기에 따라 곡선의 기울기가 결정된다. MMORPG 게임인 <룬스케이프 ^{RuneScape}>는 레벨을 올리는 데 필요한 경험치를 계산하고자 지수 방정식 1.1^x을 사용한다. 처음에는 레벨업에 필요한 경험치가 상대적으로 천천히 증가하는 것처럼 보인다. 이는 플레이어에게도 긍정적으로 작용한다. 게임 초반 플레이어가 쉽게 레벨을 올릴 수 있어 빠르게 게임을 진행할 수 있기 때문이다. 이를 통해 플레이어는 손쉽게 성취감을 느낄 수 있다. 하지만 후반부에 이르면 거의 초인적인 역량을 발휘해야 달성할 수 있는 수준으로 필요한 경험치의 격차가 커진다. 플레이어가 이 정도 레벨에 도달하면 천문학적 수준의 경험치를 얻게 되므로 이를 통해 지속적인 성취감을 얻을 수 있다.

지수 방정식을 사용한 성장 곡선에서 x 값이 증가할수록 y 값이 큰 폭으로 증가하는 것처럼 보이지만 성장 비율은 y 값이 늘어나는 폭에 비하면 상대적으로 작은 편이다. 이 성장 곡선을 따르는 경우 '아주 높은' 레벨이 요구하는 경험치가 턱없이 높은 것처럼 보이지만 현재까지 모은 경험치의 총합과 비교하면 오히려 손쉽게 달성할 수 있다. 플레이어의 관점에서 본다면 다음 레벨을 달성할 때 필요한 경험치가 마치 산꼭대기에 있는 것처럼 보이지만 이미 지나온 경사에 비하면 앞에 놓여있는 경사가 그렇게 가파르게 보이지 않는 것이다. 이를 통해 플레이어가 쾌락적 피로에 빠지거나 다음 단계의 보상이 쓸모없다고 생각하지 않으면서도 계속 성장 곡선을 따라 움직이게 할 수 있다. 다음 단계가 지금까지 쌓아온 것에 비해 상대적으로 쉽게 보이게 만드는 것이다.

이런 성향으로 인해 지수 곡선이 일반적인 게임의 성장과 파워 커브에 가장 많이 활용된다. 방정식의 형태로 적용됨으로써 성장 폭과 오브젝트 값의 조정이 용이하다. 한 부분만 따로 떼어서 볼 때는 경사가 급해 보이지 않지만 뒤로 갈수록 엄청난 값의 증가를 보이는 것 역시 플레이어가 게임을 지속하게 만들어주는 요인이다. 반면 곡선의 가장 높은 부분에 존재하는 값들은 비현실적으로 높아서 다다를 수 없는 것처럼 보일 때도 있다. 그 값의 단위가 백만, 1조 혹은 그 이상에 다다를 수도 있다. 앞서 7장에서도 언급했던 <어드벤처 캐피탈리스트>에서 성장 곡선의 정점은 0이 300개에 달하는 값이다. 이는 선형적인 성장 곡선에서 나타났던 심리적인 효과와 동일한 효과가 발생할 수 있다는 것을 의미한다. 그 크기를 상상조차 하기 힘들 정도의 값이 등장하면(예를 들어 1015와 1018) 그 차이를 실감하기 힘든 것과 같다. 이 정도 숫자가 한 번에 올라간다면 플레이어의 뇌에 도파민이 파도처럼 몰아칠 것이다.[1] 하지만 이 역시 쾌락적 피로를 수반하며 이런 작용들이 너무 과해지면 결국 게임에 흥미를 잃게 될 것이다.

플레이어의 성장에 지수 곡선을 활용한다면 적절한 레벨을 설정하거나 플레이어에게 새로운 이득을 제공해야 하는 시점을 찾아낼 수 있을 것이다. 이런 시스템에서 플레이어는 특정 수준까지 포인트를 쌓고 그다음 단계로 넘어가게 된다. 게임을 진행하면서 더 어려운 도전을 완수할수록 더 많은 포인트를 보상으로 받게 된다. 앞서 언급했듯이 난이도와 보상의 증가는 쾌락적 피로를 줄이고 플레이어가 성취감을 느끼게 해준다. 플레이어가 포인트를 쌓아갈수록 각 레벨 구간에 필요한 포인트도 점점 더 늘어난다. 그렇지 않다면 플레이어는 점점 더 빠르게 레벨업을 달성하게 될 것이다. 지수 곡선을 사용하면 각 레벨마다 필요한 포인트의 수를 적절하게 결정할 수 있다. 각각의 레벨이 x 값에 해당되며 이를 달성하고자 필요한 포인트의 수가 y 값이 된다.

---

1. 6장에서 ASCII 기반의 방치형 게임이며 상당한 몰입감을 자랑했던 〈다크 룸(A Dark Room)〉을 개발한 마이클 타운센드(Michael Townsend)는 "내가 타깃으로 삼은 사람들은 숫자가 급증하는 것을 좋아하고 미지의 영역을 탐구하는 것을 좋아하는 사람들이다."(Alexander 2014)라고 말했다. 이 두 종류의 동기 부여는 액션/피드백, 단기와 장기 인지 상호작용의 조합으로 나타난다.

지수 x의 먹이 되는 값을 적절하게 조정할 필요가 있다. 지수 방정식 $y = 1.4^x$을 사용한다면 각각의 레벨은 이전 레벨에 비해 1.4배가 높다는 것을 의미한다. 한 레벨씩 올라가는 경우는 그리 극적으로 보이지 않지만 4레벨만 올라가도 한 레벨을 올릴 때 필요한 포인트의 차이는 2배 이상이 된다.

방정식의 각 값들을 설정함으로써 도전과 보상의 균형을 잡을 수 있다. 이는 다음 레벨업 달성에 필요한 포인트에 기반을 두고 도전에 대한 보상을 설정할 수 있다는 것을 의미한다. 지수의 먹 값을 1.2, 1.3, 1.5와 같이 조정함으로써 도전과 힘, 보상을 적절하게 조정할 수 있다. 원한다면 2배 가까운 보상을 받을 수도 있다.

표 10.1은 일반적인 롤플레잉 게임에서 흔하게 찾아볼 수 있는 $XP = 1,000 \times 1.4^{level}$ 방정식의 예를 보여준다. 처음에는 필요한 XP의 양이 조금씩 증가하다가 이후에는 급격하게 증가하는 것을 관찰할 수 있다. 이전 레벨에서 현재 레벨로 올라가는 경우의 증가 비율은 1.4며 이는 충분히 합리적인 값이라고 할 수 있다. 다음 레벨에 도달하고자 필요한 값이 앞서 레벨을 달성하고자 필요한 값에 비해 터무니없이 크다고 생각되지 않을 것이다. 이 예제는 100단위로 값을 끊어서 좀 더 명확하게 값의 증가를 보이고 있다. 수학적으로는 1레벨에 필요한 XP가 1,400이 돼야 하지만 실제로는 0으로 설정돼 있다는 것도 유의하자.

표 10.1 $XP = 1,000 \times 1.4^{level}$. 방정식을 사용해 각 레벨 달성에 필요한 XP를 보여주는 예제

레벨	필요 XP	레벨	필요 XP
1	0	10	28,900
2	2,000	15	155,600
3	2,700	20	836,700
4	3,800	25	4,499,900
5	5,400	30	24,201,400

방정식의 값이 자동으로 설정되는 것은 아니다. 게임 디자이너는 플레이어가 얼마나 빨리 각 레벨에 도달하는지, 도전이 얼마나 어려워야 하는지, 보상은 어느 정도가 돼야 하는지 결정해야 한다. 지수 함수를 사용한다면 손쉽게 이들의 균형을 맞출 수 있다. 예를 들어 각각의 도전은 인수 3을 사용하고(3^x) 체력이나 공격력과 같이 보상으로 제공하는 핵심 리소스는 인수 1.25(1.25^x)를 사용한다면 게임은 곧 플레이가 불가능한 수준에 다다르게 될 것이다. 플레이어가 마주하는 도전은 극적으로 어려워지는 반면 능력은 도전 과제를 원활히 달성할 수 있을 정도로 성장하지 않기 때문이다.

얼마나 많은 미션을 달성해야 하는지, 얼마나 많은 몬스터를 잡아야 하는지는 결국 그 누구도 아닌 게임 디자이너가 풀어야 하는 숙제일 수밖에 없다. 이 문제를 풀고자 수학의 도움을 받을 수 있지만 결국은 플레이테스트를 통한 검증을 수행해야 한다. 때로는 게임 디자이너로서 직관적인 결정이 가장 필요할 때도 있다. 게임 안에 적용되는 수학을 이해한다면 플레이어가 너무 빨리 게임에 흥미를 잃어버리지는 않는지, 너무 게임을 어렵다고 생각해 좌절하지는 않는지 좀 더 쉽게 파악할 수 있다. 하지만 수학 자체가 게임이 갖고 있는 문제의 정답을 알려주지는 못한다.

로지스틱 곡선

게임에서 많이 활용되지는 않지만 알고 있으면 유용한 항목 중의 하나가 로지스틱 함수logistic function다. S자 모양의 시그모이드 곡선sigmoid curves이라고도 알려져 있다. 이 곡선은 주로 시뮬레이션이나 인공지능에 활용되며 특정한 동적 밸런스를 잡을 때 유용하게 사용된다. 특히 학습이나 생태계의 진행 과정처럼 초반에는 천천히 성장하다가 특정 시점 이후 빠르게 성장하고 이어서 리소스가 소비되면서 성장 속도가 둔화되는 현실적인 과정을 모사할 때 유용하다.

이 곡선을 그릴 때 사용하는 방정식은 이전에 살펴봤던 것보다 좀 더 복잡하다.

$$y = \frac{L}{1 + e^{-k(x - x_0)}}$$

조금 난해해 보이지만 너무 어려운 공식은 아니다.

- L = 곡선의 최댓값, 즉 곡선의 꼭대기에 위치하는 값

- e = 오일러 수$^{Euler's\ number}$, 즉 2.718에 가늠하는 수학적인 상수

- k = 곡선의 첨도(곡선의 뾰족한 정도를 의미한다)

- x_0 = 곡선 중앙의 x 값(S자 곡선의 낮은 부분은 x보다 작으며 나머지 높은 부분은 이 값보다 크다)

로지스틱 함수 곡선은 x가 증가함에 따라 처음에는 y 값이 천천히 증가하다가 어느 정도 시점이 지나면서 급상승한다. 일정 시점이 지나면 다시 그 증가세가 완화돼 거의 변화가 없는 것처럼 보인다(그림 10.1 참고). 이런 종류의 곡선은 처음에는 천천히 이득이 증가하다가 중간 구간에는 빠르게 이득을 취하며 더 시간이 지난 다음에는 투자 대비 이득이 점점 줄어드는 항목에 적합하다.

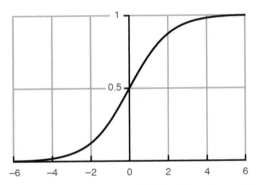

그림 10.1 로지스틱 방정식의 일반적인 모양(L = 6, k = 1.0)

이런 유형의 곡선은 플레이어에게 흥미로운 비선형적인 성장을 제공한다. 앞서 살펴본 지수 곡선처럼 x 값이 변경된다고 y 값이 엄청난 양으로 변경되는 것은 아니다. 여러 개의 로지스틱 곡선을 쌓게 되면 더 흥미로운 전략적 결정을 할 수 있다. 이들 각각의 로지스틱 곡선은 리소스의 증가와 관련이 있다. 효과적으로 곡선을 활용하고자 하나의 곡선 기울기가 완만해질 때쯤 다음 곡선으로 갈아탈 수도 있다. 그림 10.2

는 각기 다른 리소스를 다양한 로지스틱 곡선으로 보여준다. 곡선이 쌓이는 순서에 따라 경제적인 불균형 없이 가치가 증가할 수 있다. 또한 여러 로지스틱 곡선이 모이면 궁극적으로는 지수 곡선의 급격한 상승효과를 발휘한다. 게임 안의 경제를 구성하는 다양한 리소스나 오브젝트들이 이 곡선에 맞게 밸런스를 잡을 수 있다면 하나의 곡선으로 균형을 잡으려고 하는 것보다 전체적인 균형을 더욱 쉽게 잡을 수 있다.

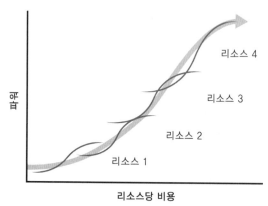

그림 10.2 4개의 로지스틱 곡선이 적층된 파워 상승 곡선. 각각의 곡선은 분리된 리소스에 대응한다.

조각별 선형 곡선

게임 디자이너들은 때론 방정식에 너무 딱 들어맞는 성장 곡선을 짜거나 이와 관련된 방정식이 너무 자연스럽게 변경되는 것을 원하지 않을 때도 있다. 오히려 플레이어들은 이런 자연스러움을 지루하다고 느낄 수도 있다. 특히 어떤 오브젝트의 파워와 관련돼 있을 때는 더욱 쉽게 지겹다는 느낌을 받을 수 있다. 플레이어 역시 어떤 오브젝트의 파워가 점점 늘어나고 있다는 것을 쉽게 알 수 있다. 하지만 어떤 방식으로 증가하는지는 자세히 알 필요도 없고 이와 관련된 어떤 결정도 내릴 필요가 없다. 다만 플레이어들은 $n + 1$번 강화한 검이 n번 강화한 검보다 일정 정도 강할 것이라는 사실은 알고 있다. 파워가 늘어나는 것이 선형적이지는 않더라도 플레이어는 직관적으로 이런 사실을 알게 될 것이다. 선형적인 성장 비율을 보이는 경우라면 더 쉽게 이런 사실을 파악한다.

방정식을 활용하거나 수동으로 성장과 파워 커브를 조정해 이런 문제를 해결할 수 있다. 여러 개의 선형 곡선을 연달아 배치해 마치 지수 곡선처럼 보이게 만드는 것도 하나의 방법이다. 선형 보간법$^{linear\ interpolation}$을 사용하거나 일반적인 선형 곡선을 이어서 배치하는 것과 같은 이런 기법을 조각별 선형 곡선$^{piecewise-linear\ curve}$ 기법이라고 한다.

RPG 게임에서 레벨에 맞게 캐릭터의 히트 포인트(체력)를 보상해주는 시스템을 만들어보자. 레벨 1 ~ 10 사이에는 2개의 히트 포인트를 지급하고 레벨 11 ~ 20 사이에는 각 레벨마다 5개, 레벨 21 ~ 30 사이에는 각 레벨마다 10개의 히트 포인트를 지급한다고 설정한다. 이 내용을 바탕으로 각 레벨마다 얻게 되는 히트 포인트의 수를 계산해 스프레드시트의 테이블을 만든다. 첫 레벨에서 주어지는 히트 포인트의 개수는 12개로 설정한다(최초 히트 포인트를 0으로 설정할 수도 있다). 레벨 10까지는 2개의 히트 포인트가 지급되므로 레벨 10에 도달하면 30개의 히트 포인트를 지급받을 수 있다. 레벨 11부터는 5개가 지급되므로 레벨 20에 도달하면 모두 80개의 히트 포인트를 얻게 된다. 이후에는 각 레벨마다 10개의 포인트를 지급받으므로 레벨 30에 도달하면 180개의 포인트를 얻게 된다. 이 예제를 통해 조각별 선형 곡선을 손쉽게 이해할 수 있을 것이다. 그림 10.3을 참고하자.

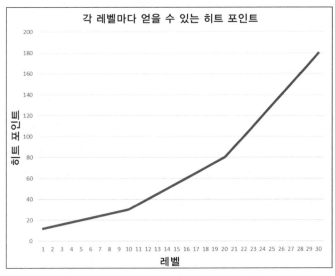

그림 10.3 조각별 선형 곡선을 사용한 포인트 획득 곡선

물론 이런 단순한 방식만으로 계산이 어려운 경우도 있다. 이런 경우는 어떤 종류의 힘이나 값인지에 따라 선형 보간법을 사용해 그래프를 만들 수 있다.

앞의 히트 포인트 곡선을 살짝 가다듬어 처음에는 천천히 증가하다가 이후 갑자기 급증하는 곡선을 만들어보자. 처음에는 2 정도의 낮은 포인트를 설정했다가 10레벨 이후에는 20포인트를 얻을 수 있게 설정해보자. 이 경우 20레벨이 되면 100개의 포인트를 받을 수 있다. 이 설정을 통해 각 값의 선형적인 곡선을 얻을 수 있다(레벨 1, 10, 20).

첫 번째 구간의 보간을 위해 가장 낮은 y 값(히트 포인트의 값)을 가장 높은 값 20에서 뺀다. 즉, 20 – 2 = 18의 결과를 얻을 수 있다. 그런 다음 가장 높은 x 값(레벨)에서 가장 낮은 값을 뺀다. 즉, 10 – 1 = 9의 결과를 얻는다. 앞서 얻은 값을 두 번째 값으로 나누면 18/9 = 2의 결과를 얻을 수 있다. 이를 방정식으로 표현하면 다음과 같다.

$$hp\ per\ level = \frac{y_1 - y_0}{x_1 - x_0}$$

각 레벨마다 2포인트를 얻는다는 것을 방정식으로 알 수 있다(이는 곡선의 기울기가 2라는 것을 의미한다). 다음 구간에서도 동일한 작업을 수행할 수 있다. 가장 큰 y 값인 y_1, 즉 얻을 수 있는 최대 히트 포인트의 수는 100이 되고 가장 낮은 y 값 y_0은 20이 된다. 이 값은 앞 구간의 마지막 값이기도 하다. 가장 큰 x 값 x_1은 20이다. 가장 적은 x 값 x_0은 앞 구간의 가장 큰 값이었던 10이 된다. 위의 방정식을 다시 사용하면 100 – 20 = 80, 20 – 10 = 10, 80/10 = 8이라는 결과를 얻을 수 있다. 따라서 곡선의 기울기, 즉 이 구간에서 각 레벨마다 얻을 수 있는 포인트의 개수는 8이 돼야 하는 것이다. 그림 10.4가 조각별 선형 곡선을 사용해 이 답을 보여준다. 우리가 살펴본 과정은 아주 간단한 예일 뿐이다. 스프레드시트를 사용해 지금 살펴본 예제를 실제로 구현해봤다면 y 값(히트 포인트)과 x 값(레벨)을 변경하면서 원하는 기울기의 곡선을 만들어낼 수 있을 것이다.

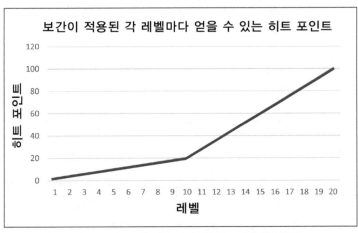

그림 10.4 엔드포인트와 보간이 적용된 조각별 선형 곡선

조각별 선형 곡선에서 각각의 구간은 선형적인 것처럼 보이지만 전체적인 모습은 그림 10.3과 같이 지수 곡선의 모양을 띄게 된다. 지수 방정식을 사용해 훨씬 손쉽게 이 구간을 설정할 수 있다. 플레이어에게 뭔가 집중할 것을 던져준다는 점에서도 이 곡선은 흥미롭다. 그림 10.4의 경우처럼 플레이어가 레벨 11에 도달하는 것이 성장의 변곡점이 된다는 것을 알게 되면(이후 각 레벨에서 얻게 되는 히트 포인트의 수가 2개에서 8개로 늘어난다는 것을 알게 되면) 플레이어는 해당 레벨을 하나의 중간 목표로 생각하고 더더욱 목표를 달성하려는 의지를 불태울 것이다.

근등차수열 곡선

조각별 선형 곡선과 같이 일부 게임에서는 성장 곡선을 수동으로 조정하면서 플레이어의 경험을 가다듬는다. 크리스 베이트만이 근등차수열^{NAP, Near-Arithmetic Progression}이라고 정의한 곡선은 선형적(등차) 곡선과 비슷하지만 이와 연관된 방정식은 존재하지 않는다. NAP 곡선은 주로 롤플레잉 게임에서 찾아볼 수 있으며 성장과 힘의 곡선을 수학이 아닌 느낌이나 어림수에 의존해 설정할 때 사용된다. <월드 오브 워크래프트>의 초반에는 각 레벨에 도달하고자 필요한 포인트는 어림수로 설정된다. 레벨 1에서 2로 올라갈 때 필요한 포인트는 400이다. 레벨 2에서 3으로 올라갈 때 필요한 포인트는 500, 레벨 3에서 4로 올라갈 땐 700, 그다음 레벨 4에서 5로, 5에서 6으로 올라갈 때 필요한 포인트도 어떤 수학 공식에 의해 결정되는 것이 아니라 단순한 느낌과 직관을 활용해 설정된다(WoWWiki n.d.). 이런 패턴이 모든 레벨에 적용될 필요도 없다. 또한 수동으로 설정되는 NAP 역시 변경될 수 있다.

곡선을 수동으로 설정한다면 예측 가능한 방정식 기반의 곡선보다 좀 더 굴곡이 심하거나 완만한 곡선을 사용해 플레이어들이 원하는 이득을 더 빠르게, 혹은 더 느리게 제공하면서 '놀라움과 경이로움'을 선사할 수 있다(Pecorella 2015). 플레이어가 뻔한 성장 곡선에 지루함을 느끼지 않을 수 있고, 디자이너는 한 유형의 오브젝트나 리소스를 훨씬 효과적으로 제어할 수 있게 된다. 플레이어 역시 이 곡선을 활용해 최대의 효과를 얻고자 어떻게 리소스를 사용해야 할지 결정할 수 있을 것이다.

핵심은 수학이 아니라 게임 플레이

앞서 살펴본 다양한 곡선과 NAP, 수동으로 설정할 수 있는 다양한 곡선을 사용해 성장과 파워 커브를 만들 때 2가지 사실을 유념해야 한다. 첫 번째 사실은 수학을 잘 활용해야 하지만 그렇다고 수학적으로 완벽한 곡선을 만들어야 하는 것은 아니라는 것이다. 성장과 파워 곡선을 만들 때 최대한 이들이 수학적으로 잘 작동하게 만들 필요는 있다. 그럴수록 게임의 밸런스를 잡기 쉽고 수많은 반복 작업을 수행하지 않아도 되기 때문이다. 두 번째 기억해야 할 내용은 원하는 밸런스를 잡으려면 결국 플레이테스트와 같은 정성적 기법을 통해 직감을 기르는 연습이 필요하다는 것이다. 처음에는 지수 곡선을 기반으로 밸런스를 잡는 작업을 시작하더라도 마지막에는 세세한 부분들을 직접 손보면서 게임의 성장 곡선을 가다듬는 것이 좋다. 우리가 하는 일은 수학 과제를 푸는 것이 아니라 효과적이고 몰입이 가능한 게임을 만드는 것이라는 걸 잊지 말아야 한다.

부분과 성장, 시스템의 밸런스 잡기

오브젝트와 시스템의 밸런스를 잡는 데 필요한 핵심 리소스가 어떤 것인지 판명됐다면 이들 간의 비용 대비 효과라는 관계를 살펴보는 것부터 시작해야 한다. 이 과정에서 앞서 살펴봤던 다양한 밸런스 곡선의 선택(예를 들어 선형 곡선을 사용할지 혹은 지수 곡선을 사용할지)을 포함해 다양한 수학적이고 직관적인 기법을 사용할 수 있다. 플레이어의 행동에 대한 데이터가 있다면 이를 분석한 정보를 활용해 반복적인 작업과 플레이테스트에 들어가는 리소스를 줄일 수 있을 것이다(하지만 완전히 없앨 수는 없다).

부분의 밸런스 잡기

특정한 시스템에 포함돼 있는 하나의 부분을 다른 부분과 함께 원활하게 동작할 수 있도록 밸런스를 잡는 것이 가장 흔하게 수행하는 밸런스 작업 중의 하나다. 전이 오브젝트의 밸런스를 잡는 경우가 대부분이다. 이 과정을 거치면서 각 부분의 상대적인 비용은 그대로 유지돼야 한다.

전투 시스템에서 무기의 밸런스를 설정하는 것이 좋은 사례가 될 수 있다. 이 과정이 어떻게 진행되는지 살펴보는 것도 부분의 밸런스를 잡는 과정을 이해하는 데 도움이 될 것이다. 그림 10.5에서 보이는 무기들은 롤플레잉 게임의 전투 시스템을 구성하는 하나의 부분들이다(그림 8.3에서 동일한 데이터가 사용됐다). 각 무기는 공격력, 대미지, 속도의 속성을 갖고 있다. 이 속성 값들이 모두 같은 범위를 갖지는 않는다. 따라서 모든 속성 값이 같은 범위를 가질 때보다 좀 더 복잡한 계산이 필요하다. 표에서 보이는 것처럼 단도의 공격력이 가장 낮으며, 그레이트 소드의 공격력이 가장 높다. 대미지의 경우도 마찬가지다. 속도의 경우 단도, 단검, 레이피어가 가장 빠르고 그레이트 소드가 가장 느린 것으로 설정돼 있다.

	A	B	C	D
1	이름	공격력	데미지	속도
2	단도	0	2	5
3	단검	2	3	5
4	커틀러스	4	5	1
5	브로드 소드	3	4	4
6	레이피어	3	3	5
7	롱 소드	5	6	2
8	그레이트 소드	8	8	0

그림 10.5 균형 잡힌 다양한 무기들의 속성이 포함된 스프레드시트 예제

무기들이 각자의 능력에 맞게 밸런스가 잘 잡힌 걸까? 무기의 종류도 모두 다르며, 이들의 밸런스가 잡혔다는 것이 동일한 능력을 갖게 됐다는 것을 의미하지도 않는다. 시스템 안에 존재하는 전이적 부분이 균형을 잡으려면 각 부분이 게임에서 차지하고 있는 고유한 영역이 존재해야 한다. 플레이어가 상황에 따라 다른 무기를 선택할 수 있을 만큼 무기들 간에는 충분한 차이가 있어야 한다. 이 무기들은 비용과 효과가 상쇄돼야 한다. 이 말은 모든 무기가 충분히 비용을 들여 획득할 만한 가치가 있다는 확신을 플레이어에게 줄 수 있어야 한다는 것을 의미한다.

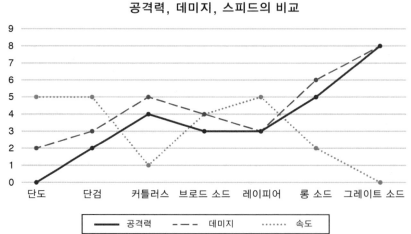

그림 10.6 그래픽 형태로 비교한 각 무기의 속성

그림 10.6은 각 무기가 가진 속성을 비교해 그래프로 보여준다. 속성의 값들을 분석해보면 일부 차이가 있기는 하지만 대부분의 값이 중간에 몰려있으며 단도와 그레이트 소드만이 다른 무기와 다른 경향을 보이고 있음을 알 수 있다.[2] 이 그래프만으로는 사실 각 무기의 밸런스가 잘 잡혔는지 정확하게 파악하기 힘들다. 다양성을 위해 커틀러스, 브로드 소드, 레이피어의 값들을 조금 바꿔줄 필요는 있어 보인다.

앞서 살펴본 것처럼 무기의 밸런스를 잡으려면 우선 비용과 이득, 즉 이 무기들의 능력을 따져봐야 한다. 그림 10.5를 통해서는 어떤 비용도 살펴볼 수 없다. 무기를 얻기 위한 비용이 모두 동일하다면 가장 센 무기를 마다할 이유가 없다. 각 무기가 제공하는 이득과 이에 따르는 비용을 설정함으로써 모두 나름대로 존재하는 의미를 가질 수 있게 된다. 단도를 얻기 위한 비용이 그레이트 소드보다 덜 들어가는 것은 상식적이다. 그럼 얼마나 적게 들어가야 할까? 이는 게임의 전투 시스템, 경제 시스템상에서 각각의 무기가 얼마나 효용이 있는지와 관련이 있다. 이 경우에는 랜덤 박스에서 무기가 나오는 경우, 무기를 얻기 위한 비용과 이득을 설정하는 경우 둘 다를 고려해봐야 한다.

각 무기에 맞는 비용을 설정하려면 우선 각각의 무기가 플레이어에게 제공하는 이득에 기반을 두고 속성의 값들이 적절하게 설정됐는지 확인하고 필요하다면 이를 변경해준다. 매번 값을 조정해야 하는 반복적인 과정이지만 효과는 충분할 것이다.

가장 먼저 할 일은 밸런스를 잡아야 할 핵심 리소스가 어떤 것인지 규명하고 각각의 아이템들이 이와 관련해 어떤 이득을 제공하는지 파악하는 것이다. 대부분의 게임은 플레이어의 목표를 달성하는 데 필요한 핵심 리소스를 갖고 있다. 가장 먼저 이를

---

2. 여기서 선 그래프를 사용하는 것은 기술적으로 바람직하지 않다. 하나의 무기에서 다른 무기로 속성의 값이 이어지지 않기 때문이다. 단검과 커틀러스 사이에는 중간이 존재하지 않는다. 사실 이 그래프는 막대기 형태로 작성하는 것이 좋다. 하지만 이렇게 이어지는 형태의 그래프를 사용한다면 각각의 무기들이 어떤 관계를 갖고 있는지 시각적으로 보여준다는 장점이 있다. 이런 경우는 오히려 선 그래프를 사용하는 것이 전체 데이터를 파악하는 데 효과적일 수도 있다. 데이터를 시각화하고자 다양한 방법을 시도해봐야 한다. 기술적으로는 '잘못된' 방식이라고 할지라도 보는 사람에게 중요한 통찰력을 제공하는 그래프야말로 올바른 그래프라고 할 수 있을 것이다.

파악하는 것이 필요하다. 이 작업을 시작으로 전이적 아이템의 균형을 맞추고 플레이어들의 성장 밸런스를 맞추는 작업을 시작할 수 있는 것이다.

이 예제는 롤플레잉 게임을 전제로 하고 있으므로 체력(종종 히트 포인트로 표현되는)을 핵심 리소스로 설정할 수 있다. 일반적인 RPG 게임에서 플레이어의 캐릭터가 적의 체력을 0으로 만들면 플레이어의 캐릭터가 승리를 거두고 루팅이나 경험치 등을 보상으로 받게 된다. 반대로 플레이어의 체력이 0에 다다르면 패배하거나 죽게 된다. 체력을 롤플레잉 게임의 핵심 리소스로 간주한다면 이와 관련된 무기의 밸런스를 잡을 수 있게 된다.

자, 이제 시작해보자. 무기의 어떤 속성이 상대방의 체력을 감소시키는 데 가장 밀접하게 관련돼 있는지부터 파악해야 한다. 체력이 소진되는 양은 무기의 대미지 속성과 깊은 관련이 있으므로 우선 여기부터 살펴보자. 무기로 상대방에게 대미지를 가하려면 우선 무기를 상대방에게 적중시켜야 하며 이는 공격력 속성이 관장하는 부분이다. 즉, 공격력이 높을수록 적을 많이 타격하게 된다. 하지만 여기서 끝이 아니다. 일반적인 전투 시스템이라면 속도 역시 하나의 역할을 수행한다. 속도가 느린 무기는 빠른 무기보다 상대방을 덜 공격하게 된다. 플레이어가 무기의 속도에 기반을 두고 무기를 휘두르면 공격력을 기반으로 상대방을 타격하게 된다. 공격력 수치에 기반을 두고 타격에 성공하면 대미지가 가해지며 공격을 완료하게 된다. 따라서 플레이어가 상대방의 체력을 깎을 때 관련되는 속성은 속도가 가장 우선하며 그다음으로 공격력, 마지막으로 대미지가 되는 것이다.

공격이 어떻게 수행되는지 적어도 이론적으로는 알고 있어야 한다. 정확한 원리를 이해하려면 실제로 수많은 시도를 해야 할 것이다. 이런 지식을 기반으로 무기의 속성 값을 조절해 균형 잡힌 비용을 설정할 수 있다. 각 속성의 값들을 더해 비용을 산출하는 것이 가장 간단한 방법이다. 단검과 커틀러스의 공격력, 대미지, 속도를 더해 보면 둘 다 10의 비용을 가진다. 이는 단도보다는 3만큼 크고, 브로드 소드보다는 겨우 1만큼 적은 수치다. 뭔가 적절해 보이지 않는다.

속성의 가중치 조정

이 문제를 수정하고자 다음 단계를 거친다. 우선 각각의 속성에 다른 계수를 부여해 가중치를 설정한다. 그런 다음에 무기의 속성과 값들이 납득할만한 수준인지 살펴보고 필요하다면 다시 조정한다. 이 과정을 반복함으로써 모든 무기의 값을 적절하게 균형을 맞출 수 있다.

각 속성에 곱해지는 계수를 구하려면 우선 하나의 전투 시스템 안에서 속성들이 어떻게 동작하는지 살펴봐야 한다. 대미지의 경우 핵심 리소스와 가장 직접적인 관련을 갖는 속성이므로 여기에 계수 1을 부여할 수 있다. 공격력과 속도 역시 중요하다는 측면에서 대미지와 동일하게 계수 1을 부여할 수 있지만 이렇게 될 경우 앞서 설명한 것처럼 만족할만한 비용 가치를 제공하지 못한다. 속도가 빠른 무기는 그렇지 못한 무기에 비해 더 많이 적을 타격할 수 있고 이를 통해 더 많은 대미지를 가할 수 있다. 따라서 속도 속성의 가중치 역시 더 높이 부여해야 한다. 속도에 계수 2를 부여해보자. 공격력 역시 중요하지만 이 예제에서는 어느 정도나 중요한지 가치를 매기기 쉽지 않다. 공력력에는 대미지와 속도의 중간인 1.5를 부여해보자.

이 값들을 스프레드시트에 기록해 각각이 무기를 얻는 비용에 어떤 영향을 미치는지 살펴볼 수 있다(그림 10.5에서 보이는 값들을 스프레드시트에 옮겨 놓고 다음 과정을 따라가면 쉽게 이해할 수 있을 것이다). 속도 2, 공격력 1.5, 대미지 1.0을 각각의 값에 곱한 다음 이를 더해 무기의 비용을 계산한다. 이렇게 계산된 비용들이 이전보다 좀 더 합리적으로 보인다. 비용의 범위는 이제 단도가 갖는 값 12부터 그레이트 소드가 갖는 20까지가 된다. 이 범위가 사실 충분히 넓은 것은 아니다. 가장 저렴한 단도 2개가 그레이트 소드 1개의 비용보다 비싸다. 또한 커틀러스의 비용이 단검보다 싼 것도 어딘가 이상해보인다. 커틀러스의 각 속성 값을 살펴보면 속도가 유독 낮은 무기라는 것을 알 수 있다. 그만큼 무겁기 때문이기도 하며 이 느린 속도로 인해 전체적인 가치가 감소하는 것이다. 이제 계수를 조정하는 단계를 떠나 값 자체를 조정해야 하는 시점이다.

대부분의 경우 속성 값을 변경할 수 있다. 전반적인 변경이 어렵다면 계수만 조정한다거나 밸런스를 조정할 수 있는 다른 요소를 추가할 수도 있다. 어떤 아이템이 적정 비용보다 저렴하게 설정돼 있다면 이 아이템을 구매하기 어렵게 만드는 방법도 있다(플레이어가 접근하기 어려운 지역으로 들어가야만 획득할 수 있거나 일반적인 경로에서 한참 벗어난 곳에서만 획득할 수 있게 설정한다). 이런 상황 설정은 직접 수치를 조정하기 힘든 오브젝트의 밸런스를 잡는 데는 도움을 줄 수 있지만 이로 인해 전체적인 밸런스를 잡는 것이 더 힘들어질 수 있다. 플레이어가 다른 무기를 다룰 정도의 여유가 없거나 그들이 원하는 무기를 어디서 획득해야 하는지 알 수 없는 경우도 고려해야 한다. 혹은 무기를 얻는 것이 플레이어의 죽음과 같이 어느 정도의 희생을 감수해야 한다면 이런 제약으로 인해 플레이어가 게임을 떠날 수도 있다.

속성 값 조정

무기의 속성을 조정할 때 앞서 대미지 속성에 기본이 되는 계수 1.0을 부여한 것처럼 하나의 오브젝트를 기준으로 삼는 것도 유용하다. 이 예제에서는 브로드 소드를 기준으로 택한다. 브로드 소드의 모든 속성에 중간값인 5를 설정한다. 약간의 속성과 비용 값이 조정되겠지만 이를 통해 전체적으로 일부 구간에 몰려있는 무기의 비용이 분산될 수 있다. 이렇게 일부의 값을 조정하는 것은 꽤 효과적이다. 단도의 공격력을 조금 올려주고(0에서 1로 조정), 원래 데이터에서 8로 설정돼 있던 그레이트 소드의 공격력과 대미지를 10으로 조정해보자. 범위를 조정해 각 값의 밸런스를 맞추는데 충분한 도움이 될 것이다.

각 무기의 속성을 다른 무기와 비교해볼 수 있는 그래프를 그려보는 것도 좋다. 그래프를 통해 값들이 한 군데 몰려지는 않는지 빠르게 인지할 수 있다. 무겁고 큰 커틀러스가 가벼운 레이피어보다 더 빨라지는 것처럼 상식에 부합하지 않는 일들이 발생하지 않게 살펴보는 데도 그래프를 활용하는 것이 좋다. 속성의 가중치를 조정해 변경된 속성이 서로에게 어떤 영향을 미치는지 살펴보는 것도 좋은 방법이다.

비용과 값 분리

마지막으로 지금까지 비용의 개념으로 사용해 온 값과 실제 게임에서 사용되는 비용을 분리해야 한다. 이전에 계수를 통해 계산되고 그 결과 비용으로 사용한 값을 Mod 값이라고 부르자. 실제 게임 안의 비용은 이 값과 별개로 설정된다. 게임 안의 실제 비용과 Mod 값을 함께 보여줌으로써 각 무기들의 관계를 살펴볼 수 있다. 이렇게 그려진 그래프는 그림 10.7과 같다. 이 그래프만으로는 각 속성의 값들이 균형 있게 설정됐는지 알 수 없다. 하지만 각각의 무기들이 서로 어떤 관계에 있는지는 충분히 파악할 수 있다. 아래 그래프에 로지스틱 곡선(기울기는 0.95이며 중간점은 3.5)이 포함돼 있는 것에 유의하자. 이 곡선을 통해 원하는 대로 무기가 설정돼 있다는 것을 확인할 수 있다.

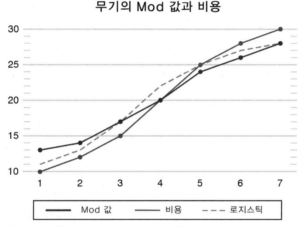

그림 10.7 가중치가 적용된 속성 값(Mod 값)과 수동으로 조정된 비용, 그리고 로지스틱 곡선을 동시에 보여주는 그래프

무기의 속성 값과 계수를 반복해 조정함으로써 그림 10.8의 스프레드시트에서 보이는 것과 같은 최종 결과를 얻어낼 수 있다. Mod 값은 각 무기의 공격력, 대미지, 속도 값의 합에 대해 가중치를 적용한 값이다. 속성의 값과 가중치를 보여주는 계수가 모두 바뀌었다. 이 스프레드시트에서 대미지 계수는 1.0, 속도는 1.75, 공격력은 1.3의 계수 값을 가진다. 계수 값이 얼마나 정확한지는 중요하지 않다. 이 값을 통해 게임과 무기가 수행하는 행위가 합리적으로 보이는지가 더 중요하다. 또한 이를 통해 무기의 비용과 이득이 균형을 이뤄야 한다.

▲	A	B	C	D	E	F
1	아름	공격	데미지	속도	Mod 값	비용
2	단도	1	1	6	13	10
3	단검	2	1	6	14	12
4	커틀러스	4	7	3	17	15
5	브로드 소드	5	5	5	20	20
6	레이피어	5	3	8	24	25
7	롱 소드	7	6	6	26	28
8	그레이트 소드	10	10	3	28	30

그림 10.8 수정된 각 무기의 속성 값. 공격력(1.3배 가중치), 대미지(1.0배 가중치), 속도(1.75배 가중치)의 합인 Mod 값과 이에 기반을 두고 최종 수정된 비용

수정된 속성 값을 기반으로 그림 10.9와 같이 좀 더 정량적으로 이들의 차이를 확인할 수 있다. 각 무기의 속성이 모두 무기의 특성과 부합해 보이고 값의 범위 역시 충분히 넓어 다양한 상황에 맞게 무기를 활용할 수 있다. 너무 강한 무기나 반대로 너무 약한 무기도 보이지 않는다. 그림 10.7에서 보이는 비용 곡선은 상승하다가 점차 오른쪽으로 기우는 형태를 보이는데, 이는 로지스틱 곡선의 형태와 가깝다. 비용과 이득이 이 곡선에 맞게 배치돼 있다는 것은 곧 이들의 관계가 적절하다는 것을 의미한다. 플레이어 역시 이를 직관적으로 받아들일 수 있을 것이다.

그림 10.7의 비용 곡선도 속성의 가중치를 수학적으로 모델링한 다음 수동으로 이 값을 조정함으로써 효과적이지 못했던 무기들을 플레이어의 취향에 맞게 조절할 수 있음을 보여준다. 무기의 비용은 계산된 값보다 약간 적게 설정돼 있다. 계산된 값보다 비용이 낮게 책정된 무기는 활용도가 떨어지거나 새롭게 시작하는 캐릭터 혹은 다른 플레이어보다 재화가 충분하지 않은 캐릭터가 사용할 가능성이 높기 때문에 합리적인 설정으로 보인다. 고급 무기의 경우는 이와 반대다. 이들에게는 계산된 값보다 좀 더 높은 비용이 책정돼 있다. 이들의 비용 그래프는 Mod 값을 보여주는 그래프보다 좀 더 위쪽에 위치한다. 굳이 이런 사실을 드러낼 필요는 없다. 누군가 그레이트 소드를 갖고 있다면 그 강력한 무기를 얻고자 상당한 비용을 지불했을 거라는 걸 쉽게 알 수 있기 때문이다. 브로드 소드 항목에서 비용과 Mod 그래프가 교차한다. 이 지점이 무기에 대한 멘탈 모델이 고정적으로 유지되는 지점이며 게임을 진

행하는 내내 이를 기준으로 무기의 비용과 효과를 판단하게 될 것이다.

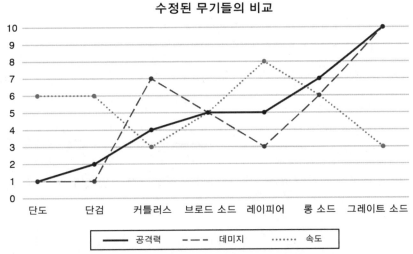

그림 10.9 수정된 무기 속성을 보여주는 그래프. 공격력 값은 지속적으로 상승하지만 데미지와 속도는 중간이 한 번 꺾이는 형태가 되는 것을 볼 수 있다. 이를 통해 각 무기들은 자신만의 장점과 단점을 가질 수 있다.

자, 지금까지는 모든 것이 잘 진행되고 있는 것 같다. 하지만 아직까지 어떤 것도 플레이테스트를 거치지는 못했다. 전투 시스템의 한 부분을 이루는 무기의 밸런스를 잡고자 지금까지 수학적인 방법과 디자이너의 경험에 기반을 둔 방법을 함께 사용했다. 다음 단계는 플레이어의 입장에서 플레이테스트를 수행해 어떤 가정이 정확하지 않았는지 확인하고 플레이어가 무기의 비용과 효과에 대해 빠르고 정확하게 멘탈 모델을 구축하는지 살펴보는 것이다. 실제 게임에서 무기의 밸런스를 잡으려면 수많은 플레이테스트와 수정을 반복해야 할 것이다.

성장 밸런스 잡기

앞서 살펴본 무기처럼 게임 안에서 더 이상 분해할 수 없는 부분들의 밸런스도 필요하지만 게임이 진행되는 동안 플레이어나 다른 오브젝트가 성장하는 것에 대한 밸런스도 잡아야 한다. 게임 안에는 다양한 유형의 성장이 존재한다. 우선 가장 일반적인 형태의 성장은 게임 캐릭터, 군대, 농장과 같이 플레이어를 대표하고 대체할 수 있는 것들이 갖는 속성 값이 증가하는 것이다. 여기에 더해 경제적인 성장도 다양한 측면에서 고려해야 한다. 경제적인 성장에는 게임 안의 화폐 가치, 게임이 진행되는 동안 플레이어가 사용하는 오브젝트의 레벨업 등이 포함된다.

대부분의 게임에서 플레이어(혹은 최소한 플레이어를 대리하는 대상)는 게임을 진행하면서 더 나아지고 발전한다. 플레이어는 이를 통해 성취감을 느끼고 게임의 의미를 발견한다. 균형 잡힌 성장 시스템을 만들려면 플레이어의 성장을 견인하는 속성이 어떤 것인지 규명해야 한다. 보통 앞서 논의했던 게임의 핵심 속성이 해당되는 경우가 많다. 이러한 속성을 통해 비용으로 충당되는 리소스가 어떤 것인지도 알 수 있을 것이다.

플레이어 성장의 가장 일반적인 예는 플레이어 캐릭터의 레벨이 점점 더 높아지는 것이다. 캐릭터는 경험치를 축적하고 이를 소모해 추가적인 체력과 힘을 증가시키며 새로운 콘텐츠와 능력을 획득한다. 이런 이득은 성장 곡선과 밸런스에 반드시 포함돼야 하는 속성들이다. 캐릭터가 충분한 경험치를 획득해서 한 레벨을 올리는 순간이 성장을 통해 이득을 얻는 과정이며 대부분 플레이어가 손댈 필요 없이 자연스럽게 수행된다. 플레이어는 일반적으로 이 과정에서 경험치가 소비된다고 생각하지 않지만 기능적으로는 포인트가 소비되는 것과 동일한 과정이 발생한다. 대부분의 게임에서 한 단계 더 높은 레벨을 달성했을 때 경험치를 0으로 리셋하는 것이 아니라 그다음 레벨 달성에 필요한 경험치를 더 높게 설정하는 방법을 사용한다. 이 방법을 사용하면 지수 곡선을 사용할 수 있을 뿐만 아니라 플레이어들에게 달성해야 하는 경험치와 증가하고 있는 경험치를 함께 보여줘 성취감을 얻을 수 있게 해준다.

하나 이상의 핵심 리소스를 사용해 플레이어의 성장을 설정할 수 있지만 꼭 한 개의 리소스로 제한할 필요는 없다. 하나 이상의 리소스를 사용하면 이를 분석하고 설정하는 데 더 많은 시간이 할애되고 플레이어 역시 각각의 리소스를 관리하고자 애를 먹을 것이다. 다양한 리소스가 다른 성장 비율을 제공한다면 이를 활용해 플레이어는 자신의 성장을 좀 더 전략적으로 결정할 것이며 게임 안에서 의미 있는 결정을 더 많이 내리게 될 것이다.

전투와 체력에 기반을 두고 플레이어가 성장하는 게임을 디자인해보자. 처음에는 전투와 체력에 기반을 두고 게임을 진행할 수 있지만 후반에는 재화를 기반으로, 더 이후에는 친구의 숫자에 기반을 두고 성장할 수도 있다. 처음에는 체력을 통해 얻을 수 있는 이득이 줄어들 것이며 이후에는 재화를 통해 얻을 수 있는 이득이 점점 더 적어질 것이다. 이는 리소스를 획득하는 비율이 줄거나 다음 레벨 획득에 필요한 포인트의 양이 지수적으로 증가하지만 실제 포인트는 그렇지 못하다는 것을 의미한다. 모든 플레이어가 이렇게 다양한 요소를 기반으로 성장하기를 바라지는 않는다. 따라서 플레이어가 지속적으로 유지하고 집중할 수 있는 형태의 특정한 리소스를 기반으로 성장을 설계하는 것이 매우 중요하다. 대다수 플레이어가 성장에 최적화된 경로를 찾으려고 노력한다. 이럴 때 적절하게 디자인된 새로운 리소스와 속성, 행위를 추가해준다면 게임에 대한 몰입도를 증가시킬 수 있다.

플레이어가 스스로 성장하고 있다고 느끼는 것이 중요하다. 성장이 멈췄다고 느끼거나 성장할 수 있는 기회가 요원하다고 느끼면 게임에 대한 몰입도 역시 떨어진다. 7장에서 언급했던 '고급prestige' 루프와 같은 수단을 활용해 주성장 요소가 둔화되거나 지루함을 느낄 때 이를 극복할 수 있다. 플레이어는 성장하면서 다차원의 결정을 내리며 최소한 하나의 경로를 통해 성장한다.

페이스 정하기

대부분의 성장은 지속적으로 수행되는 것이 아니라 드문드문 수행된다. 물이 가열되듯이 천천히 성장하는 것이 아니라 간격을 두고 일순간 성장이 수행되는 것이다. 체크포인트에 도달했을 때 캐릭터의 성장을 포함해 다양한 이득을 얻게 만든다면 플레이어에게 명확한 보상을 제공할 수 있고 플레이어가 이를 기대하게 만들 수도 있다. 레벨업을 수행할 지점을 알 수 있으므로 밸런스를 잡는 것도 용이해진다. 그렇다고 지속적인 성장 곡선을 만드는 것이 불가능한 것은 아니다.

성장 시스템을 만들 때 가장 먼저 해야 할 것은 플레이어의 성장 페이스를 결정하는 것이다. 여기서 말하는 페이스는 레벨업에 필요한 몬스터의 수, 승리의 횟수, 수집해야 하는 자원의 양과 같이 게임 안에서 가장 많이 활용되며 성장 경로를 만들고자 필요한 리소스의 양을 의미한다.

플레이어의 성장과 관련된 페이스를 정의하는 것은 성장에 따른 비용과 이득의 관계를 보여주는 곡선을 정의하는 것과 다르지 않다. 점점 더 많은 보상과 포인트를 지급하면서 플레이어가 각 단계를 거쳐 성장하는 시간이 점점 길어지게 만들고 싶다면 지수 곡선 형태를 선택하는 것이 최선이다. 물론 앞서 살펴봤던 다양한 방법을 적용할 수도 있으며 이들을 혼합해서 사용할 수도 있다. 게임 초기에는 수동으로 데이터를 설정한 선형적 곡선을 사용하다가 후반부에는 다양한 리소스와 관련된 여러 개의 로지스틱 곡선으로 성장 곡선을 변경할 수도 있다. 이런 성장 곡선의 경우 전체적인 모습은 지수 곡선에 가깝다. 정답이 존재하는 것이 아니다. 플레이어가 게임과 성장에 몰입할 수 있는 적절한 값을 찾고자 반복적인 디자인 과정을 거쳐야 하는 것이다.

시간과 집중

플레이어가 성장을 위해 어떤 리소스를 사용하든 간에 게임을 진행하면서 모든 플레이어가 궁극적으로 소비하는 리소스는 시간과 집중력이다. 시간과 집중력이 소모되는 양과 비율은 사람마다 모두 다르다. 플레이어가 게임에 집중하고 있다면 이는 게임 안에서 수행하는 탐험이나 건물 짓기, 사냥과 같이 그들이 수행하고 있는 행동에 몰입하고 있다는 것을 의미한다. 성장 밸런스를 잡으려면 성장에 필요한 행위의 양을 정해야 한다. 또한 플레이어가 수행해야 하는 행동의 특수함, 이 행동을 통해 얻을 수 있는 보상의 양, 성장에 필요한 포인트를 얻기 위한 행동의 횟수 등을 치밀하게 설정해야 한다. 특정 행동을 수행하면 일정량의 포인트를 지급하는 방식이 가장 간단하다. 예를 들어 동물원의 모든 동물에게 먹이를 주면 각 동물마다 10포인트를 얻는다고 가정해보자. 플레이어가 다음 레벨에 도달하고자 100포인트가 필요하다면 10마리의 동물에게 먹이를 줘야 할 것이다. 한 마리의 동물에게 먹이를 줄 때마다 2분의 시간이 소모된다면 그다음 레벨에 도달하기까지 최소 20분 동안 게임에 집중하고 있어야 한다는 것을 의미한다.

대부분의 게임에서 행위에 따른 보상으로 지급하는 포인트는 사전에 고정된 값이 아니라 일정 범위 안에서 무작위로 선택된다. 플레이어가 수행한 행위가 실패하는 경우도 고려해야 한다. 보석 상인이 등장하는 게임에서 다음 레벨에 도달하고자 1,000포인트가 필요하고 보석을 세공할 때마다 50에서 200 사이의 임의로 선택된 값만큼 포인트를 받는다고 가정해보자. 플레이어는 적게는 5개에서 많게는 20개의 보석을 세공해야 한다. 또한 플레이어가 보석 세공에 성공하지 못하는 경우도 고려해야 한다. 그들이 보유한 경험치에 따라 보석 세공의 성공률을 조정할 수 있다. 현재 레벨의 보석 세공 성공률이 80%라면 플레이어는 레벨업을 위해 실패하는 경우를 포함해 최소 7개에서 최대 25개의 보석을 세공해야 한다. 각각의 보석을 세공 하는 데 최소 1분에서 최대 3분의 시간이 걸린다면 짧게는 7분에서 길게는 75분의 시간이 필요하다. 플레이어가 중간에 작업을 멈추는 것은 고려하지 않았으므로 실제로 소모되는 시간은 이보다 더 길어질 것이다. 고려해야 하는 항목이 늘어날수록 시간의 범위도 늘어나므로 플레이어의 관점에서 고려해야 하는 항목을 잘 선별해야 한다. 이 과정이 원활하게 수행된다면 플레이어들은 항상 자신이 성장하고 있다고 느낄 수 있다. 보석을 세공하는 시간이 길어질수록 세공에 실패할 확률이 낮아지게 설정할 수 있다. 또한 연속해서 세공에 성공한다면 보너스를 얻게 설정할 수도 있다. 다양한 방법으로 시간의 범위를 설정할 수 있으며 성장에 필요한 시간이 어느 정도면 적합한지, 이것이 플레이어의 관점에서 문제가 되지는 않는지 항상 신경 써야 한다.

플레이어의 집중력과 시간은 서로 밀접하게 관련돼 있다. 둘 다 비슷하게 소모되지만 항상 똑같은 양이 소모되는 것은 아니다. 작물을 재배하거나 군대를 양성하는 것과 같은 작업을 시작한 다음 플레이어가 자리를 떠나 다른 일을 할 수도 있다. 이런 경우 대부분 게임에서 작업이나 성장 속도에 한계를 부여하지만 플레이어들이 자리를 떠나있는 동안 게임에 집중하지 않아도 된다는 장점이 있다. 시간은 누구나 갖고 있는 궁극의 리소스라고 할 수 있다. 하지만 게임 디자이너는 플레이어가 갖고 있는 시간이라는 리소스를 누구보다 소중하게 생각해야 한다. 단순히 물리적인 시간을 기반으로 수행되는 플레이어 성장 시스템을 도입한다면 플레이어가 게임에서 얼마나 빠르게 성장하는지에 대한 확실한 근거를 갖고 있기 때문에 게임 플레이 경험을 강력하게 제어할 수 있을 것이다. 반면 이런 구조는 플레이어의 관점에서 본다면 오히려 몰입을 저해하는 구조라고 할 수 있다. 성장을 위해 그들이 하는 일이라곤 단순히 작물을 재배하거나 파이를 굽는 작업을 수행하는 것이 전부가 되기 때문이다. 이런 작업을 자동으로 수행할 수 있다면 플레이어가 자리를 떠나도 게임 안에서 수행되는 플레이어의 성장은 크게 방해 받지 않는다. 게임에 크게 신경 쓸 필요가 없다면 그들이 다시 돌아올 만큼 몰입하지 않게 될 가능성이 커진다.

보조적인 성장

어느 정도 복잡한 게임이라면 핵심 리소스를 사용한 플레이어의 성장 외에도 보조 성장 경로를 만들어놨을 가능성이 높다. 앞서 살펴본 성장에 비해 단기간에 수행된다는 특징이 있으며, 특히 주요 성장 구간이 너무 멀리 떨어져 있을 때 플레이어가 몰입을 유지해주는 효과를 제공한다.

<월드 오브 워크래프트>에서 보조적인 성장의 대표적인 예를 찾아볼 수 있다. 이 게임은 플레이어 캐릭터의 인벤토리를 통해 보조 성장의 개념을 제공하고 있다. 게임 초기에는 캐릭터가 갖고 다닐 수 있는 물건의 한계가 명백하다. 플레이어는 어떤 것을 갖고 다니고 어떤 것을 버려야 할지 심각한 고민을 할 수밖에 없다. 모든 것을 갖고 다닐 수 없기 때문이다.

하지만 점점 레벨이 올라가면서 재화가 늘어나면 새로운 인벤토리 옵션을 사용할 수 있게 된다. 더 많은 용량을 제공하는 가방을 구매해 더 많은 아이템을 갖고 다닐 수 있게 된다. 제작 능력을 빠르게 키운 캐릭터라면 이런 가방을 만들 수 있는 능력을 얻을 수도 있다. 자신의 능력을 통해서도 보조 성장의 기회를 만들 수 있는 것이

다. 캐릭터가 성장할수록 인벤토리의 개수 역시 늘어난다. 이런 보조 성장의 관계가 마치 "레벨 10에 도달하면 2개의 인벤토리 슬롯을 더 얻을 수 있다."와 같이 명백하게 설정되는 것은 아니다. 추가적이고 보조적인 성장 경로는 캐릭터의 레벨, 재화, 스킬과 깊은 관련을 가진다. 보조적인 성장 역시 플레이어의 성장이라는 개념에 기반을 두고 적절한 밸런스가 잡혀야 한다. 캐릭터의 성장과 보조적인 성장을 별개로 다뤄야 성장 시스템의 밸런스를 잡는 데 도움이 된다.

경제적 시스템 밸런스

게임의 밸런스를 잡을 때 시스템과 관련된 밸런스 역시 중요한 의미를 가진다. 경제 시스템의 밸런스를 잡는 것은 그중에서도 가장 중요한 부분이라고 할 수 있다. 7장에서도 살펴봤듯이 게임 안에 존재하는 경제는 더 큰 가치를 창조하는 강화 루프 안에서 다양한 리소스를 교환하면서 복잡한 관계를 만들어낸다. 소스에서 리소스가 발생하고 경제의 일부분으로 서로 교환되며 싱크를 통해 사라진다. 리소스와 이를 기반으로 만들어진 게임 내의 오브젝트는 종종 플레이어의 보조 성장 경로로 활용되며 얼마나 많은 재화와 오브젝트를 소유하고 있느냐를 통해 플레이어의 목표 달성 정도와 캐릭터의 상태를 평가할 수 있다. 게임 안의 경제와 그 밖의 복잡한 시스템의 밸런스를 잡는 방법은 여전히 불명확하다. 9장에 나온 모든 방법을 동원해도 명백한 방법을 찾기는 힘들 것이다. 게임 안의 경제 밸런스가 완전히 망가지지 않도록 유지하는 방법은 존재한다.

인플레이션, 스태그네이션, 차익거래

7장에서도 살펴봤듯이 게임 안의 경제는 여러 난해한 밸런스 이슈를 갖고 있다. 특히 인플레이션과 유사한 문제가 자주 발생한다. 너무 많은 소스(혹은 다른 리소스)가 경제에 투입되기만 하고 충분히 제거되지 않을 때, 이로 인해 리소스들이 점점 쌓이기 시작할 때 가치는 빠르게 저하된다. 경제 시스템을 갖고 있는 모든 게임의 적어도 한 부분 이상에서는 이런 증상이 나타난다. 적어도 지금까지는 만연하는 인플레이션을 막을 수 있는 완벽한 시스템적 경제 원리를 발견해내지 못했다.

스태그네이션은 인플레이션에 비해 출현 빈도가 낮지만 여전히 큰 문제 중의 하나다. 스태그네이션이 나타나면 게임 안에 충분한 통화가 공급되지 못하고 경제의 속도를 담당하는 리소스 역시 고갈된다. 여기서 말하는 '경제의 속도'란 리소스가 한곳에서 다른 곳으로 얼마나 신속하게 이동하는지를 말하는 것이다. 강에서 물이 얼마나 빠르게 흐르는지를 판단하는 것과 비슷하다. 이 흐름이 느려지면 강물이 흐르지 않고 썩을 것이며 경제는 죽게 된다. 게임에서 발생하는 인플레이션을 방지하려다가 오히려 이런 문제가 자주 발생한다. 결국은 게임 안에서 리소스는 더욱 희귀해지며 리소스를 구하기 힘들어진 플레이어들은 게임에 대한 흥미를 잃고 실망하게된다.

세 번째 이슈는 게임 내의 차익거래^{arbitrage}를 관리하는 것이다. 게임 내의 차익거래란 특정한 장소에서 리소스를 특정 가격에 구매한 다음 이를 좀 더 높은 가격으로 거래하는 곳으로 가져가 이득을 얻고 판매하는 것을 말한다. 이는 현실의 단기 금융 시장과 원거리 무역에서도 흔하게 발생한다.

인형과 크리스탈 볼의 교훈

게임 안에서 차익거래가 세심하게 관리되지 못하면 대규모의 인플레이션이 발생할수 있다. 차익거래 문제가 처음 대두됐던 게임은 인터넷이 알려지지도 않았던 1987년 발매된 온라인 가상 세계를 다룬 <해비타트^{Habitat}>로 알려져 있다. 이 이슈는 오늘날까지도 가상 세계를 설계하는 디자이너에게 유용한 교훈을 주고 있다. <해비타트>를 운영하던 칩 모닝스타$^{Chip Morningstar}$와 랜디 파머$^{Randy Farmer}$는 어느 날 하룻밤 사이에 게임 안의 재화가 5배나 늘어났다는 것을 알아챘다. 이 정도의 재화 공급량이면 게임 안의 경제를 충분히 망가뜨릴 수 있는 버그였다. 하지만 이상하게도 그들은 이와 관련된 어떤 버그도 찾아낼 수 없었다. 심지어 어떤 플레이어도 이와 관련된 불만을 표하지 않았다. 그들은 어떤 일이 벌어지고 있는지 다시 조사를 시작했다.

<해비타트>에서 플레이어는 2,000 토큰을 갖고 게임을 시작한다. 다른 일반적인 게

임의 화폐와 마찬가지로 토큰 역시 특정한 곳에서 발생한 것은 아니다. 게임에서 하나의 소스로 화폐를 만들고 이를 새로운 플레이어 캐릭터에게 지급한다. 게임 세계에는 '벤드로이드'라고 부르는 자판기가 있어 게임 안에 필요한 다양한 아이템을 공급했다. 이 머신은 게임 안에서 싱크의 역할을 수행해 게임에서 재화를 소모하게 만든다. 이와 반대로 '폰 머신'이라고 부르는 기계는 플레이어가 가진 오브젝트를 사 모으는 기능이 있었다. 다채로운 경제 상황을 만들고자 각각의 벤드로이드는 서로 다른 가격을 갖고 있었다. 문제는 2개의 아이템에 대해 특별히 낮은 가격을 갖고 있는 벤드로이드 머신이 마을 양쪽 끝에 배치돼 있었다는 것이다. 게임 안에서 제법 먼 거리를 걸어야 당도할 수 있는 거리였다. 하나의 머신에서는 인형 한 개를 75토큰에 판매했다. 이것만으로는 문제될 것이 전혀 없었다. 어떤 플레이어가 인형을 100토큰에 구매하는 폰 머신이 마을 건너편에 있다는 사실을 알아채기 전까지는 말이다. 차익거래를 할 수 있는 절호의 기회였던 것이다. 플레이어들은 인형을 들고 마을을 가로지르는 수고를 아끼지 않았다. 그 결과로 인형 한 개를 사고팔아 25토큰의 차익을 얻을 수 있었다. 일부 플레이어가 자신이 갖고 있는 재화를 모두 털어 인형을 산 다음 마을을 가로질러 가 폰 머신에 되팔아 이익을 남겼던 것이다.

인형 한 개를 팔아 이익을 남기는 것이라면 그리 큰 문제가 되지 않았을 수도 있다. 하나의 인형을 팔아 25토큰의 이익을 남기는 것은 얼마든지 허용될 수 있다. 하지만 다른 벤드로이드 머신은 수정 구슬을 18,000토큰을 받고 팔았다. 수정 구슬을 구매하려면 상당한 양의 돈이 필요했다. 이는 곧 엄청나게 많은 인형을 팔아야 수정 구슬을 하나 살 수 있다는 것을 의미했다. 플레이어들이 그런 행동을 취했던 이유, 즉 밤을 새면서 수도 없이 마을을 왕복하고 인형을 사고팔았던 궁극적인 이유는 수정 구슬을 30,000토큰에 사는 폰 머신을 발견했기 때문이었다. 1개의 수정 구슬을 팔아서 무려 12,000토큰의 이익을 얻을 수 있었던 것이다. 폰 머신은 인형이나 수정 구슬을 살 때마다 토큰을 공급하는 소스의 역할을 수행한다. 폰 머신은 아무것도 새로 만들어내지 않으면서도 게임 안에 재화를 공급하는 역할을 수행하는 것이다. 플레이어가 수정 구슬 2개를 구매할 정도의 재화를 마련하면(두 번째는 첫 번째보다 훨씬 쉽게 마련할 수 있을 것이다) 더 많은 이득을 빠르게 창출하고 밤새 상당한 은행 잔고를 채울 수 있었던 것이다.

이런 일이 벌어진 다음 날 아침, 랜디와 칩은 게임 안의 재화가 엄청나게 증가했다는 사실과 동시에 플레이어 몇 명의 은행 잔고가 엄청나게 늘어나 있다는 것을 발견했다. 플레이어에게 무슨 일이 있었는지 문의하자 이들은 "우리는 정당하게 돈을 번 거예요! 하지만 어떻게 돈을 벌었는지는 말하지 않을 겁니다."라고 답했다. 이들에게 번 돈이 무효화되지 않을 거라는 믿음을 주는 데는 어느 정도 시간이 걸렸다. 결국 벤드로이드 머신의 가격은 적절하게 수정됐다. 이렇게 돈을 벌었던 플레이어들이 이 돈을 그냥 쌓아두거나 함부로 뿌리지 않아 인플레이션을 유발하지 않았다는 것은 게임 경제의 측면에서 무척 다행스러운 일이었다. 다만 다른 아이템을 사는 데 이 돈의 일부를 사용했다. 이들이야말로 온라인 게임에서 처음 보물 사냥을 수행한 사람들이었던 것이다.

차익거래와 이로 인해 게임 재화가 급격하게 증가하는 문제는 초기 온라인 게임에서 빈번하게 발생했고 지금까지도 유사한 문제들이 심심찮게 발생하고 있다. 게임에는 재화를 만들어내는 소스와 플레이어에게 보상으로 지급돼야 하는 리소스가 필요하다. 이런 보상이 너무 짜다면 경제는 쪼그라들고 플레이어는 실망해 게임을 떠날지도 모른다. 보상이 늘 이전과 비슷하다면 쾌락적 피로에 빠르게 빠져들고 이전에 받은 보상의 가치도 떨어질 것이다. 경제 시스템을 갖고 있는 대부분의 게임에서 플레이어가 성장할수록 더 많은 재화를 지급하는 시스템을 유지하고, 또한 이를 충분히 소모할 만한 싱크를 만들려고 노력한다. <월드 오브 워크래프트>에서는 플레이어 캐릭터의 레벨이 오를 때마다 더 많은 재화를 보상으로 지급한다. 레벨 1에서 레벨 60에 도달하는 동안 몬스터 한 마리를 사냥하면서 얻는 재화의 가치는 750배가 넘게 올라간다(Giaime 2015). 이 정도의 재화를 충분히 소화할 수 있는 싱크가 마련되지 않는다면 플레이어에게 보상으로 주어지는 통화(동전, 실버, 골드와 같은 게임 내 화폐)는 아무런 의미를 가질 수 없을 것이다.

게임 내 경제 건설

불충분한 싱크로 인해 유발되는 인플레이션을 방지하고 동적인 게임 경제를 만드는 방법 중 하나는 오브젝트의 유용함과 희소성, 플레이어가 이 아이템을 사고팔 때 지불하는 가격의 범위를 아주 세심하게 설정하는 것이다. MMO 게임인 <알비온 온라인Albion Online>은 이런 시스템의 훌륭한 예라고 할 수 있다(Woodward 2017).

이 게임에서는 월드 안에서 발견할 수 있는 모든 오브젝트가 티어로 구분돼 아이템의 희소성과 유용함을 보여준다. 아이템을 이렇게 티어로 구분하고 속성에 기반을 두고 밸런스를 잡는 것은 부분의 밸런스를 잡는 것에 속한다. 트레이닝 구간인 처음 3개의 티어는 경제에 큰 영향을 미치지는 않는다. 4티어에서 8티어 구간이 경제의 핵심을 차지한다.

각 티어는 그에 걸맞는 희소성을 가진다. 희소성이란 어떤 티어에 속하는 아이템이 발견될 가능성을 의미한다. <알비온 온라인>은 각 티어에 속하는 아이템이 발견될 수 있는 지역을 구분했다. 이는 다른 게임에서도 흔하게 사용하는 기법이다. 게임 월드에서 아이템을 발견할 수 있는 방법은 다양하지만 아이템의 가치나 활용도에 따라 이를 얻기 위한 위험과 어려움이 비례해서 증가하는 것이 일반적이다.

아이템이 갖는 파워의 성장에 관해서는 1.2^{tier} 방정식을 사용하는 지수 곡선으로 설명할 수 있다. 이는 각 티어의 아이템이 이전 티어의 아이템에 비해 20% 더 좋다는 것을 의미한다. 따라서 티어 8 아이템은 티어 4 아이템에 비해 최소한 2배 이상 좋다(각 속성의 값이 2배 이상이다)고 말할 수 있다. 이 정도만으로도 플레이어가 점점 더 높은 티어의 아이템을 사용하면 스스로 성장하고 있다는 느낌을 충분히 줄 수 있다. 반면 정점에 위치한 플레이어와 이제 막 게임을 시작한 플레이어와의 엄청난 간격을 메꾸는 것은 거의 불가능해보인다. 레벨 간의 간격을 어느 정도 예측할 수 있는 지수 곡선을 사용하면 이런 문제를 다소 완화시킬 수 있다. 이 간격이 더 커지기를 바란다면 더 많은 레벨을 설정하거나 지수 방정식의 밑base을 더 큰 수로 설정하면 된다. <알비온 온라인>의 경우에는 게임 디자이너가 방대한 플레이테스트를 통해 가장 이상적이라고 생각되는 방정식(전체 파워 = 1.2^{tier})을 찾아낸 것이다. 가장 적절한 곡선을 찾았다면 새로운 콘텐츠를 추가할 때마다 반복해서 얼마나 많은 리소스가 필요한지 설정하는 작업을 할 필요가 없어 상당한 시간을 절약할 수 있다.

<알비온 온라인>의 경우 각 티어에 속하는 아이템의 희귀도 역시 지수 곡선을 따라 움직이지만 더 급격한 모양을 띄는 경우도 많다. 희귀도는 해당 아이템이 발견될 가능성을 의미한다. 희귀도는 3^{tier} 비율에 따라 올라간다. 즉, 이전 티어에 비해 3배 더 구하기 힘들어진다는 것을 의미한다. 이 공식을 따르면 티어 8에 속하는 아이템은 티어 4에 비해 81배나 구하기 힘들어진다. 이를 곡선으로 표현한다면 엄청난 급경사를 보여줄 것이다. 최상위 2개 티어에 속하는 아이템을 구하는 것은 극도로 어려운 일이 될 것이다. 최상위 티어에 속하는 아이템들은 희귀도에 상응할 정도로 궁극적인 가치를 갖고 있다는 것을 의미하기도 한다.

아이템의 파워와 아이템의 희귀도로 성장 곡선을 분리할 필요가 있다. 희귀도가 높아진다고 해서 파워가 동일한 비율로 높아질 필요는 없다. 파워를 얻는 데 필요한 비용은 비선형적으로 증가한다.

아이템의 파워와 희귀도를 균형 있게 결합함으로써(함께 증가하지만 그 비율을 다르게 잡는 것) 플레이어가 주도하는 경제의 기반이 더욱 단단해질 수 있다. <알비온 온라인>은 플레이어가 낮은 티어의 아이템을 더 높은 티어의 아이템으로 바꿀 수 있는 강화 시스템과 게임 내 재화를 공급하는 소스 역할의 분해 시스템을 갖추고 있다. 여기서 <알비온 온라인>의 디자인을 더 자세히 알아볼 필요는 없을 것 같다. 대신 이 게임에 적용된 일반적인 원리를 이해해야 할 것이다.

가격 범위

<알비온 온라인>의 경제에서 핵심은 가격의 범위다. 플레이어는 게임 안에서 한정적인 재화와 아이템만으로도 활기차고 유동적인 경제를 유지하면서 다른 플레이어를 배제하지 않을 수 있다. 또한 게임 경제가 인플레이션의 영역에 들어가지 않게 유지할 수도 있다.

독립된 소스와 싱크를 가진 가상의 시장을 활용해 가격의 범위를 설정하는 것도 하

나의 방법이다. 물건을 팔고 싶은데 사려고 하는 사람이 없다면 물건을 판매 전용 시장에 내다 놓을 수 있다. 제값을 받지 못할 수 있지만 어떤 물건이라도 바로 팔 수 있다는 장점이 있다. 마찬가지로 물건을 사고 싶지만 파는 사람이 없을 때는 구매 전용 시장에 가서 대부분의 물건을 구매할 수 있다. 게임 디자이너가 특별한 목적으로 고안한 아이템을 제외한 대부분의 아이템을 구매 전용 시장에서 살 수 있다. 구매 전용 시장의 가격대는 시가보다 높게 설정된다.

가격대를 적절하게 설정한 구매/판매 전용 시장을 통해 거래할 수 있는 모든 아이템을 사고팔 수 있다. 플레이어가 충분한 재화만 갖고 있다면 시장과 게임 내 경제에서 배제되지 않는다. 이런 시스템을 통해 게임 디자이너는 아이템 가격의 최저점과 최고점을 합리적으로 설정할 수 있게 된다. 설정할 수 있는 가격의 범위가 충분히 넓기 때문에 과도한 통화 공급으로 인한 인플레이션이 발생하지 않으면서도 균형 잡힌 시장을 만들 수 있다. 누군가가 시장에서 판매하는 말 전부를 사거나 반대로 모두를 한 번에 내다 파는 경우라면 가격이 요동칠 수 있지만 게임 내 경제의 밸런스에 근본적인 영향을 미치지는 못할 것이다. 얼마든지 구매/판매 전용 시장을 통해 아이템을 획득하고 판매할 수 있으므로 어떤 플레이어도 혼자서 게임 내 경제를 쥐락펴락 하지 못할 것이다.

말 한 마리를 팔고 싶다면 판매 전용 시장의 시세보다 좀 더 높게, 구매 전용 시장에서는 조금 낮게 가격을 설정하는 것이 합리적일 것이다. 판매 전용 시장의 가격보다 낮은 가격을 매긴다면 물건을 산 사람이 바로 판매 전용 시장에 다시 물건을 내놓아 시세 차익을 얻을 수 있을 것이다. 판매하려는 아이템에 구매 전용 시장보다 더 높은 가격을 매기면 아무도 그 아이템을 사지 않을 것이다. 아이템이 필요한 플레이어는 구매 전용 시장에서 더 낮은 가격으로 아이템을 구매할 수 있기 때문이다.

마켓 채널 만들기

마켓 채널을 만들고 유지하는 핵심 포인트는 최저가와 최고가, 즉 판매 전용 시장과 구매 전용 시장에서의 가격을 각 티어의 아이템이 갖는 희귀도와 연관 짓는 것이다.

이 경우는 희귀도가 핵심적인 속성이 되지만 필요하다면 이를 아이템의 파워로 대체해도 무방하다. 이 방식을 통해 무척 희귀하고 강력한 아이템이 쉽게 구할 수 있고 파워가 약한 아이템보다 항상 더 높은 가격을 유지할 수 있다. <알비온 온라인>의 경우 가장 낮은 가격대의 아이템은 어디서나 쉽게 구할 수 있고 게임 내 통화인 실버로 구매할 수 있다. 반면 가장 높은 가격대를 형성하는 아이템들은 지수 곡선의 가격대를 형성한다. 최저가는 특정한 아이템이 갖고 있는 최소한의 가치를 보장한다. 간단하게 판매 전용 시장의 가격을 아이템 희귀도의 50%로 책정할 수도 있다. 또는 플레이어의 시간이라는 측면에서 아이템을 얻는 데 걸리는 시간을 통화로 환산해 가격에 반영할 수도 있다. 즉, 아이템 희귀도를 정하는 공식과 분수를 활용해 가격 공식을 만드는 것이다. 아이템의 희귀도를 결정하는 방정식이 1.5^{tier}이라고 한다면 해당 아이템의 판매가는 그 절반($1.5^{tier}/2$)에 해당할 수 있다. 최고가를 형성하는 희귀한 아이템 역시 희귀도(혹은 아이템 파워나 그 밖의 값)와 연관 지어 가격을 설정할 수 있다. 이 경우에는 희귀도의 곱, 즉 희귀도의 200%와 같은 가격을 설정할 수 있다. 이런 공식을 통해 산출된 가격 역시 플레이테스트를 통해 세밀하게 조정되는 것이 좋다.

이런 방식을 활용해 서로 다른 2개의 지수 곡선을 그릴 수 있다. 희귀도가 동일한 아이템을 추가한다면 판매/구매 가격이 자동으로 이 스키마에 따라 결정될 수 있다. 이는 곧 아이템의 가치를 제대로 전달해주는 안정적인 마켓 채널이 만들어졌다는 것을 의미한다. 이 채널 안에서 플레이어는 얼마든지 원하는 가격을 설정할 수 있고 NPC가 제시하는 가격 역시 유동적으로 조절할 수 있게 된다. 즉, 이 범위 안에서 수요와 공급 법칙이 적용될 수 있는 것이다. 그림 10.10은 희귀도 티어 1에서 10까지의 아이템을 갖고 있는 게임의 마켓 채널을 보여준다. 판매 전용 시장과 구매 전용 시장의 가격 모두 희귀도 방정식 1.5^{tier}을 활용하고 있다. 판매 전용 가격은 희귀도의 50%를, 구매 전용 가격은 200%를 적용한다. 지수 방정식의 원리에 따라 밑(여기서는 1.5)이 조금만 변해도 마켓 채널의 폭이 넓어지며 가격 변동성 역시 그만큼 커진다.

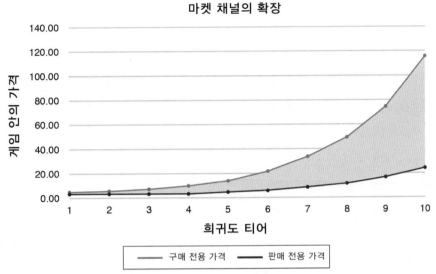

그림 10.10 균형이 잡혀 있으면서도 플레이어가 주도할 수 있는 경제를 정의하고 가능하게 만드는 마켓 채널. 음영으로 표시된 부분을 '채널'이라고 부른다. 즉, 가장 낮은 판매가와 가장 높은 매입가 사이의 간격을 의미하며 이 영역은 게임 안에서 결정된다. 그래프 왼쪽 부분의 낮은 희귀도 값을 갖는 아이템들은 플레이어가 가격을 조정할 여지도 많지 않다. 하지만 플레이어가 성장하면서 더 높은 티어의 아이템을 획득하면 마켓 채널의 영역도 더 넓어진다.

한데 모으기

그림 10.8의 무기와 핵심 리소스 값에 기반을 둔 가격을 게임에서 실제로 활용해볼 수 있을 것이다. 이 무기들이 실제 게임에서 가장 낮은 티어나 희귀도의 무기들이라면 가장 낮은 가격대를 형성할 것이다. 이를 기반으로 그다음 구간으로 이어지는 비전이 아이템의 비용과 이득을 결정할 수 있을 것이다. 앞서 사용했던 동일한 방정식을 사용한다면 속도가 +2 강화된 단도가 대미지가 +1 강화된 브로드 소드에 비해 어느 정도나 이득을 얻게 되는지 계산할 수 있을 것이다. 이 과정을 통해 게임의 진행 속도와 비용, 이득을 고려해 아이템이 어느 티어에 속해야 하는지 결정할 수 있다. 그림 10.7에서 살펴봤던 곡선과 유사한 '전체 이득'을 보여주는 지수 곡선을 사용해 오브젝트들을 배치할 수 있을 것이다. 이 과정이 완료되면 플레이어들이 게임 아이템을 사고팔 수 있는 마켓 채널도 확인할 수 있다. 낮은 티어는 채널이 좁아 가격이

안정되고 변동폭이 작은 반면, 플레이어가 더 많은 경험을 쌓으면서 강력한 아이템을 얻을수록 채널의 폭은 급격하게 넓어진다. 게임에서 무기를 제작하거나 강화할 수도 있다. 제작이나 강화에 필요한 부품들은 무기보다 저렴하지만 이들 부품을 통해 만들어내는 아이템의 가격이 올라갈수록 부품의 가격도 올라가야 한다. 리소스를 활용해 생산하는 아이템의 최저가와 최고가를 기반으로 해당 리소스를 만드는 비용과 희귀도를 설정할 수도 있다.

앞서 살펴본 복잡한 내용들이 간단하게 정리되는 것처럼 보일 수도 있다. 게임에는 밸런스를 잡아야 할 수많은 아이템이 존재한다. 부분과 속성에 대한 디자인 원리를 이해하고, 핵심 리소스가 무엇인지 파악하며, 서로 균형을 맞춘 비전이 아이템을 생성하는 방법을 알고 있다면 오브젝트에 적용할 수 있는 여러 곡선을 효과적으로 만들 수 있을 것이다. 효과적으로 만들어진 곡선은 플레이어에게 성장과 함께 몰입이 가능한 경험을 제공할 것이다.

균형 잡힌 게임 경제를 만드는 것은 가장 복잡하고 어려운 시스템 디자인의 하나다. 경제 밸런스를 잡으려면 수학적 기법과 분석적 기법, 경험에 의존한 기법을 적절히 사용해야 한다. 경제 외에도 밸런스를 잡아야 하는 다양한 대상이 존재한다. 모델을 만들고, 플레이테스트를 수행하고, 앞서 살펴본 원리들을 적용해 적절한 밸런스를 잡는 것을 대체할 수 있는 더 효과적인 방법은 없다.

분석적 밸런스

9장에서도 살펴봤듯이 분석은 수학적 모델링 기법과 함께 사용되는 정량적 기법 중의 하나다. 밸런스를 잡는다는 것은 단순히 전이적 혹은 비전이적 아이템을 만들거나 시스템의 밸런스를 잡는 것 이상을 의미한다. 밸런스를 잡는다는 것은 플레이어의 전반적인 경험에 좀 더 집중하는 일이다. 게임이 매력적이고 몰입이 가능하며 플레이어가 적절하게 밸런스가 잡혔다고 생각한다면 얼마나 오래 이 상태를 유지할 수 있을까? 분석을 통해 이를 측정하는 것은 게임 안의 메트릭을 활용할 수 있는 의미 있는 작업 중의 하나다. 수집하려는 데이터는 특정한 측정값이나 메트릭일 것이며 이들이 모여 분석적인 데이터를 만들어낸다.

분석에 필요한 데이터를 만드는 3가지 유형의 메트릭이 존재한다. 이들은 게임 디자인과 개발에서 핵심적인 역할을 수행한다.

- **개발 프로세스 데이터:** 게임을 개발하면서 수집한 게임 데이터를 통해 게임 개발이 제대로 진행되고 있는지 확인한다. 12장에서 더 자세한 내용을 확인할 수 있다.

- **퍼포먼스 데이터:** 대다수의 게임에서 프레임 레이트, 메모리 사용량 등의 지표를 주의 깊게 살펴봐야 한다. 소프트웨어 프로파일링과 같은 분석적 기법을 통해 프로그래머나 테크니컬 아티스트는 자신의 게임이 목표로 한 하드웨어에서 잘 돌아가는지 확인할 수 있다.

- **사용자 행동 데이터:** 플레이어가 어떤 행동을 수행하는지, 개인이 아닌 그룹으로서 어떤 행동을 하는지를 관찰함으로써 게임의 상태와 성공 여부를 파악할 수 있다.

이번 절은 사용자 행동 데이터에 초점을 맞춘다. 플레이어가 게임을 통해 긍정적이며 밸런스가 잡힌 경험을 하고 있는지 판단하는 것과 가장 깊은 관련을 가진 데이터라고 할 수 있다. 성장과 파워 곡선을 그리는 데 수학적 기법을 사용했던 것과 달리 사용자 행동에 관한 정보를 활용한다는 것은 플레이어의 행동 범위나 행동 구조를 예측하는 것과는 거리가 멀다. 이들이 실제로 수행한 행동을 기록하고 분석하는 것이 기본이다. 따라서 이 기법은 수많은 사람이 게임을 플레이하고 정기적으로 이 데이터를 접할 수 있어야만 유용하게 사용할 수 있다.

플레이어 정보 수집

보드 게임처럼 오프라인으로 진행되는 게임은 플레이어의 행동과 관련된 데이터를 수집하고 접근하기 힘들다. 오늘날 개발되는 대부분의 게임들은 항상 온라인에 접속돼 있는 것을 전제로 하거나 최소한 간헐적으로라도 접속을 하도록 유도한다. 플레이어가 직접 게임 서버에 접속하거나 게임이 플레이어가 알아채지 못하게 서버에 익명의 정보를 보내는 방식이 모두 가능하다. 부분 유료화(F2P) 게임의 경우 플레이어의 행동과 관련된 훨씬 많은 정보를 제공해 게임 플레이의 밸런스가 잘 잡혀 있는지, 게임이 건강한 상태를 유지하고 있는지 개발사가 파악하게 도와준다.

게임 소프트웨어에서 플레이어의 행동과 관련된 정보를 직접 기록하고 이를 서버에 전달할 수 있다. 플레이어의 ID를 포함하는 다양한 정보가 서버로 전송되며 이를 통해 게임 디자이너를 포함한 개발자가 필요한 모든 정보를 수집할 수 있다. 심지어는 게임을 시작해 어느 정도 플레이를 이어가고 있는지도 알 수 있다.

플레이어의 모든 행동을 분석할 수도 있을 것이다. 하지만 이런 경우 얻는 것보다 잃는 것이 더 많다. 궁극적으로 필요한 정보는 결국 균형 잡히고 몰입 가능한 경험을 제공하기 위한 것들이다. 수집되는 정보들을 KPI^{Key Performance Indicators}(핵심 성과 지표)라고 부르기도 한다. KPI라고 부르는 수치와 표들을 관찰하면 게임이 제대로 동작하고 있는지, 플레이어가 게임을 제대로 즐기고 있는지, 심각한 밸런스 문제는 없는지 등을 파악할 수 있다. KPI로 분류되지 않은 정보들은 군이 시간을 들여 수집할 필요가 없다. 결과적으로 도움이 되지 않은 데이터라도 이들을 분석하는 데는 동일한 시간과 리소스가 소모되기 마련이다.

사용자 행위 데이터는 가장 최신의 것이어야 하며, 또한 정기적으로 수집해야 한다. 가장 최근에 수집한 정보에 접근할 수 없거나 데이터가 산발적으로 수집된다면 이는 큰 도움이 되지 못한다. 1시간이 지난 정보들은 이미 가치가 떨어지기 시작한다. 하루가 넘은 데이터를 활용한다면 잘못된 의사 결정을 내릴 가능성도 그만큼 커진다. 지난 주 동일한 기간 동안의 행위 트렌드를 비교하는 것과 같이 회귀적인 용도로 사용하는 것은 무방하다. 가장 이상적인 경우는 실시간 데이터를 지속적으로 수집하는 것이다. 언제 어느 때라도 게임 안에서 어떤 일이 벌어지고 있는지 알 수 있어야 한다. 몇 분에 1번 정도의 빈도로 데이터를 수집하는 것이 가장 현실적일 것이다.

플레이어를 그룹으로 묶기

여러 플레이어의 데이터를 하나의 코호트나 그룹으로 묶을 수 있다. 이를 통해 다수의 플레이어들이 게임 안에서 어떻게 상호작용을 수행하는지 알 수 있다. 일부의 경우를 제외하고 개별 플레이어의 행위에 관한 정보는 크게 유용하지도 않을 뿐더러 가끔은 잘못된 결론을 유도할 수도 있다. 플레이어 코호트를 만드는 일반적인 방법은 일정 기간 동안 플레이를 유지한 플레이어들을 하나의 그룹으로 묶고 이들의 행위가 어떻게 변경되는지 지속적으로 관찰하는 것이다. 여러 코호트가 어떻게 변하는지 관찰한다면 게임이 얼마나 잘 유지되고 있는지 알 수 있을 것이다. 7월 둘째 주에 게임을 시작한 사람들과 7월 셋째 주에 게임을 시작한 사람들이 각각 성장에 얼마나 많은 시간을 소모하는지, 한 번 플레이를 시작하면 얼마나 오랫동안 게임을 즐기는지, 게임 안의 구매는 어떤 패턴으로 이뤄지는지를 비교해본다면 게임이 더 나은 방향으로 가고 있는지, 뭔가 잘못되고 있지는 않은지 알 수 있을 것이다.

플레이어 행동 분석

플레이어의 행동과 관련해 수집할 수 있는 정보는 여러 가지 카테고리로 분류할 수 있다. 일반적으로 다음과 같이 분류된다.

- 유입과 최초 경험
- 리텐션
- 전환
- 사용량

- 커뮤니티

유입

신규 플레이어들을 게임으로 어떻게 데리고 들어오는지 살펴봄으로써 플레이어들이 게임을 얼마나 매력적으로 느끼고 몰입하는지 알 수 있다. 또한 게임을 처음 접할 때 어떤 반응을 보이는지, 즉 최초 사용자 경험FTUE, First-Time User Experience을 살펴보는 것도 새로운 플레이어를 획득할 때 매우 중요한 일이다. FTUE는 플레이어에게 첫 데이트와 같다. 게임이 혼란스럽고 뭔가 실망스럽다면 플레이어는 게임을 중단하고 다시 돌아오지 않을 것이다. 반면 첫 인상이 매력적이고 게임에 빠져드는 느낌을 받고 플레이도 원활하게 진행된다면 플레이어들은 분명 게임에 다시 돌아오고 싶어할 것이다.

분석을 통해 가장 먼저 알고 싶은 것은 아마 "얼마나 많은 사람들이 게임을 즐길 수 있는가?"일 것이다. "얼마나 많은 사람이 게임을 시작할까?"와 "얼마나 오랫동안 플레이를 이어 나갈까?"라는 2개의 질문이 핵심인 것이다. 이보다 앞선 과정인 다운로드를 얼마나 많이 했는지, 설치는 얼마나 많이 진행했는지, 얼마나 많은 사람이 게임 웹 페이지에 방문했는지도 중요한 데이터다. 이 과정이 진행되면서 얼마나 많은 사람이 각 단계에서 떨어져 나가는지 살펴보는 것도 의미가 있다. 게임마다 다르지만 일반적으로 게임을 시작해서 플레이가 수행되는 단계에 이르기까지 한 번의 클릭혹은 한 번의 탭이 수행될 때마다 앞 단계를 수행했던 플레이어의 절반이 떨어져 나간다고 보면 된다. 게임을 실행한 다음 국가 선택, 캐릭터 선택, 성별 선택의 3단계를 거쳐 게임을 시작할 수 있다면 이미 이 단계에서 게임을 실행했던 사용자 중 87%가 떨어져 나간다는 것을 의미하는 것이다. 즉, 50%의 50%의 50%가 떨어져 나가는 것이다. 게임에 따라 이 수치는 다를 수 있다. 하지만 이런 사례를 통해 플레이어가 최대한 빨리 게임을 시작할 수 있어야 한다는 교훈을 얻을 수 있다.

이렇게 게임의 앞 단계가 진행될수록 플레이어들이 떨어져 나가는 현상을 유입 퍼널acquisition funnel이라고 부르기도 한다. 게임을 알고 있는 사람보다 더 많은 사람이 게임을 플레이할 것이라고 기대할 수는 없다. 게임을 알고 있는 사람 중에서 실제로 게임을 웹이나 스토어에서 찾아보는 비중은 10%에 불과하다. 게임을 다운로드하는 단계, 그런 다음 게임을 처음 실행해보는 단계, 일반적인 사용자가 되는 단계에서도 사용자들이 급격히 줄어든다. 각 단계마다 10%의 사용자만 남는다고 가정한다면 10명 중 1명의 플레이어만 그다음 단계로 진행한다는 것을 의미한다. 게임을 즐기는 1명의 플레이어를 얻으려면 게임을 구동하는 10명의 사용자, 다운로드하거나 설치 해보는 100명의 사용자, 게임을 찾아보는 1,000명의 사용자, 이 게임에 대해 들어본 10,000명의 사용자가 필요하다는 것을 의미한다. 놀랄만한 숫자다. 게임에 따라 비 율이 달라질 수 있지만 현실적으로 바로 적용될 수 있는 숫자이기도 하다.

게임 진입

일단 플레이어가 게임을 시작하면 게임에서 어떤 것을 수행하는지 기록할 수 있다. 9장에서 다룬 <텀블시드>의 예를 다시 한 번 상기해보자. 게임 개발자들은 플레이 어의 행동 기록을 통해 대부분의 플레이어가 첫 번째 체크포인트에 다다르지 못했 다는 것을 알 수 있었다. 80%의 플레이어가 다음 마일스톤으로 진행하지 못했다. 분 명 매우 높은 이탈률이라고 볼 수 있으며 밸런스나 게임의 몰입과 관련된 개선이 필 요하다는 것을 시사하고 있는 수치다. 플레이어는 게임이 지루하거나 너무 어렵다 는 느낌을 받았을 것이다. 각 단계를 거칠 때마다 남는 플레이어의 비율은 다를 수 있지만 안에 내재된 문제의 본질은 동일하다. 왜 플레이어가 그 단계에 진입하고 또 그렇게 빨리 떠나는지 알아내야 한다.

플레이어의 FTUE를 측정한다는 것은 게임의 튜토리얼이나 오프닝에 대한 그들의 반응을 측정한다는 의미도 포함한다. 튜토리얼은 플레이어에게 게임을 진행하는 방법을 가르쳐주는 과정이다. 하지만 동시에 플레이어들이 실망하고 게임을 떠나 게 되는 첫 계기가 되기도 한다. 그렇다고 튜토리얼을 포함하지 않는다면 플레이어 는 게임에 대한 어떤 사전 지식도 없이 바로 게임을 시작해야 한다. 이 역시 혼란스 럽고 게임에 실망하는 계기가 될 수 있다. 플레이어가 게임을 시작한 다음 몇 분 동안의 반응을 분석함으로써 게임의 밸런스를 잡는 데 도움을 받을 수 있다. 이를 위해 최대한 많은 플레이어의 플레이를 조사해봐야 한다.

리텐션

플레이어의 세션(게임을 시작하고 종료하기까지의 시간)이 오랫동안 이어지는 것도 중요하지만 다시 게임에 돌아오는 것도 중요하다. 리텐션은 주로 일 단위로 측정된다. 데이 제로(D0)는 누군가 처음 게임을 시작한 날을 의미한다. D1은 그다음 날이다. D7은 처음 플레이를 하고 나서 1주일이 지난 뒤를 의미하며 D30은 한 달이 지난 뒤를 의미한다. 게임을 시작한 날을 기준으로 플레이어들을 코호트로 분리해 그룹을 만들고 이들의 행위를 관측할 수 있다. D1, D7, D30에 얼마나 많은 플레이어가 다시 게임으로 돌아올 것인가? 어떻게 플레이어의 FTUE를 개선할 것인가? 플레이어가 게임에 돌아왔을 때 어떤 인센티브를 제공하면 이 수치를 높일 수 있을 것인가? 많은 게임(특히 모바일 F2P 게임들)이 게임을 시작한 그 다음날 다시 돌아온 플레이어에게 보너스를 제공한다. 게임 안에서 명확한 보상을 제공해 플레이어의 복귀를 축하하고 장려하는 것이다. 게임을 시작한 그 다음날 플레이어가 돌아오지 않는 게임이라면 성공 가도를 걷고 있다고 보기는 힘들 것이다.

일 단위로 플레이어의 숫자가 변경되는 것을 추적하는 것도 플레이어의 행위를 관찰하는 또 다른 측면이라고 할 수 있다. 하루에 게임을 플레이한 플레이어의 수를 DAU^{Daily Active Users}라고 한다. 때론 이 숫자를 '심장박동' 숫자라고도 하는데, 이는 곧 게임이 건강하게 살아있음을 알려주는 숫자이기 때문이다. DAU는 요일에 따라 크게 달라질 수 있다. 일반적으로 화요일은 가장 적은 사용자들이 게임을 즐기는 양상을 보인다. 따라서 화요일에 DAU가 떨어진다면 이런 영향을 받은 것은 아닌지 고려하는 것이 좋다. 반면 이번 주 토요일의 DAU가 지난 주 토요일에 비해 절반밖에 되지 않는다면 이는 분명 심각한 경고로 받아들여야 한다. 뭔가 잘못되고 있는 것이며 이것이 무엇인지 빠르게 확인할 필요가 있다.

지난 한 달 동안 게임을 즐긴 플레이어의 숫자를 보여주는 MAU^{Monthly Active Users} 역시 중요한 지표의 하나다. 이 지표는 과거 30일 지표를 소급 적용한 것이다. DAU를 MAU로 나눈 비율로 얼마나 많은 사람이 지난 달 대비 오늘 플레이를 했는지 알 수 있고 이 수치를 통해 게임의 전반적인 상태를 체크할 수 있다. 이 지표를 정착률 stickiness이라고도 부르며 얼마나 많은 사람이 게임에 집중하고 다시 돌아오는지 보여 주는 중요한 지표라고 할 수 있다. 정착률이 점점 높아진다면 게임이 건강한 상태를 유지하고 있다고 봐도 무방하다. 이 지표가 낮아지고 있다면, 즉 이전에 플레이했던 사람들에 비해 단지 소수의 사람만이 남아있다면 좋지 않은 징표이며 어떤 문제가 있는지 빠르게 살펴봐야 한다.

한 번 게임을 시작했을 때 얼마나 오랫동안 플레이하느냐라는 관점이 아니라 플레이어가 얼마나 오랜 기간 동안 게임을 즐기는지도 살펴봐야 한다. 이 지표는 플레이어의 라이프타임lifetime이라고 부른다. 대부분 플레이어의 라이프타임은 채 하루가 되지 않는다. 정말이다. 이들은 게임을 한 번 시작했다가 다시는 돌아오지 않는 사람들이다. 게임의 FTUE와 초기 밸런스를 개선해 더 많은 플레이어들이 돌아오게 만든다면 게임의 전반적인 건강 상태가 다시 양호해질 것이다. 플레이어들이 얼마나 오래 게임을 즐기는가? 이 기간이 몇 주 혹은 몇 달에 달하는가? 왜 그들이 게임을 그만 두는가? 플레이어의 행동에 관한 분석을 통해 왜 플레이어들이 게임을 떠나게 되는지 좀 더 쉽게 이해할 수 있을 것이다. 콘텐츠를 모두 소모해서 플레이어가 게임을 그만두는 경우도 빈번하다. 시스템에 기반을 두고 제작된 게임이 아니라 콘텐츠 자체가 핵심적인 즐길 거리가 되는 게임에서 이런 일들이 빈번하게 발생한다.

전환

부분 유료화 게임에서 98% 혹은 99%에 달하는 대부분의 플레이어가 게임 안에서 그 어떤 것도 구매하지 않는다. 좀 더 솔직하게 말하자면 이들은 플레이어이기는 하지만 고객은 아니다. 실제로 구매를 하는 플레이어들은 고객이라고 할 수 있을 것이다. 플레이어를 고객으로 바꾸는 활동을 전환conversion이라고 한다.

특정 집단에서 첫 구매가 언제 발생하는지, 평균적으로 얼마의 돈을 지불하는지, 첫 번째 구매 이후 두 번째 구매가 이어지는지와 같은 지표를 추적할 수 있다. 플레이어의 행동을 이해하고자 이런 데이터를 활용하는 방법은 매우 다양하다. 부분 유료화 게임의 경우 더 나은 최초 경험을 한 플레이어들이 구매를 더 빠르게, 더 많이 진행할 가능성이 그렇지 못한 플레이어들보다 높다. 또한 한 번 구매를 하면 추후 더 많은 것을 살 가능성이 높아진다. 따라서 플레이어가 처음 구매를 할 수 있도록 유도하는 것이 매우 중요하다. 이들이 추후 더 많은 것을 구매할 가능성이 높기 때문이다.

부분 유료화 게임에서 구매를 진행한 플레이어가 지불한 금액을 전체 플레이어로 나눈 값을 가입자당 평균 매출^{ARPU, Average Revenue Per User}이라고 한다. 이는 게임이 가진 구매력을 평가하는 핵심 지표로 분류된다. 게임 안의 밸런스와 직접적인 연관은 없어 보이지만 F2P 모델에 맞게 효과적으로 게임이 디자인됐다면 플레이어들은 강력한 구매력으로 화답할 것이다.

부분 유료화 게임에는 일일 활성 유저당 평균 수익^{ARPDAU, Average Revenue Per Daily Active User}과 같이 일반적으로 추적되는 다양한 지표가 존재한다. 이제 살펴볼 전환과 관련된 주요한 지표는 평균적으로 플레이어들이 얼마나 오래 게임을 즐기는지와 이들이 게임을 진행하면서 얼마나 많은 금액을 지불하는지와 같은 것이다. 이를 LTV^{Life Time Value}라고 부르며 모든 플레이어의 평균으로 계산한다. 전체적인 게임의 상황과 플레이어 경험의 밸런스, 상업적인 성공 여부를 가늠할 수 있는 가장 중요한 지표라고 할 수 있다.

LTV는 부분 유료화 게임에서 '황금 공식'이라고 부르는 공식의 일부가 된다. 이 공식은 게임의 수명 기간 동안 모든 플레이어로부터 발생하는 수익이 플레이어를 획득하는 데 드는 비용(예를 들어 마케팅 비용)과 전체 라이프타임 동안 들어가는 게임의 운영비용을 초과해야 한다는 것을 보여준다. 공식은 다음과 같다.

$$LTV > eCPU + Ops$$

eCPU는 새로운 플레이어 한 명을 게임으로 데려오는 데 드는 비용, 즉 유효 사용자당 비용을 의미한다. 평균적으로 플레이어가 게임을 1년 동안 플레이하는 경우 매달

1명의 플레이어를 유지하는 데 필요한 서버와 네트워크 대역폭 비용, 개발 팀을 유지하는 데 드는 비용이 1달러이고 한 사람의 플레이어를 획득하고자 필요한 비용이 평균적으로 3달러라고 가정하자. 이 경우 평균적으로 플레이어에게서 얻어야 하는 수익은 3달러 + 1달러 × 12, 즉 15달러 이상이어야 한다. 플레이어들이 게임을 즐기는 기간 동안 평균적으로 10달러 정도만 구매를 진행한다면 손해를 볼 수밖에 없는 것이다. 플레이어의 행동을 분석하지 않는다면 대부분의 F2P 게임들이 맞이할 운명일지도 모른다.

여기서 논의하는 이익이나 수익화와 관련된 내용들이 게임 밸런스 혹은 게임 디자인과 직접적인 관련이 없어 보일지도 모른다. 수익화 디자인은 게임 디자인이 좀 더 확대된 영역이라고 할 수 있다. 게임 디자이너는 상업적으로 성공한 게임을 만들고자 게임 디자인과 게임을 분석하는 방법을 모두 이해하고 활용할 수 있어야 한다. 게임을 패키지로 판매하는 전통적인 방식이나 F2P 방식 모두에 해당한다. 짜임새 있는 게임 경험을 제공해 플레이어가 게임 안에서 어떤 것을 의무적으로 구매해야 한다고 느끼지 않으면서도 원한다면 무엇이든 자유롭게 구매할 수 있어야 한다.

실질적인 활용

플레이어가 게임을 시작하게 만드는 것에 더해 이들이 계속 게임을 플레이하게 만들고 게임 안에서 구매를 진행하도록 권장하려면 플레이어의 실제 사용에 기반을 둔 다양하고 직접적인 지표를 수집하고 분석해야 한다.

게임 안의 모든 퀘스트가 비슷한 시간과 노력을 들여 완료할 수 있는지 살펴보는 것도 의미가 있다. 반복해서 달성해야하는 퀘스트는 게임을 진행하면서 성취감을 느끼고 싶은 플레이어와는 맞지 않는다. 거의 아무도 달성하지 못할 정도로 어려운 퀘스트가 존재한다면 난이도가 너무 어렵게 설정된 것은 아닌지 살펴봐야 한다. 이런 퀘스트는 플레이어가 어떻게 죽거나 패배를 맞이하는지 조사할 필요가 있다. 이 원인에서 의외로 게임에서 밸런스가 맞지 않았던 부분을 찾을 수도 있을 것이다.

비슷한 방법을 경제에도 적용할 수 있다. <해비타트>의 경우처럼 관리자가 특정한 시점에 게임 전체의 재화량을 측정할 수도 있다. 게임 안에서 발생한 경제적인 불균형이 게임 자체에 심각한 영향을 미치기 전에 확인하고 이를 개선할 수 있는 것이다.

게임 플레이에 영향을 미치는 모든 것, 소스와 싱크, 플레이어가 활용하는 핵심 리소스는 분석적인 방법을 통해 추적할 만한 가치가 있다. 너무 과도한 양의 데이터를 수집하지 않는 것도 중요하다. 게임에서 의미 있는 사운드가 출력되기 시작하는 부분부터 분석을 시작해야 한다. 플레이어에게 오디오를 활용한 피드백이 제공되는 이벤트라면 분명 기록하고 분석할 만한 가치가 있을 것이다. 이렇게 분류한 데이터가 너무 방대해서 큰 도움이 되지 않는다면 필터링해 좀 더 가치 있는 자료들만 남겨야 한다. 이런 과정을 반복하면서 필요한 데이터만 선별해서 수집할 수 있을 것이다.

커뮤니티

플레이어가 수행하는 커뮤니티 기반의 행동 역시 분석할 수 있다. 이를 통해 게임이 건전한 방향을 유지하고 있는지 판단할 수 있다. 플레이어가 게임 안에서 전체 채팅이나 특정한 사람과의 채팅에 얼마나 많은 시간을 소모하는지, 게임 안에서 특정한 행동을 만들어내는 소셜 그룹(예를 들어 길드)의 활동에 얼마나 많은 시간을 소모하는지 등을 측정하는 것이다. 이를 통해 어떤 사람이 다른 사람들과 어떤 관계를 맺고 있는지 파악할 수 있고 이를 기반으로 대략적인 사회적 관계 모델을 만들 수 있다. 모든 게임에서 이런 소셜 분석이 수행될 필요는 없지만 이런 과정을 통해 누가 오피니언 리더인지, 누가 관심을 가질만한 행동을 하는 얼리어댑터인지 알아낼 수 있다. 게임 안에서 상당한 영향력을 행사하는 인플루언서들의 플레이 시간이 줄기 시작한다면 어떤 잠재적인 문제의 조기 경보라고 봐도 좋을 것이다. 이들이 더 이상 즐길 콘텐츠가 없어 발생한 경우도 마찬가지다.

다른 부서를 통해 수집한 불만의 유형과 양에 대해 분석하는 것도 효과적이다. 이를 통해 버그를 발견해낼 수 있음은 물론, 플레이어들이 생각하기에 밸런스가 맞지 않다고 생각하는 부분, 즉 너무 어렵거나, 너무 지루하거나, 더 나아가 플레이어가 흥미를 느끼지 못하는 부분에 대해서도 알 수 있을 것이다. 이런 부분을 수정함으로써 모두에게 좀 더 나은 게임을 만들 수 있을 것이다.

요약

게임 안의 복잡한 시스템과 게임 플레이 경험의 밸런스를 맞추는 작업은 자체로도 매우 어렵고 복잡하며 때로는 벅차고 힘들게 느껴지는 작업이다. 10장에서는 게임 안의 가장 간단한 부분에서부터 복잡한 계층 구조 시스템에 이르기까지 다양한 항목의 밸런스를 잡는 데 필요한 방법과 프레임워크를 살펴봤다.

밸런스를 잡는 작업은 단기간에 끝나는 것이 아니라 오랫동안 이어져야 하는 작업임을 잊지 말아야 한다. 결코 완벽할 수도 없고 완성할 수도 없는 작업인 것이다. 게임이 디자이너에게나 플레이어에게 모두 기본적으로 공정해 보인다면 게임이 올바른 방향으로 가고 있는 것이다. 하지만 게임을 즐기는 모든 플레이어가 각자의 방법을 통해 게임 안의 밸런스를 헤칠 수 있는 가능성이 있다는 것도 염두에 둬야 한다. 회복이 가능한 시스템을 만들고 이 시스템들의 밸런스를 최대한 잡은 상태라면 게임이 붕괴되고 이로 인해 플레이어들이 몰입하지 못하게 되는 가능성을 줄이게 되는 것이다.

CHAPTER 11

팀으로 작업하기

아무리 창조적이며 능숙하게 시스템을 만들 수 있는 스킬을 갖고 있더라도 게임 디자이너가 성공하려면 팀의 일원으로서 효과적으로 일할 수 있어야 하며 다른 사람들이 그렇게 하도록 도와줄 수 있어야 한다.

성공적인 팀은 그냥 만들어지는 것이 아니다. 스스로 노력해서 그들만의 시스템을 갖춰야 한다. 개발 팀 내부의 다양한 역할과 어떻게 이들이 한데 모여 효과적인 팀을 만들 수 있는지 이해한다면 이들과 함께 게임을 만들어가는 과정이 좀 더 수월해질 것이다.

팀워크

아주 작은 게임이라도 한 사람이 게임 전부를 만드는 경우는 드물다. 게임을 만들려면 다양한 스킬이 필요하고 이런 스킬을 가진 사람들이 비전을 공유하고 모여야 게임을 만들어낼 수 있다. 게임을 만들려면 게임 디자인, 프로그래밍, 아트, 사운드, 프로젝트 관리, 마케팅과 같은 다양한 부서에서 막대한 양의 작업이 수행돼야 한다.

이 모든 작업이 원활하게 수행되려면 게임 디자인의 개념을 잡고 디테일을 설정하는 것 이상의 스킬이 필요하다. 게임 디자이너가 아닌 사람에게 아이디어를 설명하고 커뮤니케이션하는 것을 넘어서 이들과 함께 효과적으로 일하고 모든 사람이 원활하게 작업할 수 있게 도와줘야 하는 것이다. 제대로 된 게임을 만들려면 최고의 사람들과 최고의 프로세스, 최고의 툴이 필요하다. 이런 조건을 갖추는 것은 결코 편하고 쉽게 이뤄지지 않는다. 다른 사람들과 팀을 이뤄 게임을 개발하는 일은 말처럼 쉬운 일이 아니다. 이 전체 과정에 비하면 게임을 디자인하는 작업 자체는 오히려 쉬워 보인다.

성공적인 팀이 일하는 방법

성공적인 팀을 모아 유지하는 것이 얼마나 어려운 일인지 사람들은 잘 알지 못한다. 이것이 게임의 성공과 개인의 캐리어에 얼마나 중요한 영향을 미치는지도 잘 인지하지 못한다. 수많은 경영 이론에서 팀을 효과적으로 운영하는 방법을 다루며 이런 주제의 책은 아주 쉽게 찾아볼 수 있다. 게임 개발의 경우 입증된 데이터를 통해 강하고 성공적인 팀을 만드는 방법을 알아볼 수 있다.

2014년, 폴 토저^{Paul Tozour}가 이끄는 GOP^{Game Outcomes Project}에서 게임이 성공하고 실패하는 이유에 대해 자세하고 흥미로운 내용을 발표했다(Tozour et al. 2014). 이들은 게임을 개발하고 출시한 경험이 있는 300명에게 120여 개에 달하는 질문을 던지고 답변을 기반으로 상세한 분석을 수행했다. 이를 통해 그들 스스로 '금광'이라고 부를만한 값진 데이터를 얻어낼 수 있었다.

이 조사를 기반으로 토저의 팀은 성공적인 게임에 긍정적으로 영향을 미치는 부분과 부정적인 영향을 미치는 부분을 분류했다. 여기서 '성공'이라는 단어는 매우 광범위한 의미를 가지며 다음 항목 중 하나 혹은 그 이상을 달성한 것을 의미한다.

- ROI^{Return-On-Investment}: 즉, 게임의 충분한 수익성

- 찬사를 받을 만큼의 예술적인 성공

- 중요한 팀 내부 목표의 달성

토저의 팀이 내놓은 결과는 통계적으로도 중요한 의미가 있다. 즉, 토저의 연구 결과를 충실히 수행한다면 게임 프로젝트가 성공할 확률이 높아질 수 있다는 것을 의미한다.

토저의 팀은 제품의 성공에 영향을 미치는 '상위 40개' 아이템을 선정했다. 이들을 간략하게 테마별로 정리해 보면 다음과 같다. 토저의 발표 자료를 직접 읽어보는 것을 추천한다.[1]

성공적인 게임을 만드는 데 얼마나 기여하는가를 기준으로 상위 항목들을 분류하면 다음과 같은 카테고리를 만들 수 있다.

- 당신의 팀이 만들고 있는 것에 대해 명확하고 공유된 비전을 유지하는 것

- 효과적으로 일하며 집중된 상태를 유지하고 동시에 불필요한 일과 변경 사항에 영향을 받지 않으면서 과도한 크런치를 수행하지 않는 것

- 상호 신뢰와 존중을 바탕으로 높은 기준을 유지하면서도 실수를 용납할 수 있는 분위기의 팀을 만드는 것

- 명확하고 공개적으로 커뮤니케이션하고 차이를 분석하며 정기적으로 회의를 수행하는 것

---

1. https://www.linkedin.com/pulse/what-great-teams-do-paul-tozour/ – 옮긴이

- 팀 구성원을 전문가로, 개별적인 개체로, 경제적인 측면을 가진 한 명의 개인으로 대해주는 것

여기에 언급되지 않았던 2가지 중요한 내용이 바로 이어진다.

- 개발 방법론을 갖고 있는 것이 중요하다(목록의 26번째 항목). 그것이 애자일이든, 워터폴이든 혹은 그 밖의 다른 것인지는 중요하지 않다.

- 경험 있는 팀을 꾸리는 것 역시 중요하다. 목록에 직접 언급되지는 않았지만 경험 있는 개발자가 팀에 함께 함으로써 성공의 가능성은 더 높아질 것이다.

이 내용들이 사실 놀랄만한 내용은 아니지만 그렇다고 명확하게 실행할 수 있는 방법이 보이는 것도 아니다. 이들은 게임 개발의 중요한 원칙이지만 대부분의 개발 팀에서 하나 혹은 그 이상을 무시하거나 지키지 않으면서 "왜 우리는 성공하지 못할까?"를 고민한다. 이들은 하는 일에 대한 명확한 비전을 공유하지 못하거나 기술적인 기반을 너무 자주 바꾸기도 한다. 난해한 커뮤니케이션을 이어가면서 시간이 지날수록 오해를 쌓기도 한다. 혹은 어떤 방법론이나 툴에 대해 심각한 마음의 상처를 받을 정도로 논쟁을 벌이기도 한다. 이 모든 것이 게임을 실패의 구렁텅이로 몰아넣을 수 있는 것들이다.

다시 한 번 말하지만 게임을 개발하는 과정은 결코 쉽지 않다. 팀 자체가 스트레스가 되기도 한다. 이런 내용들을 팀 전체와 논의하고 목록에 있는 내용들을 수행하기로 합의한다면(목록의 5번과 35번 항목에 이와 관련된 내용이 있음) 당신의 팀과 게임이 성공할 확률은 훨씬 더 높아진다.

앞서 살펴본 내용들을 다음 절에서는 영역별로 나눈 다음 원래 목록에 등장하는 항목들로 설명해본다. 표시되는 번호들은 원래 GOP의 연구 결과에 기재된 번호다. 이 번호는 가장 중요한 것부터 그렇지 않은 순서로 나열된다.

제품 비전

게임은 '이 게임이 무엇에 관한 것인가'에 대해 하나의 비전을 제시해야 한다. 또한 이 비전은 플레이어의 전체적인 경험에 일관되게 적용돼야 한다. 게임에 적용된 다양한 상호작용, 플레이어가 느끼기를 바라는 감정, 여러 가지 게임 메카닉스 등이 여기에 포함된다.

6장에서도 살펴봤던 것처럼 이 과정은 게임 개발 초기에 빠르게 수행돼야 한다. GOP의 연구 결과에서도 보이듯이 명확한 비전을 갖는 것이야말로 성공의 열쇠라고 할 수 있다. 중요한 순서대로 나열해보면 다음과 같다.

- 비전은 명확해야 하며 팀이 이해할 수 있어야 한다(#1).

  - 여기에는 팀이 어떤 것을 만들고 어떤 것을 기대하는지가 포함된다(#1).

  - 제품 비전은 스펙/디자인 문서로 구체화되며 지속적인 디자인 작업으로 보강된다(#36).

- 비전은 흥미로워야 한다. 실행 가능해야 하며 명확한 액션을 끌어내야 한다(#1).

- 비전은 일관돼야 하며 여러 번 변경돼서는 안 된다(#2).

  - 팀은 신중을 기해서 비전을 바꾸거나 수정해야 한다(#2).

  - 비전의 변경이 필요할 땐 모든 이해관계자가 이 과정에 참여해야 한다(#21).

- 비전은 공유돼야 한다. 팀은 비전이 실행될 것을 믿고 또한 이에 대한 열정이 있어야 한다(#3).

명확하게 문서로 정의된 비전을 공유하고 팀이 이를 충실히 실행하는 것의 중요함은 아무리 강조해도 모자라지 않는다. 6장에서 언급했던 컨셉 문서가 중요한 이유가 바로 이 때문이다. 비전은 명확하게 정의돼야 할 뿐만 아니라 문서로 잘 정리돼 팀의 모든 구성원이 이를 충분히 이해해야 한다. 회사를 방문한 손님이 팀의 누군가에게 지금 무엇을 만들고 있는지, 모든 팀이 비전을 통해 어떻게 연결돼 있는지, 프로젝트가 얼마나 진행됐는지와 같은 질문을 던진다면 모든 사람이 똑같은 답을 해줄 수 있어야 한다. 스스로 비전이 무엇인지 잘 모르겠다거나 지금까지 해온 작업들이 비전과 맞지 않다고 생각한다면 다른 모든 일을 제쳐두고서라도 이 질문에 답할 수 있는 방법을 찾아야 한다. 그렇지 않다면 재앙으로 이어질 수 있다.

그렇다고 비전이 전혀 변할 수 없다는 이야기는 아니다. 게임을 디자인하고, 프로토타입을 만들고, 아이디어를 테스트하면서 이전에는 보이지 않던 새로운 측면의 게임 비전이 나타날 수도 있다. 이런 새로운 측면들 역시 비전에 포함돼야 한다. 비전이 매주 바뀌어야 하는 것은 아니다. GOP의 연구 결과에서도 보이듯이 명백하고, 일관적이며, 모두에게 공유된 비전을 갖는 것이야말로 게임 개발 과정에서 성공에 기여하는 다른 어떤 것들보다도 중요하다.

때로는 비전이 바뀌어야 하는 필요성이 외부에서 제기될 때도 있다. 다른 게임이 우리 게임의 출시 시기와 겹친다거나, 예산과 스케줄이 변경되는 것과 같은 경우다. 이런 경우 최대한 신속하게 게임의 비전을 수정하거나 다시 만들어야 하며, 이 과정에는 모든 이해 당사자가 포함돼야 한다(#21). 수정되고 변경된 비전 역시 모든 사람이 이해할 수 있어야 하며(#1), 열정적으로 이를 달성하려고 노력해야 한다(#3).

명확한 비전은 팀뿐만 아니라 개개인의 역할과 기대에도 영향을 미친다. 초기에 비전을 공유하고 이를 정기적으로 확인함으로써 모두의 역할과 기대가 변경되지 않았는지 확인하는 것이 중요하다.

제품 개발

하나의 제품으로 게임을 개발하는 것 역시 결코 쉬운 일은 아니다. 개발의 최종 목표는 게임을 실행할 수 있는 적합한 디바이스를 가진 누군가가 게임을 실행하게 만드는 것이다. 보드 게임이라면 박스를 열고 게임 규칙을 읽게 만드는 것이다. 교육이 목적인 게임도 늘어나는 추세지만 제품으로서의 게임은 역시 상업적으로 판매가 되는 것이 일반적이다. 개념을 잡고 이를 하나의 실체로 만드는 것, 즉 하나의 독립된 제품으로 게임을 만드는 것은 많은 노력을 기울여도 반드시 성공한다고 보장할 수 없을 정도로 어려운 일이다.

게임을 성공적인 제품으로 만들려면 게임의 비전과 하나로 통일된 팀을 유지해야 하며 무엇보다도 이들이 함께 원활하게 작업을 진행해야 한다. 이 과정이 원활하게 잘 수행되면 기술이나 예산과 같은 그 밖의 다양한 요소를 좀 더 쉽게 관리할 수 있다.

GOP의 연구 결과에 따르면 성공적인 제품 개발을 위해 필요한 핵심 요소들은 다음과 같다.

- 개발은 게임 비전이 주도하고 이에 초점이 맞춰져야 한다.
  - 팀 구성원들은 제품의 비전을 이해하고 이에 맞게 업무의 우선순위를 정하고 수행해야 한다(#1).
  - 개인의 우선순위에 기반을 두고 일을 진행하지 않는다(#1, #19).
- 리더는 사전에 잠재적인 리스크를 식별하고 이를 완화해야 한다(#2).
- 팀은 효과적으로 일해야 한다(#4).
  - 팀은 집중을 방해하는 요소를 제거해야 하며 너무 많은 크런치를 피해야 한다(#4).
  - 팀은 선택된 개발 방법론을 훈련하고 활용해야 한다(#26).
  - 팀은 사용하는 툴을 원활하게 활용하고 이를 통해 효과적으로 업무를 수행해야 한다(#29).
- 팀은 가능한 한 자주, 그리고 정확하게 업무 수행 기간을 평가해야 한다(#16).
  - 팀 구성원들은 그들이 매일 수행할 일을 결정해야 하며 업무를 할당하고 결정하는 작업(혹은 회의)에 참가해야 한다(#30).
  - 팀은 개발이 진행되는 동안 필요한 기술적인 변화를 세심하게 관리해야 한다(#31).

- 팀은 프로젝트의 현재 상황에 기반을 두고 마일스톤의 우선순위를 결정한다 (#40).

게임의 비전을 중심으로 개발이 주도돼야 한다는 사실은 명백하다. 하지만 불행하게도 게임의 비전과 연관되지 못한 방향으로 프로젝트가 휘청거리는 일이 흔하게 발생한다. 팀이 확고한 비전을 갖지 못하거나(심지어 한 사람이라도 그런 경우) 팀이 매일매일 조금씩 원래의 비전에서 멀어질 때 이런 일들이 발생한다. 모든 구성원이 비전에 기여할 수 있는 최우선순위의 일을 수행하고, 겉으로는 휘황찬란해 보이지만 별로 도움이 되지 않는 일과 개인이 정한 우선순위에 맞게 일을 진행하지 않는다면 최초에 협의됐던 비전을 충분히 달성할 수 있을 것이다.

프로젝트가 정상적인 궤도로 진행된다면 어떤 난관에 부딪혔을 때 즉시 이를 수용하고 정확하게 분석하며 필요하다면 리스크를 제거하거나 완화하는 과정이 수행될 것이다. 이런 일들이 말처럼 쉽지는 않다. 이슈를 처리하고자 프로듀서나 팀의 리더가 나서야 하는(그리고 그 이슈를 팀에서 제거해야 하는) 경우가 항상 생기기 마련이다. 이 과정을 성공적으로 수행할 수 있다면 팀 구성원들이 더욱 효과적으로 업무를 수행하고 그들의 일을 더 잘 제어할 수 있을 것이다. (앞서 수행한 업무 성과의 피드백에 기반을 두고) 개개인의 업무 우선순위를 결정하는 방식으로 팀을 제어할 수 있다면 팀이 훨씬 효과적으로 작업을 수행할 수 있고 결과적으로 프로젝트의 성공에도 기여할 수 있을 것이다.

몇 달 혹은 몇 년 동안 하나의 프로젝트에서 협업을 원활하게 진행하려면 크런치 기간을 제한하는 것이 아주 중요하다. 크런치는 게임 산업에서 여전히 논란이 되는 주제다. 전적으로 이를 수용하는 팀이 있는 반면 전혀 크런치를 받아들이지 않는 팀들도 존재한다. 오랜 기간 업무를 이어가는 크런치의 부정적인 효과에 대해서는 이미 충분히 연구됐다(CDC 2017). 그럼에도 여전히 현업에서 논란이 있는 이슈다.

어떤 것을 새롭게 창조하는 프로젝트를 진행하다 보면 늘 예기치 못한 일들이 발생한다. 갑자기 급하게 처리해야 할 일이나 문제가 발생한다면 혹은 일이 예상한 대로 흘러가지 않는다면 팀 전체의 일정이 지켜지기 쉽지 않다. 팀이 여기서 언급하고 있는 원칙들(명확한 비전, 우선순위에 기반을 둔 업무 진행 등)을 충실하게 지키고 있다면 단기간 발생하는 이런 혼란들이 큰 문제가 되지 않을 것이다. 하지만 비전이 명확하지 않고 제품의 큰 방향과 우선순위가 자주 변경되며, 진행하는 업무들이 제대로 평가되지 않는다면 팀은 중요한 제품 일정을 맞추고자 어쩔 수 없이 몇 주간의 힘든 시간을 보내야 할 것이다. 이런 힘든 시간을 보내는 동안 팀의 성과와 에너지는 점점 더 떨어진다. 더 나은 게임을 만들고자 오랜 시간을 보냈지만 그에 걸맞는 결과를 얻어내기 더 힘들어지는 것이다.

팀

대부분의 게임이 팀 단위로 만들어지며 게임 디자이너들은 커리어의 대부분을 팀의 일원으로 보내야 한다. 성공적인 게임 프로젝트를 진행하고자 팀이 공유해야 하는 덕목들은 어떤 것이 있을까? GOP는 다음과 같은 항목들이 핵심이라고 규명했다.

- 팀은 하나로 뭉칠 수 있어야 하며 구성원들은 게임의 비전, 팀의 리더, 서로를 믿을 수 있어야 한다. 이들은 가치와 사명감을 공유한다(#1, #8, #14, #17).

  - 팀은 실수를 최소화 하고(#6) 업무에 지장을 주며 신뢰받지 못하는 구성원을 신속하게 제거한다(#12, #13).

  - 팀은 개인보다 그룹과 제품에 더 높은 우선순위를 둔다(#19).

  - 팀은 효율적으로 구성돼야 하며 그 구조에 대해 모든 구성원이 이해하고 있어야 한다(#25).

  - 팀은 관리자부터 팀원에 이르기까지 상호 존중하는 분위기를 만들어야 한다 (#12).

  - 팀은 서로 도와주는 분위기를 장려해야 한다(#35).

- 팀은 리스크를 수용하고(제품의 비전과 우선순위가 허용하는 범위 안에서) 실수를 통해 배워나간다(#5).

  - 팀 구성원들은 소모적이고 과한 디자인을 피해야 한다(#9).

  - 팀 구성원들은 그들이 수행하지 못하더라도 참신한 아이디어를 도출해 낸 것을 기쁘게 생각해야 한다(#10).

  - 팀 구성원들은 실패에 대해 공개적으로 논의한다(#18).

- 팀 구성원들은 서로 높은 기준을 유지할 수 있는 분위기를 지향한다(#11, #17).

  - 상호 존중하는 분위기로 협업을 진행하며 작업에 대한 리뷰를 수행한다 (#11, #39).

  - 팀 구성원들은 도움을 요청한 사람 혹은 다른 사람을 지원한 사람에 대해 보상한다(#35).

  - 기대하지 않았던 역효과가 발생했다면 바로 필요한 사람을 호출할 수 있어야 한다(#17).

  - 개개인의 책임과 역할은 그들이 가진 스킬에 부합해야 한다(#20).

  - 팀 구성원들은 회의에서 도출된 기한을 지키고자 노력해야 한다. 하지만 팀의 의욕을 꺾을 정도로 엄격할 필요는 없다(#34).

이 장에서 여러 번 언급한 것처럼 효과적인 팀을 능동적으로 운영하는 것은 프로젝트의 성공에 필수적인 요소다. 사람들이 참여하고 싶은 프로젝트도 바로 이런 프로젝트일 것이다. 이런 팀은 강하게 단결되고 사람들이 이탈하는 비율이 낮다. 팀이 이런 상태를 유지하려면 업무에 방해가 되는 사람이나 개인적인 업무를 팀의 업무보다 우선시하는 사람, 사회적으로 혹은 업무적으로 좋지 않은 영향을 미치는 사람들을 빠르게 제거해야 한다. 흔히 말하는 '함께 일하기는 힘들지만 너무 일을 잘 해서 자르기 힘든' 천재의 경우가 여기에 속한다. 하지만 오랜 관찰과 경험의 결과, 팀에서 제일 먼저 제거돼야 하는 사람들은 사실 이런 유형의 사람들이다. 이들을 제거하지 않으면 그들의 행동으로 인해 모든 사람에게 좋지 않은 영향이 미치게 된다. 어떤 사람도 충분한 고려 없이 팀에서 제거돼서는 안 되지만 팀이나 다른 동료들의 노력을 등한시하는 사람에게 여러 번의 기회를 주는 것 역시 팀의 화합에 절대 도움이 되지 않는다. 이는 장기적으로 팀 전체의 역량을 저해할 뿐이다.

한 번의 실수로 팀에서 제외돼야 한다는 이야기가 아니다. 팀 구성원들은 어떤 것이든 자유롭게 시도하고 실패할 수 있어야 한다. 도전하고 실패하는 것과 팀의 업무에 걸림돌이 되는 것에는 분명한 차이가 있다. 팀이 가장 중점적으로 수행해야 하는 업무를 하지 않는 구성원이라면 그들의 역량이나 역할이 아무리 중요해도 빠르게 면담을 진행하고 필요하다면 이 사람들을 내보내야 한다. 팀 구성원들은 그들의 작업과 그들이 다른 사람의 업무와 성공에 미칠 수 있는 영향에 대해 자유롭게 의견을 주고받아야 한다. 제시간에 그들의 일을 마무리하고 시의적절하게 리스크를 감내하고 높은 업무 수준을 유지하는 것에 대해서도 마찬가지로 자유롭게 논의가 돼야 한다.

커뮤니케이션

서로 다른 스킬과 경험, 목표를 갖고 있는 다른 사람들과 함께 일하려면 일관되고 효과적인 커뮤니케이션이 필요하다. 팀의 모든 구성원이 이 스킬을 보유하고 있어야 한다. 게임 디자이너라면 더더욱 팀의 다른 구성원들과 함께 일하는 경우가 많을 것이다. 따라서 디자이너가 보유한 커뮤니케이션 스킬이 제품의 잠재적인 성공에 중요한 영향을 미친다고 할 수 있다.

성공적인 게임을 만드는 팀의 커뮤니케이션의 형태는 다음과 같다.

- 모든 사람은 팀이나 팀 리더의 결정을 지지하고 따른다(#3).

- 팀은 제품에 대한 의견, 혹은 개인의 의견 차이를 인지하고 이를 신속하게 해결한다(#7, #12).

- 팀 구성원들은 그들의 작업에 대한 피드백을 자주 받는다(#9).

  - 팀 구성원들은 원활하게 수행된 작업에 대해 충분한 찬사를 받는다(#22).

  - 구성원들을 당혹해하는 일이 없게 관리한다. 심각할 정도로 나쁜 일이 생긴다면 이를 숨기거나 공유를 지연해서는 안 된다. 관련 있는 모든 사람이 이 사실을 알게 해야 한다(#9).

- 팀은 난해한 주제에 관해서도 기꺼이 공개적으로 논의할 수 있어야 한다(#27).

  - 팀 구성원들은 최종 결정이 그들의 의사에 반하더라도 누군가 그들의 의견에 귀 기울여준다는 느낌을 받아야 한다(#15).

  - 개방적이고 정중한 커뮤니케이션을 통해 정치를 최소화한다(#17).

  - 팀은 개방적인 정책을 수용해 모든 사람이 시니어 리더에게 자유롭게 그들이 염려하는 것과 피드백을 전달할 수 있어야 한다(#23).

- 팀 구성원들은 그들의 업무와 행위에 대한 명확한 기대치를 갖고 있어야 한다(#24).

- 팀은 필요한 사항을 논의하고, 질문을 던지고, 병목 지점이 어디인지 파악하기 위한 회의를 정기적으로 가져야 한다(#33).

구성원들이 커뮤니케이션을 원활하게 수행하지 못한다면 조직이 효과적으로 움직일 수 없다. 시스템적인 측면에서 보자면 각각의 구성원들은 팀이라는 시스템을 구성하는 하나의 부분이다. 팀 구성원들이 건설적으로 상호작용을 수행하지 못한다면 시스템은 망가질 것이다. 여기에는 공식적이거나 비공식적인 커뮤니케이션, 구두나 문서를 통한 커뮤니케이션이 모두 포함된다. 또한 일이 잘못됐다고 해도 결과를 숨기지 않는 것(구성원들이 당혹해 하는 일이 없게 관리한다), 서로의 작업에 대해 건설적으로 비판하는 것(이에 대해 면전에서 수비적으로 대응하지 않는 것도 포함한다), 개인적으로는 동의하지 않더라도 최종 결정을 지지하고 수용하는 것과 같이 쉽지 않은 일들도 포함된다. 팀 구성원들이 아무 생각 없는 거수기가 돼야 한다는 이야기가 아니다. 의사 결정이 되면 당신의 의견은 한 켠으로 미뤄두고 이를 받아들이며 행동으로 지지하는 것이 얼마나 큰 힘을 발휘하는지 알아야 한다. 이는 개인적으로는 동의하지 않더라도 팀이 나아가는 방향에 대해 진심으로 공헌한다는 것을 의미한다. 이렇게 하지 못하는 사람들(최악의 경우는 옳은 말은 하지만 그대로 행동하지 않는 사람들) 대부분은 제품에 문제가 생겼을 때에도 좋은 영향을 미치지 못하는 사람들이 많다.

자주 회의를 해야 한다는 내용이 하단에 배치돼 있지만 이 역시 중요한 항목이다. 팀은 효과적으로 커뮤니케이션해야 할 뿐 아니라 자주 커뮤니케이션을 수행해야 한다. 최소한 모든 사람이 참석해 매일의 상황을 공유하는 회의는 진행해야 한다. 대규모 팀이라면 리더들이 모여 빠르게 미팅을 수행하고 그다음 각 직군별로 소규모 회의를 진행하는 것도 효과적이다. 원칙은 동일하다. 사실 팀 구성원들이(전체 혹은 소규모 그룹으로 나눠서) 모여 게임을 즐기거나, 스터디를 통해 역량을 발전시키거나, 그 밖의 형태로 다양한 문제를 해결하거나, 단순한 모임을 갖는 것이 데일리 미팅을 진행하는 것보다 훨씬 낫다. 팀의 모든 사람이 서로에게 친구가 될 필요는 없다. 하지만 팀과 프로젝트를 위해 서로를 존중하고 효과적으로 커뮤니케이션하는 방법은 알고 있어야 하는 것이다.

개인

커뮤니케이션과 팀워크는 성공으로 가는 확실한 열쇠라고 할 수 있다. 모든 팀은 개개인이 모여서 구성된다. 한 사람의 개인으로서 우리는 모두 서로 다른 니즈를 갖고 있다. 성공적인 팀은 전체 팀과 제품이 갖는 니즈와 팀을 구성하는 각 개인의 니즈를 조화롭게 관리한다. GOP의 연구 결과에 따르면 성공적인 팀에서 다음과 같은 내용을 발견했다.

- 팀은 모든 구성원이 새로운 직책을 맡아서라도 성장할 수 있게 만든다(#28).

- 팀 구성원들 서로를 한 명의 사람으로 진심으로 대하고 돌봐준다(#37).

- 팀은 스토어의 별점 같은 지표를 기준으로 하는 보너스가 아닌 각 개인에게 적절

한 형태의 금전적 인센티브를 제공한다(#38).

모든 사람이 각자의 길을 가고 있는 것이다. 하나의 클리셰처럼 들리지만 엄연한 사실이며 이를 기억해둘 필요가 있다. 대부분의 팀이 몇 개월 혹은 몇 년간 함께 시간을 보내지만 그 이후로는 또 각자 나름대로의 방식으로 자기의 삶을 살아가야 한다. 한 명의 팀 구성원을 그들이 맡은 기능적인 역할(게임 디자이너, 리드 프로그래머, 아티스트 등)로 보는 것이 아니라 한 사람의 개인으로 받아들여야 한다. 이들 각자로 구성된 팀 안에서 이들의 개성과 전문성이 균형을 이루게 할 수 있다.

구성원들이 서로에게 기쁜 일을 축하하고, 힘든 상황을 격려해주고, 슬픈 일에 애도를 표하면서 진심 어린 감정을 공감할 때 팀은 더 효과적으로 일할 수 있다. 이는 관계의 유대를 통해 형성되며 팀이 힘든 시기를 함께 헤쳐 나가는 원동력이 된다. 모든 사람이 서로 믿을 수 있는 팀의 일원이 되는 것만큼 중요한 일이 없다. 약점인 부분을 개선하지 않아도 된다거나 실수를 지적하지 않거나 실망하지 않아야 한다는 것을 의미하는 것이 아니다. 팀이 서로를 존경하고 배려해 준다면 더욱 많은 일을 함께 해 나갈 수 있을 것이다.

모든 사람이 각자의 니즈와 목표를 갖고 있고 팀은 상대적으로 짧은 기간 함께 일한다. 팀의 니즈와 개인의 니즈 사이 밸런스를 잡을 수 있다면 어느 팀보다 강력한 팀을 꾸릴 수 있을 것이다. 이는 또한 이후에 더 훌륭한 팀을 꾸릴 수 있는 연결고리를 만들어준다. 새로운 팀을 구성할 때 <오션스 일레븐>에 나왔던 대사처럼 각자가 '나도 함께 하겠어'라고 말하며 자발적으로 참여하는 것보다 더 좋은 상황은 없을 것이다.

결론

스타트업부터 시작해 다양한 팀을 겪어봤던 내 개인적인 경험을 토대로 이 장에서 논의했던 것들을 정리해보면 다음 3가지 항목과 같다.

- 진실함

  - 말한 것을 행하라.

  - 실수를 인정하라.

  - 비난하지 마라.

- 유연함

  - 신속하게 방향을 바꿀 수 있어야 한다.

  - 다른 사람을 성장하게 해야 한다.

  - 과거에 얽매이지 마라.

- 커뮤니케이션

  - 항상 다른 사람과 정보를 공유하라. 정보를 쌓아 두면 안 된다.

  - 도움을 요청하고 제공하라.

  - 시의적절한 피드백을 제공하라.

이 항목들은 개인적인 경험에 토대를 두고 있는 것들이다. 앞의 절에서 살펴본 GOP 의 연구 결과는 정량적인 데이터에 근거했다는 장점을 갖고 있다. 내가 제안한 이 목록들도 여전히 가치가 있다고 믿는다. 이 3가지 항목을 내재화하고 밸런스를 맞출 수 있다면 당신의 직업과 삶에서 큰 도움을 얻을 수 있을 것이다.

팀의 역할

모든 팀에서 여러 사람이 다양한 역할을 수행한다. 성공적인 팀과 제품을 만들고자 함께 모인 사람들은 각기 다른 스킬을 보유하고 있다. 이런 다양한 역할과 이를 수행 하는 데 필요한 스킬과 책임을 이해한다면 어떤 식으로 팀에 합류할 수 있는지, 어떻게 성공적인 개발 팀을 꾸릴 수 있는지 더 쉽게 파악할 수 있을 것이다.

게임 개발 팀의 역할을 살펴보려면 우선 회사 레벨에서 조직을 살펴볼 필요가 있다. 회사에서 스튜디오로, 그다음 게임 개발 팀 순으로 구조와 역할을 살펴볼 것이다. 모든 회사가 이와 같은 조직 구조를 갖는 것은 아니지만 가장 일반적인 구조라고 생각되는 경우를 살펴본다.

회사의 구조

대부분의 게임 회사는(그리고 일반적인 회사들은) 경영진이 회사를 이끈다. 이들은 C-레벨, C-스위트suite라고도 부르며 다음과 같은 직책으로 구성된다.

- CEO^{Chief Executive Officer} : CEO는 회사의 경영과 투자 전반에 대한 책임을 지며 이사회와 함께 의사 결정을 수행한다.

- COO^{Chief Operating Officer} : COO는 회사의 평상시 운영에 대한 책임을 지며 CEO와 함께 의사 결정을 수행한다(소규모의 회사에서는 CEO가 COO를 겸임하는 경우도 많다).

- CFO^{Chief Financial Officer} : CFO는 회사의 재정과 고용인에 대한 보상, 회계, 세금 등의 업무를 관장한다.

- CCO^{Chief Creative Officer} : CCO는 다양한 형태의 회사 포트폴리오와 스튜디오에서 수행하는 크리에이티브 업무의 방향성을 관장한다.

- CTO^{Chief Technical Officer} : CTO는 회사의 기술 플랫폼, 새로운 기술의 조사와 수용, 프로그래밍 표준과 같은 업무를 관장한다.

때로는 CIO^{Chief Information Officer}(CTO와 거의 유사한 역할)나 CMO^{Chief Marketing Officer}(부사장이나 CEO에게 직속 보고하는 다른 임원이 대행하기도 한다)와 같은 역할이 포함될 수도 있다. 인사, 마케팅, 시설, 구매 등의 공통 업무를 수행하는 다양한 부서가 COO나 VP^{Vice President}에게 그들의 업무를 보고한다.

CEO는 흔히 '빅 보스'로 간주된다. 회사가 업무를 원활하게 수행하고 목표를 달성하고자 필요한 대부분의 책임을 지는 임원이다. CEO의 상사는 이사회의 임원들이다. CEO는 회사의 전략과 운영 방향을 의논하고 필요하다면 더 많은 투자를 받고자 정기적으로 이사회 임원들을 만난다. 이사회의 임원은 회사에 채용된 정규직이 아닌 경우가 많으며 대부분 회사에 투자한 사람들의 이익을 대변하는 사람들이다. 이들은 자신의 투자금이 어디에 어떻게 사용되고 있는지 확인하고, 어떻게 하면 이 돈을 몇 배로 돌려받을 수 있을지 고민하는 사람들이다. 소규모 회사 중에서는 투자자와 이사회가 존재하지 않는 곳도 있다. 대신 이들을 도와주고 충고해주는 형태의 고문을 두기도 한다. 어느 정도 규모가 있는 회사에는 대부분 외부의 투자자와 이를 대변하는 이사회가 있다.

스튜디오의 구조와 역할

CEO 혹은 COO에게 보고를 하는 사람들은 VP 혹은 부서장급 임원들이며(이 직급은 회사에 따라 아주 다양하게 바뀐다), 주로 이들은 스튜디오라고 부르는 조직을 리드하는 사람들이다. 스튜디오라는 단어가 널리 사용되기는 하지만 통일된 하나의 의미를 갖지는 않는다. 일반적으로 게임을 개발하는 여러 팀이 모인 하나의 그룹을 의미한다. 이들이 개발하는 게임은 대부분 하나의 장르 혹은 프랜차이즈(동일한 브랜드를 가진 일련의 시리즈)로 구별된다.

스튜디오를 리딩하는 부사장이나 부서장들은 손익에 대한 책임을 진다. 즉, 그들이 관리하는 그룹의 이익과 손해, 수익과 비용을 책임지는 것이다. 이 말은 그들이 채용과 제품 개발의 방향, 팀의 구성과 같이 광범위한 업무 영역의 권한을 갖고 있다는 것을 의미하는 것이다.

부사장이나 부서장에게 보고하는 사람들은 한 명 혹은 다수의 책임 프로듀서[EP, Executive Producer]나 크리에이티브 디렉터들이다. 책임 프로듀서는 하나의 개발 혹은 제품 팀에 속해있다. 크리에이티브 디렉터의 경우 스튜디오의 모든 게임 디자인을 관장하고 이에 대한 내용을 회사의 CCO에게 보고한다. 크리에이티브 디렉터가 CCO를 겸임하는 경우도 흔하다.

공유 서비스 조직은 모든 제품 팀에 속해있는 팀과 개인에게 인사, 총무와 같은 서비스를 제공한다. 마케팅과 BI^{Business Intelligence}, 데이터 분석, QA, 커뮤니티 관리, 아트, 사운드 팀이 속하는 경우도 있다.

특정 제품 팀에서 상시적으로 이들의 역할을 수행하는 사람이 필요하다면 이 팀에 속한 인력이 해당 팀으로 이동하기도 한다. 하지만 대부분의 경우 공유 서비스 조직에 속해있는 사람들은 하나의 프로젝트에 직접 연관돼 있기보다는 자신의 직무와 연관된 다양한 조직의 일을 동시에 처리한다. 회사에서는 특정한 프로젝트에서 이 팀의 인원들이 더 필요하지 않게 되더라도 항상 어느 정도의 인력을 확보해놔야 한다. QA 분야에서는 사람들을 한 번에 많이 채용했다가 더 이상 필요 없게 되면 해고해버리는 경우도 자주 발생한다. 다른 공유 서비스 조직에서도 이와 유사한 경우가 자주 발생한다.

개발 팀 조직

일반적으로 책임 프로듀서는 하나의 게임 개발 팀을 운영하고 리드한다. 이들은 팀이 만들고자 하는 게임을 정확하게 만들어내는 것에 초점을 맞춰 일한다. 책임 프로듀서의 역할이 엄밀하게 말해 게임을 디자인하는 역할은 아니다. 하지만 책임 프로듀서가 개발 중인 게임에 대한 최종 승인을 내리므로 그를 게임의 '비전 수호자'로 볼 수 있다. 책임 프로듀서는 팀의 리드 디자이너 혹은 크리에이티브 디렉터와 밀접하게 업무를 진행한다. 또한 책임 프로듀서는 이슈나 크리에이티브 관련 업무의 최종적인 해결사이기도 하다.

다양한 직군의 사람들이 책임 프로듀서에게 그들의 업무를 보고한다. 게임 디자인, 프로그래밍, 아트와 같이 제품 팀의 수많은 사람이 여기에 속한다(그림 11.1 참고). 책임 프로듀서는 이들의 니즈와 이슈를 조정해 게임이 원활하게 개발되고 서비스되게 만든다. 경우에 따라 책임 프로듀서가 팀의 재정에 대한 권한을 갖기도 한다. 책임 프로듀서의 경력이나 팀의 규모에 따라 이 권한이 결정되기도 한다.

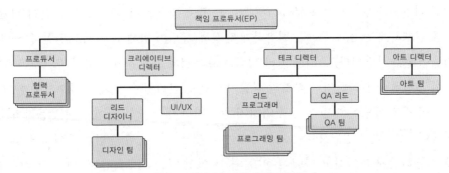

그림 11.1 일반적인 게임 개발 팀 구성도

프로듀서

프로듀서들은 책임 프로듀서에게 업무를 보고하며 대규모 팀인 경우에는 협력 프로듀서[AP, Associate Producer]를 두는 경우도 있다. 소규모 팀의 경우에는 대부분 한 사람의 프로듀서만 존재한다. 대규모 팀의 경우에는 여러 명의 프로듀서와 함께 일하는 시니어 프로듀서가 존재하기도 하며(이들을 라인 프로듀서[Line Producer]라고 부르기도 한다), 여러 명의 협력 프로듀서가 프로듀서에게 보고하고 업무를 지원한다.

개발 팀 인원 10명당 한 명 정도의 프로듀서가 배치되는 것이 일반적이다. 그보다 더 많은 프로듀서가 있다면 팀에 뭔가 문제가 있다는 것을 암시한다. 그렇지 않다면 단순히 주방에 너무 많은 요리사가 있을 때와 같은 효과가 발생한다. 그보다 더 적은 숫자의 프로듀서가 존재한다면 팀 스스로가 기능적으로 잘 관리되고 있거나 팀이 스트레스를 받아 붕괴되기만을 기다리고 있는 혼돈의 순간일 것이다.

협력 프로듀서는 일반적으로 게임 업계에 입문하는 레벨의 포지션이다. 게임 개발의 한 축을 담당하는 팀(게임 디자인이나 프로그래밍 등)의 일정과 업무를 챙기는 일을 주로 수행한다. 이들의 경력이 쌓이면 프로듀서, 시니어 프로듀서, 최종적으로 책임 프로듀서의 직책까지 수행할 수 있다. 경우에 따라 다르지만 각 단계마다 다소의 경력이 필요하다. 각 단계를 거치면서 이들의 역량과 책임은 점점 더 확장되며 그에 따라 해결해야 할 이슈도 방대해진다.

게임 디자인을 담당하는 프로듀서의 직무는 명확하지 않다. 프로듀서는 일이 원활하게 진행되게 만들고, 문제를 신속하게 해결하고, 팀이 방해 받지 않고 일할 수 있게 만들어주는 사람이다. 조직에 따라 협력 프로듀서와 프로듀서가 팀의 마일스톤, 업무와 스케줄을 관리하거나 각각의 팀들이 이들을 관리할 수 있게 도와주기도 한다. 이들이 직접 게임에 어떤 것을 추가하지는 않지만 대신 모든 것이 제대로 동작하게 만들어준다. 팀의 일원으로서 프로듀서는 각각의 기능을 맡은 팀들이 어떻게 업무를 진행하는지 파악하고 있어야 한다. 누가 어떤 일을 진행하는지, 현재 상황에서 가장 큰 리스크는 무엇인지를 항상 알고 있어야 하는 것이다. 사람들은 "한밤중에 자고 있는 프로듀서를 깨운 다음 현재 팀이 직면한 3가지 리스크가 뭐냐고 묻는다면 충분히 대답해줄 수 있어야 한다."고 말한다. 약간 과장된 표현이기는 하지만 그렇다고 완전히 터무니없는 이야기도 아니다.

조직화돼 있는 사고방식, 결단력과 일관성을 가진 탁월한 리더가 되는 것은 프로듀서가 가져야 하는 중요한 소양이다. 사람들은 어떤 것을 강요만 하는 사람을 진심으로 따르지는 않는다. 팀원들이 리더십을 믿고 팀원들 스스로가 따르겠다는 마음이 들 때만 이런 것이 가능해진다. 프로듀서는 팀 구성원들이 어떤 일을 시작하게 만들고(혹은 일을 마무리하게 만들고) 팀원들은 그들의 리더십을 믿고 따라야 한다. 특히 팀 전체가 힘든 시간을 보낼 때 더더욱 이런 것들이 필요하다. 훌륭한 리더로서 프로듀서는 항상 다른 사람들을 도와주려는 마인드를 갖고 있어야 한다. 게임을 만들려면 사람들이 쉽게 감사를 표시하지 못하는 일들도 수행돼야 한다. 화장실 청소에서부터 간식을 주문하고, 모든 사람에게 각자 적합한 마우스와 키보드를 주문해주는 일까지, 이런 수많은 일이 누군가에 의해 수행돼야 하는 것이다. 아무도 이런 일을 나서서 수행하지 않는다면 결국은 프로듀서가 수행하게 되는 경우가 많다.

마지막으로 프로듀서는 경청할 줄 알아야 하며 동시에 결단력도 갖고 있어야 한다. 또한 프로듀서는 개개인이 수용할 수 있는 방법으로 팀에게 '노No'라고 말할 수 있어야 한다. 멋져 보이는 새로운 기능을 도입하고, 오후에 새로 개봉하는 신작 영화를 보러 가고, 혹은 새로운 의자를 구매하는 것처럼 모든 사람이 하고 싶어 하는 일도 있다. 하지만 이런 상황에서 그들에게 여러 번 단호하게 '노'라고 말하면서 팀이 목표에 집중하고 그들의 일을 원활하게 수행하도록 만들 수 있는 사람은 오직 프로듀서뿐이다.

프로젝트 매니저와 제품 매니저

일부 게임 회사에서는 프로듀서 직군을 프로젝트 매니저와 제품 매니저로 구분하기도 한다. 이 둘은 모두 프로듀서 아래의 하위 직군이라고 할 수 있다.

프로젝트 매니저는 배포 전의 게임에 집중한다. 팀의 마일스톤과 스케줄을 관리하며 일을 진행하기 힘들게 만드는 문제를 해결해 팀이 업무에 집중할 수 있게 도와준다. 이들은 다른 사람의 일을 도와주는 사람들이다. 또한 팀의 업무에 방해가 되는 것들을 해결하기도 한다. 때로는 외부의 팀과도 협업을 수행한다.

반면 제품 매니저는 출시된 이후의 게임에 집중한다. 이들은 제품의 마케팅, 사용자 커뮤니티 등을 관리하며 때로는 게임 안의 수익화 모델과 게임 사용 현황 등을 분석한다. 모든 팀에서 라이브 제품 매니저가 필요한 것은 아니지만 온라인 게임의 경우 상대적으로 다른 게임에 비해 제품 매니저의 수가 많은 편이다.

게임 디자이너

게임 디자이너 직군이 지금으로서는 당신에게 가장 친숙한 직군일 것이다. 게임 디자이너는 이 책에서 다룬 모든 내용을 수행하는 사람들이다. 새로운 컨셉을 구상하고, 시스템을 만들고, 부분을 정의하며, 끝도 없이 스프레드시트의 속성 값을 연구하고 채워나가는 사람들인 것이다.

초보 게임 디자이너의 경우 주니어 혹은 보조 디자이너라고 부르기도 한다. 대부분 다른 직군과 마찬가지로 이제 막 시작하는 게임 디자이너의 경우에는 이미 잘 정의돼 있는 작은 영역부터 작업을 수행할 것이다. 신입 디자이너들은 일반적으로 특정 아이템이나 레벨의 세부적인 속성을 결정하거나 이들의 밸런스를 잡는 업무를 수행한다.

다양한 디자인 프로세스를 경험하고 여러 게임을 출시하면서 주니어 디자이너에서 한 사람의 어엿한 디자이너로 성장할 수 있다. 이 정도 경력이 쌓이면 하나의 시스템을 만들거나(예를 들어 전투에서 활을 이용한 서브시스템), 메카닉스를 디자인하거나, 게임 안의 서사와 관련된 텍스트 제작을 담당하기도 한다. 대부분의 게임 디자이너들은 이런 과정을 5년 이상 거친다.

규모가 큰 조직에서 게임 디자이너가 어느 정도 경력이 쌓이면 시니어 게임 디자이너나 리드 게임 디자이너의 역할을 수행한다. 대부분의 회사에서 이 두 직책은 동일하며 리드 게임 디자이너라고 부르는 경우 다른 게임 디자이너와 주니어 게임 디자이너의 관리자 역할까지 수행하는 경우가 많다. 시니어 디자이너와 리드 디자이너는 전체 시스템을 설계하고 코어 시스템을 구축하며 오랜 기간에 걸쳐 수행되는 서사 구조와 월드의 생성 등을 포함하는 게임 디자인의 하이레벨 구조를 전체적으로 조망하고 제어한다.

리드 게임 디자이너는 책임 프로듀서에게 정기적으로 그들의 업무에 대해 보고한다. 이들은 또한 다른 팀의 리더들과 동료 관계를 형성한다. 모든 팀 리더가 협업을 수행하지만 그들은 각자 전문적인 영역을 갖고 있다. 팀이나 스튜디오 레벨에서 크리에이티브 디렉터가 추가되기도 한다. 크리에이티브한 업무를 관장하는 크리에이티브 디렉터가 있는 경우라면 리드 디자이너가 이들에게 업무를 보고하기도 한다. 이를 통해 게임이 전체적으로 일관된 게임 플레이 경험을 제공하게 만들고 이와 관련된 최우선순위의 업무가 진행되게 만들 수 있는 것이다.

UI/UX

게임의 사용자 인터페이스$^{UI, User Interface}$와 사용자 경험$^{UX, User eXperience}$을 만드는 팀 구성원은 팀 안에서도 매우 복합적인 위치를 차지한다. 다수의 UI 디자이너들이 아티스트 출신인데, 그들이 일하는 UI의 영역이 플레이어에게 인터페이스가 어떻게 보일지 고민하는 영역으로 설명되기 때문이다. 이들은 사용자들이 다양한 신호를 어떻게 보고 듣고 느끼는지, 어떻게 클릭과 스와이프를 효과적으로 수행하는 지와 같은 인지 심리학과 연관된 부분도 이해하고 있어야 한다.

UX 디자이너는 사용자 인터페이스와 플레이어 행동 경로의 기능적인 구조에 좀 더 집중한다. 지금까지는 아티스트나 게임 디자이너 출신의 UX 디자이너들이 많았으나 최근에는 사용자 경험과 관련된 전문 교육을 받은 전문가들이 증가하는 추세다.

게임 산업에서도 UI/UX 디자이너가 개발 조직에서 차지하는 위상은 조직에 따라 천차만별이다. 이들이 제품 그룹에 속하는 조직도 있고 아트나 게임 디자인 조직에 속해있는 곳도 있다. 그림 11.1은 이들 조직을 책임 프로듀서 휘하의 게임 디자인 조직과 동일한 위상을 가진 조직으로 보여준다. 이는 하나의 예시일 뿐이며 모든 조직이 이런 구성을 갖고 있는 것은 아니다.

프로그래머

게임 개발 팀에서 기술적인 역할을 수행하는 사람들은 프로그래머, 혹은 소프트웨어 엔지니어로 알려져 있다. 게임 디자인을 실제로 구현하는 사람들이며 주로 컴퓨터 공학이나 프로그램 관련된 분야를 전공한 사람들이 많다. 일부 프로그래머는 게임 디자인을 병행하기도 한다. 하지만 이 두 분야는 완전히 다른 스킬과 사고방식을 요구하므로 동시에 두 가지를 수행하기에는 많은 어려움이 있다. 두 분야 모두에 재능과 경험이 있다고 하더라도 전문적인 커리어를 만들려면 하나의 분야에 집중하는 것이 유리하다.

프로듀서나 게임 디자이너와 마찬가지로 이들 역시 주니어 역할로 커리어를 시작한다. 업계에 입문한 프로그래머들은 주니어 프로그래머, 주니어 소프트웨어 엔지니어 등의 다양한 명칭으로 불린다. 경력이 쌓이면 이들은 매니저나 리드 프로그래머가 되거나 더 전문적인 지식을 보유한 아키텍트가 된다. 리드 프로그래머는 일반적으로 다른 기술직 인력을 관리하는 일을 수행한다. 사실 대다수 프로그래머들이 이런 일을 수행하길 꺼려하지만 이를 통해 전체 프로젝트의 방향과 현황을 더욱 쉽게 파악하는 역량을 키울 수 있다. 소프트웨어 아키텍트는 다른 프로그래머들을 관리하지는 않지만 게임의 기술적인 구조에 중요한 영향을 미친다. 이들은 게임 소프트웨어의 전체 구조를 관리하며 프로그래머들이 사용할 툴을 결정하고 개발 팀의 업무 흐름인 '파이프라인'을 설정한다. 때로는 네이밍 컨벤션을 정의하는 것과 같은 디테일한 작업까지 수행한다. 이들은 팀에 영향을 미칠 수 있는 사항들에 대해 테크니컬 디렉터나 CTO와 함께 논의하고 결정한다.

게임 디자이너와 유사하게 리드 프로그래머나 테크니컬 디렉터 역시 프로젝트의 기술과 관련된 다양한 부분을 관리하고 이슈가 발생하면 책임 프로듀서에게 보고한다. 개발 팀 안에 자체적인 QA 팀을 보유하고 있다면 이들은 테크니컬 디렉터에게 업무와 이슈를 보고한다. 테크니컬 디렉터는 팀의 기술적인 부분에 대한 책임과 관리 권한을 가진 사람이다. 다른 팀의 리더들과 함께 게임 개발이 원활히 진행되게 도와주는 역할을 수행한다.

프로그래머들의 전문적인 영역을 구별하면 다음과 같다.

- **클라이언트:** 그래픽, UI/UX 프로그래밍, 피직스(물리), 애니메이션, 오디오
- **서버:** 게임 시스템 프로그래밍, 게임 엔진, 스크립팅, 네트워킹
- **데이터베이스:** 광범위하게 적용될 수 있는 데이터를 효과적으로 저장하고 검색할 수 있게 하는 기술적인 영역
- **툴:** 분석, 프로파일링, 테스팅, 자동화
- **AI:** 게임에서 효과적인 인공지능을 사용하는 NPC나 적 만들기
- **프로토타이핑:** 신속하게 사용할 수 있는 프로토타입을 지속해서 만들기

그중 대부분 혹은 전체 영역을 아우르는 역량을 갖고 있는 프로그래머들을 풀 스택 프로그래머라고 부르기도 한다. 몇 년 전까지는 풀 스택 LAMP 프로그래머들이 업계

에서 각광을 받았다. LAMP는 Linux, Apache, MySQL, PHP의 머리글자를 합친 단어며 이들이 '스택', 즉 하나로 뭉쳐서 OS에서부터 제품 개발 언어로까지 광범위하게 활용됐던 것이다.

개발 팀의 구성원들은 다양한 툴을 사용해 그들의 업무를 진행한다. 그중 거의 대부분의 툴을 프로그래머들이 사용할 것이다. 프로그래머들은 통합 개발 환경, 소스 혹은 버전 관리 시스템, 이슈와 태스크 추적 시스템, 그래픽 엔진, 데이터베이스 툴, 코드 프로파일러, 파서와 같은 툴을 익숙하게 사용할 수 있어야 한다. 하지만 앞서 살펴본 LAMP의 예처럼 툴이나 언어의 수명은 채 10년을 가지 못하는 경우가 허다하다. 따라서 프로그래머들은 항상 새로운 언어와 툴을 익히고 새로운 방법론을 배워야만 자신의 커리어를 유지할 수 있다.

프로젝트에 따라 근무하는 프로그래머의 수도 천차만별이다. 컨셉을 잡고 프로토타이핑을 주로 수행하는 프로젝트 초기에는 1명 혹은 2명의 프로그래머로도 충분하다. 대규모 프로젝트의 경우에는 각자 전문 영역을 가진 테크니컬 디렉터, 아키텍트, 리드 프로그래머를 비롯한 다양한 프로그래머가 필요하다. 일반적으로 클라이언트 프로그래머들이 대다수를 차지하며 AI와 툴 프로그래머의 수는 그리 많지 않은 편이다.

QA

앞서도 언급한 것처럼 QA^{Quality Assurance}는 여러 스튜디오(혹은 회사)가 공유하는 지원 조직인 경우가 대부분이다. 이들은 프로젝트에서 필요할 때마다 개발 팀 내부에서 업무를 진행한다. QA가 팀에 속해 있다면 QA 리드는 테크니컬 디렉터에게 업무를 보고하는 경우가 일반적이다. 다른 팀 리더들과 함께 책임 프로듀서에게 바로 보고를 하는 경우도 더러 있다.

QA는 게임 디자이너나 프로듀서, 심지어는 프로그래머가 되고자 게임 업계에 진입하는 출발점이 되기도 한다. 이들 업무의 핵심은 게임이 기대한 대로 동작하는지 확인하는 것이며, 이를 통해 궁극적으로 플레이어가 만족할 수 있을지 확신을 심어주는 것이다. QA 팀의 구성원들은 업무 영역에 따라 QA 테스터 혹은 QA 엔지니어로 나뉜다. QA 테스터는 게임을 테스트하는 데 시간의 대부분을 할애한다. QA 엔지니어는 게임이 원하는 대로 동작하는지 검증하기 위한 자동화 테스트를 프로그래밍하는 업무를 수행한다. QA 테스터는 소프트웨어에서 결함을 찾아내는 것이 업무의 핵심이다. 이들의 목표는 게임이 의도했던 경험을 전달하고 경험이 충분히 재미있고 밸런스가 잡혀 있는지 확인하는 것이다.

QA로 일하려면 기술 친화적이며 섬세하고 꼼꼼해야 한다. 이와 동시에 충분한 인내심도 갖고 있어야 한다. 똑같은 부분을 수도 없이 반복해서 테스트해야 하며 문제를 찾아내고 명확하게 문서화해야 한다. 따라서 커뮤니케이션을 원활하게 수행할 수 있어야 한다. 이 직군은 분명 어느 정도의 사교 능력이 필요하다. 디자이너나 프로그래머에게 당신이 작업한 부분에 어떤 문제가 있다는 것을 당사자들이 쉽게 이해하면서도 잊어버리지 않게 커뮤니케이션하는 것은 결코 쉬운 일이 아니다.

아트와 사운드

비주얼 아티스트와 사운드 아티스트는 게임에 활기를 불어넣고 이를 통해 깊은 몰입감을 제공해준다. 플레이어의 상상력을 자극하는 것이 이들이 하는 일이다.

비주얼 아티스트들은 디자인이나 시각 예술과 관련된 학위를 취득한 사람들이 많다. 비주얼 아티스트들은 컨셉 아트, 2D 드로잉, 3D 모델링, 애니메이션, 특수 효과, 테크니컬 아트, 사용자 인터페이스 아트에 이르기까지 다양한 게임 아트 분야에 종사한다. 프로그래밍과 마찬가지로 각각의 분야에 대한 전문적인 지식이 필요하며 여러 분야를 한 번에 섭렵하는 아티스트를 찾아보기 힘들다. 대부분의 아티스트들이 오랫동안 하나의 분야에 머물며 커리어를 이어나간다.

비주얼 아트 팀의 구조도 프로그래밍 팀과 비슷하다. 다른 아티스트들의 업무를 관리하는 리드 아티스트가 존재하며, 아트 디렉터(크리에이티브 디렉터와 테크니컬 디렉터와 비숫한 직급 수준), 직접 다른 아티스트들을 관리하지는 않지만 게임의 스타일과 방향에 대해 고민하는 테크니컬 아티스트(주로 시니어 아티스트가 이 역할을 수행한다)가 있다.

대부분의 팀에서 프로그래머만큼이나 많은 아티스트가 있다. 혹은 프로그래머보다 아티스트들이 더 많은 경우도 더러 있다. 일반적으로 컨셉 아티스트와 테크니컬 아트, 스페셜 이펙트 아티스트는 소수며 대부분의 아티스트들은 모델링, 애니메이션, 모델링에 필요한 텍스처를 생성하고 이를 움직이기 위한 리깅^{rigging}(텍스처 내부의 '뼈대'와 관절을 만드는 작업)을 주로 수행한다. 이런 작업들은 프로듀서가 아웃소싱을 통해 내부 조직의 부담을 덜어주는 경우도 있다.

사운드 역시 비주얼 아트만큼이나 게임의 성공을 위해 필요한 부분이다. 일반적으로 비주얼 아티스트에 비해 소수의 사람들이 이 역할을 수행하며 종종 여러 팀의 작업을 동시에 수행하는 경우도 많다. 이는 게임 사운드 작업의 특성이기도 한데, 상대적으로 비주얼 아트만큼 많은 산출물을 만들어내지 않기 때문이다. 지금까지 게임 개발자들이 사운드와 음악에 그렇게 큰 관심을 기울이지 않았다는 것도 부정할 수 없다. 하지만 최근에는 더 많은 플레이어가 게임 안의 탁월한 사운드와 음악에 귀를 기울이고 있으며, 더 많은 게임이 그들의 음악을 한 편의 사운드트랙으로 독립해서 발매하고 있다. 개발자들 역시 자신의 게임 안에 탁월한 사운드와 음악이 들어갈 경우 가져다주는 긍정적인 효과를 충분히 인지하고 있으며 이 분야에 더 많은 신경을 기울이고 있다. 게임 사운드와 음악을 만드는 일은 높은 기술력과 창조적인 감성이 모두 필요하다.

기타 팀

앞서 살펴본 기능을 수행하는 팀들 외에도 공용 리소스를 제공하거나 개발 팀의 한 부분으로 맡은 바 역할을 수행하는 다양한 팀이 있다. 게임 플레이어 커뮤니티와 소통하는 커뮤니티 관리, 데이터 분석과 BI^{Business Intelligence}, 플레이어의 행동에서 정량적인 정보를 추출하고 향후 개발을 원활하게 하고자 업계의 정보를 확보하는 일 등이 여기에 포함된다. 앞서도 언급했듯이 이런 업무를 수행하는 부서들이 개발 팀에 직접 속해있는 경우는 드물지만 개발을 진행하면서 이들과 수시로 접촉하면서 협업을 진행해야 할 것이다.

누가 언제 필요한가?

당신이 새로운 팀을 꾸린다면 최대한 빠르게 팀을 확장하고 싶을 것이다. 처음에는 소수의 인원만 함께할 수 있으므로 팀에서 필요한 기능이 원활하게 동작하지 않을 수도 있다. 대부분의 팀은 초기에 게임의 방향을 확정할 수 있을 때까지 기민하게 움직일 수 있는 소수의 시니어들로 구성된다. 이들이 게임의 핵심 루프와 전체적인 게임 플레이를 설정하는 것이다. 처음 프로젝트를 시작할 때는 1명의 디자이너, 1명의 프로그래머, 1명의 아티스트와 함께하는 경우도 많다. 이 3명이 밀접하게 일하면서 새로운 아이디어를 빠르게 테스트해볼 수 있을 것이다. 디자인, 프로토타이핑, 테스트를 반복하면서 아이디어를 가다듬거나 폐기하는 과정을 이어나간다. 이 과정은 꽤나 반복적이므로 팀 안의 모든 사람이 이 방식에 동의하고 자발적으로 참여해야 한다. 상당한 양의 작업을 감수해야 하고 결과가 게임에 맞지 않는다면 과감하게 폐기하기도 한다.

빠르게 반복적인 작업을 수행할 수 있다는 것 외에 디자인 팀에서 산출물을 전달하는 과정에서 병목이 생기지 않는다는 것도 이 방식의 장점이다. 게임 디자이너들은 흔히 혼자서 게임의 모든 것을 디자인할 수 있다는 착각에 빠진다. 심지어 단 한 번의 반복이나 수정 없이 모든 것을 디자인할 수 있다고 믿는 경우도 있다. 컨셉을 수정하고, 재미 요소를 찾아내고, 시스템을 만들고, 각각의 부분을 정의하고, 이 모든 과정을 거쳐 하나의 게임을 게임답게 만들려면 수많은 작업과 시간이 필요하다. 개발 초반 다른 동료들이 합류하기 이전에 이런 작업이 완료된다면 당신과 당신이 속해 있는 팀의 후속 작업은 훨씬 쉽게 진행될 것이다. 프로젝트 후반에 게임의 방향이 바뀌면 프로그래머와 아티스트, 프로듀서와 다양한 직군의 사람들이 방향이 다시 정립될 때까지 기다려야 할 것이다. 결국 그들의 아까운 시간들을 허비하게 되는 것이다. 이런 부담과 압박으로 인해 새롭게 정립한 방향과 디자인조차 완벽하지 못한 경우가 발생할 수도 있다.

하나의 시스템으로서의 팀

팀은 하나의 복잡한 시스템처럼 동작한다. 개인들이 하나의 부분으로 다른 개인들과 상호작용을 수행하며 각 부분들이 수행하는 것 이상을 만들어낸다. 회사에서 팀은 계층 구조 적으로 운영된다. 개발 팀과 스튜디오, 회사 전체가 각기 다른 레벨에서 하나의 시스템인 조직을 구성하는 것이다. 게임 같은 복잡한 산업에 이제 막 진입하는 사람들은 이런 사실을 파악하기 힘들다. 시스템 안에 다양한 부분이 존재하고 그 결과 다양한 시각이 존재할 수 있다는 것을 이해하는 대신 하나의 시각으로 관찰하는 것이 훨씬 쉬운 일이다.

몇 해 전에 젊은 개발자들을 대상으로 왜 그들의 프로세스가 존재하는 유일한 개발 방식이 아닌지(그리고 왜 가장 중요한 부분이 아닌지) 설명한 적이 있다. 전체를 명확하게 표현하지는 못했지만 시스템의 계층 구조상에서 다양한 레이어가 존재하고 이를 통해 게임이 만들어진다는 것을 설명했다. 그 내용은 다음과 같았다(온라인 여기저기서 이 문구가 인용됐다).

- 아이디어는 디자인이 아니다.

- 디자인은 프로토타입이 아니다.

- 프로토타입은 프로그램이 아니다.

- 프로그램은 제품이 아니다.

- 제품은 비즈니스가 아니다.

- 비즈니스가 곧 이익을 의미하지는 않는다.

- 이익이 난다고 끝이 아니다.

- 끝이 곧 행복은 아니다.

여기서 핵심은 게임과 제품, 비즈니스를 만들려면 다양한 분야의 스킬이 필요하다는 것이다. 각각의 레벨에는 완전히 다른 새로운 역량이 필요하며 이를 통해 성공을 가져올 수 있다. 계층 구조상의 모든 레벨이 원활하게 동작해야 하며 어떤 부분도 다른 부분에 비해 탁월하거나 가치가 없다고 말할 수 없다.

요약

효과적인 팀의 일원으로 일하는 것은 성공적인 게임 디자이너가 되기 위한 필수 요소다. 실제로 게임 개발을 시작하면 팀의 다른 구성원들이 어떤 스킬을 갖고 어떤 업무를 수행하는지 이해해야 한다. 또한 성공적인 팀은 어떻게 동작하며 이런 조직에 어떻게 효과적으로 기여할 수 있는지 스스로 고민해야 한다. 스튜디오와 다양한 다른 직군에 대해 이해하고 시스템적인 계층 구조 안에서 함께 협업을 진행함으로써 팀에 도움이 되는 방향으로 일을 효과적으로 진행할 수 있을 것이다.

게임 제작 실습

하나의 게임을 만들려면 게임 디자인을 포함하는 다양한 작업이 수행
돼야 한다. 12장에서는 게임 개발을 시작하고 개발을 진행하는 동안
게임 디자이너인 당신과 팀에 현실적으로 필요한 일들을 알아본다.

여기서 다루는 현실적인 요소들은 이 책의 첫 번째 절에서 다룬 기초
와 두 번째 절에서 다룬 원리에 입각한 것들이며, 이를 기반으로 좀
더 현실적인 맥락들이 추가된 것들이다.

시작하기

게임을 만드는 것은 길고 어려우며 복잡한 여정이다. 이 책의 많은 부분에서 게임을 어떻게 디자인할지 알아봤다. 하지만 실제로 게임을 제작한다면 게임을 성공적으로 개발하고자 게임 디자인 영역뿐만 아니라 필요한 다른 일들도 알고 있어야 한다. 12장의 목적은 이런 일들을 간단하게 살펴보는 것이다.

팀의 일원으로 작업을 진행하고 실제로 게임을 만들려면 다음과 같은 항목을 상세히 파악하고 있어야 한다.

- 게임 아이디어를 커뮤니케이션하는 방법

- 반복적으로 프로토타입을 만들고 플레이테스트를 수행하는 방법

- 게임 개발의 다양한 단계를 수행해 나가는 방법

- 게임 제작을 시작하고 마무리하는 방법

피칭 만들기

게임 디자인을 시작하기 전에 가장 먼저 필요한 작업은 다른 사람들에게 어떤 게임을 만들지 설명하고 이들에게 게임이 재미있을 것이라는 믿음을 전하는 것이다. 게임에 대한 아이디어를 다른 사람들과 공유하지 못하면서 게임을 만든다는 것은 터무니없는 일이다. 바로 이것이 피칭이 필요한 이유다.

우선 게임에 대한 피칭이 의미하는 바를 알아보자. 게임 업계에서 '피치 혹은 피칭'이라는 말은 당신의 게임을 다른 사람에게 설명하면서 대중에게 어필할 수 있는 부분과 이 게임을 위한 당신의 열정을 전달해주는 과정을 말한다. 게임을 피칭한다는 것은 곧 게임의 비전을 공유하는 것이다. 혼자서 게임을 만드는 것은 거의 불가능하다. 게임 개발 초기에는 활용할 수 있는 다이어그램이나 문서가 많지 않을 것이다.

따라서 다른 사람들에게 당신이 생각한 아이디어가 가치 있는 것임을 효과적으로 설득할 필요가 있다. 왜 이 게임에 투자해야 하는지, 왜 그들의 시간과 노력, 돈과 재능을 투자해 당신이 생각한 게임을 만들어야 하는지 설득해야 하는 것이다.

피칭 준비

피칭은 상황에 따라 다양한 형태로 전개된다. 어떤 목표를 갖고 있는지, 피칭의 대상이 누구인지, 어떤 상황에서 피칭이 진행되는지에 따라 달라질 수 있다.

목표 인지

피칭을 만들고 준비하는 과정에서 가장 먼저 해야 할 것은 당신이 게임을 통해 이루려고 하는 것이 무엇인지 파악하는 것이다. 모든 피칭은 어떤 의미에서든 설득을 위해 수행된다. 하지만 이런 설득 역시 대상과 목표에 따라 방법이 달라진다. 피칭의 가장 일반적인 목표 중 하나는 외부 투자자나 회사의 경영진을 설득해 투자를 받는 것이다. 게임의 컨셉을 증명하거나 혹은 미디어를 대상으로 한 마케팅의 일환으로, 혹은 팀을 구성하고자 채용하려는 사람들 앞에서 피칭을 수행할 수도 있다. 이렇게 다양한 상황에 맞게 다른 각도에서 게임을 보는 것이 효과적인 피칭을 가능하게 만든다.

전하려는 게임의 컨셉은 피칭에 따라 변하지 않을 것이다. 하지만 피칭의 형태는 변경될 수 있다. 아이디어의 가치를 입증해야 하는 피칭이라면 컨셉 자체에 집중하고 다른 사람들과 함께 이를 살펴보는 방식을 택하는 것이 좋다. 이런 과정에서 이전에는 미처 보지 못했던 게임의 숨겨진 새로운 측면을 찾아낼 수도 있다. 때로 피칭을 듣는 사람들이 게임 월드나 게임의 서사를 바꿀 수 있는 질문을 던지기도 한다. 이들은 당신의 설명을 충분히 이해하고 그 안에서 궁금해 하는 변화가 일어날 경우 어떻게 될지 질문을 던지는 것이다.

미디어를 대상으로 게임에 관한 이야기를 하거나 새로운 팀원을 채용하는 과정은 상대방에게 게임에 대한 상상을 제공한다는 점에서 비슷하다. 이야기를 듣는 상대방에게 실제로 게임이 어떻게 보이는지 설명하는 것이 아니라 최종적으로 게임을 즐길 플레이어들이 이 게임을 어떻게 느끼고 어떤 경험을 하게 되는지에 대해 어필하는 것이 필요하다. 당신의 피칭을 통해 미디어 종사자들은 게임이 얼마나 새롭고 신선하며, 게임 플레이어들이 얼마나 이에 대한 정보를 얻고 싶어 하는지 알게 된다. 누군가를 채용하는 자리라면 당신의 동료가 될 가능성이 있는 사람을 설득해 계약서에 서명하게 만드는 것이 목표일 것이다. 따라서 채용 대상자들이 자신의 시간과 역량을 가장 잘 활용할 수 있는 최고의 프로젝트라는 확신을 가질 수 있게 설득할 수 있어야 한다.

투자를 유치할 목적으로 피칭을 진행한다면 청중이 이해하고 흥미를 느낄 만한 컨셉을 제공해야 한다. 게임 제작에 관해 당신이 가진 가치관과 역량을 잘 보여줘 투자자들이 당신의 프로젝트를 위험한 것으로 간주하지 않게 해야 한다. 또한 이들이 신뢰할 만한 규모의 팀과 스케줄, 예산을 제시해 이들이 투자와 관련된 질문에 집중할 수 있게 해줘야 한다. 피칭에 익숙하지 않은 사람들일수록 자신이 만드는 게임 컨셉과 디테일에 너무 많은 시간을 할애하는 경향이 있다. 투자를 목적으로 하는 피칭에서 이 부분은 핵심적인 맥락이 아니다. 때로는 개발 팀을 어떻게 구성할지, 혹은 투자받은 금액을 어디에 어떻게 사용할지와 같은 세세한 부분에 너무 많은 시간을 쏟기도 한다. 투자를 결정할 수 있을 정도로 충분한 디테일을 제공해야 하지만 그렇다고 너무 많은 정보를 제공하는 것은 너무 적은 정보를 제공하는 것만큼이나 투자 목적의 피칭에는 도움이 되지 않는다. 게임에 대해 어필할 수 있을 정도의 정보를 제공하고, 투자자들은 이를 통해 당신이 어떻게 게임을 만들 수 있을 것인지에 대한 확신을 가질 수 있어야 한다. 또한 당신이 합리적이고 유연하게 일정과 예산 문제를 해결할 수 있으리라는 믿음도 줘야 한다. 너무 많은 이야기를 하게 되면 말 한 마디 한 마디의 무게는 줄어들고 오히려 잠재적인 혼돈의 가능성만 키우게 된다.

피칭의 목적이 무엇이든 간에 다른 사람에게 당신의 게임을 소개하고 설명하는 것은 게임의 컨셉을 검증할 수 있는 좋은 기회다. 사람들은 당신이 소개한 게임에 대해 비평하거나 질문을 던지고, 운이 좋다면 흥미를 갖고 출시에 대한 기대를 키울 것이다. 세심하게 주의를 기울이지 않는다면 사람들이 당신의 게임에 흥미를 갖고 있는지 알 수 없을 것이다. 당신의 게임에 흥미를 보이는 사람들도 "아, 당신이 말하는 게임은 마치 러닝 게임에 퍼즐을 섞은 것 같은 게임이군요"라고 반응하거나, 게임이 이랬으면 좋겠다, 저랬으면 좋겠다는 식으로 나름의 아이디어를 제안하기 일쑤다. 이런 말들이 당신이 만드는 게임을 비판하거나 쓸데없는 장애물을 추가하는 것처럼 들릴 것이다. 하지만 이런 말을 차단하거나 무시하지 않는 것이 중요하다. 이들이 게임에 대해 언급한다는 것은 최소한 마음속에 게임에 대한 그림을 그리고 있다는 것을 의미한다. 그들이 아이디어를 제공하는 것은 게임을 좀 더 나은 것으로 만들어 보려는 의도에서 나온 것이다. 이런 의견을 무시한다면 고정 관념에 갇히는 리스크를 안게 되는 것이다. 다른 사람의 모든 의견을 무조건 수용하라는 의미가 아니다. 당신의 설명에 기반을 두고 그들이 당신의 게임을 어떻게 바라보는지 수용하라는 것이다. 이를 통해 게임의 컨셉과 피칭에서 개선이 필요한 부분을 알 수 있으며 더 나은 의견이 제시된다면 이를 받아들이면 되는 것이다.

청중 이해하기

청중에게 제대로 몰입하려면 당연히 이들을 먼저 이해해야 한다. 이는 곧 피칭을 하기에 앞서 이들에 대한 연구가 필요하다는 것을 의미한다. 투자자나 퍼블리셔를 대상으로 피칭을 진행한다면 그 이전에 이들이 어떤 게임을 대상으로 투자와 퍼블리싱을 진행했는지 미리 살펴볼 필요가 있다. 특정한 미디어를 대상으로 한다면(개인 스트리머든 혹은 주요 미디어든 상관없이) 이들이 주로 다루는 분야가 어떤 것인지 살펴봐야 한다. 즉, 청중이 찾고 바라는 것이 무엇인지를 먼저 파악해야 하는 것이다.

청중의 입장에서 피칭을 먼저 살펴본다면 전달할 메시지를 가다듬고 피칭의 목표를 달성할 가능성을 높일 수 있다. 투자자들은 늘 시장에서 성공할 기회를 엿본다. 게임 퍼블리셔는 그들의 포트폴리오를 강화해줄 게임을 찾는다. 투자자와 퍼블리셔 모두 피칭을 오랫동안 이어질 관계의 시작이라고 생각하며 투자에 대한 기회비용으로 인지한다. 당신이 게임을 완성하고자 10억 원의 투자를 요청한다면 투자자들은 당신의 게임이 투자를 받을 수 있는 최고의 자격을 가진 게임인지 물어보고 그 답을 요구할 것이다. 당신에게 투자했을 때 그로 인해 하지 못하게 되는 일들과 상대적인 가치도 비교해볼 것이다.

미디어 종사자들은 항상 특종을 찾아내고 싶어 한다. 독자들이 좋아하고 궁극적으로는 독자가 주변의 다른 사람들에게도 보기를 권장할 정도의 스토리를 원하는 것이다. 이들은 기본적으로 독자들이 흥미로워하는 것에 관심이 많다. 따라서 미디어 종사자들과 관계를 맺거나 이들을 대상으로 피칭을 한다면 이들 미디어의 독자들이 궁금해 하는 것이 어떤 것인지 살펴볼 필요가 있다.

마지막으로 팀의 구성원을 채용하는 경우 대부분의 채용 대상자들은 다른 곳에서도 일할 기회를 갖고 있을 것이다. 당신은 이들에게 왜 당신의 게임이 그들의 재능과 시간을 투자할 만한 가치가 있는지 확신을 심어줘야 한다.

다른 사람들의 입장에서 생각해보는 것은 결코 쉬운 일이 아니다. 청중의 입장보다는 게임 개발자의 관점에서 게임을 바라보기 쉽다. 피칭을 수행할 땐 청중들이 당신에게 제공할 수 있는 것뿐만 아니라 청중들이 어떤 것을 목표로 하고 있고 어떤 것을 염려하고 있는지 파악할 수 있어야 한다.

자료를 숙지하라

성공적으로 피칭을 수행하려면 게임과 청중을 속속들이 파악하고 있어야 한다. 또한 경쟁 관계의 게임이나 마켓 트렌드, 기술 플랫폼, 기타 잠재적인 리스크도 충분히 설명할 수 있어야 한다.

이런 내용을 쉽고 직설적으로 논의하며, 단어 사용에 주저함이 없고, 긴장하지 않은 상태로 생각의 고리를 유연하게 이어갈 수 있어야 한다. 다만 실제로 알고 있는 것보다 더 많은 것을 알고 있는 척해서는 안 된다.

피칭을 반복해서 연습하는 것 외에는 방법이 없다. 연습에 시간을 투자하지 않고서는 효과적으로 피칭을 준비할 방법이 없다. 여러 번 피칭을 경험한 사람이라고 하더라도 계속해서 연습을 수행해야 한다. 피칭에서 수행되는 공식적인 프레젠테이션도 중요하지만 비공식적인 자리에서 수행되는 피칭 역시 중요하다. 기회만 있다면 언제든지 피칭을 수행할 수 있을 정도로 부단한 연습이 필요하다.

자료를 숙지함으로써 진실 되고 열정적인 전문가로 보일 수 있다. 또한 어느 정도 쉽게 친숙해질 수 있는 사람으로 보임과 동시에 피칭 자체를 당신이 주도하는 게임으로 만들 수 있다. 또 한 번 강조하지만 피칭을 준비하고 연습을 게을리하지 않아야 이를 좀 더 쉽게 달성할 수 있다. 물론 지칠 정도로 과도하게 연습을 할 필요는 없지만 긴장감을 줄이고 준비한 상황에서 벗어나지 않게 만들며 자연스러운 열정이 돋보일 정도의 연습은 반드시 해야 한다.

연습할 때 너무 자료에 얽매이지 않게 유의해야 한다. 바디 랭귀지를 통해 여유 있게 자신을 통제하고 있음을 보여줘야 한다. 꼼지락거리거나 스트레스를 풀고자 하는 반복적인 행동(손을 비비거나, 안경을 올려 쓰거나, 머리카락을 꼬는 것과 같은 행동)을 하지 않아야 한다. 청중들의 눈을 바라보고 미소지어야 한다. 너무 공격적으로 보이지 않으면서도 당신이 하는 말로 청중을 끌어들일 수 있어야 한다. 가까운 주변 사람들을 대상으로 연습해보는 것이 큰 도움이 될 것이다. 그들의 눈동자 색을 알 수 있을 정도로 가까운 거리에서 피칭을 연습하는 것이 유용하다. 연습을 통해 당신의 생각과 달리 얼마나 많은 사람이 당신의 말에 주의를 기울이지 않는지 알게 될 것이다.

모든 피칭에서 어느 정도의 개인적인 관계가 형성된다. 때로는 청중과의 연결을 좀 더 쉽게 도와줄 수 있는 매력적인 관계가 형성되기도 한다. 다음에 어떤 말을 해야 할지 너무 많은 신경을 쓰거나, 신경질적으로 꼼지락거리거나, 혹은 방안의 빈 곳을 응시하고 있다면 청중에게 집중하지 못하고 이들과 소통할 수 있는 최고의 방법을 찾아내지 못한 것이다. 이는 청중들이 보고 듣고자 하는 것에도 영향을 미치게 된다.

피칭의 맥락

피칭은 언제 어디서든 수행될 수 있다. 피칭을 수행하는 경우는 크게 2가지로 분류된다. 첫 번째는 비공식적이며 우연하게 수행되는 피칭으로, '엘리베이터 피칭'이라고도 부른다. 두 번째는 피칭 회의에서 수행되는 공식적인 프레젠테이션이다.

엘리베이터 피칭

사실 '엘리베이터 피칭'이라는 말은 하나의 은유다. 하지만 실제로 엘리베이터에서 이런 일들이 일어나기도 한다. 어떤 콘퍼런스에 참여했다가 엘리베이터에 당신이 만나고 싶은 회사의 중역이나 퍼블리셔를 만날 수도 있다. 이런 상황이라면 상대방은 자리를 피할 수 없는 청중이 된다. 상대방에게 부담을 주거나 고압적으로 보이지 않게 신경 써야 한다. 당신이 대화를 주도할 수 있다면 상대방의 첫 질문은 "어떤 일을 하세요?"가 될 것이다. 이 질문에 어떻게 대답할지가 엘리베이터 피칭의 핵심이다.

물론 이런 피칭이 엘리베이터에서만 일어나는 것은 아니다. 빌딩의 로비에서 혹은 비행기를 기다리다가, 심지어는 마트에서 계산을 기다리다가도 이런 피칭을 할 기회가 생긴다. 어떤 경우라도 피칭을 수행할 만반의 준비가 돼 있어야 하는 것이다.

엘리베이터와 같은 비공식적인 공간에서 당신이 어떤 일을 수행하는지 자세히 설명하는 것은 거의 불가능에 가깝다. 이런 공간에서 준비한 발표 자료를 꺼내 피칭을 수행한다는 것은 말도 안 되는 이야기다. 간단하게 당신이 어떤 사람이고, 무슨 일을 하며, 어떤 것을 목표로 하고 있는지 정도의 이야기를 하면 된다. 이런 이야기들이 공격적으로 보이거나 관심을 구걸하는 것처럼 보이는 것이 아니라 상대방의 흥미를 자극할 수 있는 방법으로 이뤄져야 한다. "안녕하세요, 전 <회사명>에서 일하는 <이름>입니다. <한 문장으로 설명한 프로젝트>에서 일하고 있고 <목표>에 관심이 많습니다." 이 정도면 공격적으로 보이지 않으면서도 충분한 정보를 전달한 것이다. 이 말에 상대방이 얼마나 흥미를 보이느냐에 따라 또 다른 주제를 선택해 이야기를 이어가면 된다. 하지만 그렇지 못한 경우라도 최소한 엘리베이터 피칭을 한 번 연습한 것이라고 생각하면 그만이다(누가 아는가, 이야기를 들은 상대방이 다른 곳에 가서 이를 언급할 수도 있다). 상대방이 흥미를 보이는데, 시간이 없다면 "여기 제 명함을 드리겠습니다. 추후에 이야기를 더 할 수 있는 기회가 있다면 좋겠습니다."라고 말하거나 좀 더 적극적인 관심을 보인다면 "제 명함입니다. 다음 주 쯤에 더 자세히 논의할 수 있는 시간을 잡아 보시죠."라고 할 수 있을 것이다.

이 정도면 완벽한 마무리다. 상대방이 특별한 요청을 하지 않는 이상 더 자세한 이야기를 하려는 유혹에서 벗어나야 한다. 여기서 더 나아간다면 오히려 호감을 잃을 수도 있다. 더 나아가 다음 회의를 잡을 수 있는 기회까지 날려버릴 수도 있다.

피칭 회의

엘리베이터 피칭과 정반대의 특징을 갖고 있는 것이 공식적인 피칭 회의라고 할 수 있다. 보통 당신이 일하고 있는 회사나 투자자 혹은 퍼블리셔의 사무실에서 수행되며 스튜디오의 크리에이티브 디렉터나 상급 관리자가 게임 디자이너인 당신을 초대해 새로운 게임에 대한 피칭을 부탁하기도 한다. 이런 종류의 피칭은 30분 혹은 1시간 정도 수행되며 질문과 답변 시간이 포함된다. 프레젠테이션에 소요되는 시간을 잘 조정해야 하며(연습이 필요하다!) 반드시 마지막에는 5분 내지 10분 정도의 질문과 답변 시간을 준비해야 한다.

피칭 프레젠테이션은 슬라이드나 비디오, 때로는 데모를 통해 수행된다. 준비한 방법 외에 백업 파일을 저장한 휴대용 드라이브와 같이 보조적인 수단을 항상 준비하는 것이 좋다. 만일의 경우 다른 컴퓨터를 사용하거나 최악의 경우에는 문서를 프린트해서 나눠줄 수도 있기 때문이다.

발표를 진행하는 동안 페이스 조절에 유의해야 한다. 너무 빠르게 프레젠테이션을 수행하면 청중들의 집중력이 떨어질 것이다. 반면 너무 느리게 진행한다면 지겹다고 생각할 것이다. 청중들의 눈을 주시하면서 그들이 당신의 발표에 집중하고 있는지 파악하는 것이 중요하다. 명쾌하고 주저 없이 발표를 이어가는 것 역시 두말할 필요 없이 중요하다. 다시 한 번 강조하지만 연습 외에는 방법이 없다.

발표를 진행하는 도중에 혹은 그 이후에 질문을 받게 되면 간결하면서도 최대한 충분히 답변을 해줘야 한다. 운이 좋다면 프레젠테이션 도중 받게 된 질문을 통해 당신이 전달하려 했던 부분을 더욱 부각시킬 수도 있다. 질문을 던지는 사람이 있다는 것은 최소한 그 사람은 당신의 발표에 집중하고 있으며 당신의 발표에 따라 프레젠테이션과 게임에 대한 멘탈 모델을 만들고 있다는 것을 의미한다. 이런 경우 질문에 간단하게 답변하고 이후에 충분한 설명을 더 할 것임을 확실하게 이야기해줘야 한다(또한 반드시 그렇게 해야 한다!). 따로 요청을 받지 않는 이상 기술적인 부분을 너무 세세하게 이야기할 필요는 없다. 너무 갑자기 주제를 바꿔서도 안 된다. 질문에 대한 답을 하기 전에 잠깐 시간을 가지면서 어떻게 답을 할지 생각해보는 것이 좋다. 침묵을 피하고자 어정쩡한 답변을 내놓는 것보다는 훨씬 나은 방법이다. 때로는 '질문 안의 질문'을 받을 수도 있다. 즉, 질문을 통해 실제로 알고 싶은 것이 따로 있는 경우다. 당신이 설명하고 있는 게임과 비슷한 게임에 대해 질문을 던진다면 정말 경쟁작에 대해 알고 싶은 것일까?, 아니면 당신이 제안한 컨셉 모델의 가치를 증명하기를 바라는 것일까? 팀의 구성원들에 대해 질문한다면 잠재적인 비용 이슈를 염두에 둔 질문일까?, 아니면 게임 개발에 필요한 당신의 경험과 역량을 파악하기 위한 질문일까? 일단 표면적으로 던져진 질문에 답한 다음 가능하다면 숨겨진 의도를 파악하고 그에 맞는 대답을 할 수 있도록 노력해야 한다.

때로는 전혀 뜻밖의 질문을 받아 당황하는 경우도 있을 것이다. 이런 경우 "잘 모르겠습니다."라고 답하는 것을 두려워해서는 안 된다. "잘 모르겠습니다. 하지만 좀 더 알아보고 답변 드리겠습니다."라고 말하는 것도 좋은 방법이다. 어느 쪽이든 아는 척 하는 답변을 통해 지금까지 쌓아온 성과를 무너뜨리는 것보다는 낫다. 가식적인 답변은 당신과 당신이 하는 말에 대한 신뢰를 떨어뜨릴 뿐이다. 때로는 역으로 청중들에게 그들의 생각이 어떤지, 지금까지의 경험은 어떠했는지, 어떤 것을 추천해줄 수 있는지 등을 물어보는 것도 효과적이다. 이런 질문을 통해 새로운 정보에 대해 항상 열린 자세로 접근한다는 인상을 심어줘야 한다. 프레젠테이션을 연습한다면 예상되는 질문과 답변을 주고받는 과정도 함께 연습해야 한다. 프레젠테이션의 끝에 예상되는 질문과 답을 미리 선정해서 청중들의 이해를 돕는 방법도 있다. 이를 통해 당신이 다양한 상황을 가정하고 대비하는 사람이라는 긍정적인 인상을 심어줄 수 있다.

프레젠테이션의 끝에 아무도 질문을 하지 않는다면 이는 결코 좋은 신호가 아니다. 당신이 말했던 것들이 어떤 임팩트도 주지 못했고 청중들이 흥미를 가질 만한 것을 제공해주지 못했다는 것을 입증하는 것이기 때문이다. 당신이 발표한 컨셉과 프레젠테이션에 압도되고 경외감에 휩싸여 비판적인 질문을 던지지 못하는 상태라고 생각할 수도 있지만 그런 경우는 극히 드물다. 실제로는 당신이 설명한 게임에 대해 제대로 된 멘탈 모델을 수립하지 못한 상태여서 질문을 통해 채워넣어야 할 빈 공간조차 없는 상태일 수도 있다. 이와 반대로 수많은 질문과 의견이 오가면서 다른 관점을 이해하고 그 과정에서 여러 번 논의가 이어진다면 상대방이 당신의 제안에 몰입하고 있으며 최소한 당신이 말한 내용을 일부라도 충분히 인식하고 있다는 것을 보여주는 것이다.

피칭의 내용

공식적이든 혹은 비공식적이든 대부분의 피칭은 거의 비슷하게 시작한다. 그 이후는 완전히 다른 2가지 형태의 피칭으로 구분된다. 자신과 팀의 구성원들을 빠르게 소개하고 싶을 수도 있다. 물론 청중들이 관심을 갖는 핵심이 아니므로 이 부분은 빠르게 진행될수록 좋다. 그와 동시에 당신은 당신이 말하는 내용을 충분히 잘 알고 있고, 믿을 만한 사람이라는 것을 증명하고 싶을 것이다. 특히 공식적인 프레젠테이션에서는 짧고 빠르게 당신이 앞서 한 일들을 소개함으로써 현재 하고 있는 일을 잘 수행하고 마무리할 수 있는 사람이라는 신뢰를 줄 수 있어야 한다. 간략한 자신의 소개를 통해 우호적이고 개방적인 사람으로 자리매김할 수 있으며 청중들 또한 당신이 전하는 메시지를 좀 더 신뢰하고 안정적으로 받아들이게 된다.

자기 소개가 마무리되면 게임의 컨셉을 소개하면서 프레젠테이션이 시작된다. 6장에서도 언급했듯이 게임 컨셉을 잘 표현할 수 있는 간결한 문장을 미리 준비하는 것이 좋다. 컨셉 문서를 만들고 이에 대한 논의를 거치면서 피칭에도 활용할 수 있는 문장을 만들 수 있을 것이다. 컨셉을 보여주는 문장은 사용하는 단어에도 세심한 주의를 기울여 명확하게 다듬어야 한다. 게임이 독창적이라는 것을 보여줘야 하며 최소한 신선한 느낌을 줘서 사람들의 흥미를 유발할 수 있어야 한다. 가능하다면 플레이어에게 어떤 종류의 경험을 전달할 수 있는지도 설명한다. 컨셉을 표현하는 문장에 콤마가 들어간다면 이미 문장이 너무 긴 것이다. 트위터에 당신의 게임을 소개한다고 가정해야 한다. 140자를 넘어갈 정도의 긴 문장이 돼서는 안 된다.

컨셉을 표현하는 문장의 예는 다음과 같다.

- "<게임 이름>은 <액티비티(행동)>에 관한 것이며 <이런 이유들로 신선하게 다가갈 수 있다>."

- "<게임 이름>에서 당신은 <이런 상황>에서 <이런 도전에 직면하며>, <이런 느낌/경험을 전달받게 된다>."

- "<게임 이름>은 <영화 X>와 <책 Y>가 결합한 것과 같다."

- "<게임 이름>은 <Z>라는 세계에서 <영화 X>와 <TV 드라마 Y>가 만난 것과 같다."

컨셉 문장은 짧고 간결하면서도 게임 전체를 설명할 수 있어야 한다. 사람들이 한 번 듣고 나서 다시 물어볼 필요 없이, 그리고 쉽게 기억할 정도로 짧아야 한다. 동시에 게임이 무엇에 관한 것인지, 어떤 면에서 다른 게임과 차별되는지 명확하게 전달해야 한다. 최대한 짧으면서도 기억하기 쉬운 문장을 만드는 일 자체가 놀라울 정도로 어렵다.

컨셉 문장을 만드는 일도 쉽지 않지만 이를 가다듬고 다른 사람에게 발표하는 연습에도 많은 시간을 할애해야 한다. 당신에게는 충분히 간단하고 이해하기 쉬웠던 말이 다른 사람에게는 그렇지 못한 경우가 흔하다. 이 과정을 수없이 반복해가면서 단어를 하나하나 수정해야 한다. 이 문장을 사용하는 연습을 계속 반복해 머릿속에 문장을 각인해야 한다. 엘리베이터에서 평소에 만나고 싶어 하던 누군가를 우연히 만났을 때도, 회의장이나 연단에서 밝은 조명에 눈이 시릴 때도 이 문장이 자연스럽게 나와야 하는 것이다.

우연히 얻은 기회나 짧은 회의에서 피칭을 수행한다면 자신을 소개하고 컨셉 문장을 말하는 것만으로 당신에게 주어진 시간을 모두 사용해버릴 수 있다. 너무 과하게 열정적으로 보일 필요는 없다. 당신이 하는 일을 사랑하고 열정적으로 수행하고 있다는 것만 보여주면 된다. 보통 이런 경우는 이 장의 뒷부분에서도 살펴볼 '콜 투 액션^{call to action}'이라고 부르는 것으로 상황이 마무리된다. 공식적인 피칭을 수행하는 자리에서 좀 더 상세한 내용을 소개할 기회가 생긴다면 컨셉 문장을 좀 더 확장하고 늘려서 소개할 필요가 있다. 게임 장르나 타깃 사용자, 고유한 셀링 포인트 등 컨셉 문장에서 찾아낼 수 있는 정보들(6장 참고)이 여기 포함된다.

빙산 기법을 따르자

컨셉 문장을 발표하고 그 이후 컨셉 문서에 포함돼 있는 추가적인 정보를 전달할 때, 피칭의 나머지 부분을 진행할 때도 6장에서 살펴본 '빙산' 기법을 따르는 것이 필요하다. 필요하다고 생각되는 모든 정보를 하나하나 풀어내려 하면 안 된다. 청중들에게 너무 과도한 디테일을 전달해서는 안 되는 것이다. 컨셉과 디자인을 빙산이라고 생각하고 가장 꼭대기의 부분을 풀어내는 것부터 시작한다. 청중들이 천천히 게임에 대해 멘탈 모델을 만들고 필요한 만큼 정보를 더 수집하게 만들어야 한다. 언제 어느 부분에서라도 그들이 궁금한 부분을 더 깊이 파고 들어왔을 때 그에 상응하는 수준의 답을 해줄 수 있게 준비해야 한다.

공식적인 피칭을 수행한다면 어느 정도 정형화된 형태의 프레젠테이션 슬라이드를 사용할 가능성이 높다. 슬라이드에 기재되는 내용은 명확하고 이해하기 쉬워야 하며 텍스트를 최소화한다. 이미지로만 구성된 슬라이드가 좀 더 쉽게 이해될 수 있다. 슬라이드의 텍스트를 읽으려고 애쓰는 것보다 당신이 하는 말에 더 귀 기울일 테니

말이다. 대신 이미지로만 구성된 슬라이드로 프레젠테이션을 하려면 더 많은 연습 시간이 필요할 것이다. 시각적으로 '텍스트의 벽'처럼 보이는 것만은 피해야 한다. 3개 혹은 5개 정도의 불릿 포인트를 넘어가면 너무 텍스트가 많은 것이다. 프레젠테이션 분량도 10장을 넘지 말아야 한다. 필요한 모든 커뮤니케이션을 소화하면서도 슬라이드의 분량은 적을수록 좋다. 너무 많은 분량을 준비하면 억지로 이를 줄여야 하는 경우도 발생한다. 앞서 언급한 것처럼 주요한 발표 내용이 포함된 프레젠테이션에 첨부 자료를 덧붙여서 필요하다면 이를 찾아보게 하는 것도 효과적이다.

게임의 컨셉을 간단하게 소개하고 당신의 팀에 대해 추가적인 정보를 제공했다면 이제는 게임 플레이에 대한 아웃라인을 제공해야 할 시기다. 예제를 활용하는 것도 좋다. 시각적인 요소를 통해 핵심 루프를 보여주는 것이 효과적이다. 명확하게 이 작업을 진행할 수 없다면 아직 피칭을 진행할 만한 단계가 되지 않은 것이다. 게임의 아트 스타일을 보여주는 이미지와 함께 게임 월드에 대한 간단한 정보를 제공한다. 팀에서 만들었던 초기 컨셉을 보여주는 이미지, 컨셉을 잡고자 참조한 다른 소스의 이미지들을 포함한다면 금상첨화일 것이다.

청중들이 슬라이드를 통해 전문적이라는 느낌을 받는지, 슬라이드에 대해 만족하는지 궁금할 것이다. 이런 만족감을 제공하려면 제일 먼저 슬라이드에 오탈자나 포맷에 맞지 않는 부분, 튀는 부분이나 눈에 띄는 오류들이 없어야 한다. 1 ~ 2개 정도의 글꼴만 사용하고 명확하고 전문적인 느낌을 주는 그래픽을 사용한다. 핵심 루프를 보여주는 다이어그램과 같이 중요한 이미지는 간단하고 빠르게 만든 것처럼 보이는 것보다 좀 더 전문적인 그래픽 프로그램을 활용해 공을 들여 만들어야 한다. 사람들이 인지하지 못하고 넘어갈 것이라 생각하는 작은 실수와 오류들이 결국은 청중들의 시선을 끌게 되고 이로 인해 프레젠테이션이 주는 효과가 감소될 수 있다.

게임의 컨셉과 게임 플레이, 아트 스타일에 더해 청중들에게 당신과 당신이 만드는 게임 자체에 대한 신뢰를 심어줄 수 있어야 한다. 이를 위해 다음과 같은 옵션들을 정리해 피칭에 포함시킬 수 있다.

1. 가장 최근에 출시된 레퍼런스 게임의 실적을 포함해 예상되는 세일즈와 마케팅 지표를 포함한다. 사실 이것만으로는 투자자나 퍼블리셔, 미디어에게 실제로 게임이 출시됐을 때의 지표를 확신하게 할 수는 없다.

2. 이미 완성됐거나 가장 최근에 완성된 제품들. 아직 판매 중이지 않은 것들도 상관없다. 이들의 마케팅과 세일즈 포인트를 포함시킨다.

3. 잘 정돈된 아트와 유저 인터페이스가 포함된 게임의 데모. 데모 비디오를 활용해 프레젠테이션을 시작할 수도 있고, 현장에서 라이브 데모를 보여줄 수도 있다.

4. 핵심적인 게임 플레이를 부각시킬 수 있는 프로토타입

5. 게임이 완성됐을 때 어떤 모습일지 보여주는 비디오 트레일러. 데모나 프로토타입, 비디오 클립 등에는 반드시 사운드가 포함돼야 한다. 조지 루카스가 말한 "사운드가 영화의 절반이다."(Fantel 1992)라는 말을 반드시 기억해야 한다.

6. 최소한 정적인 목업 몇 가지라도 피칭을 위해 준비해야 한다.

비공식적이거나 빠르게 진행돼야 하는 피칭에서도 게임이 어떤 모습으로 동작할지 애매모호한 말로만 설명하는 것을 피해야 한다. 좋은 인상을 주려고 불필요한 말을 하는 것처럼 보일 수 있으며, 이는 피칭을 진행하면서 하지 말아야 할 행동 중의 하나다. 이미지는 거의 없는 상태로 텍스트로만 빽빽하게 공간을 채우고 슬라이드를 엉성하게 구성하는 것이 가장 최악의 경우라고 할 수 있다.

프레젠테이션을 진행하면서 리스크로 인식되는 것을 줄이고 스스로 동기 부여되면서 게임에 대한 믿음이 생겨나야 한다. 퍼블리셔들은 위험한 아이디어에 투자하지 않을 것이고 미디어는 발매될 가능성이 낮은 게임을 다루지 않을 것이며, 구직자들은 실패할 것으로 보이는 프로젝트에 참여하지 않을 것이다.

확신을 가지되 공격적이어서는 안 된다. 질문을 한 사람을 몰아붙여서는 안 된다. 주어진 질문에 최선의 답을 해줘야 한다. 이것 역시 연습을 통해 나아질 수 있다. 어떤 질문의 답을 알지 못하더라도 아는 바가 없다는 것보다는 더 나은 답을 줄 수 있어

야 한다. 신경질적이거나 자신이 없는 것처럼 보여서도 안 된다. 또한 절대 이에 대해 사과를 하거나 농담을 던져서도 안 된다. 프레젠테이션을 진행하면서 수십 번 했던 연습을 떠올려야 한다. 언제나 전문가다운 자세를 잃지 말아야 한다. 사람들에게 친근감을 줘야 하지만 그렇다고 피칭을 수행하는 자리가 친구를 만드는 자리가 아님도 알아야 한다. 항상 목표에 집중해야 한다. 방안의 사람들이 모두 당신에게 친근감을 느끼고 있다고 생각해서도 안 되지만 그렇다고 너무 딱딱한 자세를 유지할 필요도 없다(쉽지 않은가?).

콜 투 액션과 후속 작업

하나의 문장이나 한 시간이 걸린 프레젠테이션이든 상관없이 모든 피칭이 종료되면 특정한 행동을 유도하는 '콜 투 액션'을 취해야 한다. 이 단어는 다른 사람이 수행하길 바라는 일이 촉발되게 유도하는 것을 말한다. 물론 당신 역시 피칭의 결과로 당신이 바라는 행동이 일어나기를 바라고 있을 것이다. 피칭의 목적을 다시 상기해보자. 이 피칭을 통해 얻고자 하는 것이 무엇인가? 단순히 명함을 교환하고 다음 회의 일정을 잡는 것인가? 아니면 공식적인 피칭을 수행해 수십억 원의 투자를 받는 것인가? 당신이 원하는 것이 무엇인지 정확하게 말할 수 있어야 한다. 속담에서도 말하듯이 "구하지 않으면 얻지도 못한다." 청중이 줄 수 있는 것 이상을 기대해서도 안 되고 청중들이 필요한 것을 명확하게 파악할 수 있어야 한다. 이런 것들이 가능해야 후속 작업을 위한 회의를 잡을 수 있을 것이다.

피칭 이후 단계

피칭이 완료되면 후속 작업을 시작해야 한다. 참가한 사람들에게 간단한 메일을 보내 감사의 표시를 하는 것이 좋다. 프레젠테이션이 진행되는 동안 바로 답변할 수 없는 질문을 받았다면 충분한 답변을 작성해 자연스럽게 다음 단계로 이어지는 수단으로 활용하는 것도 좋다.

피칭이 성공적으로 마무리됐다면 자축하는 시간을 가져도 좋다. 게임 개발의 큰 장애물을 하나 극복한 것이며 이제 본격적으로 게임 개발이 시작될 것이기 때문이다. 하지만 대부분의 피칭은 실패로 막을 내릴 것이다. 피칭이란 원래 그런 것이다. 긍정적인 결과가 나오지 않는 경우도 대비해야 하며 다시 일상으로 돌아와 또 다른 피칭을 준비해야 한다. 인내와 끈기야 말로 피칭을 수행하고 게임을 개발하는 데 있어 가장 필요한 덕목인 것이다.

회의가 잘 끝나지 않았다면 예상에서 벗어난 질문과 반응이 어떤 것이었는지 살펴봐야 한다. 게임이나 마켓, 당신과 팀이 생각하고 기대했던 것과 다른 반응이 있었는지 확인한다. 이런 의견에 동의하기 쉽지 않겠지만 열린 마음으로 이런 의견들을 살펴봄으로써 교훈을 얻을 수 있을 것이다.

당신이 원하지 않는 결과를 얻게 되는 피칭이 결코 즐거울 리 없지만 오히려 빠르게 '아니다'라는 답변을 받는 것이 도움이 될 수도 있다. 빠르게 방향을 전환하고 변경이 필요한 것을 조정하며 이를 통해 앞으로 전진할 수 있다는 것을 의미하기 때문이다. 퍼블리셔, 경영진, 투자자, 기자, 잠재적으로 팀의 구성원이 될 수 있는 사람들로부터 수많은 피드백을 받겠지만 긍정적인 피드백은 드물 것이다. 대개의 경우 이들로부터 부정적인 의견을 받을 수밖에 없다. 경우에 따라서는 퍼블리셔나 투자자들이 긍정적인 답변을 주지는 않으면서 그렇다고 '노'라는 답을 하지 않는 경우도 있다. 이런 경우 그들은 가능한 여러 가지 가능성을 유지하고 싶은 것이다. 퍼블리셔나 투자자들이 질문에 대한 답으로 '예'나 '아니오'라고 확답을 주지는 않았지만 피칭에 어느 정도 만족하면서 어떤 결론도 내리지 않은 상태로 당신의 게임을 논의하는 상황일 것이다. 사실 이런 상황은 더 나은 기회를 찾지 못하게 만드는 것이다. 심지어 소규모 게임 개발사의 경우라면 회사 전체를 위험하게 만들 수도 있다. 따라서 퍼블리셔나 투자자에게 피칭을 하는 경우 이들이 빠르게 결정을 내리거나 더 나은 개선 방법을 찾을 수 있게 압박(물론 전문적이고 정중한 방법으로)을 하는 것도 필요하다. 이들이 빠르게 '아니다'라는 답변을 줬을 때도 이에 감사해야 한다.

피칭의 결과와 상관없이 그 결과를 팀과 공유해야 한다. 혼자서 피칭을 진행했다면 생각을 정리할 시간이 필요할 것이다. 회의가 있었던 빌딩에서 벗어나거나(엘리베이터나 로비가 아니라, 완전히 건물을 벗어나서 당신의 차나 회사로 돌아온 다음), 아직 모든 것이 선명한 상태에서 회의 내용을 복기할 필요가 있다. 무엇이 잘 됐고 무엇은 잘 수행되지 않았는지, 당신이 발표했던 내용을 비판적으로 분석해봐야 한다. 이번 회의에서 배운 내용을 바탕으로 다음에는 어떤 것을 더 할 수 있고, 어떻게 피칭을 더 개선할 수 있는지 살펴봐야 한다. 또 다른 피칭을 준비해야 할 가능성은 늘 존재하기 때문이다.

게임 만들기

지금까지 게임 제작에 앞서 수행되는 피칭을 살펴봤다. 이제 본격적으로 게임을 만들어 볼 시간이다. 이 과정은 복잡하고 반복적이지만 절대 같은 과정이 두 번 반복되지는 않는다.

디자인, 제작, 테스팅

게임을 디자인하고, 제작하며, 테스팅하는 과정은 게임을 개발하는 내내 수없이 반복해야 하는 과정이다. 이 과정들이 루프를 만들어내며 각각의 과정이 그다음 과정을 이끌어낸다. 모든 과정이 선형적으로 이어지는 것은 아니다. 하나의 과정이 수행되는 동안 이전 혹은 이후의 과정이 동시에 수행되기도 한다. 게임 컨셉을 잡는 작업을 시작하면 레퍼런스 아트나 컨셉 아트를 만드는 작업도 함께 시작된다. 게임의 핵심 루프를 고안하는 단계에서는 이를 만들고 테스트하는 과정이 수반되며 이를 디자인하는 작업도 지속돼야 한다.

초기에는 당신과 팀 모두 어떤 작업보다 디자인에 공을 들여야 할 것이다. 그런 다음 디자인이 좀 더 구체적이고 명확해진다면 이 디자인을 구현하는 데 몰입해야 한다. 마지막으로 게임의 영역이 정해지고 변경되는 부분이 적어진다면 개발이 원활하게 진행될 수 있다. 이 마지막 과정에서는 테스트를 수행하고 발견된 버그를 수정하는 작업에 대부분의 리소스가 할애될 것이다. 정확하게 3단계로 구별되는 것이 아님을 명심해야 한다. 앞에서도 살펴봤듯이 디자인을 시작할 때부터 이를 구현하고 테스팅하는 작업이 병행돼야 한다. 디자인을 구현하면서 디자인을 동시에 변경하는 경우도 비일비재하다. 이 과정을 거치면서 디자인의 디테일과 밸런스를 잡아가게 된다. 개발을 진행하는 내내 테스팅이 진행돼야 하며 이 과정이 뒤로 미뤄져서는 안 된다.

빠르게 재미 요소 찾아보기

게임 디자인 과정에서 가장 중요한 목적은 게임의 성공 가능성을 가늠해 보고자 게임의 주요 컨셉을 테스트해보는 것이다. 이 과정을 '빠르게 재미 요소 찾아보기'로 부르기도 한다. 이 과정 역시 뒤로 미뤄서는 안 되는 과정 중의 하나다. 이 과정이 개발 과정의 앞 단에서 빠르게 수행되지 않는다면 소중한 시간과 리소스를 낭비하게 된다. 때로는 그럴듯해 보이는 아이디어들이 하나로 잘 합쳐지지 않을 때도 있다. 아이디어를 구현하는 과정에서 기술적인 이슈가 발생하거나 기대했던 것보다 상호작용이 원활하지 않을 수도 있다. 혹은 게임 플레이와 관련된 근본적인 이슈들이 발견되기도 한다. 이런 경우들 역시 최대한 빠르게 발견돼야 한다. 반대로 이런 과정을 거쳐 게임이 재미있다는 사실을 알게 된다면 이후 게임 개발 과정에서 더 자신감을 가질 수 있을 것이다.

게임에서 동작하는 상호작용 루프를 제대로 이해할 수 있어야 게임의 재미 요소를 사전에 발견할 수 있다. 실제로 게임이 출시될 때 적용될 이미지가 없다거나 충분한 게임 플레이를 진행해보지 못했다는 것은 큰 문제가 되지 않는다. 플레이어와 게임 사이에 적용되는 루프와 실제로 이 사이에서 발생하는 상호작용을 최대한 이해할 수 있으면 그만이다. 이 과정이 향후 게임 컨셉을 지속해서 개발하는 데 필요한 첫 번째 마일스톤이 된다. 게임을 만들면서 가장 먼저 해야 될 일이 맵 에디터를 만들거나, 게임의 아이콘을 결정하거나, 메인 캐릭터의 배경 스토리를 쓰는 것이 아니다. 이 과정들이 중요하지 않은 것은 아니지만 그렇다고 가장 먼저 해야 할 일은 아니다.

상호작용 루프를 분석한 다음 몰입할 수 있고 재미있는 부분이 있다는 것을 알기 전까지는 제대로 된 게임을 만들고 있는 것이 아니다. 게임이라고 부를 수도 없는 것을 대상으로 너무 많은 작업을 수행하는 것은 상식적이지 않다.

효과적인 게임 프로토타이핑

디자인-제작-테스트 루프의 핵심은 신속하게 프로토타입을 만드는 것이다. 빠르게 이 과정을 수행할수록 재미 요소 역시 빠르게 찾아낼 수 있다. 게임 개발이 진행되는 도중에도 프로토타입을 활용해 게임의 좀 더 다양한 측면을 테스트해볼 수도 있다.

게임 개발에서 사용하는 '프로토타입'이라는 단어는 매우 광범위하게 활용되지만 그만큼 의미가 명확하지는 않다. 개인적인 경험을 기반으로 프로토타입을 좀 더 구체적으로 정의하자면 '하나 이상의 상호작용 루프가 존재하는 동작하는 게임의 일부'라고 할 수 있을 것 같다. 상호작용과 관계가 없는 것은 프로토타입이라고 보기 어렵다. 이런 것은 오히려 목업(움직인다고는 해도)에 가깝다. 또한 게임 플레이를 보여주는 비디오(라이브 영상이든 혹은 사전에 녹화된 것이든) 역시 프로토타입이라고 보기 힘들다. 동작하는 시뮬레이션이라고 해도 그 안에 상호작용이 존재하지 않는다면 마찬가지로 프로토타입이라고 볼 수 없다(이를 위해 특별히 설계된 테크니컬 테스트를 수행할 수는 있다). 누군가 플레이할 수 없다면 이를 게임 프로토타입으로 볼 수 없다는 것이 핵심이다.

게임 프로토타입에 반드시 상호작용이 포함돼야 하는 이유는 그렇지 않다면 실제로 게임을 테스트하거나 게임을 완성하는 데 전혀 도움이 되지 않기 때문이다. 물론 상호작용이 포함되지 않은 프로그램도 알고리듬 테스트를 수행하거나 시뮬레이션을 수행할 수 있다. 하지만 이 과정이 게임 자체를 만들거나 테스트하는 것은 아니다. 게임을 만들면서 때로는 게임과 관련되지 않은 영역의 일을 수행해야 하는 경우도 흔하다. 게임 개발을 계속 진행하면서도 게임 디자인에 대한 확신을 유지하려면 각 단계에서 수행되는 상호작용을 검증할 수 있는 프로토타입이 존재해야 하며 이를 통해 게임이 점점 출시할 수 있는 수준에 다가간다는 느낌을 가질 수 있을 것이다.

아날로그와 디지털 프로토타입

프로토타입은 다양한 형태로 제작할 수 있다. 보드 게임의 프로토타입은 대부분 종이로 만들어진다. 디지털 게임의 경우도 초기에는 종이, 주사위, 화이트보드 등 물리적인 소재를 활용해 프로토타입을 만들었다. 초기 디지털 게임의 경우에는 이 정도로도 하나의 상호작용 루프를 충분히 포함할 수 있었다. 프로토타입이 아날로그 혹은 디지털 형태이던지 상관없이 플레이어가 의도를 갖고 게임 안에서 액션을 수행하면서 게임 내부 모델을 체험하고, 게임은 다시 플레이어에게 피드백을 제공하는 형태의 상호작용이 반드시 포함돼야 한다.

프로토타입을 통해 아이디어가 실현되고 테스트할 수 있어야 한다. 즉, 당신의 아이디어가 실제로도 몰입할 수 있는 게임이 될 수 있는지 확인해야 하는 것이다. 디지털 게임의 개발 초기 프로토타입은 핵심 루프에 초점을 맞춰 이를 테스트할 목적으로 설계된 간단한 프로그램일 가능성이 높다. 이후에 만들어지는 프로토타입은 좀 더 복잡하고 게임의 더 많은 부분과 연관돼 있을 것이다.

프로토타입을 독립적으로 유지하라

프로토타입은 본질적으로 독립적인 특성을 갖고 있으며, 또한 이는 프로토타입의 핵심적인 특징이기도 하다. 프로토타입 자체는 게임이라는 제품의 일부가 될 수 없다. 이들은 항상 독립적으로 구현돼야 한다. 개발이 진행되면서 게임 프로그램의 일부를 프로토타입으로 쓰는 경우가 더 이상 생기지 않을 수도 있다. 하지만 프로토타입의 코드가 다른 곳에서 활용돼서는 안 된다. 아무리 쉽게 활용할 수 있고 또 그럴듯해 보일지라도 프로토타입을 활용한다는 유혹에 넘어가서는 안 된다. 쉽게 무시해 버릴 수 있는 규칙 같지만 이를 무시하면 문제만 초래할 뿐이다. 프로토타입은 빠르게 제작되고, 세련되지 않고 최적화되지 않은 형태로 남아있어야 한다. 프로토타입을 만들면서 '올바른 방법으로 코딩을 하고자' 속도가 늦어지거나 프로토타입 코드의 일부를 복사해 제품 안에 붙여 넣기를 할 생각이라면 진지하게 재고해봐야 한다. 이를 통해 만들어지는 건 프로토타입도 아니고 제대로 활용 가능한 게임도 아닌 끔찍한 혼종일 뿐이다. 시간이 지날수록 혼종은 문제만 일으킬 것이다.

프로토타이핑으로 시작

게임 프로토타입에는 어느 정도의 상호작용이 반영돼 있어야 하며 게임 컨셉에 대한 아이디어를 고안하고 그 형태를 가다듬을 때부터 프로토타입을 활용할 수 있다. 간단하게 시작하는 것이 핵심이다. 프로토타입을 만들기 전에 게임 안의 경제나 전투 시스템을 모두 고안해야 한다는 압박을 느낄 필요가 전혀 없다. 게임 월드에서의 기본적인 움직임이나 액션을 다루는 것부터 시작하면 된다. 프로토타입은 다양한 아트와 애니메이션 스타일을 테스트할 때도 유용하게 사용할 수 있지만 이 부분은 우선 이후로 미뤄둬야 한다. 상호작용 루프가 정상적으로 동작하고 플레이어가 수립할 수 있는 가장 간단한 목표(예를 들어 한 지점으로 이동하는 것)를 게임 안에서 합리적으로 수행할 수 있는지 검증하는 것이 우선이다. 시간이 지나면서 더 다양한 선택과 상호작용 루프가 추가될 수 있다. 하지만 너무 빠르게 추가해서는 안 된다. 가장 기본적이고 핵심이 되는 루프에 몰입할 수 있고, 이를 통해 재미를 느낄 수 있다는 것이 가장 먼저 검증돼야 하기 때문이다. 이 부분이 검증되지 않는다면 아무리 좋은 기능으로 치장을 한다고 해도 재미를 느낄 수 없을 것이다. 핵심적인 루프에서 재미를 느끼지 못한다면 게임은 활기가 결여되고 뭔가 엉성한 상태로 계속 남게 되는 것이다.

질문에 답하기

프로토타입을 통해 당신이 만들고 있는 게임에 질문을 던지고 이에 답하는 것이 가능해 진다. 가장 첫 번째, 그리고 가장 중요한 질문은 당연히 "재미있는가?"가 될 것이다. 가장 처음 만든 아주 엉성한 프로토타입에서부터 게임의 기본적인 핵심 루프에 대해 이 질문을 던질 수 있어야 한다.

또한 이 질문에 대한 대답이 '아니다'라는 것에 당황할 필요 없다. 수많은 프로토타입이 당신의 디자인이 결국은 제대로 동작하지 않는다는 것을 보여줄 것이다. 특히 첫 번째 프로토타입의 경우 당신이 게임에서 탁월한 핵심 루프가 될 수 있으리라 생각했던 것이 사실은 쉽게 지루해지고 싫증나는 것임을 보여주는 경우가 흔하다. 당신의 첫 번째 아이디어는 이를 좀 더 세련되게 가다듬기 전까지 형편없는 상태일 것이다. 기껏해야 중간 정도나 다른 게임에서 이미 찾아볼 수 있는 디자인과 어느 정도 흡사하다는 느낌을 받을 수도 있다. 하지만 당신의 사고 영역에서 벗어나 실제로 이를 구현해보는 단계인 프로토타입을 수행하기 전까지는 이런 사실을 절대 알 수 없을 것이다. 이 순간이야말로 당신이 생각했던 것이 얼마나 엉망이었는지 실제로 확인할 수 있는 순간이다.

디자인과 관련된 아이디어를 완전히 새로 짜야 한다는 사실에 실망할 수도 있다. 하지만 그렇게까지 좌절할 필요는 없다. 이런 과정 역시 게임 디자인에 포함되는 부분일 뿐이다. 어떤 것이 의도한 대로 동작하고 어떤 것은 왜 의도대로 동작하지 않는지를 관찰해서 배우고, 다시 도전을 준비해야 한다. 그리고 이 모든 것에 대해 아주 작은 투자로 발견하기 어려운 진실을 찾아낸 것이라고 스스로 위안해야 한다. 이런 사실들을 개발이 시작된 다음 6개월이 지나서가 아니라 지금 발견한 것을 행운이라고 생각해야 한다. 프로토타입이 원하는 대로 동작하지 않는다면 여기서 배울 것은 배우고 게임 컨셉에 더 가까운 다음 프로토타입을 준비하면 그만이다. 게임에 대해 인지하고 있던 바를 바꿔야 할 수도 있다. 지금까지 생각했던 페이스보다 더 빠르게 게임을 진행하거나, 더 전략적으로 바꾸는 게 나을 수도 있다. 혹은 지금까지 발견하지 못했던 감정적인 코어를 발견할 수도 있다. 게임에 접근하는 특정한 방식이 제대로 동작하지 않는다고 해서 게임 컨셉 자체가 가치가 없다는 것을 말하는 것이 아니다. 다른 형태의 프로토타입을 제작해 게임 컨셉의 어떤 면이 제대로 동작하는지 살펴볼 수 있다. '재미를 찾는 것'이 왜 그렇게 중요한지, 그리고 왜 가능한 빨리 수행돼야 하는지 직접적으로 보여주는 것이다. 이를 통해 향후 수행될 불필요한 일과 고민들을 미리 해결하고 제거할 수 있다.

명확한 목표와 질문

게임에 가장 기본적이며 중요한 질문을 던지는 것과 더불어 프로토타입을 만들 때 항상 명확한 목표를 갖고 질문을 던지는 것이 중요하다. 질문이 불명확해서는 안 된다. 이 질문을 통해 게임과 개발 방식에 중요한 변화가 발생하기 때문이다. 어떤 방향으로 게임을 개발해야 할지에 대해 팀원들과 생각이 다르거나 논쟁이 발생한다면 프로토타입의 방향을 바꿔야 하는 적절한 시기라고 할 수 있다. 논쟁을 멈추고, 질문에 대한 답을 찾고, 그 답에 맞는 프로토타입을 만들고, 이를 테스트한 다음 이 프로토타입이 당신을 어디로 인도하는지 살펴보라. "1개의 리소스로 충분할까, 아니면 더 필요할까?" 혹은 "이런 스타일의 전투를 플레이어들이 재미있어 할까?"와 같은 질문으로 시작하는 것이 좋다. 더욱 정밀한 질문을 던지고 한 번에 하나 이상의 옵션을 검증할 수 있다면(바로 실행 가능한 옵션일 수도 있고 완전히 다른 모드를 검증하는 옵션이 될 수도 있다) 더 많은 것을 배우고 더 나아질 수 있을 것이다.

플레이어에 대한 가설을 명확하게 정립하는 것도 중요하다. 프로토타입을 통해 플레이어는 어떤 것을 알 수 있는가? 그들의 목적은 무엇인가? 게임에 대한 멘탈 모델을 어느 정도나 만들 수 있는가? 앞서 언급했던 것처럼 플레이어의 목표는 '여기서 저기로 이동하는 것'처럼 아주 간단할 수도 있고 '적에게 들키지 않고 퀘스트를 완성하는 것'처럼 복잡할 수도 있다. 프로토타이핑과 게임 디자인 프로세스에 따라 이런 상황은 완전히 달라질 수도 있다. 하지만 각각의 프로토타입에서 당신의 목적과 플레이어의 목적은 반드시 명확해야 한다.

목표한 청중 알아채기

프로토타입을 만들 때 명확한 질문과 목적을 가져야 함과 동시에 목표한 청중이 누구인지 아는 것도 무척 중요한 일이다. 대부분의 프로토타입이 빠르고 세련되지 못하게 만들어지기 때문에 디자인의 일부분만 테스트할 수 있다. 이는 곧 게임 팀 안에서만 활용할 수 있으며 제한된 범위에서만 사용하는 것이 안전하다는 것을 의미한다. 게임 팀 안에서만 활용하는 프로토타입의 경우 세세한 부분까지 정밀하게 가다듬을 필요는 없다. 최소한의 노력만으로 충분하다. 특정한 이미지를 표시해야 하는 경우 그 대신 단순한 사각형이나 'X' 표시로 충분히 대체할 수 있다. 아예 디지털 방식으로 만들지 않아도 된다. 종이나 펜, 주사위와 같이 컨셉을 테스트할 수 있는 도구라면 그 어떤 것으로도 프로토타입을 만들 수 있다. 세련되지 않은 형태의 프로토타입이 오히려 질문에 명확한 답변을 줄 수도 있다.

다른 프로토타입들은 좀 더 넓은 범위의 사용자를 대상으로 다른 부분을 강조할 수도 있다. 어떤 조직에서는 '버티컬 슬라이스^{vertical slice}'라고 알려진 것을 요구하기도 한다. 버티컬 슬라이스는 케이크를 한 조각 잘라내 레이어를 보여주는 개념이다. 이 개념을 게임에 대입하면 각기 다른 시스템들이 한 번에 동작하는 인스턴스를 보여주는 것이 된다. 정제된 사용자 인터페이스, 일관된 상호작용, 몰입할 수 있는 세련된 아트, 흥미로운 탐험, 균형 잡힌 전투와 같은 것들이 제대로 동작하는 데이터베이스상에서 동작한다. 버티컬 슬라이스를 만들면 게임의 레벨, 무기, 의상과 같은 게임의 나머지 부분들은 건물의 다른 부분을 추가하는 것처럼 추가적으로 살을 붙여 가면 되는 것처럼 보인다. 많은 사람이 복잡한(루프) 시스템과 혼잡한(선형적인) 시스템을 헷갈려 한다. 게임 디자인과 개발은 필연적으로 복잡한 시스템일 수밖에 없다. 아무리 혁신적인 시스템을 만들어낸다고 해도 이 시스템이 버티컬 슬라이스에 기반을 둔 개념처럼 "자, 이제 레벨만 더 추가하면 되겠군!"과 같은 단순한 선형적인 시스템으로 변화할 수는 없다.

투자자나 회사의 경영진과 같은 팀 외부의 이해 관계자들은 게임 개발이 어떻게 진행되고 있는지, 일정이 부족하지는 않는지, 향후 어떤 방향으로 개발이 진행될지 등을 궁금해 한다. 하지만 게임 개발이 실제로 어떻게 진행되는지 제대로 이해하지 못할 수 있고, 프로토타입을 통해 당신이 제공하고자 하는 몰입된 경험을 미처 발견하지 못할 수도 있다. 이들에게 팀 내에서 사용했던 프로토타입처럼 사각형을 피하는 조그만 원을 보여준다면 어떤 감흥도 받지 못하고 오히려 엉뚱한 부분에 집중할지도 모른다. 이들이 프로토타입을 통해 검증하고자 했던 디자인과 경험에 집중하지 못한다면 프로젝트에 대한 확신을 잃을 수도 있다. 안타깝게도 새로운 시도를 준비하는 팀에게 자주 발생하는 일이기도 하다. 이런 경우는 상호작용이 배제된 상태로 게임의 최종적인 모습을 담은 비디오 데모를 보여주는 것이 더 효과적이다. 이 데모를 만들기 위해서도 필수불가결하게 리소스가 할애되지만 때에 따라서는 반드시 수행해야 하는 일이 되기도 한다. 이런 비디오 데모를 통해 팀이 서로 한 배를 타고 동일한 비전을 향해 가고 있음을 다시 한 번 깨닫고 서로를 도와주는 계기를 만들 수도 있다.

다른 형태의 프로토타입

게임 디자인을 테스트하고 이해관계자에게 개발의 진행 상황을 알려주고자 프로토타입을 제작하는 것 외에도 프로토타입을 만들어야 하는 경우는 많다. 일부는 상호작용이 전혀 적용돼 있지 않은 형태일 수도 있고 일부만 남아있을 수도 있다. 게임 모델 깊숙한 곳에 존재하는 시스템이 정상적으로 동작하는지 검증할 때 필요한 프로토타입이 이런 경우에 속한다. 때로는 그래픽의 효과를 테스트하거나 게임 유저 인터페이스의 정성적인 면을 간단한 애니메이션을 통해 검증하는 경우도 있다. 이렇듯 다양한 목적으로 소규모의 프로토타입이 활용된다. 그 목적에 부합한 소규모 프로토타입을 만들기 힘들다면 상호작용이 가능한 수준의 일반적인 프로토타입을 활용할 수도 있다. 어떤 것을 테스트해야 할지, 어떤 질문을 던져야 할지, 그 답이 어떻게 게임을 바꿔갈 것인지 알아야 하며 원하는 답을 얻을 때까지 이 과정을 반복하는 것이다.

빠르게 움직이고 빠르게 폐기하라

페이스북의 초기 모토는 "빠르게 움직이고 깨부숴라. 어떤 것을 깨부수지 못한다면 충분히 빠르게 움직이지 못한 것이다."(Taplin 2017)였다. 이 모토가 모든 회사와 상황에 적용될 수 있는 것은 아니지만 프로토타이핑을 수행할 때는 훌륭한 가이드가 될 수 있다. 프로토타이핑을 수행할 때는 빠르게 움직여야 하고, 어떤 것을 깨부수는 것을 두려워하지 말아야 한다. 제대로 동작하지 않아 결과적으로 실패한 것이 되더라도 자유롭게 어떤 것이든 시도할 수 있어야 한다.

이것이야말로 프로토타입을 만드는 이유이기도 하다. 또한 앞서 언급한 것처럼 프로토타입을 실제로 개발되는 게임과 분리해서 유지해야 하는 이유이기도 하다. 모든 프로토타입에서 어느 정도 배울 것을 찾을 수 있다. 하지만 그렇다고 해서 프로토타입 코드를 실제 제품에 복사해서 붙여 넣는 식의 작업을 수행하면 안 된다. 코드를 복사할 것이 아니라 프로토타입을 통해 배운 교훈을 기반으로 게임 코드를 분석하고, 더 원활하게 동작하는 방법을 구형하는 리팩토링을 수행해야 하는 것이다. 한편으로는 빠르게 움직이고 늘 새로운 것을 시도할 수 있는 역량을 갖추고 또 한편으로는 양호한 코드 품질을 유지해야 한다. 게임 프로토타입의 핵심은 재사용이 가능한 신뢰할 수 있는 코드를 작성하는 것이 아니라 게임 디자인에 관해 던져진 질문에 답을 주는 것이다.

효과적인 플레이테스트

게임을 만드는 동안 프로토타입 혹은 좀 더 완성된 형태로 전달하려는 경험을 테스트해야 한다. 개발 프로세스의 초기에는 주로 팀 내부의 인원들을 대상으로 테스트가 수행된다. 개발이 진행되면서 빠르게 게임에 대해 아무것도 모르는 사람들을 대상으로, 그리고 가급적이면 모르는 사람을 대상으로 테스트를 수행할 필요가 있다. 아주 중요한 과정이지만 그리 편하게 진행할 수 있는 프로세스는 아니다. 당신에게는 명백하게 쉽게 보였던 것들도 다른 사람들에게는 애매모호하고 불편한 것으로 보일 수 있기 때문이다. 다른 사람들이 추가적인 설명 없이 모든 것을 이해할 수 있을 때까지 기다려야 한다면 기다림이 언제 끝날지 알 수 없을 것이다.

플레이테스트의 중요함

게임 플레이를 통해 플레이 경험을 테스트함으로써 사전 지식이 전혀 없는 사람들이 게임에 어떻게 반응하는지 살펴볼 수 있다. 게임에 대한 새로운 시각을 수집하면서 게임 디자이너에게는 명백하게 보였지만 다른 사람들은 그렇게 생각하지 않는 부분이 어디인지 알 수 있게 되는 것이다. 당신 역시 다른 사람들이 게임에서 어떤 경험을 얻어 가는지 궁금할 것이다. 플레이어들이 게임에 몰입할 수 있고 이들의 마음을 사로잡을 만큼 재미있을까? 플레이어는 이 경험을 계속해서 유지하기를 원할까?

플레이어가 게임에 대해 생각하는 바를 섣불리 유추해서는 안 된다. 물론 새로 게임을 시작하는 플레이어가 어느 지점에서 어려움을 느낄지, 어느 부분에서 명확하고 쉽다고 느낄지 정도는 충분히 예측할 수 있다. 하지만 이런 추정이 정확한 경우보다는 맞지 않는 경우가 훨씬 많이 발생한다. 이것이야말로 플레이테스트가 필요한 이유라고 할 수 있다. 이를 통해 당신에게는 완벽해 보이지만 게임에 익숙하지 않은 다른 사람들에게 모호한 것으로 보이는 부분을 파악할 수 있을 것이다.

플레이어가 게임을 통해 어떤 경험을 얻어 가는지 확인하는 과정, 특히 어떤 부분을 더 개선해야 하는지 확인하는 과정에서는 플레이테스트만으로 문제의 답을 얻으려고 해서는 안 된다. 플레이어가 그들의 경험과 필요한 자료를 제공해줄 수는 있지만 문제에 대한 해결책을 제시해주는 것은 아니다. 플레이테스트를 수행한 사람들로부터 바로 해결책을 찾을 수 있는 경우도 더러 있지만 이런 경우에도 플레이어들이 문제라고 생각했던 것을 더 깊이 살펴볼 필요가 있다. 당신이 생각하는 해결책과 그들의 제안이 완전히 다를 수도 있다.

언제 테스트를 수행하는가

할 수 있는 한 최대한 빠르게 테스팅을 수행해야 한다. 게임이 테스트할 준비가 됐다고 생각하기 전부터 이를 수행해야 한다. 대부분의 게임 디자이너들이 이 과정을 어렵게 받아들이고 "아직 준비되지 않았어요!"라며 거절하는 경우를 많이 봐왔다. 거절하고 싶다는 충동을 가라앉히고 두려움과 자존심을 내려놔야 한다. 한시라도 빠르게 플레이어가 게임을 향해 더 가까이 다가가게 만들어야 한다.

일반적으로 짧은 테스트가 길게 수행되는 테스트보다 효과적이다. 게임에 중요한 변화가 발생했다면 반드시 플레이테스트를 수행해야 한다. 최선의 방향으로 가고 있는지 확실하지 않은 부분이 있거나, 플레이테스트를 수행한지 몇 주가 지났다면 이 역시 반드시 플레이테스트를 수행해야 하는 경우다. 개발 초기에는 2주마다 한 번 정도 플레이테스트를 수행하는 것이 좋다. 개발의 후반부에는 1주일 혹은 며칠에 한 번 씩 게임을 테스트해도 충분하다.

플레이테스트의 목적

플레이테스트는 코드에서 버그를 발견하려고 수행하는 것이 아니다. 특히 앞서 언급했던 빠르게 제작하는 세련되지 못한 프로토타입에서는 더더욱 그렇다. 플레이테스트는 플레이어가 게임 디자인을 이해하고 있는지, 효과적으로 멘탈 모델을 만들 수 있는지, 궁극적으로 게임에 몰입하고 재미있어 하는지 판단하기 위한 것이다. 개발 초기에는 게임의 기본적인 컨셉이 가치 있고 몰입할 수 있는 것인지 증명하기 위한 테스트가 필요하다. 시간이 지나면서 게임에 더 많은 시스템이 제작돼 추가되면 플레이어들이 게임을 잘 이해하고 추가되는 기능이나 시스템에 대해서도 원활하게 멘탈 모델을 만들어나가는지 확인할 필요가 있다.

또한 플레이어가 어느 부분에서 길을 벗어나는지도 확인해야 한다. 당신의 기대에 맞지 않게 원하지 않는 멘탈 모델이 만들어지는 지점, 혹은 플레이어들이 혼란해 하거나 실망감을 느끼는 지점, 그다음에 무엇을 해야 할지 모르는 지점을 찾아내야 한다. 즐길 수 있고 몰입할 수 있는 게임을 만들고자 이 지점을 찾아내는 것은 믿을 수 없을 만큼 중요하다.

플레이테스트는 사용성 테스트의 성격도 갖고 있다. 플레이어가 사용자 인터페이스를 통해 표현하고자 하는 것을 잘 이해하고 있는지, 이를 편리하게 활용하는지 검증할 수 있는 것이다. 이것이 사용자 경험 전체를 의미하는 것은 아니지만 사용자 인터페이스의 사용성을 테스트하는 것은 게임을 경험하는 플레이어에게도 아주 중요한 부분이다.

누가 플레이테스트를 수행하는가?

"당신이 만들고 있는 게임의 플레이테스트를 누가 수행하느냐?"라는 질문을 받았을 때 가장 먼저 고려해야 하는 것은 정답이 적어도 당신은 아니라는 것이다. "게임이 얼마나 플레이할 가치가 있는가?"라는 질문에 누가 가정 정확한 답을 줄 수 있는지 생각해보면 일단 당신은 아닐 것이다. 당신은 이 질문의 답에서 가장 멀리 떨어져 있는 사람임과 동시에 가장 왜곡된 의견을 전달할 수 있는 가능성이 가장 큰 사람일 것이다. 그래도 현실적으로는 당신이 만드는 게임을 스스로 수없이 테스트해야 할 것이다. 아무리 스스로 많은 테스트를 수행한다고 해도 다른 사람이 게임을 플레이하고 전해주는 의견을 대체할 수 없다. 다른 사람이 당신의 게임에 어떻게 몰입하고 얼마나 재미를 느끼는지에 대해서는 당신의 플레이 경험은 전혀 도움이 되지 않는다.

팀의 구성원, 친구, 가족들 역시 그리 탁월한 테스터라고 보기 힘들다. 이들 역시 게임에 대해 객관적인 의견을 제공하기 힘들다. 아무리 게임의 기본적인 것이 엉성하고 만족스럽지 않더라도 이들은 무의식적으로 게임을 재미있고 이해할 수 있는 것으로 인지하려고 노력할 것이다.

개발 초기에 만들어진 엉성하고 덜 세련된 프로토타입의 경우에는 가까운 팀원이나 동료들에게만 보여주려고 할 것이다. 당신의 팀이 아닌 다른 동료들이 이런 조악한

그래픽과 품질을 견뎌낼 수 있다면 오히려 이들이 초기 테스팅에서 효과적인 피드백을 제공해줄 수 있다. 하지만 한 번 게임을 접한 사람은 다시는 동일한 시각으로 게임을 테스트할 수 없다는 것도 명심해야 한다. 즉, 한 번이라도 게임을 플레이해본 사람은 게임을 처음 플레이하는 척 할 수 없게 되는 것이다. 게임 개발 초기에 테스트에 참여한 사람과 처음 게임을 접하게 되는 플레이어는 동일할 수 없다.

반복해서 테스트에 참여하는 플레이어들이 어떤 것이 더 나아졌고 어떤 것이 나빠졌는지, 이전 플레이에 비해 어떤 것이 더 구체적이고 현실적으로 다가왔는지 말해주는 것은 더 없이 도움이 된다. 이전에 한 번도 게임을 접해보지 못한 사람들의 경험과 이를 혼동해서는 안 된다. 이 둘은 완전히 다른 의견이다.

게임 개발이 진행되고 프로토타입이 더욱 가다듬어지면서 게임의 완성도도 높아지면 테스트에 더 많은 사람이 참가해야 한다. 특히 당신이 목표로 하고 있는 사용자층과 밀접한 사람들이 테스트에 참여해야 한다. 테스터의 참여 범위를 너무 제약하면 중요한 통찰력과 의견을 받을 기회를 놓칠 수도 있다. 목표 사용자층을 너무 좁게 설정하거나 잘못 설정해서 잠재적인 사용자들을 놓쳐버릴 수도 있다. 동시에 열성적인 하드코어 게이머들의 의견도 수렴해야 한다. 이들은 분명 테스트에 도움이 된다. 하지만 이들이 갖고 있는 게임에 대한 지식과 어떤 것이 좋은 게임을 만드는지에 대한 확고한 의견이 때로는 테스트 결과를 혼란하게 만드는 경우도 발생한다.

플레이테스트 준비

플레이테스트를 수행하기 전에 테스트의 목적과 어떤 방식으로 테스트를 진행할지를 명확하게 이해하고 숙지해야 한다. 어떤 장소에서 테스트를 수행하는지도 고려해야 한다. 플레이어가 방해 받지 않는 장소라면 어디든 무방하다. 아주 조용한 공간이 아니어도 된다. 사람들이 웅성거리는 대학과 같은 곳에서도 게임 플레이테스트는 성공적으로 수행될 수 있다.

큰 유리벽을 사이에 두고 플레이어의 표정을 세심하게 살펴보고 이들의 키보드 입력이나 게임 화면을 함께 관찰하는 방법도 있다. 이런 테스트 기법도 유용하지만 비용 대 효과라는 측면에서 과한 감이 없잖아 있다. 정밀하고 많은 비용이 들어가는 테스트를 수행한다고 해서 개발 초기부터 자주 테스트를 수행하는 것을 대체할 수 있는 것은 아니다. 개발 초기에는 프로토타입을 만들고 테스트하는 일이 더할 나위없이 중요하다. 정교한 시설을 갖추고 복잡한 테스트를 진행하는 것보다 훨씬 유용하다.

테스트에 참여하는 테스터에게 비용을 지불할 수도 있다. 반드시 필요한 것은 아니지만 윤리적으로 바람직하다고 생각한다면 정당한 방법을 찾아봐야 한다. 대학생들을 플레이테스트에 참여시킨다면 평균적인 아르바이트 시급 정도로 충분한 효과를 볼 수 있을 것이다. 기프트 카드와 같은 보상도 적절하다. 추가적인 설문조사가 필요하다면 설문에 추가 보상을 지급하는 방법도 고려해봐야 한다.

대본 작성

플레이테스트를 수행하기 전에 대본을 미리 작성하는 것이 좋다. 플레이어들과 처음 만나 인사를 나누고, 테스트를 수행하고, 이후 질문을 주고받고, 플레이어를 집에 보내는 모든 과정이 포함돼야 한다. 각 단계마다 당신이 어떤 말을 해야 하는지 정도까지 기록될 정도로 세세히 작성돼야 한다. 플레이테스트를 처음 시작할 때 이 대본을 매우 유용하게 사용할 수 있다. 당신의 의도를 긴장하지 않고 말할 수 있으며 플레이어들 역시 당신의 이야기에 집중할 수 있을 것이다. 또한 테스트가 진행되면서 각 단계마다 원하는 맥락과 절차를 명확하게 전달할 수 있을 것이다.

플레이테스트 대본은 인사와 간단한 소개로 시작할 수 있다. 우선 플레이어들이 편안함을 느낄 수 있게 해줘야 한다. 이를 통해 플레이어들이 거부감 없이 당신이 필요한 정보, 즉 이름이나 연락처, 혹은 연령과 성별을 제공할 수 있을 것이다(필요한 최소한의 정보만 수집해야 한다). 그들이 플레이하는 다른 게임이 있는지 물어볼 수도 있고 어떤 마음가짐으로 테스트를 수행하면 되는지도 간단하게 설명할 수 있다.

플레이테스트를 시작하기 전에 참가한 플레이어들에게 게임을 테스트하는 것이지 플레이어들을 테스트하는 것이 아님을 알려줄 필요가 있다. 그리고 테스트 도중 플레이어들이 어떤 일을 해도 수용이 가능함을 공지해줘야 한다. 이 사실을 플레이어들이 모여 있는 자리에서 공개적으로 큰 소리로 알려주는 것이 좋다. 언제든지 게임을 중단하고 자리를 떠날 수 있으며 질문에 답하는 것도 그들의 의사에 따라 결정된다는 것을 명백하게 말해줘야 한다. 테스트에 참가한 인원들이 이를 잘 숙지했는지 확인하는 과정도 반드시 필요하다.

플레이어가 테스트 중간에 그만두는 경우가 많지는 않지만 더러 발생하기도 한다. 플레이어가 중간에 테스트를 그만두고 싶다면 얼마든지 가능하다. 이를 말려서도 안 된다. 이들에게 테스트를 계속 수행해 달라고 요청하는 것은 윤리적인 문제가 있다. 이런 경우 그들은 게임에 대해 중요한 정보를 더 이상 제공하지 않으려고 할 수도 있다.

플레이테스트를 수행하기에 앞서 플레이어의 행동을 기록할 준비를 해야 한다. 간단하게 노트를 준비할 수도 있고 가능하다면 테스터들의 동의를 얻어 게임 화면과 표정을 함께 동영상으로 기록하는 것도 좋다. 많은 개발자가 플레이테스트 기록을 동영상으로 남겨 이후에라도 살펴보려고 한다. 하지만 이를 분석하려면 상당한 시간이 필요하고 특히 개발 초기에는 필요한 만큼 충분한 정보를 제공해주지 않을지도 모른다는 사실에 유의해야 한다.

설문조사 만들기

테스트가 끝난 다음 플레이어들이 응할 수 있는 설문조사를 만들어야 한다. 설문조사를 만들 때도 전문적인 기술이 필요하며 세심하게 질문을 구성해야 한다. 긍정적인 반응과 부정적인 반응을 조화롭게 얻어낼 수 있도록 균형 잡힌 질문을 던지는 것이 중요하다. 당신이 상황을 주도할 수 있는 질문을 던져서는 안 된다. 최대한 중립을 유지할 수 있는 질문을 작성해 플레이어가 그들의 의견을 전달할 때 주저하지 않게 해줘야 한다. 질문의 순서를 무작위로 바꿀 수 있는 디지털/온라인 설문조사 방법을 택하는 것도 효과적이다. 이를 통해 플레이어의 답변이 왜곡되지 않을 수 있으며 이를 분석하는 것도 좀 더 쉽게 진행할 수 있다.

설문조사는 플레이테스트의 목적과 플레이어의 경험, 게임에 대한 이해와 멘탈 모델에 직접적으로 관련된 소수의 질문으로 구성돼야 한다. 사실은 플레이어가 게임을 진행하는 모든 순간이 궁금할 것이다. 그래픽은 마음에 드는지, 음악이 너무 크지는 않은지, 적이 너무 약하거나 강하지는 않는지 등 플레이어를 통해 알고 싶은 것들이 너무 많을 것이다. 그럼에도 현재 수행하는 테스트의 목적에 부합하지 않는 질문을 던져서는 안 된다. 질문이 너무 많으면 플레이어들이 의욕을 상실하게 되고, 이로인해 실제로 활용하기 힘든 데이터를 제공할 수도 있다. 반면 플레이어들이 테스트를 진행하면서 자발적으로 제공하는 의견들은 아주 중요한 정보이므로 이를 잘 정리하고 조사해봐야 할 것이다.

5단계 혹은 7단계로 구분되는 답을 활용해 플레이어의 의견을 정량화할 수 있다. 대부분 "매우 동의하지 않는다."에서부터 시작해 "매우 동의한다."까지 이르는 영역이 표현될 것이며 대부분 중간에 중립적인 영역이 위치한다. 꼭 5단계 혹은 7단계가 아니더라도 플레이어들이 그들의 의견을 쉽게 표현할 수 있고 이에 대해 점수를 부여해 분석할 수 있게 영역을 설정하면 된다. 각 옵션에 대한 설명은 플레이어들이 바로 공감할 수 있거나, 그 반대여야 한다. 다음의 예를 살펴보자.

1. **게임에서 이동이 쉬웠다.**

   매우 아니다-아니다-중간-그렇다-매우 그렇다

2. **항상 게임 안에서 어떤 일이 벌어지고 있는지 이해할 수 있었다.**

   매우 아니다-아니다-중간-그렇다-매우 그렇다

3. **마음속에 항상 달성하고자 하는 명확한 목표가 있었다.**

   매우 아니다-아니다-중간-그렇다-매우 그렇다

4. **룰을 다시 살펴보지 않더라도 게임을 쉽게 즐길 수 있다.**

   매우 아니다-아니다-중간-그렇다-매우 그렇다

플레이어가 직접 옵션을 선택하거나 기입하게 하는 것도 가능하다. 1개 혹은 여러 개를 선택하는 것도 가능하다. 다음 예를 살펴보자.

게임에서 얻은 경험을 표현할 수 있는 단어를 선택하시오.

흥분	빠름	혼돈	지겨움	과함
전략적	분산됨	몰입	사려 깊음	

긍정적인 것과 부정적인 것, 중립적인 속성의 옵션이 동등하게 구성돼야 하며 이를 특정한 순서에 맞게 배치하지 않아야 한다(예를 들어 좋은 것에서 시작해서 나쁜 것 순으로).

플레이테스트의 목적에 따라 플레이어가 얼마나 게임이나 사용자 인터페이스를 잘 이해했는지, 얼마나 게임에 대한 멘탈 모델을 잘 만들었는지 등의 질문을 던질 수도 있다. 이해력을 필요로 하는 질문들, 즉 게임 안에서 사용된 몇 가지 심볼이나 아이콘을 보여주면서 그 의미를 물어볼 수도 있다. 또한 "얼마나 많은 병사가 활용 가능한지 알아보려 한다. 어떤 단계를 거쳐 이 과정을 수행할 수 있는지 설명해보라"고 하거나 "이 그림은 게임 안의 한 장면이다. 이 상황에서 어떤 행동을 취하는 게 좋을지 설명해보라"와 같이 플레이어의 멘탈 모델 중에서 특정한 과정과 관련된 질문을 던질 수도 있다. 이런 질문들은 직접 물어보고 답변을 받는 것이 좋다. 답변을 녹음하거나 녹화하는 것도 좋은 방법이다. 플레이어 역시 답변을 손으로 쓰는 것보다 이런 방식으로 답하는 것을 더 편하게 생각할 것이다.

마지막은 손으로 쓰거나 구두로 답변할 수 있는 형태로 정답이나 선택지가 없는 질문으로 마무리한다.

당신이 이해한 게임의 규칙을 설명해보라.

게임에서 당신이 놀랍다고 느낀 것은 무엇인가?

게임을 통해 어떤 것이 이뤄졌다고 생각하는가?

게임을 통해 당신이 연상할 수 있었던 것은 무엇인가?

"이 게임에 얼마나 많은 금액을 쓸 것 같은가?"와 같은 질문도 던져보고 싶을 것이다. 플레이어들이 게임을 긍정적으로 혹은 부정적으로 평가하는지, 그리고 대략적으로 게임에 대한 가치를 얼마 정도로 평가하고 있는지 파악할 수 있는 유용한 질문이라고 할 수 있다. 하지만 이 대답에 근거해서 제품 가격을 산정하려고 해서는 안 된다. 사람들이 얼마를 지불할 용의가 있다고 말하는 것과 실제 게임에서 그들이 사용하는 금액에는 상당한 차이가 있다.

최종 확인

게임 테스트를 시작하기 전에 반드시 대본을 다시 한 번 확인한다. 팀 동료도 좋으니 다른 사람과 함께 가상으로 플레이테스트를 수행해보고 모든 것이 원활하게 진행될 수 있는지 사전에 체크하게 한다. 이 과정을 거쳐 첫 번째 플레이테스트를 수행할 준비가 됐다면 이제 플레이어와 게임에만 집중하면 된다.

플레이테스트 수행

플레이테스트가 오랫동안 수행될 필요는 없다. 짧게는 몇 분 정도로 충분하며 일반적으로 10분 혹은 20분 안에 수행할 수 있다. 원하는 정보를 얻을 수 있는 시간이면 충분하다.

플레이테스트를 시작할 때 테스트에 참가한 플레이어들에게 게임에 대한 소개는 최대한 간단히 수행한다. 테스트 목적에 따라 소개도 다양해질 수 있다. 간단하게 게임 이름이나 커버 아트 워크만 보여줄 수도 있고 전반적인 개관이나 엘리베이터 피칭을 수행해 이들이 이후 게임을 즐기는 데 어떤 영향을 미치는지 살펴볼 수도 있다. 때에 따라서는 이들에게 어떤 정보도 제공하지 않을 수도 있다. 이런 경우에는 미리 플레이어들에게 게임에 대한 어떤 정보도 제공하지 않을 것임을 사전에 공지해 혼란에 빠지지 않게 하는 것이 좋다. 테스트에 참가한 플레이어들에게는 반드시 대본에 기록된 내용을 정해진 방법으로 제공하는 것이 좋다. 이를 통해 부주의하게 정보를 남발하거나 일부에게만 정보가 전달되고 일부는 그렇게 되지 않는 경우를 방지할 수 있다. 게임을 자세히 설명하고 타이틀과 관련된 유머를 던지려고 그 자리에 당신이 있는 것이 아니다. 테스트를 시작하기 전에 필요한 최소한의 정보만 전달하면 된다.

플레이테스트가 수행되는 동안에는 플레이어의 시야에서 벗어나 이들을 방해하지 말아야 한다. 필요한 대화는 최대한 작은 목소리로 이어간다. 플레이어들이 게임에 집중할 수 있는 환경을 만들어줘야 한다. 먼저 질문을 던지는 플레이어도 있을 것이다. 이 경우 바로 답변이 가능하다면 최대한 간단하게 답변한다. 플레이어들이 게임에 집중하면서 심지어 혼란스러워하고 실망하더라도 이에 대한 객관적인 목격자가 될 수 있어야 한다. 이들이 명백하게 그만두고 싶다는 의지를 보이지 않는 이상 플레이어들이 계속 플레이를 이어가게 해야 하며 게임 진행에 필요한 힌트나 정보를 제공하지 않아야 한다. 화면의 특정 부분을 지정해주거나 "우측 상단 코너를 클릭해보세요."라든가 혹은 "한 단계 이전으로 돌아가 이를 다시 읽어보세요." 등의 가이드를 제공하지 않아야 하는 것이다. 플레이어들이 비판적인 의견을 제시해도 이에 대응하지 않아야 한다. 게임을 설명하거나 플레이어의 의견에 방어적으로 대응한다면 플레이테스트를 망치게 되고 당신과 플레이어 모두의 소중한 시간을 쓸모없는 것으로 만들어버릴 것이다.

플레이어가 행동하는 것, 말하는 것, 그들이 혼란스러워 하고 감정적인 반응을 보이는 모든 부분을 기록한다. 갑자기 어떤 부분을 이해하게 되거나, 즐거워하거나, 혼란스러워 하거나, 실망하는 부분들이 보인다면 이 부분을 모두 기록한다. 플레이어들이 테스트를 잘 수행하고 있는지 궁금해 하고 질문을 던진다면 안심하고 플레이를 이어갈 수 있게 독려해준다. 당신의 반응은 일반적이어야 한다. 당신의 반응을 통해 플레이어들은 때론 무의식적으로 그들이 일을 잘 진행하고 있는지, 그들이 제시한 비판이 올바른 것인지 판단하려 한다. 당신이 갖고 있는 걱정이나 자존심, 질문에 방어적으로 답하고 싶은 열망 등을 제쳐두고 당신이 제공할 수 있는 것을 최대한 간단하게 제공하면 된다.

테스트를 통해 얻고자 하는 것을 얻었거나 테스트가 서서히 멈추는 것처럼 보인다면 플레이테스트를 종료할 시점이 된 것이다. 이 시점에서 다시 플레이어들에게 어떤 것을 수행하려고 했고, 어떤 것을 얻기 원하는지와 같은 질문들을 던질 수 있다. 이를 통해 이들의 멘탈 모델이 어떻게 형성됐는지 확인할 수 있을 것이다. 하지만 이 시점에서는 빠르게 테스트 이후 단계로 이동하는 것이 좋다.

플레이테스트 마무리

플레이테스트를 마무리하면서 플레이어들에게 테스트가 어땠는지 한 번 물어본다. 그들이 가장 먼저 언급하는 것에 대해 주의를 기울여야 한다. 이들이 가장 마음에 두고 있었던 것이 가장 중요한 부분이기 때문이다. 이들이 말하는 순서에 대해서도 신경을 써야 한다. 비판적인 의견이 주는 부정적인 효과를 감소시키고자 우선 좋은 부분부터 말하려는 경향이 있기 때문이다. 비평과 비판을 포함한 모든 의견에 귀를 기울이고 게임에 대한 방어적인 자세를 갖지 않으려고 노력해야 한다.

플레이어들의 의견을 듣고 난 다음 미리 준비했던 설문조사를 수행한다. 그들의 답변에 영향을 미칠 수 있는 어떤 이야기도 해서는 안 되므로 대본에 기반을 두고 설문조사를 진행한다. 설문조사를 제공하고 플레이어들의 헌신과 수고에 대해 감사하며 가능하다면 설문조사를 충실하게 작성해줄 것을 요청한다. 작성을 완료하거나 혹은 설문조사 작성을 거부하더라도 추가 의견이 있는지 물어보고 다시 한 번 감사를 표하고 테스트를 종료한다.

테스트 방법론

플레이테스트가 수행되는 동안 적용해볼 수 있는 다양한 테스트 기법이 있다. 어떤 기법을 적용할지는 테스트의 목적과 보유한 역량에 따라 달라질 수 있다.

관찰

대부분의 플레이테스트는 수행되는 기간 동안 플레이어의 행위를 관찰하는 것이 핵심이다. 이를 통해 플레이어들이 어떻게 게임을 바라보고 경험하게 되는지에 대한 통찰력을 얻을 수 있다. 플레이어가 가장 먼저 어디로 가는지, 어떤 옵션에 집중하고 어떤 것을 무시하는지, 어떤 순간에 게임 디자이너로서 당신이 기대했던 행동을 수행하는지 등을 보는 것이다. 플레이어가 화면에 가까이 다가가거나, 입술을 오므리거나, 눈을 깜박거리는 횟수가 줄어드는 것처럼 게임에 몰입하고 있다는 신호를 보내는지, 놀라움, 즐거움, 실망과 같은 감정을 표현하는지 집중해서 살핀다. 플레이어가 어디서 혼란을 느끼는지, 무엇을 해야 할지 막막해 하는지, 동일한 콘텐츠를 단순히 반복해서 수행하고 있지는 않는지, 사용자 인터페이스의 동일한 부분을 반복해서 사용해본다든지 등을 기록해 플레이어들이 불편해하고 모호해 하는 부분을 개선할 수 있을 것이다.

경험과 탐색 지정

플레이어의 경험을 파악하고자 플레이어의 행동을 관찰하는 것 외에 다른 방법들도 있다. 미리 작성한 시나리오의 한 부분으로 플레이어들에게 정해진 특정 미션을 달성하도록 요구하는 것도 하나의 방법이다. 특히 이들이 이전에도 게임을 경험한 적이 있고 어떻게 플레이를 해야 하는지 안다면 더욱 효과적으로 이 방법을 사용할 수 있다. 어떤 부분을 탐색하라고 지정하는 것도 좋다. 이 경우에도 플레이어들이 어떤 부분을 회피하고 어떤 부분을 무시하는지 살펴봐야 한다.

오즈의 마법사

초기에 수행되는 플레이테스트 중에서도 종이와 주사위 등을 통해 수행되는 아날로그 테스트의 경우 당신이 '오즈의 마법사'라고 부르는 역할을 수행할 수도 있다. 컴퓨터의 역할 일부(마치 커튼 뒤의 마법사처럼)를 수행하면서 플레이어들이 어떻게 반응하는지 지켜보는 것이다. 이 기법은 정확도가 높다고 하기는 힘들다. 초기에 아날로그

그 방식으로 수행되는 이런 기법을 통해 이후 출시되는 디지털 버전에서 플레이어들이 동일한 행동을 할 것이라고 기대할 수 없기 때문이다. 다만 이런 유형의 테스트를 통해 플레이어가 어떤 것을 원하는지, 어떻게 멘탈 모델을 만들어 가는지에 대한 통찰력을 얻을 수는 있을 것이다. 이를 통해 게임 개발을 더욱 원활하게 진행할 수 있을 것이다.

소리 내어 생각하기

때로는 플레이어들에게 그들이 게임을 어떻게 생각하고, 어떤 의도를 갖고 있으며, 어떤 것을 궁금해하는지 말해 달라고 요청할 수도 있다. 하지만 이는 테스트를 수행하는 플레이어에게도 쉬운 일이 아니다. 특히 이들이 어떤 문제를 해결하려고 조용히 고민하고 있는 상태에서는 더욱 그런 내용을 말해달라고 하기 힘들 것이다. "계속 이야기해주세요."라고 말함으로써 플레이어들이 이런 상황을 이야기해야 한다는 것을 상기시켜줘야 한다. 게임이 상호작용 비용을 소모하면서 플레이어가 조용히 게임에 집중할 때보다 퍼포먼스는 떨어지겠지만 플레이어가 생각하고 있는 것을 말함으로써 플레이어의 목적과 멘탈 모델을 충분히 이해할 수 있을 것이다. 특히 플레이어가 특정한 지점에서 혼란해하거나 게임을 어떻게 진행해야 할지 결정하지 못하는 상태에서 원인을 유추하기 힘들 때 유용하게 사용된다.

피드백 분석

플레이테스트가 완료되면 바로 전체적인 인상을 기록한다. 당신이 봤던 플레이어의 반응, 수정이 필요한 버그, 게임 플레이 개선을 위한 아이디어 등 어떤 것이든 좋다. 플레이테스트를 통해 획득한 데이터도 반드시 정밀하게 분석해야 한다. 플레이어들이 테스트를 통해 남긴 내용을 리뷰하고 공통적으로 보이는 경험과 무엇을 가장 중요하게 생각했는지 등을 분석한다. 설문조사 결과 역시 정량적으로 분석돼야 한다. 당연히 부정적인 결과도 포함돼야 한다. 절대 이를 모른 척 해서는 안 된다. 플레이테스트가 플레이어의 역량을 테스트하지 않는 것처럼 부정적인 의견 역시 게임 디자이너로서 당신의 능력에 대한 부정적인 평가가 아님을 명심해야 한다. 플레이테스트는 당신이 만들고자 했던 경험이 게임을 통해 실제로 얼마나 잘 만들었는지를 평가하는 것이다. 플레이어들이 남긴 부정적인 의견에 귀 기울인다면 더 나은 게임을 만들 수 있을 것이다.

다른 모든 사람이 게임을 이해하기 어렵다고 하는 반면 오직 한 사람만 게임이 재미있다고 할 수도 있다. 이런 경우 이 사람의 의견은 제외할 필요가 있다. 플레이어들이 공통으로 느끼는 경험과 이벤트에 더 집중해야 하기 때문이다. 이와 함께 동시에 어떤 패턴이 보인다고 너무 이를 인식할 필요도 없다. 매번 수십 명의 플레이어와 함께 플레이테스트를 수행하고 분석해줄 팀이 있지 않는 이상 통계학적으로 이런 패턴을 분석해 유의미한 결과를 찾으려고 할 필요도 없다. 플레이어들의 경험을 참고해 게임 디자인을 가다듬고 당신이 가졌던 의문, 즉 어떤 것이 동작하고 어떤 것이 동작하지 않는지에 대한 답을 구하면 그만인 것이다.

플레이어가 게임을 통해 얻는 경험은 사람에 따라 다르지만 시간에 따라 다르게 나타나기도 한다. 게임 개발이 진행되면서 플레이어의 경험과 반응이 어떻게 변화하는지 살펴볼 필요가 있다. 그들이 매번 똑같은 부분에 몰입해서 재미를 느끼는가? 어떤 변화가 생긴 다음 특정한 부분에서 어려움을 겪지는 않는가? 혹은 새롭게 개발한 부분을 더 재미있게 즐기는가? 혹은 그 반대로 새롭게 변화한 부분으로 인해 특정한 부분을 더 어렵게 느끼거나 덜 재미있다고 느끼지는 않는가?

마지막으로 테스트를 수행하는 플레이어들이 가치 있는 의견을 제공해주기는 하지만 그들이 게임 디자이너는 아니라는 사실을 명심해야 한다. 이들이 제공하는 피드백을 심각하게 받아들여야 하지만 이들의 의견은 해결책이 아니라 단지 어느 곳에 문제가 있는지 지적해주는 것에 가깝다. 플레이어가 바라보는 곳을 함께 관찰함으로써 게임의 중요한 부분을 재발견할 수도 있고 때로는 이를 통해 게임 디자인의 중요한 변화를 만들어낼 수도 있다. 해적이 테마인 게임의 예를 들어보자. 이 게임의 초기 플레이테스트에서 플레이어들은 탐험과 관련된 부분이 지겹고 마치 전투와 전투 사이를 이어주는 단순한 콘텐츠라는 느낌을 받았다고 의견을 줬다. 이들에게는 전투야말로 흥미진진한 부분이었던 것이다. 디자이너는 이 의견을 받아들여 함선과 함선이 싸우는 해상전에 초점을 맞추고 여기에 더 몰입할 수 있게, 그리고 좀 더 쉽게 전투를 수행할 수 있게 게임 디자인을 변경했다. 이런 일들은 더 큰 규모의 게임 개발사에서도 흔하게 나타난다. <심즈>의 개발 초기에 팀은 게임을 <다마고치>와 비슷한 형태의 라이프 시뮬레이터로 만들려고 했다. 하지만 플레이어들은 계속해서 심들의 상호작용이 더 흥미롭고 이를 통해 이야기를 만들어가는 것이 재미있다는 의견을 전달했다. 결국 개발자들과 마케팅 담당자들은 게임을 크게 변경하고 이를 통해 결과적으로 큰 성공을 이뤄낼 수 있었다.

제작 단계

게임을 디자인하고 테스트하면서 게임을 만들어가야 한다. 게임을 만드는 방법도 다양하다. 아주 짧은 기간 안에 게임을 만들어낼 수도 있지만 11장에서 다뤘던 것처럼 오랜 기간 동안 디자인-빌드-테스트 루프를 반복적으로 수행하는 것이 오늘날 통상적인 게임 개발의 형태라고 할 수 있다. 반복적이지 않은 모델들, 예를 들어 명세에서 구현, 테스트가 순차적으로 이뤄지며 이 과정이 물이 떨어지는 것과 같은 '워터폴' 모델은 어느 정도의 혁신과 개선을 필요로 하는 게임 개발 과정에서는 원활하게 동작하지 않는 편이다. 게임 개발 과정에서 눈에 띌 정도의 혁신을 이루려면 상당한 반복적인 과정이 필요하다.

선형적인 현실에서의 반복

일부 개발 팀과 임직원들에게는 반복적인 디자인이 불편할 수도 있다. 끝나지 않는 과정이 무한히 반복되는 것처럼 보이기 때문이다. 무언가를 계속 반복하면서 실제로 얻는 것은 아무것도 없는 것처럼 생각할 수도 있다. 실제로 아무것도 얻지 못하고 있는데도 뭔가 얻는 것처럼 느껴질 수 있으므로 이는 충분히 고려할 만한 문제라고 할 수 있다. 벤자민 프랭클린이 말한 것처럼 "흉내만 내는 것과 진짜하는 것을 구별해야 한다." 가끔 개발과 직접 관련이 없는 사람들이 왜 이런 반복적인 과정이 필요한지 궁금해 한다. "왜 바로 한 번에 게임을 못 만들지?"라는 의문을 갖는 것이다. 결론부터 말하자면 게임 개발 과정이 혼잡하고 선형적인 것이 아니라 본질적으로 복잡하고 반복되는 과정이기 때문이다.

디자인-빌드-테스트의 반복 사이클은 게임을 만드는 과정뿐만 아니라 새로운 것을 만드는 모든 프로젝트에서 핵심적인 원리로 동작할 수 있다. 게임 컨셉이 아무리 탁월해도 실제로 이를 게임에 구현했을 때 정말 몰입할 수 있을지, 혹은 개선돼야 하는지 미리 알 수 있는 방법은 존재하지 않는다. 이를 알 수 있는 유일한 방법은 게임을 디자인한 다음 빌드를 시작하면서 최대한 빠르게 테스트를 수행하는 것이다. 단 한 번에 이 모든 과정을 통과하는 것은 불가능하다. 이 모든 과정을 충분히 반복해야 한다.

스테이지 게이팅

게임을 반복적으로 개발한다는 것이 매번 모든 것을 집어넣고 계속 동일한 과정을 반복한다는 것을 의미하는 것이 아니다. 모든 컨셉이 각기 다른 단계에서 제대로 동작하는지, 프로토타입과 플레이테스트를 통해 긍정적인 결과를 얻는지, 출시 이후 시장에서도 이 컨셉이 통할지 검증돼야 한다. 스테이지 게이팅^{Stage gating}이라고 부르는 기법을 통해 이런 과정을 효과적으로 수행할 수 있다. 이 방법을 사용하면 여러 개의 프로젝트가 동시에 시작될 수 있다. 동일한 컨셉을 가진 여러 개의 프로젝트도 가능하다. 각각의 프로젝트는 동일한 기간 동안 가치를 입증할 수 있는지, 원활하게 개발이 진행되고 있는지, 약속한 것들이 충분히 구현되고 있는지 등을 검증한다. 개발 초기에는 매 2주마다 한 번 정도 이 과정이 수행된다. 플레이테스트를 통해 받는 피드백에 기반을 두고 초기 디자인과 프로토타입이 빠르게 반복 수행돼야 하기 때문이다.

충분한 진전을 보이지 못했거나 너무 많은 리스크가 보이는 프로젝트는 이에 대한 수정을 거치거나 개발이 중단된다. 이런 방식이 결코 쉽지는 않지만 이것이 스테이지 게이팅의 핵심이기도 하다. 게임 개발에 필요한 새로운 아이디어를 찾기 위한 노력을 줄이지 않으면서도 더 가치 있는 프로젝트에 더 많은 리소스를 투입할 수 있는 장점이 있다. 파기된 프로젝트에서 수행했던 작업들이 그냥 손실되는 것은 아니다. 대니얼 쿡이 설명했듯이 "이들은 추후 사용 가능한 컨셉 은행Concept bank에 저장되는 것이다. 이 오래된 아이디어의 잔해들이 새로운 프로젝트의 자양분이 되는 것이다."(Cook 2007)

반복적인 제작

반복적 개발이라는 큰 전제하에서 게임 개발에 사용할 수 있는 방법도 다양하다. 스크럼 기반의 애자일 기법은 이제 게임 산업의 일반적인 모델이 됐다. 최소한 이 모델은 반복적 게임 개발과도 잘 맞아떨어진다.

애자일과 스크럼 방식은 통상적으로 디자인-빌드-테스트 루프를 2주 혹은 4주 간격(애자일 용어로 스프린트라고 한다)으로 진행하며 팀의 모든 사람이 참여하는 데일리 루프(주로 스크럼 미팅이 수행된다)를 통해 다른 사람들이 어떤 일을 하는지 공유한다. 게임 개발의 핵심 루프로 봐도 무방할 것이다.

2주 혹은 4주 간격의 스프린트 루프는 4장과 7장에서 살펴봤던 디자이너의 루프와 유사하다. 개발 초기 대부분의 업무는 게임 디자인을 반영해 게임 플레이가 가능한 소규모의 프로토타입을 만드는 데 할애된다. 프로젝트가 진행되면서 프로토타입보다는 본격적인 기능과 디자인을 구현하는 업무가 더 많은 비중을 차지하게 되고(물론 테스팅은 지속된다) 그 어떤 것보다 테스트에 많은 리소스가 할애된다. 이 기간 동안 상대적으로 짧은 2주 혹은 4주 기간의 스프린트 루프를 통해 프로젝트가 유지되는 것이 효과적이다. 하나의 스프린트 안에서 계획(앞서 수행된 테스트를 기반으로), 디자인, 개발, 테스트가 수행된다. 이 안에서도 다양한 단계가 존재한다. 게임 업계에서도 이런 반복적인 업무 방식과 그 안의 다양한 단계를 각기 다양한 이름으로 칭하고 있다. 하지만 기본적인 개념은 모두 동일하다.

컨셉 단계

컨셉 단계는 이제 막 게임 개발을 시작한 단계라고 할 수 있다. 이 단계에서는 컨셉 문서를 작성하고(6장 참고) 아트와 사운드 스타일을 정의한 후 빠르게 소규모의 프로토타입을 만들어 기본적인 컨셉과 핵심 루프를 검증한다. 이 단계에서 가능하다면 주요 시스템에 대한 문서 작업도 시작한다.

컨셉 단계는 컨셉이 얼마나 명확하게 설정되느냐에 따라 1달 ~ 3달 정도의 시간이 소요된다. 이 단계가 진행되는 도중 혹은 단계를 마무리를 할 무렵에 적절한 게이트를 설정해야 한다. 프로토타입을 통해 컨셉이 명확하게 보이지 않는다면 이 단계를 다시 시작하거나 다음 단계로 넘어가는 것이 좋다. 이 단계에서 더 많은 리소스를 투입해서는 안 된다. 컨셉 단계를 완벽하게 만들고 이를 재미있다고 느껴질 때까지 유지하는 것은 합리적인 판단이라고 보기 힘들다.

사전 제작 단계

기본적인 컨셉이 잘 잡혔다면 이제 컨셉 문서와 앞서 수행했던 프로토타이핑에서 배운 것들을 기반으로 내용을 최대한 많이 채워가야 한다. 또한 허용된 리소스 범위 안에서 제작할 수 있는 게임인지도 다시 확인해야 한다.

사전 제작 단계를 수행하는 가장 주된 목적은 당신과 아직은 여전히 소규모인 당신의 팀이 지금 만들고 있는 게임이 어떤 게임인지, 어느 정도의 비용과 리소스가 투입될 것인지, 개발에 얼마나 오랜 기간이 걸릴지 등을 파악하는 것이다. 게임의 컨셉을 가다듬고 이를 추가적인 문서에 반영하면서 많은 내용을 배워갈 수 있을 것이다. 추가되는 문서의 일부는 게임의 디자인과 직접적인 연관도 있을 수 있고, 일부는 상상했던 게임을 만드는 데 얼마나 오랜 기간이 드는지에 관한 내용일 수도 있다.

게임 출시에 필요한 기본적인 기능과 아트 에셋, 사운드 에셋에 대한 상세한 문서도 필요하다. 이 문서와 내용들은 실제로 게임이 개발되면서 변경될 것이다. 이 단계에서는 향후 어떤 것이 필요할지 미리 가늠해 인벤토리를 채워나갈 준비를 해야 한다.

그렇지 못하면 개발의 다음 단계가 어느 정도 규모인지 가늠조차 할 수 없게 된다.

기능과 에셋

게임에 구현돼야 하는 기능의 대략적인 모습은 게임 디자이너가 작성한 컨셉 문서와 시스템 초기 문서, 프로토타입을 통해 얻어질 수 있다. 게임이 출시됐을 때 플레이어가 즐길 수 있는 것들이 어떤 것이 있는지 여기서 결정된다. 기능의 목록이 너무 길어져서 게임 개발 기간이 늘어나고 개발의 영역 역시 넓어지지 않도록 주의해야 한다. 이런 경우는 스테이지 게이트를 통과할 수 있는 기회도 줄어든다. 반대로 기능이 너무 적다면 게임의 핵심적인 부분을 놓쳐서 몰입할 수 있는 경험을 제공하지 못하게 될 수도 있다. 최근에는 MVP^{Minimum Viable Product}(최소 기능 제품)라는 컨셉을 활용해 출시할 때 반드시 포함돼야 하는 기능을 정하기도 한다. 현재는 MVP라는 개념을 통해 출시할 때 활용할 수 있는 특정한 기능에 초점을 맞추기보다는 이런 것을 가능하게 만드는 프로세스를 구축하는 것에 더 초점을 맞추는 양상이다. 게임의 핵심 기능이 어떤 것이고, 이후 어떤 것들이 추가돼야 하는지 아는 것은 여전히 중요한 일이다. 게임의 컨셉과 핵심 루프를 명확하게 설정하고 이들이 반영된 주요 시스템을 구축한 상태라면 게임을 출시할 때 어떤 기능이 반드시 포함돼야 하며 출시 이후 어떤 기능이 추가될 것이라고 명쾌하게 설명할 수 있을 것이다.

기본 기능 리스트 혹은 MVP를 기반으로 게임에서 어떤 에셋들이 구현돼야 하는지도 파악할 수 있다. 사용자 인터페이스부터 시작해 모든 몬스터와 캐릭터, 크리쳐를 만들 때 필요한 아트, 사운드, 애니메이션 등이 포함되는 에셋 리스트를 작성해야 한다. 여기에는 각 에셋의 이름과 간단한 설명, 필요하다면 추가 설명(파일의 크기나 애니메이션 유무)이 함께 기록돼야 한다. 방대하고 힘든 작업이라는 것은 틀림없지만 게임 안에 시스템을 제대로 구현하고자 반드시 필요한 과정으로 이해하고 이 과정이 원활하게 수행될 수 있게 노력해야 한다.

프로젝트 계획

게임에서 구현돼야 하는 모든 시스템과 콘텐츠를 파악하게 되면 이를 실제로 구현하는 데 어떤 인력과 기술이 필요한지 더 잘 이해하게 될 것이다. 스테이지 게이트 미팅을 진행할 때 시니어 프로듀서와 시니어 프로그래머가 참여해야 하듯이 이 지점부터 이들의 도움이 필요하다. 게임이 어느 정도까지 구현 가능할지, 어느 부분이 더 가다듬어져야 할지, 어떤 영역이 가장 리스크가 많은 부분인지 등에 대해 이들 시니어 인력들의 의견을 들을 필요가 있다. 이런 정보와 도움을 기반으로 어느 정도의 예산이 필요한지 파악하고 게임 프로젝트에 대한 전반적인 계획을 수립할 수 있을 것이다.

프로젝트 계획은 일종의 로드맵으로 언제 어떤 것이 만들어져야 하는지를 보여준다. 프로젝트 계획을 준비할 때 일 단위 혹은 주 단위로 전체 프로젝트에 대한 계획을 세우기도 한다. 하지만 이는 결국 쓸모없는 노력이 될 뿐이다. 게임 개발 일정은 진행되면서 빈번히 바뀌기 마련이다. 대신 다음 4주 동안 진행될 업무를 일 단위, 개별 인력 단위, 혹은 팀 단위로 설정하고 이를 좀 더 자세한 수준으로 설정(달성해야 하는 주된 업무들을 명시)하는 것이 훨씬 효과적이다. 이 스케줄에는 디자인, 구현, 플레이테스트 이에 대한 평가를 포함한 스프린트나 이와 유사한 반복적인 패턴을 수행하기에 필요한 시간이 충분히 고려돼야 한다.

그다음은 이후 3개월 동안 수행할 업무의 우선순위를 정한다. 4주 혹은 8주 정도 프로그래밍과 아트, 디자인 등 가장 주력할 업무를 선정한다. 이 과정이 완료되면 다음 3개월 정도 월별로 달성해야 하는 과제를 선정한다. 이렇게 되면 지금까지 총 6개월 기간을 계획한 것이다. 이를 기반으로 이제 각 분기마다 어떤 것이 완료돼야 하는지 결정한다. 개발이 진행되는 동안 동일한 방식으로, 즉 주 단위 혹은 월 단위로 계획을 수립한다. 결과적으로 언제나 이번 달 혹은 다음 달까지 어떤 일이 완료돼야 하는지 상세히 파악할 수 있을 것이다. 아울러 두 달 이후 혹은 해당 분기 안에 어떤 일이 완료돼야 하는지도 가늠할 수 있게 된다. 프로젝트가 진행되면서 또 다른 게이트가 추가되더라도 이를 통해 이번 달 혹은 스프린트를 통해 프로젝트가 얼마나 진행됐는지 알 수 있게 되는 것이다.

사전 제작 단계로 넘어가기

일반적으로 사전 제작 단계는 2개월 혹은 3개월 정도의 시간이 소요되며 길게는 6개월까지 필요할 때도 있다. 생각보다 긴 시간일 수도 있지만 향후 효과적으로 업무를 진행하려면 이 시점에 이 정도의 시간 투입은 필요하다. 이 시간을 통해 이후 발생할 힘겨운 시간들을 대비할 수 있기 때문이다. 사전 제작 단계 중간에 한 번, 마지막에 한 번 스테이지 게이트 회의를 가져야 한다. 이를 통해 회의 사이의 기간 동안 충분히 게임을 반복해 제작하고 테스트할 수 있는 시간을 벌면서 프로젝트가 원래의 궤도에서 벗어나지 않게 할 수 있다. 예산과 스케줄, 컨셉과 시스템 문서, 정리된 에셋 목록 등이 사전 제작 기간 동안 준비될 수 있다면 스스로 무엇을 만들고 있는지, 앞으로 얼마나 많은 시간과 리소스가 투입될지 충분히 잘 알 수 있을 것이며 이를 다른 사람들에게도 보여줄 수 있을 것이다.

물론 이 기간 동안에도 예산을 산정하고 에셋 리스트를 만드는 것과 같은 반복적인 개발을 지속해서 수행할 수 있다. 또한 컨셉 문서와 관련된 시스템 문서를 쓸 수도 있고, 프로토타입을 만들고 이를 테스트하며, 게임 소프트웨어 아키텍처를 다시 짜는 작업을 수행할 수도 있다. 컨셉과 시스템 아키텍처, 초기 기능, 스케줄, 예산 등이 충분히 준비됐다고 판단되면 스테이지 게이트 회의를 거쳐 제작 단계로 넘어갈 수 있다.

제작 단계

무엇을 만들어야 할지 알았다면 이제 본격적으로 만들어야 할 시기가 된 것이다. 이 과정은 반복과 상관이 없어 보이지만 실상은 다르다. 이 시점에서 게임의 컨셉과 디자인은 프로토타입과 플레이테스트를 통해 검증되고 충분히 팀의 모든 사람이 충분히 인지하고 있을 것이다. 작업의 진행 상황과 결과에 대해서도 마찬가지다. 하지만 여전히 알 수 없는 부분과 테스트가 필요한 기능들이 남아있다. 제작 단계에서도 디자인-빌드-테스트 루프를 반복해서 수행하는 것이 여전히 중요하다. 다만 이제는 프로토타입에 의존하는 것이 아니라 현재 만들고 있는 게임 자체를 테스트하면서 개선해 가는 과정을 반복해야 하는 것이다. 새로운 아이디어와 기능을 구현하는 새로운 방법, 게임 안에 구현하고 싶은 새로운 시스템이 항상 발생하기 마련이다. 이 모든 것을 한 번에 정할 수는 없다.

늘 새로운 기능이 필요하지만 그러면서도 고전적인 문제인 '스코프 크립Scope creep'[1]을 피해가는 것도 중요하다. 새로운 시스템이나 기능 '딱 하나만' 더 추가하는 것은 아주 매력적으로 보인다. 하지만 이런 일을 수행할 때마다 시간이 소모되고 동시에 리스크가 하나 더 추가된다는 사실도 명심해야 한다. 새로운 기능과 시스템을 추가할 때는 기존에 존재하던 것들에 어떤 영향을 미치는지, 게임에 새롭게 미치는 영향은 어떤 것들이 있을지 세심하게 고려해야 한다. 새로 추가되는 항목이 게임에 추가되기 전에 자체의 컨셉을 검증하고 사전 제작 단계를 통과해야 한다. 이를 수행할 시간이 없다면 이 기능이나 시스템을 게임에 추가해서는 안 된다.

새로운 기능이나 시스템에 대한 컨셉과 시스템 디자인이 신속하게 프로토타이핑을 거쳐 완료될 수 있다면 구현을 잠시 보류할 수도 있다. 이 기능을 사용하지 않겠다는 것이 아니다. 컨셉을 저장하는 은행에 이 기능을 저장해놓고 우선 기간 안에 게임 초기 버전을 완성하는 데 더 집중하는 것이다. 이후에 여유가 있는 상황에 이를 추가하는 것이 훨씬 합리적일 수 있기 때문이다. 새로운 아이디어를 구현하고자 기존 게임 개발 과정이 보조를 맞춰줄 필요는 없다. 게임 디자인을 원래의 컨셉에 기반을 두고 명확하고 집중된 상태로 유지하는 것이 훨씬 중요하다. 가치 있는 아이디어는 게임이 성공을 거둔 이후에라도 얼마든지 추가할 수 있다.

---

1. 기능이나 업무가 처음 예상했던 것보다 조금씩 넓어지는 것 – 옮긴이

제작 분석

10장에서도 언급했듯이 게임이 개발되는 동안 프로젝트가 정상적으로 진행되고 있는지 판단하게 도와주는 메트릭을 만들고 이를 분석해야 한다. 개인별로, 업무별로, 혹은 반복되는 마일스톤별로 이런 메트릭을 수집하고 분석할 수 있다.

개별 업무는 완료에 필요한 시간을 산정하고 실제로 얼마나 오랜 시간이 해당 업무에 투입됐는지 측정해 관리할 수 있다. 특정한 디자인 업무나 개발 업무가 2일 만에 완료될 것이라고 판단했는데, 실제로는 4일이 더 경과한 시점까지도 완료되지 않았다면 분명 어떤 문제가 있는 것이다. 작은 일에 불과하지만 프로젝트 전체가 잘못된 방향으로 가고 있다는 것을 보여주는 예가 될 수도 있다. 소프트웨어 아키텍처인 프레드 브룩스Fred Brooks는 "프로젝트가 어떻게 1년씩이나 지연되는지 아는가? ... 한 번에 하루씩 지연되는 것이 쌓여서 그렇게 되는 것이다."(Brooks 1995)라고 말했다.

개별 업무 완료에 필요한 시간들이 측정되는 것처럼 팀 구성원들이 수행하는 업무도 측정하고 관리할 수 있다. 이런 분석 작업은 구성원들이 더 나은 퍼포먼스를 낼 수 있도록 세심하게 수행되고 관리돼야 한다. 프로젝트 전체 추정 대비 개별 작업의 성과가 일치하지 않더라도 구성원에 대해 낙인을 찍어서는 안 된다. 최초 추정 대비 실제 작업의 진행 비율을 따지는 것을 포함해 구성원들의 작업성과를 측정하는 방법 역시 다양하다. 어느 정도의 데이터가 쌓이면 이 비율을 각 개인의 업무 성과를 추정하는 데 필요한 승수로 사용하거나 업무를 배우고 숙련하기까지 필요한 시간을 계산하는 데 사용할 수도 있다. 예를 들어 어떤 사람이 예상한 시간보다 항상 늦게 일을 완수하고 초과한 평균 시간이 20% 정도라고 가정하자. 향후 이 사람의 평가에도 이 숫자가 반영될 것이며 이 사람이 어떤 일을 마무리하는 데 드는 시간을 산정할 때도 1.2를 곱하게 될 것이다. 그 사람이 이 비율을 보고 좀 더 효율적으로 일을 진행할 수 있다면 업무 완료 시간이 산정했던 시간에 가까워 지면서 1.2x 걸리던 시간이 단축될 것이다. 결과적으로는 이 비율 역시 줄어들 것이다. 팀 구성원들이 기간 안에 업무를 더 효과적으로 완수할 수 있다면 프로젝트 역시 예정대로 진행될 확률이 커질 것이다.

프로젝트의 마일스톤도 마찬가지다. 프로젝트의 마일스톤은 각 구성원들이 해당 기간 수행하기로 한 업무 대비 실제로 수행한 업무의 비율로 측정될 수 있다. 앞선 마일스톤에 대한 간단한 포스트모텀을 통해 심각한 문제나 리스크를 포함해 현재 프로젝트의 상태를 명백하게 알 수 있을 것이다. 번다운 차트와 같이 진행 상황과 남아있는 업무를 시각적으로 보여주는 기법을 활용하면 팀이 해당 기간 동안 그리고 그 반복 기간이 종료된 다음에도 작업이 어떤 식으로 진행됐고 어떤 것들이 남아 있는지 확인하는 데 도움을 줄 것이다.

알파 마일스톤

게임 제작이 점점 진행되면서 알파 마일스톤에 다다르게 된다. 어떤 면에서 이 개념은 전통적인 게임 제작 방법의 유산이라고 할 수 있다. 전통적으로 '알파'라는 단어는 구현과 테스트의 경계, 즉 필요한 모든 기능이 제자리에 위치한 시점을 의미했다. 이 단계의 마일스톤에서도 여전히 정의해야 할 많은 것('정의'라는 용어도 게임 업계에서 다양한 의미를 가진다)들이 남아있으며 앞으로도 수많은 테스트가 예정돼 있을 것이다. 스팀의 '얼리 억세스'와 같은 개념이 알파 마일스톤에 부합한다. 즉, 플레이어들은 아직 개발이 완전히 완료되지 않은 게임에 접속할 수 있고 개발자들은 이를 통해 실제 플레이어들이 어떻게 그들의 게임을 플레이하는 지에 대한 데이터를 쌓을 수 있는 것이다.

알파 마일스톤의 핵심 과제는 광범위하게 플레이 가능한 게임을 보여주는 것이다. 주요한 시스템과 기능, 에셋들이 제자리에 위치하고 이를 기반으로 게임을 평가할 수 있어야 한다. 물론 버그는 존재하겠지만 핵심 루프와 이를 기반으로 하는 게임 플레이가 가능하고, 이를 팀 외부의 사람들과 함께 테스트할 수 있어야 한다. 게임이 이 조건들을 충족한다면 게이트를 성공적으로 통과한 것이다. 조건을 충족하지 못했다면 다시 반복적인 과정을 거치거나 혹은 프로젝트 자체가 취소돼야 한다.

알파 마일스톤에 앞서 팀은 주요한 시스템과 기능을 구축하고 플레이테스트를 통해 게임 플레이를 검증한다. 이 마일스톤을 통과하면 팀은 새로운 기능이나 시스템을 추가하는 대신 게임을 테스트하고 버그를 수정하는 업무에 집중한다. 디자인 작업이 계속 이어질 수 있지만 이는 게임 플레이를 즐겁게 만들고자 시스템 밸런스를 수정하고 로우레벨의 속성 값을 조정하는 정도로 제한돼야 한다.

게임이 안정화 단계에 접어들면 리뷰를 통해 다음 단계로 진행할 수 있는지 점검한다. "게임이 다음 단계를 진행하기에 충분한가?"라는 질문을 던지고 여기에 자신 있게 긍정적으로 답할 수 있다면 이 단계에 필요한 모든 작업이 완료된 것이다. 하지만 많은 작업을 완료했음에도 여전히 작업이 완료되지 않았을 수도 있다. 앞서 발견됐어야 하는 중요한 이슈들이 늦게 발견돼 제작 후반부에 프로젝트를 접게 될 수도 있다. 하지만 게임이 재미가 없다거나 몰입할 수 없다는 이유만으로 프로젝트의 진행이 중단돼서는 안 된다. 무언가 잘못돼 마일스톤을 취소해야 한다면 이전 단계를 돌아보고 게임에서 무엇이 잘못됐는지, 프로세스 전체에 잘못된 점은 없는지 살펴봐야 한다. 앞서 발견된 이슈들 중에서 해결되지 않고 전체 프로젝트를 쇠약하게 만들고 있는 것들이 있는지 파악해야 한다.

베타 마일스톤

게임의 기능과 시스템, 에셋이 모두 준비된 상태라면 팀의 업무는 이들의 밸런스를 맞추고, 버그를 수정하고, 게임을 가다듬는 데 집중된다. 게임 시스템에 포함돼 있는 각 부분의 속성 값을 미세하게 조정하는 것도 이 단계에서 게임을 가다듬는 작업에 포함된다. 예를 들어 한 몬스터가 다른 몬스터에 비해 좀 더 빠르게 이동한다면 이런 부분의 값을 조정해 밸런스를 더 정교하게 맞출 수 있다. 아트와 애니메이션, 특히 사용자 인터페이스를 가다듬는 것도 이 단계에서 반드시 필요한 작업이다. UI는 게임 플레이에 직접적인 영향을 미치지 않지만 매력적이어야 한다. 하지만 이것만으로 게임 자체가 더 매력적인 것이 되거나 몰입할 수 있는 대상이 되지 않는다는 것도 함께 고려해야 한다.

심각한 문제가 발견되는 횟수는 줄어들겠지만 플레이어와 함께 테스트를 지속적으로 수행하면서 게임의 흥미와 몰입이 유지되는지 확인해야 한다. 이 단계에 다다른 게임은 이제 베타 마일스톤이 시작되는 것이다.

베타 마일스톤은 일반 대중에게 게임을 공개 혹은 판매할 수 있을 정도로 사용성과 신뢰성이 높아졌는지 판단하는 단계를 의미한다. 최근에는 게임 개발의 초기 프로세스에서부터 게임을 공개하기 시작한다. 따라서 최근의 베타 마일스톤에서는 수익 모델에 대한 테스트, 배포에 필요한 인프라스트럭처, CDN과 같이 최종 배포에 필요한 부수적인 작업이 수행되는 경우가 많다. 특히 부분 유료화 게임의 경우 배포 이후 1일, 1주, 한 달 이후에도 얼마나 많은 사람이 남아서 게임을 즐길지 보여주는 잔존율과 같이 중요한 게임 데이터를 측정할 수 있는 단계이기도 하다. 하지만 이런 수치를 통해서도 게임의 성공을 예측할 수 없다면 이 단계에서라도 프로젝트를 접을 수 있어야 한다(대규모 스튜디오에서는 생각보다 이런 경우가 자주 발생한다).

상업적 출시

게임을 디자인하고, 개발하고, 테스팅하는 과정이 모두 완료되면 이제는 일반 대중을 대상으로 게임을 출시해야 하는 마지막 단계에 다다른 것이다. 이 마일스톤에 다다르는 것은 오랜 기간 동안 수많은 어려운 작업을 해냈다는 것을 의미한다. 이제 당신은 세상에 나와 달릴 준비가 된 게임을 갖게 된 것이다. 충분히 즐길 수 있는 순간이다. 이 단계부터 당신이 만든 게임은 온전히 당신의 것만이 아니다. 플레이어들이 게임을 보고 접하면서부터 그들의 것이기도 하다. 이 단계부터는 플레이어가 어떤 생각을 하고 당신이 분석한 것들이 어떤 것을 의미하는지에 더 집중해야 한다. 이를 통해 다음에 무엇을 수정하고 추가할지 우선순위가 정해지기 때문이다.

게임 마무리

수많은 사람이 게임을 만들기 시작하지만 정작 마무리까지 하는 사람은 극히 드물다. 게임에 대한 아이디어를 모으는 단계에서부터 게임을 디자인하고, 개발하고, 테스팅하는 모든 단계를 지나 게임을 마무리하는 과정까지 끊임없이 헌신할 수 있어야 한다. 프로젝트를 취소하고 다시 시작할 수도 있다. 개인적으로는 아주 오래 전에 들었던 금언을 떠올리고는 한다. "어떤 형태로든 완성됐다면 완성되지 않은 그 어떤 것보다 낫다."

상업적인 게임이든 혹은 웹 사이트에서 무료로 배포하는 게임이든, 얼마나 규모가 작고 품질이 조악하든지 상관없이 출시된 게임은 당신의 머릿속에만 있는 아무리 훌륭한 아이디어보다 낫다. 게임은 실제로 존재하는 것이고 머릿속 아이디어는 실체가 없기 때문이다. 훌륭한 게임을 만들고 싶다면 어떤 형태로든 만들어내는 것이 우선이다. 그리고 실제로 게임을 만들려면 디자인과 개발을 수행하고 테스트를 통해 완성해야 한다.

게임 개발에서 가장 어려운 단계는 앞서 컨셉을 잡는 단계가 아니다. 아이디어를 만드는 과정은 상대적으로 쉽고 다양하며, 대부분 경험이 부족한 디자이너들의 아이디어가 그렇듯 자체로는 사실 아무런 가치가 없다. 게임의 모든 부분을 커버하는 컨셉을 만들려면 창조적인 역량이 필요하지만 이 과정은 이후의 다른 과정에 비해 상대적으로 자유롭고 재미있는 부분이다. 정말 어려운 구간은 게임 개발 기간의 후반부, 즉 디자이너인 당신의 작업이 거의 완료된 순간부터 시작된다. 게임을 한 번도 접한 적이 없는 플레이어들과 함께 대규모 플레이테스트를 수행하고 수많은 버그와 불평, 혼란스러운 부분을 수정하고 개선하며, 불안하고 균형 잡히지 않은 시스템을 개선해 나가야 하는 시간들이 펼쳐지는 것이다. 이는 분명히 힘들고 쉽게 상심할 수 있는 일들이다. 이 시간들을 잘 참아내면서 게임을 완성한다는 목표에서 눈을 떼지 말아야 한다. 오히려 팀이 화합하고 진정한 성과를 거둘 수 있는 기간이 될 수도 있다. 그리고 끝없이 쏟아지는 결함을 수정하고자 오랜 시간 시달릴 수도 있다. 하지만 이 과정을 거쳐야만 다른 사람들이 즐겁게 플레이할 수 있는 게임이 탄생할 수 있다는 것을 잊지 말아야 한다.

'완성'한다는 것이 '완벽'하게 만든다는 것을 의미하는 것이 아니다. 게임뿐만 아니라 모든 창조적인 작업이 작업을 수행하는 크리에이터의 눈에는 절대 완성된 것처럼 보이지 않을 것이다. 하물며 완벽함을 따질 필요까지도 없어 보인다. 어려운 과정이지만 반복해서 디자인하고 개발을 수행하고 다른 사람이 플레이테스트를 수행하게 하는 과정을 거쳐야 한다. 이 어려운 개발 시기를 거치면서 플레이테스트와 스테이지 게이팅에 실패하고 다시 반복해서 게임을 가다듬는 과정을 거쳐야만 마지막으로 완성된 게임을 얻게 되는 것이다.

플레이어들이 재미있게 몰입할 수 있는 시기에 맞춰 플레이할 수 있는 게임을 배포할 수 있어야 한다. 하지만 대부분의 경우 출시가 목전인 시점에서도 아직 게임이 배포할 준비가 제대로 되지 않았다고 생각할 것이다. 게임을 험난한 세상에 내보내기 두려운 것이다. 그렇게 오랜 시간을 힘들여 일했는데 정말 이제 끝낼 수 있는가에 대해서도 의문이 들 것이다. 아직도 수정해야 할 버그가 남아있지 않을까? 지금까지 플레이테스트가 원활하게 진행됐다면 할 일이 더 남아 있다고 하더라도 이제는 출시해야 할 시점이 된 것이다.

다행히 최근에는 발달한 기술을 통해 출시 이후에도 게임을 보완하고 개선하는 작업을 수행할 수 있다. 무엇이 개선돼야 하는지를 알려면 우선 게임을 출시해야 한다. 플레이테스트를 수행했던 소규모 인원 이상의 훨씬 많은 사람이 게임을 어떻게 생각하고 있는지 직면해야 하는 것이다.

이 과정을 디자이너 루프의 가장 바깥쪽에 위치한 부분이라고 생각해야 한다. 게임을 출시하고 시장에서 어떤 성과를 거두는지를 통해 배울 수 있는 것들은 다른 어떤 과정을 통해서도 배울 수 없는 것들이다. 초기에 컨셉을 잡는 흥미로운 과정에서 시작해 험난한 개발의 계곡을 지나 최종적으로 게임을 출시하는 전체 프로세스를 거치게 되면 비로소 진정한 의미의 게임 디자이너로 거듭나게 되는 것이다.

요약

게임은 디자인뿐만 아니라 다른 수많은 작업을 거쳐 출시된다. 게임 개발을 시작하려면 엘리베이터나 회의실 같이 장소를 가리지 않고 당신의 아이디어를 효과적으로 커뮤니케이션할 수 있어야 한다. 잠재적인 투자자, 미디어 관계자, 팀 구성원들에게 당신이 갖고 있는 흥미로운 아이디어를 효과적으로 전달할 수 있어야 하는 것이다. 갖고 있는 컨셉을 검증하는 과정에서 쏟아지는 비평과 비판도 세심하게 수용할 수 있어야 한다.

반복적으로 수행되는 개발과 그 안에서 빈번하게 수반되는 프로토타이핑, 플레이테스트, 엄격한 스테이지 게이팅의 진가를 인정할 수 있어야 한다. 게임 개발의 각 단계를 충분히 이해하는 것은 기본이다. 초기 컨셉 단계, 사전 제작, 제작, 알파, 베타 등의 다양한 단계를 거치면서 신속하고 일관된 페이스로 게임을 개발할 수 있을 것이다.

마지막으로 게임을 마무리하는 과정의 본질과 속성, 수반되는 어려움을 이해할 수 있어야 한다. 게임에 대한 좋은 아이디어의 대부분은 프로토타입을 통해 형상화되지 못한다. 또한 일부가 그 과정을 통과한다고 해도, 실제로 마무리되지 못하는 아이디어도 허다하다. 최종적으로 플레이어가 즐길 수 있는 수준의 게임을 만드는 것은 결코 쉬운 일이 아니며 절대로 과소평가돼서도 안 된다. 이런 과정을 거쳐 가는 것이야말로 게임 디자이너로서의 경험과 스킬을 발전시키고 커리어를 개선하는 길이 될 것이다.

참고 문헌

Achterman, D. 2011. *The Craft of Game Systems*. November 12. Accessed March 1, 2017. https://craftofgamesystems.wordpress.com/2011/12/30/system-design-general-guidelines/.

Adams, E., and J. Dormans. 2012. *Game Mechanics: Advanced Game Design*. New Riders Publishing.

Alexander, C. 1979. *The Timeless Way of Building*. Oxford University Press.

Alexander, C., S. Ishikawa, and M. Silverstein. 1977. *A Pattern Language: Towns, Buildings, Construction*. Oxford University Press.

Alexander, L. 2014. *A Dark Room's Unique Journey from the Web to iOS*. Accessed March 25, 2017. http://www.gamasutra.com/view/news/212230/A_Dark_Rooms_unique_journey_from_the_web_to_iOS.php.

__. 2012. *GDC 2012: Sid Meier on How to See Games as Sets of Interesting Decisions*. Accessed 2016. http://www.gamasutra.com/view/news/164869/GDC_2012_Sid_Meier_on_how_to_see_games_as_sets_of_interesting_decisions.php.

Animal Control Technologies. n.d. *Rabbit Problems in Australia*. Accessed 2016. http://www.animalcontrol.com.au/rabbit.htm.

Aristotle. 350 BCE. *Metaphysics*. Accessed September 3, 2017. http://classics.mit.edu/Aristotle/metaphysics.8.viii.html.

Armson, R. 2011. *Growing Wings on the Way: Systems Thinking for Messy Situations*. Triarchy Press.

Army Training and Doctrine Command. 1975. *TRADOC Bulletin 2, Soviet ATGMs: Capabilities and Countermeasures (Declassified)*. U.S. Army.

Bartle, R. 1996. *Hearts, Clubs, Diamonds, Spades: Players Who Suit MUDs.* Accessed March 20, 2017. http://mud.co.uk/richard/hcds.htm.

Bateman, C. 2006. *Mathematics of XP.* August 8. Accessed June 15, 2017. http://onlyagame.typepad.com/only_a_game/2006/08/mathematics_of_.html.

Berry, N. 2011. *What Is Your Body Worth?* Accessed September 3, 2017. http://www.datagenetics.com/blog/april12011/.

Bertalnaff y, L. 1968. *General System Theory: Foundations, Development, Applications.* Braziller.

Bertalnaff y, L. 1949. "Zu Einer Allgemeinen Systemlehre, Blätter für Deutsche Philosophie, 3/4," *Biologia Generalis, 19,* 139–164.

Bigart, H. 1962. "A DDT Tale Aids Reds in Vietnam," *New York Times,* February 2, 3.

Birk, M., I. Iacovides, D. Johnson, and R. Mandryk. 2015. "The False Dichotomy Between Positive and Negative Aff ect in Game Play," *Proceedings of CHIPlay.* London.

Bjork, S., and J. Holopainen. 2004. *Patterns in Game Design.* New York: Charles River Media.

Bogost, Ian. 2009. "Persuasive Games: Familiarity, Habituation, and Catchiness." Accessed November 24, 2016. http://www.gamasutra.com/view/feature/3977/persuasive_games_familiarity_.php.

Booth, J. 2011 *GDC Vault 2011–Prototype Through Production: Pro Guitar in ROCK BAND 3.* Accessed September 11, 2017. http://www.gdcvault.com/play/1014382/Prototype–Through–Production–Pro–Guitar.

Box, G., and N. Draper. 1987. *Empirical Model–Building and Response Surfaces.* Wiley.

Bretz, R. 1983. *Media for Interactive Communication.* Sage.

Brooks, F. 1995. *The Mythical Man–Month: Essays on Software Engineering.* Addison–Wesley.

Bruins, M. 2009. "The Evolution and Contribution of Plant Breeding to Global Agriculture," *Proceedings of the Second World Seed Conference.* Accessed September 3, 2017. http://www.fao.org/docrep/014/am490e/am490e01.pdf.

Bura, S. 2008. *Emotion Engineering in Videogames.* Accessed July 28, 2017.
http://www.stephanebura.com/emotion/.

Caillois, R, and M. Barash. 1961. *Man, Play, and Games.* University of Illinois Press.

Capra, F. 2014. *The Systems View of Life: A Unifying Vision.* Cambridge University Press.

__. 1975. *The Tao of Physics.* Shambala Press.

Card, S., T. Moran, and A. Newell. 1983. *The Psychology of Human-Computer Interaction.*
Erlbaum.

Case, N. 2017. *Loopy.* Accessed June 6, 2017. ncase.me/loopy.

__. 2014. *Parable of the Polygons.* Accessed March 15, 2017. http://ncase.me/polygons/.

CDC. 2017. *Work Schedules: Shift Work and Long Hours.* Accessed July 10, 2017.
https://www.cdc.gov/niosh/topics/workschedules/.

Cheshire, T. 2011. "In Depth: How Rovio Made *Angry Birds* a Winner (and What's Next),"
Wired, March 7. Accessed February 2, 2017. http://www.wired.co.uk/article/
how-rovio-made-angry-birds-a-winner.

Cook, D. 2012. *Loops and Arcs.* Accessed February 24, 2017. http://www.lostgarden.
com/2012/04/loops-and-arcs.html.

__. 2011a. *Shadow Emotions and Primary Emotions.* Accessed July 28, 2017.
http://www.lostgarden.com/2011/07/shadow-emotions-and-primary-emotions.
html.

__. 2011b. *Game Design Logs.* Accessed September 10, 2017. http://www.lostgarden.
com/2011/05/game-design-logs.html

__. 2010. *Steambirds: Survival: Goodbye Handcrafted Levels.* Accessed July 27, 2017.
http://www.lostgarden.com/2010/12/steambirds-survival-goodbye-handcrafted.
html.

__. 2007. *Rockets, Cars, and Gardens: Visualizing Waterfall, Agile, and Stage Gate.*
Accessed July 13, 2017. http://www.lostgarden.com/2007/02/rockets-cars-and-
gardens-visualizing.html.

Cooke, B. 1988. "The Eff ects of Rabbit Grazing on Regeneration of Sheoaks, Allocasuarina,

Verticilliata, and Saltwater TJ–Trees, Melaleuca Halmaturorum, in the Coorong National Park, South Australia," *Australian Journal of Ecology, 13*, 11-20.

Cookson, B. 2006. *Crossing the River: The History of London's Thames River Bridges from Richmond to the Tower.* Mainstream Publishing.

Costikyan, G. 1994. *I Have No Words and I Must Design.* Accessed 2016. http://www.costik.com/nowords.html.

Crawford, C. 1984. *The Art of Computer Game Design.* McGraw–Hill/Osborne Media.

__. 2010. *The Computer Game Developer's Conference.* Accessed December 24, 2016. http://www.erasmatazz.com/personal/experiences/the-computer-game-developer.html.

Csikszentmihalyi, M. 1990. *Flow: The Psychology of Optimal Experience.* Harper & Row.

Damasio, A. 2003. *Looking for Spinoza: Joy, Sorrow, and the Feeling Brain.* Harcourt.

Dennet, D. 1995. *Darwin's Dangerous Idea.* Simon & Schuster.

Descartes, R. 1637/2001. *Discourses on Method, Volume V, The Harvard Classics.* Accessed June 10, 2016. http://www.bartleby.com/34/1/5.html.

Dewey, J. 1934. *Art as Experience.* Perigee Books.

Dinar, M., C. Maclellan, A. Danielescu, J. Shah, and P. Langley. 2012. "Beyond Function–Behavior–Structure," *Design Computing and Cognition*, 511-527.

Dmytryshyn, Y. 2014. *App Stickiness and Its Metrics.* Accessed July 28, 2017. https://stanfy.com/blog/app-stickiness-and-its-metrics/.

Dormans, J. n.d. *Machinations.* Accessed June 6, 2017. www.jorisdormans.nl/machinations.

Einstein, A., M. Born, and H. Born. 1971. *The Born–Einstein Letters: Correspondence Between Albert Einstein and Max and Hedwig Born from 1916-1955, with Commentary by Max Born.* Accessed June 10, 2016. https://archive.org/stream/TheBornEinsteinLetters/Born-TheBornEinsteinLetter_djvu.txt.

Ekman, P. 1992. "Facial Expressions of Emotions: New Findings, New Questions," *Psychological Science*, 3, 34-38.

Eldridge, C. 1940. *Eyewitness Account of Tacoma Narrows Bridge*. Accessed September 3, 2017. http://www.wsdot.wa.gov/tnbhistory/people/eyewitness.htm.

Ellenor, G. 2014. *Understanding "Systemic" in Video Game Development*. Accessed December 15, 2017. https://medium.com/@gellenor/understanding-systemic-in-video-game-development-59df3fe1868e.

Fantel, H. 1992. "In the Action with Star Wars Sound," *New York Times*, May 3. Accessed July 9, 2017. http://www.nytimes.com/1992/05/03/arts/home-entertainment-in-the-action-with-star-warssound.html.

Fitts, P., and J. Peterson. 1964. "Information Capacity of Discrete Motor Responses," *Journal of Experimental Psychology*, 67(2), 103-112.

Forrester, J. 1971. "Counterintuitive Behavior of Social Systems," *Technology Review, 73*(3), 52-68.

Fuller, B. 1975. *Synergetics: Explorations in the Geometry of Thinking*. Macmillan Publishing Co.

Gabler, K., K. Gray, M. Kucic, and S. Shodhan. 2005. *How to Prototype a Game in Under 7 Days*. Accessed March 10, 2017. http://www.gamasutra.com/view/feature/130848/how_to_prototype_a_game_in_under_7_.php?page=3.

Gambetti, R., and G. Graffigna. 2010. "The Concept of Engagement," *International Journal of Market Research*, 52(6), 801-826.

Game of War-Fire Age. 2017. Accessed March 12, 2017. https://thinkgaming.com/app-sales-data/3352/game-of-war-fire-age/.

Gardner, M. 1970. "Mathematical Games-The Fantastic Combinations of John Conway's New Solitaire Game *Life*," *Scientific American, 223*, 120-123.

Garneau, P. 2001. *Fourteen Forms of Fun*. Accessed 2017. http://www.gamasutra.com/view/feature/227531/fourteen_forms_of_fun.php.

Gell-Mann, M. 1995. *The Quark and the Jaguar: Adventures in the Simple and the Complex*. Henry Holt and Co.

Gero, J. 1990. "Design Prototypes: A Knowledge Representation Schema for Design," *AI Magazine*, 11(4), 26-36.

Giaime, B. 2015. "Let's Build a Game Economy!" *PAXDev*. Seattle.

Gilbert, M. 2017. *Terrence Mann Shares Industry Wisdom and Vision for Nutmeg Summer Series*. Accessed March 15, 2017. http://dailycampus.com/stories/2017/2/6/terrance-mann-shares-industrywisdom-and-vision-for-nutmeg-summer-series.

Goel, A., S. Rugaber, and S. Vattam. 2009. "Structure, Behavior, and Function of Complex Systems: The Structure, Behavior, and Function Modeling Language," *Artificial Intelligence for Engineering Design, Analysis and Manufacturing, 23*(1), 23–35.

Greenspan, A. 1996. *Remarks by Chairman Alan Greenspan*. Accessed August 8, 2017. https://www.federalreserve.gov/boarddocs/speeches/1996/19961205.htm.

Grodal, T. 2000. "Video Games and the Pleasure of Control." In D. Zillman and P. Vorderer (eds.), *Media Entertainment: The Psychology of Its Appeal* (pp. 197–213). Lawrence Erlbaum Associates.

Gwiazda, J., E. Ong, R. Held, and F. Thorn. 2000. *Vision: Myopia and Ambient Night-Time Lighting*.

History of CYOA. n.d. Accessed November 24, 2016. http://www.cyoa.com/pages/history-of-cyoa.

Heider, G. 1977. "More about Hull and Koff ka. *American Psychologist, 32*(5), 383.

Holland, J. 1998. *Emergence: From Chaos to Order*. Perseus Books .

__. 1995. *Hidden Order: How Adaptation Builds Complexity*. Perseus Books.

Howe, C. 2017. "The Design of Time: Understanding Human Attention and Economies of Engagement," *Game Developer's Conference*. San Francisco.

Huizinga, Johan. 1955. *Homo Ludens, a Study of the Play-Element in Culture*. Perseus Books.

Hunicke, R., M. LeBlanc, and R. Zubek. 2004. *MDA: A Formal Approach to Game Design and Game Research*. Accessed December 20, 2016. http://www.cs.northwestern.edu/~hunicke/pubs/MDA.pdf.

Iberg. 2015. *WaTor-An OpenGL Based Screensaver*. Accessed September 3, 2017. http://www.codeproject.com/Articles/11214/WaTor-An-OpenGL-based-screensaver.

Ioannidis, G. 2008. *Double Pendulum*. http://en.wikipedia.org/wiki/File:DPLE.jpg.

Jobs, S. 1997. *Apple World Wide Developer's Conference Closing Keynote*. Accessed March 23, 2017. https://www.youtube.com/watch?v=GnO7D5UaDig.

Juul, J. 2003. *The Game, the Player, the World: Looking for a Heart of Gameness*. Accessed September 3, 2017. http://ocw.metu.edu.tr/pluginfile.php/4471/mod_resource/content/0/ceit706/week3_new/JesperJuul_GamePlayerWorld.pdf.

Juul, J., and J. Begy. 2016. "Good Feedback for Bad Players? A Preliminary Study of 'Juicy' Interface Feedback," *Proceedings of First Joint FDG/DiGRA Conference*. Dundee.

Kass, S., and K. Bryla. 1995. *Rock Paper Scissors Spock Lizard*. Accessed July 5, 2017. http://www.samkass.com/theories/RPSSL.html.

Kellerman, J., J. Lewis, and J. Laird. 1989. "Looking and Loving: The Effects of Mutual Gaze on Feelings of Romantic Love," *Journal of Research in Personality, 23*(2), 145-161.

Kietzmann, L. 2011. *Half-Minute Halo: An Interview with Jaime Griesemer*. Accessed March 12, 2017. https://www.engadget.com/2011/07/14/half-minute-halo-an-interview-with-jaime-griesemer/.

Koster, R. 2004. *A Theory of Fun for Game Design*. O'Reilly Media.

__. 2012. *Narrative Is Not a Game Mechanic*. Accessed February 24, 2017. http://www.raphkoster.com/2012/01/20/narrative-is-not-a-game-mechanic/.

Krugman, P. 2013. "Reinhart-Rogoff Continued," *New York Times*.

Kuhn, T. 1962. *The Structure of Scientific Revolutions*. University of Chicago Press.

Lane, R. 2015. *Disney/Pixar President Tells BYU How 5 Films Originally "Sucked."* Accessed March 17, 2017. http://utahvalley360.com/2015/01/27/disneypixar-president-tells-byu-4-films-originally-sucked/.

Lantz, F. 2015. *Game Design Advance*. Accessed January 5, 2017. http://gamedesignadvance.com/?p=2995.

Lau, E. 2016. *What Are the Things Required to Become a Hardcore Programmer?* Accessed September 3, 2017. https://www.quora.com/What-are-the-things-required-to-become-a-hardcore-programmer/answer/Edmond-Lau.

Lawrence, D. H. 1915. *The Rainbow*. Modern Library.

Lawrence, D. H., V. de Sola Pinto, and W. Roberts. 1972. *The Complete Poems of D. H. Lawrence*, vol 1. Heinemann Ltd.

Lawrence, D. H. 1928. *The Collected Poems of D. H. Lawrence*. Martin Seeker.

Lazzaro, N. 2004. *The 4 Keys 2 Fun*. Accessed July 28, 2017. http://www.nicolelazzaro.com/the4-keys-to-fun/.

Liddel, H., and Scott R. 1940. *A Greek-English Lexicon*. Oxford University Press.

Lloyd, W. 1833. *Two Lectures on the Checks to Population*. Oxford University Press.

Lotka, A. 1910. "Contribution to the Theory of Periodic Reaction," *Journal of Physical Chemistry, 14*(3), 271-274.

Lovelace, D. 1999. *RPS-101*. Accessed July 4, 2017. http://www.umop.com/rps.htm.

Luhmann, N. 2002, 2013. *Introduction to Systems Theory*. Polity Press.

Luhmann, N. 1997. *Die Gesellschaft der Gesellschaft*. Suhrkamp.

Mackenzie, J. 2002. *Utility and Indifference*. Accessed August 3, 2017. http://www1.udel.edu/johnmack/ncs/utility.html.

MacLulich, D. 1937. "Fluctuations in the Numbers of the Varying Hare (*Lepus americanus*)," *University of Toronto Studies Biological Series, 43*.

Maslow, A. 1968. *Toward a Psychology of Being*. D. Van Nostrand Company.

Master, PDF urist. 2015. *Mysterious Cat Deaths [Online forum comment]*. Accessed 2016. http://www.bay12forums.com/smf/index.php?topic=154425.0.

Matsalla, R. 2016. *What Are the Hidden Motivations of Gamers?* Accessed March 20, 2017. https://blog.fyber.com/hidden-motivations-gamers/.

Maturana, H. 1975. "The Organization of the Living: A Theory of the Living Organization," *International Journal of Man-Machine Studies, 7*, 313-332.

Maturana, H., and F. Varela. 1972. *Autopoiesis and Cognition*. Reidek Publishing Company.

___. 1987. *The Tree of Knowledge: The Biological Roots of Human Understanding*. Shambhala/New Science Press.

Mayer, A., J. Dorfl inger, S. Rao, and M. Seidenberg. 2004. "Neural Networks Underlying Endogenous and Exogenous Visual–Spatial Orienting," *NeuroImage, 23*(2), 534–541.

McCrae, R., and O. John. 1992. "An Introduction to the Five–Factor Model and Its Applications," *Journal of Personality, 60*(2), 175–215.

McGonigal, J. 2011. *Reality is Broken: Why Games Make Us Better and How They Can Change the World.* London: Penguin Press.

Meadows, D. H., D. L. Meadows, J. Randers, and W. Behrens. 1972. *Limits to Growth: A Report for the Club of Rome's Project on the Predicament of Mankind.* Universe Books.

Meadows, D. 2008. *Thinking in Systems: A Primer.* Chelsea Green Publishing Company.

Mintz, J. 1993. "Fallout from Fire: Chip Prices Soar." *The Washington Post,* July 22.

Mollenkopf, S. 2017. *CES 2017: Steve Mollenkopf and Qualcomm Are Not Just Talking About 5G–They're Making It Happen.* Accessed January 10, 2017. https://www.qualcomm.com/news/onq/2017/01/05/ces–2017–steve–mollenkopf–keynote.

Monbiot, G. 2013. *For More Wonder, Rewild the World.* Accessed September 3, 2017. https://www.ted.com/talks/george_monbiot_for_more_wonder_rewild_the_world

Morningstar, C., and R. Farmer. 1990. *The Lessons of Lucasfim's Habitat.* Accessed July 7, 2017. http://www.fudco.com/chip/lessons.html.

Nagasawa, M., S. Mitsui, S. En, N. Ohtani, M. Ohta, Y. Sakuma, et al. 2015. "Oxytocin–Gaze Positive Loop and the Coevolution of Human–Dog Bonds," *Science, 348,* 333–336.

Newhagen, J. 2004. "Interactivity, Dynamic Symbol Processing, and the Emergence of Content in Human Communication," *The Information Society, 20,* 395–400.

Newton, I. 1687/c1846. *The Mathematical Principles of Natural Philosophy.* Accessed June 10, 2016. https://archive.org/details/newtonspmathema00newtrich.

Newton, Isaac. c.1687/1974. *Mathematical Papers of Isaac Newton,* vol. 6 (1684–1691). D. Whiteside (ed.). Cambridge University Press.

Nieoullon, A. 2002. "Dopamine and the Regulation of Cognition and Attention," *Progress in Neurobiology, 67*(1), 53-83.

Nisbett, R. 2003. *The Geography of Thought: How Asians and Westerners Think Diff erently...and Why.* Free Press.

Noda, K. 2008. *Go Strategy.* Accessed 2016. https://www.wikiwand.com/en/Go_strategy.

Norman, D. 1988. *The Design of Everyday Things.* Doubleday.

Norman, D., and S. Draper. 1986. *User-Centered System Design: New Perspectives on Human-Computer Interaction.* L. Erlbaum Associates, Inc.

Novikoff , A. 1945. "The Concept of Integrative Levels and Biology," *Science, 101*, 209-215.

NPS.gov. 2017. *Synchronous Firefl ies-Great Smoky Mountains National Park.* Accessed July 24, 2017. https://www.nps.gov/grsm/learn/nature/firefl ies.htm.

Olff , M., J. Frijling, L. Kubzansky, B. Bradley, M. Ellenbogen, C. Cardoso, et al. 2013. "The Role of

Oxytocin in Social Bonding, Stress Regulation and Mental Health: An Update on the Moderating Eff ects of Context and Interindividual Diff erences," *Psychoneuroendocrinology, 38*, 1883-1984.

Pearson, D. 2013. *Where I'm @: A Brief Look at the Resurgence of Roguelikes.* Accessed March 25, 2017. http://www.gamesindustry.biz/articles/2013-01-30-where-im-a-brief-look-at-the-resurgence-ofroguelikes.

Pecorella, A. 2015. *GDC Vault 2015-Idle Game Mechanics and Monetization of Self-Playing Games.* Accessed June 29, 2017. http://www.gdcvault.com/play/1022065/Idle-Games-The-Mechanics-and.

Piccione, P. 1980. "In Search of the Meaning of Senet," *Archeology*, July-August, 55-58.

Poincare, H. 1901. *La Science et l'Hypothese.* E. Flamarion.

Polansky, L. 2015. *Sufficiently Human.* Accessed December 29, 2016. http://sufficientlyhuman.com/archives/1008.

Popovich, N. 2017. *A Thousand Tiny Tales: Emergent Storytelling in Slime Rancher.* Accessed June 1, 2017. http://www.gdcvault.com/play/1024296/A-Thousand-

Tiny-Tales-Emergent.

Quinn, G., C. Maguire, M. Shin, and R. Stone. 1999. "Myopia and Ambient Light at Night," *Nature, 399*, 113-114.

Rafaeli, S. 1988. "Interactivity: From New Media to Communication." In R. P. Hawkins, J. M. Weimann and S. Pingree (eds.), *Advancing Communication Science: Merging Mass and Interpersonal Process* (pp. 110-134). Sage.

Raleigh, M., M. McGuire, G. Brammer, D. Pollack, and A. Yuwiler. 1991. "Serotonergic Mechanisms Promote Dominance Acquisition in Adult Male Vervet Monkeys," *Brain Research, 559*(2): 181-190.

Reilly, C. 2017. *Qualcomm Says 5G Is the Biggest Thing Since Electricity.* Accessed January 10, 2017. https://www.cnet.com/news/qualcomm-ces-2017-keynote-5g-is-the-biggest-thing-sinceelectricity/?ftag=COS-05-10-aa0a&linkId=33111098.

Reinhart, C., and K. Rogoff . 2010. "Growth in a Time of Debt," *American Economic Review: Papers & Proceedings, 100*, 110-134. Accessed 2016. http://online.wsj.com/public/resources/documents/AER0413.pdf.

Reynolds, C. 1987. "Flocks, Herds, and Schools: A Distributed Behavioral Model." *Computer Graphics*, 21(4), 25-34.

Rollings, A., and D. Morris. 2000. *Game Architecture and Design.* Coriolis.

Routledge, R. 1881. *Discoveries & Inventions of the Nineteenth Century*, 5th ed. George Routledge and Sons.

Russell, J. 1980. "A Circumplex Model of Aff ect," *Journal of Personality and Social Psychology, 39*, 1161-1178.

Russell, J., M. Lewicka, and T. Nitt. 1989. "A Cross-Cultural Study of a Circumplex Model of Aff ect," *Journal of Personality and Social Psychology, 57*, 848-856.

Salen, K., and E. Zimmerman. 2003. *Rules of Play-Game Design Fundamentals.* MIT Press.

Schaufeli, W., M. Salanova, V. Gonzales-Roma, and A. Bakker. 2002. "The Measurement of Engagement and Burnout: A Two Sample Confirmatory Factor Analytical Approach," *Journal of Happiness Studies, 3*(1), 71-92.

Schelling, T. 1969. "Models of Segregation," *American Economic Review, 59*(2), 488–493.

Scheytt, P. 2012. *Boids 3D.* Accessed 12 7, 2016. https://vvvv.org/contribution/boids-3d.

Schreiber, I. 2010. *Game Balance Concepts.* Accessed July 4, 2017. https://gamebalanceconcepts.wordpress.com/2010/07/21/level-3-transitive-mechanics-and-cost-curves/.

Sellers, M. 2013. "Toward a Comprehensive Theory of Emotion for Biological and Artificial Agents," *Biologically Inspired Cognitive Architectures, 4,* 3–26.

Sellers, M. 2012. *What Are Some of the Most Interesting or Shocking Things Americans Believe About Themselves or Their Country?"* Accessed 2016. https://www.quora.com/What-are-some-of-themost-interesting-or-shocking-things-Americans-believe-about-themselves-or-their-country/answer/Mike-Sellers.

Selvin, S. 1975. "A Problem in Probability [letter to the editor]," *American Statistician, 29*(1), 67.

Sempercon. 2014. *What Key Catalyst Is Driving Growth of the Internet of Everything?* Accessed September 3, 2017. http://www.sempercon.com/news/key-catalyst-driving-growth-interneteverything/.

Senge, P. 1990. *The Fifth Discipline.* Doubleday/Currency.

Seong, M. 2000. *Diamond Sutra: Transforming the Way We Perceive the World.* Wisdom Publications.

Sicart, M. 2008. "Defining Game Mechanics," *Game Studies*, 8(2).

Siebert, H. 2001. *Der Kobra-Eff ekt, Wie Man Irrwege der Wirtschaftspolitik Vermeidet.* Deutsche Verlags-Anstalt.

Simkin, M. 1992. *Individual Rights* Accessed May 5, 2017. http://articles.latimes.com/1992-01-12/local/me-358_1_jail-tax-individual-rights-san-diego.

Simler, K. 2014. *Your Oddly Shaped Mind.* Accessed September 3, 2017. http://www.meltingasphalt.com/the-aesthetics-of-personal-identity-mind/.

Simpson, Z. n.d. *The In-game Economics of Ultima Online.* Accessed September 3, 2017. http://www.mine-control.com/zack/uoecon/slides.html.

Sinervo, B., and C. Lively. 1996. "The Rock-Paper-Scissors Game and the Evolution of

Alternative Male Strategies," *Nature*, 340, 240–243. Accessed July 3, 2017. http://bio.research.ucsc.edu/~barrylab/lizardland/male_lizards.overview.html.

Smuts, J. 1927. *Holism and Evolution*, 2nd ed. Macmillan and Co.

The State Barrier Fence of Western Australia. n.d. Accessed 2016. http://pandora.nla.gov.au/pan/43156/20040709-0000/agspsrv34.agric.wa.gov.au/programs/app/barrier/history.htm.

Sundar, S. 2004. "Theorizing Interactivity's Eff ects," *The Information Society, 20*, 385–389.

Sweller, J. 1988. "Cognitive Load During Problem Solving: Eff ects on Learning," *Cognitive Science, 12*(2), 257–285.

Swink, S. 2009. *Game Feel*. Morgan Kaufmann.

Taplin, J. 2017. *Move Fast and Break Things: How Facebook, Google, and Amazon Cornered Culture and Undermined Democracy*. Little, Brown and Company.

Teknibas, K., M. Gresalfi, K. Peppler, and R. Santo. 2014. *Gaming the System: Designing with the Gamestar Mechanic*. MIT Press.

Thoren, V. 1989. "Tycho Brahe." In C. Wilson and R. Taton (eds.), *Planetary Astronomy from the Renaissance to the Rise of Astrophysics* (pp. 3–21). Cambridge University Press.

Todd, D. 2007. *Game Design: From Blue Sky to Green Light*. AK Peters, Ltd.

Totilo, S. 2011. *Kotaku*. Accessed January 3, 2017. http://kotaku.com/5780082/the-maker-of-mario-kart-justifies-the-blue-shell.

Tozour, P., et al. 2014. *The Game Outcomes Project*. Accessed July 8, 2017. http://www.gamasutra.com/blogs/PaulTozour/20141216/232023/The_Game_Outcomes_Project_Part_1_The_Best_and_the_Rest.php.

Turner, M. 2016. *This Is the Best Research We've Seen on the State of the US Consumer, and It Makes for Grim Reading*. Accessed September 3, 2017. http://businessinsider.com/ubs-credit-note-usconsumer-2016-6.

U.S. Department of Education and U.S. Department of Labor. 1991. *What Work Requires of Schools: Secretary's Commission on Achieving Necessary Skills Report for America*

2000. U.S. Department of Labor.

Van Der Post, L. 1977. *Jung and the Story of Our Time.* Vintage Books.

Vigen, T. 2015. *Spurious Correlations.* Accessed September 3, 2017. http://www. tylervigen.com/spurious-correlations.

Volterra, V. 1926. "Fluctuations in the Abundance of a Species Considered Mathematically," *Nature, 188,* 558–560.

Wallace, D. 2014. *This Is Water.* Accessed September 3, 2017. https://vimeo.com/ 188418265.

Walum, H., L. Westberg, S. Henningsson, J. Neiderhiser, D. Reiss, W. Igl, J. Ganiban, et al. 2008. "Genetic Variation in the Vasopressin Receptor 1a Gene (AVPR1A) Associates with Pair-Bonding Behavior in Humans," *Proceedings of the National Academy of Sciences of the United States of America, 105*(37), 14153–14156.

Waters, H. 2010. "Now in 3-D: The Shape of Krill and Fish Schools," *Scientific American.* Accessed December 7, 2016. https://blogs.scientificamerican.com/guest-blog/now-in-3-d-the-shape-of-krilland-fish-schools/.

Weinberger, D. 2002. *Small Pieces Loosely Joined: A Unified Theory of the Web.* Perseus Publishing.

Wertheimer, M. 1923. "Laws of Organization of Perceptual Forms (*Unterschungen zur Lehre von der Gestalt*)." In W. Ellis (ed.), *A Sourcebook of Gestalt Psychology* (pp. 310–350). Routledge.

White, C. 2008. *Anne Conway: Reverberations from a Mystical Naturalism.* State University of New York Press.

Wiener, N. 1948. *Cybernetics: Or the Control and Communication in the Animal and the Machine.* MIT Press.

Wikipedia. 2009. *Double Pendulum.* Accessed September 3, 2017. https://en.wikipedia. org/wiki/Double_pendulum.

Wilensky, U. 1999. *NetLogo.* Accessed June 1, 2017. http://ccl.northwestern.edu/netlogo.

Wilensky, U., and M. Resnick. 1999. "Thinking in Levels: A Dynamic Systems Approach to

Making Sense of the World," *Journal of Science Education and Technology, 8*, 3–19.

Winter, J. 2010. 21 *Types of Fun–What's Yours?* Accessed 2017. http://www. managementexchange.com/hack/21-types-fun-whats-yours.

Wittgenstein, L. 1958. *Philosophical Investigations*. Basil Blackwell.

Wohlwend, G. 2017. *Tumbleseed Postmortem*. Accessed June 29, 2017. http://aeiowu. com/writing/tumbleseed/.

Wolf, M., and B. Perron. 2003. *The Video Game Theory Reader*. Routledge.

Woodward, M. 2017. *Balancing the Economy for Albion Online*. Accessed July 7, 2017. http://www.gdcvault.com/play/1024070/Balancing-the-Economy-for-Albion.

WoWWiki. n.d. Accessed July 6, 2017. http://wowwiki.wikia.com/wiki/Formulas: XP_To_Level.

Yantis, S., and J. Jonides. 1990. "Abrupt Visual Onsets and Selective Attention: Voluntary Versus Automatic Allocation," *Journal of Experimental Psychology: Human Perception and Performance, 16*, 121–134.

Yee, N. 2016a. *7 Things We Learned About Primary Gaming Motivations from over 250,000 Gamers*. Accessed March 10, 2017. http://quanticfoundry.com/2016/12/15/ primary-motivations/.

___. 2016b. *Gaming Motivations Align with Personality Traits*. Accessed March 20, 2017. http://quanticfoundry.com/2016/01/05/personality-correlates/.

___. 2017. *GDC 2017 Talk Slides*. Accessed March 20, 2017. http://quanticfoundry.com/ gdc2017/.

Yerkes, R., and Dodson, J. 1908. "The Relation of Strength of Stimulus to Rapidity of Habit–Formation," *Journal of Comparative Neurology and Psychology, 18*, 459–482.

Zald, D., I. Boileau, W. El-Dearedy, R. Gunn, F. McGlone, G. Dichter, and A. Dagher. 2004. "Dopamine Transmission in the Human Striatum During Monetary Reward Tasks," *Journal of Neuroscience*, 24(17), 4105–4112.

찾아보기

시스템으로 풀어보는 **게임 디자인**

발 행 | 2022년 2월 28일

지은이 | 마이클 셀러스
옮긴이 | 진 석 준

펴낸이 | 권 성 준
편집장 | 황 영 주
편 집 | 조 유 나
　　　　김 다 예
디자인 | 윤 서 빈

에이콘출판주식회사
서울특별시 양천구 국회대로 287 (목동)
전화 02-2653-7600, 팩스 02-2653-0433
www.acornpub.co.kr / editor@acornpub.co.kr

한국어판 ⓒ 에이콘출판주식회사, 2022, Printed in Korea.
ISBN 979-11-6175-621-9
http://www.acornpub.co.kr/book/advanced-game

책값은 뒤표지에 있습니다.